MAGDEBURG – ARCHITEKTUR UND STÄDTEBAU

gewidmet

Dr. Willi Polte

Magdeburger Oberbürgermeister
1990–2001

MAGDEBURG

Architektur und Städtebau

VERLAG JANOS STEKOVICS &
LANDESHAUPTSTADT MAGDEBURG

INHALTSVERZEICHNIS

Die Publikation entstand mit freundlicher Unterstützung von

AENGEVELT
Immobilien KG Magdeburg

Architekten- und Ingenieur-Verein zu Magdeburg von 1876 e.V.

WOHNUNGSBAU GESELLSCHAFT MAGDEBURG mbH

WOHNUNGSBAU-GENOSSENSCHAFT STADT MAGDEBURG VON 1954

ARCHITEKTENKAMMER SACHSEN-ANHALT
KÖRPERSCHAFT DES ÖFFENTLICHEN RECHTS

Wohnungsbaugenossenschaft „Otto von Guericke eG

Die Deutsche Bibliothek – CIP-Einheitsaufnahme

Magdeburg - Architektur und Städtebau / Landeshauptstadt Magdeburg, Stadtplanungsamt. - Halle an der Saale : Stekovics 2001
ISBN 3-929330-33-4

Impressum

Herausgeber: Landeshauptstadt Magdeburg, Stadtplanungsamt
Büro für Öffentlichkeitsarbeit und Protokoll
39090 Magdeburg
Projektleiter: Eckhart W. Peters

Redaktion:
Stadtplanungsamt Magdeburg

Computerkartografie, Konzeption und Koordination:
Ute Kraft

Kartenausschnitte:
Topographisches Stadtkartenwerk der Landeshauptstadt Magdeburg, 1:10.000, Stand von 1996 mit einzelnen Berichtigungen von 1999

Grafik/Design:
Rudolf Purke/Karl-Heinz Arlt
VBK/BBK
Umschlag: Janos Stekovics

Satz & Druck: Grafisches Centrum Cuno, Calbe
Buchbinderische Weiterverarbeitung: Kunst- und Verlagsbuchbinderei GmbH, Leipzig

ISBN 3-929330-33-4

Liebe Leserin, lieber Leser,

mit dem „Wegweiser für Magdeburg“ liegt ein umfassend beschriebenes und reich bebildertes Zeugnis des Bauens in der Elbestadt seit ihren Anfängen vor. Ich lade Sie herzlich ein, sich auf eine Reise durch die Architekturgeschichte unserer Stadt zu begeben oder sich mit dem Büchlein als Magdeburger sowie als Gast in unserer Stadt auf den Weg zu den baulichen Zeugen der Vergangenheit und der Gegenwart zu machen und ich denke, Sie werden Überraschendes, Bekanntes, Unbekanntes und zahlreiche Schönheiten der Baukunst verschiedener Jahrhunderte entdecken.

Die Landeshauptstadt Sachsen-Anhalts liegt in Deutschlands Mitte. Hier stand die Wiege deutscher Kultur, hier haben Könige und Kaiser, Heerscharen und Händler, Architekten und Gartenbaumeister, Künstler und Wissenschaftler ihre Spuren hinterlassen – Spuren, denen Sie in den Stadtteilen, an Straßen und Plätzen, an Denkmalen, sakralen und profanen Bauten folgen können.

Nach den beiden großen Zerstörungen Magdeburgs 1631 und 1945 zeichneten die Bewohner die neuen Baupläne in den von Asche übersäten Boden. Der Mut zum Wiederaufbau der Städtebürger hier wurde sprichwörtlich. Einer von ihnen war der Erfinder, Techniker, Ingenieur, Bürgermeister, Diplomat und Baurat Otto von Guericke.

Die Elbestadt hat so manche Besonderheit zu bieten. Der Dom, Wahrzeichen der Stadt, gilt als frühestes Bauwerk gotischer Kirchen in Deutschland. Kunstwerke aus 10 Jahrhunderten schmücken das Innere der Kathedrale. Das romanische Kloster Unser Lieben Frauen ist das älteste erhaltene Bauwerk der Stadt und der Magdeburger Reiter hat eine große kulturgeschichtliche Bedeutung als ältestes Reiterstandbild nördlich der Alpen. Magdeburg war die stärkste preußische Festung, deren Bauanlagen zum Teil noch vorhanden sind.

Die Stadt wuchs vor allem durch die Eingemeindungen im 19. und 20. Jahrhundert in die Börde und die Elbauenlandschaft hinein. Dörfliche Strukturen, Kirchen, Rathäuser, Wassertürme und andere historische Gebäude bereichern heute das Stadtbild und machen die Vielfalt der Architekturlandschaft Magdeburgs aus. Zur Gründerzeit entstanden Villen im Jugendstil und ganze Stadtteile, die insbesondere nach 1990 umfänglich saniert in alter Schönheit wieder erwacht sind.

In den Zwanziger und in den Neunziger Jahren des 20. Jahrhunderts ging von Magdeburg ein „neuer Bauwille“ aus. Während unter dem Stadtbaurat und renommierten Architekten Bruno Taut 1921–1924 neue Maßstäbe für das Siedlungswesen, den Städtebau und die Stadtplanung gelegt wurden, nutzte Magdeburg nach 1990 die Chance zu einer grundhaften baulichen Erneuerung aller sichtbaren und unsichtbaren Lebensbereiche.

Mit dem Verlust zahlreicher Kirchen hat sich auch die Stadtkrone verändert. Um so mehr schätzen die Magdeburger heute die in das steinerne Archiv der Stadt zurückgekehrte Johanniskirche.

Gartenstädte und eine lebendige City, rote Dächer und ausgedehnte Parkanlagen, Stadtteilzentren und Skulpturen im öffentlichen Raum, Kirchenbauten verschiedener Jahrhunderte und Siedlungen am Stadtrand, all das macht die Architektur dieser Stadt aus.

In einem kleinen Reiseführer über Magdeburg aus dem Jahre 1905 schreibt der Pfarrer und Schriftsteller Karl Storch:
„*Eine Stadt, in der zu aller Zeit soviel Kampfesfreudigkeit und ungebrochene Hoffnung zutage getreten ist, wie in Magdeburg, soll man kennenlernen, ehe man sich ein Urteil erlaubt.*“

Im Jahre 2005 begeht Magdeburg 1200 Jahre der ersten urkundlichen Erwähnung. Auch 100 Jahre später hat diese Einschätzung nichts an Aktualität verloren. Der Architekturführer gibt genügend Hinweise dafür und Anregungen für einen anderen Blick auf unsere Stadt.

Dr. Willi Polte
Oberbürgermeister
der Landeshauptstadt Magdeburg
1990–2001

Die Stadt ist tot, es lebe die Stadt.

O weh! was für ein Schreck befällt meine Seele,
Wenn an dein Schicksal ich, o Magdeburg, gedenck,
Ich seh dich schon im Geist als eine Marter-Höhle,
Wenn ich den bangen Sinn auf deinen Unfall lenk.
Man wird dich jämmerlich zerreissen und verwunden,
Man droht dir grausamlich mit Schwert und Spieß den Todt,
Und hast Du Dir den Crantz als Jungfrau gleich gebunden,
So bringt ein Räuber dir doch Schaden, Angst und Noht,
Was man mit Augen sieht, das muß zu Aschen werden,
Du schönes Magdeburg wirst einem Sodom gleich.
Dein schönes Lust-Revier, der Fluß mit samt der Erden
Umschließt der Thränen Fluht und wird für Schrecken bleich.

Aus dem Lateinischen übersetzte Vorhersage zur Zerstörung Magdeburgs des Poeten Petrus Lotichius (gestorben 1560 in Heidelberg) aus: M. Seth-Henrico Calvisio, Das zerstörte und wiederaufgerichtete Magdeburg, Magdeburg 1727, S. 3–4.

Magdeburg ist mehrfach zerstört worden: durch Brände, durch den 30-jährigen Krieg, durch Napoleon und durch den Zweiten Weltkrieg. Das Leid ist vielfach beschrieben worden, durch M. Seth-Henrico Calvisio, Friedrich Wilhelm Hoffmann, Wilhelm Raabe, Rudi Hartwig und Manfred Wille und zuletzt durch Matthias Puhle. In all den Jahrhunderten wurden die Katastrophen von den Magdeburgern überwunden. Auch das ist vielfach beschrieben worden. Nicht zu vergessen ist die Königin Luise von Preußen, die 1806 in Tilsit bei den Friedensverhandlungen mit Kaiser Napoleon versuchte, Magdeburg bei Preußen zu belassen.

Der Organismus Stadt ist nicht allein durch physische Gegebenheiten, wie Boden, Wasser Luft und Klima, Architektur und den Stadtgrundriss bestimmt, sondern das Zusammenspiel aller wirtschaftlicher, kultureller, sozialer und politischer Kräfte bestimmt die Vitalität der Stadt. Oder vielmehr der Wille des Menschen gibt die Kraft.

Der Mensch und die von ihm geprägte Geschichte stehen im Mittelpunkt der historischen Stadt. Wie Dresden, Hamburg und Wittenberg liegt Magdeburgs Altstadt an einer Furt der Elbe. Seit der Eiszeit verlagerte die Elbe mehrfach ihren Lauf im Elbeurstromtal und gräbt sich noch heute jährlich rund einen Zentimeter tiefer in das Erdreich. So entstand über Jahrtausende das Elbeurstromtal mit unterschiedlichen Flussbereichen, temporär überfluteten Schwemmlandbereichen, Altarmen und verlandeten Flussarmen. Die Gunst der Lage am Wasser führte zum Bau von Kanälen und Treidelpfaden, um mit enormen Kraftakten die Schiffe flussaufwärts gegen die Strömung zu ziehen. Neben der Flussschifffahrt und den entsprechenden Kaianlagen, dem Hafen, gab es Schiffsmühlen, später Badeanstalten. In den zwanziger Jahren setzte der Post- und Passagierflugverkehr mit Wasserflugzeugen von Dresden über Magdeburg nach Hamburg und zurück ein. Gewaltige Industrieanlagen entwickelten sich wie an einer Perlenkette entlang dem Flusslauf und erst später erfolgte eine Besiedlung Ostelbiens.

Die Festungsbauer der Städte an der Elbe nutzten das Flusswasser für die oft weit verzweigten Festungsgräben. Die Häfen waren oft vor den Toren der Festungsanlagen gebaut und nur wenige Städte am Wasser hatten ihre Hafenanlagen innerhalb der Stadtmauern (wie z. B. Istanbul, jedoch durch eine eiserne Kette geschützt). Im Rahmen der „Hansebünde“ werden die Festungsanlagen verstärkt und die Städte gewinnen an wirtschaftlicher und politischer Stärke. Sie gewinnen auch an Selbstbewusstsein ~ nicht nur als Handelsbund, sondern auch im gesellschaftlichen Auftreten. Die Städte am Strom ~ gestärkt durch ihren historischen Geist ~ haben eine individuelle Kraft und sind durch die Handelswege eng miteinander verknüpft. Die Katastrophe des 30-jährigen Krieges führte zur totalen Zerstörung Magdeburgs und der Wiederaufbau dauerte über 100 Jahre an.

In Magdeburg baute Krupp in seinen Maschinenfabriken an der Elbe immer weitreichendere Kanonen. Die mittelalterlichen Verteidigungsanlagen waren noch an der Reichweite der Vorderlader orientiert, die Rayonbestimmungen (Freihalten des Schussvorfeldes) verloren an Bedeutung und spätestens nach dem Deutsch-Französischen Krieg (1871) waren die Festungsanlagen bedeutungslos. Erfreulicherweise sind noch erhebliche Reste der Festungsanlagen aus dem 18. und 19. Jahrhundert in Magdeburg erhalten und bestimmen den Stadtgrundriss.

Weit vor den Toren der Städte wurden Fort-Anlagen gebaut und die alten Festungsanlagen wurden geschleift. In Verbindung mit den Glacisanlagen ergab sich damit ein erhebliches Potential zur Stadterweiterung. Seit der Reichsgründung 1871 bis zum Vorabend des Ersten Weltkrieges verdreifachte sich die Einwohnerzahl Magdeburgs – trotz einer Choleraepidemie in der Neuen Neustadt – auf die Grenze von 300 000 Einwohnern. Ein

Prozess, der sich auch in den anderen Elbestädten wiederholte. Die Wirtschaft expandierte, die Wohnungsnot war groß, die Architektur war von der Gründerzeit bestimmt. Fünfgeschossige Mietshäuser als Spekulationsobjekte, tiefe, schmale Lichthöfe, enge Hinterhäuser und schlecht durchlüftete Kleinstwohnungen mit dem Plumpsklo auf dem Hof oder der außen angehängten Toiletten bestimmten das Bild. Zilles Milieu war auch in Magdeburg.

Unter Magdeburgs Stadtbauräten Bruno Taut und Johannes Göderitz gewinnt die Stadt ein neues Gesicht. Die Begriffe „Licht, Luft, Sonne“ sind im Städtebau die neuen Leitbilder. Die Stadt wuchert schnell über die geschleiften Festungen hinaus und erst die wahnwitzige Zerstörung vernichtete 1945 im Zweiten Weltkrieg weite Teile der Stadt. Dieses Schicksal erlitten auch die anderen Elbestädte wie Hamburg und Dresden.

Welche Kraft setzen die Dresdner wieder ein, um heute ihre Stadt wieder aufzubauen, wie nachdenklich sprechen die Magdeburger von dem Breiten Weg, der schönsten Barockstraße Norddeutschlands und wie selbstverständlich haben die Hamburger die Lücken ihrer kriegszerstörten Stadt wieder geschlossen.

Der Wiederaufbau Magdeburgs dauert nun schon über fünfzig Jahre und er ist nicht abgeschlossen. Vielen alten, ganz alten Magdeburgern ist die heutige Stadt fremd, nicht nur wegen der Architektur, sondern auch wegen der vielen Freiräume, wie z. B. am Kloster Unser Lieben Frauen, und dass Magdeburg nicht mehr an der Elbe liegt. Die Stadtkrone Magdeburgs ist ohne die Elbe der Basis beraubt. Der heutige Magdeburger muss die Elbe wieder in seinen Besitz nehmen mit allen fünf Sinnen, Sehen, Hören, Riechen, Schmecken, Fühlen.

Werner Kaleschky
Beigeordneter für Stadtentwicklung,
Bau und Verkehr

Eckhart W. Peters
Leiter Stadtplanungsamt

Stadtplan mit Lupe und Dreieck. Foto von Xanti Schawinsky für die Zeitschrift „Das Stichwort“, Nr. 17, 17. Juni 1931. „Das Stichwort“ trug den Untertitel „Magdeburger Blätter für Bühne, Musik und gestaltende Arbeit“ und erschien mit 18 Nummern lediglich 1930/31.

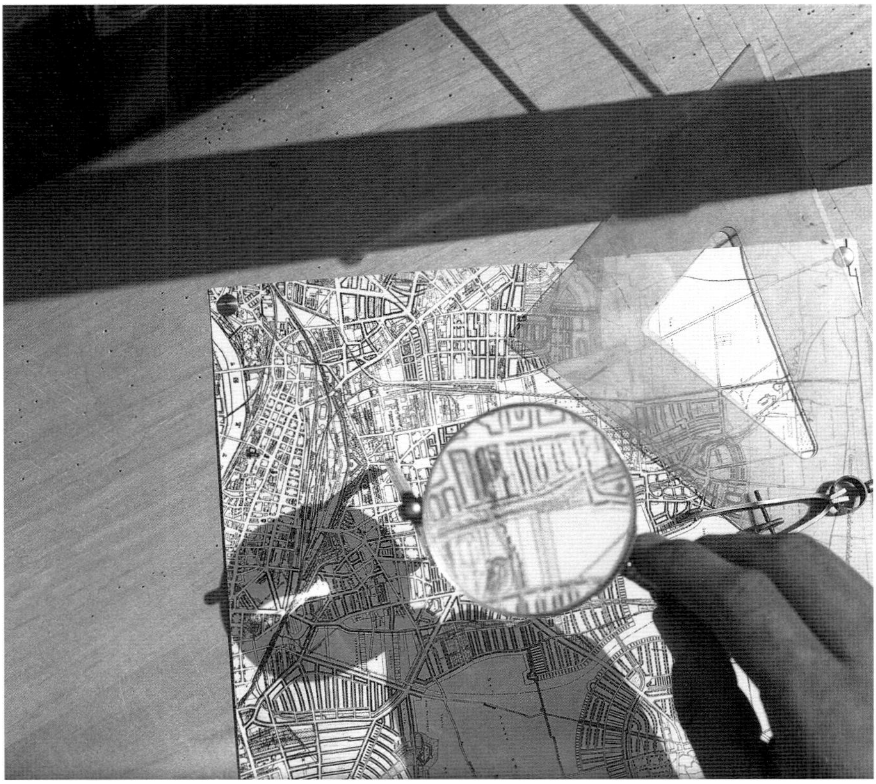

VORBEMERKUNG

Die Landeshauptstadt Magdeburg/Stadtplanungsamt hat seit 1993 in loser Folge etwa 75 Broschüren herausgegeben, in denen vielfältige Themenbereiche zur Stadtentwicklung und Stadtplanung dokumentiert wurden. Zukunftsweisende Vorhaben, Gutachten, Ergebnisse von Wettbewerben, Stadtteilentwicklungsplanungen und Beiträge sowie Ergebnisse von Tagungen und Symposien wurden darin vorgestellt. Diese Publikationen beinhalten eine Fülle von Informationen und Darstellungen, die je nach Themenstellung allgemein bis detailliert bearbeitet wurden. Neben den fachlichen Untersuchungen über Grundlagen der Stadtentwicklung und Stadtplanung stand die Information der Magdeburger Bürger und einer interessierten Öffentlichkeit über die städteplanerischen Tätigkeiten und Vorhaben im Vordergrund.

Dem vorliegenden Band liegt die Absicht zugrunde, aus dem bestehenden Gefüge der gesamten Landeshauptstadt Magdeburg einzelne bedeutende Gebäude, städtebauliche Anlagen, Grünflächen, Verkehrsbauten, Besonderheiten usw. darzustellen. Aus der Vielzahl der beachtenswerten Objekte wurde eine Auswahl von 342 Beispielen aus allen baugeschichtlichen Epochen und unterschiedlichen Nutzungsbereichen getroffen. Hierbei stand die historische und die städtebauliche Bedeutung, die zeittypische oder auch einmalige Architektur sowie die stadtbildprägende oder soziale Wertigkeit der Objekte im Vordergrund der Auswahlkriterien. Die Objektbeschreibungen sollen die jeweilige Bedeutung des Objektes und Informationen über die Merkmale des entsprechenden Architekturstils darlegen.

Um dem interessierten Leser die Handhabung zu erleichtern, wurde ein Buchformat gewählt, das sich für einen Spaziergang zu den Objekten in der Stadt noch gut in die Tasche stecken lässt. Der Aufbau des Buches erfolgte in der Einteilung der Magdeburger Stadtteile. Er ordnet die vorgestellten Objekte entlang von Spaziergängen, die ihren Ausgangspunkt in der Altstadt nehmen und sternförmig in eine Richtung bis zum Stadtrand führen. Die erste Route beginnt am Magdeburger Dom und führt in einem Rundgang durch die Altstadt nur bis zum nächsten Stadtteil Werder. Alle weiteren Spaziergänge beginnen immer wieder in der Altstadt.

Jedem Stadtteil wurde ein Kartenausschnitt vorangestellt, in dem die nummerierten Objekte markiert sind, um so eine leichtere Orientierung zu ermöglichen. Zum schnellen Auffinden bestimmter Informationen dient das im Anhang aufgeführte Personen-, Baunutzungs- und Straßenregister sowie das historische Register.

Die Beschreibungen der Objekte können wegen der Kürze der Darstellungsmöglichkeit keinen Anspruch auf Vollständigkeit erheben, sie geben aber wesentliche Informationen wieder. Für eine Vervollständigung der Kenntnisse wird die im Anhang aufgeführte Literatur empfohlen, insbesondere die von der Landeshauptstadt Magdeburg/Stadtplanungsamt herausgegebenen Publikationen.

Altes Rathaus mit dem farbigen Anstrich nach Vorschlägen Bruno Tauts

EINLEITUNG

Die bauliche Entwicklung Magdeburgs

Ute Kraft

Von den Anfängen bis zum Dreißigjährigen Krieg

Die erste urkundliche Erwähnung von Burg und Siedlung „Magadoburg" erfolgte im Jahre 805 im Diedenhofener Kapitular Karls des Großen. Eine ältere sächsische Anlage wird aufgrund der Namensdeutung angenommen. Auch die ur- und frühgeschichtlichen Funde weisen hier einen alten Siedlungsplatz aus. Magdeburg diente im 9. Jahrhundert aufgrund seiner geographischen Lage an einem Elbübergang als Grenzhandelsplatz zwischen Germanen und Slawen. Eine Felsbank in der Elbe, die sich bei Magdeburg in mehrere Arme teilte und daher weit und breit den günstigsten Übergang bot, war die natürlichste und älteste Furtstelle. Hier schnitten sich Land- und Wasserstraßen. Der Grenzhandelsplatz war ein periodisch besuchter Kaufmannswik und noch kein fester Marktplatz, geschweige denn eine Stadt. Karl der Große sicherte den Siedlungsansatz an der Elbfurt durch ein karolingisches Kastell, unter König Heinrich I. wandelte sich Magdeburg zur festen Bastion. Von hier aus beherrschte er die Elblinie und unternahm Vorstöße auf slawisches Gebiet.

Ab 936 erweiterte König Otto I. der Große, der 962 zum Kaiser des Heiligen Römischen Reiches Deutscher Nation gekrönt wurde, diesen Siedlungsplatz und baute die bestehende Burgfeste auf dem Felsen hoch über der Elbe zu einer repräsentativen kaiserlichen Pfalz aus. Damit stieg Magdeburg zu einem der großen und bedeutenden politischen Zentren des Heiligen Römischen Reiches Deutscher Nation auf. Vor ca. 30 Jahren wurden bei archäologischen Grabungen auf dem Magdeburger Domplatz Teile der Pfalzanlage Ottos des Großen entdeckt; die Funde werden erstmals im Herbst 2001 in Magdeburg in der Ausstellung „Otto der Große, Magdeburg und Europa" einer breiten Öffentlichkeit vorgestellt.

Im Jahre 937 gründete der erst 25-jährige Otto I. das Benediktiner-Kloster St. Mauritius (Moritzkloster) auf dem Domfelsen. Es wurde aus Sicherheitsgründen in Anlehnung an die vorhandenen Burgbefestigungen im Bereich der späteren Domfreiheit errichtet. In der Krypta der im Gründungsjahr errichteten Klosterkirche des Moritzklosters wurde Königin Editha, Ottos erste Frau, beigesetzt, und wenig später, nach 955, entstand über ihrem Grab der erste ottonische Dombau, von dem heute noch die Krypta erhalten ist. Die Ausmaße dieser Kirche ließen erkennen, dass Otto I. Magdeburg zum Mittelpunkt der kirchlichen Institutionen machen wollte. So setzte er auch schließlich auf der Synode zu Ravenna durch, dass Magdeburg 968 Sitz des mächtigen Erzbistums Magdeburg wurde, dem die Bistümer Havelberg, Brandenburg, Merseburg, Naumburg und Meißen unterstellt waren. Die Kirche des Klosters wurde danach zum Dom erhoben und der erste Erzbischof, Adalbert, zog noch im selben Jahr in die Kathedrale ein. Das Domkapitel beanspruchte nun die Einrichtungen des Moritzklosters und die Mönche mussten umziehen in

Ansicht Magdeburgs von 1551

das Kloster Johannis des Täufers auf dem Berge (Kloster Berge), mit dessen Bau Otto I. bereits 961 etwa 1,5 km südlich vom Moritzkloster hatte beginnen lassen. Im Jahre 965 wurde dem Moritzkloster das Markt-, Münz- und Zollrecht vom Kaiser verliehen. Der prächtige Dom Ottos I. wurde bei einem Feuer Karfreitag 1207 stark zerstört. Er hätte wohl wieder aufgebaut werden können, doch der damalige Erzbischof Albrecht II. ließ die Reste abtragen und 1209 an gleicher Stelle den heutigen Dombau errichten, der 1363, obwohl noch nicht ganz fertig gestellt, geweiht wurde. Der heutige Dom (Nr. 1) wurde nach französisch-gotischem Vorbild begonnen und 1520 mit der Fertigstellung der Turmhelme abgeschlossen. Er ist das früheste Beispiel gotischer Baukunst nach französischem Kathedralschema in Nordeuropa.

Das älteste erhaltene Bauwerk Magdeburgs ist das romanische Kloster „Unser Lieben Frauen" (Nr. 17). Um etwa 1015 gründete Erzbischof Gero das Kollegiatstift „Beatae Virginis Mariae". Von den damaligen baulichen Anlagen und der Marienkirche sind keine Reste erhalten, noch ist ihre genaue Lage bekannt. Ab 1064 begann der Bau der Klosteranlage. Unter Erzbischof Norbert von Xanten wurde das Kloster 1129 mit Prämonstratensern besetzt und zum Mutterkloster der sächsischen Ordensmitglieder ernannt. Nach schweren Beschädigungen im 2. Weltkrieg wurde die Anlage wieder instand gesetzt. Heute wird das Kloster als Kulturzentrum und Museum und die Klosterkirche als Konzertsaal genutzt (Nr. 18). Weitere Kirchenbauten entstanden im 11. bis 14. Jahrhundert, insbesondere am westlichen Elbufer, wie die Pfarrkirche St. Johannis, St. Petri und die Wallonerkirche, die mit Kloster und Dom die Stadtsilhouette prägten.

Magdeburg war in ottonischer Zeit eine weiträumige Siedlungslandschaft und noch keine Stadt im späteren Sinne. Im weiteren und nahen Umkreis lagen zahlreiche Siedlungen wie Kloster Berge, Sudenburg und Rottersdorf im Süden, Schrotdorf, Frose und andere Dörfer und Vorwerke, dazwischen befestigte Höfe. Um das Jahr 1000 wurden die nördlich der Marktsiedlung gelegenen Ansiedlungen in einer Urkunde Otto I. unter der Bezeichnung „nova civitas", Neustadt, geführt. Die ursprünglich bäuerliche Ansiedlung Neustadt entwickelte sich im 12. Jahrhundert zur selbständigen Gemeinde mit eigenem Bürgermeister und eigenen Befestigungsanlagen. Sie war jedoch über Pachtverträge mit dem Erzbistum und den Klöstern der Stadt verbunden und war damit Teil des Handelsplatzes. Nach Zerstörungen im Schmalkaldischen Krieg und im Dreißigjährigen Krieg wurde die Alte Neustadt ab 1648 wieder aufgebaut. Die im Süden der Burg gelegene Ansiedlung Sudenburg war ebenso wie Neustadt eine eigenständige Gemeinde und nahm bis zum 30-jährigen Krieg eine vergleichbare Entwicklung.

Unter Otto I. wurde 937 der Handelsplatz vom Elbvorland auf die sichere Hochebene des heutigen Standortes, im Bereich am Alten Markt, verlegt, um nicht weiter hochwassergefährdet zu sein. In diese Zeit fällt auch die Grundsteinlegung der ersten Vorgängerkirche der heutigen Kirche St. Johannis. Damit waren die Voraussetzungen zur Entstehung der Marktsiedlung und späteren Bürgerstadt gelegt, die sich neben der Domfreiheit kontinuierlich entwickelte. Von einem wirklichen Stadtorganismus kann jedoch erst seit dem 12. Jahrhundert gesprochen werden. Die ersten Stadtbefestigungen umfassten bis zum 12. Jahrhundert etwa den Bereich zwischen der heutigen Julius-Bremer-Straße, Otto-von-Guericke-Straße, Danzstraße und dem Elbhochufer. Im 12. und 13. Jahrhundert dehnte sich die Stadt durch mehrmaliges Verlegen der Stadtbefestigung bis auf die Größe der mittelalterlichen Altstadt aus. 1230–1250 ließ Erzbischof Albrecht II. das Stadtgebiet mit einer Mauer umziehen. Magdeburg entwickelte sich zur blühenden Handelsstadt, war nachweisbar ab 1294 Mitglied des Hansebundes, was die Grundlage für die Entwicklung zu einem der bedeutendsten Wirtschaftsmittelpunkte des Spätmittelalters bildete. Handelsgut Magdeburgs waren hauptsächlich Getreide aus der Börde und Salz aus Schönebeck. Der Getreidehandel verlieh der Stadt Magdeburg über viele Jahrhunderte eine handelspolitische Machtstellung. Dazu kam das Stapelrecht, das durchreisende Kaufleute zwang, ihre Waren in Magdeburg auszuladen und zunächst für drei Tage zu stapeln, was einem Vorkaufsrecht der ansässigen Kaufleute gleichkam. Seit dem 12. Jahrhundert lässt sich eine selbständige Entwicklung der Marktsiedlung gegenüber dem Dombezirk erkennen. Diese Bewegung der Bürger der Stadt Magdeburg forderte Eigenständigkeit von den erzbischöflichen Stadtherren und die niedere Gerichtsbarkeit für die Bürgerstadt. Beispiele waren hierzu die 1294 erworbenen Rechte des Schultheißenamtes und des 1309 verliehenen Getreidehandelsmonopols auf der Elbe, was mit der Zeit zur Herausbildung eines bürgerlichen Klassenbewusstseins führte. Erzbischof Wichmann von Seeburg förderte die wirtschaftliche Entwicklung der Stadt und erteilte Innungsprivilegien u.a. an die Gewandschneider, Gerber und Schuhmacher. Er erteilte 1188 Magdeburg das Stadtrechtsprivileg, das später als „Magdeburger Stadtrecht" durch die Schöffen bis nach Osteuropa verliehen wurde. Eike von Repgow (Nr. 229) fasste ab ca. 1224 das in den Bistümern Magdeburg und Halberstadt geltende Recht im „Sachsenspiegel" zusammen.

Von Magdeburg gingen mit der Predigt Dr. Martin Luthers in der spätgotischen Johanniskirche im Jahre 1524 wichtige Impulse für die Reformation aus. Magdeburg hatte sich den reformatorischen Lehren angeschlossen und trat 1531 dem Schmalkaldischen Bund zum Schutze der Reformation bei. Die Bürger der Stadt sagten sich damit vom Erzbischof und Domkapitel los. Daraufhin wurde die Stadt 1547 von Kaiser Karl V. in die Reichsacht erklärt und im folgenden Schmalkaldischen Krieg zog Kurfürst Moritz von Sachsen 1550/51 mit seinen Truppen gegen Magdeburg. Die Stadt widerstand aufgrund ihrer starken Umwehrung, die um 1500 für den Einsatz von Feuerwaffen umgebaut worden war, erfolgreich der Belagerung. Zwischen den Stadtvätern und dem Kurfürst kam es zum Vergleich, der Stadt Magdeburg wurde endgültig Religionsfreiheit zugesichert. Diese Position wurde der Stadt allerdings während des Dreißigjährigen Krieges (1618–1648) zum Verhängnis, denn sie nahm eine Schlüsselstellung für die kaiserliche Wiedereinnahme Norddeutschlands ein. Am 10. Mai 1631 wurde Magdeburg durch das kaiserliche (katholische) Heer unter Tilly und Pappenheim erobert und durch Feuer zerstört. Vor der Zerstörung hatte die Stadt ca. 17 000 Häuser mit etwa 30 000 Einwohnern, nach der Zerstörung verblieben 394 Gebäude mit etwa 450 Einwohnern. 20000 Menschen kamen ums Leben, die Übrigen konnten noch rechtzeitig fliehen. Die mittelalterliche Bausubstanz ging an diesem einen Tag fast vollständig verloren. Vernichtet wurden auch die Bestände des Stadtarchivs, wodurch manche Fragen zur Geschichte der Stadt ungeklärt bzw. undokumentiert bleiben werden. Der östliche Teil der Domfreiheit, der Dom und das Kloster Unser Lieben Frauen sowie die spätmittelalterliche Stadtbefestigung mit ihren Erweiterungen von 1626 bis 1630 blieben von dem Feuer weitgehend verschont. Der Erhalt der Befestigungsanlagen war für die urbane Entwicklung Magdeburgs von großer Bedeutung, weil dadurch zum Wiederaufbau nur die Fläche der mittelalterlichen Stadt weiterhin zur Verfügung stand, über welche die Stadt bei Verlust der Festungsanlagen hätte hinauswachsen können. So aber war der äußere Rahmen für den Neuaufbau begrenzt und blieb in den folgenden 200 Jahren für Magdeburgs Stadtentwicklung bestimmend.

Die Festungsstadt Magdeburg

Ein erster Plan für den Wiederaufbau der Stadt wurde 1632 von Otto von Guericke entworfen, einem Mann, der sich unablässig für die Belange der Stadt einsetzte und später durch seine wissenschaftlichen Forschungen weltweit Ruhm und Namen errang. Von Guericke bezog sich bei seiner Planung auf historische Vorbilder von Stadtplanungen auf der Grundlage orthogonaler Straßensysteme, die auch in nachfolgenden Zeiten häufig Anwendung fanden. Er gliederte den Stadtgrundriss neu, indem er beiderseits zum Breiten Weg in Nord-Süd-Richtung nahezu parallel verlaufende Verkehrsstraßen vorsah, die von drei in West-Ost-Richtung verlaufenden Straßenachsen gekreuzt wurden. In Anbetracht des damaligen Verkehrsaufkommens können die geplanten Straßen im Wesentlichen als Strukturierungselemente betrachtet werden, wobei jedoch die mittlere Magistrale, die das Ulrichstor im Westen mit dem Brücktor an der Elbe verband und die nördliche Achse, die vom Schrotdorfertor im Westen zur Elbufersenke nahe der Petrikirche führten, auch von verkehrstechnischer Bedeutung waren. Da noch weitere 16 Jahre Kriegszeiten herrschten, war ein schneller planmäßiger Aufbau der Stadt nicht möglich, zudem blockierten die bestehenden Eigentumsverhältnisse eine Überplanung des mittelalterlichen Stadtgrundrisses. Diese Problematik tauchte dann später nach der politischen Wende 1989 wieder auf und führte im Zusammenhang mit der geplanten Innenstadterneuerung zur Lösung durch so genannte Investitions-Vorrangverfahren. Späteren Generationen blieb

Handzeichnung des Stadtplanes von Magdeburg um 1790 mit der Vierteleinteilung

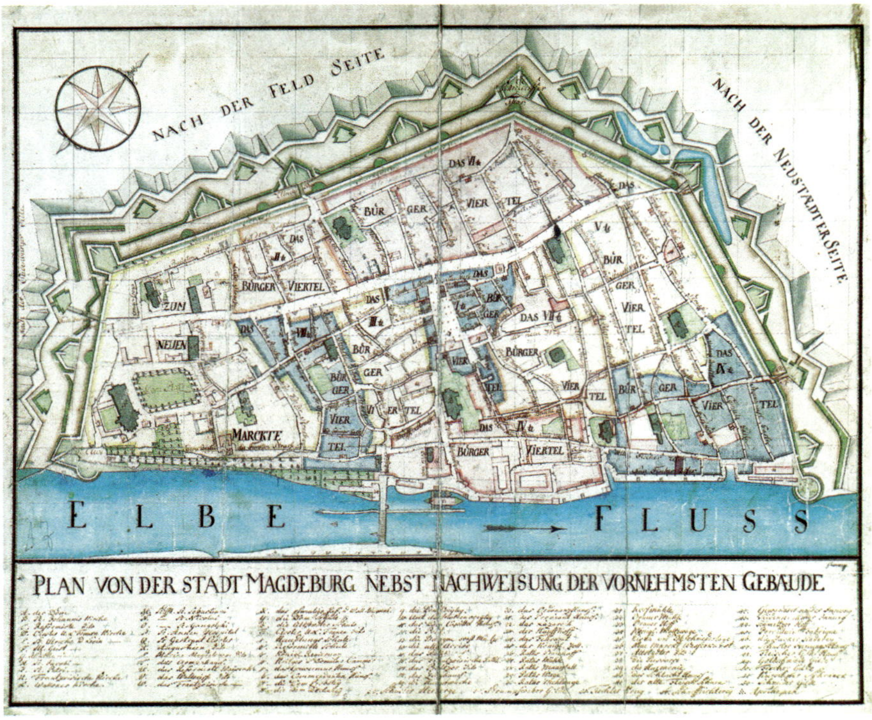

es auch vorbehalten, die städtebaulichen Ideen des Otto von Guericke zu verwirklichen. Die westliche der beiden geplanten Nord-Süd-Achsen, die heutige Otto-von-Guericke-Straße, wurde nach 1880 im Zusammenhang der Erweiterung des barocken Festungsgürtels angelegt. Die östliche entstand im Rahmen des Wiederaufbaus nach dem 2. Weltkrieg, zwar an anderer Stelle, am Elbufer, und nun auch wirklich als Verkehrsstraße. Die West-Ost-Verbindung zwischen Ulrichstor und Brücktor wurde in sehr ähnlicher Lage ebenfalls nach dem 2. Weltkrieg mit dem Ausbau der Wilhelm-Pieck-Allee (heute Ernst-Reuter-Allee) realisiert.

Für den Wiederaufbau der Stadt brauchte man etwa 100 Jahre; dass er so schleppend voranging, lag u.a. daran, dass der Bau von Festungsanlagen, z.B. der Zitadelle, im Mittelpunkt der staatlichen Baumaßnahmen stand. Der Rat der Stadt ließ zunächst bis 1689 die altstädtischen Kirchen wieder aufbauen und von 1691 bis 1698 erfolgte der Wiederaufbau des Rathauses (Nr. 74) mit einer Barockfassade zum Alten Markt. Von dem beim Stadtbrand zerstörten, mittelalterlichen Vorgängerbau ist nur noch der Ratskeller im Nordflügel erhalten. Vor der Rathausfassade steht auf dem Marktplatz eine Kopie des 1240 gefertigten Reiterstandbildes Otto des Großen, das Original befindet sich im Kulturhistorischen Museum von Magdeburg.

Neben der Bebauung mit Renaissance- und Barockbauten am Alten Markt bildeten sich in der ersten Hälfte des 18. Jahrhunderts zwei weitere Zentren des Wiederaufbaus in der Altstadt heraus. Es entstanden die Bebauung am Domplatz mit seinen barocken Prachtbauten Domplatz 7 bis 9 (heutiger Landtag, Nr. 3, 4, 5), der ehemaligen Domdechanei (Nr. 6), der ehemaligen Domherrenkurie (heute Staatskanzlei, Nr. 7), dem ehemaligen Königspalais (heutige Staatskanzlei, Nr. 8), der ehemaligen Neuen Möllenvogtei (Nr. 10) und dem nicht mehr erhaltenen Zeughaus, sowie der Breite Weg als eine der schönsten Barockstraßen Deutschlands mit Häusern des allmählich wieder wohlhabenden Bürgertums, von denen leider nur noch zwei Häuser erhalten sind (Nr. 54).

Für den wirtschaftlichen Wiederaufbau nach dem Dreißigjährigen Krieg war der Zuzug vieler Hugenotten, die nach der Aufhebung des Ediktes von Nantes 1685 ihre Heimat verließen, sowie der durch die Franzosen im Pfälzischen Erbfolgekrieg 1688/89 aus ihrer Heimat vertriebenen Pfälzer Reformierten von großer Bedeutung. Die Einwanderer waren maßgeblich an der Entwicklung der aufkommenden Manufakturen beteiligt. 1688 richteten sie die erste Tabakfabrik und 1690 die erste Strumpffabrik ein. Die Herstellung und der Export von Strümpfen, Tuchen, Handschuhen, Tabakwaren, Fayencen und Steingut entwickelte sich zu den tragenden Wirtschaftszweigen, deren Erfolg sich im Bau der zahlreichen repräsentativen Bürgerhäuser am Alten Markt und am Breiten Weg widerspiegelte.

Im Jahre 1680 fiel Magdeburg an Brandenburg-Preußen. Fürst Leopold von Anhalt-Dessau, der „Alte Dessauer“, trat 1702 das Amt als Gouverneur an, er ließ die Festungsanlagen ausbauen und entwickelte Magdeburg zur stärksten preußischen Festung. Bereits 1686 war in der Stadtmarsch auf der Werderinsel mit dem Bau der Zitadelle begonnen worden, deren Arbeiten 1706 abgeschlossen waren. Zur weiteren Stärkung der Ostfront der Befestigungsanlagen wurde am östlichen Ufer der Elbe, wo der Brückenzug endete, von 1718–1721 die Turmschanze errichtet, deren Inneres 1731 zur Besiedelung als Friedrichstadt freigegeben wurde. Ab 1718 wurde auch die schmale Südfront durch den Bau der Sternschanze verstärkt. Nach Fertigstellung

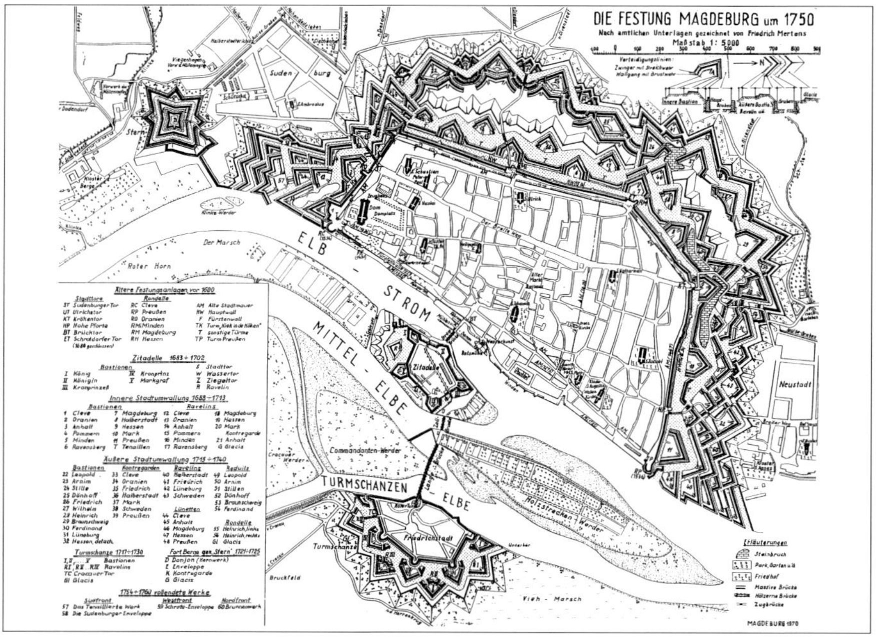

der Festungsanlagen nahmen diese eine Fläche von 200 Hektar ein, während die Fläche der Stadt Magdeburg innerhalb der Befestigungen nur 120 Hektar umfasste. 1740 ließ Friedrich II. von Preußen die Arbeiten an den Befestigungsanlagen einstellen.

Die Festungsanlagen hatten zu Beginn der Napoleonischen Kriege noch immer eine hohe militärisch-strategische Bedeutung. Nachdem Napoleon im Jahre 1806 die Truppen des preußischen Königs Friedrich Wilhelm III. in der Doppelschlacht von Jena und Auerstedt vernichtend geschlagen hatte, begann die Belagerung Magdeburgs. Nach dreiwöchiger Belagerung durch ca. 7.000 napoleonische Soldaten kapitulierte Magdeburg am 8. November 1806 widerstandslos mit einem Heer von etwa 23.000 Soldaten und es begann eine siebenjährige Besatzungszeit. Napoleon ließ die Befestigungsanlagen weiter ausbauen und das Schussvorfeld vor den gewaltigen Anlagen durch so genannte Rayons vergrößern. Hierzu wurden 1812 mehr als 400 Häuser, Kirchen, Hospitäler und u.a. auch das Kloster Berge abgerissen. Sudenburg wurde ganz abgerissen und die Neustadt (heute Alte Neustadt) etwa zu zwei Dritteln. Zum Ausgleich wurden zwei neue Vorstädte angelegt, Sudenburg an der Halberstädter Straße, südwestlich vom alten Standort und die Neue Neustadt nördlich der Alten Neustadt. Die Neuplanungen durch die napoleonische (westfälische) Verwaltung, an der französische Ingenieure beteiligt waren, sahen für beide neu anzulegende Vorstädte orthogonale Stadtgrundrisse vor. Die Planungen waren so großzügig, dass Verlauf und Breite der Straßen bis in die Gegenwart unverändert bleiben konnten. Der eigentliche Aufbau der neuen Vorstädte begann jedoch erst nach Abzug der Franzosen im Mai 1814.

Nachdem Napoleon 1812 die Sudenburg und weite Teile der Neustadt zur Vergrößerung der Verteidigungszonen hatte schleifen lassen, legte er Rayongrenzen fest, für die es besondere Bauvorschriften gab. Der Rayon war das Vorland der Festungsanlage, das ein freies Schussfeld gewährleistete und einem angreifenden Feind keine Möglichkeit zur Deckung geben sollte. Eventuelle Gebäude innerhalb der Rayongrenzen mussten deshalb so ausgeführt werden, dass sie im Falle einer Belagerung oder eines Angriffs sehr schnell abgerissen werden konnten. Das Reichs-Rayongesetz von 1871 modifizierte die napoleonischen Regelungen. Im 1. Rayon waren nur Gebäude aus Holz oder leicht zerstörbaren Eisenkonstruktionen zulässig, wodurch Wohngebäude nahezu ausgeschlossen waren. Im 2. Rayon waren Häuser aus Holz mit gemauertem Fachwerk zulässig, für Gebäudehöhen, Dacheindeckungen, Wandstärken, Feuerungsanlagen usw. gab es spezielle Vorschriften. Hierdurch entstand ein eigener Gebäudetyp, das Rayonhaus, ein Fachwerkhaus, das in den Versionen als Villa (Nr. 257), Ein- und Zweifamilien-Wohnhaus und als Mehrfamilien-Mietshaus (Nr. 262) ausgeführt wurde. Etwa 80 der so genannten Rayonhäuser sind in Magdeburg noch erhalten. Nach der Aufhebung der letzten Rayonbestimmungen im Jahr 1891 wurden die stadtnah gelegenen Rayonflächen begehrtes Bauland für Gewerbestandorte und Wohnbauten, insbesondere für Wohnhäuser und Villen wohlhabender Leute.

Der im Juli 1807 mit Napoleon geschlossene Frieden von Tilsit beließ Preußen nur die Hälfte seines Territoriums, nämlich die Gebiete östlich der Elbe, und besiegelte auch das Schicksal der Festungsstadt Magdeburg. Diese wurde 1807 dem von Napoleons Bruder Jérôme regierten Königreich Westfalen als Hauptstadt des Elbedepartements einverleibt, das die Börde und die Altmark umfasste. Im April 1814 musste Napoleon abdanken, seine Truppen verließen Magdeburg. Nach Napoleons Abzug übernahmen erneut die Preußen die Festung, an der sie sogleich instandsetzende, erneuernde und verändernde Baumaßnahmen durchführten. So wurde wieder über Jahre an den Festungsanlagen gebaut, bis durch den Bau der Eisenbahn ab 1838 neuerliche größere Veränderungen erforderlich wurden.

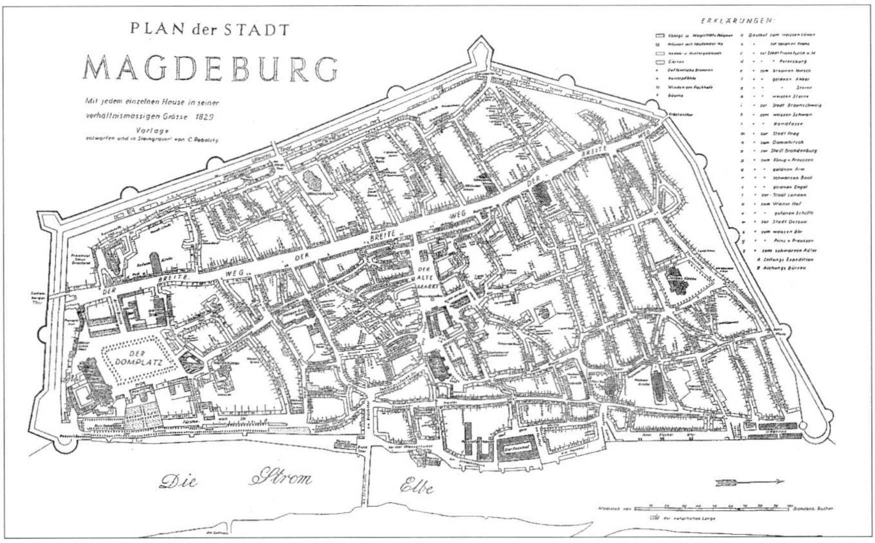

Die Entwicklungen im 19. Jahrhundert

Die Einführung neuer Geschütze, die eine wesentlich größere Reichweite und eine höhere Treffsicherheit hatten, stellte die Nützlichkeit der vorhandenen Befestigungswerke zunehmend in Frage. Eventuelle feindliche Angriffe mussten weit vor der Stadt abgewehrt und entsprechende Werke dort angelegt werden. So wurden 1866/67 in einer Entfernung von zwei bis drei Kilometer vor der Stadt an zwölf strategisch wichtigen Punkten Forts erbaut. 1869 hatte die Militärverwaltung mit der Einebnung der inneren westlichen Festungswerke begonnen, es folgte die Schleifung der südlichen Festungsanlagen mit den Bastionen Cleve, Oranien und Anhalt, die innerhalb des späteren Stadterweiterungsbereiches lagen. Nachdem 1884 die Beseitigung der Befestigungsanlagen an der Nordfront von der Landesverteidigungskommission für zulässig erklärt wurde, begannen auch dort die Abtragungen und schon 1886 erfolgte die Eingemeindung von Neustadt zur Stadt Magdeburg. Der Fortgürtel erfuhr noch 1890 durch den Bau eines weiteren Forts und fünf einfacher gestalteter Zwischenwerke eine Verstärkung. Am 1. April 1912 wurde die Stelle des Kommandanten der Festung Magdeburg eingezogen, Magdeburg hörte auf Festung zu sein. Große Teile der Befestigungsanlagen waren zu diesem Zeitpunkt bereits abgetragen, die Forts wurden eingeebnet, anderweitig genutzt bzw. überbaut. Von den einst so gewaltigen Festungsanlagen sind heute in Magdeburg nur noch wenige Spuren offensichtlich ablesbar. Manche Straßenzüge lassen noch die Formen von Festungswerken erkennen, wie z.B. der Sachsenring und der Adelheidring, an denen Reste der ehemaligen Glacisanlagen und der Kaponniere im Ravelin 2 liegen (Nr. 58), oder die heutige Straße Zuckerbusch, an der die Form der ehemaligen Sturmschanze abzulesen ist. Auch der Fürstenwall (Nr. 14) ging aus Befestigungsanlagen hervor. Weitere bauliche Reste sind z.B. von der Defensionskaserne Mark (Nr. 86) und vom Fort 12 an der Südspitze des Rotehornparks zu finden. Da die Forts und Zwischenwerke meist mit Sport-, Freizeit- oder Grünanlagen überbaut wurden, kann der Fortgürtel im Stadtgrundriss noch nachvollzogen werden: Fort 1 an der Sportanlage am Platz der Freundschaft, Fort 2 mit dem Freibad Süd an der Leipziger Straße, Zwischenwerk 4a auf dem Gelände des Guts-Muths-Stadion, Fort 6 an der Lerchenwuhne, Zwischenwerk 6a auf der Grünfläche Birkenweiler, Fort 7 an der Sportanlage Klosterwuhne, Zwischenwerk 8 am Sportzentrum Werner-Seelenbinder und Fort 12 im Rotehornpark.

1844 setzten die Stadtverordneten eine Kommission ein, die die Möglichkeiten einer Stadterweiterung eruieren sollte, da sich die Wohnverhältnisse in der Stadt in einem katastrophalen Zustand befanden. In den Jahren von 1780 bis 1846 hatte sich die Einwohner-

Plan Magdeburgs aus dem 19. Jh.

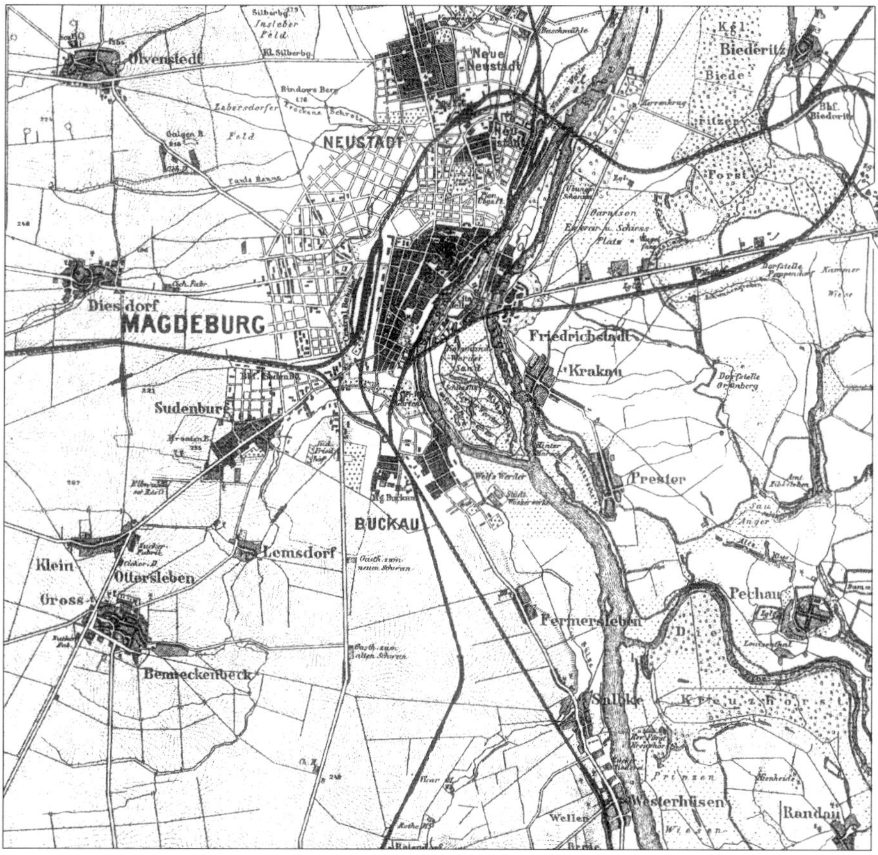

zahl in der Altstadt verdoppelt. Über viele Jahre wurden immer wieder Verhandlungsvorstöße von Seiten der Stadt mit der Militärverwaltung und dem preußischen Staat vorgenommen, bis endlich 1865 die Genehmigung erteilt wurde, dass sich die Stadt bis an die neu herzustellende Verteidigungslinie von der Bastion Dönhoff bis zum Stern, bei einer Verstärkung der äußeren Enceinte und bei Beibehaltung der Rayongrenzen, erweitern dürfe. Hierzu musste die Stadt das Terrain vom Staat erwerben. Durch Abwägung verschiedener Gesichtspunkte verzögerten sich die Kaufverhandlungen und im November 1867 wurde die Stadt mit der Tatsache konfrontiert, dass die Eisenbahngesellschaft in eigenständigen Verhandlungen einen großen Teil des westlichen Geländes für die Errichtung eines Zentralbahnhofes erworben hatte. Schließlich schloss die Stadt im Herbst 1870 einen Kaufvertrag mit dem Militärfiskus ab, der im April 1871 vom Kriegsministerium genehmigt wurde. Damit war endlich der Weg frei für die dringend erforderliche südwestliche Stadterweiterung, die sich aber immer noch innerhalb von Befestigungsanlagen befand. Seit dem 13. Jahrhundert war die Fläche der Stadt innerhalb der Befestigungen beschränkt auf den Bereich zwischen der heutigen Walther-Rathenau-Straße im Norden, der Erzberger- und Otto-von-Guericke-Straße im Westen und der heutigen Danzstraße im Süden. Die östliche Grenze bildete die Elbe bzw. das Schleinufer. Durch die südwestliche Stadterweiterung konnten die Flächen zwischen der Danzstraße, der heutigen Bahnhofstraße und der heutigen Geißlerstraße im Süden, hinzu gewonnen werden.

Die Stadt Magdeburg hatte auch das weite Gelände des 1813 zerstörten Klosters Berge erworben und auf diesem Areal von 1825–1835 nach Plänen von Peter Josef Lenné eine große Parkanlage als öffentlichen Volksgarten anlegen lassen (Nr. 254). Während der Kriegs- und Besatzungszeiten war fast der gesamte Bestand an Grünanlagen in Magdeburg abgeholzt worden, so dass dringend Erholungsflächen für die Bevölkerung geschaffen werden mussten. Der Park wurde nach König Friedrich Wilhelm III. Friedrich-Wilhelms-Garten genannt. Für die Gesellschaftshäuser im Klosterberge-Garten und im Herrenkrug wurde der bedeutendste Baumeister des Klassizismus, Karl-Friedrich Schinkel, hinzugezogen. Schinkel hatte bereits die Pläne für die 1821–1824 neu erbaute Nikolaikirche in der Neuen Neustadt ausgearbeitet.

Die wirtschaftliche Entwicklung Magdeburgs war im 19. Jahrhundert noch jahrzehntelang durch die Befestigungsanlagen behindert. Die Industriezweige ähnelten in der ersten Hälfte des 19. Jahrhunderts noch weit gehend denen des 18. Jahrhunderts. Um 1840 dominierten Textil-, Tabak-, Leder-, Porzellan-, Zucker- und Seifenfabrikation. Darüber hinaus gab es allein 75 Brauereien, Schnaps- und Likörfabriken in der Stadt. Einige Fabriken, besonders in der Zucker- und Zichorienproduktion, hatten ihre Anlagen aus Platzgründen bereits in die Vororte wie Sudenburg oder Neue Neustadt verlegt. Diesem Beispiel folgten Mitte des Jahrhunderts die Gründer vieler Unternehmen, weil es in den Vororten genügend und billiges Bauland und keine einschränkenden Baubestimmungen gab. So entwickelten sich Buckau, die Neue Neustadt und Sudenburg zu Fabrikstandorten mit schnell wachsender Bevölkerungszahl. Insbesondere in Buckau entwickelte sich die Metallverarbeitung in Klein- und Mittelbetrieben, ab 1870 entfaltete sich die Großindustrie. Mit der Ausdehnung der Altstadt und dem Industrieaufschwung in den Vororten erfolgte die Eingemeindung der benachbarten Städte und Dörfer, die für die Zukunft der weiteren industriellen und baulichen Entwicklung Magdeburgs Bedeutung hatten: Sudenburg 1867, Neustadt 1886, Buckau 1887, Rothensee 1908, Cracau, Fermersleben, Lemsdorf, Prester, Salbke und Westerhüsen 1910.

Der wirtschaftliche Aufschwung wurde nach dem gewonnenen Krieg gegen Frankreich im Jahre 1871 weiter verstärkt. Gemäß Friedensschluss von Versailles musste Frankreich dem Deutschen Reich die gewaltige Kriegsentschädigung von fünf Milliarden Francs zahlen. Es begann die Zeit, die aufgrund der Entfaltung der Großindustrie, der Firmen-Neugründungen und der Investitionen in allen Wirtschaftsbereichen und in Bereichen des gesellschaftlichen Lebens als Gründerzeit definiert wird.

Nach der ersten Depression von 1873 wurde Kapital zu günstigen Konditionen angeboten und es kam zu einem Aufschwung der Bautätigkeit in Magdeburg, insbesondere in der südwestlichen Stadterweiterung, die mit dem Einebnen der alten und der Errichtung neuer, weiter südlich gelegener Festungsanlagen ab 1869 eingeleitet wurde. Die Wohnbebauung für die südwestliche Stadterweiterung erfolgte von Nord nach Süd fortschreitend von 1870 bis 1890. Als Grundgerüst für die Bebauung diente das seit der Antike bekannte und bewährte orthogonale Raster, wie es auch schon von den Ingenieuren Napoleons in der Neuen Neustadt angewendet worden war. Diesem System wurden die vorhandenen Hauptverkehrsstraßen überlagert, die am Hasselbachplatz sternförmig zusammenlaufen. Durch diese Planung entstanden Straßengevierte, die durch Blockbebauungen städtebaulich geprägt waren. Sowohl der hohe Nachfragedruck nach Wohnungen wie profitorientierte Interessen führten zu einer größtmöglichen Überbauung der Grundstücke mit Seitenflügeln und Hinterhäusern. Da die bestehende Bauordnung derartige Höchstausnutzungen ermöglichte, entstanden in der südwestlichen Stadterweiterung Wohnquartiere mit ungünstigsten wohnhygienischen Bedingungen im Stil der Mietskasernen, häufig mit einer gewerblichen Nutzung in den Erdgeschossen. Die Wohnungen waren klein, schlecht belichtet und belüftet, aber zur Straße hin zeigten die Häuser eine Schmuckfassade mit reichhaltiger Ornamentik. Die Haupt- und Nebenstraßen wurden in ihrer Breite, Ausstattung und Gestaltung der Fassaden entsprechend der sozialen Struktur der Bewohner differenziert.

In ganz Europa beherrschten historisierende Bauten die in den achtziger und neunziger Jahren entstandenen Stadtquartiere. Dabei hing der Rückgriff auf die jeweilige Stilepoche im Einzellfall vom Zufall ab, vom Geschmack des Bauherren, der Funktion des entsprechenden Gebäudes oder von regionalen Einflüssen. Am Hasselbachplatz und an den beiden breiten Hauptstraßen Otto-von-Guericke-Straße und Breiter Weg wurden die Fassaden besonders prächtig gestaltet und die großen Vorderhauswohnungen waren hell und sonnig. In den schmalen, baumlosen Nebenstraßen mit überwiegend fünfgeschossiger Bebauung war die Wohnqualität nur geringfügig besser als in den Wohnungen an den lichtlosen Hinterhöfen. Die Fassadengestaltungen entsprachen zeitgemäß dem Historismus, indem hier überwiegend Formenelemente der Neorenaissance, seltener des Neobarock, eingesetzt wurden. Die vom Dom aus nach Süden führende Hegelstraße (Nr. 24) unterschied sich in mehrfacher Weise von der üblichen Bebauung der südwestlichen Stadterweiterung. Der weite Straßenraum, mit einer bildhaften Pflasterung der Fußwege, wurde durch Vorgärten begrünt und zwischen die gründerzeitlichen Mietshäuser mischten sich prächtige Einfamilienstadthäuser und einige öffentliche Gebäude. Der auf der ehemaligen Bastion Cleve angelegte Park am Fürstenwall bildete einen repräsentativen Abschluss dieses im Stadtbild hervorgehobenen Straßenzuges. Die südwestliche Stadterweiterung war in der Konzeption ihrer stadtplanerischen Anlage und in der Ausprägung ihrer Architektur mit reichhaltigem Fassadenschmuck ein typisches gründerzeitliches Stadtviertel.

Nach jahrzehntelanger baulicher Vernachlässigung setzten 1985 durch Sanierungen und Entkernungen der Hinterhöfe erste Maßnahmen zur Erneuerung des Wohngebietes ein (Nr. 37). Nach der Wende rückte das südliche Stadtzentrum mit seiner umfangreich erhaltenen historischen Bausubstanz in den Mittelpunkt der Planungsinteressen. Um eine spekulative Vermarktung und eine drohende Zerstörung des historisch wertvollen, typischen Stadtgebietes zu verhindern, wurde es im Februar 1991 mit einer Erhaltungssatzung nach Bundesbaugesetz belegt. Diese Maßnahme ermöglichte eine behutsame Sanierung, in der die Blockinnenbereiche intensiv entkernt wurden, die architektonischen, stadtbildprägenden Strukturen aber erhalten blieben. In der Folge entwickelte sich das südliche Stadtzentrum zu einem attraktiven, innerstädtischen Wohngebiet.

Nach Aufhebung weiterer Festungsanlagen erwarb die Stadt die südlich anschließende Fläche der ehemaligen Sternschanze und verkaufte sie als Bauland (Nr. 30). Die in den beiden ersten Jahrzehnten des zwanzigsten Jahrhunderts erstellte Bebauung folgte nicht mehr einem einheitlichen Schema. Stilistisch sind die Gebäude verschiedenen Einflüssen zuzuordnen, Neoklassizismus, Jugendstil und vom Werkbund beeinflusste Elemente sind zu finden. Die Bebauung des Sterngeländes bildet in etwa den südlichen Abschluss des heutigen Stadtteils Altstadt.
Unter den Einwirkungen der Gründerzeit entwickelte sich im letzten Drittel des 19. Jahrhunderts auch die Bebauung in Stadtfeld. (1892 wurde Stadtfeld zu Ehren des Kaisers in Wilhelmstadt umbenannt, 1945 erfolgte die Rückbennung in Stadtfeld.) Auf dem westlich der Altstadt gelegenen Gelände befanden sich über einen langen Zeitraum der Geschichte kleine, landwirtschaftliche Betriebe, die nur für die Versorgung mit Gemüse und Getreide für die Stadt Magdeburg von Bedeutung waren. Bis zu Beginn der 20er Jahre des 19. Jahrhunderts hatte sich die Besiedlung unbedeutend

Magdeburg vor der Zerstörung (ca. 1941)

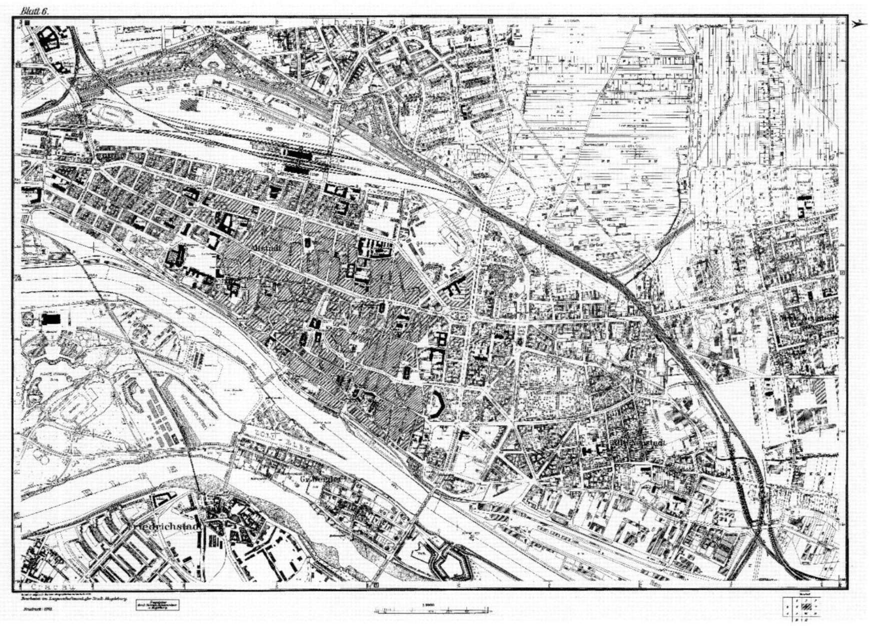

vergrößert. Zu dieser Zeit wurden die ersten Zichoriendarren im Gelände des Stadtfelds angelegt. Der Zichorienhandel entwickelte sich zu einem wichtigen Wirtschaftsfaktor Magdeburgs. Erst nach Beginn der Gründerzeit war eine deutliche Steigerung der Besiedlung zu verzeichnen, mit der die Einwohnerzahl ständig schneller stieg. 1875 lebten 3.400 Menschen in Stadtfeld, 1890 waren es bereits mehr als 10.000 und 1894 wurden 15.783 Einwohner ermittelt. In dieser Zeit erhielt Stadtfeld im Volksmund den Beinamen „Beamtenviertel", weil nach dem Anteil der Handwerker und Fabrikanten der Anteil der Beamten an der Einwohnerschaft besonders hoch war, gefolgt von dem Anteil der Arbeiter. Diese Anteilsverhältnisse in der Bewohnerschaft spiegelten sich in der Baustruktur des Stadtfelds wider.

Da die Rayonbestimmungen für Stadtfeld erst 1891 aufgehoben wurden, konnten innerhalb der stadtnahen Rayongrenzen nur Fachwerkhäuser gebaut werden. Diese Möglichkeiten nutzten vor allen Dingen Handwerker zur Errichtung von Werkstätten und im 2. Rayon auch Kaufleute und Fabrikanten zur Errichtung eigener Wohnhäuser. In der ersten Hälfte der 80er Jahre begann die sukzessive Errichtung von Mietshäusern. Die bekannte Wohnungsnot und Interessen einer möglichst hohen Gewinnmaximierung führten auch in Stadtfeld zu einer hohen Grundstücksausnutzung durch eine Bebauung mit Vorder-, Hinter- und Seitenhäusern. Bezeichnend für die Bebauung in Stadtfeld sind die vielfältigen Gestaltungsstile. Neorenaissance, Neubarock, Jugendstil und Neoklassizismus und der stilpluralistische Eklektizismus sind in Stadtfeld fassadenprägende Gestaltungselemente. Durch unterschiedliche Grundrisslösungen und differenzierte Bebauungsdichten wurden die Mietwohnungen auch von einer zahlungskräftigeren Mieterschaft nachgefragt.

Um die Jahrhundertwende trat die Diskussion um höhere wohnhygienische Ausstattungen von Wohnungen immer mehr in den Vordergrund. Neben einer Verbesserung des Wohnungsstandards erfolgte eine Abwendung vom Architekturdekor der vergangenen Jahre. Die Mietshäuser sollten bereits beim Anblick Helligkeit und Offenheit vermitteln. Vorbildhaft schien hierfür das Landhaus, dessen Architekturelemente auf das städtische Mietshaus übertragen wurden (Nr. 166).

Während der Gründerzeit traten vorwiegend Bauunternehmer als Bauherren und Entwurfsverfasser auf. In Stadtfeld wurden bis 1900 weniger als 10 % der Häuser von Architekten wie z. B. Cornelius und Jaehn entworfen. Von den von 1900 bis zum 1. Weltkrieg gebauten Gebäuden wurden etwa 50 % von Architekten wie z. B. Georg Blume, Heinrich Geiling, Bartel Hanftmann und Maximilian Worm geplant.

Das Stadtfeld blieb von den Zerstörungen des 2. Weltkriegs weitgehend verschont, so dass noch ganze Straßenzüge in ihrer ursprünglichen Substanz erhalten sind und somit die Chance besteht, die begonnenen Sanierungen und Modernisierungen zur Schaffung eines höheren Wohnkomforts fortzusetzen.

Infolge des wirtschaftlichen Aufschwungs der Gründerzeit entstanden in Magdeburg vermehrt Villenbauten, die vornehmlich von Kaufleuten und Industriellen errichtet wurden. Bevorzugte Standorte lagen stadtnah am Rand der begrünten Rayonanlagen, deren Aufhebung unmittelbar bevorstand bzw. bereits erfolgt war und, von Industriellen bevorzugt, in der Nähe der Fabrikanlagen. Sowohl auf dem Werder in der Mittagstraße, als auch in der Klausenerstraße und der Halberstädter Straße in Sudenburg, sind neben vielen Einzelstandorten noch vermehrt gründerzeitliche Villen erhalten.

Die Jahrzehnte ab 1880 wurden durch Massenproduktion, Verstädterung und Wachstum geprägt. Es waren die Jahre der so genannten zweiten Industrialisierungsphase, die sich im Stadtbild durch Elektrifizierung des öffentlichen Nahverkehrs und die verbesserte Straßenbeleuchtung ausdrückte. Magdeburg hatte sich zum Wirtschaftszentrum Mitteldeutschlands entwickelt. Hierbei spielte insbesondere der Zuckerhandel nach Einführung des Zuckerterminhandels eine große Rolle. Die Bedeutung Magdeburgs als Hochburg des Handels sank vor der Jahrhundertwende, während die Industrie, insbesondere die Metallindustrie, stärker aufblühte und erstarkte. Innerhalb des Aufschwungs konnten sich noch viele Klein- und Mittelbetriebe im Konkurrenzkampf mit den Großbetrieben behaupten, 1900 setzte jedoch eine Rezession aufgrund der Stagnation im Zuckerhandel und der Braunkohleindustrie ein. Die Großbetriebe reagierten daraufhin marktwirtschaftlich, strafften ihr Sortiment zu Lasten vieler kleinerer Zulieferbetriebe und konzentrierten sich stärker auf eine betriebswirtschaftlich kostengünstigere Serien- und Massenfertigung. Der darauf folgende Konjunkturaufschwung ab 1904 zog viele Facharbeiter von auswärts nach Magdeburg. Bei zunehmender Bevölkerung wurde die bauliche Auslastung der innerstädtischen Grundstücke aufs höchste ausgenutzt und die Belegung der Wohnungen bis zu einem untragbaren Maße erhöht. Der Nachfragedruck nach Wohnungen, Bodenspekulation und privatwirtschaftliche Interessen führten auch in den Industrievororten wie Buckau, Fermersleben und Salbke zu einer Bebauungsdichte, die die in der Altstadt beinahe übertraf. Vier- bis fünfgeschossige Mietshäuser mit Seitenflügeln und Hinterhäusern schufen engste Baustrukturen mit lichtlosen Hinterhöfen. Der häufig zitierte Vergleich der Magdeburger Bebauung mit den Berliner Mietskasernen gleicher Epoche hatte durchaus seine Berechtigung.

Während die Industrie expandierte, wurde die Nachfrage nach Wohnungen in Arbeitsplatznähe immer drückender. Nicht nur in Magdeburg, sondern auch in anderen großen deutschen Städten wurde die „Wohnungsfrage" immer brisanter und heftig diskutiert. Die Zeiten waren von politischen Unruhen geprägt, eine Befriedigung der von der Wohnungsnot massiv betroffenen Arbeiterschaft wurde immer dringlicher und die Forderung nach einer Bau- und Bodenreform immer deutlicher. In Magdeburg wurde 1909 eine neue Bauordnung erlassen, die aber noch keine wesentlichen Änderungen brachte. Zwar wurden nun Gebäudehöhen von Straßenbreiten abhängig gemacht und für die Belichtung von Wohnräumen mussten bestimmte Regeln eingehalten werden, aber Seitenflügel und Hinterhäuser waren noch gestattet. Aus diesen Verhältnissen heraus bildeten sich in Magdeburg die ersten Baugenossenschaften. Ihr Ziel war die Schaffung von gesundem und preiswertem Wohnraum für die Bevölkerung der unteren Einkommensschichten. Schon bald, noch vor dem 1. Weltkrieg, waren die ersten Beispiele des neuen Wohnungsbaus geschaffen (z.B. in Fermersleben, Faberstraße). Die Wohnungen waren aus Kostengründen sehr klein und an den Gebäuden wurde weitgehend auf Architekturzierrat verzichtet, aber die Baukörper waren so zueinander ausgerichtet, dass jede Wohnung ausreichend belichtet und belüftet war. Jede Wohnung verfügte über eine eigene, innen liegende Toilette, jede Wohnung war ausreichend beheizbar, und in der Bautechnik entsprachen die Gebäude einem modernen, wenn auch geringem Standard.

Das Neue Bauen der zwanziger Jahre

Nach dem 1. Weltkrieg war ganz Europa ein erschütterter, wirtschaftlich darnieder liegender Kontinent. In dieser Zeit der politischen und wirtschaftlichen Unsicherheit entwickelte sich im Bereich der Architektur eine geistige Bewegung, die durch alle Länder ging, auf der Suche nach einer neuen architektonischen Formensprache und nach Konzeptionen für eine neue Stadt. Schon die Zeit vor 1914 hatte diesen Aufbruch eingeleitet. Aus England war die Gartenstadt als Modell von Wohnreformen und neuer Stadtstruktur bekannt, die futuristischen Stadtentwürfe aus Italien hatten neue Maßstäbe gesetzt, das neue Baumaterial Eisenbeton war durch die Jahrhunderthalle von Max Berg 1913 in Breslau überzeugend eingeführt und die vielen berühmten Industriebauten aus Finnland, Italien, Frankreich, den Niederlanden und Deutschland zeugten von einer neuen Architektursprache. Während des Krieges war für viele Architekten die Architektur eher Theorie geblieben, doch angeregt durch die neuen Ideen, durch aktiven Austausch, durch Ermutigung und Solidarität – in den einzelnen Ländern hatten sich Gruppen und Vereinigungen gebildet wie „De Stijl" in Holland, die „Gläserne Kette, der „Arbeitskreis für Kunst", der „Ring" und andere in Deutschland, in Weimar wurde das Bauhaus gegründet – hatte sich eine neue Bauauffassung und ein neues gesellschaftliches Weltbild entwickelt. Es basierte auf der Überzeugung der Gleichheit aller Menschen und die neue Bauauffassung auf der Synthese von zweckvollem, sozialem Wohnungsbau unter Berücksichtigung moderner Baustoffe und Produktionsmittel und der stadtbildnerischen Planung.

In ganz Europa wurde der soziale Gedanke kennzeichnend für das Neue Bauen und die Suche nach einer neuen Architektursprache führte auf allen eingeschlagenen Wegen, ob rationalistischen, konstruktivistischen oder expressionistischen, zu Lösungen, die heute noch als vorbildlich zitiert werden.

Vor diesem historischen Hintergrund ist die Bedeutung und Wertigkeit der Magdeburger Siedlungen der zwanziger Jahre zu sehen. Unabhängig von ihrer jeweiligen Ausformung sind sie in ihrer Gesamtheit und auch im

Generalsiedlungsplan Magdeburgs von 1928

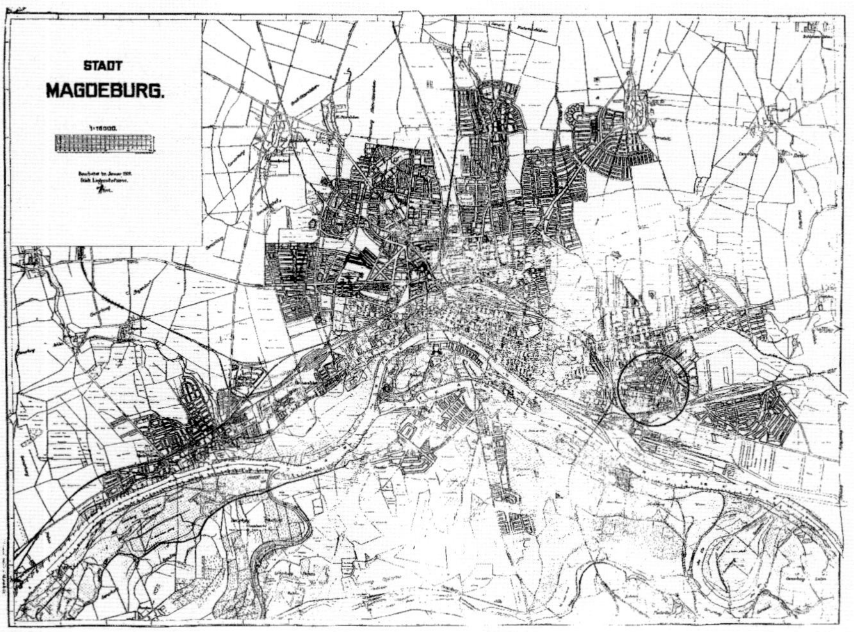

Einzelnen Ausdruck einer Bauepoche, die stadtplanerisches und wohnungspolitisches Denken im Interesse der Bewohner in den Vordergrund stellte. Unter den vielen in Deutschland geschaffenen Beispielen des modernen Siedlungsbaus dieser Epoche nehmen die Magdeburger Siedlungen eine hervorragende Stellung ein, weil in kaum einer anderen Stadt vergleichbarer Größenordnung eine perspektivische, gesamtstädtische Siedlungsplanung so konsequent realisiert wurde wie hier.

Für Magdeburg brachte das Ende des 1. Weltkrieges unzählige Probleme, die sich auch auf die Wohnungsversorgung auswirkten. Während des Krieges war der Wohnungsbau nahezu eingestellt worden, da sich alle wirtschaftlichen Investitionen und die gesamte Produktion auf kriegstechnische Aufgaben konzentrierten. Besonders in der Metall- und Maschinenbauindustrie, die während des Krieges Rüstungsgüter erzeugte, entfiel bei der Umstellung auf eine Friedensproduktion eine große Anzahl von Arbeitsplätzen, so dass viele Arbeitskräfte entlassen wurden. Im Frühjahr 1919 war mehr als ein Drittel der erwerbsfähigen männlichen Arbeiter ohne Beschäftigung. Arbeitslosigkeit, Hunger und Not charakterisierten die Situation weiter Teile der Bevölkerung. Bereits während des Krieges hatte die Wohnungsnot beständig zugenommen, da die Rüstungsindustrie Arbeitskräfte vom Lande in die Stadt gezogen hatte, die Rückkehr der Soldaten verschärfte die Situation. Im letzten Kriegsjahr wurden mit städtischen Mitteln Not- und Behelfswohnungen errichtet, die aber kaum Abhilfe schufen. Auf billig verfügbarem Bauland ließ die Stadt in verschiedenen Stadtteilen so genannte „provisorische Unterkünfte“ unterschiedlichen Standards errichten. Von geringster Qualität waren die als Notquartiere erbauten Barackenwohnungen, Behelfswohnungen (Nr. 127) waren für eine Nutzungsdauer von etwa 30 Jahren geplant. Ab April 1919 wurden auch Pensionen und Hotels zur Wohnraumbeschaffung einbezogen und mit In-Kraft-Treten der Reichs-Wohnungsmangelverordnung erfolgte ab September 1919 eine Zwangsbewirtschaftung des vorhandenen Wohnraums. Trotz des großen Defizits wurde der Wohnungsbau vom Privatkapital nicht in Angriff genommen, da die potentielle Mieterschaft nicht zahlungsfähig war und die fortschreitende Inflation keine baldige wirtschaftliche Änderung erwarten ließ. Während des Krieges war ein Mangel von ca. 4 000 Wohnungen in Magdeburg ermittelt worden, 1922 fehlten etwa 9 000 Wohnungen.

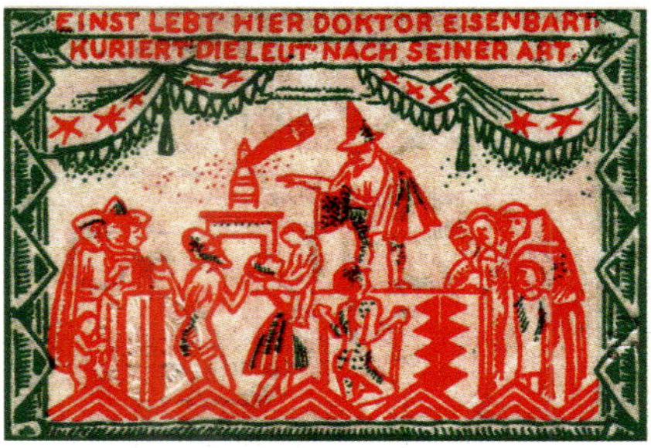

Das Ende der Monarchie bedeutete für Magdeburg eine stadtgeschichtliche Zäsur von weit reichender Bedeutung. Da die Aufhebung des Dreiklassenwahlrechts der zahlenmäßig starken Arbeiterschaft erstmals die uneingeschränkte Teilnahme an Wahlen ermöglichte, erzielten die Sozialdemokraten bei der Wahl zur Stadtverordnetenversammlung am 2. März 1919 eine absolute Mehrheit. Im Magistrat – der die Verwaltung führte und eigene Beschlusskompetenz besaß – überwog jedoch eine Mehrheit der bürgerlichen Parteien, so

dass beide Gremien durch ein Blockieren von Beschlüssen eine konstruktive Kommunalpolitik hätten verhindern können. Diese Konstellation erforderte einen Oberbürgermeister, der in der Lage sein würde, die Interessen des mehrheitlichen gewählten Stadtparlaments mit denen des Magistrats in einen praktikablen Einklang zu bringen. In dieses Amt wurde der Sozialdemokrat Hermann Beims im April 1919 ohne Gegenstimme zum Oberbürgermeister gewählt. Während seiner zwölfjährigen Amtszeit bis 1931 gelang es Hermann Beims, politische Gegensätze zu entschärfen, tragfähige Kompromisse zu erzielen und Neuerungen anzuregen, die sowohl das Gemeinwohl der Bevölkerung Magdeburgs berücksichtigten wie auch dem Ansehen und der Bedeutung der Stadt mehr Gewicht verschafften. Er besetzte frei werdende Stellen in Ämtern und städtischen Einrichtungen mit kompetenten, kreativen Fachleuten, die neue reformerische Ideen einbrachten, wie z. B. Stadtschulrat Hans Löscher, Stadtmedizinalrat Paul Konitzer und die Architekten Bruno Taut und Johannes Göderitz. Hermann Beims stellte die Weichen für die Entwicklung Magdeburgs zur Stadt der „Moderne“.

Eine seiner folgenreichen ersten Maßnahmen war 1921 die Berufung von Bruno Taut zum Stadtbaurat. Bruno Taut war in Magdeburg durch seine Tätigkeit in der Arbeitersiedlung Gartenstadt-Kolonie Reform bereits bekannt, doch seine Auswahl für die Stelle des Stadtbaurats war nicht unumstritten, zumal er über keinerlei Erfahrung in der Bauverwaltung verfügte. Mit der Berufung des 41-jährigen Taut übernahm erstmals ein junger Avantgardist die Leitung einer Bauverwaltung.

Gleich im ersten Jahr seiner Tätigkeit legte Bruno Taut die Zeitschrift „Frühlicht“ wieder auf, die bereits 1920 als Anhang zur Zeitschrift „Stadtbaukunst alter und neuer Zeit“ in Berlin erschienen war. Sein erster Artikel begann mit dem später viel zitierten Satz: „Von Magdeburg nimmt nun ein Frühlicht seinen Lauf.“ Diesen Satz hat Taut durchaus doppeldeutig gemeint. Zum einen bezog er sich auf die nun wieder erscheinende Zeitschrift, zum anderen bezog er sich auf die inhaltliche Planungsarbeit in Magdeburg, die Taut zu leisten gewillt war.

Schon im August 1921 empfahl er die Neubildung des Hochbauamtes III (das später in Stadterweiterungsamt umbenannt wurde), dem die zusammenfassende städtebauliche Arbeit übertragen wurde. Dieses Amt sollte nicht nur perspektivische Stadtentwicklungs- und Bauplanung betreiben, sondern auch Einzelheiten der gestalterischen, bautechnischen und siedlungstechnischen Ausführungen beeinflussen.

Von Beginn an suchte er auch nach neuen Wegen in der inhaltlichen Arbeit seines Amtes, bei der er sich im Wesentlichen als Koordinator eines großen Gemeinschaftsgedankens sah und er warb um Künstler und Architekten zur Mitarbeit an seinen Aufgaben. Es kamen die Maler Oskar Fischer und Karl Völker, die Architekten Johannes Göderitz, Carl Krayl, Konrad Rühl und Georg Gauger nach Magdeburg. Taut strebte eine kooperative Zusammenarbeit mit seinen Mitarbeitern an, in der sich die Ideen und das Können der Einzelnen zu einem gemeinsamen Gesamtwerk formen sollten. Taut beschränkte seine Tätigkeit nicht nur auf die übliche Planungs- und Verwaltungsarbeit, sondern er suchte durch Vorträge, öffentliche Diskussionen, Aufsätze und Zeitungsartikel die Bevölkerung, die Repräsentanten der Öffentlichkeit, die städtischen Körperschaften und die Wirtschaft von seinen neuen Ideen zu überzeugen.

Die Hauptaufgabe Bruno Tauts in seinem Amt als Stadtbaurat bestand in der Stadtentwicklungsplanung. Schon zu Beginn seiner Tätigkeit arbeitete er an einem Entwurf für einen Flächennutzungsplan für Magdeburg, der nur bedingt an die vor dem 1. Weltkrieg von seinem

Amtsvorgänger Otto Peters erarbeiteten Pläne anknüpfen konnte. Durch den 1919 von den Stadtverordneten gefassten Beschluss, dass Magdeburg einen Anschluss an den Mittellandkanal im Norden der Stadt erhalten sollte, stellten sich neue Ausgangsbedingungen. Beim Abschluss der Kanal-Vereinbarungen war Magdeburg die Verpflichtung zum Ausbau eines großen Hafens in der Nähe des Elbeabstiegkanals (Verbindung vom Mittellandkanal zur Elbe) eingegangen. Ein Großhafen rentierte sich jedoch nur bei einer großen Umschlagskapazität, folglich mussten umfangreichere Industrieansiedlungen angestrebt werden. Der Magistrat begriff daher von Anfang an den Hafenausbau und die Schaffung eines Industriegebietes in Rothensee als eine Einheit. Damit waren für Taut wesentliche Orientierungspunkte vorgegeben, denen zufolge projektierte er Industrieansiedlungen im Bereich Rothensee und der neuen Hafenanlagen und im Bereich der bestehenden Industriestandorte im Süden der Stadt, auf der Linie Buckau, Fermersleben, Salbke.

Für die Präzisierung des ersten Flächennutzungsplanentwurfs veranlasste Taut im Februar 1922 die Berufung des in städtebaulicher Praxis erfahrenen Architekten Konrad Rühl nach Magdeburg. Gegen Ende des Jahres 1923 lag der Generalsiedlungsplan als Ergebnis der gemeinsamen Arbeit vor. Das Planungsgebiet des Generalsiedlungsplans ging deutlich über den damaligen Stadtbereich hinaus. Um das Stadtgebiet zu begrenzen, aber gleichzeitig einem zu erwartenden Bevölkerungsanstieg durch den Mittellandkanalanschluss Rechnung zu tragen, waren in einigen östlich der Elbe gelegenen Dörfern Vorortsiedlungen geplant, die als Gartenstädte angelegt werden sollten. Für den Stadtbereich waren im bestimmten Rahmen Erweiterungen vorgesehen, die bereits deutliche Konturen trugen. Hierbei wurde zur Schonung des fruchtbaren Bördebodens die Ausdehnung nach Westen eingeschränkt. Die Trennung von Wohn- und Industriebereichen, die Schaffung von gesunden Wohnverhältnissen und eine umfangreiche Begrünung der Stadt blieben auch die Grundideen des Generalsiedlungsplans. Der Generalsiedlungsplan von 1923 bildete die entscheidende Grundlage für nachfolgende Planungen, die nach Tauts Weggang aus Magdeburg unter der Leitung von Johannes Göderitz fortgeführt wurden.

Schon bald nach Kriegsende war der Plan gefasst worden, im Rotehornpark ein Ausstellungsgelände mit baulichen Anlagen für Großmessen anzulegen und als erste Ausstellung war die „Mitteldeutsche Ausstellung Magdeburg" (MIAMA) vorgesehen. Mit der städtebaulichen und architektonischen Planung des Ausstellungsgeländes auf der Elbinsel wurden 1920 die Architekten Paul Mebes aus Berlin und Ernst Hermann Scheibe aus Magdeburg beauftragt. Am Haupteingang zum Ausstellungsgelände, das durch die 1922 fertiggestellte Sternbrücke direkt von der Innenstadt erreichbar war, wurde die Errichtung einer großen Festhalle vorgesehen, deren Realisierung in dieser Zeit aus Geldmangel nicht erfolgte. Im Juli 1922 wurde die MIAMA eröffnet. Sie wurde ein voller Erfolg und in den Folgejahren bewährte sich das Gelände als gefragter Ausstellungsort, an dem jährlich vielbeachtete Schauen durchgeführt wurden.

Zeitgleich beschäftigte sich Bruno Taut mit dem Entwurf der Landwirtschaftlichen Ausstellungshalle „Land und Stadt", für deren Standort zunächst das MIAMA-Gelände vorgesehen war. Charakteristisch für den Entwurf dieser Halle, an dem Carl Krayl maßgeblich beteiligt war, war ein rhombenförmiger Grundriss. Die Realisierung scheiterte aus finanziellen Gründen. Der Entwurf für die 1922 gebaute sehr viel kleinere Halle in der Nähe des Schlacht- und Viehhofes entstammt einer gemeinsamen Arbeit von Bruno Taut und Johannes Göderitz. Wegen ihrer beeindruckenden Einheit von Konstruktion, Material und Form fand diese Halle große Anerkennung (Nr. 174).

Bereits seit 1913 war Bruno Taut als Architekt für die Gartenstadt – Kolonie Reform tätig, deren Bebauung während der Inflationsjahre auch stagnierte. Erst mit der Konsolidierung der wirtschaftlichen Verhältnisse konnte hier im umfangreicheren Maße weiter gebaut werden. Die Siedlung gibt bis heute Zeugnis über das kreative Schaffen von Bruno Taut in Magdeburg.

Tauts „Aufruf zum farbigen Bauen", den er im August 1921 in den Magdeburger Tageszeitungen veröffentlichen ließ, darf nicht unerwähnt bleiben. Nicht nur Neubauten, wie beispielsweise in der Gartenstadt – Kolonie Reform (Nr. 247), wo er den Farbanstrich als eines der billigsten Gestaltungsmittel propagierte, sondern auch innerstädtische, vorhandene Objekte Magdeburgs wurden farbkräftig gestaltet. Die Art der Bemalungen folgte keinem einheitlichen Schema, sondern war vollkommen unterschiedlich, von einer flächenhaften Gestaltung über die Betonung von Architekturdetails bis zur abstrakten und phantasievollen Malerei. Einige der herausragenden Beispiele waren z. B. das Warenhaus der Gebrüder Barasch (Entwurf Oskar Fischer), die kürzlich wieder hergestellte Bemalung der baugenossenschaftlichen Wohnsiedlung in der Otto-Richter-Straße (Nr. 214, Farbgestaltung durch Carl Krayl) und die Genossenschaftsbauten in der Braunschweiger Straße. Die Leitung für Planung und Ausführung der Hausbemalungen hatte Bruno Taut an Carl Krayl übertragen. Obwohl es auch heftige Kritik und Widerstand gegen die Hausbemalungen gab, erzielte Taut einen geradezu sensationellen Erfolg mit hoher Werbewirkung für die Stadt. Bis zum Beginn der MIAMA im Sommer 1922 waren ca. 80 Häuser in der Innenstadt farbig bemalt, und dank der Ausstellungsbesucher beschränkten sich die publizistischen Stellungnahmen nicht mehr nur auf die Lokalpresse und Bau- und Kunstzeitschriften, sondern auch die nationale Presse berichtete über das bunte Magdeburg.

Im Jahr 1923 erreichte die finanzielle Misere der Stadt einen Höhepunkt. Die im November 1923 eingeleitete Stabilisierung der Währung kündigte jedoch auch für Magdeburg ein Ende der wirtschaftlichen Talfahrt an. Während der Amtszeit von Bruno Taut in Magdeburg konnten wegen fehlender Haushaltsmittel viele seiner Entwürfe nicht realisiert werden, der Generalsiedlungsplan war fertiggestellt, und da Taut in absehbarer Zeit keine konkreten Bauaufträge erwartete, ersuchte er Oberbürgermeister Beims um seine Entlassung zum 1.4.1924.

Nach dem Weggang von Bruno Taut aus Magdeburg nahm Johannes Göderitz kommissarisch die Arbeit als Stadtbaurat wahr. Erst 1927 wurde ihm dieses Amt offiziell übertragen. Göderitz hatte mehrere Jahre mit Taut zusammengearbeitet und konnte dessen Planungsideen ungebrochen fortsetzen. Unter seiner Leitung wurde auf der Grundlage des Taut'schen Generalsiedlungsplanes von 1923

ein Planungsinstrumentarium erarbeitet, das zum einen eine zügige Realisierung der dringend notwendigen Wohnbauvorhaben im Kontext der gesamtstädtischen Entwicklungsplanung ermöglichte, und das zum anderen rechtsverbindliche Planaussagen für die laut Ministerialverordnung zu erlassende Bauordnung lieferte (Bauordnung vom 1.10.1928). Kernstück des umfassenden Planwerkes bildeten der Nutzungsflächenplan, der Baustufenplan und der Bebauungsplan, der sehr konkrete Baustrukturen vorgab.

Nach der Stabilisierung der wirtschaftlichen Lage und der im April 1924 reichsweit eingeführten Hauszinssteuer konnte der dringend erforderliche soziale Wohnungsbau in Magdeburg endlich in Angriff genommen werden. Hierbei trat nicht die Kommune selbst als Bauherr auf, sondern die – zum Teil schon vor dem Krieg entstandenen – gemeinnützigen Wohnungsbaugenossenschaften (z. B. Spar- und Bauverein, Mieter- Bau- und Sparverein, Gemeinnützige Baugenossenschaft, Gartenstadt – Kolonie Reform, Baugenossenschaft für Kleinwohnungen Fermersleben, Heimstätten-Baugenossenschaft Magdeburg usw.) übernahmen diese Aufgabe. Bereits 1921 hatten sich die Genossenschaften zu dem „Verein für Kleinwohnungswesen GmbH“ (VfK) zusammengeschlossen, um wirtschaftlich, organisatorisch und praktisch rationeller arbeiten zu können. Der Hauptteil der Finanzierungsmittel für den sozialen Wohnungsbau wurde über die Hauszinssteuer aufgebracht, die als günstig zu verzinsende Darlehn den Genossenschaften zur Verfügung gestellt wurden. Einen wesentlichen Kostenfaktor stellte der Erwerb von Grundstücken dar. Um hier steuernd eingreifen zu können, betrieb der Magistrat eine ‚Bodenvorratswirtschaft'. Auf der Grundlage der städtebaulichen Planung erwarb die Stadt Grundflächen zu möglichst günstigen Konditionen, notfalls auf dem Wege der Enteignung. Das beschaffte Gelände wurde vor Baubeginn erschlossen. Die Vergabe von Bauland erfolgte nicht mehr zu freiem Eigentum, sondern im Erbbaurecht, um den Einfluss der Stadt auf die Gestaltung zu sichern und den Boden sowie die Wohnungen der Spekulation zu entziehen.

Sowohl städtebauliche wie pragmatische Gründe sprachen für eine neue Wohnbaukonzeption in Großsiedlungen. Die von Taut vorgesehene Dezentralisierung neuer Wohnstandorte erwies sich als nicht durchführbar, da die finanziellen Mittel zum Ausbau der notwendigen Verkehrsanlagen nicht vorhanden waren. Es lag daher näher, das Stadtbild durch bauliche Ergänzungen abzurunden und vorhandene Verkehrserschließungen zu nutzen. Die Standortbestimmungen für Wohnsiedlungen erfolgten in Korrespondenz von freien Flächenpotentialen im Weichbild der Stadt zur Erreichbarkeit von Arbeitsplätzen, nach dem Planungsprinzip der klaren Trennung von Industrieflächen zu Wohn- und Erholungsflächen.

Neben dem übergeordneten Ziel der Schaffung von preiswertem Wohnraum für die Bevölkerung unterer Einkommensschichten stellte Johannes Göderitz eine Reform des sozialen Wohnungsbaus in den Vordergrund, die sich bereits im Bebauungsplan niederschlug. Seitenflügel- und Hinterhausbebauungen wurden ausgeschlossen. Die Lage der Straßen wurde möglichst von Norden nach Süden ausgerichtet, eine dreigeschossige Reihenhausbebauung, die Anlage von großen begrünten Innenhöfen und eine Differenzierung von Wohn- und Erschließungsstraßen wurde für alle Siedlungen maßgeblich.

Im sozialen Wohnungsbau wurden fast ausschließlich Kleinwohnungen mit zwei bis drei Zimmern gebaut. Von 1919 bis 1932 wurden in Magdeburg über 12 000 Sozialbauwohnungen errichtet, davon allein etwa 11 000 unter der Leitung von Johannes Göderitz.

Die von 1925 bis 1929 errichtete Hermann-Beims-Siedlung (Nr. 180) an der Großen Diesdorfer Straße war die erste Siedlung, die nach den vorgenannten Prinzipien errichtet wurde. Da der Entwurf für den Bebauungsplan und für die einzelnen Häuser und Wohnungen bis in die baulichen Einzelheiten hinein vom Stadterweiterungsamt ausgeführt wurde, gelang hier eine ausgewogene und zugleich spannungsreiche Harmonie von städtebaulicher und architektonischer Gestaltung. Die funktionale, moderne Architektur setzte für Magdeburg neue Maßstäbe und fand eine Fortsetzung z. B. in der Curie-Siedlung (Nr. 128) und in der Siedlung Cracau (Nr. 306). Lediglich bei der Hermann-Beims-Siedlung lag die vollständige Planung in Händen des Stadterweiterungsamtes, bei anderen Projekten beschränkte sich dessen Tätigkeit auf die städtebauliche Planung, Hinweise zur Baufinanzierung und auf eine architektonische Beratung. Eine enge Kooperation zwischen den Mitarbeitern der städtischen Bauämter und dem Verein für Kleinwohnungswesen und dessen Architekten schuf die Voraussetzung zur Realisierung anspruchsvoller Architektur- und Wohnbauideen. Die Architekten und Stadtplaner Johannes Göderitz, Konrad Rühl, Gerhard Gauger, Carl Krayl, Maximilian Worm, Willy Zabel, Paul Wahlmann, Bernhard Lippsmeier und andere bestimmten in den zwanziger Jahren maßgeblich das Neue Bauen in Magdeburg.

Die wirtschaftliche Konsolidierung ab Mitte der zwanziger Jahre begünstigte nicht nur den sozialen Wohnungsbau, sondern eröffnete die Möglichkeit, die für die Versorgung der Bevölkerung wichtigen kommunalen Einrichtungen zu erstellen, auch Industrie und Gewerbe investierten wieder in Bauvorhaben. Die expressionistischen Gebäude der Allgemeinen Ortskrankenkasse (Nr. 104 Carl Krayl und Maximilian Worm) und des Fernmeldeamtes (Nr. 67), Fabrikationsgebäude der Magdeburger Armaturenwerke (Nr. 175, Bruno Buch), die Getreidemühle am südlichen Industriehafen (Nr. 329) und Industriegebäude der Firma Mackensen (Nr. 328, Edmund Körner), die Schulen am Westring (Nr. 177) und in Rothensee (Nr. 333) und Krankenhausbauten sind neben vielen von Johannes Göderitz entworfenen Bauten noch heute erhaltene Beispiele einer Architektur des Neuen Bauens in Magdeburg. Der wohl bedeutendste Bau von Göderitz ist die Stadthalle im Rotehornpark (Nr. 97), die zur Deutschen Theater-Ausstellung 1927 eröffnet wurde.

Die allgemeine ökonomische und politische Hochstimmung war jedoch nicht von langer Dauer. Verstärkt durch die weltweite Wirtschaftskrise glitt auch Magdeburg in neuerliche, schwerste wirtschaftliche Depressionen. Noch im Jahr 1930 wurde in Magdeburg eine Höchstzahl an Neubauwohnungen fertiggestellt (ca. 2 000), im Folgejahr waren es nur noch etwa halb so viele und 1932 kam der Wohnungsbau fast ganz zum Erliegen. Das umfangreiche Wohnungsbauprogramm der vergangenen Jahre hatte die Wohnungsnot noch nicht beenden können, jetzt stieg sie wieder an, weil viele Mieter zahlungsunfähig wurden. Aufgrund der am 10.11.1931 erlassenen Notverordnung der Reichsregierung konnten öffentliche Gelder nur noch für landwirtschaftliche Siedlungen, vorstädtische Kleinsiedlungen und für die Bereitstellung von Kleingärten für Erwerbslose vergeben werden, bei denen ein möglichst großer Teil der Arbeiten in Selbsthilfe geleistet werden konnte. Am 10. Mai 1932 erfolgte der Baubeginn zur ersten Selbsthilfesiedlung, der Siedlung Kreuzbreite (Nr. 219) im Süden der Stadt. Weitere Selbsthilfesiedlungen entstanden z. B. in Birkenweiler (Nr. 138) und Lindenweiler (Nr. 186). Die vom Stadterweiterungsamt ausgeführten Planungen zeigten das Bemühen um klare, rationale Raumbildungen, Konstruktionsprinzipien und Gestaltungswirkungen. Trotz sparsamster Ausführung wirkten die Häuser modern und gestalterisch kompromisslos.

Bei den am 17.11.1929 durchgeführten Wahlen zur Stadtverordnetenversammlung konnten die Sozialdemokraten ihre Stellung zwar behaupten, aber erstmals zogen auch die Nationalsozialisten mit drei Vertretern in das Stadtparlament ein. Die seit 1919 bestehende Koalition von SPD und KDP konnte weitergeführt werden und sicherte auch die Wahl des von ihnen vorgesehenen Kandidaten zum neuen Oberbürgermeister. Mit dem Ende der Amtszeit von Oberbürgermeister Hermann Beims trat am 15. Mai 1931 der Berliner Ernst Reuter dessen Nachfolge an. Die Wirtschaftskrise mit ihren gravierenden sozialen Folgen trieb indessen auf ihren Höhepunkt zu und mit zunehmenden Problemen gewannen die Nationalsozialisten auch in Magdeburg die Oberhand. Bei der Stadtverordnetenwahl am 12. März 1933 erzielten sie zwar nicht die erhoffte absolute Mehrheit, aber sie verfügten nun über drei Mandate mehr als die SPD und bald hatte sich ein „neuer Geist“ in der Stadtverordnetenversammlung durchgesetzt. Im Mai legten die ersten Sozialdemokraten ihr Amt nieder, Ende Juni durfte kein Sozialdemokrat mehr das Stadtparlament betreten und Ende August war die Stadtverordnetenversammlung so „bereinigt“, dass nur noch Nationalsozialisten vertreten waren. Stadtbaurat Johannes Göderitz war bereits am 15. Juni 1933 seines Amtes enthoben worden.

Wohn- und Siedlungsbau in der Zeit des Nationalsozialismus

Mit der Machtergreifung der Nationalsozialisten fand das Neue Bauen, das Magdeburg den positiven Ruf als „Stadt des neuen Bauwillens“ eingetragen hatte, ein schnelles Ende.

Bereits 1933 bekannten sich einige der wichtigen berufsständischen Organisationen der Architekten zu den Grundsätzen einer „nationalsozialistischen, völkischen Baukunst“, wobei deren Inhalte oder Formen noch gar nicht definiert waren, und forderten die Ausschaltung von „unliebsamen und schädlichen Elementen“. Mit Gesetz vom 22.9.1933 wurde die „Reichskulturkammer“ (RKK) errichtet, in die die Berufsverbände überführt wurden. Innerhalb der RKK wurden die Architekten der „Reichskammer der bildenden Künste, Fachgruppe Baukunst“ zugeordnet. Nur eingetragene Mitglieder der Reichskammer waren unter Angabe ihrer Mitgliedsnummer zur Antragstellung von Baugesuchen berechtigt. Zahlreiche Architekten verloren ihren Beruf, weil sie ihrer Stellung enthoben wurden, als bekannte progressive Architekten der Weimarer Republik nicht in die Kammer aufgenommen wurden, oder weil sie nicht Willens waren, sich den diktierten Vorgaben zu beugen. Viele Architekten entsagten wegen Unvereinbarkeit mit ihren künstlerischen Vorstellungen einer Berufstätigkeit, andere verließen in dieser Zeit Deutschland und ein Großteil wurde aus Existenzgründen entgegen eigener Überzeugung Mitglied der Reichskammer. Es sind wenige Informationen darüber übermittelt, im wieweit außer Bruno Taut, Johannes Göderitz,

Carl Krayl, Paul Wahlmann und Bernhard Lippsmeier, die Architekten und Stadtplaner, die in den zwanziger Jahren Magdeburg zu Ruhm verhalfen, von den Repressalien betroffen waren.

Auch die in den zwanziger Jahren in Magdeburg erfolgreich arbeitenden Gemeinnützigen Wohnungsbaugesellschaften konnten ihre Arbeit nicht in der bekannten Art fortsetzen. Sie wurden bereits 1933 der Aufsicht nationalsozialistischer Funktionäre unterstellt und im Zuge der Gleichschaltung in den Besitz des Reichsheimstättenamtes der Deutschen Arbeitsfront (DAF) überführt und dem Reichsarbeitsministerium zugeordnet.

Eine Architekturtheorie des Nationalsozialismus hat es nicht gegeben, auch wenn dies durchaus Bemühen der Regierung war. Während ihre Repräsentationsbauten eine recht deutliche Fortführung im Stil des Neoklassizismus waren, wurde für den privaten Wohnungsbau eine Tradition der Heimatschutzbewegung propagiert. Klassische Stilelemente wie Säulen und Pfeiler, scheinbar endlos aneinandergereiht, schmale, hochrechteckige Fenster, eine streng geometrische Linienführung, massige Natursteinmauern und Sockelgeschosse aus Granit waren Charakteristika der neoklassizistischen Monumentalarchitektur. Magdeburg ist von einer Monumentalarchitektur der dreißiger Jahre verschont geblieben. Das einzige etwas umfangreichere Bauprojekt (außerhalb des Industriebaues), das Arbeitsamt (Nr. 87), blieb sowohl in den Proportionen wie in den Architekturelementen in verhaltenen Dimensionen. Im Gegensatz zur Vorzeigearchitektur sollten sich die Siedlungshäuser mit ihrem bescheidenen, rustikalen und heimischen Charakter in die gegebene Landschaft einfügen und Idylle schaffen. Das außerhalb der Stadt liegende Einfamilienhaus mit Stallanbau und Landzugabe galt als Prototyp des deutschen Hauses. Der Garten diente zur Selbstversorgung durch Obst- und Gemüseanbau sowie der Kleintierhaltung. Die äußere Form der Alltagsarchitektur wurde mit Hilfe einer gezielten Propaganda an die diktierten Bedürfnisse des Volkes angepasst. Zu den erklärten Zielen der nationalsozialistischen Siedlungspolitik zählte die Dezentralisierung der Städte und eine systematische Besiedlung bevölkerungsarmer Landesteile, die mit dem „Reichsgesetz über die Aufschließung von Wohnsiedlungsgebieten“ vom 22.9.1933 auf eine gesetzliche Grundlage gestellt wurden.

Die Wohnungsbaupolitik der Zeit von 1933–1935 ist gekennzeichnet durch die Fortführung des Erwerbslosensiedlungsbaus aus der Zeit der Weimarer Republik. Die vorstädtische Kleinhaussiedlung für Arbeitslose und Kurzarbeiter passte in vielerlei Hinsicht in das politische Konzept der Nationalsozialisten. Der Erwerb eines Grundstückes und die Errichtung eines Kleinhauses sollten die Bewohner mit dem Boden verwurzeln und die Heimatverbundenheit fördern. Außerdem wurde die Förderung der Kleinsiedlung nicht nur als Wohnungs- und Siedlungspolitik betrachtet, sondern auch als Sozial- und Wirtschaftspolitik, indem sie durch die Eigenleistung der Siedler zur billigsten Siedlungsform wurde, den Bewohnern in Notzeiten durch Ernteerträge eine gewisse Versorgungsgrundlage gewährleisten sollte, und man versprach sich von der Ansiedlung am Stadtrand bessere Voraussetzungen für gesunden und zahlreichen Nachwuchs. Während die Selbsthilfesiedlungen der letzten Jahre der Weimarer Republik als Maßnahme zur Milderung von Notsituationen entstanden, wurden sie nach 1933 städtebauliches, wohnungspolitisches und architektonisches Leitbild. Von den Erwerbslosensiedlungen des Jahres 1932 wurden die Bauformen (freistehendes eingeschossiges Einfamilienhaus als Einzel- oder Doppelhaus, mit ausbaufähigem Dachgeschoss, Satteldach anstatt des bisherigen Flachdaches), die Größe der Häuser und des Nutzgartens, die einfache, fast primitive Ausstattung und der Mangel an sanitären Einrichtungen übernommen. Auf einen Kanalanschluss wurde immer und auf einen Wasseranschluss oft verzichtet und auch die Versorgung mit elektrischem Strom war nicht immer selbstverständlich. Zwischen 1933 und 1934 schnellte reichsweit der prozentuale Anteil des Kleinhauses am Wohnungsbau auf 90 % hoch.

In Magdeburg erfolgten zwar auch Erweiterungen einiger 1932 gebauter Selbsthilfesiedlungen, doch lag der Schwerpunkt der Wohnungsbautätigkeit in der Fortführung des in den zwanziger Jahren begonnenen sozialen Wohnungsbaus z.B. in der Curie-Siedlung, in der Siedlung Cracau und in Fermersleben. Mit geringfügigen Abweichungen wurden dabei die städtebaulichen Konzeptionen beibehalten, die Architektur wurde jedoch zunehmend einer traditionellen Auffassung vom Wohnhaus mit Walmdach in überschaubarer Blockgröße angepasst und der Ausstattungsstandard wurde vermindert. Erst ab etwa 1936 erlangte der Bau von Siedlungen mit Kleinhäusern, die nun Heimstätten genannt wurden, in Magdeburg an Bedeutung.

In der zweiten nationalsozialistischen Wohnungsbauphase von 1936 bis 1939 wurden neue Prioritäten gesetzt. Das nach wie vor geltende ideologische Leitbild der Bindung der Bewohner an Grund und Boden und die Begünstigungen durch Finanzierungshilfen zur Errichtung von Heimstätten, sollte nun im Wesentlichen den „Stammarbeitern“ der Vierjahresplanbetriebe und den „Gefolgschaften“ der Wehrmacht zur Verfügung gestellt werden. Diesen Einschränkungen lagen verschiedene Argumente zugrunde. Zur Befriedung der Bevölkerung war die Beseitigung der Arbeitslosigkeit eines der obersten Ziele des Nationalsozialismus. Hierzu leistete der Ausbau der Armee einen wesentlichen Beitrag. Dem Stammarbeiter eines Betriebes, der durch die Übernahme von Finanzierungsdarlehn an Haus und Hof gebunden war und möglicherweise noch Betriebsdarlehn zum Bau der Heimstätte in Anspruch genommen hatte, wurde bei Bedarf eine Kurzarbeit zugemutet, so dass bei gleichbleibendem Arbeitsplatzangebot zusätzliche Stellen angeboten werden konnten und damit scheinbar die Arbeitslosigkeit verringert wurde.

Gleichzeitig verringerte sich jedoch die Anzahl der neu gebauten Eigenheime. Trotz steuerlicher Vergünstigungen und einer allgemeinen Senkung des Zinssatzes gelang es nicht, den privaten Baumarkt wie gewünscht zu aktivieren, da die öffentlichen Subventionen drastisch gekürzt wurden und die erwartete Privatfinanzierung mit Hilfe der Banken und Sparkassen nicht erfüllt werden konnte. Während der zwanziger Jahre wurde der soziale Wohnungsbau etwa zur Hälfte mit öffentlichen Mitteln finanziert, im Jahre 1933 sank der Anteil der öffentlichen Gelder auf 20 % und im Jahr 1937 auf 10 %. Die Reduzierung der öffentlichen Wohnungsbauförderung war eine zwangsläufige Folge der erhöhten Investitionen in die Rüstungsindustrie.

Bereits 1935 war deutlich geworden, dass die „opferbereite Sparkraft" der Siedler nicht ausreichte, um eine adäquate Wohnungsversorgung zu gewährleisten und dass der Bau von Mietwohnungen, insbesondere für minderbemittelte Bevölkerungskreise, eine unumgängliche Notwendigkeit war. Mit Erlass vom 27.7.1935 wurden Richtlinien für die Förderung von so genannten Volkswohnungen festgelegt. Volkswohnungen waren billigste Mietwohnungen, die hinsichtlich Größe (zwei Zimmer plus Küche) und Ausstattung „äußerste Beschränkungen" aufwiesen. Bei der Unterbringung in diesen Wohnungen mussten kinderreiche Familien vorzugsweise berücksichtigt werden. Während die Volkswohnungen in der Frühzeit ihrer Entstehung noch Ein- bis Zweifamilienreihenhäuser waren, ging man aus Platz- und Kostengründen schon bald zum zwei- bis dreigeschossigen Mehrfamilienhaus über. Dabei wurde der Bau des so genannten Dreispänner-Typs empfohlen, wodurch die Bestrebungen der zwanziger Jahre, zur Förderung der Wohnhygiene jede Wohnung von zwei Seiten zu belichten und zu belüften, rückgängig gemacht wurden. Außer einer wirtschaftlich schwachen Mieterschaft war der „mobile" Arbeiter, der sowohl als Vollbeschäftigter seine ganze Arbeitskraft in die Produktion einbringen musste und daher keine Zeit zur Bewirtschaftung eines Gartens hatte, wie auch der Arbeiter, der kurzfristig an verschiedenen Produktionsorten zur Verfügung stehen sollten, als Mieter für Volkswohnungen vorgesehen. Aus Rücksicht auf die Volksgemeinschaft, d. h. zur Vermeidung der Segregation bestimmter Bevölkerungsgruppen, sollten Volkswohnungen nicht für sich allein, in geschlossenen Bauanlagen errichtet werden, sondern in Gemeinschaftssiedlungen mit Heimstätten entstehen.

Diese Auflagen wurden in Magdeburg überwiegend erfüllt. Die Wohnanlage an der Großen Diesdorfer Straße (Nr. 184), die ehemalige GAGFAH-Siedlung (Nr. 215) und die ergänzende Bebauung an der Windmühlenstraße (Nr. 332) bilden – abgesehen von den Vollendungen der Siedlungen der zwanziger Jahre – eine Ausnahme. In der ehemaligen BRABAG-Siedlung in Rothensee (Nr. 334), die für Arbeiter der nahegelegenen Braunkohle-Benzin-AG (BRABAG) errichtet wurde, ist ein Bauabschnitt mit Volkswohnungen versehen und im anderen Bauabschnitt wurden Heimstätten errichtet. Ebenso wurde in der ehemaligen Hugo-Junkers-Siedlung (Nr. 143, für Beschäftigte der Hugo-Junkers-Werke) und in der ursprünglich groß angelegten Lindenhof-Siedlung (Nr. 252, für „SA-Männer" und Arbeiter der Krupp-Gruson-Werke) verfahren. In keiner dieser Siedlungen ist ein Gemeinschafts- oder Gefolgschaftshaus gebaut worden, das als Sitz der Partei auf unterster lokaler Ebene, für „weihevolle Veranstaltungen" und „abendliche Mußestunden" zur Festigung des Zusammengehörigkeitsgefühls für alle Siedlungen konzipiert war.

Die geographisch günstige Lage Magdeburgs in militärstrategischer wie verkehrstechnischer Hinsicht veranlasste das nationalsozialistische Regime, die Stadt als Industriestandort weiter auszubauen. Durch den Bau des Schiffshebewerks in Rothensee, den Neubau der Strombrücke und die Fertigstellung der Autobahn Berlin–Hannover wurde Magdeburg zum Verkehrsknotenpunkt des Raumes „Mittelelbe". Die Sanierung der Mittel- und Kleinbetriebe und der Ausbau der Schwer- und Rüstungsindustrie minderten die hohe Arbeitslosenzahl.

Die nationalsozialistische Siedlungstätigkeit im Zeitraum 1936–40 wurde nachhaltig durch den am 29. Oktober 1936 aufgestellten Wirtschaftsplan beeinflusst, der in erster Linie dazu diente, die Durchführung des Rüstungsprogramms zu gewährleisten. Mit diesen Vorschriften sollte die Abhängigkeit der deutschen Rüstungsindustrie von importierten Rohstoffen, insbesondere von Stahl und Eisen, auf ein Minimum reduziert werden. Des Weiteren zählten der Autobahnausbau und die Umgestaltung der Reichshauptstadt zu den vordringlichen „nationalen Aufgaben". Zu Gunsten dieser Projekte wurde der Wohnungsbau „zurückgestellt", was einen Anstieg des Fehlbedarfs an Wohnungen zur Folge hatte. Die Zahl der reichsweit fehlenden Wohnungen von 900 000 im Jahr 1933 stieg auf 1,5 Millionen im Jahr 1938. Um Baukosten und Arbeitseinsatz so gering wie möglich zu halten, kam der Typisierung von Grundrissen und der Normierung von Fertigbauteilen eine erhöhte Bedeutung zu, sie wurde mit zum wichtigsten Bestandteil der Bauvorschriften. Entgegen anders lautender Propaganda wurden im Rekordbaujahr 1937 weit weniger Wohnungen gebaut als im vergleichbaren Jahr 1929 der Weimarer Republik. Infolge einschneidender Restriktionen, wie z.B. Rohstoffkontingentierungen, sank die Zahl der Neubauwohnungen weiter ab. Mit dem am 15.11.1939 erlassenen Verbot aller nicht kriegswichtigen Neubauten wurde auch die Bauwirtschaft in den Prozess der „Überführung der Friedenswirtschaft in die Kriegswirtschaft" einbezogen und fand mit dem generellen Neubauverbot vom Februar 1940 ein Ende.

Wiederaufbau und Planung nach dem 2. Weltkrieg

Nach dem 2. Weltkrieg lagen weite Teile Magdeburgs nach verheerenden Zerstörungen in Schutt und Asche. Wegen der in Magdeburg ansässigen Schwer- und Rüstungsindustrie war die Stadt zum Angriffsziel der alliierten Luftwaffe geworden. Die besonders schweren Bombenangriffen vom 16. Januar 1945 zerstörten etwa 80 % der Altstadt und ca. 30 % der Vorstädte, 16 000 Tote waren zu beklagen. Nur noch einzelne Ruinen der massiven Kirchengebäude markierten die historischen Konturen der Stadt. Die Elbbrücken wurden am 16. April gesprengt und am 18. April wurde die Stadt von den amerikanischen Truppen eingenommen. Entsprechend dem Viermächteabkommen erfolgte am 1. Juli 1945 die Übergabe an die sowjetische Armee.

Von 107 000 Wohnungen waren 41 000 total zerstört, über 9 000 schwer und 25 000 leicht beschädigt. Darüber hinaus waren zahlreiche öffentliche Gebäude den Angriffen zum Opfer gefallen. Dadurch gingen viele unersetzliche Kulturwerke für immer verloren, darunter die kostbaren Barockbauten am Breiten Weg und am Alten Markt, die die Altstadt geprägt hatten. Viele Industriebetriebe erlitten schwere Schäden. Die Einwohnerzahl von etwa 340 000 vor dem Krieg ging um ca. 100 000 zurück.

Das Ausmaß der Kriegszerstörungen und der politische und wirtschaftliche Zusammenbruch des Staates machen die planerischen Herausforderungen für die folgenden Jahrzehnte auch heute noch deutlich. In den beiden Nachkriegsjahrzehnten waren vor allem das stark zerstörte Stadtzentrum, die Gründerzeitquartiere und die Siedlungen der 20er und 30er Jahre Schwerpunkte des Wiederaufbaus. In der unmittelbaren Nachkriegszeit und der ersten Wohnungsbauphase der gerade gegründeten DDR wurde zunächst der Wiederaufbau und eine Erweiterung der bestehenden Siedlungen aus den späten 30er Jahren, wie z. B. in der ehemaligen Hugo-Junkers-Siedlung, in Reform und in der Lindenhof-Siedlung und der Siedlungen aus den zwanziger Jahren in Angriff genommen, um die bestehende, extreme Wohnungsnot zu mildern.

Im Bereich der Altstadt mit dem Stadtzentrum wurden aufgrund der massiven Zerstörungen neue stadtplanerische Konzepte wie das Leitbild der neuen „sozialistischen Stadt“ realisiert. Mit dem Wiederaufbau nach dem „Aufbaugesetz“ wurde aber durch großflächige Abbruchmaßnahmen im stalinistischen Sinne die Zerstörung der Stadt fortgesetzt, der u.a. das Stadttheater, die Heilig-Geist-, Französische- sowie Jakobikirche, St. Ulrich und St. Katharinen zum Opfer fielen. Zunächst wurden in den Jahren 1946/49 zwei städtebauliche Wettbewerbe ausgeschrieben, die einen ersten, jedoch nicht realisierten Aufbauplan zur Folge hatten. Im Jahre 1947 wurde die Ausstellung „Magdeburg lebt“ mit Beispielen zum Wiederaufbau der Stadt durchgeführt. 1949 schrieb die Stadt erneut einen Wettbewerb zur Bebauung zwischen Dom und Johanniskirche, Bahnhof und Elbe aus, die den künftigen geschäftlichen, kulturellen und Verwaltungsschwerpunkt bilden sollte. Die preisgekrönten Ergebnisse flossen in den von der Planungsabteilung 1950 erarbeiteten Aufbauplan der Stadt Magdeburg ein, der jedoch vom Ministerium für Aufbau in Berlin abgelehnt wurde, da er dem 1950 erlassenen „Aufbaugesetz“ und den „16 Grundsätzen des Städtebaus“ nicht entsprach. Berlin forderte die Schaffung eines „zentralen Platzes“, der Raum bieten sollte für 150 000 Menschen, die auf geeigneten Straßen dem Stadtinnern zustreben konnten, um dort innerhalb von zwei bis drei Stunden an einer Tribüne vorbei geleitet zu werden. Die dafür erforderliche Größe war mit 25-30 000 qm veranschlagt. Weitere städtebauliche Konzepte führten zu Gestaltungsvorschlägen für den Zentralen Platz/Ernst-Reuter-Allee (Nr. 57), dem Wohnkomplex Jacobstraße (Nr. 85) und den Nord-

Magdeburg nach der Zerstörung 1945 (Breiter Weg)

abschnitt Breiter Weg, einer Hochhausplanung am Elbufer und der Elbufergestaltung, dem städtebaulichen Ensemble des Fußgängerbereiches Leiterstraße (Nr. 45) und in der Plattenbauweise der 70er Jahre zu den als „komplexe Umgestaltung" bezeichneten Sanierungsmaßnahmen im südlichen Stadtzentrum (Hasselbachplatz) sowie den Baulückenschließungen in modifizierter Plattenbauweise in der Bahnhofstraße. Dies leitete aufgrund der zugehörigen Wohnformen und Gebäudetypen eine nachhaltige Veränderung der historischen Stadtstruktur ein. So finden sich selbst in den wenigen verbliebenen stadträumlichen Situationen der Altstadt – wie dem Breiten Weg als Einkaufsstraße, der lange konzipierten Ost-West-Achse zwischen Bahnhof und Elbe, den Ensembles um Dom und Kloster, dem Regierungs- und Verwaltungsbereich um die Hegelstraße und dem gründerzeitlichen Stadtquartier um den Hasselbachplatz – verschiedene gestalterische Brüche und Elemente, die einen mehrfachen Wechsel städtebaulicher Leitbilder in vier Jahrzehnten DDR-Stadtplanung belegen. Neben den neuen städtebaulichen Konzepten gibt es auch Zeugnisse für den Wiederaufbau in einem traditionellen Verständnis. Als Beispiel sei der Alte Markt genannt, dessen Gebäude von 1950 an unter Beachtung der alten Ausmaße, Traufhöhen und Dachformen völlig neu errichtet wurden. Der Wiederaufbau des historischen Rathauses konnte 1969 abgeschlossen werden.

Mitte der 50er Jahre begann die Errichtung von Wohngebäuden nach DDR-weit vereinheitlichten industrialisierten Baumethoden. Es wurde eine städtebauliche Planungseinheit entwickelt, die ab 1956 das Grundmuster für einen „sozialistischen Wohnkomplex" darstellte. Ein solcher Wohnkomplex umfasste für ca. 5 000 Einwohner (Einzugsbereich einer allgemeinbildenden Zehnklassenschule) vier- und fünfgeschossige Wohngebäude mit einer durchschnittlichen Fläche von 55 qm pro Wohnung sowie eine immer wiederkehrende Ausstattung mit Einrichtungen des Gemeinbedarfs. Die Errichtung der „sozialistischen Wohnkomplexe" verzichtete auf private Freiflächen und gliederte die offenen Baustrukturen in wenig differenzierte Grünbereiche und schematisch hierarchisierte Verkehrsflächen. Es entstanden gleichförmige Fassaden, Freiräume und Grundrisse. Leitbild war eine normierte, rationelle Kleinwohnung für Zweigenerationsfamilien mit industrieller Einkommensgrundlage, wie sie im Prinzip auch den Siedlungsplänen der 20er Jahre für den sozialen Wohnungsbau zugrundegelegen hatte. Magdeburg hatte aufgrund seiner Stellung als Aufbaustadt und Industrieschwerpunkt eine herausragende Rolle bei der Errichtung solcher Wohnkomplexe.

Um 1970 begann die extensive Erweiterung der Stadt Magdeburg in Form von Neubaugebieten auf der „Grünen Wiese". Nach dem in den 60er Jahren propagierten Modell des „Komplexen Wohnungsbaues" folgte in den 70er Jahren – ausgehend vom Leitbild des „sozialistischen Wohnkomplexes" aus den 50er Jahren – die Errichtung von Großsiedlungen, die trotz der reinen Wohnorientierung die Dimension eigener Stadtteile annahmen. Sie erreichen mit dem 1973 begonnenen Wohngebiet Neustädter See (Nr. 133) auch in Magdeburg großstädtische Maßstäbe. Neben der weiteren Typisierung der Bauweisen für die gleichförmigen Stadträume wurden aus wirtschaftlichen Zwängen zunehmend Qualitätsverluste der Wohngebäude – wie Erhöhung der Wohnraumzahl bei gleichbleibenden Grundflächen oder Einsparung von Fahrstühlen – in Kauf genommen. Zahlreiche geplante öffentliche Einrichtungen wurden insbesondere ab Mitte der 70er Jahre nicht mehr ausgeführt, die freiwerdenden Flächen entwickelten sich als ungenutzte Brachen. Die Vielfalt der Baustrukturen der 70er und frühen 80er Jahre vom Neustädter Feld bis zum Experimentalwohnkomplex Olvenstedt (WK 1, Nr. 146) gingen mit der Erhöhung der Wohndichte, einer Vergrößerung der Baugebiete und einer Reduzierung der städtebaulichen Ausstattung mit Wohnfolgeeinrichtungen einher. Dabei dienten die Neubauwohnungen weniger der Bevölkerungszuwanderung als vielmehr dem Ausgleich des immensen Substanzverlustes an Wohnraum und entsprechenden Leerständen in den Altstadtquartieren sowie der Erfüllung der vorgegebenen Produktionsziffern.

Parallel zu den großen Neubauwohngebieten entstanden ab 1972 Einfamilienhausstandorte für kinderreiche Familien, vorwiegend als Ergänzung und unter Nutzung der vorhandenen technischen Infrastruktur der in den 20er und 30er Jahren angelegten Wohnsiedlungen, am Stadtrand Magdeburgs (Nr. 185). Damit wurde

Stadtmodell zum Wiederaufbau

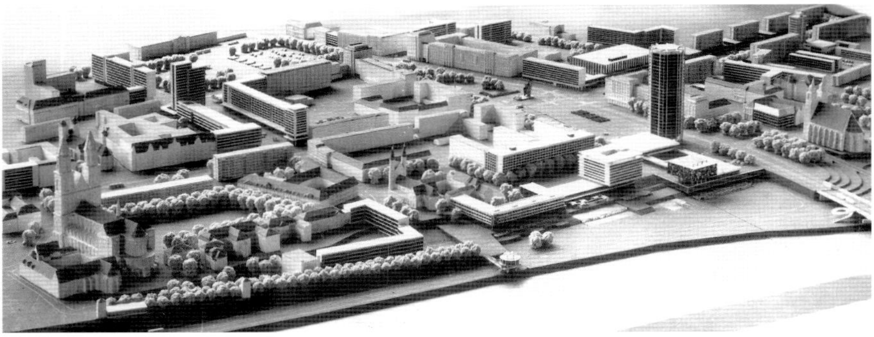

die Kontinuität der aus den ersten Jahrzehnten des 20. Jahrhunderts stammenden Magdeburger Siedlungsentwicklung bestätigt. Für die Realisierung der Bauvorhaben standen lediglich „Angebotsprojekte“ von verschiedenen Baubetrieben der DDR zur Ausführung bereit, die in der städtebaulichen Variabilität aufgrund der zugrunde liegenden Gebäudetypen weitgehend eingeschränkt waren.

Erst in den 80er Jahren, als der Massenwohnungsbau aufgrund wirtschaftlicher Zwänge und eklatanter Fehlbedarfe nicht in der bisherigen Form fortgesetzt werden konnte, kehrte der Wohnungsbau als Baulückenprogramm mit dem Ziel der Ausnutzung der vorhandenen technischen Infrastruktur in die Altbaugebiete zurück (Nr. 38). Hier erwies sich jedoch die bisher verwendete Bautechnologie der Plattenbauweise und seiner Gebäudetypologie als unmaßstäblich und unwirtschaftlich.

Die planerische Diskussion über so genannte „Umgestaltungsgebiete“ (Stadterneuerung) und der „Rekonstruktion“ (Sanierung) der gründerzeitlichen Wohnungsbestände hatte Anfang der 70er Jahre mit den Modernisierungsmaßnahmen für den Bereich „Buckau-Insel“ begonnen. Hier wurden erstmals Modernisierungsmaßnahmen an Gebäuden und im Straßenraum in den Mittelpunkt gestellt. Die Begründung für dieses Umdenken lag dabei weniger in einem grundsätzlichen Wandel des städtebaulichen Leitbildes, sondern vielmehr in den wachsenden wirtschaftlichen Zwängen der Stadtentwicklung und der Bauproduktion. Vor dem Hintergrund solcher Erfahrungen wurden ab Anfang der 80er Jahre auch das Südliche Stadtzentrum im Bereich des Hasselbachplatzes (Nr. 37) und das vergleichsweise gut erhaltene gründerzeitliche Wohnquartier Stadtfeld im Westen der Stadt als „Umgestaltungsgebiet“ behandelt. Vor allem die Neue Neustadt kann als signifikantes Beispiel für die sozialistische Planung im Bestand mit all seinen Auswirkungen auf die heutige Stadtstruktur dienen. Die Auseinandersetzung um weitreichende Abbruchmaßnahmen und die Suche nach stadtverträglichen, bestandsorientierten Erneuerungsansätzen begleiteten die politische und städtebauliche „Wende“ in der Stadt Magdeburg. Mit der Anwendung der öffentlich geförderten Sanierung im Rahmen des Baugesetzbuches (BauGB), die mit erheblichen privaten Investitionen gekoppelt ist, begann ab 1990 ein neues Kapitel der Stadtentwicklung von Magdeburg.

Magdeburg nach 1990

Der Beginn der 90er Jahre bedeutete für Magdeburg eine totale Änderung der gesellschaftlichen Verhältnisse und damit einen ungeheuren politischen, wirtschaftlichen und kulturellen Wandel. Insbesondere die ökonomischen Grundlagen der Stadt veränderten sich durch den Fortfall der bisherigen Handelspartner und dem daraus resultierenden Zerfall ganzer Industriekombinate und volkswirtschaftlicher Verbände und dem Verlust zigtausender Arbeitsplätze. Aus der „Stadt des Schwermaschinenbaus“ wurde ein Dienstleistungszentrum für Verwaltung, Handwerk, Gewerbe und vor allem für den Einzelhandel. Ausgangspunkt für diese Entwicklung war die Bestimmung Magdeburgs zur Hauptstadt des Landes Sachsen-Anhalt und die Gründung der „Otto-von-Guericke-Universität“. In der Folge wurden durch das Bundesprogramm „Aufbau Ost“ zahlreiche öffentliche und private Infrastruktureinrichtungen ausgebaut und neu geschaffen und vor allem städtebaulich relevante Maßnahmen finanziert.

Einen großen wirtschaftlichen Aufschwung nahm daher die Bauindustrie, die von den zahlreichen Baumaßnahmen über viele Jahre profitierte. Zunächst wurde die historische Sanierung der verbliebenen Barockbauten, der Jugendstil- und Gründerzeithäuser am und um den Hasselbachplatz, die Sanierung Hegelstraße (Nr. 24), die Restaurierung des ehemaligen Bismarck-Gymnasiums (Hegel-Gymasium, Nr. 29) und die Stadtteilsanierung Buckau in Angriff genommen und damit die vorhandene Gebäudesubstanz durch umfangreiche Sanierungsmaßnahmen erhalten sowie die Wohn- und Wohnumfeldverhältnisse verbessert.

Die städtebaulich bedeutsamen Siedlungen der 2oer und 30er Jahre wie beispielsweise Cracau, Fermersleben, Curie-Siedlung, Hermann-Beims-Siedlung, Anger-Siedlung und Westernplan wurden schrittweise modernisiert und die Fassaden mit ihren Gestaltungselementen renoviert, wobei leider in einigen Fällen durch falsche Fensterteilungen und -profile sowie durch die Farbwahl oder durch Verwendung modischer Bauelemente die alte gestalterische Qualität nicht erreicht wurde. Insgesamt gesehen ist die Sanierung dieser Siedlungen, die durch Bruno Taut und Johannes Göderitz und deren Mitarbeiter geprägt wurden, gelungen und ein Anziehungspunkt für städtebaulich und soziologisch interessierte Besucher der Stadt Magdeburg.

Neben der Sanierung und Renovierung vorhandener Bausubstanz wurden auch Flächen für neue Wohnsiedlungen ausgewiesen, die den Bedürfnissen der Bevölkerung nach mehr Wohnkomfort und speziell nach dem in der DDR-Zeit vernachlässigten Einfamilienhausbau Rechnung tragen sollten. Die Neubausiedlungen „Amtsgartenstraße“, „Fliedergrund“, „Saures Tal“, „Auf den Höhen“ (228), „Vogelbreite/ Harsdorfer Straße“ sowie das Pilotprojekt „Klusdamm/Thomas-Mann-Straße“ (309) sind

Beispiele für Bauplanungen, die u.a. die Bereitstellung von preiswertem Bauland für junge Familien mit Kindern zum Ziel hatten.

Ansehenswert und bewohnenswert sind in der Kategorie des Geschosswohnungsbaues die sanierten Plattenbauten in den Bereichen Neustädter See, Neustädter Feld, Reform und Neu-Olvenstedt, bei denen neben der Gebäudesanierung auch das Wohnumfeld neu gestaltet wurde.

Bemerkenswert sind darüber hinaus die vielen öffentlichen Einzelprojekte wie beispielsweise der international bewunderte Jahrtausendturm (Nr. 299) auf dem Gelände der Bundesgartenschau 1999, der Wiederaufbau der Johanniskirche und ihre Neueröffnung als Konzerthalle, der Wiederaufbau des durch Brandstiftung zerstörten Theaters der Landeshauptstadt, die Errichtung des Nordbrückenzuges (Nr. 90) mit dem Tunnelbau am Askanischen Platz (Nr. 89) und der Neubau des Funkhauses des Mitteldeutschen Rundfunks im Stadtpark Rotehorn (Nr. 95).

Das Zentrum Magdeburgs hat wieder einmal ein völlig neues Gesicht erhalten. Während vor dem 2. Weltkrieg schmale und enge Gassen mit dicht aneinander gebauten Häusern das Stadtbild prägten, wurde beim Wiederaufbau nach dem Krieg der historische Stadtgrundriss weitgehend ignoriert. Es wurde eine neue Ost-West-Magistrale angelegt (heute Ernst-Reuter-Allee), an der bis zu siebengeschossige Hausblöcke im neoklassizistischen Stil (Zuckerbäckerstil) errichtet wurden. Südlich der Ernst-Reuter-Allee wurde der Straßenrand nicht direkt bebaut, es entstand eine großzügige Freifläche (Zentraler Platz) als Grünanlage mit Blumenbeeten und Brunnen.

Nach der Wende sollte nach dem Willen der Kommunalpolitiker die Innenstadt modernisiert werden, insbesondere neue Wohn- und Geschäftshäuser mit zusätzlichen Einkaufsmöglichkeiten geschaffen werden. Schwerpunkt dieser Entwicklung sollte der zentrale Bereich vom Bahnhof bis zum Elbufer sein. Im Sommer 1992 hatte die Stadt Magdeburg den städtebaulichen Wettbewerb „Stadtmitte“ ausgelobt in der Hoffnung, diese Vorstellungen kurzfristig umsetzen zu können. Hohe Grundstückspreise und ungeklärte Eigentumsverhältnisse verzögerten diese Stadtentwicklung jedoch erheblich. Das führte zu Handlungsdruck für Politik und Verwaltung, und es zeigte sich, dass das gerade prämierte städtebauliche Konzept nicht durchsetzbar war. Die Stadträte entschieden sich zu einer Bebauung nach dem Investitions-

Altstadt Magdeburgs mit Domplatz 2001

Vorranggesetz und ermittelten über einen konkurrierenden Angebotswettbewerb Großinvestoren. Diese traten mit eigenen Architektenteams und Konzepten auf, die oft nicht mit den Planungsvorstellungen im Rathaus im Einklang standen. Um den „Aufschwung Ost“ möglichst kurzfristig zu realisieren, entstanden erst am Bahnhofsplatz das „City-Carré“ (Nr. 50) und auf dem Zentralen Platz das „Ulrichshaus“ (Nr. 55) und das „Allee-Center“ (Nr. 56). Die Gestaltung der Neuen Mitte sollte nach dem Wunsch der Magdeburger etwas „Typisches“ für die Innenstadt werden, das eine Identifikation der Bürger, wie mit dem Vorkriegs-Stadtbild, ermöglichen sollte. Dieses hoffnungsvolle Ziel scheint jedoch nicht erreicht worden zu sein, es entstanden unspezifische Bauten aus viel Glas, Stahl und Beton, die auch in jeder anderen deutschen Stadt stehen könnten.

Die schwierigen Grundstücksverhandlungen aufgrund der Alteigentümeransprüche an Grundstücken erforderten einen langen Verhandlungszeitraum, welcher die Realisierung der geplanten Schaffung von innerstädtischem, großflächigem Einzelhandel und eine städtebauliche Verdichtung des Stadtzentrums verzögerten. Bevor solche Lösungen realisiert werden konnten, waren am Stadtrand bzw. vor der Stadt riesige Einkaufszentren wie der „Flora-Park“, der „Börde-Park“ und der „Elbe-Park“ aus dem Boden gestampft worden. Diese Märkte, die den Bedarf Magdeburgs und seines Umlandes bereits überschreiten, liefern sich heute gegenseitig und insbesondere den neuen Einrichtungen am Zentralen Platz einen harten Wettbewerb.

So bleibt die Hoffnung, dass sich mit der von 1995 bis 1999 vollständig bebauten Mitte auch die gewünschte Belebung der Innenstadt einstellt. Weitere Vorhaben der kommenden Jahre werfen bereits ihre Schatten voraus: ein Multifunktionskomplex mit Markthalle am Eingang des Alten Marktes, der Bau des „Hundertwasserhauses“ am südlichen Breiten Weg und die Neugestaltung des Domplatzes mit der virtuellen Kaiserpfalz sowie der Wiederaufbau der Sternbrücke, die in den letzten Kriegstagen gesprengt wurde.

Kurze Geschichte der Architekturstile in Deutschland

Sabine Ullrich

Zeitliche Abfolge der Architekturstile in Deutschland

480–750 merowingisch
750–930 karolingisch
- 750–768 frühkarolingisch
- 768–815 Regierungszeit Karls d. G.
- 815–875 karolingisch
- 875–930 spätkarolingisch

919–1040 ottonisch/ab ca. 1000 Frühromanik
1000–1250 Romanik
- 1040–1140 salisch
- 1140–1250 staufisch/Spätromanik

1235–1520 Gotik
- 1235–1250 Frühgotik
- 1250–1350 Hochgotik
- 1350–1520 Spätgotik/Deutsche Sondergotik

1520–1660 Renaissance
- 1520–1560 Frührenaissance
- 1550–1620 Hochrenaissance und Manierismus/nördl. Renaissance
- 1600–1660 Knorpelstil

1660–1780 Barock
- 1735–1780 Rokoko/Zopfstil

1755–1830 Klassizismus (Preußen bis Mitte 19. Jh.)
1820–1920 Historismus
1890–1910 Jugendstil

Einzelne Achitekturströmungen des 20. Jahrhunderts:

1906–1914 Landhausarchitektur/Malerische Architektur/Werkbund/vernakuläre Architektur/Heimatstil
1908–20er Jahre Neoklassizismus
1918–1933 Neues Bauen / Moderne
1919–1925 Expressionismus
1933–1945 NS-Architektur
ab 1945 Wiederaufbauphase
ab 1950er Jahre
im Osten sozialistischer Zuckerbäckerstil, später Großplattenbauweise
ab 1960er Jahre
im Westen Neoavantgarde
seit 1970er Jahre
Neohistorismus, Postmodernismus

Die ersten merowingischen Bauten sind in Masten- oder Ständerbauweise errichtet worden. Als ältester erhaltener Steinbau Deutschlands gilt die Würzburger Marienkapelle (dat. 706), eine kleine Nischen-Rotunde nach antik-frühchristlichem Schema. Die Entwicklung der Monumentalarchitektur setzte erst während der Regierungszeit Karl des Großen ein.

Im Zentrum karolingischer Architektur stand die Aachener Pfalzkapelle (805 geweiht), deren Rückgriff auf römische Traditionen, auf römische Architekturvorbilder und auf antiken Spolien evident den Anspruch des Kaisers auf die Nachfolge des weströmischen Imperiums verdeutlichte. Einige, die karolingische Baukunst charakterisierende Merkmale wiesen schon auf die Romanik hin. Hierzu sind Rundbögen, das additive Raumsystem, das basilikale Schema mit Querhaus und Drei-Apsiden-Chor, hoch aufragende Türme über der Vierung sowie das Westwerk zu zählen. Den gleichen Anspruch auf die Nachfolge des weströmischen Kaisertums erhoben später die Ottonen. Sie verlegten jedoch das Zentrum des Reiches nach Osten in ihr Stammesherzogtum, wo Otto I. in Magdeburg seine Pfalz und einen Dom errichten ließ. Bedeutende Zeugnisse ottonischer Baukunst sind hier anhand der Grundmauern der Kaiserpfalz und des Domes ergraben.

Die Romanik begann etwa zeitgleich in Frankreich und in Deutschland, wo sich der Übergang von ottonischer zu romanischer Architektur fließend gestaltete. Sie war der erste, sich über fast ganz Europa ausbreitende Stil mit territorialen Besonderheiten, welcher sich als Spätromanik in Deutschland länger hielt als in den anderen Ländern. Als Träger dieses Stils fungierten die neu entstandenen Orden mit ihren Bauhütten und gleichzeitig die weltlichen Macht. Eine klare Gliederung der Kirchenschiffe in Joche, die sich zum gebundenen System mit ausgeschiedener Vierung entwickeln, und die Addition einzelner durchgeformter, außen durch Türme akzentuierter Bauglieder, im Gegensatz zum Verschleifen der Raumteile in der Gotik, sind die Hauptmerkmale der Romanik. Magdeburg besitzt mit dem Kloster Unser Lieben Frauen ein wichtiges Beispiel romanischer Ordenskultur und Architektur.

In Nordfrankreich liegen die Wurzeln der gotischen Bauweise. Als Gründungsbau gilt der 1143 geweihte Chor der Abteikirche von St. Denis bei Paris. Die Gotik unterschied sich gegenüber älteren Baustilen durch ihre Skelettbauweise, die mit Hilfe von Spitzbögen, Diensten, Strebewerk und Kreuzrippengewölben (erstes Kreuzrippengewölbe 1133 am Langhaus der Kathedrale von Durham) den Gebäudeschub ableitete und hierdurch sowohl eine höhere Bauweise als auch größere, von Maßwerk gegliederte Wandöffnungen und enormen Lichteinfall ermöglichte. Für die großen Kathedralen ist der Übergang vom dreiteiligen zum vierteiligen inneren Wandaufbau mit Arkaden, Emporen, Triforium und Obergaden typisch. Ende des 12. Jahrhunderts wurde mit dem Neubau der Kathedrale von Chartres die Wand wieder dreiteilig, jetzt ohne Emporen. Erst ab 1200 griff die neue Architektursprache auf Deutschland über. Als wichtigste Bauwerke französischer Prägung sind hier der Kölner Dom (beg. 1248) und das Langhaus des Straßburger Münsters zu nennen. Der Baubeginn des Magdeburger Domes (1209) fällt in die Anfangsphase gotischer Architektursprache in Deutschland und zeigt im Aufbau der ältesten Bauteile eine noch unverstandene Konstruktion, im Grundriss des Chores mit seinem Kapellenkranz jedoch schon eine perfekte Übernahme französischer Vorbilder gotischen Stils. Für den deutschen Raum charakteristischer und weiter verbreitet sind die seit 1300 häufig errichteten Hallenkirchen der Bettelorden und Pfarren, deren Architektur ab 1350 auch unter dem Begriff „Deutsche Sondergotik" geläufig ist. Magdeburger Beispiele hierzu liefern die Jakobi- und die Wallonerkirche, St. Petri und St. Sebastian.

Große geistige und strukturelle Umwälzungen innerhalb der Gesellschaft brachte die Renaissance. Unter der Beschäftigung mit antiker Literatur und Kunst erfuhr der Mensch ein neues Selbstbewusstsein. Ein Leben nach dem Tod war nicht mehr wie zuvor im Mittelalter alles bestimmendes Lebensziel. Neben Kirche und Adel bestritt das erstarkende Bürgertum gesellschaftlich eine immer bedeutendere Rolle. Die Geburt der Renaissance vollzog sich 1400 in Italien, speziell in Florenz, wo mit der Wiederentdeckung körperlicher Schönheit, der Entdeckung der Perspektive und der Wiederaufnahme antiker Formen und Proportionen ein großer Wandel innerhalb der Kunst einsetzte. Kennzeichen der Renaissancearchitektur sind die Wiederbelebung antiker Säulenordnungen, ein Streben nach klarer, orthogonaler Gliederung, die Verwendung einfacher geometrischer Grundformen, die harmonischen Proportionen einzelner Bauteile sowie für den Kirchenbau der Zentralbau und das römische Triumphbogenmotiv. Nach Deutschland fand die neue Formensprache erst gut hundert Jahre später. Hier erreichte sie nicht die Reife italienischer Vorbilder, sondern blieb mit wenigen Ausnahmen von der spätgotischen Kleinteiligkeit und niederländischen Einflüssen geprägt. In Magdeburg sind Bauwerke der Renaissance den Verwüstungen des Dreißigjährigen Krieges zum Opfer gefallen. Als letzter gebauter Zeuge dieser Zeit blieb nur die etwas unscheinbare Alte Möllenvogtei am Domplatz.

Der Manierismus ist, vergleichbar dem Hellenismus, der Spätgotik oder dem Rokoko, ein durch das Ornament geprägter Stil, der die klare Ausdrucksweise der Renaissance verließ und phantastische Formen suchte. Er gilt als Kunstform der Gegenreformation.

Um die Wende vom 16. zum 17. Jahrhundert entwickelte sich unter der Förderung päpstlicher Kunstmäzene in Rom der Barock. Als prunkvolles Medium diente er kirchlicher und weltlicher Macht zugleich und wurde zur Kunst des Absolutismus schlechthin. Die Architektur bekam eine neue Dynamik mit Hilfe bewegter, plastischer Formen und geschwungener Linien, auch im Grundriss, sowie durch komplexe Raumkompositionen und Lichtinszenierungen. Die Grenzen der einzelnen Kunstgattungen verwischten sich zugunsten eines von der Architektur dominierten, oft theatralischen Gesamtkunstwerks mit betonter Prachtentfaltung. Als Folge des Dreißigjährigen Krieges breitete sich der barocke Stil erst ab den 60er Jahren des 17. Jahrhunderts flächendeckend über Deutschland aus. Süddeutschland ist bekannt für seine vielen monumentalen Klosteranlagen und Wallfahrtskirchen. Gegen Ende des Jahrhunderts bildete sich eine eigene süddeutsche, von Italien und Böhmen beeinflusste Tradition heraus, die im Rokoko endete. Als Rokoko wird die letzte Stilphase des Barock von größter Eleganz, zarter Gliederung und mit reichhaltiger, aber leichterer ornamentaler Stukkatur bezeichnet. Der Norden und Westen Deutschlands stand dagegen, abgesehen von der Dresdener Architektur, unter dem Einfluss der protestantischen Niederlande und Frankreichs, wo der Barock eine wesentlich strengere, in Frankreich auch als Klassizismus bezeichnete Variante entwickelte. In Magdeburg am Breiten Weg stehen die beiden letzten Zeugen einer einst langen, mit barocken Bürgerhäusern gesäumten Straße. Die Barockpalais am Domplatz entstanden auf Initiative des Fürsten von Anhalt-Dessau, der den sukzessiven Wiederaufbau der Stadt anstrebte und förderte.

Klassizismus ist die für Deutschland gebräuchliche Bezeichnung des Kunststils, der als Gegenbewegung zum Barock und Rokoko Mitte des 18. Jahrhunderts auftrat. Der Klassizismus orientierte sich wie schon die Renaissance und die karolingische Kunst an der klassischen Antike und griff auf klare geometrische Formen und konstruktiv bedingte Säulenordnungen zurück. Unter den klassizistischen Architekten ist Karl Friedrich Schinkel, der große preußische Baumeister, als bedeutendster überhaupt zu nennen. In Magdeburg stehen zwei Bauwerke, die auf seine Entwürfe zurückzuführen sind, die Nikolaikirche in der Neustadt und das Gesellschaftshaus am Klosterbergegarten.

Kennzeichen des Historismus ist das Nachahmen historischer Stile. Seine Anfänge liegen in der Zeit des Rokoko, wo vereinzelt gotische (gotisches Haus in Wörlitz) und griechische Motive auftraten. Ab den 30er Jahren des 19. Jahrhunderts baute man zeitgleich in mehreren vergangenen Stilarten, in Neorenaissance, Neogotik oder Neoromanik und sogar nach orientalischen Vorbildern. Nach dem deutsch-französischen Krieg 1870/71 kam es in Deutschland häufig zur Aufnahme der sog. deutschen Renaissance, als Ausdruck eines nationalen Bewusstseins. Zusätzlich bestand die Möglichkeit der Verwendung mehrerer verschiedener Stilarten an nur einem Gebäude (Eklektizismus). Ende des Jahrhunderts hatte der Neobarock seinen Höhepunkt, wofür Wallots Reichstag das bekannteste Beispiel innerhalb Deutschlands bietet. In Magdeburg haben sich im südlichen Stadtzentrum und in den äußeren Stadtteilen viele, inzwischen überwiegend restaurierte historistische Mietshäuser, Villen, Geschäftshäuser und Verwaltungsgebäude aus der 2. Hälfte des 19. Jahrhunderts erhalten.

Dem Historismus folgte der Jugendstil, dessen Hauptmerkmale vegetabile Formen, geschwungene Linien und bewegte abstrakte Elemente sind, die in Deutschland überwiegend nur als Ornament Verwendung fanden, während die Architekturkörper traditionell blieben. Als wichtigste internationale Zentren des Jugendstils galten Brüssel, Paris und Wien, auf nationaler Ebene sind die Darmstädter Künstlerkolonie und München zu nennen.

Den Beginn des 20. Jahrhunderts prägten das Nebeneinander und knappe Hintereinander verschiedener Architekturströmungen innerhalb eines Architektenlebens sowie einzelne hervorragende Architekten und ihre richtungsweisenden Bauten. Zu den international anerkannten Pionieren der Moderne gehören Peter Behrens, Walter Gropius, Ludwig Mies van der Rohe und Max Berg. Die vor dem 1. Weltkrieg an den Klassizismus anknüpfende Bewegung heißt in Deutschland Neoklassizismus und ist sowohl bei öffentlichen Bauwerken wie auch bei Mietshäusern zu finden. Neoklassizistische Stilmittel prägten später auch nationalsozialistische und stalinistische Architektur. Um 1900 vermittelte Muthesius auf dem Gebiet des Wohnungsbaus neue, aus England stammende Ideen, die zur Entstehung von Gartenstädten führten (Hellerau bei Dresden ab 1906). Sie sind in Magdeburg u. a. durch die Gartenstädte Reform und Hopfengarten vertreten. Gleichzeitig propagierte Muthesius, auch im Rahmen des von ihm gegründeten Deutschen Werkbundes, eine Erneuerung der Wohnkultur nach dem Vorbild des englischen Landhauses mit funktionstüchtiger, repräsentationsloser Sachlichkeit. Hiermit verbunden war der Versuch, das Malerische mittelalterlicher Wohngebäude, im Kontrast zu den neoklassizistischen Lösungen, zu integrieren. Architektur dieser Art mit großen Dachflächen, fast schmucklosen Fassaden, kleinteiligen Fenstern und Elementen in Holzbauweise findet sich entlang der bis 1907 neu angelegten Goethestraße, um nur ein Beispiel zu nennen. Um 1919 kam es unter dem Einfluss von Malerei und Grafik auch zu einem Expressionismus in der Baukunst. Die Stadthalle, das AOK-Gebäude an der Lüneburger Straße oder das Fernmeldeamt in der Listemannstraße sowie die Bauten für die Fabrik Polte in der Liebknechtstraße stehen noch unter dem Einfluss der expressionistischen Ausdrucksweise. Die 20er und frühen 30er Jahre beherrschte jedoch eine neue ornamentlose, nüchterne Bauart mit kubischen Baukörpern, die unter dem Begriff Neues Bauen oder Neue Sachlichkeit oder auch Rationalismus subsumiert wird. Sie fand mit der Machtergreifung der Nationalsozialisten ein jähes Ende. Das Bauhaus in Dessau stellt das berühmteste Beispiel dieser Jahre, in denen Deutschland als internationaler Vorreiter galt, dar. Mit den Bauten von Bruno Taut und Johannes Göderitz sind in Magdeburg zahlrei-

Plan Magdeburgs Ende des 19. Jahrhunderts

che Beispiele aus dieser Periode erhalten, wovon die Hermann-Beims-Siedlung und die Hermann-Gieseler-Halle wohl die bekanntesten sind. Während seiner Zeit als Stadtbaumeister in Magdeburg führte Taut eine neue Art farbiger Fassadengestaltung ein.

Die Machthaber des NS-Regimes griffen auf einen modernisierten Klassizismus als Repräsentationsstil zurück und bauten vornehmlich in München und Berlin (Albert Speer und Ludwig Troost). Mit dem 2. Weltkrieg entstand eine große Lücke im innovativen Baugeschehen Deutschlands. Wiederaufbau und das Schaffen von Notunterkünften bestimmten die ersten Nachkriegsjahre. Erst in den 50er Jahren knüpfte man im Westen Deutschlands wieder an die Architektur der 20er Jahre an, die sich ab den 60er Jahren zur international geprägten Neoavantgarde entwickelte. Der Osten dagegen baute in sowjetisch-stalinistischer Tradition in den 50er Jahren einen neuen Klassizismus, auch als sozialistischer Zuckerbäckerstil bezeichnet. Mit zunehmender Industrialisierung des Bauwesens in Dienste billigen Wohnungsbaus ergab sich hier ein Bauen mit vorgefertigten Bauteilen, so dass zum Ende die Großtafelbauweise (WBS 70) 80 Prozent der Bauproduktion abdeckte.

Vielseitig wie ein Kaleidoskop gestaltet sich die derzeitige Situation. Viele große und bedeutende Bauaufträge werden im Zuge einer allgemeinen Europäisierung und Globalisierung seit den 80er Jahren an ausländische Architekten vergeben und sind dementsprechend vielseitig. Daneben macht sich durch ein neues Interesse an der Denkmalpflege seit der Mitte der 70er Jahre ein Neohistorismus breit, zu dem schon das Nikolai-Viertel in Berlin aber auch aktuelle Bauten zu zählen sind. Außerdem könnte man versuchen, einzelne zeitgenössische Bauten, wie das Gebäude der Hypo-Bank am Hasselbachplatz, mit dem Terminus Neoexpressionismus zu umschreiben. Für diese historisierenden Tendenzen unserer Zeit ist das unzutreffende Synonym Postmodernismus im Umlauf.

Die derzeit intensive Auseinandersetzung mit dem Medium Computer eröffnet auch der Architektur schon jetzt und in Zukunft neue Möglichkeiten der Form und Technik.

Magdeburgs Stadtkrone

Eckhart W. Peters

Abseits vom hektischen Treiben rund um Ulrichsplatz und Breiten Weg liegt der Werder umspült von Stromelbe, Tauber Elbe und Alter Elbe. Ein Ort der Ruhe, des Entspannens und Genießens mit atmosphärischer Ausstrahlung. Viele haben den Blick vom Osten der Elbe auf die Stadt Magdeburg genossen, welch' geistige Kraft ging vom Bistumsgründer Kaiser Otto, von Editha, von Gerbert von Aurillac, von Othrich, von Norbert von Xanten, von Mechthild, von Eike von Repgow und von Martin Luther aus. Er hat 1497 – fünf Jahre nach der Entdeckung Amerikas – für ein Jahr die Domschule in Magdeburg besucht.

Studiere ich die reichhaltigen Publikationen über die Jahrhunderte, so fällt gerade die Dichte und Qualität der Quellen bezogen auf die Kirchen und Klöster auf. Es sind sehr gute, komplexe Arbeiten vorhanden – wir müssen sie nur lesen und im Zusammenhang verstehen. Ist nicht in den letzten hundert Jahren alles geschrieben, was es galt aufzuschreiben und ist nicht schon alles untersucht, was untersuchenswert ist? Nein, die komplexe Betrachtung mit einem Wegweiser durch die bauliche Geschichte Magdeburgs ist ein langgehegter Wunsch vieler Magdeburger. Er knüpft an die Baugeschichte des Stadtbaurates Otto Peters (nicht verwandt mit mir) aus dem Jahre 1906 an, um dem Magdeburger und dem Besucher die Mosaiksteine zu zeigen, die ein prachtvolles Ganzes ergeben.

Meine Gedanken zur Stadtkrone sind als ein Versuch zu verstehen, die geistige Kraft Magdeburgs aufzuzeigen und den heutigen Zeitgeist zu fangen, denn einige Gebäude haben eine Bauzeit von mehreren hundert Jahren, viele sind oftmals wieder aufgebaut (zum Beispiel die St. Johanniskirche siebenmal) und manche werden heute anders genutzt (zum Beispiel Kloster Unser Lieben Frauen in Magdeburg oder die Prester Kirche).

Nicht nur die Architektur, nicht die einzelnen Gebäude und die Lage bestimmen die Stadtkrone, sondern der Einklang, die Harmonie, das Ganze und auch die Steigerung. Das Gefüge der Stadt ist ein deutliches Abbild des inneren Aufbaus des Menschen und ihrer Gedanken – oft über große Zeiträume. So sind die oben genannten Personen um die Namen Otto von Guericke, Georg Philipp Telemann, Carl Gustav Friedrich Hasselbach, Ernst Reuter und auch Willi Polte zu ergänzen.

In jeder Epoche – ob Romanik, Gotik, Barock oder die Jetztzeit – werden die Edelsteine der Krone gewürdigt. Jede Kultur hat ihre eigene

Ansicht Magdeburgs vor der Zerstörung 1631

Kraft, hat eigene Höhepunkte geschaffen, die oftmals in die nächste Generation wirken. Der Dom, das Kloster, die Stadtkirche über der alten Stadt, die Pagode bei den Indern, die Tempel bei den Chinesen, der Turm zu Babel, die Pyramiden, die Akropolis, die Moschee im Islam zeugen von der Kraft verschiedener Zeitepochen und der Kraft unterschiedlicher Völker. Der Wunsch, der Gegenwart zu entfliehen, auf die Höhen der Türme zu steigen, über den Wolken zu schweben, ist allgegenwärtig. Mit jeder Stufe, mit jedem Schritt nach oben kommt der Himmel näher, wird die Perspektive über die Stadt gigantischer. Ich genieße es, Städte auf dem Weg nach oben zu erleben – Schritt für Schritt und immer klarer, bis die gesamte Stadt erkennbar wird. Abwärts ist es ganz anders, schnell, viel zu schnell ist der Boden der Tatsachen erreicht, ist der Lustgewinn der Höhe verloren.

Viele Schrägansichten zeigen Magdeburg aus der Vogelperspektive. Sie ergeben ein beeindruckendes Gesamtbild. Die Elbe, die Vorstädte, die Stadtmauer mit den Türmen, die von ihrer Kette umschlossenen Bürgerhäuser und Fischerhütten, das Rathaus, die kleinen Kirchen, die Klöster und zuletzt der Dom. Dies alles bildet ein Gefüge mit steigendem Rhythmus. Von allen Edelsteinen ist der Dom St. Mauritius und St. Katharina die Krönung und doch kann das Ganze der Stadtkrone nicht ohne all die anderen Edelsteine wirken – auch das ist ein Grund, warum die alte Stadtkirche (St. Johanniskirche) 1999 wieder ein Dach erhalten hat. So empfinde ich heute die Kraft der Kontinuität und des gewachsenen Organismus der Magdeburger Stadtkrone. Der Organismus ist nicht statisch, er schrumpft, wächst, wird zerstört und gedeiht wieder, er hat ein schlagendes Herz, das ihm die Kraft gibt – das Mädchen ist nicht tot, es schläft –. Wir alle sind die innere Kraft, je nachdem wie wir uns einbringen, gedeiht der Organismus.

Das Kloster Unser Lieben Frauen, um 1015/18 am Nordrand des Dombezirkes gegründet, ist Beispiel für die reiche romanische Bautätigkeit. Die Romanik beinhaltet heute eine fast tausendjährige Geschichte. Ein Zeitraum, der nur noch schwer vorstellbar ist, jedoch überbrückt das menschliche Gedächtnis mit Sagen, Märchen und Geschichten scheinbar mühelos diese Zeitepoche. Tausend und eine Nacht lebt auch in Magdeburg. Ahnen erzählten es den Urgroßeltern, diese den Großeltern und Eltern, die Eltern den Kindern und Enkelkindern ... und diese werden es hoffentlich weitererzählen. Vieles habe ich geerbt von meinen Eltern und will es meinen Kindern weitergeben, aber

Ansicht Magdeburgs vor der Zerstörung 1631

einen Dom werden wir heute nicht mehr bauen. Ich denke, die religiöse Kraft fehlt, ein Bauwerk über Jahrhunderte zu planen, zu finanzieren und zu bauen. Das familiäre Erzählen geht verloren und das tausendjährige Gedächtnis flacht ab, nur wenige bauliche Zeugen in Magdeburg und Sachsen-Anhalt sind noch vorhanden.

Die „Straße der Romanik" ist ein neuer Begriff unserer Zeit und zeigt einen Hauch der eindrucksvollen Architektur. Die Gedanken eilen vom Kloster Unser Lieben Frauen zur St. Sebastian-Kirche, Petri-Kirche am Elbufer und St. Laurentius-Kirche in Olvenstedt über Pretzien, Burg, Jerichow im Norden nach Havelberg, Arendsee, Salzwedel und Diesdorf und dann nach Süden zurück nach Walbeck ins Allertal – Fundort der prähistorischen Walbecker Kultur – (die Aller entspringt kurz hinter Ummendorf an einer Wasserscheide zwischen dem Weser-Aller-Urstromtal und dem Elbeurstromtal); weiter über Hundisburg, Seehausen, Halberstadt, Blankenburg nach Quedlinburg im Harzvorland; Sangerhausen, Bad Frankenhausen, Querfurt, Bad Kösen nach Naumburg im Süden und zurück über Merseburg, Petersberg, Bernburg nach Magdeburg. Jeder Name, jeder Ort ist bestimmt durch seine Bauten, unverwechselbar in seiner Geschichte und Zeugnis der Kraft der Menschen im Laufe der Historie. Die jeweiligen Stadtkronen verbinden uns mit den anderen Städten Sachsen-Anhalts und mit der geistigen Kraft mittelalterlicher Städte.

Das Kloster Unser Lieben Frauen ist das älteste erhaltene Bauwerk der Stadt. Romanisch, welch´ ruhige Kraft liegt im Baustil der Romanik – Rundbogen, Pfeiler, Wand, Kuppel, Gewölbe und autochthones Material – sind Teile einer harmonischen Komposition.
Das Kirchenschiff ist durch Joche, Wände und Säulen klar gegliedert, der Grundriss ist kreuzförmig, Säulen und Pfeiler, Rundbögen und Gewölbe vermitteln einen Eindruck von großer Klarheit und Bestimmtheit.

Der Zusammenhang zwischen dem Erscheinungsbild einer Stadt und den physischen Gegebenheiten – Boden, Wasser, Luft, Klima – und den topografischen Besonderheiten, unter denen sie gewachsen ist oder auch geplant wurde, ist offenkundig. Die Stadtkrone Magdeburgs ist ohne Elbe nicht denkbar oder die Elbe hat über Jahrhunderte die Stadtkrone bestimmt – wie auch Hamburg, Wittenberge und Dresden. Dahinter steht die Kraft der Eiszeit, das Schieben der Gletscher, der Klimaumschwung und das abfließende Wasser, das

Zerstörung Magdeburgs 1631

durch den Flechtinger Höhenzug (den Domfelsen) nach Norden gelenkt wird.

Der Domfelsen – ein rötliches Gestein – ist bei Niedrigwasser oft sichtbar, jedoch führte bei Hochwasser diese natürliche Sperre elbaufwärts zu gewaltigen Überschwemmungen. Die eiszeitlichen Winde hatten die Sandsteine von der hohen Börde östlich vom Elbeurstromtal abgelagert (östlich der Sülze). Die wenigen sandigen Linsen im Elbeurstromtal sind oftmals noch heute besiedelt – Cracau, Randau, Pechau, Calenberge – und immer sind die Kirchen Mittelpunkt der Dörfer. Das Prallufer der Elbe, das Vorland vor der eigentlichen Stadtkrone, war unbesiedelt und wurde immer wieder überschwemmt. Außerhalb der Stadtmauer gab es nur gärtnerische Nutzung, Klostergärten, Möllenvogteigarten und Suburbium mit ein paar Fischern am Rande der Elbe. Neben der Lage der verschiedenen Elbarme, der Flussübergänge und der urwüchsigen Überschwemmungsgebiete prägt der landschaftliche Gegensatz zwischen Ost- und Westelbien, zwischen Land und Stadt. Wie beeindruckend plastisch wahrnehmbar ist noch heute die Stadtkrone Magdeburgs – oft aus weiter Ferne zum Greifen nahe.

Der natürliche Überschwemmungsraum vor dem eigentlichen Domfelsen und dem Prallhang ist im Laufe der Jahrhunderte drei bis vier Meter mit Sand, Mutterboden und Schutt aufgefüllt worden, die im Krieg zerstörten Gebäude wurden eingeebnet und das Prallufer erhielt eine neue Mauereinfassung, so hoch, dass oft die Elbe nicht mehr zu sehen, geschweige denn anzufassen ist. Mehrfach im Laufe der Geschichte ist die Stadt zerstört worden, doch immer wieder ist die Stadtkrone zu einem Ganzen ergänzt worden. Das tausendjährige Gedächtnis und die geistige Kraft haben die Stadt geformt.

Die Wut der Kriege haben Magdeburg, haben den Menschen übel zugerichtet. Wurde 1551 die Stadt noch verschont, so traf sie es im Jahre 1631 grausam. Nach drei Tagen Brand und Totschlag standen nur noch wenige Gebäude. Dom und Kloster blieben verschont, der Kniefall des Dompredigers Bake und des Diakons Decenius fanden bei Tilly Gnade, jedoch waren die Menschen geschunden, vergewaltigt und gemordet. Von den 30 000 Einwohnern lebten nur noch 450 in Magdeburg.

Die Stadt war zerstört, und der Wiederaufbau im barocken Stil dauerte hundert Jahre. Welch´ Willenskraft steht dahinter. Jedoch wurde die alte Stärke und europäische Bedeutung Magdeburgs in der Mitte Europas nie wieder erreicht. Die alte Reichs- und Hansestadt wurde preußisch – M. Seth-Henrico Calvisio dokumentierte 1727 diese elementare Epoche des Wiederaufbaus Magdeburgs .

In den darauffolgenden Jahrzehnten wurden die Festungen erweitert, der Domplatz wurde Exerzierplatz und der Stadtmauer wurde der Fürstenwall als Promenade vorgelagert, das Elbvorland wurde bebaut und viele Kirchen wurden durch Napoleon 1806 als Pferdeställe entweiht.
Das Kloster Unser Lieben Frauen ist Teil der Stadtkrone, mehr als nur ein Gebäude, es schärft die Sinne, ist Bestandteil der geistigen

Kraft Magdeburgs. Gegründet im Jahre 1015 durch Erzbischof Gero als Kollegiatsstift, verwandelte es Erzbischof Norbert von Xanten 1129 in das zweite Mutterkloster des von ihm gegründeten Prämonstratenserordens (erstes Mutterkloster Prémontré bei Laon in Frankreich). Straff geführt gewann das Kloster schnell an Gewicht, und erst mit Weggang Pappenheims 1633 im Dreißigjährigen Krieg ging die Geschichte der Prämonstratenser in Sachsen-Anhalt und in Magdeburg zu Ende ... wenn 1991 nicht der Prämonstratenserpater Clemens nach Magdeburg gekommen wäre. Jetzt lebt die Geschichte der Prämonstratenser wieder auf.

Der 16. Januar 1945 hat Magdeburg zerstört und wieder war die Kraft, der Wille bei den Menschen vorhanden, die Stadt aufzubauen. Viele Kirchen gewannen durch den Willen der Magdeburger zu ihrer alten Stärke zurück und doch wurden nochmals sieben Kirchen durch einen Befehl Ulbrichts zerstört (St. Katharina, Heilig-Geist-Pfarrkirche, St. Ulrich und Levin, St. Jakobi, Lutherkirche, Deutsch-Reformierte, ehem. Nikolaikirche (später Zeughaus). Viele Magdeburger weinten ob der sinnlosen Zerstörungen.

Der Wiederaufbau Magdeburgs dauert nun schon über fünfzig Jahre und er ist nicht abgeschlossen. Vielen alten, ganz alten Magdeburgern ist die heutige Stadt fremd, nicht nur wegen der Architektur, sondern auch wegen der vielen Freiräume, wie z. B. am Kloster Unser Lieben Frauen, und dass Magdeburg nicht mehr an der Elbe liegt. Die Stadtkrone Magdeburgs ist ohne die Elbe der Basis beraubt. Der heutige Magdeburger muss die Elbe wieder in seinen Besitz nehmen mit allen fünf Sinnen, Sehen, Hören, Riechen, Schmecken, Fühlen.

Der „Historische Stadtrundgang" zeigt die Spuren der Altstadt auf. Eine Besonderheit einst wie heute ist die Lage der Kirchen, die zusammen mit der Stadtmauer und den Befestigungstürmen und besonders mit dem Dom die Stadt krönen. Die Kirchplätze und die Kirchen selbst dürfen in der Enge der Stadt nicht vergessen werden, nicht nur, weil ein Teil von ihnen erhalten blieb (Wallonerkirche St. Augustin, St. Petrikirche, Magdalenenkapelle, Pfarr- und Ratskirche St. Johannis, Kloster Unser Lieben Frauen, Dom St. Mauritius und St. Katharina und St.-Gertrauden-Kirche), sondern weil beim Neubau einige alte Kirchen auch wieder freigelegt wurden, z. B. beim Roncallihaus (Templer-Kapelle) und beim Hundertwasser-Neubau (Nikolaikirche) und der Baustelle Nord-LB (romanisches opus piscatum).

Die Magdeburger Kirchen sind mit dem Chor nach Osten zur Elbe orientiert, oft mit dem Westwerk eingebaut in Straßenzüge, beispielsweise die Petrikirche, die Katharinenkirche, die Heiliggeistkirche, das Kloster Unser Lieben Frauen. Nur wenige stehen fast frei auf einem schiefwinkligen Kirchplatz, der oftmals auch Friedhof war. Die Kirchplätze sind eng bebaut, viel zu klein und wiederum keiner bestimmten Form folgend, sondern die Negativform zu den platzbegleitenden Straßen und Bauten.

Die Menschen haben Magdeburg wieder belebt. Die Domgemeinde lebt, die Prämonstratenser aktivieren ihre Gemeinde und das Bistum Magdeburgs ist seit der Gründung durch Otto den Großen auf dem Wege, wieder geistige Mitte Magdeburgs zu werden. Magdeburg ist nicht mehr die Stadt des Schwermaschinenbaus, sondern erfüllt heute neue Aufgaben als Landeshauptstadt und das nicht nur im Verwaltungsbereich. Die günstige Lage im Verkehrsknotenpunkt Ostdeutschlands erhöht deutlich die Qualität als Wirtschaftsstandort. Besonders viele junge Menschen zieht es in die Otto-von-Guericke-Universität und die vielen An-Institute sowie die Fachhochschule Magdeburg/Stendal. Daneben ist der Trend zu erkennen, dass immer mehr Touristen die Stadt aufsuchen, um den Hauch der Geschichte zu verspüren.

Stadtkrone Magdeburgs 1914

Übersichtskart
der Stadtteil

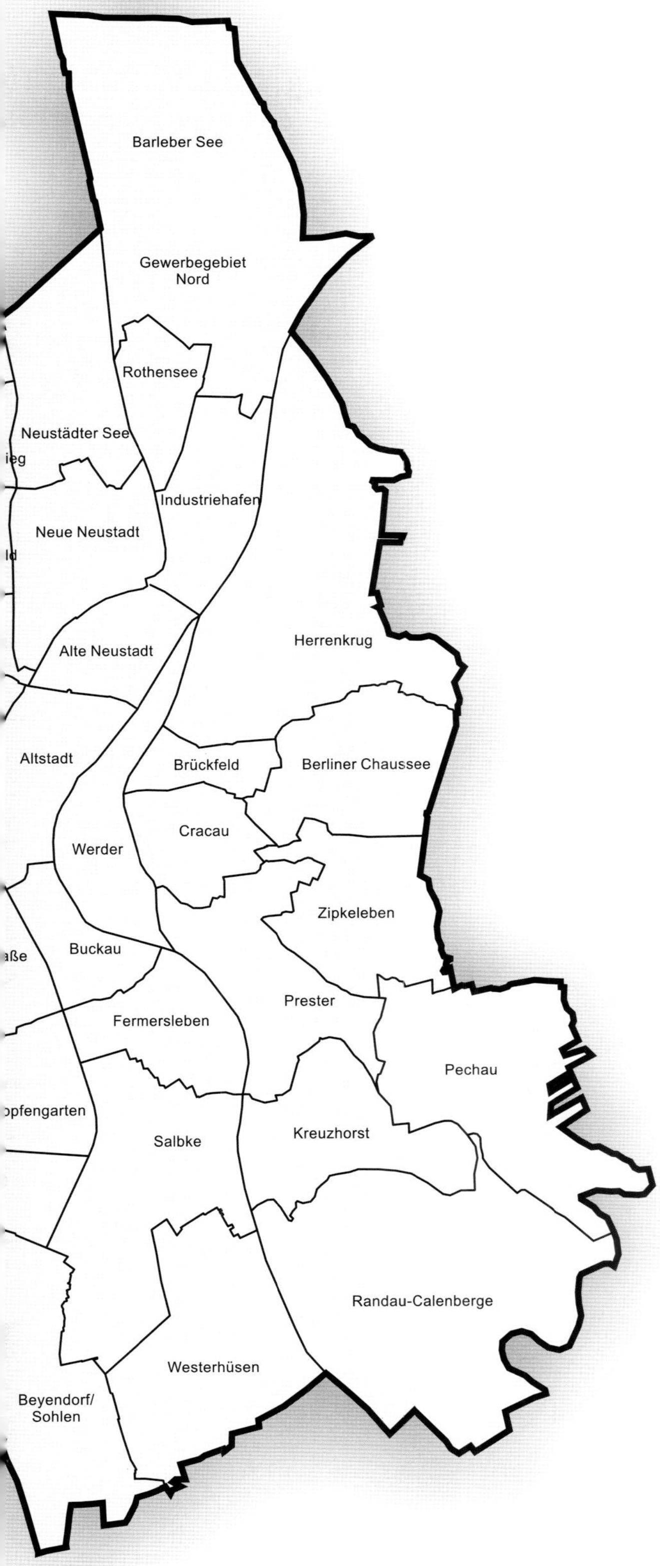
Barleber See
Gewerbegebiet Nord
Rothensee
Neustädter See
Industriehafen
Neue Neustadt
Alte Neustadt
Herrenkrug
Altstadt
Brückfeld
Berliner Chaussee
Cracau
Werder
Zipkeleben
Buckau
Prester
Fermersleben
Pechau
Salbke
Kreuzhorst
Randau-Calenberge
Westerhüsen
Beyendorf/ Sohlen

Magdeburgs Innenstadt vom Bahnhof bis zur Elbe (1940)

Magdeburgs Innenstadt nach Zerstörung 1945; es standen nur noch die schwarz ausgelegten Häuser

Magdeburgs Innenstadt -Wiederaufbau Stand 1975

Magdeburgs Innenstadt -Wiederaufbau Stand 1998

Altstadt

Die geschichtlichen Wurzeln der Stadt am Strom liegen in der Altstadt. Die Domburg, aus dem Karolingischen Kastell (805) hervorgegangen, die ottonische Stadt um den Alten Markt und die Burggrafenburg mit dem Dorf Frose sind die Keimzellen der mittelalterlichen Stadt und Festung, die ihre Gestalt im Wesentlichen vom 13. bis in das 20. Jahrhundert behielt. Otto der Große macht Magdeburg seiner Gemahlin Editha zur Morgengabe, gründet das Bistum Magdeburg, verlieh der Stadt 965 die Marktgerechtigkeit und ließ Dom und Kaiserpfalz bauen. Die Reste der Kaiserpfalz liegen unter dem Domplatz verborgen. Nach der Zerstörung Magdeburgs durch Tilly (1631) hat Otto von Guericke bereits ein Jahr später ein „*Geometrisches Grundverzeichnis dero abgebranten Stadt Magdeburgk, wie dieselbe mitt ihren Wallen, Mauren, Gassen und Kirchen, Märkten und Platzen gelegen und beschaffen*" gezeichnet und mit Vorschlägen für ein neues geordnetes Straßennetz versehen. In späteren Jahren wird die Altstadt mit einem starken Festungsgürtel umgeben, der eine extensive Entwicklung der Stadt bis zum Ende des 19. Jahrhunderts verhindert. Durch zahlreiche Brände und Kriegseinwirkungen ist von der historischen Bausubstanz nur noch wenig vorhanden. Nach wie vor ist die Altstadt identisch mit dem Zentrum der Landeshauptstadt. Es erstreckt sich vom Hasselbachplatz im Süden bis zum Universitätsplatz im Norden, vom Hauptbahnhof im Westen bis an das Elbufer. Der Dom, das Kloster Unser Lieben Frauen, die wieder aufgebaute Johanniskirche, St. Petri- und Wallonerkirche prägen die Stadtsilhouette. Durch die Bebauung des bisherigen Zentralen Platzes vom Bahnhofsvorplatz bis zur Elbe (City-Carré, Ulrichhaus und Allee-Center), wird in Anlehnung an die alten Stadtstrukturen eine neue maßstäbliche städtebauliche Qualität erreicht, die der Vitalisierung des Zentrums dient.
1818: 38.824 EW, 1871: 74633 EW,
1900: 93722 EW, 1998: 12812 EW

Altstadt Magdeburgs 2001

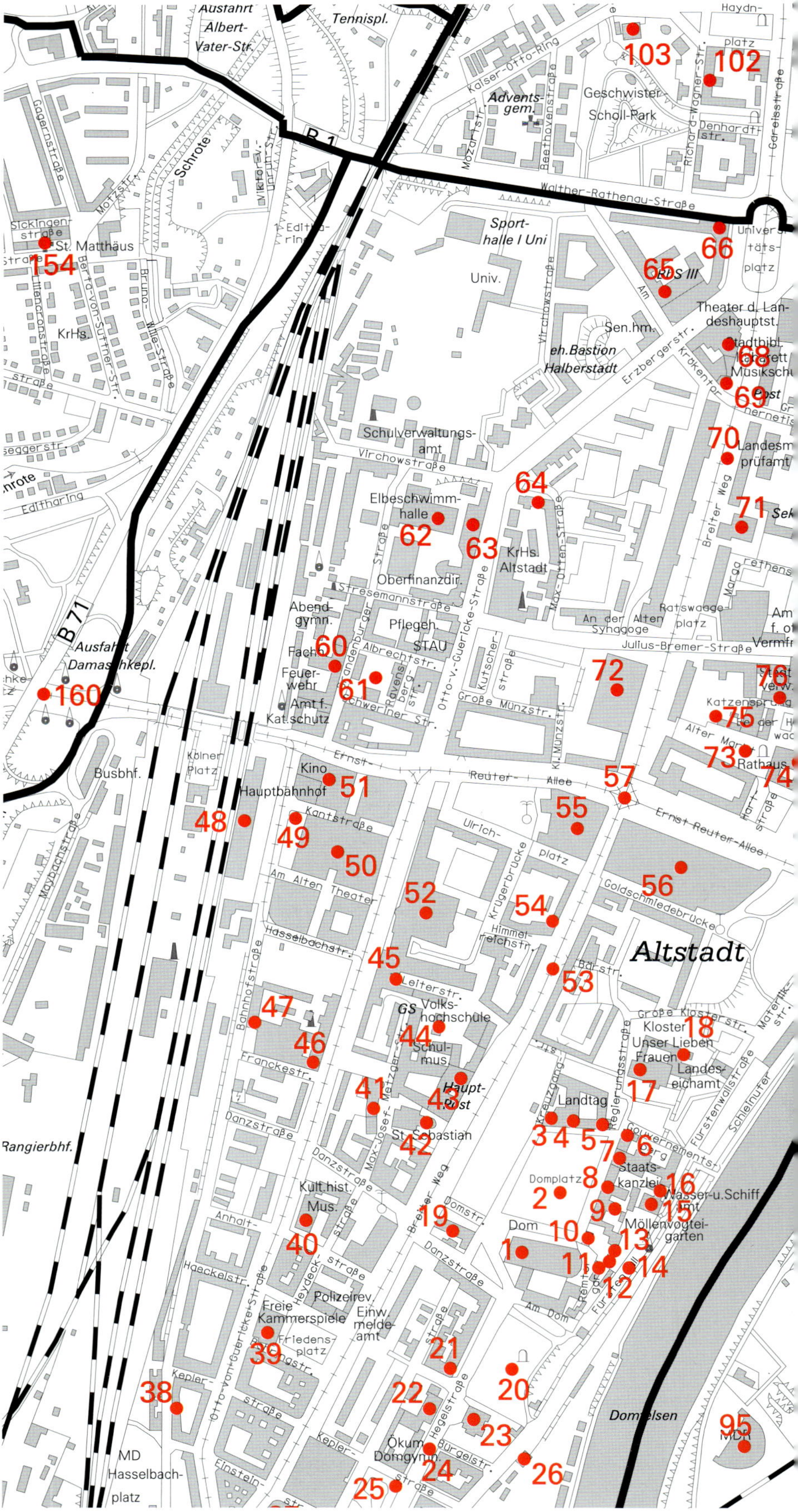
Ausfahrt
Albert-Vater-Str.
Tennispl.
Haydn-platz
Kaiser-Otto-Ring
Advents-gem.
Beethovenstraße
Geschwister-Scholl-Park
Richard-Wagner-Str.
Denhardtstr.
Gareisstraße
Mozartstr.
B 1
Walther-Rathenau-Straße
Gagernstraße
Schrote
Motzstr.
Viktor-v.-Unruh-Str.
Editharing
Sickingenstraße
St. Matthäus
Berta-von-Suttner-Str.
Bruno-Wille-Straße
KrHs.
Sport-halle I Uni
Univ.
Universitätsplatz
FDS III
Theater d. Landeshauptst.
Sen.hm.
Virchowstraße
eh.Bastion Halberstadt
Erzbergerstr.
Krökentor
Stadtbibl.
Musiksch
Post
Schulverwaltungs-amt
Virchowstraße
Landesm
prüfamt
Breiter Weg
Elbeschwimm-halle
KrHs. Altstadt
Max-Otten-Straße
Edithring
Oberfinanzdir.
Stresemannstraße
Abend-gymn.
Pflegeh.
STAU
Albrechtstr.
Otto-v.-Guericke-Straße
Kutscherstraße
An der Alten Synagoge
Ratswaageplatz
Julius-Bremer-Straße
Vermf
B 71
Ausfahrt Damaschkepl.
Fach
Feuer-wehr
Amt f. Kat.schutz
Schweriner Str.
Große Münzstr.
Kl. Münzstr.
Katzensprung
Alter Markt
Rathaus
Kölner Platz
Busbhf.
Kino
Hauptbahnhof
Ernst-Reuter-Allee
Kantstraße
Ulrichplatz
Krügerbrücke
Goldschmiedebrücke
Maybachstraße
Am Alten Theater
Hasselbachstr.
Himmelreichstr.
Altstadt
Bärstr.
Leiterstr.
GS
Volks-hochschule
Bahnhofstraße
Francke str.
Schul-mus.
Große Klosterstr.
Kloster Unser Lieben Frauen
Landes-eichamt
Regierungsstraße
Fürstenwallstraße
Schleinufer
Haupt-post
Landtag
Kreuzgang
St. Sebastian
Max-Josef-Metzger-Str.
Danzstraße
Rangierbhf.
Gouvernementsberg
Staats-kanzlei
Domplatz
Wasser-u.Schiff amt
Möllenvogtei-garten
Kult.hist. Mus.
Breiter Weg
Domstr.
Dom
Anhaltstr.
Haeckelstr.
Heydeckstraße
Polizeirev.
Einw. melde-amt
Freie Kammerspiele
Friedensplatz
Am Dom
Otto-von-Guericke-Straße
Kepler-straße
Hegelstraße
Ökum. Domgymn.
Bürgelstr.
Domfelsen
MDR
MD Hasselbach-platz
Einsteinstraße
1 2 3 4 5 6 7 8 9 10 11 12 13 14 15 16 17 18 19 20 21 22 23 24 25 26
38 39 40 41 42 43 44 45 46 47 48 49 50 51 52 53 54 55 56 57
60 61 62 63 64 65 66 68 69 70 71 72 73 74 75 76
95 102 103 154 160

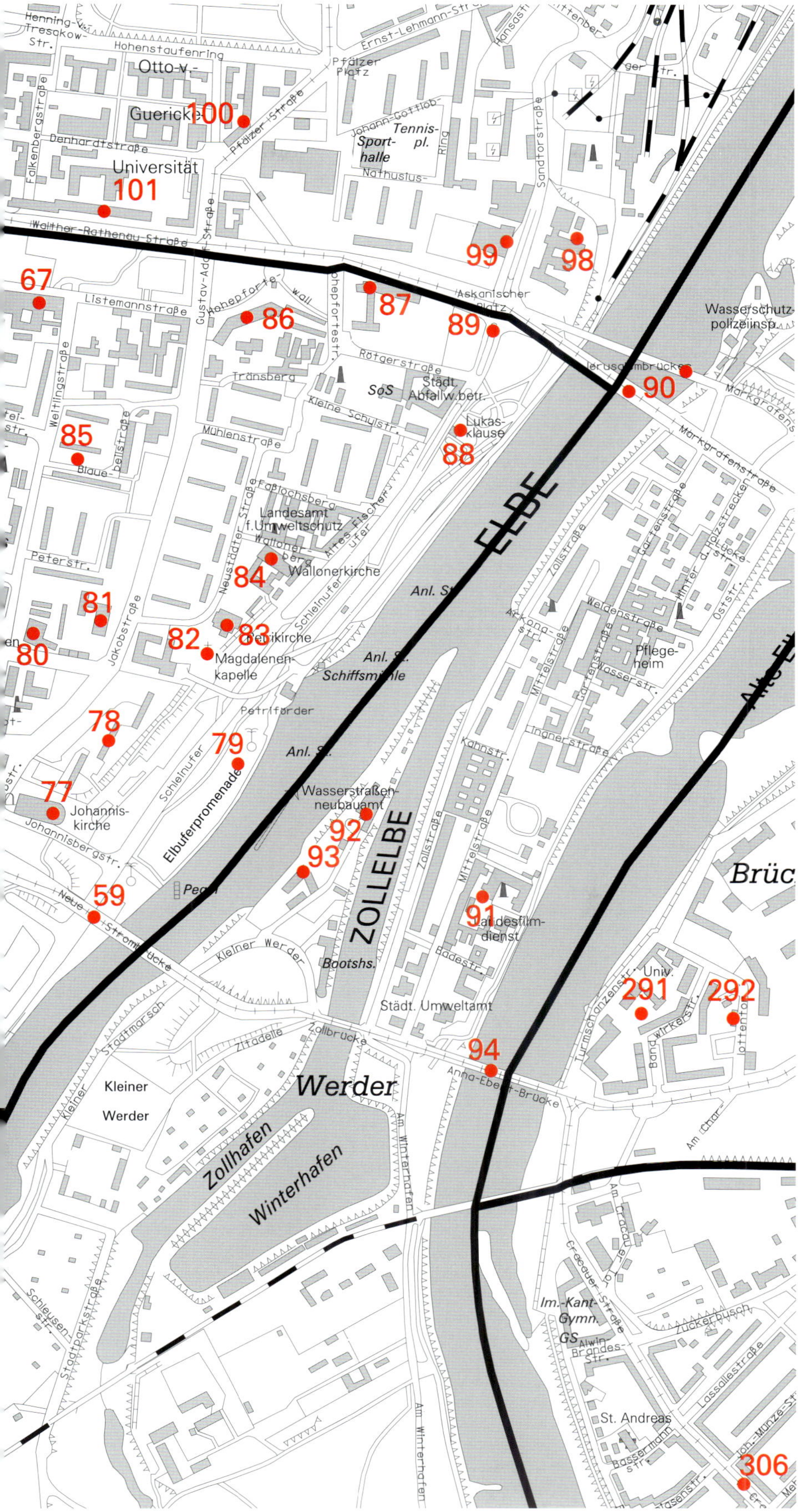

Otto-v.-Guericke
Universität
Walther-Rathenau-Straße
Hohenstaufenring
Pfälzer Platz
Pfälzer Straße
Ernst-Lehmann-Straße
Tennis-pl.
Sport-halle
Nathusius-Ring
Sandtorstraße
Listemannstraße
Hohepfortewall
Askanischer Platz
Wasserschutz-polizeiinsp.
Jerusalembrücke
Markgrafenstraße
Rötgerstraße
Städt. Abfallw.betr.
SoS
Tränsberg
Kleine Schulstr.
Lukasklause
Mühlenstraße
Weitlingstraße
Dellstraße
Blaue-
Faßlochsberg
Landesamt f. Umweltschutz
Wallonerberg
Wallonerkirche
Altes Fischerufer
ELBE
Peterstr.
Jakobstraße
Neustädter Straße
Schleinufer
Petrikirche
Magdalenenkapelle
Anl. St.
Schiffsmühle
Petriförder
Zollstraße
Weidenstraße
Pflegeheim
Wasserstr.
Mittelstraße
Gartenstraße
Hinter d. Holzstrecke
Oststr.
Alte Elbe
Ingnerstraße
Kahnstr.
Wasserstraßen-neubauamt
ZOLLELBE
Elbuferpromenade
Johanniskirche
Johannisbergstr.
Neue Strombrücke
Kleiner Werder
Bootshs.
Landesfilmdienst
Badestr.
Städt. Umweltamt
Univ.
Turmschanzenstr.
Bandwirkerstr.
Brüc
Zollbrücke
Zitadelle
Stadtmarsch
Anna-Ebert-Brücke
Werder
Zollhafen
Winterhafen
Am Winterhafen
Am Charlottentor
Am Cracauer Tor
Cracauer Straße
Im.-Kant-Gymn.
GS
Alwin-Brandes-Str.
Zuckerbusch
Lassallestraße
St. Andreas
Bassermannstr.
Joh.-Münze-Str.
Schleusenstr.
Stadtparkstraße
100
101
99
98
67
87
86
89
90
85
88
84
81
82
83
80
78
79
77
92
93
59
91
291
292
94
306

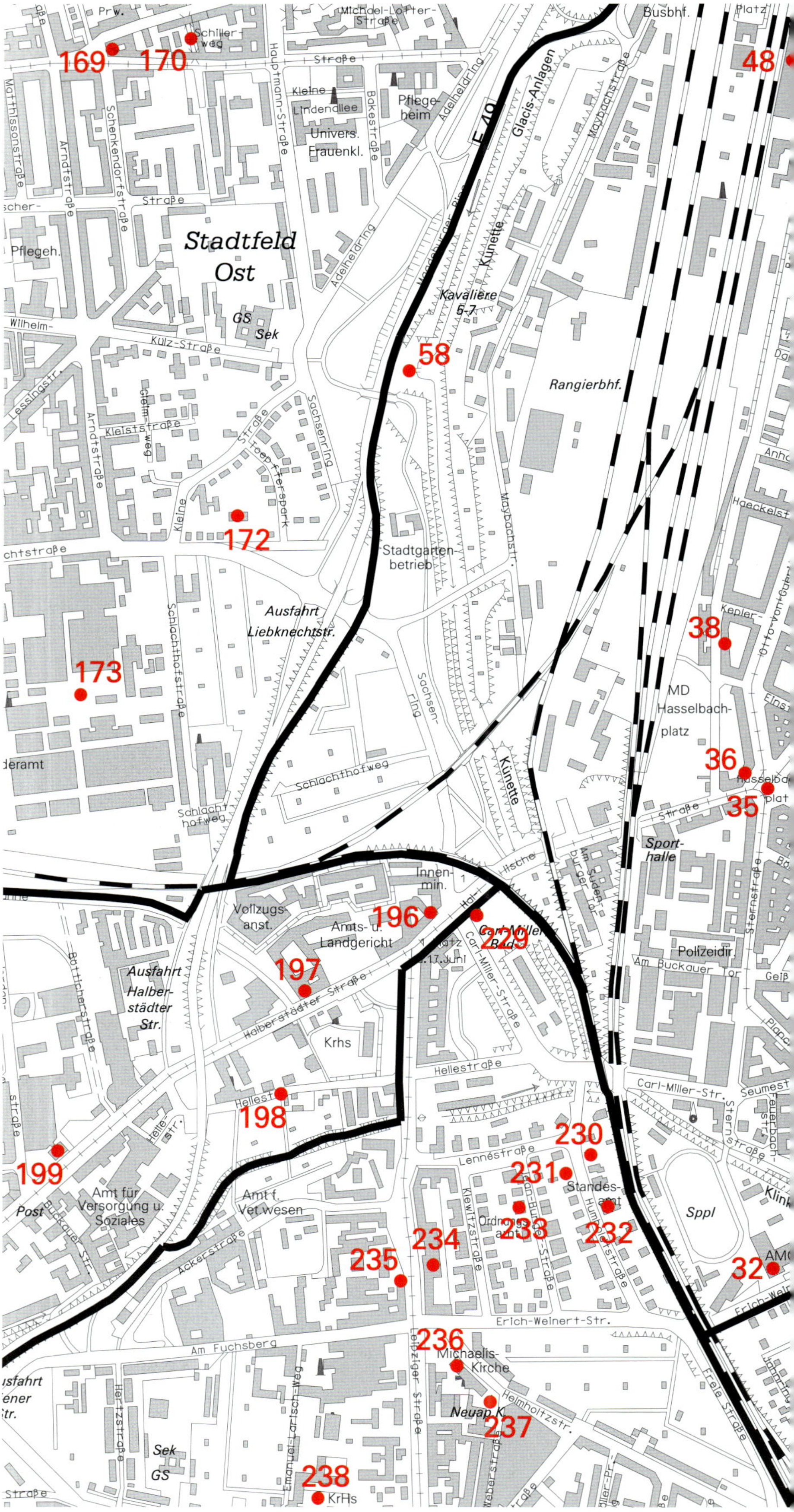
169
170
Schiller-weg
Michael-Lotter-Straße
Hauptmann-Straße
Kleine Lindenallee
Bakestraße
Pflege-heim
Adelheidring
Univers. Frauenkl.
Busbhf.
Glacis-Anlagen
Maybachstraße
E 49
48
Matthissonstraße
Arndtstraße
Schenkendorfstraße
Straße
Stadtfeld Ost
Pflegeh.
Künette
Kavaliere 5-7
GS
Sek
Wilhelm-
Külz-Straße
58
Rangierbhf.
Lessingstr.
Gleim-weg
Kleiststraße
Arndtstraße
Sachsenring
Toepfferspark
172
Kleine
Stadtgarten-betrieb
Maybachstr.
Ausfahrt Liebknechtstr.
Schlachthofstraße
173
38
Kepler-
Otto-von-Guericke-
MD Hasselbach-platz
Sachsen-ring
Schlachthofweg
Künette
36
Hasselba
platz
35
Schlacht-hofweg
Sport-halle
Innen-min.
Am Buckauer Tor
Vollzugs-anst.
Amts- u. Landgericht
196
229
Carl-Miller-Bad
Carl-Miller-Straße
17. Juni
Polizeidir.
Ausfahrt Halber-städter Str.
197
Halberstädter Straße
Böttcherstraße
Krhs
Hellestraße
Carl-Miller-Str.
Seumestr.
Feuerbach-str.
Sternstraße
198
Hellestr.
Helle-str.
199
230
Lennéstraße
231
Standes-amt
Spl
Amt für Versorgung u. Soziales
Amt f. Vet.wesen
Post
Klewitzstraße
Ordnungs-amt
233
232
Humboldtstraße
234
235
Ackerstraße
32
AMO
Erich-Weinert-Str.
Am Fuchsberg
236
Michaelis-Kirche
Leipziger Straße
Freie Straße
Helmholtzstr.
Neuap.K.
237
Herzstraße
Emanuel-Larisch-Weg
Sek
GS
238
KrHs
Straße

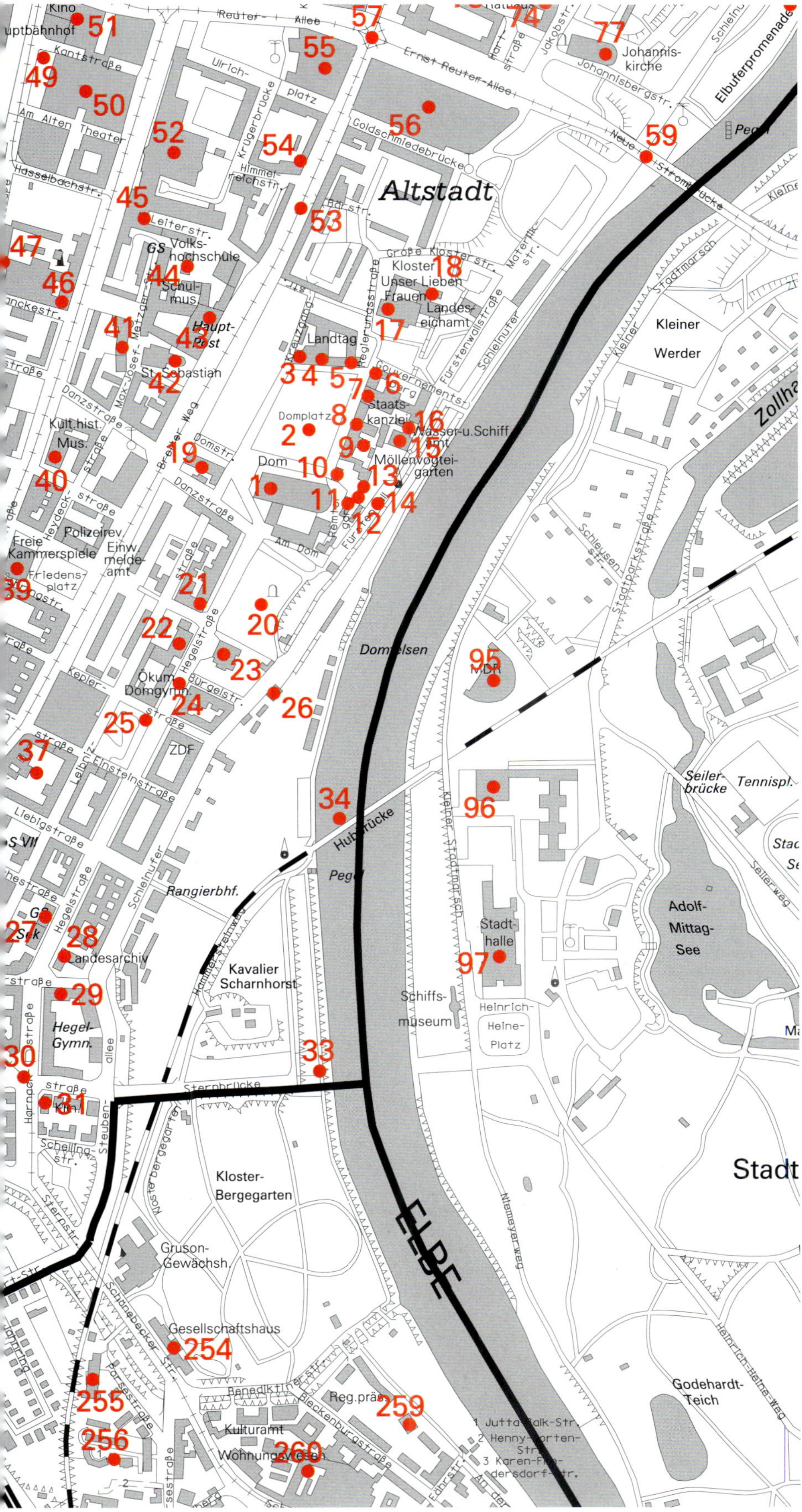

Altstadt
Kino
51
uptbahnhof
Kantstraße
49
50
Am Alten Theater
Reuter-Allee
Ulrich-platz
55
57
74
Rathaus
77
Johannis-kirche
Johannisbergstr.
Ernst-Reuter-Allee
Hartstraße
Jakobstr.
Schleinufer
Elbuferpromenade
52
Krügerbrücke
54
Himmelreichstr.
56
Goldschmiedebrücke
Neue Strombrücke
59
Pegel
Hasselbachstr.
45
Leiterstr.
53
Bärstr.
47
GS
Volks-hochschule
44
Schul-mus.
46
Große Klosterstr.
Kloster Unser Lieben Frauen
18
Landes-eichamt
17
Materlikstr.
Kleiner Werder
Stadtmarsch
Kleine
Max-Josef-Metzger-Str.
41
43
Haupt-Post
Kreuzgang
Landtag
Regierungsstraße
Fürstenwallstraße
Schleinufer
Kleiner
St. Sebastian
42
3
4
5
6
7
Gouvernementsberg
Staats-kanzlei
Zollhafen
Danzstraße
Breiter Weg
Domplatz
2
8
16
Wasser-u.Schiff Amt
15
Kult.hist. Mus.
19
Domstr.
9
Möllenvogtei-garten
40
Dom
10
13
1
11
14
12
Danzstraße
Heydeckstraße
Polizeirev.
Einw.-melde-amt
Remtergang
Fürstenufer
Am Dom
Schleusenstr.
Stadtparkstraße
Freie Kammerspiele
Friedensplatz
39
21
20
22
Hegelstraße
23
Domfelsen
95
MDR
Kepler-
Ökum. Domgymn.
24
Bürgelstr.
26
25
ZDF
37
Leibnizstraße
Einsteinstraße
34
Hubbrücke
Seilerbrücke
Tennispl.
96
Liebigstraße
S VII
Pegel
Kleiner Stadtmarsch
Seilerweg
Schleinufer
Rangierbhf.
Hegelstraße
GS
27
Sek
28
Landesarchiv
Hammer Steinweg
Kavalier Scharnhorst
Stadt-halle
97
Adolf-Mittag-See
29
Hegel-Gymn.
Schiffs-museum
Heinrich-Heine-Platz
30
Harnackstraße
straße
33
31
Klin.
Sternbrücke
Steubenallee
Schellingstr.
Klosterbergegarten
Kloster-Bergegarten
Stadt
Sternstr.
ELBE
Gruson-Gewächsh.
Niemeyerweg
Schönebecker Str.
Gesellschaftshaus
254
Heinrich-Heine-Weg
Godehardt-Teich
Porsestraße
255
Benediktiner Str.
Bleckenburgstraße
Reg.präs.
259
Kulturamt
256
Wohnungswesen
260
1 Jutta-Balk-Str.
2 Henny-Porten-Str.
3 Karen-Finn-dersdorf-Str.
Fährstr.

1
Dom St. Mauritius und St. Katharina

Domplatz
Gesamtbauzeit 1209–1520; Chor und Chorumgang 1209–1220, Bischofsgang 1230–1235, Wölbung des Langhauses 1363 vollendet, 1477–1520 Fertigstellung der Türme
u. a. Meister Bonensac, ab 1477 Kunzel Vrankenford, Heinrich Bethen, Bastian Binder

Als Zeichen seiner politischen Macht ließ Otto I. unmittelbar nach der gewonnenen Schlacht auf dem Lechfeld im Jahr 955 in Magdeburg einen Dom errichten. Dies geschah noch vor seiner Kaiserkrönung (962) und vor der Erhebung Magdeburgs zum Erzbistum (968). Um seinen Anspruch auf die Nachfolge des weströmischen Kaisertums bildlich zu verdeutlichen, ließ Otto, wie vor ihm schon Karl d. G. beim Bau der Aachener Pfalzkapelle, antike Spolien herbeischaffen und in den Bau integrieren. Die Spolien sind im gotischen Dom wieder verwendet worden. Ottos Kirche beschädigte im Jahr 1207 ein großer Brand. Dieses Unglück gab dem amtierenden Erzbischof Albrecht von Kefernburg die Möglichkeit, den alten Dom abzureißen und einen moderneren im gotischen Stil, den er während des Studiums in Frankreich kennengelernt hatte, errichten zu lassen. Die Vollendung des 1209 begonnenen Kathedralbaus dauerte mit über hundert Jahren Unterbrechung der Bautätigkeit bis 1520 (Fertigstellung der Turmhelme). Seit 1567 ist der Dom protestantisch.

Dreischiffige kreuzförmige Gewölbebasilika mit fünf quadratischen Jochen im Mittelschiff und nur leicht längsoblongen Seitenschiffjochen. Hochgotisches Langhaus mit zweiteiliger Wandgliederung und jeweils zwei großen Obergadenfenstern über den spitzbogigen Langhausarkaden. Querhaus mit Vierung aus drei quadratischen Jochen, daran anschließend ein quadratischer, zweijochiger, frühgotischer Langchor mit 5/10tel Polygon, doppelstöckigem Chorumgang und Kapellenkranz. Auf der Westseite eine monumentale spätgotische Doppelturmanlage mit hoch über das Langhaus aufragendem Zwischenbau. Raumhöhe im Mittelschiff 33 m.

Am ältesten Bauteil, dem Chor, sind die Proportionen und die Bauzier noch deutlich der sächsisch-spätromanischen Formensprache verhaftet. Erst bei der Chorempore, dem sog. Bischofsgang, wird die französische Gotik deutlicher erkennbar. Ungewöhnlich für die französischen Vorbilder sind ebenfalls die mächtigen Langhauswände und das fehlende äußere Strebewerk.

Im Chor befindet sich das Grab von Otto I. mit der originalen Tumba aus dem Todesjahr 973. Der Dom besitzt ungewöhnlich viele Bildwerke von hohem künstlerischen Rang, darunter der um 1250 entstandene, von der Reimser Bauhütte beeinflusste Skulpturenschmuck am Paradies und im Chor, die sechzehneckige Grabeskapelle und Bronzegrabplatten. Nach Süden schließen sich ein älterer Kreuzgang und die Klausurgebäude an. Im Kreuzgang liegt der Zugang zur im 11. Jahrhundert errichteten Krypta.

Der Magdeburger Dom ist das früheste Beispiel gotischer Baukunst nach französischem Kathedralschema in Nordeuropa. Dem bau-, kunst-, und kulturhistorischen Rang dieses Bauwerks kann die hier vorliegende Kurzbeschreibung nicht gerecht werden.

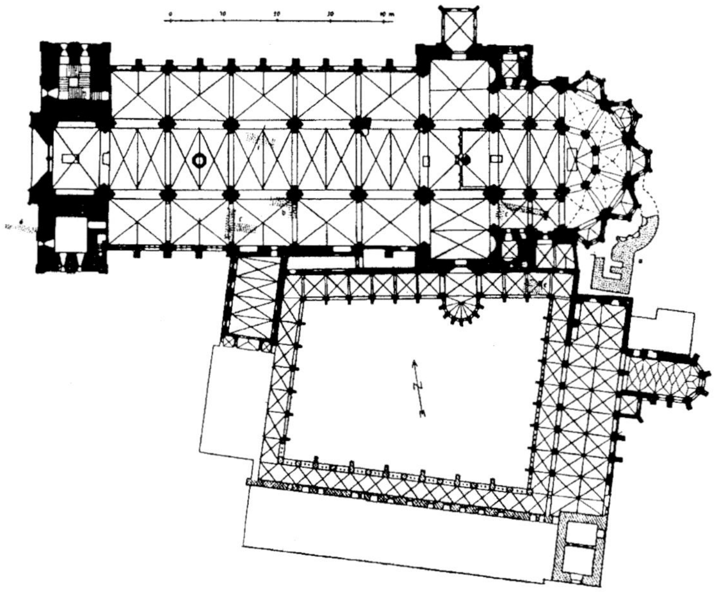

2
Domplatz mit Kaiserpfalz
um 936, 1702–1745

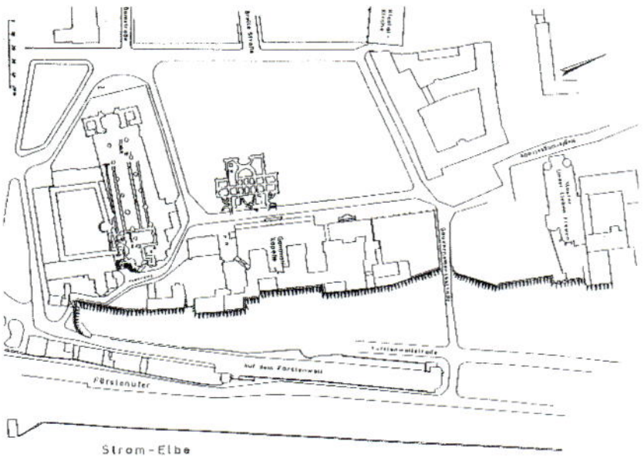

Seit jeher besaß der Magdeburger Dom eine große Domfreiheit. In Mittelalter und beginnender Neuzeit begrenzten Domherrenkurien und kirchliche Verwaltungsgebäude in unregelmäßiger Anordnung die Seiten des Domplatzes, der als Zentrum des erzbischöflichen Verwaltungsbezirkes galt. Seine heutige Gestalt erhielt er erst zwischen 1702–1745. Dies geschah auf Initiative des damaligen Festungsgouverneurs Fürst Leopold von Anhalt-Dessau, welcher sich nach den Verwüstungen im 30-jährigen Krieg für den Wiederaufbau der Stadt stark machte. Er regte die neue Randbebauung des Domplatzes und gleichzeitig eine Neugestaltung des Platzes selbst an, indem er diesen zum Exerzierplatz bestimmte und 1722 pflastern ließ. Nur kurze Zeit später, 1764–1765, gestaltete der neue Festungsgouverneur Herzog Ferdinand von Braunschweig den Platz zu einer parkähnlichen Anlage mit doppelreihigen Linden um. Den Großteil der nun vorhandenen Bäume setzte die Stadt bei einer Neubepflanzung 1978/79.
Der Domplatz ist außerdem der älteste Siedlungskern der Stadt. Schon um 780 lag hier ein fränkisches Grenzkastell. Während Grabungen 1959–1968 stießen Archäologen auf die Reste der um 936 errichteten ottonischen Kaiserpfalz, die sich ca. 1 m unterhalb der Platzoberfläche vor und unterhalb des ehemaligen Königspalais Domplatz 2/3 erstrecken. Untersuchungen ergaben, dass die Pfalz Ottos I. im 12. Jahrhundert systematisch abgerissen worden war. Seit einiger Zeit sucht die Stadt nach einer Lösung, die Kaiserpfalz und ihre Umrisse sichtbar zu machen, ohne dabei den Platzcharakter zu zerstören.

3
Landtag im Barockpalais, sog. Freyhaus
Domplatz 9
1723–1725
Gerhard Cornelius von Walrave

Wohnhaus des Festungsbaumeisters Walrave, von diesem selbst errichtet. Walrave erhielt ein königliches Privileg, demzufolge sein Haus alle Zeit von Grundzins frei sein sollte, daher die Bezeichnung Freyhaus. Heutige Nutzung durch den Landtag.
Zwölfachsige, dreigeschossige Fassade mit gleichmäßigen Fensterachsen, diese durch Lisenen rhythmisiert. Am vierachsigen Mittelteil sind die beiden mittleren Achsen durch aufwendigere Fensterverdachungen hervorgehoben. Der Mittelteil wird außerdem von einem breit gelagerten Dreiecksgiebel überfangen, den drei Vasen zieren. Im großen Giebelfeld die Inschrift Freyhaus sowie Trophäen. Vier Säulen mit vier hintergeblendeten Pilastern tragen einen Balkon mit nach vorne ausschwingender Brüstung. Die 2. und die 14. Fensterachse sind durch Fensterverdachungen besonders betont, im ersten Obergeschoss in Form eines Dreiecksgiebels, im zweiten Obergeschoss in Form eines Volutengiebels, und ehemals zusätzlich durch zwei übergeordnete Dachfenster im Mansardendach. Ursprünglicher Gebäudekörper aus dem Vordergebäude und einem rechten, hinteren Seitenflügel, beim Wiederaufbau nach dem Zweiten Weltkrieg durch umfangreiche hintere Anbauten ergänzt.

4
Landtag im barocken Wohnhaus
Domplatz 8
1724/25
Hans Georg Reinicke

Durch den Maurermeister Hans Georg Reinicke als Mietshaus für drei Parteien errichtet, seit 1992 Nutzung durch den Landtag.
Dreigeschossiges, achtachsiges Gebäude mit Mansardendach. Starke Mittenbetonung durch den aufragenden, zweiachsigen Dacherker mit Phantasiegiebel und Skulpturenschmuck, bestehend aus einer Statuette und zwei Vasen. Der Dacherker wird seitlich von je zwei Lukarnen flankiert. Die Fensterachsen werden einzeln oder paarweise von flachen Lisenen begrenzt, die neben den beiden mittleren Achsen unterhalb des Dacherkers abgetreppt und im Erdgeschoss zum Teil gefugt sind. Von zwei Säulen getragener Portalvorbau mit kräftiger Kopfkonsole und nach vorne hin ausschwingendem Balkon. Der dreistöckige Mittelteil galt ehemals als Zentralmotiv der Domplatz-Nordseite. Durch den Nachkriegsbau Domplatz 6 sind die ehemaligen Proportionen der Gebäudereihe verschoben. Das Gebäude ist nach dem Krieg durch hintere Anbauten über der ehemaligen Kreuzgangstraße erweitert worden.

5
Landtag im Barockpalais
Domplatz 7
1724–1728

Für den Weinhändler Christian Winneberg errichtetes Wohnhaus, heute Landtagspräsidium.
Neunachsige, dreigeschossige symmetrische Fassade mit reichhaltigem Dekor. Auffallende Mittenbetonung durch einen großen Dreiecksgiebel und einen dreiachsigen Scheinrisalit, dessen Außenseiten doppelte, übereinander geschobene, kannelierte Pilaster bilden. Den Dreiecksgiebel ziert reicher Figurenschmuck, eine Statuette, zwei liegende Figuren auf den Giebelschrägen und zwei Vasen. Die liegenden Figuren stellten zusammen mit zwei Relieffiguren innerhalb des Giebelfeldes die vier Jahreszeiten dar. Aufwendiger zweigeschossiger Portalaufbau, bestehend im Erdgeschoss aus einem von vier Säulen und einer Kopfkonsole getragenen kleinen Balkon mit ausschwingender Brüstung und oberhalb aus einem von zwei Säulen getragenen, gebrochenen Segmentgiebel, ebenfalls mit zwei kleinen liegenden Figuren. An den dreiachsigen Seiten rechts und links der Mitte ist die Beletage durch eng aneinanderstoßende Fensterverdachungen aus Dreiecks- und Segmentbogengiebeln mit Kartuschen hervorgehoben. Alle übrigen Fensterrahmungen sind mit Vestons, Kartuschen und im zweiten Obergeschoss mit vorkragenden Köpfen versehen. In der dreiachsigen Mitte sind die Abstände zwischen den Fensterachsen etwas größer gehalten. Das Gebäude ist in Umriss und Proportionen dem Haus Nr. 9 vergleichbar, nur etwas schmaler ausgeführt, die Gestaltung ansonsten jedoch sehr unterschiedlich gehalten. Im Mansardendach ehemals zwei Lukarnen.
Das benachbarte Gebäude Domplatz 6 ist ein dem Barock nachempfundener Nachkriegsbau aus den 50er Jahren des 20. Jahrhunderts.

6
Ehem. Domdechanei
Domplatz 5
1728–1731
Baumeister unbekannt

Als Domdechanei errichtet, zwischenzeitliche Nutzung als königliches Gästehaus und Generalkommando.
Barocker Bau mit Mansardendach und klarer Architektursprache. Fassade am Domplatz elfachsig und zweigeschossig mit Mezzanin, Fassadengliederung durch Lisenen. Breiter Dreiecksgiebel mit glattem Innenfeld über die Breite von drei Achsen geführt, früher mit liegenden Skulpturen auf den Schrägen. Portal ursprünglich beidseitig mit zwei dorischen Säulen, welche einen Balkon trugen. Auf dessen Eckpunkten zwei Statuen der Heiligen Katharina und Mauritius. Auf der Rückseite rechts ein nach Osten ausgerichteter Seitenflügel, in dem ein zweigeschossiger Vorgängerbau aus der Renaissance aufgegangen ist. Außerdem in der Südwand des Seitenflügels Reste eines romanischen Bauwerks. Bei Umbauarbeiten 1866/67 Balkon abgerissen und Durchfahrt geschlossen, gleichzeitig Portal geändert und einen säulengestützten Altan mit Zu- und Anfahrtsrampe (beidseitig drei Säulen) und Ziervasen auf der Balustrade angelegt. Außerdem die zum Domplatz gewandte Fassade komplett überarbeitet und aufwendig barockisierte Stilelemente hinzugefügt sowie Giebelfeld gestaltet.
Nach Kriegszerstörung seit 1985 wieder aufgebaut, jedoch bislang ungenutzt.

7
Staatskanzlei, ehem. Domherrenkurie
Domplatz 4
1732
Zuschreibung an Gerhard Cornelius von Walrave ungewiss

Für den Geheimen Rat Dr. Christian Knaut auf Anweisung des Fürsten Leopold von Anhalt-Dessau errichtetes Barockpalais.
Neunachsige, dreistöckige Fassade mit zwei schmalen, flachen, einachsigen und schlichten äußeren Seitenrisaliten und einem betonten Mittelrisalit mit aufwendiger Portalarchitektur. Diese von dicht beieinander stehenden vier Hermen und vier Säulen sowie einer überdimensionierten Konsole über dem Eingang getragen. Den Säulen sind auf der Balkonbalustrade vier Statuetten übergeordnet. Die Balustrade schwingt in der Mitte nach vorne hin aus. Vier breite Lisenen gliedern den dreiachsigen Mittelrisalit, welcher von einem gebrochenen Dreiecksgiebel mit integriertem, rundem Dachfenster und übergeordneter Ziervase überfangen wird. Auf den Giebelschrägen zwei liegende Gestalten, links die Jagdgöttin Diana, rechts der Götterbote Merkur. Mansardendach mit vier Dachfenstern. Wandfläche im Erdgeschoss mit Fugung gestaltet. Zwischen Palais und Schloss ein schmaler Verbindungsbau aus den 1890er Jahren.

8
Staatskanzlei im ehem. Königspalais
Domplatz 2/3
1700–1702, Umbauten 1880, 1906/07
Giovanni Simonetti zugeschrieben

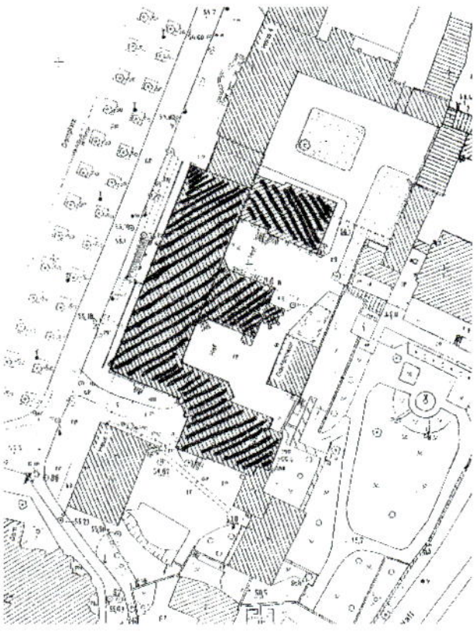

1700 als kurfürstliches Schloss für Friedrich III. begonnen und bis 1714 von der königlichen Familie genutzt, anschließend Sitz der Regierung, später Kriegs- und Domänenkammer des Herzogtums Magdeburg, heute Dienstgebäude der Staatskanzlei.
Nüchterner, dreistöckiger, gestreckter Barockbau mit 15 Achsen und Mansardendach, ursprünglich zweigeschossig mit Mezzanin und balusterförmiger Attika über einem starken Hauptgesims. 1880 zweites Mezzanin aufgestockt, 1906/07 beide Mezzanine zu einem Vollgeschoss vereint. Fassade zum Domplatz ohne Giebel, Risalit und Fenstergruppierungen, aber ursprünglich das Hauptportal mit weit vorspringender, von vier Säulen getragener Auffahrtsverdachung mit Balustrade. Zwei lange seitliche Auffahrtsrampen und eine Treppe in Richtung Domplatz sind 1998/99 rekonstruiert worden. Bis auf das Mittelfenster der Beletage nur einfache vorkragende Fensterverdachungen. Über dem Segmentgiebel des mittleren Fensters der Beletage eine Rollwerkkartusche, ein preußischer Adler, eine Königskrone und zwei Posaune blasende Viktorien. Die drei mittleren Achsen durch Pilaster zu den Seiten hin abgegrenzt, dieses Mittelfeld im Erdgeschoss rustiziert, mit Rundbogenfenstern versehen und im Übergang zum Obergeschoss mit einem Metopen-Triglyphen-Fries gestaltet. Reicher gegliederte Rückseite mit integrierter erzbischöflicher Kapelle St. Gangolf am mittleren Risalit. Kriegszerstörung und bis in die 70er Jahre dauernder Wiederaufbau.

9
Chor der Stiftskapelle St. Gangolf
Domplatz 2/3
1373

Kleiner spätgotischer 5/8tel Chor mit Rippengewölbe, frei hängendem Maßwerk und Schlussstein sowie drei Maßwerkfenstern. Wohl zwischen 1004 und 1012 von Erzbischof Tagino als Hauskapelle des erzbischöflichen Palais gestiftete Kirche, die wegen der Aufbewahrung von Eingeweiden verstorbener Bischöfe im Volksmund Kaldaunenkapelle hieß. Während des Neubaus 1373 unter Erzbischof Peter kam die Kapelle zum späteren Kollegiatstift St. Gangolf. Von 1681–1700 diente sie der Magdeburger Reformierten Gemeinde als Gotteshaus. Anlässlich des Schlossbaus 1700–1702 wurde die Gangolfkapelle in denselben integriert. Erst 1906 erfolgte bei Umbauarbeiten am Schloss der Abbruch des Kirchenschiffes, so dass nur der kleine Ostchor am hinteren Mittelflügel des ehemaligen Schlosses stehen blieb. Das Maßwerk von abgebrochenen Langhausfenstern ist an einer Wand im Hof des Gebäudes Domplatz 4 angebracht.

10
Ehem. Neue Möllenvogtei
Domplatz 1a
1744/45

Zur Zeit der Erzbischöfe bis zum Anfang des 19. Jahrhunderts bildete das Gebiet um den Domplatz (Neuer Markt) einen eigenen, vom Magistrat unabhängigen Verwaltungsbezirk unter der Gerichtsbarkeit eines erzbischöflichen Vogtes. Der Name Möllenvogtei leitet sich von einer im 15. Jahrhundert an dieser Stelle vorhandenen Mühle ab.
Im barocken Stil als Dienstwohnung für den Möllenvogt Peter Schrader errichteter dreigeschossiger, siebenachsiger Bau mit nur leicht abgestufter Fassadenoberfläche, so dass kaum eine Licht-Schatten-Wirkung an der Fassade entsteht. Das zweite Obergeschoss ist leicht zurückversetzt. Ursprünglich nur zweigeschossig und ohne das mit einer Rollwerkkartusche geschmückte Giebelchen ausgeführt, wurde es nachträglich aufgestockt. Das Gebäude erhebt sich über längsrechteckigem Grundriss und wird von einem Walmdach bedeckt. Schlichtes Sandsteinportal, Mittelfenster mit schlichter Kragplatte verdacht, ansonsten keine weitere Ornamentik.
Seit kurzem ist das Gebäude Eigentum des Landes Sachsen-Anhalt und wird durch das Regierungspräsidium genutzt.

11
Ehem. Domherrenkurie
Remtergang 1
16. Jahrhundert

Zweistöckiges, fünfachsiges, traufständiges Fachwerkgebäude mit seitlichem Anbau am Durchgang vom Domplatz zum Fürstenwall. Der Renaissancebau trägt ein steiles Satteldach mit Schleppgauben. Sein linksseitiger, ebenfalls zweistöckiger Anbau ist etwas niedriger und über L-förmigem Grundriss gehalten. Den oberen Abschluss bildet ein steiles Krüppelwalmdach. Steinerne Neidköpfe befinden sich am zum Remtergang gerichteten Giebel.
Das Haus überstand die Brandkatastrophe von 1631 unbeschadet und gilt als das Älteste der Altstadt. Seine Bauart mit Schiffskehlen an den Schwellbalken ist für Magdeburg einmalig. Seit 1545 ist das Gebäude als Kurie für verschiedene Domherren nachgewiesen, ab 1631 bis 1810 diente es als Syndikatshaus. Zu DDR-Zeiten beherbergte es die Dombauhütte.
Romanisches Kellergewölbe und Barocksaal im Inneren.

12
Spätgotisches Stadttor
Zwischen Domplatz 1b und Remtergang 1
1493

In eine schlichte, teilverputzte Backsteinmauer sind ein Spitzbogen und ein kleinerer seitlicher Durchgang eingelassen. Auf der Westseite befinden sich außerdem zwei leere Wappenfelder. Dieses Tor ist das einzige erhaltene Magdeburger Stadttor. Es diente im Mittelalter als Zugang zu einem kleinen erzbischöflichen Hafen hinter der Möllenvogtei (1520 bereits verfallen) und zu einem Weg entlang des Elbufers, außerhalb der Stadtmauern. Mit dem Ausbau der elbseitigen Befestigungsanlagen 1525 verlor das Tor an Bedeutung.

13
Ehem. Alte Möllenvogtei
Domplatz 1 b
1600

Älteres Amtshaus des Möllenvogtes aus der Zeit der Renaissance, früher hinter dem erzbischöflichen Palast, heute hinter der ehem. Neuen Möllenvogtei gelegen. Zweistöckiges, traufständiges, vierachsiges, auf der Rückseite sieben- bzw. achtachsiges Gebäude mit Satteldach, über längsrechteckigem Grundriss errichtet. Nördlich anschließend ein jüngerer, vierachsiger, dreistöckiger Verbindungsbau zum Seitenflügel des Schlosses. Altes Kellergewölbe, ursprünglich als Gefängnis genutzt. Hinter der alten Möllenvogtei liegt die älteste gärtnerische Anlage der Stadt, der erstmals 1377 erwähnte Garten der Möllenvogtei. Dieser ist auf Grund seiner Zwingerlage besonders reizvoll.

14
Fürstenwall mit mittelalterlichen Festungstürmen
Fürstenwall
1430/31, 1722/25
Ingenieurhauptmann Preußer

Der Fürstenwall verläuft entlang der Elbe zwischen Dom und Gouvernementsberg. Er ging aus den Befestigungsanlagen hervor und ist der südliche, erhaltene Teil der ersten Bürgerpromenade Deutschlands. Während eines Befestigungsausbaus entstanden 1430 der Turm „Hinter der Möllenvogtei" und 1431 der Turm „Kiek in de Köken", der seinen Namen der vom Turm aus möglichen Sicht in die erzbischöfliche Küche verdankt. Seit 1525 verband beide Türme eine Mauer, Mitte des 16. Jahrhunderts kam eine weitere mit ca. 12 m Abstand westlich zur bereits bestehenden hinzu, so dass zwischen beiden Mauern der sog. Zwinger verlief. Seine heutige Gestalt verdankt der Fürstenwall dem Gouverneur Fürst Leopold von Anhalt-Dessau, der den Zwinger 1722 von Ingenieurhauptmann Preußer verfüllen und somit einen Wall anlegen ließ. Mit dieser Maßnahme verschwanden die unteren Teile der Türme, und es entstand ein militärisches Magazin, verbunden mit einem darüber führenden Spazierweg. Anschließend ordnete der Alte Dessauer die Pflanzung einer Allee an (1725). Am Turm „Kiek in de Köken" vollzogen die Nazis einen Umbau zur Fahnenhalle. Der ruinöse Turm „Hinter der Möllenvogtei" diente um die Jahrhundertwende als Treppenhaus für eine nicht erhaltene, private Badeanstalt. Er wird momentan renoviert. Durch den Tatarenturm ist ein Zugang zum Remtergang möglich. Dieser Turm existierte bereits 1241, wurde jedoch teilweise durch Aufschüttung verdeckt und umgebaut. Die Torausfahrt auf verändertem Niveau besteht seit 1899. Beachtenswert außerdem das dreistöckige Wohnhaus Fürstenwall 3b aus dem Jahr 1871, dessen Sohlbankzonen und Balkonbrüstungen Seekentauren zieren.

15
Wasser- und Schifffahrtsamt
Fürstenwallstraße 20
1842

Das als Oberpräsidium im Jahr 1842 errichtete Verwaltungsgebäude bildet mit seinen zur Elbe gerichteten prägnanten Ecktürmchen einen Teil der Elbufersilhouette. Es erhebt sich als Putzbau über längsrechteckigem Grundriss mit vier Stockwerken und einem Dachgeschoss mit umlaufenden Bogenfries, in den kleine Fenster eingelassen sind. Das Dachgeschoss wird von einem Kranzgesims und einer Balustrade vor dem Flachdach abgeschlossen und von den beiden zinnenbekrönten Ecktürmchen überragt. Sämtliche Fenster sind als Segmentbogenfenster ausgebildet, die einzelnen Stockwerke grenzen schmale Gesimse voneinander ab. Längsseiten sind neunachsig, die Stirnseiten drei- bzw. fünfachsig ausgebildet. Die sparsamen Formen des Rundbogenstils des an eine Burg erinnernden Gebäudes sind typisch für die historistische Architektur der 40er Jahre des 19. Jahrhunderts.
Interessante Innenausstattung mit einem über zwei Stockwerke reichenden Saal und einer gusseisernen Haupttreppe. Heute nutzt den Bau das Wasser- und Schifffahrtsamt als Dienstgebäude.

16
Wasser- und Schifffahrtsamt im barocken Wohnhaus
Fürstenwallstraße 19
1723
Zimmermeister Joh. Jakob Scheer

Dreistöckiges, achtachsiges, traufständiges ehemaliges Wohnhaus mit fünf Dachhäuschen auf dem Satteldach und breiter Toreinfahrt im Erdgeschoss. Schlichter Barockbau mit verhaltenem, spätbarockem Dekor. Extrem flache Scheinrisalite lassen die beiden Mittel- und die beiden Außenachsen nur leicht aus der Fassadenflucht hervortreten. Das Bogenfeld über dem Tor schmücken eine Rollwerkkartusche und Akanthusblattwerk, seitlich flankieren gestufte Pilaster den Eingang. Weiterer barocker Zierrat nur an den beiden Mittelachsen und den beiden äußeren Achsen im ersten Obergeschoss, in Form von Fensterverdachungen mit Kartuschen. Ein 1906/07 angefügter dreiachsiger Brückengang führt seitlich zum Nachbargebäude Fürstenwallstraße 20. Über der bogenförmigen Durchfahrt ist hier ebenfalls eine Rollwerkkartusche befestigt.
1723 ließ der Bauherr und Zimmermeister Joh. Jakob Scheer für seinen geplanten Neubau ein älteres Haus einebnen. 1735 ging das neue Gebäude in den Besitz des Bänder- und Samtfabrikanten Heinrich Bachmann über und später an dessen Sohn Heinrich Wilhelm Bachmann. Die neuen Eigentümer unterhielten Beziehungen zu Klopstock und Gleim. Heinrich Wilhelm war Mitglied der sog. Mittwochsgesellschaft und stellte sein Haus, wie zuvor den elterlichen Garten, in den Mittelpunkt des literarischen und geistigen Magdeburger Lebens. Derzeitige Nutzung durch das Wasser- und Schifffahrtsamt.

17
Kloster Unser Lieben Frauen
Regierungsstraße 4–6

Baubeginn zwischen 1064–1078, Westbau nach 1129 begonnen und nach 1150 vollendet, Pfeiler im Langhaus und Stützen der hochsäuligen Kapelle nach 1188, Einwölbung 1220/40, Klostergebäude 2. Viertel 12. Jahrhundert (nach 1129.
Als Kollegiatstift unter Erzbischof Gero um 1015/18 gegründet. Unter Erzbischof Norbert 1129 mit Prämonstratensern besetzt und zum Mutterkloster der sächsischen Ordensmitglieder erhoben. Heutige Nutzung der Kirche als Konzertsaal und der Klostergebäude sowie des Klostergartens als Kunstmuseum und Ausstellungsfläche u. a. für die Bestände aus der nationalen Plastiksammlung der DDR.
Frühromanischer Kirchenbau sächsischer Prägung, in Sandsteinquadern und hammerechtem Bruchstein ausgeführt. Kreuzförmige, ehemals flachgedeckte Säulenbasilika mit in der Mitte und in der Vierung eingestellten Pfeilerpaaren und zweifarbiger Arkatur, durch spätere Umbauten nach einem Brand in eine gewölbte Pfeilerbasilika mit frühgotischem Rippengewölbe und vorgeblendeter Spitzbogenarkatur umgewandelt (Wölbung im Chorbereich nach Kriegszerstörung nicht wiederhergestellt). Dreischiffiges Langhaus mit viereinhalb Jochen und jeweils neun Gewölbekompartimenten mit Kreuzgraten in den Seitenschiffen. Der Westbau besteht aus einem quadratischen Mittelturm mit zwei runden, in den oberen Stockwerken frei aufsteigenden Flankentürmen, die durch einen Rundbogenfries und eine Gliederung aus dünnen Gesimsen und senkrechten Wandvorlagen zusammengeschlossen werden. Die Wölbung der mit einer Empore ausgestatteten Turmhalle wurde erstmals in dieser Re-

gion als Rippengewölbe ausgeführt. Unter dem mit halbkreisförmiger Hauptapsis verlängerten Chorquadrat liegt die dreischiffige Hallenkrypta des 11. Jahrhunderts, gestützt durch sechs monolithische Säulen und wie auch bei der darüberliegenden Hauptapsis, mit halbrunden Wandnischen in der Apsis versehen. Die erst 1975 wieder entdeckte Erweiterung der Krypta in Richtung Vierung stammt aus dem 16. Jahrhundert und besaß die Funktion eines Memorialraums für den 1582 heilig gesprochenen Ordensgründer. Querhaus mit ausgeschiedener Vierung auf kreuzförmigen Pfeilern und Nebenapsis am südlichen Querhausarm. Am nördlichen Querhausarm und vom Kreuzgang aus einsehbar, die dreischiffige, sog. hochsäulige Kapelle, ein Meisterwerk spätromanischer Architektur. Die Grundform des unter Erzbischof Norbert, dem Gründer des Prämonstratenserordens, errichteten Westbaus sowie die 9-Zahl der Langhausarkaden beeinflussten die Architektur mehrerer Tochterklöster in Leitzkau, Jerichow, Veßra usw.
An der Nordseite schließt sich das ebenfalls unter Norbert errichtete Klostergebäude an, welches als eine der bedeutendsten romanischen Anlagen auf deutschem Boden mit einem in Deutschland einzigartigen Brunnenhaus zu betrachten ist. Das zweistöckige Brunnenhaus (Lavatorium) mit seinem steinernen Kegeldach sowie die tonnengewölbten Gemeinschaftsräume zeugen von burgundischem Einfluss. Am Nordflügel steht als eines der eindrucksvollsten erhaltenen hochmittelalterlichen Klostergebäude das dreigeschossige, tonnengewölbte Refektorium. An der Stelle des ehemals weit nach Osten vortretenden Dormitoriums ein Schulgebäude von 1848/52.

18
Kulturzentrum Kloster Unser Lieben Frauen. Nationale Sammlung der Kleinplastik der DDR und Konzerthalle „Georg-Philipp Telemann"

Regierungsstraße 4/6
1957 Umgestaltung zum Kulturzentrum nach einem Projekt von Klaus Berger und Reinhard Rüger

Auch das Kloster Unser Lieben Frauen wurde im 2. Weltkrieg schwer beschädigt. Die Ruine war nach dem Krieg kaum Gegenstand öffentlichen Interesses, und so wurde ein Abriss in Erwägung gezogen. Das Institut für Denkmalpflege Halle wurde hier handelnd tätig. Aufräumungs-, Enttrümmerungs- und Instandsetzungsarbeiten begannen noch 1945, zogen

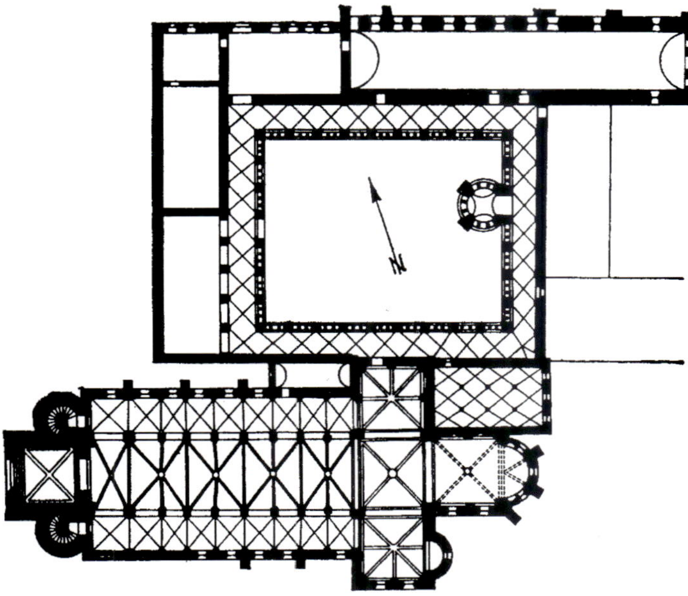

sich aber über viele Jahre hin. Bei allen Baumaßnahmen haben sich die Architekten dafür entschieden, sich dem Mittelalter nicht historisierend zu nähern, sondern den Bau zweckmäßig und im Ausdruck des 20. Jahrhunderts zu ergänzen.
Anlässlich des 25. Jahrestages der DDR am 7. Oktober 1974 wurde das Kloster der Öffentlichkeit übergeben. Am 7. September 1977 konnte die ehemalige Klosterkirche als Konzerthalle „Georg Philipp Telemann" eingeweiht werden. Die gewünschte Vollendung konnte erst 1979 erreicht werden, nachdem der Orgeleinbau durch die Firma Jehmlich aus Dresden fertig gestellt war.
Der Nord- und Westflügel des Klosterkomplexes wurde für eine museale Nutzung vorgesehen. Im Westflügel fanden neben einer Bibliothek im Dachgeschoss und einem Foyercafe weitere Ausstellungsräume Platz. Mitte der 70er Jahre wurde im Nordflügel die „Nationale Sammlung Kleinplastik der DDR" eingerichtet, die 1976 ihre erste Ausstellung präsentieren konnte. Bis 1989 wurden die Ausstellungsflächen erweitert. Im selben Jahr wurden 45 Großplastiken, u.a. von Fritz Cremer, Gustav Seitz und Wieland Förster im Außenraum aufgestellt.
Zur zeitgenössischen Ausstattung gehören die fünf Bronzetüren, die den Zugang zum Klosterkomplex bilden, sowie 18 Gobelins in der Konzerthalle. Die Gobelins thematisieren das Thema Musik und Theater und werden im Wechsel präsentiert. Mit seinen anspruchsvollen Konzerten und Ausstellungen ist das Kloster Unser Lieben Frauen zu einem Kulturzentrum von internationalem Rang geworden.
Das 1972 von Heinrich Apel geschaffene Nordportal „Mann und Frau" ist genau genommen keine Bronzetür. Vielmehr handelt es sich um ein mit Kupferblech verkleidetes Portal aus Holz, lediglich die Beschläge sind in Bronzeguss ausgeführt. Die in Bronze gegossene Tür von Werner Stötzer thematisiert „Idyllen und Katastrophen" und wurde 1991 in die Südostecke des inneren Kreuzganges eingefügt.
Waldemar Grzimeks Bronzetür „Gefahren und Kreatur" schmückt seit 1977 das Südportal der Klosterkirche. Ebenfalls 1977 installierte man Gerhard Marck's Bronzetür im südlichen Kreuzgang. Wieland Försters „Freuden und Leiden" wurde 1989 als vorerst letzte künstlerisch gestaltete Tür montiert.

19
Bankhaus, ehem. Reichsbank

Lothar-Kreyssig-Straße 1
1920–1923
Baubüro der Reichsbank Berlin
Philipp Nitze

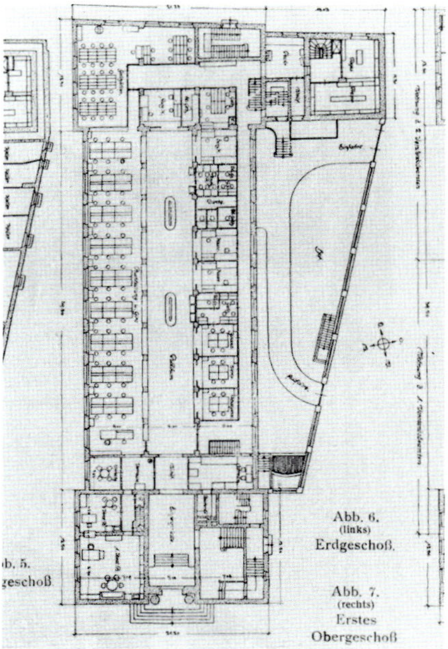

Über annähernd I-förmigem Grundriss erhebt sich das schlichte und dennoch monumental wirkende Gebäude der früheren Reichs- und heutigen Landeszentralbank. Die zweistöckige Stirnwand zur Straße durchbrechen nur das von kannelierten Säulen mit dorischen Kapitellen flankierte Portal und die übergeordnete vierteilige Fenstergruppe. Darüber liegt wie eine Art Mezzanin und abgesetzt durch ein Kranzgesims das Dachgeschoss. Über dem Eingang saß früher ein Reichsadler. Den Entwurf fertigte das Baubüro der Reichsbank in Berlin (Philipp Nitze), wobei sich die Höhe des Gebäudes durch die früheren Nachbargebäude und der farblose Putz durch die seinerzeit ebenfalls farblosen historischen Bauten am Domplatz bestimmten. Im Gegensatz hierzu leistete das bunte Innere einen Beitrag zum farbigen Magdeburg. Die Vorhalle leuchtete in Gelb, die Pfeiler des Kassenraumes wechselten in den Farben Blau und Grün.

20
Park am Fürstenwall

Hegelstraße
1877, 1900
Johann Gottlieb Schoch, Hermann Eggert

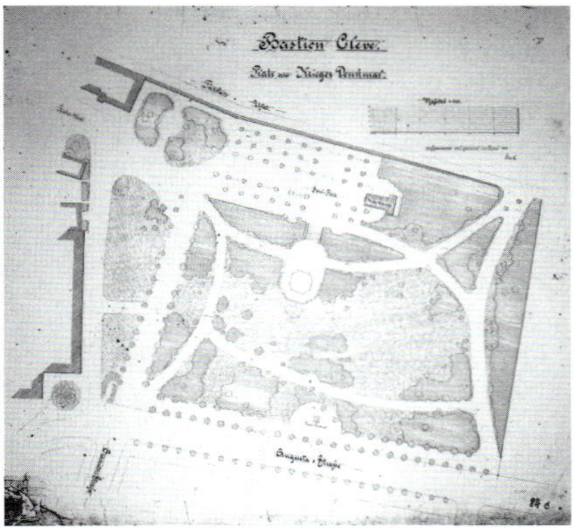

Der kleine Park liegt auf dem einstigen Gelände der zu den Verteidigungsanlagen gehörenden Bastion Cleve. Diese war im Zuge der südlichen Altstadterweiterung und gänzlich nach Aufhebung der Festung überflüssig geworden. Neben der attraktiven Lage im Stadtkern ist der alte, imposante Baumbestand von Bedeutung. Im Zentrum erhebt sich auf einem Hügel das 1877 enthüllte Denkmal zu Ehren der in den Kriegen 1866 und 1870/71 gefallenen Soldaten. 1900 erarbeitete der Magdeburger Gartenbaudirektor Johann Gottlieb Schoch einen Entwurf für die Neugestaltung des 1,7 ha großen Areals mit Gehölzpflanzungen, Findlingen, Blumenbeeten und Bankplätzen. Das aus Sandstein gearbeitete Denkmal stammt aus der Hand des in Burg geborenen Architekten Hermann Eggert (Hauptwerk Hauptbahnhof Frankfurt a. M.). Sein architektonischer Aufbau wird von den Reichsinsignien bekrönt.
An der Hegelstraße steht das 1893 von Ernst Habs geschaffene Denkmal für den Magdeburger Karl Friedrich Friesen, Mitbegründer der deutschen Turnkunst. An der Nordwestecke des Parks liegt das 1998 in Erinnerung an die von den Nazis verfolgten Sinti und Roma errichtete Mahnmal des Magdeburger Bildhauers Wolfgang Roßdeutscher.

21
Zürich-Haus

Hegelstraße 4
1994–1996
Gerhard Dürschke

Der Entwurf für das Zürich-Haus in Magdeburg ist das Ergebnis eines beschränkten Realisierungswettbewerbes aus dem Jahr 1993. Für die Architekten waren widerstreitige Auffassungen des Bauherrn, der Kommune und der Öffentlichkeit, des Denkmalschutzes und des Baukunstbeirates eine echte Herausforderung. Einfügungsgebot und Respekt vor gewachsenen Strukturen sind die Basis für einen gelungenen Versuch, Historisches mit der heutigen Formensprache in Übereinstimmung zu bringen, bewusst an stadtraumbildende Elemente anzuknüpfen und Gleichgewicht und Kontinuität zwischen den vorhandenen Gebäuden herzustellen. Solide und dauerhafte Materialien bilden das gestalterische Detailkonzept des 5-geschossigen Gebäudes. Pfeilerbreiten und Fensteröffnungen mit einer strengen vertikalen Gliederung erzeugen einen gestalterischen Einklang mit der umgebenden Bebauung. Die geforderte Wirtschaftlichkeit ergibt sich aus der einfachen Konstruktion, der Wahl leichter Materialien und dem sparsamen Umgang mit umbautem Raum. Die zweigeschossige Eingangshalle ist kommunikationsfreudig und dient gleichzeitig der Orientierung für Mitarbeiter und Besucher. Mit dem „Eingangshaus", einem städtebaulich fassenden, vorgelagerten Ecksalit, stellt sich das Gebäude nach außen dar.

22
Domgymnasium
Hegelstraße 5
1879/80

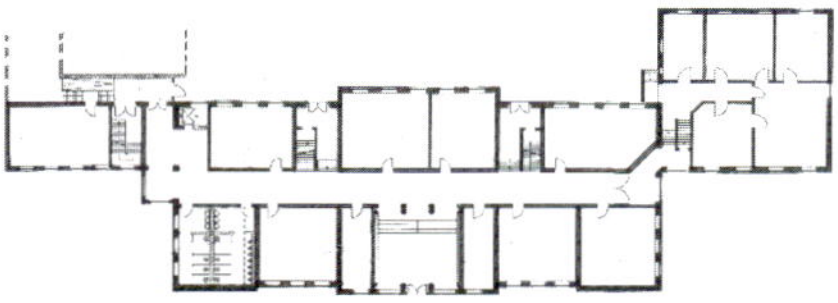

Im Rahmen der südlichen Altstadterweiterung 1879/80 errichteter Neubau für die 1675 gegründete Domschule. Dreistöckiges symmetrisches Hauptgebäude mit überhöhtem fünfachsigem Mittelrisalit, schmalen Seitenrisaliten und flachem Walmdach. In die orange- und gelbfarbenen Ziegelfassaden mischen sich schmale Lagen dunkel glasierter Ziegel und Sandsteingesimse. Das zweite Obergeschoss des Mittelrisalites wird durch kannelierte Halbsäulen aus Sandstein und seitliche senkrechte Terracottaplatten mit Rankendekor besonders ausgezeichnet. Zur Hegelstraße eine dreiteilige triumphbogenartige Eingangsgestaltung aus Sandstein mit antikisierendem Dekor wie Lorbeer, Vestons und Rosetten. In Rankenwerk integrierte Wappen und Jahreszahlen aus der Geschichte der Domschule sind nur zum Teil erhalten, darunter die Jahreszahl der Schulgründung 1675, Wappen des Administrators Prinz August von Sachsen und des Magdeburger Domkapitels, die Jahreszahl 1680 (ehemals mit dem Brandenburgischen Adler als Zeichen der Vereinigung des Herzogtums Magdeburg mit dem Kurfürstentum Brandenburg) und das Vollendungsjahr des Schulbaus 1880 (ehemals mit preußischem Adler).
An der Leibnizstraße ein 1930 in Betrieb genommener vierstöckiger, schlichter und kubischer Anbau mit dunkelroten Klinkerfassaden von Johannes Göderitz.

23
Palais am Fürstenwall
Hegelstraße 42
1889–1893
Paul Ochs

Dienstgebäude für die preußische Generalkommandantur des VI. Armeekorps, gleichzeitig Gästehaus für die kaiserliche Familie.
Dreigeschossiges, zur Hegelstraße zweigeschossiges Historismusgebäude im Stil der italienischen Hochrenaissance mit barocken Einflüssen. Ziegelflächen und Sandsteinelemente wechseln sich ab. Siebenachsige Hauptschauseite von breitem, fünfachsigen, ganz in Sandstein gehaltenem Risalit mit von zwei Säulen und zwei Pfeilern getragenem Altan dominiert. Hier wird eine hohe, reich geschmückte Beletage einem niedrigen, rustizierten Erdgeschoss, welches scheinbar nur als Sockel für das pompöse Obergeschoss dient, kontrastreich gegenübergestellt. Das Obergeschoss des Risalits gliedern Pilaster und Halbsäulenvorlagen. Zwei Wandnischen in den beiden äußeren Risalitachsen, ehemals mit den Statuen von Mars und Minerva, flankieren die drei kolossalen Bogenfenster in der Mitte. Hinter diesen im Inneren der über zwei Stockwerke reichende Prunksaal. Zwei große, mit einer Aedikularahmung aus Sandstein versehene Rechteckfenster sowie rustizierte Außenkanten gestalten die beiden äußeren Gebäudeachsen. Oben ein kräftiges Kranzgesims und eine bekrönende Attika. Im Inneren ordnen sich alle Räume um ein zentral gelegenes, gebäudehohes Vestibül.
Das Palais gehört zu den wichtigsten Bauten Magdeburgs und stellt das Hauptwerk des Magdeburger Architekten Paul Ochs dar. Architektur und erhaltene Innenausstattung mit prachtvoller Wand- und Deckenmalerei machen seine kunsthistorische Bedeutung aus. Derzeitige Nutzung durch das Justizministerium, zu DDR-Zeiten Haus der DSF.

24
Hegelstraße und Seitenstraßen
Hegelstraße, Bürgelstraße, Liebigstraße, etc.
1872–1890

Die in der Flucht des Domes verlaufende Hegelstraße ist der attraktivste Teil der in den Jahren 1872–1890 erfolgten südlichen Stadterweiterung. Sie wurde ab 1887 bewusst als reine Wohnstraße mit hohem Komfort und kleinen Vorgärten angelegt. Zwischen die vielen gründerzeitlichen Mietshäuser reihen sich ein paar prächtige Einfamilienstadthäuser (Hegelstraße 1 und 2) und einige öffentliche Gebäude, das Palais am Fürstenwall, das Landeshauptarchiv und zwei Schulen. Die ansonsten reinen Mietshäuser sind hauptsächlich vier- und fünfstöckig mit hohem Sockelgeschoss und zum Teil mit Mezzanin ausgeführt. An die mit aufwendigem Fassadenschmuck versehenen Vorderhäuser schließen sich Seiten- und Hinterhäuser mit Wohnungen für einfachere Bedürfnisse und kleine Hinterhöfe an. Beachtenswert sind zahlreiche gut erhaltene Hauseingänge und Treppenhäuser, darunter die Hegelstraße 16 mit ihrer aufwendigen historistischen Wandbemalung. 1991–1997 erfolgte die Rekonstruktion des Straßenraumes nach historischem Vorbild mit Vorgärten, Einfriedungen, Leuchten und Pumpen. Sämtliche kriegsbedingte Baulücken sind seit der Wiedervereinigung mit neuen Wohn- und Geschäftshäusern geschlossen worden.

25
Wohn- und Geschäftshaus
Hegelstraße 38/Keplerstraße/ Schleinufer
1994–1996
Walter Brezinski

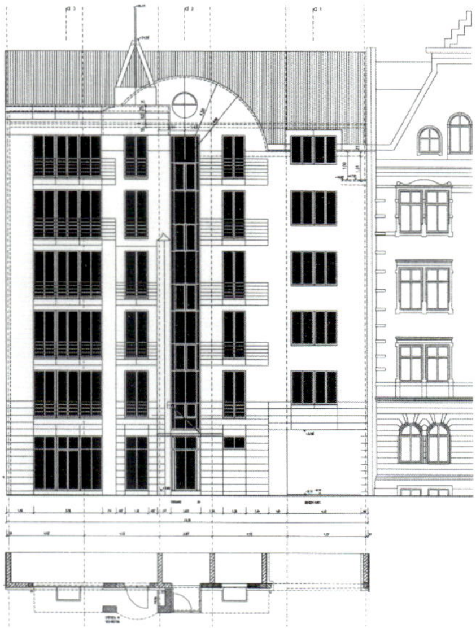

Mit dem Bauvorhaben wurde eine der vielen, durch Kriegseinwirkung entstandenen Baulücken im südlichen Stadtzentrum geschlossen. Bei der Feinplanung der siebengeschossigen Gebäude wurde viel Sorgfalt auf eine harmonische und unspektakuläre Einordnung in die Quartierstruktur gelegt. Es folgt genau den in der Gründerzeit angelegten bzw. vorgegebenen Baulinien und entspricht den städtebaulichen Vorgaben: zeitgenössisch, aber nicht hypermodern und auch keine Kopie der benachbarten Gründerzeitbauten. Bestimmte stadtbildprägende Details wurden jedoch von den angrenzenden Altbauten übernommen und mit heutigen Mitteln umgesetzt. So z.B. das ausladende Dachgesims des Altbaus am Anschluss Schleinufer, das in ähnlicher Form auch den oberen Abschluss der neuen Fassade markiert. Die gegliederte Fassade, im Erdgeschoss mit Naturstein verkleidet, erhält ihre gestalterischen Akzente durch unterschiedliche Ecklösungen, durchlaufende vertikale Lichtbänder und unterschiedlich angeordnete Balkone. Der Komplex ist in vier Gebäudeteile (A-D) gegliedert. Gebäudeteil A ist als Wohnhaus entwickelt, während die Gebäudeteile C-D für Geschäfte und variable Büronutzung konzipiert wurden (Gewerbenutzfläche: 5000 m², Wohnfläche: 1500 m²). In zwei Untergeschossen sind die notwendigen Unterstellplätze für Fahrzeuge vorhanden.

26
Güterbahnhof
Schleinufer 24
ab 1839

1839 begann mit der ersten Streckeneröffnung Magdeburgs Bedeutung als Eisenbahnstadt (Streckeneröffnung Magdeburg–Leipzig 1840, Teilstreckeneröffnung schon 1839). Den stillgelegten Elbverschiebebahnhof kennt der Magdeburger auch als „Bahnhof Unterwelt" oder „Kasemattenbahnhof", benannt nach den ihn umgebenden Festungsanlagen, in deren Kasematten Warteräume und Fahrkartenschalter eingerichtet waren. Als ältester Magdeburger Bahnhof nahm er zeitgleich mit der neuen Strecke seinen Betrieb auf. Magdeburg ist die erste Festung mit einer Streckenführung und mit Bahnhöfen innerhalb des Festungsbereichs und der Umwallung gewesen.
Das vornehmlich für den Güterverkehr genutzte ehemalige Bahngelände ist mehr von stadthistorischer und eisenbahngeschichtlicher Bedeutung denn von architekturgeschichtlicher. Unter den verwahrlosten Gebäuden erscheint allein ein dreistöckiges, blockhaftes Verwaltungsgebäude beachtenswert. Seine Merkmale sind ein niedriges Mezzanin, ein kräftiges Konsolengesims unterhalb des flachen Walmdachs, orange- und gelbfarbene Ziegelfassaden, Flächenmuster aus dunkel glasierten Ziegeln, Segmentbogenfenster mit Laibungen in Werkstein und antikisierender Zierrat. Der Verwaltungsbau steht unmittelbar am Schleinufer neben der Einfahrt und dürfte in den 70er Jahren des letzten Jh. errichtet worden sein. Am nördlichen Ende der Anlage steht noch ein altes Eisenbahntor (um 1840), durch welches die Eisenbahnen in die Festung einfuhren. Etwas weiter nördlich von hier am Fürstenwall liegt das Empfangsgebäude des 1840 als Kopfbahnhof eröffneten einstigen Hauptbahnhofs.

27
Gottfried-Wilhelm-Leibniz-Schule
Hegelstraße 22/23
Entwurf 1887, Ausführung 1888–1890
Otto Peters, Emil Jaehn

Das langgestreckte dreistöckige Doppelschulgebäude der früheren Volksknabenschule und jetzigen Sekundarschule liegt parallel zum südlichen Ende der Hegelstraße. Zwei Portalrisalite mit spitzen Giebeln setzen in der langen Achsenfolge mit insgesamt 20 bzw. 22 Fensterachsen einen starken vertikalen Akzent. Die rote Klinkerfassade durchziehen horizontale Lagen aus dunkel glasierten Ziegeln. Ein Gesims grenzt das Erdgeschoss nach oben hin ab. Die beiden Obergeschosse sind als Einheit behandelt und ihre Segment- und Spitzbogenfenster in der zweischichtigen Wandfläche in flache doppelstöckige Segmentbögen zurückgestuft. Schmiedeeiserne Zieranker kennzeichnen die Balkenlagen. Über dem Kranzgesims aus doppeltem deutschen Band und einem spitzbogigen Blendarkadenfries erhebt sich das Walmdach. Der gotisierende Historismusbau steht beispielhaft für das in Magdeburg stark geförderte Schulwesen und für am Ende des 19. Jahrhunderts zahlreich errichtete Schulgebäude, die in fast allen Stadtteilen Magdeburgs zu finden sind. Zu dem Schulkomplex gehören außerdem, wie zur Bauzeit üblich, ein Rektorenwohnhaus, eine Turnhalle mit Anbau für den Werkunterricht und ein separates Latrinengebäude.

28
Landeshauptarchiv
Hegelstraße 25
1906–1908
Georg Thür, Willy Schumann, Hermann Harms

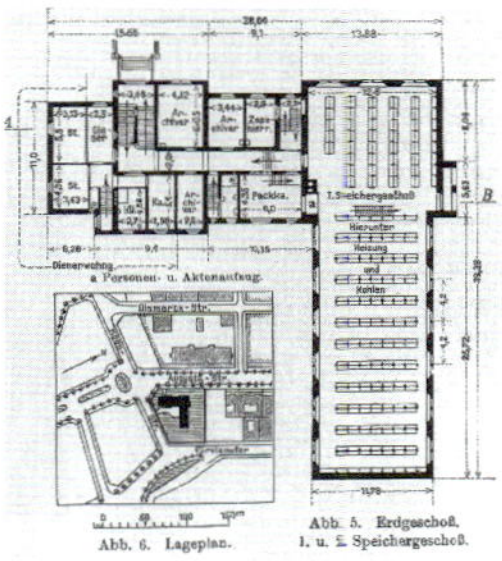

Freistehender, gotisierender, später Historismusbau über L-förmigem Grundriss, als Königliches Staatsarchiv 1906–1908 errichtet und in Erinnerung an die frühere Heimstätte in einem Seitengebäude des Domkreuzganges in mittelalterlichen Formen gehalten. Der giebelständige linke Speicherflügel sechsstöckig mit drei Doppelachsen, ansonsten das Gebäude zwei- und dreistöckig für Verwaltungszwecke angelegt. Zwischen dem Speicherbereich und dem Verwaltungsbereich ein schmaler, aus Gründen der Feuersicherheit ursprünglich flach gedeckter Verbindungsteil (inzwischen aufgestockt). Mehrere Stufengiebel zieren den mit Modelierputz versehenen Putzbau. Als gotisierende Elemente kamen außerdem Blendmaßwerk und spätgotische doppelte Vorhangbögen zur Anwendung. Über dem Haupteingang sitzt eine Eule, als Zeichen der Weisheit. Hier befand sich früher außerdem ein Wappen der Provinz Sachsen, über den Fenstern des Benutzersaals die Wappen der Landesteile, aus welchen Bestände im Staatsarchiv aufbewahrt wurden (Rad des Erzbistums Mainz, das zusammengesetzte Wappen der Bistümer Magdeburg und Halberstadt und der Adler der Altmark). Im Winkel zwischen den beiden Gebäudeflügeln ragt ein kleiner Turm über das Dach hinaus. Sowohl der hohe Sockel als auch Gebäudekanten und Fensterrahmungen sind in Sandstein gehalten. Geistiger Vater des Entwurfs war Oberbaurat Georg Thür. Dieser fertigte eine Skizze, welche Willy Schumann und Hermann Harms in eine Bauzeichnung umsetzten.

29
Hegelgymnasium
Harnackstraße 13/19
1910–1912, 1913–1915, 1918/1919
Städt. Hochbauamt mit Magistratsbaurat Wilhelm Berner, Emil Bercher

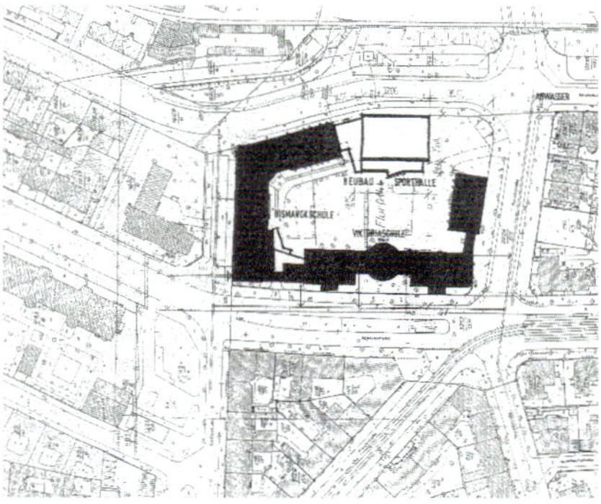

Imposantes bauliches Ensemble aus zwei in kurzem Zeitabstand errichteten dreistöckigen Bildungsanstalten, welche das Quartier zwischen Harnack-, Geißler-, Planckstraße und Schleinufer ausfüllen. Die Ansicht von der Harnackstraße dominiert die 1913–1915 errichtete ehemalige Viktoriaschule, einst städtisches Mädchenlyzeum und Oberlyzeum für Frauen. Ihr zentraler Rundbau beherbergt die Aula. Zum Schleinufer gewandt liegt die 1910–1912 gebaute ehemalige Bismarckschule, früher Reformrealgymnasium für Jungen, dessen Fassade von einem runden Eckturm überragt wird. In diesem Turm richtete die Schulleitung eine der ersten Schulsternwarten Deutschlands ein. Die Viktoriaschule plante nach Ausschreibung eines Architekturwettbewerbs der Schweizer Architekt Emil Bercher, zu dessen Hauptwerken die Schule zählt. Dagegen scheint die etwas ältere Bismarckschule ein Projekt des städtischen Hochbauamtes gewesen zu sein. Beide Komplexe sind im für die Zeit vor dem ersten Weltkrieg üblichen neoklassizistischen Stil gehalten und mit einer qualitätvollen Innenausstattung versehen.
Nach Kriegsbeschädigung dienten die Gebäude zu DDR-Zeiten als Haus der sowjetischen Offiziere und als sowjetische Mittelschule. Nach umfangreicher Sanierung nahm die Schule 1996 und 1998 als Hegelgymnasium ihren Betrieb wieder auf. 1999 wurde mit einem Turnhallenneubau das Areal geschlossen.

30
Wohngebiet Sterngelände
Harnackstraße und Umgebung
nach 1903

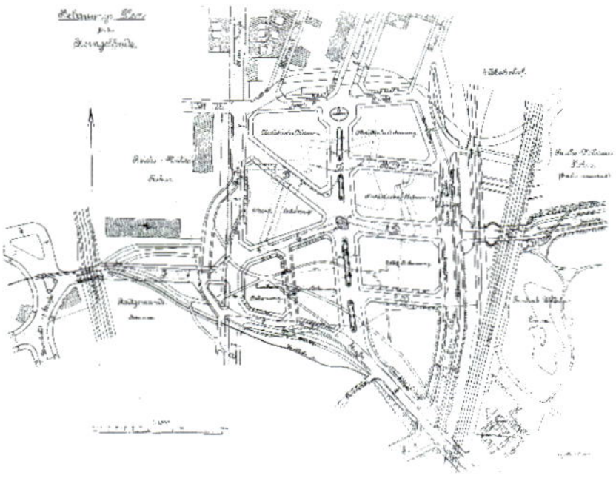

Während die Militärverwaltung sukzessive die Rayonbestimmungen aufhob und die Festungsanlagen verkaufte, erwarb die Stadt 1903 das Gelände des ehemaligen Sterns neben dem Klosterbergegarten, auch Fort Berge genannt, einschließlich des Kavaliers II. Ähnlich wie im südlichen Stadterweiterungsgebiet um den Hasselbachplatz konnten nach entsprechenden Vorarbeiten einzelne Parzellen weiterverkauft und bebaut werden. An den zwei- bis viergeschossigen Wohnhäusern des Sterngeländes ist das seit dem Bau der Mietshäuser um den Hasselbachplatz einsetzende Umdenken im Mietshausbau abzulesen. Eine geringere Anzahl an Stockwerken, der weitestgehende Verzicht auf enge Hinterhäuser und somit mehr Licht in den Wohnungen sorgen für eine bessere Wohnqualität. Stilistisch sind die Gebäude der neoklassizistischen Strömung vor dem 1. Weltkrieg zuzurechnen, manchmal gepaart mit späten historisierenden Details oder Elementen des Jugendstils.

31
Wohnhaus
Harnackstraße 12
1910/11
Albinmüller

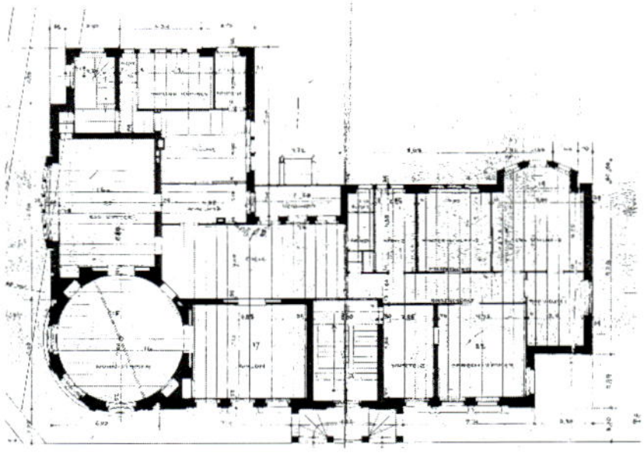

Nach Plänen von Albinmüller für Dr. med. Georg Wenzel in neoklassizistischer Formensprache mit späten Jugendstilanklängen errichtetes Wohnhaus für zwei Familien. Das Gebäude erhebt sich zweistöckig über L-förmigem Grundriss und wird von einem schiefergedeckten Walmdach abgeschlossen. Jeweils drei halbrunde Dachfenster bilden eine Dachgaube. Dominierendes Element ist der zur Straßenkreuzung gerichtete runde, turmartige Risalit mit Zwiebelhaube und durchfenstertem Tambour vor dem ausgebauten Dachgeschoss. Hinter diesem Risalit befindet sich in den Volletagen jeweils ein rundes Zimmer. Die Außenhaut der Fassade ist durch Wandvorlagen und Fassadenspiegel leicht plastisch abgestuft. Der Eingang auf der Westseite präsentiert sich als Säulenportal mit vier runden Stützen, die mit Lotuskapitellen geschmückt und ohne Basis auf eine Mauer aufgesetzt sind. Links daneben hat sich der Architekt mit seinen Initialen und der Jahreszahl 1911 verewigt. Die Nordfassade gliedert ein flacher, runder, zweistöckiger Risalit mit fünf schmalen Fenstern.
Albinmüller, eigentlich Albin Müller, verband mit Magdeburg seine dortige Tätigkeit als Lehrer an der Kunstgewerbeschule 1900–1906. 1906 folgte er einem Ruf zur Darmstädter Künstlerkolonie und an die neugegründeten Darmstädter Lehrstätten für angewandte Kunst, wo er zur Zeit der Planungen für die Harnackstraße 12 als Professor tätig war. Nach dem Tod Olbrichs gehörte Albinmüller zu den führenden Persönlichkeiten der Künstlerkolonie Darmstadt.

32
Kulturhaus AMO
Erich-Weinert-Straße 27
1950–1951
Pohl und Gspann

Das AMO-Kulturhaus entsteht noch vor der Propagierung der „Nationalen Traditionen". Es versucht in seiner Architektur, die kulturellen Ansprüche des neuen Staates deutlich zu machen. Die Pläne entwarfen die Architekten Pohl und Gspann. Der blockhafte Monumentalbau mit differenzierender Plastizität wird von einem schlichten Seitentrakt mit Satteldach flankiert. Charakteristisch für den Hauptbau ist die barockisierend-axiale Fassadengliederung. Im Detail ist der Einfluss der expressiven Architektur des Art-deco spürbar.
Im Innern befinden sich ein großer Saal mit 1000 Plätzen, ein kleinerer Ballett- und Musiksaal, Klubräume und eine Gaststätte. Der Ballettsaal wurde mit Wandmalereien ausgestaltet.
Hinter dem Kulturhaus befindet sich eine Parkanlage, darin eingebettet der „Friedrich-Ludwig-Jahn-Sportplatz". Die Bezeichnung „AMO" leitet sich ab von der „Allgemeinen Militär-Organisation", einer Verwaltung großer, unter sowjetischer Verwaltung stehender Betriebe (SAG-Betriebe).

33
Sternbrücke
Schleinufer
1914–1922
Hermann Friedrich Proetel

Ehemals zweiteiliger Brückenzug zwischen Schleinufer und Rotehorninsel, bestehend aus einer kleineren Eisenbahnbrücke für die Gleisanlagen des Elbebahnhofs am Klosterbergegarten und einer im 2. Weltkrieg zerstörten Brücke über die Elbe. Die große Brücke hatte eine Spannweite von 240 m und ein Mittelteil aus Stahl, die kleinere Brücke besitzt 69 m Spannweite. Beide Brücken projektierte Regierungsbaumeister Hermann Friedrich Proetel schon 1914. Ihre Ausführung dauerte bis 1922. Bruno Taut hatte nach seinem Amtsantritt als Stadtbaumeister die Ausführung geplanter monumentaler Aufbauten auf den Brückenpfeilern der größeren Brücke verhindert. Von der eigentlichen Sternbrücke, der großen Brücke über die Elbe, blieben nach der Sprengung die massigen Widerlager und die flachbogig gewölbten Landbrücken stark beschädigt erhalten. Denkmalwertigkeit besitzt dieses technische Bauwerk auf Grund seiner baukünstlerischen Gestaltung und der historischen städtebaulichen Situation, als Verbindung zwischen Altstadt und Rotehorninsel.
Im Zusammenhang mit dem Bau der Brücke entstand neben dem Damm auch die aufwendige Treppenanlage zum Klosterbergegarten.

34
Eisenbahn-Hubbrücke

Hammersteinweg, Kleiner Stadtmarsch
1846, 1890, 1912, 1934
MAN Werk Mainz Gustavsburg, Siemens-Schuckert-Werke

1846 entstand im Zusammenhang mit der Eröffnung der Magdeburg-Potsdamer-Eisenbahn die 215 m lange technische Elbbrücke, damals als Sieben-Pfeiler-Brücke. 1890 folgte die Umgestaltung der dritten Öffnung oberhalb der Fahrrinne zur Drehbrücke, 1912 zur Hubbrücke. Ihr heutiger Zustand als Vier-Pfeiler-Brücke stammt aus dem Jahr 1934 und ist auf den Umbau zur seinerzeit größten Hubbrücke Europas zurückzuführen. Damals schien eine Verbesserung des Schifffahrtsweges angesichts des neuen Mittellandkanales notwendig. Die neuen Brückenteile fertigte und montierte das MAN Werk Mainz Gustavsburg, während die elektrische Ausrüstung die Siemens-Schuckert-Werke lieferten.
Der aushebbare Teil der Brücke hat eine Spannweite von 90 m und wiegt 400 t. Er ist in Fachwerkträgerkonstruktion aus Stahl mit eingleisiger Fahrbahn als linksschiefe Brücke ausgeführt. Mit Hilfe einer elektrisch betriebenen Welle kann das Mittelteil bei Hochwasser innerhalb von fünf Minuten um 2,87 m angehoben werden. Die Elbbrücke blieb im 2. Weltkrieg unbeschädigt. Sie dient heute ausschließlich als Fußgängerbrücke zwischen dem Klosterbergegarten und dem Stadtpark Rotehorn und kann neben dem Schiffshebewerk Rothensee als wichtigstes Dokument der Ingenieurbaukunst in Magdeburg angesehen werden.
Vor der Hubbrücke auf der Stadtseite steht ein turmartiger, historisierender, um die Jahrhundertwende errichteter Schrankenposten aus rotem Ziegelstein und mit spitzem Turmhelm.

35
Gebiet um den Hasselbachplatz

Hasselbachplatz, Sternstraße, Breiter Weg, Otto-von-Guericke-Straße, etc.
1872–1890

Der Hasselbachplatz bildet das Zentrum und den Verkehrsknotenpunkt des südlichen Stadterweiterungsgebietes. In der Mitte des Platzes, von dem die angrenzenden Straßen sternförmig wegführen, stand bis 1927 der 15 m hohe Hasselbachbrunnen mit seinem Obelisken. Er wurde errichtet zu Ehren des Oberbürgermeisters Hasselbach, dem der Ausbau des südlichen Stadtzentrums maßgeblich zuzuschreiben ist. Aus verkehrstechnischen Gründen wurde der Brunnen auf den Haydnplatz versetzt. Den Hasselbachplatz und die angrenzenden Straßen säumt eine für die Gründerzeit typische Blockbebauung mit Mietshäusern, in denen sich im Erdgeschoss auch Büro- und Geschäftsräume befinden. Im Gegensatz zum kriegszerstörten Altstadtkern blieb dieser Stadtbezirk weitestgehend erhalten. Kennzeichnend sind die überwiegend fünfstöckige Bauweise mit aufwendiger historistischer Fassadengestaltung und die durch die Bodenspekulation ausgelöste dichte Bebauung mit engen lichtarmen Hinterhöfen. Am Haus Otto-von-Guericke-Straße 53 kann als extraordinäres Architekturdetail ein in einen Risalit versenkter Doppelbalkon betrachtet werden. Aus der Menge der im Neobarock oder in Neorenaissance gehaltenen Fassaden tritt das Mietshaus Sternstraße 29a/b auf Grund seiner neugotischen Formensprache, die sich in der Wandbemalung des Treppenhauses fortsetzt, hervor. Beachtlich auch die Wandbemalung im Haus Sternstraße 30.

36
Hypo-Bank
Hasselbachplatz 4
1992–1994
Volker Busse & Andreas Geitner

Zielstellung war es, am Standort Bezüge aufzunehmen, Erhaltenswertes zu erkennen, Getrenntes neu zu verbinden. Das Bemühen der Architekten, an ortstypische Bautradition anzuknüpfen, wurde mit der Verleihung eines Architekturpreises anerkannt und honoriert. Das Gebäude demonstriert, dass die Auseinandersetzung mit lokalen Traditionen und urbanen Gegebenheiten zu originären Ergebnissen führen kann. Entstanden ist über einem trapezförmigen Grundriss ein 5-geschossiges Gebäude mit einer leicht gewölbten Lochfassade, das eine im Krieg entstandene Baulücke schließt. Farbe und Oberflächenstruktur der Klinkerfassade erinnern an Gestaltungselemente der 20er Jahre. Das weiße Sonnendach des zurückspringenden Staffelgeschosses nimmt die Traufhöhen der benachbarten Gebäude auf. Von der Dachterrasse bietet sich den Nutzern und Kunden ein schöner Blick auf das südliche Stadtzentrum.
Für die Kassenhalle hat der Münchner Künstler Stephan Huber ein Kunstwerk geschaffen, das die lapidare Bezeichnung „Der Schrank 1994" trägt. Die mehr als 15 m lange und raumhohe Schrankwand beinnhaltet in den oberen Teilen keine Akten. Ein Mechanismus verändert morgens und abends die Stellung der Schranktüren und eröffnet dem Betrachter den Blick in die Weite des Firmaments. Die poetische Ausstrahlung der Himmelsbilder konfrontiert mit der kühlen Sachlichkeit der Innenausstattung und der Architektur.

37
Umgestaltungsquartier südliches Stadtzentrum
Breiter Weg/Einsteinstraße
um 1985

Die dichte Bebauung des gründerzeitlichen Wohn- und Geschäftshausgebietes um den Hasselbachplatz sowie ihre bauliche Vernachlässigung führt in Verbindung mit der massenhaften Errichtung von Neubauwohnungen spätestens seit Beginn der 70er Jahre zu einer Entvölkerung des Gebietes. 1984 stehen bereits 42 % der 3020 Wohnungen des südlichen Stadtzentrums leer. Meist handelt es sich um Hinterhäuser oder Seitengebäude. Hier setzt eine städtebauliche Erneuerungsstrategie an. 1976 entwickelt das Büro des Stadtarchitekten eine Konzeption zur Umgestaltung des Gebietes um den Hasselbachplatz und führt in diesem Zusammenhang umfassende Erhebungen durch. Dabei wird zunächst nach weitgehendem Abriss der gründerzeitlichen Gebäude eine Neubebauung in den Jahren 1985 bis 1990 vorgesehen.
Dieses Konzept wird jedoch 1980 mit der „Städtebaulichen Leitplanung für die Umgestaltung des südlichen Stadtzentrums" verworfen. Damit geht eine Umbewertung der gründerzeitlichen Bausubstanz einher. Hintergrund sind auch die im Mai 1982 verabschiedeten „Grundsätze für die sozialistische Entwicklung von Städtebau und Architektur in der DDR". Diese stellen eine Zäsur in der Vorstellung zur Entwicklung von Städtebau und Architektur in der DDR dar. Das neue Ziel ist der Erhalt und die Pflege der Stadtzentren sowie die Aufwertung der alten Stadtgebiete. Das Problem bleibt ihre adäquate Umsetzung auf der Basis einer großtechnologieorientierten Bauindustrie. Der Schwerpunkt der Sanierung im Gründerzeitviertel Hasselbachplatz liegt in der Aussonderung der Hinterhofbebauung. Somit handelt es sich um eine Rekonstruktion unter Abbruch der für diesen Standort charakteristischen Hinterhäuser. Außerdem wird an der Hegelstraße ein ganzes Quartier zugunsten eines Kinderspielplatzes beräumt. Die komplexe Rekonstruktion greift in die Grundrisse der Wohnungen ein; ihre Umsetzung erfordert ein aufwendiges Verlagerungsprogramm für ansässige Gewerbebetriebe und Handelseinrichtungen.
Im Quartier III direkt am Hasselbachplatz wird eine wesentlich geringere Entkernung vorgenommen. Anstelle der beseitigten Quergebäude und Hinterhäuser werden zum Innenhof orientierte Balkone ergänzt.

38
Lückenschließung Bahnhofstraße
Bahnhofstraße
1986

1983 beeinflusst ein Wettbewerb zur Modifizierung der WBS 70 die Gestaltung von Einzelstandorten im Stadtzentrum. In dessen Folge werden am Hasselbachplatz, aber ebenso an der Danzstraße wie am Schroteplatz zur Baulückenschließung etwa 500 Wohnungen auf Einzelstandorten ausgewiesen und in Form der Serie WBS M 86 realisiert. Auf Grund gestalterischer Ansprüche an die benachbarte, durch reiche Verzierungen gekennzeichnete Gründerzeitarchitektur wird hier ein erhöhter Gestaltungsaufwand umgesetzt. Das starre, auf der Querwandbauweise beruhende, durch geschosshohe Außenwandplatten gekennzeichnete Bausystem lässt dabei lediglich eine dekorative Behandlung und differenzierte Gestaltung der Dreischichtenplatte und ergänzender Fassadenelemente zu. Dies geschieht mit einem stilistischen Rückgriff auf die international wieder abklingende Postmoderne. Entsprechende Gestaltungselemente wie Ziergiebel, Erker, Loggien, Gitter, besondere Fensterelemente, Überdachungen und eine differenzierte Dachzone mit angedeuteten Schrägen und zurückgesetzten Loggien kommen dabei zum Einsatz.
Die sechs- oder siebengeschossige Bauweise mit gewerblich nutzbaren Erdgeschossen gibt hierfür den entsprechenden Rahmen ab. Technologisch kaum zu bewältigende Anforderungen an einen innerstädtischen Baustandort in einem geschlossenen Block zeigen sich an der zufälligen Lage von Durchgängen und den in einem Halbgeschoss versetzt gelegenen, nur über Treppen erreichbaren Läden. Man spricht hier auch von der „dekorierten Platte".

39
Freie Kammerspiele Magdeburg
Otto-von-Guericke-Straße 64
1873, Umbau ca. 1907
Johann August Duvigneau, Heinrich Geiling, Max Röver

Den Kern des Theatergebäudes bildet die wohl 1873 errichtete ehemalige Villa Klusemann (zweistöckiger nördlicher Gebäudeteil). 1907 erwarb die 1783 gegründete Magdeburger Harmoniegesellschaft das ca. 2 500 m² große Villengrundstück zwischen der ehemaligen Kaiserstraße und dem Scharnhorstplatz. Nach Umbau und Erweiterung der dort befindlichen Villa für Clubzwecke beherbergte das Gebäude zwei große, mit edelstem Material ausgestattete Säle. Mit der Bauleitung beauftragte die Gesellschaft den Regierungsbaumeister Johann August Duvigneau und die Architekten Heinrich Geiling und Max Röver. Das Gebäude dient heute als Theater für die Freien Kammerspiele.

40
Kulturhistorisches Museum
Otto-von-Guericke-Straße 68–73
1901–1906, 1912
Friedrich Ohmann

Um den Magdeburger Kunstsammlungen gemeinsame Ausstellungsflächen zu geben, bewirkte der Magistrat 1897 die Ausschreibung eines Architekturwettbewerbs für ein Kunst- und Gewerbemuseum, den der Wiener Architekt Friedrich Ohmann gewann. Wichtigstes Kriterium für diese Wahl stellte die Forderung nach einem malerischen Äußeren unter Verzicht auf eine regelmäßige Grundrissausbildung, um sich gegen den klassischen Typ des Kunstmuseums mit einem geschlossenen, achsialsymmetrischen Grundriss und Baukörper und der Vorstellung vom kostbaren Gehäuse auszusprechen. Die Räumlichkeiten sollten auch stilistisch den Ausstellungsstücken angepasst werden (Hauptvertreter dieser Richtung Gabriel von Seidl mit seinem Bayerischen Nationalmuseum in München 1896, zu vergleichen auch das Märkische Museum von Ludwig Hoffmann in Berlin).
Ohmann entwarf einen vielfach gegliederten Gebäudekomplex mit drei Innenhöfen und wirkungsvollem Turm über dem Eingangsbereich (kriegszerstört). Stilistisch griff der Architekt auf die deutsche Renaissance und Stilelemente der Gotik zurück. Um den mittelalterlichen Ausstellungsstücken zu genügen, sind im inneren Bereich des Gebäudes ein Kreuzgang, eine Tonsur und eine Krypta entstanden. Das Museum ist überwiegend dreigeschossig mit steilen Satteldächern und mehreren Giebeln konzipiert und als Putzbau über einem Bossensandsteinsockel errichtet. Sämtliche gliedernde und rahmende Architekturteile sind ebenfalls in Sandstein gearbeitet. 1906 eröffnete das frühere Kaiser-Friedrich-Museum.
Zur Heydeckstraße gerichteter Erweiterungsbau 1912. Schwere Kriegsschäden und Wiederaufbau bis 1961. Zurzeit Renovierung des großen Kaisersaales. Hinter dem Museum der 1899 enthüllte Immermann-Brunnen von Karl Friedrich Echtermeier.

41
Roncalli-Haus
Max-Josef-Metzger-Straße 13
1996
Bahlo, Köhnke, Stosberg & Partner

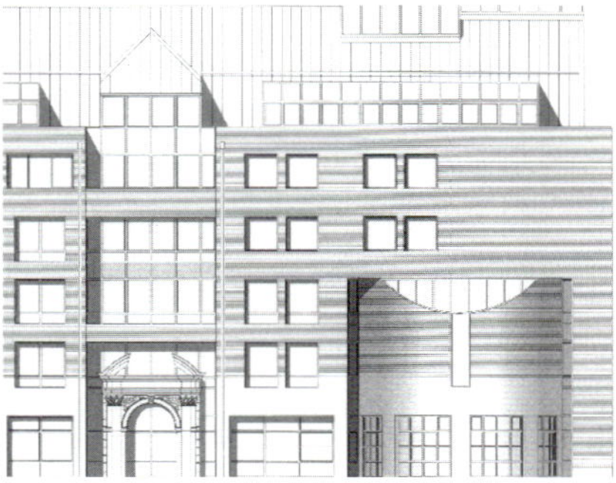

Die Nutzung des Gebäudes mit ausgebautem Dachgeschoss ist multifunktional. Neben dem Bischöflichen Bildungszentrum mit Seminar- und Konferenzräumen, einer Kapelle, Übernachtungsmöglichkeiten für rund 60 Personen, Speiseräumen, Küche etc. werden mehrere Arztpraxen sowie Büroflächen angeboten. Im Erdgeschoss befinden sich Läden, eine Kindertagesstätte mit Kinderhort sowie Wohnungen in den beiden oberen Geschossen. Parkflächen stehen in einer Tiefgarage zur Verfügung.
Das fünfgeschossige Gebäude nimmt die Traufhöhen der benachbarten und gegenüberliegenden Gebäude auf und stellt die durch Kriegseinwirkung zerstörte Platzwand vor dem Portal von St. Sebastian wieder her, deren Front dem Polygonzug der vormaligen Prälatenstraße folgt. Die Fassade des Roncalli-Hauses* wird besonders charakterisiert durch die plastische Darstellung der Kapelle und den Einbau eines restaurierten Barocktores der deutsch-reformierten Pauluskirche als Haupteingang.

*Angelo Giuseppe Roncalli (25.11.1881–03.06.1963), Papst Johannes XXIII.

42
St. Sebastian, katholische Propsteikirche

Max-Josef-Metzger-Straße
1169, 14. Jh., frühes 15. Jh.

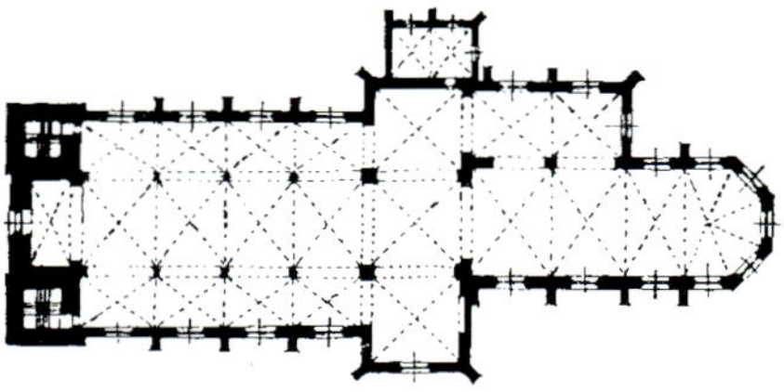

Spätgotische Hallenkirche mit romanischem Westbau. Die westliche Turmfassade, Mauern des Querschiffs und im Wesentlichen der Grundriss sind Bestandteile einer romanischen Basilika, die 1169 geweiht und bereits 1188 durch Brand zerstört wurde. Der im Grundriss rechteckige Westbau besteht aus zwei Ende des 12. und Anfang des 13. Jahrhunderts vollendeten Türmen und einem nur um ein Stockwerk niedrigeren, leicht zurückspringenden Zwischenbau mit Empore. Dem Westbau ist in seiner Blockhaftigkeit die Prägung durch sächsische Westriegel nicht zu verkennen. Der lang gestreckte Chor mit drei querrechteckigen Jochen und einem 5/8tel-Schluss stammt aus dem 14. Jahrhundert, die dreischiffige vierjochige geräumige Langhaushalle mit den gedrehten Pfeilerprofilen aus dem frühen 15. Jahrhundert. Anfang des 16. Jahrhunderts erfolgte die Weihe der spätgotischen Hallenkirche durch Erzbischof Ernst. Zu Beginn gehörte die Kirche zum 1015/16 von Erzbischof Gero gegründeten und 1810 aufgelösten Kollegiatstift. Nach zwischenzeitlicher Nutzung als Magazin dient sie seit 1873 wieder als Gotteshaus der katholischen Gemeinde und seit 1949 als Bischofskirche. Im Zuge der Neugründung des Bistums Magdeburg erhielt sie 1994 den Status einer Kathedrale. Im Inneren ein spätgotischer Flügelaltar und mittelalterliche Glasfenster.

43
Hauptpostgebäude

Breiter Weg 203–206
1895–1899
Paul Sell

Großer Gebäudekomplex, im Zuge einer Zentralisierung in den Jahren 1895–1899 von der Oberpostdirektion Magdeburg erbaut. Das vierstöckige Historismusgebäude vereint in sich zwei unterschiedliche Stilrichtungen. Während an der Hauptschauseite am Breiten Weg die spätgotisch niederländische Formensprache überwiegt, ist die als Putzbau mit roten Sandsteinelementen kombinierte Westseite als Renaissancebau deutscher Prägung konzipiert. Um Platz für den Neubau zu schaffen, mussten vor Baubeginn die Peter- und Paulkirche sowie alte Bürgerhäuser abgerissen werden. Der Giebel und ein Erker mit Puttenreliefs des in diesem Zusammenhang abgebrochenen sog. Rochschen Hauses sind in der Westfassade als Kopie in die Gestaltung eingeflossen. Die vielachsige, vierstöckige, langgestreckte, gänzlich mit Sandsteinplatten verkleidete Ostfassade gliedern vier flache Risalite mit kleinteiligem Giebelschmuck auf Höhe des steilen Daches. Über dem Hauptportal stehen die Figuren des Magdeburger Kaiserpaares Otto und Editha.

44
Volkshochschule, ehem. Luisenschule

Leiterstraße 9
1846–1848
Stadtbaurat H. A. Schüler

Das vierstöckige, zur Leiterstraße gerichtete Schulgebäude präsentiert sich in spätklassizistischer oder antikisierender Formensprache mit einer elfachsigen Fassade. Es ist als Putzbau konzipiert, wobei Erdgeschoss und erstes Obergeschoss durch Quader- und Bandrustika abgesetzt sind. Ein kräftiges Kranzgesims grenzt die Fassade zum Satteldach hin ab. Der dreiachsige Mittelrisalit tritt leicht aus der Fassade hervor. Er wird von einem Dreiecksgiebel überfangen. Im zweiten und dritten Obergeschoss sind die Fenster durch Pilaster hervorgehoben. Ursprünglich bestand das Gebäude nur aus zwei Stockwerken. 1860 und 1910/11 kamen das zweite und das dritte Obergeschoss mit großer Aula hinzu. Die Fassade ist vermutlich anlässlich der Umbaumaßnahmen überformt worden. Stilistisch passt sie in die Zeit um 1860. Auf der Nordseite ein leicht zurückversetzter einachsiger, fast gebäudehoher Anbau. Das Schulgebäude an der Max-Josef-Metzger-Straße 8 ist ein Erweiterungsbau, welchen erst 1904 Wilhelm Berner errichtete.
Die Luisenschule (so genannt seit 1880) stellt ein frühes Beispiel des in Magdeburg im 19. Jahrhundert so fortschrittlichen und viel geförderten Schulwesens dar. Sie diente der höheren Töchterschule, einem Schultyp, der erst seit Anfang des 19. Jahrhunderts bestand. Schon 1867 galt die spätere Luisenschule als größte Schule Preußens, 1874 besuchten sie 900 Schülerinnen. Seit 1987 wird das Gebäude von der städtischen Volkshochschule genutzt.

45
Fußgängerzone Leiterstraße

Leiterstraße
1977–1989
Städtebaulicher Entwurf: Hans Peter Kirsch und Burkhard Leu
Hochbauentwürfe: Johannes Schroth, Horst Freitag, Günter Schmidt und H. Robra
Landschaftsarchitekt: E. Becker

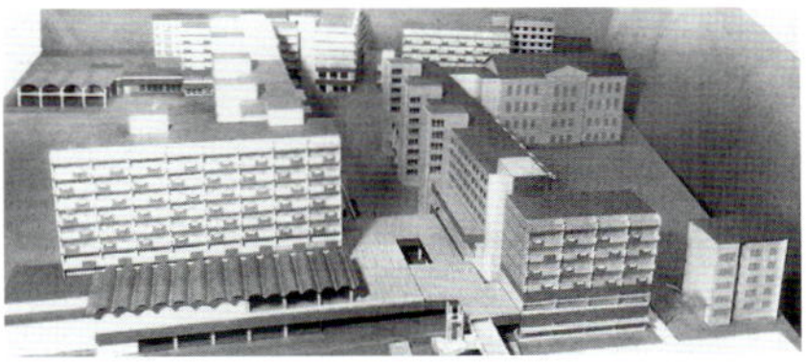

Im Ergebnis des städtebaulichen Wettbewerbes von 1949 wird eine Verbreiterung der Leiterstraße in den Aufbauplan für den Zentralen Bezirk einbezogen. Die nach der Kriegszerstörung noch vorhandenen Gebäude dieser historischen Geschäftsstraße werden allerdings erst 1975 im Zuge einer Neukonzeption für das Stadtzentrum abgerissen. 1977 wird der Grundstein für die neue Leiterstraße gelegt. Die Leiterstraße kann auf Grund der zunehmenden Volkswirtschaftskrise der DDR und der Konzentration von Baukapazitäten in Berlin erst 1989 eingeweiht werden.
Die Leiterstraße ist als Fußgängerbereich, bestehend aus Gebäuden mit 2-geschossigen Läden und Wohnungen in den Obergeschossen, konzipiert. Der zugrunde liegende Wohnungsbautyp P 2 wird modifiziert, wobei die Ladenzone in Stahlbetonskelett- und die Obergeschosse in Plattenbauweise ausgeführt werden. Die Nordseite bildet eine 8-geschossige geschlossene Wohnbebauung, die Südseite umfasst 4- bis 6-geschossige Verwaltungsgebäude mit eingelagerten Geschäften und Kultureinrichtungen. Den Freiraum prägt eine Brunnenplastik des Magdeburger Bildhauers Heinrich Apel, die mittelalterliche Stadtbrunnen tradiert. Der Bronzebrunnen hat einen Kesseldurchmesser von 320 cm. Auf, im und um den Brunnen sind mehrere Figuren angeordnet, hauptsächlich Faune, die ein neckisches Spiel miteinander treiben.

46
Bankhaus, Vereins- und Westbank AG

Otto-von-Guericke-Straße 27/28
Robert Meißner und Adolf Liborius
projektiert 1919, in vier Bauabschnitten bis 1925 fertig gestellt

Auffälliges dreistöckiges, mit Sandstein verkleidetes Gebäude über hohem rustiziertem Sockelgeschoss. In neoklassizistischer Formensprache von den Architekten Robert Meißner und Adolf Liborius entworfen. Imponierend sind an der 15-achsigen Fassade besonders die zwölf kolossalen Dreiviertelsäulen mit ionischen Kapitellen. Sie reichen über zwei Stockwerke und stützen eine schmale Brüstung vor dem zweiten Obergeschoss. Auf Höhe des Walmdachs ist bis auf die beiden äußeren jeder Fensterachse ein Dachhäuschen zugeordnet. Vier kannelierte Pilaster flankieren den in einem Portalerker liegenden Haupteingang. Der obere Aufbau des Portalerkers erinnert mit seinen abgeschrägten Seiten und den kleinen Fenstern an einen Tambour. Das Gebäude entstand bis 1925 im Auftrag der Commerz- und Privatbank, ein seitlich anschließendes Nebengebäude an der Franckestraße schon 1911/12. Das Gebäude erinnert an Bauten von Alfred Messel und Ludwig Hoffmann in Berlin.

47
Redaktionsgebäude und Druckerei

Bahnhofstraße 17
1930–1932
Paul Schaeffer-Heyrothsberge

Als erstes Magdeburger Hochhaus von seinerzeit beeindruckender Höhe für den Faber-Verlag errichtet. Der Architekt Schaeffer-Heyrothsberge plante wegen des wenig tragfähigen, sandigen Untergrundes eine leichte Konstruktion über rechteckigem Grundriss, bestehend aus einem Stahlskelett in Verbindung mit Leichtbausteinen im Inneren und einer Außenverkleidung aus Travertinplatten. Letztere sind jedoch nur an der Bahnhofstraße dem Erdgeschoss vorgeblendet, alle übrigen Flächen sind verputzt. Ein außenliegendes, transparentes Treppenhaus mit gewölbter Verglasung führt in die elf Hauptgeschosse und zu den Dachaufbauten, ehemals mit einer Wetterwarte eingerichtet. Mehrere Paternoster im Inneren sind inzwischen durch Aufzüge ersetzt. Das sich östlich anschließende Druckereigebäude entstand bereits 1924, wurde jedoch in den Nachkriegsjahren stark verändert. Redaktionsgebäude auf der Nordseite von 1954. Seit dem Ende des 2. Weltkrieges wird das Hochhaus von der Magdeburger Tageszeitung „Volksstimme" genutzt. Momentan wird über den Abriss des Gebäudes gestritten.

48
Hauptbahnhof-Empfangsgebäude

Bahnhofstraße
wohl 1872–1876
Entwurf Baurat Hoppe (Meiningen), Ausführung Postbaurat Hindorf

Der langgestreckte zweigeschossige Sandsteinbau im Stil der italienischen Hochrenaissance erinnert an toskanische Palazzoarchitektur. Schmale Sohlbankgesimse trennen die beiden Vollgeschosse und die hohe Sockelzone. Aus der 27-achsigen Fassade springt in der Mitte ein kräftiger, dreiachsiger Risalit hervor, in dessen zurückgestufter Mittelachse eine Kolossalarkade mit tonnengewölbter Kassettendecke den Haupteingang überfängt. Die beiden Seitenachsen des Mittelrisalits sind an den Ecken rustiziert und im Obergeschoss mit einer Aedikula als Fensterrahmung, bestehend aus Pilastern und Segmentbogenverdachung mit Kämpfern, versehen. Dieses Gestaltungsschema wiederholt sich an den einachsigen flachen Eckrisaliten. Alle anderen Fenster sind als Rundbogenfenster mit Kämpfern gestaltet. Nach oben hin wird das Gebäude durch ein kräftiges Kranzgesims und einen umlaufenden Eierstab sowie durch eine Attika abgeschlossen, in die oberhalb der Kolossalarkade eine Uhr eingestellt ist. Die Buchstaben ML und die beiden Wappen von Magdeburg und Leipzig verweisen auf die Magdeburg-Leipziger Eisenbahngesellschaft.
Ab 1872 bauten drei private Eisenbahngesellschaften innerhalb der Festungswerke einen Zentralbahnhof. Hierzu gehörte ein weit aufwendiger gestaltetes westliches, im Krieg zerstörtes Empfangsgebäude, durch Personen- und Gepäcktunnel mit dem bestehenden Gebäude verbunden. Wiederaufbau des östl. Empfangsgebäudes 1945–1948. Rückseitige Anbauten 1969. Die Bahnsteige 1985–1987 rekonstruiert und überdacht. In der Maybachstraße ein zum Bahnhof gehörender Lokschuppen aus dem Ende des 19. Jh.

49
Erdachse M

Bahnhofsvorplatz
1999
Timm Ulrichs

Erdachse, Maßstab 1:1.000.000, monumentale Skulptur 12,714 m „Steinsäule“,
50 cm Durchmesser
Material: schwarzer, polierter Granit (Nero assonuto)
Äquatorebene als Steinscheibe aus rotbraunem, geschliffenem Granit (250 cm Durchmesser), „Kreiselform“.

Mit dieser Skulptur auf dem neu gestalteten Bahnhofsvorplatz hat der Künstler sowohl einen ortsspezifischen Bezugspunkt für Magdeburg, als auch eine globale Standortbestimmung des gegebenen Platzes vorgenommen. Sehr exakt eingemessen (über Satelliten-Anpeilung) und damit unverrückbar ortsgebunden, präsentiert dieses „Denkmal“ eine Materialisation der im Grunde immateriellen Rotationsachse der Erde und zwar präzis parallel zu dieser. Die Säule weist nach Norden unter einem Winkel von etwa 52° 7´ 35´´, das entspricht der geografischen Breite des Ortes. Unterhalb der „Äquatorscheibe“ verschwindet die Achse in einem einsehbaren, mit Panzerglas abgedeckten und nachts ausgeleuchteten Schacht im Erdreich. Die Skulptur rotiert pro Tag einmal um ihre eigene Achse und fungiert dabei als Uhr. Die praktische Umsetzung der künstlerischen Idee war eine echte Herausforderung, die von dem bayrischen Granitwerk aber mit Bravour gemeistert wurde. Das Auftragswerk wurde von der Philipp Holzmann AG im Rahmen der Baumaßnahme „City-Carré“ finanziert.

50
City-Carré Block 1
O.-v.-Guericke-Str. 12/Ernst-Reuter-Allee 39–41
1995–1997
J.S.K. / Perkins & Will

Es war städtischer Wille, die im Krieg entstandenen städtebaulichen Lücken im Stadtzentrum durch eine historisch nachempfundene Blockbebauung wieder zu schließen. Auf dem Bahnhofsvorplatz geschah das in 3 Bauabschnitten auf einem 33 500 m² großen Areal zwischen Bahnhofstraße, Ernst-Reuter-Allee, Otto-von-Guericke-Straße und Hasselbachstraße. Eine Projektgemeinschaft aus 4 namhaften Architekturbüros hat die Studien der einzelnen Quartiere (insgesamt 6) zu einer Gesamtplanung zusammengeführt. Als Nutzer sah die Planung Dienstleister wie Banken, Läden, Gastronomie, ein Hotel, ein Kinocenter und Büros und Wohnen in Appartements vor. 1500 Stellplätze sorgen in zwei Tiefgeschossen für den ausreichenden Parkraum.
Der erste 6-geschossige Baublock zwischen Ernst-Reuter-Allee und Kantstraße hat als oberen Abschluss ein Staffelgeschoss. Das Blockinnere ist 2-geschossig überbaut und wird von einer Passage, der Mall, als „Rückgrat“ der Gesamtanlage diagonal durchquert. Die Fassade in Naturstein und Glas weist einen 2-geschossigen Arkadenbereich mit einer darüberliegenden Lochfassade aus. Der wichtige Eckpunkt Otto-von-Guericke-Straße/Ernst-Reuter-Allee, zugleich Eingang zur Mall, wird mit dem Mittel einer aufgebrochenen Ecke betont. Das im Dachbereich angeordnete „Windsegel“ setzt einen weiteren Akzent.

City-Carré Haus 5
Bahnhofstraße/Hasselbachstraße
2000
Hentrich – Petschnigg & Partner

Das Haus 5 bildet mit dem Cinemaxx und den anderen 4 Häusern eine städtebauliche Einheit – das City-Carré.
Dem Entwurf liegt der Bebauungsplan Nr. 237-1 zu Grunde. Das 5.116 m² große Grundstück wird im Norden von der neuen Fußgängerzone „Am Alten Theater“, im Süden von der Hasselbachstraße, im Westen von der Bahnhofstraße und im Osten von dem Bauwich Haus 4/5 begrenzt. Die fußläufige Erschließung des 6-geschossigen Gebäudes mit Staffelgeschoss erfolgt über vier Kerne mit Treppen- und Aufzugsanlagen. Für den ruhenden Verkehr stehen auf drei Tiefgaragenebenen 487 Stellplätze zur Verfügung. Die Fassade nimmt in ihrer Gestaltung und Gliederung Bezug auf die unterschiedlichen Nutzungsbereiche. Erd- und 1. Obergeschoss sind als 2-geschossige Fassadenelemente in Metall/Glaskonstruktion zusammengefasst. Stützen und Arkaden entlang der Bahnhofstraße/Hasselbachstraße unterstützen die Gliederung. Horizontale Bänder aus Metall-U-Profilen kennzeichnen im Deckenbereich die einzelnen Geschosse. Durch den Versatz von Fenster- und Fassadenelementen entsteht ein deutliche horizontale Bewegung, die durch vertikal betonte Treppenhäuser und geschlossene Fassadenfelder an den Gebäudeecken gefasst werden. Eine Zäsur an der Hasselbachstraße öffnet den Gesamtbaukörper und gestattet einen Blick durch das transparente Verbindungselement in den Innenbereich.

51
Cinemaxx
Kantstraße 6
1995–1997
Helmut Sprenger

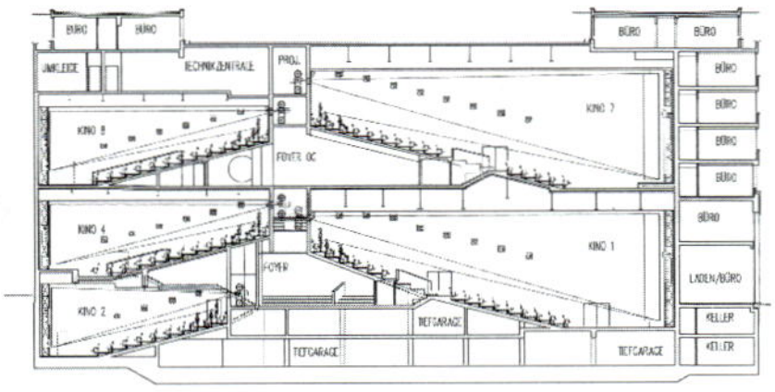

Das City-Carré setzt sich aus fünf Baublöcken zusammen. Der Baublock 2 umfasst einen Kinotrakt mit einem Cinemaxx-Multiplex Kino mit 2 675 Sitzplätzen und einen 5-geschossigen Bürotrakt, der im Erdgeschoss und dem 1. Obergeschoss ein Warenhaus beherbergt. Neben städtebaulichen Vorgaben – straßenbegleitende Bebauung – lag dem Entwurf die Absicht zu Grunde, die Funktion des Gebäudes nach außen klar ablesbar zu gestalten. Dies ist mit der großzügigen Eingangssituation an der abgerundeten Ecke Bahnhofstraße/Ernst-Reuter-Allee voll gelungen. Hinter einer hochgestellten Arkade mit starrem Sonnenschutz und unterleuchtetem Vordach öffnet sich die voll verglaste Kinoeingangshalle dem Besucher. Neun Säle unterschiedlicher Größe (zwischen 171 und 620 Plätze), bieten alle Möglichkeiten für ein breites Angebot und vielseitige Veranstaltungen. Die Kinosäle werden über Foyers in zwei Ebenen erschlossen. Die Technikräume sind im Dachgeschoss untergebracht. In zwei Tiefgeschossen werden die erforderlichen Stellplätze für den ruhenden Verkehr angeboten.

52
Maritim Hotel Magdeburg
Otto-von-Guericke-Straße 87
1993–1994
Reinhardt + Sander GmbH

Auf dem Grundstück des ehemaligen Hotels „International“, das 1963 als 1. Interhotel der DDR errichtet wurde, enstand das neue Maritim Hotel. Das ca. 220 000 m^3 umfassende Objekt wurde in der Rekordbauzeit von nur 18 Monaten realisiert. Der achtgeschossige Baukörper erstreckt sich von der Otto-von-Guericke-Straße (Hotelvorfahrt) bis zur Krügerbrücke, über die der Gast in die Zufahrt zur 430 Stellplätze umfassenden Tiefgarage gelangt. Das Haus, das sich nach außen durch eine schlichte Lochfassade darstellt, ist im Innern geprägt durch seine lichtdurchflutete Galerie. Alle Zimmereinheiten können über 2 gläserne Lifts und Gänge erreicht werden, die die Halle galerieartig umschließen. 514 elegant eingerichtete Zimmer, Studios und Suiten werden den Ansprüchen des heutigen internationalen Tagungsgastes gerecht. Neben Seminarräumen in verschiedener Größe, bietet der große Saal 1 660 Personen Platz. Neben 2 Restaurants, einer Pianobar und dem Galerie-Café erwartet den Gast im Wellnessbereich ein Schwimmbad mit Sauna, Solarien, Trimm- und Massageräume.

53
Ladenstraße (Breiter Weg)
Breiter Weg
1951–1953
Hugo Wölfle, Johannes Kramer, Erich Degenkolbe, Willy Zabel

Insbesondere der Bereich zwischen Ost-West-Achse und dem Domplatz wird im Zweiten Weltkrieg stark in Mitleidenschaft gezogen, so dass hier am so genannten „Engpass“ 1951–1953 durchaus nach den Maßgaben der „16 Grundsätze“ des sozialistischen Städtebaus mit dem Wiederaufbau im Magdeburger Stadtzentrum begonnen wird. Die Konzepte sehen eine geschlossene Randbebauung mit 5- bis 6-geschossigen Blocks in traditioneller Ziegelbauweise für den Breiten Weg vor. Gleichzeitig wird der ehemalige „Engpass“ beseitigt. Der Bereich um den Dom unterliegt bereits einem gewandelten städtebaulichen Leitbild. Der mittlere Teil des Breiten Weges von Ernst-Reuter-Allee bis Leiterstraße ist als Einkaufsstraße geplant. Über einer Ladenzone im Erdgeschoss entwickeln sich fünfgeschossige Häuser in traditioneller Bauweise nach Architekturkonzepten von Heinrich Tessenow oder Paul Schultze-Naumburg, aber noch nicht im Sinne „Nationaler Tradition“ nach sowjetischem Vorbild.
Erwähnenswert ist dabei noch ein Gebäude am Rande des Bausperrgebietes an der Ecke Keplerstraße/Otto-von-Guerickestraße, das nach Entwürfen des Architekten Willy Zabel bereits 1950 errichtet wird und sich in die erhaltene Gründerzeitbebauung einfügt.
Mit der Ladenstraße wird der Beginn des Wiederaufbaus im Magdeburger Stadtzentrum dokumentiert, wohingegen die Gebäudeensembles der 60er Jahre am Domplatz einen komplizierten Bruch im historischen Stadtgefüge darstellen.
An der überbauten Einmündung der Bärstraße in den Breiten Weg erinnert ein Sandsteinrelief des Magdeburger Bildhauers Eberhard Roßdeutscher (1921–1980) an den Beginn des Wiederaufbaus im Jahre 1951.

54
Barocke Giebelhäuser
Breiter Weg 178 und 179
1727

Der Breite Weg war seit dem Mittelalter Teil der Handelsstraße zwischen Hamburg und Halle und die eigentliche Magistrale der Stadt. Zwei Bürgerhäuser sind die letzten barocken Zeugen dieser einst prächtigen, im Zweiten Weltkrieg zerstörten Barockstraße. Sie entstanden nach einem Brand, der mehrere Häuser gleichzeitig vernichtete, im Auftrag der Bauherren Johann Kuskopf (Nr. 179) und Jakob Cord (Nr. 178). Der Giebel des linken Wohnhauses trug früher das Datum 1727. Die beiden schmalen und hohen, drei- und vierachsigen Gebäude besitzen jeweils nur eine Breite von ca. 6,5 m. Dacherker mit Segmentgiebeln überragen die vierstöckigen Fassaden, deren rechteckige Fenster zum Teil mit aufwendigen Fensterverdachungen und Fensterrahmungen geschmückt sind. Die eigentümliche Form eines umgedrehten gesprengten Segmentgiebels oberhalb der Fenster im ersten Obergeschoss des linken Gebäudes findet sich am wenige Jahre zuvor errichtete Wohnhaus Domplatz 8 wieder. Wegen der ursprünglich an den beiden Giebeln befestigten Winden ist das über beide Fassaden reichende Gesims zwischen zweitem und drittem Obergeschoss in der jeweiligen Gebäudemitte unterbrochen.
Alte Keller aus der Zeit vor der Zerstörung im Jahr 1631, Wiederaufbau nach Zerstörung im Zweiten Weltkrieg 1948–1950. Das sich südlich anschließende Eckgebäude ist ein Historismusbau.

55
Ulrichshaus

Breiter Weg 172 / Ulrichplatz
1998
Heinz Nattler

Die Konzeption für das Ulrichshaus entstand auf der Grundlage eines Gutachterverfahrens. Die daraus abgeleitete städtebauliche Vorgabe für das Vorhaben war eine maßstäbliche Neugestaltung des ehemaligen Zentralen Platzes, zur Vitalisierung der Innenstadt mit unverwechselbaren Gebäuden in zeitgemäßer Architektursprache. Ein maßstäblicher Straßenraum wurde am Breiten Weg durch das Einrücken der Bebauung auf beiden Seiten wieder hergestellt. Die Fassade mit Schaufensterfronten, kleingliedrigen Strukturen, Vor- und Rücksprüngen spiegelt die Vielfalt des Gebäudes wider. Die Metall/Glasfassade, mit plastisch vorgesetzten Wandscheiben aus Sandstein bietet dem Betrachter ein ruhiges Ensemble. Der fünfgeschossige Gebäudekomplex gliedert sich in zwei Baukörper und umschließt einen begrünten Innenhof. Der östliche Teil ist zum Breiten Weg hin geöffnet und dem Handel vorbehalten. Die westliche Gebäudefront begrenzt die Grünanlage des Ulrichplatzes. Mit Gaststätten im Erdgeschoss und einer Spielbank, Büro- und Dienstleistungsflächen in den Obergeschossen ist ein wichtiger Freizeit- und Kommunikationsbereich entstanden. In zwei Tiefgeschossen werden 380 Stellplätze angeboten. Der Name des Hauses erinnert an das vor 1945 an gleicher Stelle befindliche Ulrichviertel.

56
Allee-Center

Ernst-Reuter-Allee 11
1996–1998
Jost Hering, Manfred Stanek,

Das Zentrum der Landeshauptstadt hat sich nach der Wiedervereinigung grundlegend verändert. Lag bisher die Flanier- und Einkaufsmeile auf dem „Nordabschnitt“ des Breiten Weges, so hat sich heute die Hauptbewegungsrichtung der Käufer in die Ernst-Reuter-Allee, also in eine West-Ost-Richtung gewandelt. Vom Bahnhofsvorplatz bis zur Elbe kann der Besucher und Kunde sich durch gedeckte Ladenstraßen bewegen, unabhängig vom Straßenlärm und den Witterungsbedingungen und so ein Stück neue Urbanität erleben.

Im Allee-Center stehen ca. 25 000 m^2 Verkaufsflächen für Einzelhandel, Dienstleistungen und Gastronomie auf zwei Ebenen zur Verfügung. Über 5 000 m^2 tagesbelichtete Ladenstraßen sind mit ca. 3 500 m^2 Glasdach und einer Glaskuppel überspannt. Darüber hinaus ist der Gebäudekomplex mit einem individuellen Lichtkonzept aus dem Bartenbach Lichtlabor ausgestattet. Ca. 7 000 m^2 Büroflächen und 23 hochwertige Wohnungen in den Obergeschossen vervollständigen das Raumprogramm. In den beiden Tiefgeschossen mit Zufahrt vom Schleinufer stehen für Besucher und Kunden 1 000 PKW-Stellplätze bereit.

Das Allee-Center ist in drei ablesbare Blöcke gegliedert, die durch verglaste Eingangsbereiche verbunden sind. Durch die Aufteilung soll eine innerstädtische Blockbebauung widergespiegelt und eine Integration in benachbarte Gebäudestrukturen erzielt werden. Auf Grund der besonderen Lage im Stadtzentrum hat der Gebäudekomplex keine „Rückseiten“. Deshalb müssen alle Fassaden ein hohes Maß an Gestaltqualität aufweisen. Schwerpunkt der äußeren Gestaltung bildet die Westseite am Breiten Weg mit vorwiegend transparenter Architektur und umlaufenden zweigeschossigen Arkaden mit Glasvordächern. Die Vorlagerung einer äußeren Struktur bildet dabei den übergeordneten massiven Rahmen für die in

der zweiten Ebene dahinterliegende „gläserne Haut" des Bauwerkes. Dieses Wechselspiel von Massivität und Transparenz wird in anderen Abschnitten des Gebäudes in einer Ebene verschmolzen und verleiht dem Gebäude eine dem Standort angemessene Individualität unter Beibehaltung einer durchgängigen Architektursprache. Zur Elbe hin wurden die Gebäudestrukturen etwas mehr aufgelöst, um den räumlichen Übergang zu den parkartig angelegten Außenanlagen zu reflektieren. Markantes Gebäudeelement an der Nordostecke des Centers ist der „gläserne Rundturm".

57
Ernst-Reuter-Allee (Wilhelm-Pieck-Allee)/ Zentraler Platz

1953–1957
Büro des Chefarchitekten unter Leitung von Johannes Kramer

Die Lage des Zentralen Platzes und seine Dimensionierung geht auf eine Stadtidee Otto von Guerickes zu einem Ost-West-Durchbruch zurück, den er in einem Wiederaufbauplan 1631 nach dem 30-jährigen Krieg festgehalten hatte. Außerdem enthalten Sanierungskonzepte der frühen 30er Jahre von Johannes Göderitz diesen städtebaulichen Gedanken. Ein erster Ideenwettbewerb zur städtebaulichen Gestaltung der Wilhelm-Pieck-Allee findet im März 1952 statt. Im gleichen Jahr beschließt der Ministerrat der DDR, alle Baukapazitäten von Magdeburg auf den Zentralen Platz zu konzentrieren, so dass sogar der Weiterbau am Breiten Weg eingestellt wird. Die genaue Lage des Platzes und seine bauliche Gestaltung bleibt lange unklar und wird neben dem hierfür erforderlichen Abriss der Heilig-Geist-Kapelle sowie der Ulrichkirche im Aufbauministerium

der DDR in Berlin angeordnet. Im Mai 1953 erfolgt die Grundsteinlegung durch Walter Ulbricht an der Nordseite der Wilhelm-Pieck-Allee/Karl-Marx-Straße. Für die Randbebauung mit Repräsentationsfassaden wird auf das Vorbild in der Berliner Stalinallee und auf Architekturobjekte des Wiederaufbaus von Warschau verwiesen. Die Nordseite der Straße wird ab 1954 nach einem Wettbewerbsentwurf von Edmund Collein, H. Sauer, Johannes Kramer und Horst Heinemann im Stile „Nationaler Tradition" ('Nati-Tradi') bebaut. Da der Block A gleichzeitig die Südseite des Alten Marktes darstellt, wird seine Bebauung teilweise auf vier Geschosse begrenzt. Der 1955–1957 realisierte Block F/Krügerbrücke fällt bereits wieder bescheidener aus. Der Zentrale Platz bezeugt die Stalinisierungsphase des DDR-Städtebaus und ist Ergebnis des 1953 begonnenen „Nationalen Aufbauprogramms" in Magdeburg.
Über die großzügige Unterbringung von Geschäften und Gaststätten, insbesondere aber in der aufwendigen Fassadengestaltung manifestiert sich der Anspruch der Repräsentativität in zentraler Lage, die Gestaltung zitiert historische Bautraditionen des Klassizismus. Äußerlich gliedern sich die Gebäude in ein höheres Erdgeschoss mit Mezzaningeschoss, eine drei- bis fünfgeschossige Wohnzone und eine auffällige Dachzone mit Balustrade, Obelisken und Akroterien. Die Gestaltung der Fassadengliederung folgt dem Dogma von stehenden Fensterformaten und beruht auf historisierendem Dekor, wie Risaliten oder Palmetten, wobei eine Mischung von Natursteinverkleidungen und Putzflächen ausgeführt wird. Da bei den ursprünglichen Entwürfen verschiedene architektonische Strömungen und Handschriften als Vorlage dienen, lässt sich kaum eine stilistische Homogenität ableiten. Insgesamt bleibt dieser Bautyp in Magdeburg ein einmaliger Fall in der Wohnungsbauentwicklung der DDR-Epoche. Er steht für eine kurze widerspruchsvolle Bauetappe der frühen 50er Jahre, die dem besonderen Status Magdeburgs als „Aufbaustadt" geschuldet ist und die den direkten Einflüssen ideologischer und von zentraler Stelle verordneter Architekturkonzepte und Stadtvorstellungen unterliegt.
Der Zentrale Platz selbst stellt bis in die 1990er Jahre eine ca. 30 000 qm umfassende Stadtbrache dar, die erst vor kurzem mit großen, prototypischen Einkaufszentren bebaut wurde.

58
Glacisanlagen mit Doppelkaponniere im Ravelin II

Hallische Straße bis Editharing
1869–1874
Paul Niemeyer

Mit der Übernahme Magdeburgs durch Brandenburg-Preußen zwischen 1648–1680 begann der systematische Ausbau der Stadt zur stärksten preußischen Festung (1912 aufgehoben). Den Festungsgürtel säumte ein freies, mit Gräben durchzogenes Schussfeld, das Glacis, dessen Lage größtenteils heute noch anhand eines die Innenstadt umgebenden Grüngürtels zu erkennen ist. Es nahm dem angreifenden Feind die Möglichkeit, ungesehen bis zu den Festungswerken vorzudringen. Gleichzeitig diente das Glacis seit dem 17. Jahrhundert als Naherholungsgebiet für Stadtbewohner. Ebenfalls als Grünanlagen erhalten sind die zum Befestigungssystem gehörenden Außenforts. 1740 umfasste das Festungssystem ca. 200 ha gegenüber einer Stadtfläche von nur 120 ha. Zwischen Hallischer Straße und Editharing errichtete die Militärverwaltung, bedingt durch den Bau des Hauptbahnhofes, zwischen 1869–1874 die letzten, nach Westen verschobenen Festungsanlagen als Teil der neuen Enceinte. Die Freiflächen gestaltete der städtische Gartendirektor Niemeyer. Er verstand es trotz schmaler Räume, Spaziergängern den Eindruck einer ausgedehnten Parkanlage zu vermitteln.
Bei der in Ziegeln ausgeführten Doppelkaponniere mit Kehlkaserne im Ravelin II sind die Hohlbauten der zweistöckigen Kasematten bombensicher mit Erde überdeckt worden. Der Ravelin, dieses kleine dreieckige Festungswerk, das dem Kavalier 5 auf der Glacisseite vorgelagert ist, bildete die südöstlichste Ecke der Festung. Freistehende krenelierte Mauern mit Schießscharten dienten der infanteristischen Nahverteidigung.

59
Neue Strombrücke
1965

Für die 1936 als Bogenbrücke geplante Anlage wurden vor Kriegsbeginn lediglich die Widerlager fertig gestellt. Nach den Zerstörungen in den letzten Tagen des 2. Weltkrieges wird die alte Strombrücke notdürftig instand gesetzt. 1956 wird die neue Strombrücke eingeweiht, die als 120 m lange freitragend gespannte Konstruktion errichtet wurde. Als Ersatzbauwerk für die alte Strombrücke setzt sie die als Querachse zum Breiten Weg neu angelegte Ost-West-Verbindung kontinuierlich über die Elbufer fort.
Die für sechs Fahrspuren ausgelegte Brücke mit einer mittig gelegenen separaten Straßenbahntrasse verbindet die Altstadt mit dem Kleinen Werder. Mit der Neuen Strombrücke wird eine seit Otto von Guericke geplante Ost-West-Verbindung in der Altstadt von Magdeburg architektonisch wie infrastrukturell manifestiert.

60
Ehem. Kunst- und Handwerkerschule
Brandenburger Straße 10
1874, 1906–1910, 1912
Aurel Sturmhöfel, Wilhelm Berner, Otto Peters

Vom ältesten Teil der ehemaligen Kunst- und Handwerkerschule ist die Stirnseite an der Brandenburger Straße erhalten. Er entstand 1874 über längsrechteckigem Grundriss nach Plänen des Stadtbaurates Sturmhöfel im antikisierenden Stil mit einer Putzfassade in Kombination mit gelben und orangefarbenen Klinkern. Der zweistöckigen, mit einem kräftigen Kranzgesims und einer Ädikula im Giebel versehenen Fassade ist eine zweiläufige Treppe vorgelagert. Zwei Medaillons zeigen die Büsten von Schinkel und Vischer. 1906 projektierte Stadtbaurat Berner einen großen, vierstöckigen Neubau mit Mansardendach auf der Nordseite des Grundstücks und einen niedrigeren Verbindungsbau zum älteren Schulgebäude entlang der Brandenburger Straße. Der 1908 von Stadtbaurat Otto Peters abgeänderte und vereinfachte neoklassizistische Entwurf konnte bis 1910 ausgeführt werden. Den zweistöckigen, neunachsigen Verbindungsbau dominiert ein Portal mit zwei Atlanten, die einen Giebel stützen. Den zuerst vierstöckigen, inzwischen fünfstöckig ausgebauten Hauptbau gliedern Lisenen aus roten Klinkern im Kontrast zu einer Verkleidung aus hellem Kunststein. Über dem Eingang ein antikisierender Fries mit Wasser schöpfenden Figuren sowie zwei Medaillons mit den Büsten Dürers und Erwin von Steinbachs.
Die Schule ging aus der 1793 gegründeten Kunstschule hervor, sie bestand bis 1963.

61
Ehem. Guericke-Schule und Wilhelm-Raabe-Schule

Albrechtstraße 7
1871–1874
Julius Benda, Gustav Ebe (Berlin)

Von dem großen symmetrischen Schulkomplex stehen nach Kriegszerstörung nur noch die beiden Seitenflügel an der Brandenburger und der Ravensbergstraße. Doch auch diese allein vermitteln ein imposantes Erscheinungsbild der früheren Doppelschule. Ein Schriftzug am östlichen Seitenflügel verweist auf die Guericke-Schule, Oberrealschule und einst größte Lehranstalt im Königreich Preußen (1897). Den westlichen Flügel des Gebäudes nutzte die Wilhelm-Raabe-Schule, zuerst Höhere Gewerbe- und Handlungsschule, ab 1882 Realgymnasium. Die beiden dreistöckigen gelben Klinkerbauten erheben sich über einem roten Sandsteinsockel und sind im antikisierenden Stil gehalten. Jeweils ein Mittelrisalit mit Eingangsportal und mit hinter schmalen Loggien zurückversetzten Fenstern teilt die beiden neun- bzw. zehnachsigen, identisch gestalteten Seitenflügel. Die Rundbogen- und Segmentbogenfenster sind paarweise zusammengefasst. Den Ädiculae mit Nischen an der jeweils südlichen Fassadenecke fehlt das Pendant auf der gegenüberliegenden Seite. Ein kräftiges Kranzgesims mit Konsolen und Lotos-Palmetten-Fries bekrönt die Fassade. Die Eule am Mittelrisalit gilt als Symbol der Weisheit. Auf dem Schulgelände stehen außerdem noch das ehemalige Direktorenwohnhaus und die bei alten Schulen üblichen Retiradengebäude.

62
Elbeschwimmhalle

Virchowstraße
1959–1962
Roland Korn, M. Vogel, Werner Heinisch, G. Queck

1948 wurde an der Virchowstraße der Grundstein für ein großes Sportforum gelegt. Von den umfänglichen Planungen wurde lediglich die Schwimmhalle verwirklicht. Es entstand eine Sportstätte mit einem 50 x 20m-Becken, einem 10-m-Sprungturm und 1200 Tribünenplätzen, deren Dach von vorgespannten Bindern getragen wird.
Ein der Halle vorgelagertes Gebäude beinhaltet Eingang, Milchbar, Sauna, Einschwimmbecken sowie Umkleidekabinen für 500 Personen und die Wasseraufbereitungsanlage. Vor dem Gebäude fand die 1949 entstandene Plastik „Junge Frau" von Heinrich Drake Aufstellung.

63
Oberfinanzdirektion Magdeburg

Otto-von-Guericke-Straße 4
1993–1995
Widjaja
Bahlo, Köhnke, Stosberg & Partner

Der Neubau der 1991 wieder gegründeten OFD mit ihren 770 Bediensteten ging aus einem Wettbewerb der niedersächsischen Staatshochbauämter hervor. Der fertige Bau, errichtet auf einer 12 000 m^2 großen Grundstücksfläche, wurde mit dem Architekturpreis des Landes Sachsen-Anhalt ausgezeichnet. Der Neubau wurde als Zweibund entlang der Otto-von-Guericke-Straße und der Stresemannstraße errichtet. Die einzelnen Baukörper mit einer hellgelben Klinkerfassade werden durch verglaste Treppenräume voneinander abgesetzt und folgen in leichter Abwinklung dem Verlauf der Straße. Durch das zurück gesetzte Staffelgeschoss mit seinen auskragenden Tonnendächern wird die Höhenentwicklung der benachbarten Bebauung aufgenommen. Um die Masse des Baukörpers, mit einem Rauminhalt von 103 000 m^3, optisch zu reduzieren, wurde das oberste Geschoss aus einer Stahl-Glas-Konstruktion errichtet. An der Ecke Stresemannstraße bildet die verglaste Rotunde einen deutlichen Akzent. Hier befinden sich der Haupteingang und in den Obergeschossen Beratungsräume und Bibliothek. Die Kantine bildet den Eckpunkt eines in den Innenhof vorgeschobenen Verwaltungsflügels. Sie orientiert sich zum begrünten Innenhof. Das Tiefgeschoss nimmt die Technikzentralen, das Archiv und eine Garage mit 118 Stellplätzen auf. Über den architektonischen Reiz hinaus, soll die Kunst am Bau das Gebäude zu einem urbanen Ereignis machen. 500 Leichtmetallscheiben wurden nach Strukturregeln des Künslers Prof. Ehrler, Halle, auf der Außenhaut des Gebäudes verteilt. Sie sollen einen Farbschleier vor der Fassade erzeugen, der im Wechsel von Licht und Schatten, von Tages- und Jahreszeiten, von Ruhe und Bewegung, während des Betrachtens ein immer neues Erlebnis des Baukörpers in seiner Beziehung zum Außenraum schafft.

64
Krankenhaus Altstadt

Max-Otten-Straße 11–15
1890

1817 eröffnete an dieser Stelle das erste Altstädter Krankenhaus, vormals Müllersches Siechenhaus. Von den im Krieg stark beschädigten Gebäuden ist architekturgeschichtlich der 1890 errichtete Nordflügel, Gebäude C, heute Chirurgische Bettenstation, am Nordende der Max-Otten-Straße von Interesse. Dieser passte sich in Form und Fassadengestaltung exakt den älteren, vereinfacht wieder aufgebauten Gebäudeteilen an der Max-Otten-Straße (1866–1868) an. Die schlichte Neurenaissancegliederung der Fassade orientiert sich getreu an italienischer Palastarchitektur des 15. Jahrhunderts. An dem dreistöckigen Gebäude mit Mezzanin grenzen schmale durchlaufende Gesimse die Stockwerke voneinander ab. Zwei zweiachsige Risalite mit eng zusammenstehenden Fenstern flankieren den siebenachsigen Mittelteil mit gleichmäßig angeordneten Rundbogenfenstern. Die Plastizität in der Fassadenoberfläche nimmt von unten nach oben ab. Gegen die mehrfach abgestuften Putzquader im Erdgeschoss setzen sich einfache Putzquader in den Obergeschossen ab. An der Ecke Otto-von-Guericke-Straße und Julius-Bremer-Straße ein Gebäude von 1911.

65
Schule, BbS III

Am Krökentor 1a–3
1902–1907
Wilhelm Berner

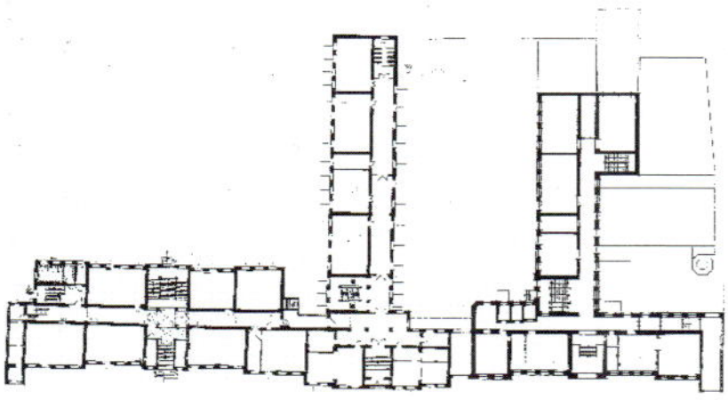

Beeindruckender vierstöckiger Gebäudekomplex mit zwei hofseitig lang gezogenen Seitenflügeln, ab 1902 als Neubau für die staatliche Baugewerkeschule (Fachschule für Hoch- und Tiefbau) mit Maschinenbauschule und Fortbildungsschule konzipiert, in mehreren Abschnitten bis 1907 fertig gestellt.
Der neubarocke Putzbau liegt mit seiner vielachsigen Hauptfassade parallel zur Straße Am Krökentor. Sein breiter zehnachsiger Mittelrisalit wird von einem großen Dreiecksgiebel überfangen, in dessen Innenfeld die Symbole des Bauhandwerks und des Maschinenbaus angebracht sind. Im Mittelrisalit liegt auch das von Halbsäulen flankierte Hauptportal. Wiederherstellung nach starker Zerstörung im Zweiten Weltkrieg. Zu DDR-Zeiten Ingenieurschule für Maschinenbau und Elektrotechnik. Heutige Nutzung durch die berufsbildenden Schulen, Bereich Elektrotechnik.

66
Geschäfts- und Bürokomplex Universitätsplatz Westseite

Universitätsplatz 10–12/Walther-Rathenau-Straße 60
Am Krökentor 1A/Erzberger Straße 1+2
1993–1996
Jürgen Köhne, Herbert Welsen

Mit dem 5- und 7-geschossigen Baukomplex am Universitätsplatz stellte sich der Architekt der Aufgabe, nicht nur eine Baulücke zu schließen, sondern zwischen den städtebaulichen Dominanten – dem Theater der Landeshauptstadt und der Ingenieurschule am Krökentor – auf der einen Seite und dem 10-geschossigen Plattenbau an der Walther-Rathenau-Straße eine angemessene architektonische Gestalt zu finden und ein Stück alten Stadtgrundriss wieder herzustellen. Der Nord- und Ostfassade ist ein in Rosa Beta Granit verkleideter Rahmen vorgeblendet, der das Gebäude strukturiert und die großen Glasflächen über mehrere Etagen zusammenfasst. An der Nordostseite des Gebäudes dominiert der 10-geschossige, gläserne Turm mit seiner nach unten zum Eingang hin eingezogenen, akzentuierten Ecke. Ein durchgehend in Glas gestaltetes Mittelstück stellt das Gelenk zwischen Universitätsplatz und Erzberger Straße dar. Alle drei Gebäudeteile bilden eine ca. 110 m lange Platzwand, die dem Universitätsplatz auf seiner Westseite ein neues und modernes Gepräge verleiht. 2 Gaststätten und mehrere Geschäfte im Erdgeschossbereich tragen zur Wiederbelebung des Platzes bei. Von den 400 Stellplätzen auf 2 Ebenen der Tiefgarage stehen 120 den Theaterbesuchern zur Verfügung.

67
Fernmeldeamt
Listemannstraße 6
1926/27

Das nach einem Entwurf der Reichspostdirektion erbaute Fernmeldeamt ist eines der wenigen Beispiele expressionistischer Architektur in Magdeburg (vgl. 97, 104). Der etwa 73 m lange, mit dunkelroten Klinkern verkleidete Hauptgebäudetrakt an der Listemannstraße ist symmetrisch gegliedert. Die Fassade des um ein Geschoss höheren Mittelteils wird um jeweils drei Fensterachsen der leicht vorspringenden, flankierenden Baukörper überschnitten. Pfeilerähnliche Lisenen, zwischen denen die Fenster eingeordnet sind, prägen eine vertikale Gliederung, die durch überhöhte Fenster im ersten und zweiten Geschoss und die Fortführung der Lisenen über die Dachkante hinaus gesteigert wird. An den Seitenflügeln erfolgte eine Betonung der Gebäudekanten durch Wegfall der Fensteröffnungen. Über dem sechsachsigen Eingangsbereich des mittleren Gebäudeabschnitts befinden sich in symmetrischer Anordnung vier Steinplastiken – Allegorien des Postwesens – des Bildhauers Fritz Maenicke.
Der im Krieg zerstörte Ostflügel wurde 1954–1956 wieder aufgebaut.

68
Theater der Landeshauptstadt
Breiter Weg
1950

Nach eineinhalbjähriger Bauzeit konnte am 15. August 1907 das Zentraltheater am Kaiser-Wilhelm-Platz (heute Universitätsplatz) eröffnet werden. Die Architektur zitiert das Repertoire des historischen Theaterbaus: rechteckiger Baukörper mit erhöhtem Bühnenhaus und Eingangsportikus. Auf Grund der Kriegsereignisse wurde es 1944 geschlossen und bei den verheerenden Bombenangriffen im Januar 1945 zerstört. Nach Kriegsende begann unverzüglich der Wiederaufbau, so dass es bereits 1950 als Maxim-Gorki-Theater wieder eröffnet werden konnte. Beim Wiederaufbau folgte man im Wesentlichen den alten Plänen. Insgesamt stellte das Gebäude eine städtebauliche Bindung aller Wiederaufbauplanungen am nördlichen Abschluss des Breiten Weges (Karl-Marx-Straße) dar.
Durch einen Brand erlitt das Gebäude 1990 erhebliche Schäden. Der Wiederaufbau ist 1998 abgeschlossen worden.

69
Konservatorium G. Ph. Telemann & Kabarett

Breiter Weg 110
2000
Ulrich Drahtler/Architektencontor Magdeburg

Das Grundstück Breiter Weg 110 befindet sich am nördlichen Rand des Stadtzentrums. Der in ca. 14 Monaten Bauzeit entstandene Neubau orientiert sich an an der vorhandenen städtebaulichen Situation und schafft durch die besondere Ausbildung der Ecke ein interessantes Erscheinungsbild mit hohem Wiedererkennungswert. Einen entscheidenden Beitrag zur Fassadengestaltung brachte ein Workshop im November 1998. Die 6-geschossige Bebauung, mit 1850 m² Nutzfläche, nimmt Bezug auf die angrenzenden Gebäude und schafft gemeinsam mit der neu entstandenen Stadtbibliothek und dem restaurierten Theater der Landeshauptstadt einen markanten Abschluss des Theaterquartiers, das bereits als „Kulturinsel“ bezeichnet wird. Das Gebäude wird vom Breiten Weg erschlossen. In den beiden unteren Ebenen, die sich zur Straße hin öffnen, wurden auf 880 m² flexibel Büro-, Veranstaltungs- und Schulungsflächen erstellt. Im 1. Obergeschoss ist das Kabarett angesiedelt. Die vertikale Haupterschließung und eine angrenzende Funktionsachse übernehmen die Aussteifung des Gebäudes und ermöglichen so eine großzügige Raumgestaltung und offene Nutzung in den Geschossen. Die Büroräume gruppieren sich um ein glasüberdecktes Atrium, das zugleich als Gemeinschaftsraum dienen kann.

70
Nordabschnitt Breiter Weg

Breiter Weg
1962–1970
Städtebaulicher Entwurf: Gerhard Dalchau, Horst Heinemann und Friedrich Jakobs
Hochbauentwürfe: Johannes Schroth, Wolfgang Schmutzler und Günter Benecke (vermutlich auch Herwig Hrussa u.a. vom VEB Hochbauprojektierung Magdeburg)

Der Bereich zwischen Wilhelm-Pieck-Allee (Ernst-Reuter-Allee), dem nach Westen geöffneten Marktplatz und dem Boleslaw-Bierut-Platz (Universitätsplatz) wird entsprechend einem Leitbild von Weite und Großzügigkeit als 70 m breiter und 800 m langer Fußgängerbereich konzipiert. Er ist einer der Ersten in der DDR.
Der Fußgängerbereich steht in enger räumlicher Beziehung zum Wohnkomplex Jakobstraße. Er wird durch je eine Reihe 8-geschossiger Wohngebäude mit etwa 800 WE begrenzt. Darunter bzw. in einer Vorlagerung mittels eingeschossiger Pavillons werden Läden, Gaststätten und Dienstleistungseinrichtungen angeordnet, die teilweise blockartig zwischen den Wohnscheiben und Ladenvorbauten weitergeführt sind. In der ersten städtebaulichen Konzeption wird die Ruine der Katharinenkirche mit den erhaltenen Türmen noch in die Planung einbezogen. Sie kann dem Abriss jedoch nicht entgehen, weil an dieser Stelle 1969–1970 das 12-geschossige „Haus der Lehrer“ errichtet und als neue Höhendominante in das Gebäudeensemble integriert wird. Mit dem 1970–1973 realisierten Centrum-Warenhaus, dem zweitgrößten Warenhaus der DDR, sowie dem vorgelagerten Wohnheimgebäude „Blauer Block“ wird der Nordabschnitt der Karl-Marx-Straße baulich und funktionell komplettiert.
Dieses Bauensemble stellt einen harten Bruch mit der historischen Stadtstruktur dar und geht erwiesenermaßen auf städtebauliche Vorbilder in Westeuropa, wie die Lijnbaan in Rotterdam oder die Treppenstraße in Kassel zurück. Hinzuweisen ist vor allem auf die typischen Straßenraumgestaltungen, wie Brunnenanlagen, Kleinplastiken und entsprechende Hochbeete zur Gliederung des breiten Straßenraumes mit einer integrierten Straßenbahntrasse.

71
Haus der Lehrer

Breiter Weg
1969–1970
Johannes Schroth, Siegfried Schmidt, Christel Schulz, Horst Kriewitz

Der Breite Weg wurde nach der schweren Zerstörung im Jahre 1945 als Magistrale des neuen Stadtzentrums neu aufgebaut. Der Fußgängerbereich wird durch je eine Reihe 8-geschossiger Wohngebäude mit etwa 800 WE begrenzt. Darunter bzw. in einer Vorlagerung mittels eingeschossiger Pavillons werden Läden, Gaststätten und Dienstleistungseinrichtungen angeordnet, die teilweise blockartig zwischen den Wohnscheiben und Ladenvorbauten weiter geführt sind. In der ersten städtebaulichen Konzeption wird die Ruine der Katharinenkirche mit den erhaltenen Türmen noch in die Planung einbezogen. Die Türme werden jedoch abgerissen und an ihrer Stelle wird als neue Höhendominante 1969–1970 das 12-geschossige „Haus der Lehrer“ errichtet und in das Gebäudeensemble integriert.
Am 12. Juni 1970 wird das Haus der Lehrer seiner Bestimmung übergeben. Angestrebt war eine offene Nutzung des Gebäudes als Zentrum für gesellschaftliche und kulturelle Bedürfnisse der gesamten Bevölkerung. So wurden in den 10 Obergeschossen folgende Funktionen untergebracht: Büro-, Klub-, Lektions- und Zirkelräume, 2 Klubgeschosse mit Kantinenversorgung sowie ein Amateurfilmstudio im 10. OG. Im Erdgeschoss wurde ein für verschiedene Veranstaltungen nutzbarer Mehrzwecksaal mit Podium eingerichtet, das Dach erhielt eine Aussichtsplattform.
Das Gebäude wird von der Nordseite her erschlossen, der Gast erreicht Treppenhaus und Aufzüge über eine Eingangshalle, während der Wirtschaftsteil des Restauranttraktes von der Ostseite erschlossen wird. Der Treppenhausturm und die Aufzugschächte wurden in Stahlbeton monolithisch vom Keller bis zum Dach ausgeführt, Untergeschosse und Keller ebenfalls monolithisch in B 450. Im dritten Stock begann die Montage. Dafür wurden in Anlehnung an die 2 MP-Skelettbauweise individuelle Elemente entwickelt. Soweit als möglich fanden für den Restauranttrakt Elemente der 2 MP-Standardbauweise Verwendung. Im

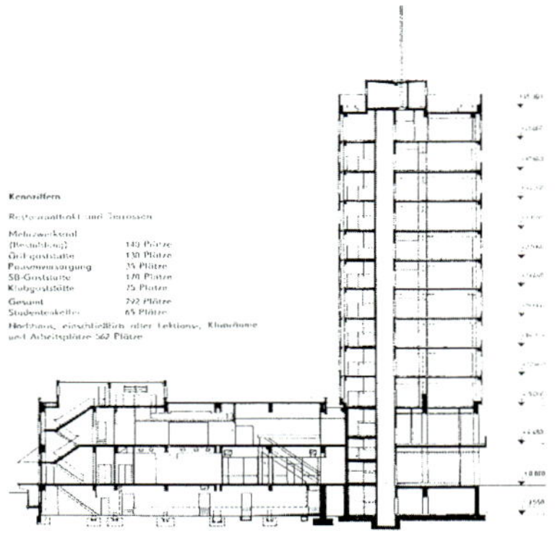

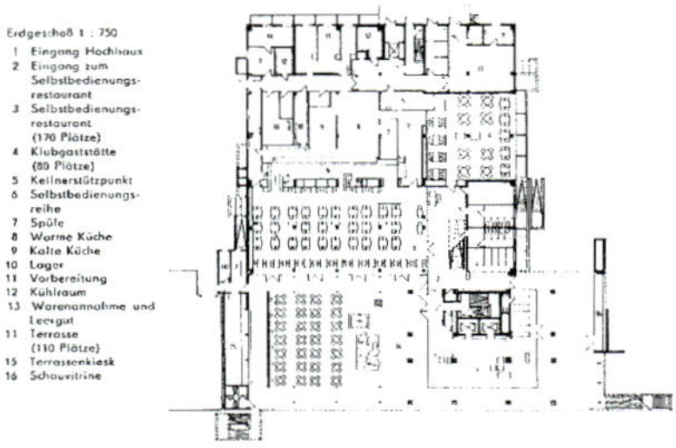

Bereich des Mehrzwecksaales machte sich die Verwendung einer Stahlkonstruktion erforderlich, um einen stützenfreien Raum von über 12 m Spannweite zu erhalten. Der vertikal gegliederte Hochhauskörper erhielt eine Vorhangfassade aus Aluminiumglas. Die beiden unteren Geschosse in Stützen aufgelöst, Brüstungen der Terrasse aus schwarzem Granit, Stützen des Hochhauses sowie Attika des Restauranttraktes Putz mit Marmorsplittzuschlagstoff, Farbe der Glasbrüstungen türkisblau.

72
Ehem. Centrum-Warenhaus (Karstadt)
Breiter Weg
1970–1973
Anne-Monika und Karl-Ernst Zorn

Am 3. Dezember 1973 wird das Centrum-Kaufhaus als zweitgrößtes Warenhaus der DDR eröffnet. Auf 12 000 qm Verkaufsraumfläche wird ein breites Sortiment von Industriewaren bis hin zu Lebensmitteln angeboten. Bestimmend für den Standort war die in verkehrs- und handelstechnischer Sicht günstige Lage und der durch die erheblichen Kriegszerstörungen verursachte Verlust von Einzelhandelsflächen im Stadtzentrum von Magdeburg.
Nach Errichtung der aussteifenden Gleitkerne begann Anfang Juli 1970 die Stahlbaumontage des 23 m hohen fünfgeschossigen Baukörpers, bestehend aus einem Tief- und vier Normalgeschossen über einer Grundfläche von 110 x 60 m. Der kompakte Bau wurde als Stahlskelettkonstruktion mit einem Stützenraster von 12 x 12 m ausgeführt. Die Oberflächen der Außenwände blieben unverputzt und wurden lediglich mit einem Farbanstrich versehen, die Dachkonstruktion besteht aus entspannten Bitumendämmdächern.
Eine umlaufende Schaufensterfront umgibt das gesamte Erdgeschoss, das zusätzlich mit einem vorkragenden Vordachband versehen worden ist. Die Obergeschosse erhalten ihre Prägung durch eine Vorhangfassade aus natureloxiertem Aluminium. An der Fassade zum Breiten Weg wird die relativ kompakte Baumasse durch ein vorgezogenes Blumenfenster aufgelockert, das einen reizvollen Ausblick auf den Alten Markt bietet.
Die Warenanlieferung erfolgt unterirdisch von der Westseite her ohne Beeinträchtigung der das Kaufhaus umgebenden Fußgängerzone. Die Kundenzugänge sind an allen vier Seiten des Hauses angeordnet. Fünf Fahrtreppenpaare an den Längsseiten der Verkaufsetagen, ein Personaltreppenhaus sowie drei für die Kunden sorgen für einen reibungslosen Kundenverkehr. Internationalen Trends folgend, ordnete man die Lebensmittelkaufhalle im Tiefgeschoss an, im Erd- sowie im 1. und 2. Obergeschoss befinden sich die Verkaufsflächen, während das 3. OG Verwaltung und Personalräume aufnimmt.
Die Glasstahlbetonplastik „Lied der Arbeit" von Reginald Richter im Bereich des südlichen Kundenzugangs setzt einen gestalterischen Akzent.

73
Alter Markt
um 1950
Johannes Kramer, Max Wiegleb

Historisches Zentrum der 965 erstmals erwähnten Kaufmannssiedlung ist der als Ursprungsort der Stadt Magdeburg anzusehende Alte Markt mit dem an der Ostseite gelegenen Rathaus.
Trotz zweimaliger Kriegszerstörung hat der Alte Markt seine Form, die seit dem 12. Jahrhundert als Vorbild für Marktgründungen nach dem Magdeburger Recht galt, bis heute bewahren können. Ab 1950 werden die Gebäude mit Ausnahme des Deulig-Hauses (heute Sitz der IHK) nach einem Entwurf von Johannes Kramer und Max Wiegleb völlig neu errichtet. Dabei sind die Traufhöhe sowie die Verwendung eines Steildaches vorgegeben. Bis auf die Westseite behält der Platz nach dem Wiederaufbau seine ursprüngliche Größe. Damit stellt der Alte Markt ein wichtiges Zeugnis für den Wiederaufbau in einem traditionellen Verständnis und nach selbstbestimmten Kriterien von Magdeburger Architekten zu Beginn der 50er Jahre dar.
Im Zuge des Wiederaufbaus erhielt das Alte Rathaus 1969 ein neues Eingangsportal von Heinrich Apel. Die zweiflügelige Bronzetür stellt in 14 Reliefs Szenen und Persönlichkeiten aus der Stadtgeschichte dar.

74
Rathaus am Alten Markt

Alter Markt 6
1691–1698
Ingenieurhauptmann Heinrich Schmutze, Steinmetz Höltzer

Lang gestreckter zweigeschossiger Repräsentationsbau mit steilem, ein Drittel der Gebäudehöhe einnehmendem Walmdach. Barockfassade zum Marktplatz in zurückhaltender, strenger Art und an die Spätrenaissance erinnernd. Neunachsiger, an den Stirnseiten dreiachsiger Gebäudekopf als Putzbau mit Details in Sandstein, Bandrustika am Erdgeschoss, flachen Seitenrisaliten und kräftigem, von einem segmentbogenförmigen Giebel überfangenem Mittelrisalit konzipiert. Über dem Relief-Giebelfeld drei Statuen. Auf dem Dach eine große Dachreiter-Laterne mit integriertem Glockenspiel von 1975. Dem Mittelrisalit vorgelagert ein von vier Säulen getragener Altan, dieser ist im Obergeschoss als Balkon ausgebildet. Im Erdgeschoss hinter bogenförmigen Öffnungen eine mit Kreuzgraten gewölbte Halle, die sich über zwei Joche tief und fast die gesamte Gebäudebreite erstreckt. Altan und offene Erdgeschossarkaden (Kaufhallen) sind Elemente herkömmlicher Rathausarchitektur. Am reich mit Pilastern und römischen Kapitellen gegliederten Obergeschoss verbinden zwei dreiachsige Arkadenloggien die Risalite. Schlusssteinköpfe in den Bogenscheiteln verweisen auf Berliner Baugewohnheiten. Stilistische Verwandtschaft besteht zu Bauten des Cornelius Ryckwaert (Schlösser in Zerbst und Berlin-Köpenick) und zu Hermann Korb (zerstörtes Schloss Salzdahlum).
Seit 1250 stand an dieser Stelle ein Rathaus, das zu den Ersten in Deutschland gehörte. Vom mittelalterlichen Vorgängerbau (1631 zerstört) blieb nur der Ratskeller im Nordflügel aus dem 12. Jh. erhalten (ehemals Lager der Kürschner-Innung). Der Rathausfassade steht der Magdeburger Reiter gegenüber (Original im Kulturhistorischen Museum). Das Bildnis entstand um 1240 und zeigt Kaiser Otto I.
1820 Turm erneuert. Wiederherstellung nach Zerstörung im 2. Weltkrieg, Wiederaufbau des Nordflügels unter Berücksichtigung der historisch nachgewiesenen Dreischiffigkeit mit Satteldächern 1967–1969, zur Südseite ein dreistöckiger Neubau in Großblockbauweise mit Sandsteinverblendung von 1970.

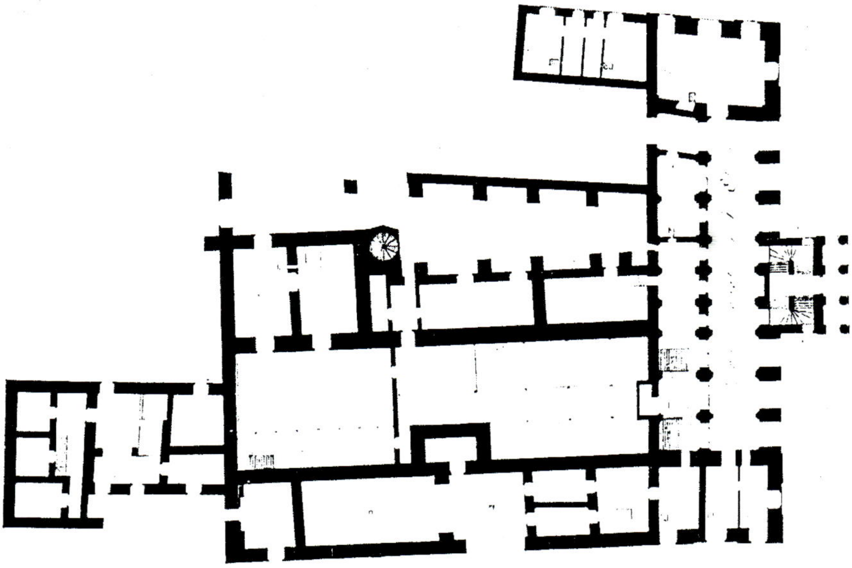

75
Mittelalterlicher Gewölbekeller

Alter Markt
2. Hälfte 12. Jh., Mitte 13. Jh.,
Gewölbe nach 1207

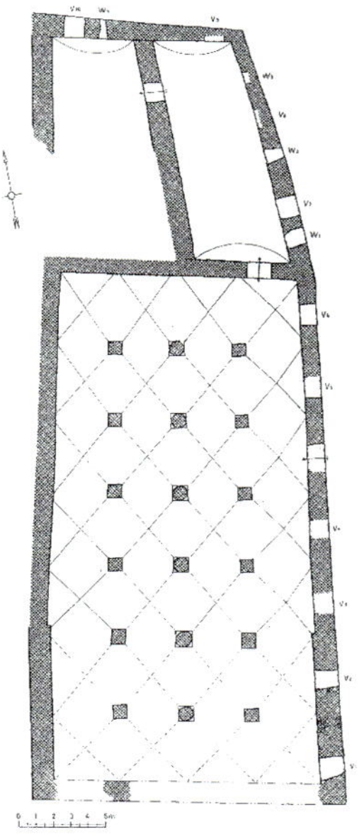

Vierschiffige, ehemals siebenjochige kreuzgratgewölbte Halle über trapezförmigem Grundriss von 29 m Länge, bis 15 m Breite und über 4 m Höhe. An der Nordwestecke des Alten Marktes in zwei Bauabschnitten errichtet. In ihrer Entstehungszeit diente sie der Gerberinnung als Verkaufshalle und Lager. 1716 wurde ein Teil des ursprünglichen Gewölbes durch ein Tonnengewölbe ersetzt. Das Gewölbe ruht auf drei massiven Stützenreihen, wovon zwei Reihen als Pfeiler und die mittlere als Säulen mit Zwickelkapitellen ausgebildet sind (12 Pfeiler, 6 Säulen). Nördlich und südlich schließen sich tonnengewölbte Nebenräume an. Die Halle stellt ein wichtiges und eindrucksvolles Beispiel romanischer Profanarchitektur der Stadt dar. Wegen der historischen Straßenbezeichnung ist der Bau auch als Halle an der Buttergasse bekannt. Nach den Verwüstungen des Dreißigjährigen Krieges war sie bis zum Gewölbeansatz mit Schutt verfüllt und erst 1947 wieder entdeckt worden. Demnächst soll der Keller, wie schon zu DDR-Zeiten, gastronomisch genutzt werden.
Außen eine Wand mit alten, aus den Trümmern geborgenen Hauszeichen.

76
Verwaltungsgebäude

Bei der Hauptwache 4–6
1905/06
Wilhelm Berner

Nördlich des Alten Marktes steht ein imposantes neobarockes Sandsteingebäude, welches die Städtische Sparkasse als Geschäftshaus 1905–1906 errichten ließ. Alle Bauzeichnungen sind von Bauinspektor Wilhelm Berner unterzeichnet. Der Bau besteht aus vier Stockwerken und wird von einem Mansardendach abgeschlossen. Im Mittelfeld des großen Risalitgiebels hängt das Magdeburger Wappen. Noch immer sind die starken Kriegsschäden an der Fassade ablesbar. Das Gebäude dient heute dem Magistrat. Im Erdgeschoss befand sich ursprünglich eine riesige Sparkassenhalle, wovon ein Teil seit vielen Jahren als Kantine genutzt wird. Schmiedeeiserne Geländer flankieren den Treppenlauf. Der Bau wird momentan renoviert.
Auf dem Platz vor dem Gebäude steht ein Denkmal für den Magdeburger Bürgermeister und Erfinder Otto von Guericke, geschaffen 1907 von Karl Friedrich Echtermeier. Am Fuß der bronzenen Sitzplastik sind die berühmten Magdeburger Halbkugeln zu sehen.

77
St. Johannis, ehem. Pfarrkirche

Johannisbergstraße
Frühes 13. Jh., 15. Jh.

Im 2. Weltkrieg ausgebrannte Kirche im Zentrum der Stadt und am Ufer der Elbe. Spätgotische Hallenkirche des 15. Jahrhunderts mit dreischiffigem, sechsjochigem Langhaus ohne Querschiff und mit 5/8tel Polygon. Als Putzbau unter Verwendung von Sandsteinquadern errichtet. Eine als achteckiger Zentralbau ausgeführte Sakristei aus der Mitte des 14. Jahrhunderts liegt im Winkel zwischen Chor und nördlichem Seitenschiff. Davor ein runder Treppenturm von 1679. Die im 17. Jahrhundert erneuerte Doppelturmfassade des frühen 13. Jahrhunderts wurde mit spätgotischer Vorhalle aus dem Jahr 1453 versehen. Diese Westfassade ist als querrechteckiger Baublock mit sparsamer Werksteingliederung errichtet. Nur das oberste Stockwerk der Türme ragt frei auf. Der Zwischenbau trägt ein Satteldach. Vorhalle im Inneren ehemals mit Kreuzgewölbe, Außenfassade mit Portal, vier gestaffelten Fenstern und steilem durchfensterten Giebel. Hier neben

mehreren leeren Podesten noch zwei Heiligenfiguren am originalen Standplatz. Ähnliche Turmfassaden ursprünglich an den meisten Magdeburger Pfarrkirchen. Im Inneren ist von den rechteckigen Pfeilern und dem Kreuzgewölbe nur die nördliche Pfeilerreihe mit den Scheidbögen erhalten. Teile des ottonischen Vorgängerbaus (urk. Erwähnung 941) sind im Chor ergraben und freigelegt.

Die ehemals älteste Magdeburger Pfarrkirche galt als beliebte Begräbnisstätte der Patrizier. Hier hielt Martin Luther 1524 eine für den Anschluss Magdeburgs an die Reformation entscheidende Rede. Die Kirche blieb in der Nachkriegszeit als Ruine stehen und diente als Gedächtnisstätte für die beiden Stadtzerstörungen 1631 und 1945. Eine Interessengemeinschaft zum Wiederaufbau der Johanniskirche bewirkte 1998/99 ihre Rekonstruktion mit ergänzenden modernen An- und Einbauten für eine profane Nutzung. Der Südturm kann für einen Blick über die Stadt bestiegen werden. Vor der Kirche ein 1886 von Emil Hundrieser geschaffenes Bronzebildnis Martin Luthers.

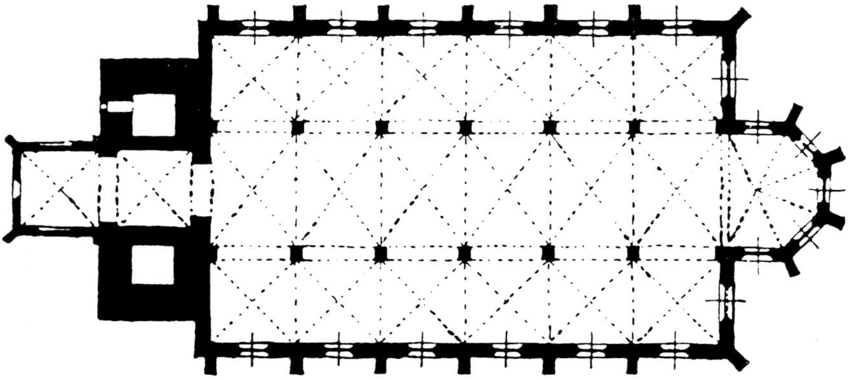

78
Wohnscheiben am Elbufer
Jakobstraße
1963–1964

Drei Wohnscheiben am Talrand zur Elbe folgen in versetzter Reihung dem Verlauf der Jakobstraße. In ihrer Höhe und Lage versuchen sie, zwischen den mittelalterlichen Sakralbauten Johanniskirche sowie Petri- und Wallonerkirche zu vermitteln. Da die Gebäudeentwicklungen den schwerfälligen und mechanistischen Zwängen der zugrunde liegenden Vorfertigungsindustrie und Montagebauweise vor Ort unterliegen, ist eine differenzierende Gestaltung kaum möglich.
Der innerstädtische Wohnungsbau muss im Verlaufe der 60er Jahre die Aufgabe der Lückenfüllung in zentralen Bereichen übernehmen, für die sich kein öffentlicher oder gewerblicher Bedarf und Nutzung finden. An markanten stadträumlichen Situationen bilden deshalb vielgeschossige Wohngebäude Baumassen und städtebauliche Dominanten.
Die zehngeschossigen Gebäudetypen entstammen einer technologischen Magdeburger Anpassung zentraler Projekte aus den Bauakademieinstituten in Berlin oder Halle, wobei Großplatten mit einer unifizierten Fensterstruktur und Betonoberflächen sowie Flachdächer die wesentlichen, äußerst sparsamen Gestaltungselemente der Baukörper ausmachen.

79
Elbuferpromenade
Schleinufer
ab 1970
Städtebaulicher Entwurf: Horst Heinemann, Günter Schöne und Werner Käsebier

Unter Einbeziehung der bis dato ausschließlich von historischen Bauwerken gebildeten Höhendominanten zwischen Dom, Kloster Unser Lieben Frauen, Johanniskirche, Petrikirche, Walloner Kirche und Lukasklause sollen in einem städtebaulichen Ideenwettbewerb, an dem 1967 insgesamt 13 Kollektive teilnehmen, Vorschläge für den Bereich des Elbufers erarbeitet werden, die eine angemessene Verbindung der „Stadt zum Strom" herstellen und auf das im Ostabschnitt des Zentralen Platzes konzipierte Hochhaus (inzwischen wird über ein „Haus des Schwermaschinenbaus" mit zentralen Verwaltungsnutzungen, Kongresszentrum und Hotel diskutiert) Bezug nehmen. Zu einer Umsetzung der großzügigen Vorschläge kommt es schließlich nicht, weil das Hochhaus nicht gebaut wird und die Verkehrslösungen am Schleinufer pragmatischer ausfallen.
So wird in den 70er Jahren lediglich der Bereich zwischen Johanniskirche und Elbufer unter maßgeblicher Beteiligung ortsansässiger Betriebe und Bürgern der Stadt mit einer Promenade gestaltet, die sich bis heute fragmentarisch ausnimmt. Zahlreiche Plastiken, Brunnenanlagen und Sitzbereiche befinden sich in diesem Bereich, als deren nördlicher Abschluss der Lukasturm anzusehen ist. Dennoch ist es zumindest partiell gelungen, die Stadt wieder an den Fluss heranzuführen.

80
Haus der Freimaurerloge
Weitlingstraße 1 a
1902/1903
Otto Peters

Das Jugendstilgebäude geht auf einen Um- und Erweiterungsbau zurück, der in Form eines Konzertsaals und eines Arbeitssaals an das bereits bestehende Haus der 1761 gegründeten und seit 1791 an dieser Stelle ansässigen Freimaurerloge „Ferdinand zur Glückseligkeit" angefügt wurde. Von den komplexen Umbauten steht nur noch der straßenseitige Neubau aus den Jahren 1902/03. Diesen bestimmt die fünfachsige, zweigeschossige linke Gebäudehälfte, bestehend aus einem rustizierten Erdgeschoss mit integriertem Eingang sowie einem hohen Obergeschoss mit großen Fensterflächen, hinter denen sich ein Jugendstilsaal befindet. Als Fassadenschmuck dienen Freimaurersymbole, darunter ein Emblem mit Löwenkopf und Ginkgoblättern. Am Kranzgesims sind die Namen historischer Freimaurer Friedrich d. Große, Lessing, Ferdinand v. Braunschweig, Goethe und Wilhelm I. zu lesen. Südlich schließt sich ein asymmetrisch gestalteter Gebäudeteil mit vierstöckigem, zur Kreuzung gerichteten Eckturm an. Seitlich, zur Julius-Bremer-Straße gerichtet, erscheint der Sinnspruch „FELIX NOS TENET COPULA". Obwohl der Jugendstil die Fassade und das Gebäudeinnere bestimmt, sind deutlich neubarocke Elemente integriert. Ob Otto Peters auch für die Entwürfe verantwortlich war oder nur die Ausführung leitete, lässt sich nicht mehr klären.

81
Hochhaus Jakobstraße
Jakobstraße
1974
Wolfgang Schmutzler, Günter Preil

In den 70er Jahren errichtet man ein 65 m hohes Wohnhaus an der Jakobstraße in Gleitbauweise als Eigenentwicklung des Magdeburger Baukombinates. In den 19 Geschossen finden 204 WE Platz, eine Terrasse erstreckt sich über die gesamte Dachfläche. Die Fassade wird mit raumhohen Großplatten und „Loggienelementen" ausgebildet, die ein einheitliches Raster darstellen. Der Dachabschluss wird durch ein nach außen relativ geschlossen gestaltetes Drempelgeschoss betont. Ein zurückgesetzter Dachaufbau mit den Maschinenhäusern der Aufzuganlage wird für eine zusätzliche Gliederung des Baukörpers genutzt.
Als städtebauliche Dominante im Bereich der Jakobstraße steht das Hochhaus in der Stadtsilhouette in Konkurrenz zu den benachbarten Kirchen entlang des Elbufers. Im Straßenraum der sehr breiten Jakobstraße stellt das Gebäude einen wesentlichen Orientierungspunkt dar, der bereits im Grundmuster des Wohnkomplexes zu Beginn der 60er Jahre angelegt war.

82
Maria-Magdalenen-Kapelle
Neustädter Straße
um 1315

Kleine hochgotische Kapelle, welche mit der angrenzenden alten Stadtmauer einen Teil der Elbufersilhouette bildet. 1315 als Sühne- oder Fronleichnamskapelle erbaut, ging sie 1385 in den Besitz des nahegelegenen Magdalenenklosters über und erhielt gleichzeitig ihren heutigen Namen.
Die Kirche ist aus Bruchsteinmauerwerk mit Sandsteinquadern an den Gebäudekanten errichtet. Sie besteht aus einem quadratischen Joch mit 5/8tel Polygon. Zur Stabilisierung erhielt der Bau dicke Außenmauern und ein Tonnengewölbe in der Unterkirche, auf Strebepfeiler wurde verzichtet. Neben dem Eingang ragt ein kleiner runder Treppenturm empor. Fünf hohe zweiteilige Maßwerkfenster und ein von Diensten mit Kelchkapitellen getragenes Kreuzrippengewölbe verleihen dem Inneren eine gewisse Eleganz.
Nach Zerstörung im 30-jährigen Krieg Wiederaufbau 1714, Orgelempore 1846/48 eingebracht, gotische Dachform mit spitzbehelmtem Reiter erst in den 60er Jahren des 20. Jahrhunderts wiederhergestellt. Seit 1991 wird die Kirche von den Prämonstratenser-Chorherren verwaltet.

83
St. Petri, katholische Pfarrkirche
Neustädter Straße
Um 1150 (Turmanlage), um 1380 (Langhaus)

Dreischiffige gotische Hallenkirche aus der Zeit um 1400 mit breit angelegtem, romanischem Westturm aus der Mitte des 12. Jahrhunderts. Der querrechteckige Westturm aus Bruchsteinquadern und hammerechtem Bruchstein ist ein Teil des Gründungsbaus, welcher als Dorfkirche für den Fischer- und Schifferort Frose vor den Stadtmauern diente und seinen Namen vom Schutzpatron der Fischer ableitete. Der Westturm entsprach in seiner Art wehrhaften Dorfkirchenanlagen und blieb Vorbild für zahlreiche Landkirchen der Umgebung (Groß- und Kleinottersleben, Diesdorf, Cracau u. a.). Durch den nach Eingemeindung des Fischerortes um 1380 begonnenen und erst rund 100 Jahre später vollendeten Langhausneubau rückte er an die Nordseite der Westwand. Das Langhaus, ursprünglich wohl ein Saal, wurde um 1400 nach Süden zu einer dreischiffigen, fünfjochigen Halle erweitert, gleichzeitig auch der einschiffige Chor, mit stark aufgelöster Wandfläche durch große Spitzbogenfenster und 5/10tel Schluss. Die äußeren Strebepfeiler am Chor sind reicher gegliedert als am Langhaus. Das Langhaus besteht aus Bruchsteinmauerwerk, nur am Chor wurde Werkstein verwendet. Das Dach mit den quer gestellten Giebeln über den seitlichen Jochen zeigt eine für Magdeburgs Kirchen im Mittelalter typische Form. An die Südseite schließt sich eine kleine Vorhalle mit Kreuzrippengewölbe aus der 2. Hälfte des 15. Jahrhunderts mit Wappenportal und reich durchgliedertem Pfeilergiebel aus Backstein an. Im Inneren stützen quadratische Pfeiler mit abgeschrägten Ecken, die ohne Kämpfer in die Scheidbögen übergehen, den lichtstarken Raum. Durch die Flachdecke wird die strenge, schlichte Raumwirkung noch gesteigert. Rippenreste der früheren Wölbung

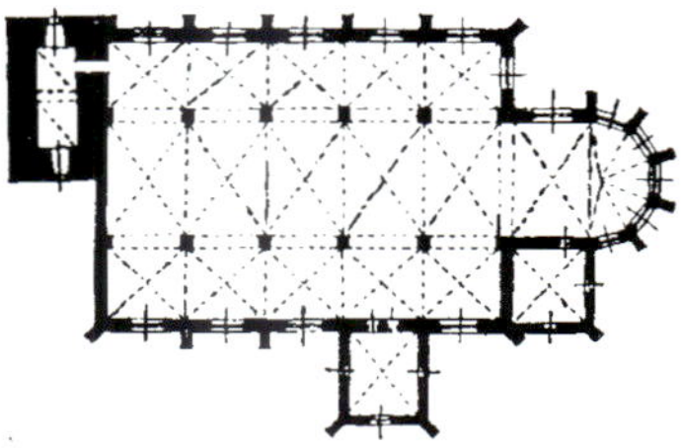

sind erhalten. Moderne liturgische Ausstattung. Nach Kriegszerstörung beim Wiederaufbau bis 1972 in Anlehnung an den spätmittelalterlichen Zustand wiederhergestellt, das Innere jedoch ungewölbt belassen. Zusammen mit der benachbarten Maria-Magdalenen-Kapelle, der

seit Abbruch im Krieg zerstörter Wohnhäuser sichtbar gewordenen Stadtmauer und der Wallonerkirche bildet die Kirche eine eindrucksvolle Elbufersilhouette.

84
Wallonerkirche, ehem. Augustinerklosterkirche

Neustädter Straße
Baubeginn um 1285, 1300 Chor geweiht, 1366 Schlussweihe

Hochgotische, dreischiffige, siebenjochige Hallenkirche von ca. 20 m Höhe im Innenraum und 65 m Gesamtlänge, in Bruchsteinmauerwerk ausgeführt. Einzige in Magdeburg erhaltene Bettelordenskirche. Auffallend schlichter, langgestreckter Kirchenbau mit steilem Walmdach und steilen Proportionen im Inneren. Durch die eng zusammenstehenden quadratischen Pfeiler mit sehr weit oben angesetzten gedrückten Spitzbögen wird die vertikale Raumwirkung noch betont. Wegen der hier ursprünglich sich anschließenden Klostergebäude sind an der Südseite des Langhauses nur vier schmale Lanzettfenster angeordnet. Auf der Nordseite befinden sich hohe dreiteilige Maßwerkfenster. Eindrucksvoller, trotz fensterloser Südwand lichtstärker, ist der ehemals gewölbte, einschiffige Langchor mit 5/8-Polygon. Die turmlose Westfassade ist durch derbe Strebepfeiler, zwei große Fenster und zwei riesige Blendbögen gegliedert. An der Südseite des Chores ist eine kleine Kapelle mit Kreuzippengewölbe (spätes 14. Jh.) sowie am Übergang zum Langhaus ein schmales achteckiges Türmchen (2. H. 15. Jh.) angeordnet. Fast alle Architekturteile lassen sich als typisch für die schlichten Bettelordenskirchen bezeichnen. Hierzu gehören der gewölb-

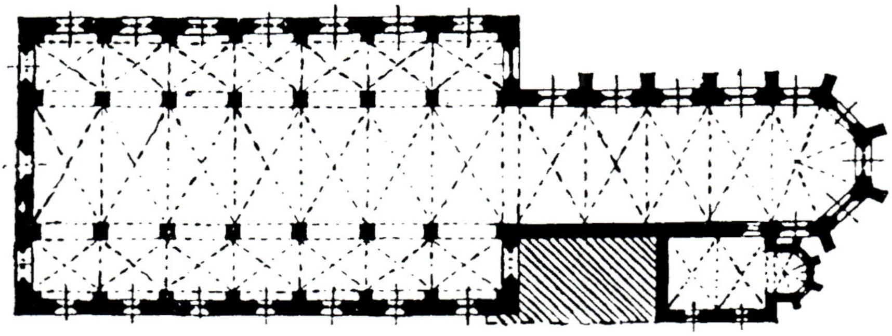

te Langchor (sog. Mönchschor), das gewölbelose Langhaus, die Gegenüberstellung von dreischiffigem Langhaus und einschiffigem, polygonal abgeschlossenem Langchor, der Verzicht auf Strebepfeiler am Langhaus, außerdem auf ein Querhaus und auf Türme an der Westfassade. Kennzeichnend sind weiterhin der kleine Turm zwischen Chor und Langhaus sowie die Vermeidung aufwendiger Schmuckformen.

Die Wallonerkirche gehörte einst zum 1285 durch den Magdeburger Ritter Werner Feuerhake gestifteten und während der Reformation 1524 aufgehobenen Augustinerkloster. Nach Aufhebung des Konvents 1524 nutzte die Stadt die Klostergebäude als Gymnasium und später als Armenhospital. Wiederherstellung nach starker Zerstörung im Dreißigjährigen Krieg. 1694 Übergabe durch den brandenburgischen Kurfürst Friedrich III. an die wallonisch-reformierte Flüchtlingsgemeinde. Wiederaufbau nach Kriegszerstörung 1966–1978. Heute nutzen die evangelische Altstadtgemeinde und die evangelisch-reformierte Gemeinde das Gotteshaus.
Zur Innenausstattung gehören ein qualitätvoller spätgotischer Wandelaltar von 1488 und ein bronzenes Taufbecken aus dem Jahr 1435 von den Künstlern Ludolf und Heinrich von Braunschweig, beides aus der Ulrichskirche in Halle.

85
Wohnkomplex Jakobstraße

Jakobstraße
Ab 1959/60–63
Städtebaulicher Entwurf: „Büro für Stadtplanung", Horst Heinemann nach dem Wettbewerbsentwurf von Prof. Georg Funk, Technische Hochschule Dresden (1. Preis)
Hochbauentwurf: Leuthold, Knopf und Fritz Retzloff

Dem früher dichtbebauten Gebiet, dem 'Knattergebirge' mit einer Einwohnerdichte von 780 EW/ha, soll nach der Kriegszerstörung ein aufgelockertes innerstädtisches Wohngebiet entgegengesetzt werden. In diesem zweiten „sozialistischen Wohnkomplex" Magdeburgs findet gemäß den Beschlüssen der 2. Baukonferenz der DDR von 1955 eine konsequente Anwendung von Typenprojekten statt. Die Größe des Wohngebietes umfasst ca. 2400 WE. Beiderseits der Jakobstraße, der Hauptachse des Wohngebietes, entsteht eine räumlich aufgelockerte Reihen- und Zeilenbebauung. Die wenigen, nach dem Krieg noch erhaltenen Gebäude werden in die Planung einbezogen. Das betrifft neben einigen Wohnbauten z.B. die Ruinen von vier gotischen, die Silhouette der Stadt prägenden Kirchen, das Rathaus, die ehemalige Hauptwache sowie die Bezirksbibliothek. Die Dominanten des Wohngebietes werden von zwei Hochhäusern und drei Kirchen gebildet. Die entstandene Wohnbebauung in offener Bauweise ist vorwiegend fünfgeschossig und basiert auf dem zentralen Typ Q6 sowie zwei Reihen achtgeschossiger Blocks vom Typ „Leipzig", der auf der Basis des Typs QP entstanden ist.
Bis auf einige Randlösungen bestehen die fünfgeschossigen Wohnblocks aus vier Zeilen, von denen jeweils eine im rechten Winkel zu den übrigen dreien steht. Das Schema von „drei quer – eins längs" für eine Häusergruppe führt zu einem durch Erschließungsstraße, Wäscheplatz und „Abstandsgrün" gebildeten, letztlich indifferenten Außenraum für die fünfgeschossigen, immer gleichen Gebäudezeilen. Die Reihung von Giebeln der 8-geschossigen Bebauung in Kammstellung an der Ostseite der Jakobstraße soll den Blick von Norden zum Zentralen Platz leiten. Im Norden und Süden des Wohngebietes werden die Versorgungseinrichtungen untergebracht.

86
Defensionskaserne Mark
Hohepfortewall
1860

1666 begann der systematische Ausbau Magdeburgs zur stärksten preußischen Festung. Trotz Schleifen der Festungsanlagen und verheerender Kriegszerstörung sind Teile des alten Festungswerkes erhalten geblieben. Die dreigeschossige Defensionskaserne mit einer Gesamtlänge von ursprünglich 200 m lehnte sich ehemals mit ihren Enden an die Nordseite der mittelalterlichen Stadtmauer an. Der Ziegelrohbau aus roten und gelben Ziegeln mit einem Erdgeschoss aus Bruchstein und Erdüberdeckung entstand 1860 anstelle der Tenaille Mark. Nördlich der Kaserne verläuft ein Geschützgang. In der Hofseite waren Mannschaftsstuben für ca. 800 Soldaten untergebracht. Das Innere konnte nur durch eine Poterne neben dem Stadttor Hohe Pforte von der Ostseite aus erreicht werden. An der Westseite liegt zwischen Kaserne und Stadtmauer ein doppeltes Ausfalltor. Die Kaserne Mark zeigt mit ihren konstruktiven Details, den Mauerstärken und der Erdüberdeckung eine Reaktion auf die offensive Militärtechnik nach Einführen der Explosivgeschosse. Sie stellt ein markantes Beispiel der Festungsbaugeschichte der Mitte des 19. Jahrhunderts und der Magdeburger Architekturgeschichte dar, die über 800 Jahre auch Festungsgeschichte war. Seit 1920 diente das Gebäude zivilen Zwecken. Zurzeit steht es leer.
1920 Einbau von Fenstern und Zugang über eine Brücke. Ostflügel 1945 durch Bomben zerstört.
Festungs-Interessierten sei in diesem Zusammenhang noch ein Hinweis auf den Kavalier I Scharnhorst am Hammersteinweg gegeben. Dieses schon 1814 fertig gestellte und mehrmals umgebaute Fort ist zurzeit kaum zugänglich.

87
Arbeitsamt
Walther-Rathenau-Straße 88
1938

Das Bauvorhaben wurde 1938 als Sitz des Reichsarbeitsdienstes errichtet. Die Pläne erstellten die Vereinigten Bauverwaltungen/ Hochbauamt der Stadt Magdeburg. Das dreigeschossige Gebäude aus rotem Backstein mit einem hohen Satteldach und einem Werksteinsockel folgt dem Verlauf der Walther-Rathenau-Straße in leichtem Bogen. Die horizontal gegliederte Fassade ist zur Hauptstraße hin dreigeteilt: im Westen ein Verwaltungstrakt mit fünf Fensterachsen, östlich anschließend der monumentale Eingangsbereich mit Treppenhaus und daneben ein weiterer Verwaltungstrakt mit 21 Fensterachsen.
Der westliche Bereich stellt eine schmucklose, gleichmäßige Lochfassade dar, die in den Proportionen jedoch durchaus klassisch wirkt. Diese Gestaltung ist auch auf den östlichen Verwaltungstrakt übertragen worden, die Länge der Fassadenabwicklung ist jedoch gegliedert durch drei Erker im 1. Obergeschoss, die im Abstand von jeweils fünf Fensterachsen aus der Fassade hervortreten. Mächtige Werksteinkonsolen und eine Trägerkonstruktion aus Backstein in leichtem Segmentbogen, Fensterleibungen aus Werkstein und plastisches Mauerwerk in Höhe der Fenster prägen die Erker. Ihr Dach ist flachgeneigt mit schmalem Gesims. Der Eingangsbereich ist monumental angelegt. Über eine von Werkstein gefasste Freitreppe erreicht man den dreiachsig gestalteten Haupteingang, der im Erdgeschoss wiederum aus Werkstein und leichter Segmentbogenkonstruktion besteht. Die drei Achsen setzen sich nach oben als Risalite, betont durch drei Giebel, bis in die Dachfläche fort. Die mächtigen Treppenhausfenster reichen über $1^1/_2$ Geschosse und sind großflächig verglast, darüber befinden sich drei weitere Fenster in den üblichen Proportionen. Fensterleibungen und -simse sind wiederum aus Werkstein. Das hohe Satteldach ist durch gewalmte Spitzgauben in den Fensterachsen der Verwaltungstrakte geprägt.
Nach dem zweiten Weltkrieg war das Gebäude Sitz des Arbeitsamtes und zu DDR-Zeiten der Kreisverwaltung der Staatssicherheit. Das Gebäude ist 2000 komplett saniert worden und durch einen Neubau der Bundesanstalt für Arbeit (Architekt: Prof. Gerber Architekten) erweitert worden.

88
Lukasklause

Schleinufer 1
1279, 1902/03
Albert Schütze (Entwurf für Umbau),
Adolf Rettelbusch (Entwürfe und Gestaltung der Innenausstattung)

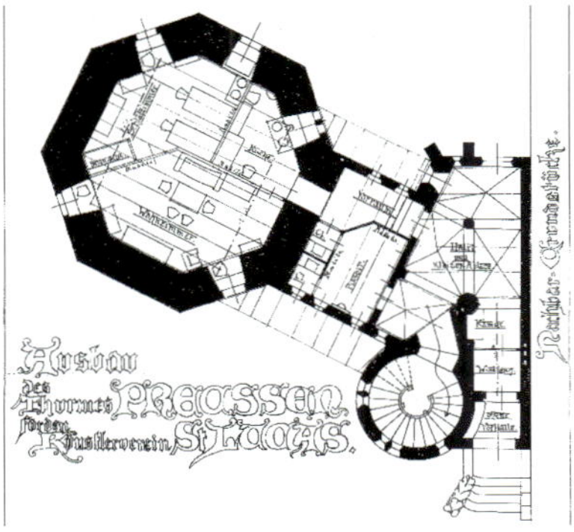

Die Lukasklause, benannt nach dem Schutzpatron der Maler, ging 1902/03 durch Um- und Anbauten für den 1892 gegründeten Künstlerverein St. Lukas aus einem mittelalterlichen Festungsturm hervor. Erstmals 1279 ist der achteckige, gotische Turm aus Bruchsteinmauerwerk als „Welscher Turm", später auch „Walsgetüm" nachgewiesen. Er bildete den nordöstlichen Abschluss der mittelalterlichen Stadtbefestigung (ursprünglich höher) und war seit 1536 Teil der erweiterten Befestigungsanlage „Neues Werk". Nach der Übergabe Magdeburgs an Brandenburg-Preußen 1680 entstand an dieser Stelle die Bastion Preußen, in welcher man an deren Ostseite den Turm unter dem Namen „Preußen" integrierte. Erst nach Aufhebung der Festung erwarb im Jahr 1900 die Künstlervereinigung den Turm. Der dreistöckige, malerische, historisierende Anbau mit rundem Treppenturm aus Ziegeln und Fachwerk-Erker greift gotische Stilmerkmale auf. Am Treppenturm sind kleine Jugendstilfratzen angebracht. Heute dient das ehemalige Künstlerhaus als Otto-von-Guericke-Museum.
Unterhalb der Lukasklause Mauerreste des zum „Neuen Werk" gehörenden Rondells, dieses wurde 1631 erweitert. Außerdem ein Eisenbahntor aus dem Jahr 1851 für die Magdeburg-Wittenberger Eisenbahnlinie.
Auf der gegenüberliegenden Straßenseite steht ein ehemaliges Verwaltungsgebäude aus dem Jahr 1907 mit malerischem Turm.

89
Straßentunnel

Askanischer Platz
1997–1999
Setzpfandt & Lindschulte GmbH

Mit der Wiedervereinigung kam der B1 im Bereich des Nordbrückenzuges eine erhebliche Bedeutung zu. Eine durch Verkehrsplaner berechnete Prognosebelegung weist für den Abschnitt zwischen Magdeburger Ring und Herrenkrugstraße 40 000 PkwE/24 h aus. Grund genug für den Stadtrat, 1991 einen Aufstellungsbeschluss für eine zukunftsträchtige Lösung zu beschließen. Nach zweimaliger Auslegung hat der Bebauungsplan Nr. 251-1 „Nordbrückenzug" am 15. Mai 1997 Rechtskraft erhalten. Die Gestaltung des Askanischen Platzes war Bestandteil des Großvorhabens und wurde als teilniveaufreier Knoten (Absenkung der Richtung Sandtorstraße/Schleinufer) in einer Bauzeit von 20 Monaten abgeschlossen. In einer Machbarkeitsstudie wurde die Notwendigkeit eines Tunnels für den Nord-Süd-Verkehr nachgewiesen. Aus schallschutztechnischen Gründen wurde ein ca. 450 Meter langer halboffener Tunnel errichtet. Die Wände erhielten eine schallabsorbierende Spezialverblendung. Zur Minimierung der Unterhaltskosten wurden die Adaptionsstrecken lichtdurchlässig ausgebildet. Je nach Elbpegel steht der Tunnel gelegentlich in betonaggressivem Grundwasser, deshalb wurde er als Wanne ausgebildet. Ein vorhandener Entwässerungskanal (Eiprofil 1,33 x 2,00 m) erforderte Sonderlösungen bei der Gründung und Abdichtung.
Technische Daten: Länge des Tunnels: 450 m,
Lichte Durchfahrtshöhe: 4,70 m,
Fahrbahn: 2 x 3,75 m, Notgehbahn: 2 x 1,00 m,
Beton: ca. 8 700 m^3, Stahl: ca. 1050 t.

Dom, Blick ins Langhaus nach Westen vom Bischofsgang aus

Werder

Der Stadtteil liegt auf einer Insel zwischen Stromelbe im Westen und Alter Elbe im Osten. Um 1500 war einmal die Taube Elbe der Hauptarm des Elbstroms, die den Werder durchzog. Nordbrückenzug und Strombrückenzug verbinden den Werder mit dem Zentrum und dem Ostteil der Stadt und gliedern ihn zugleich in die Große Werderspitze, den Kleinen Werder, der sich heute wieder zu einem attraktiven Wohngebiet entwickelt, derzeit wohnen im Stadtteil 2 413 Personen (Stand: 31.12.1998), den Kleinen Stadtmarsch, sowie den Stadtpark Rotehorn, ein etwa 150 ha großes Naherholungszentrum im Herzen der Stadt. Die Zollelbe umspülte ehemals die Zitadelle, die nach Auflassung der Festung abgetragen wurde. Heute ist als Bestandteil der ehemaligen Festung nur noch das Fort XII in der Nähe der Salzquelle, an der Rotehorn Spitze vorhanden. Planungen für die Anlage dieses Landschaftparkes werden 1871 durch Niemeyer und 1891 durch Schoch erstellt. Die Deutsche Theaterausstellung im Jahre 1927 ist der Anlass für den Bau der Stadthalle (Johannes Göderitz) und des Aussichtturmes. Der Adolf-Mittag-See wird 1806–1808 von dem Gartendirektor Lincke angelegt.

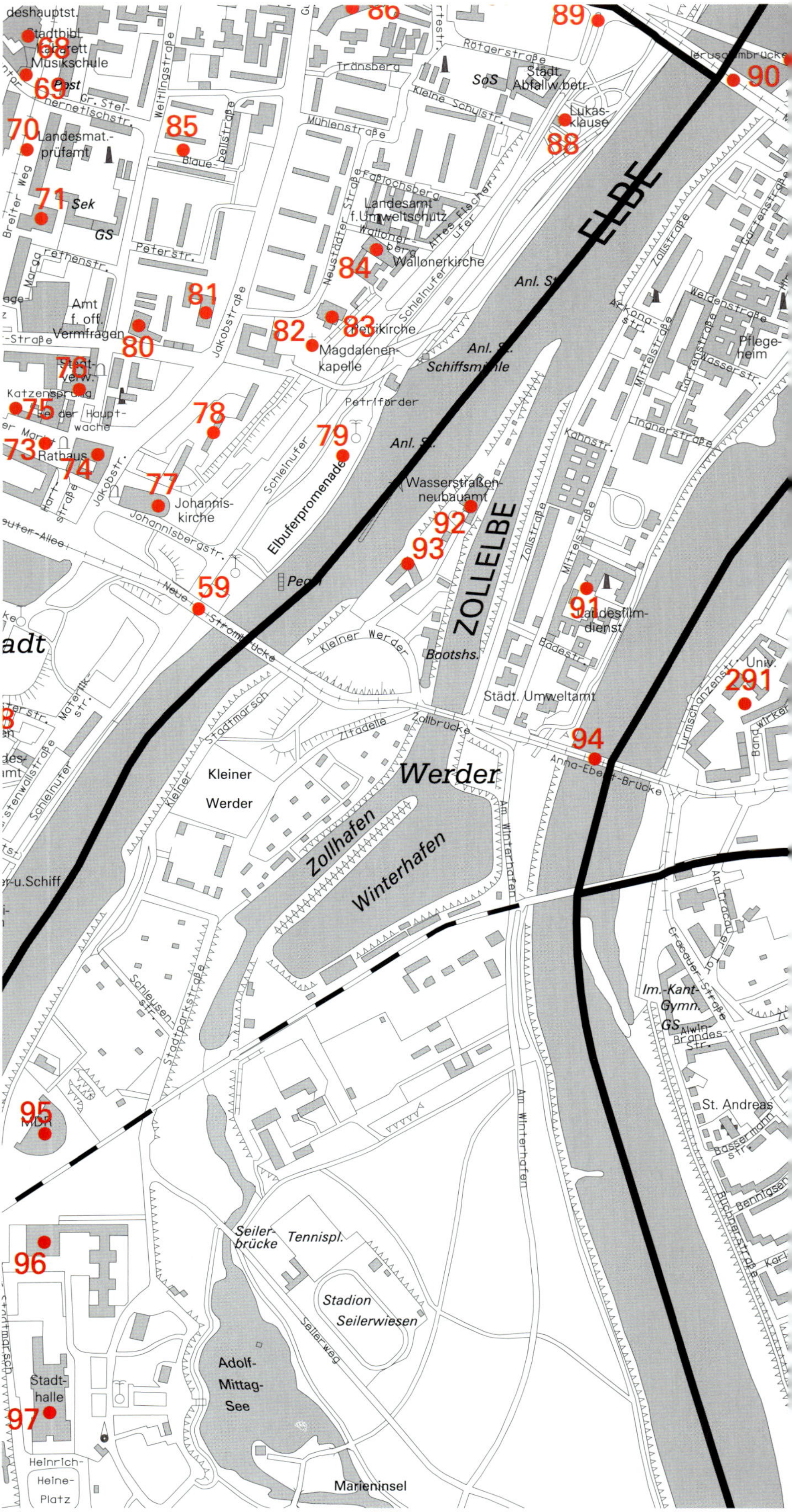
ELBE
ZOLLELBE
Werder
Kleiner Werder
Zollhafen
Winterhafen
Adolf-Mittag-See
Marieninsel
Stadion Seilerwiesen
Tennispl.
Seilerbrücke
Seilerweg
Stadthalle
Heinrich-Heine-Platz
Stadtmarsch
Am Winterhafen
MDR
St. Andreas
Im.-Kant-Gymn.
GS
Alwin-Brandes-Str.
Cracauer Straße
Am Cracauer Tor
Bassermannstr.
Büchnerstraße
Bennigsen
Turmschanzenstr.
Univ.
Bandwirker
Anna-Ebert-Brücke
Zollbrücke
Zitadelle
Städt. Umweltamt
Badestr.
Landesfilmdienst
Mittelstraße
Zollstraße
Kahnstr.
Ingnerstraße
Wasserstr.
Pflegeheim
Weidenstraße
Gartenstraße
Arkonastr.
Mittelstraße
Bootshs.
Kleiner Werder
Wasserstraßenneubauamt
Anl. St.
Petriförder
Schiffsmühle
Elbuferpromenade
Schleinufer
Neue Strombrücke
Pegel
Johanniskirche
Johannisbergstr.
Jakobstr.
Hartstraße
Rathaus
Alter Markt
Bei der Hauptwache
Katzensprung
Stadtverw.
Vermfragen
Amt f. off.
Margarethenstr.
Breiter Weg
Sek
GS
Landesmat.-prüfamt
Gr. Steinernetischstr.
Post
Musikschule
Konzerthalle
Stadtbibl.
Landeshauptst.
Weitlingstraße
Blauebeilstraße
Peterstr.
Jakobstraße
Magdalenenkapelle
Petrikirche
Neustädter Straße
Faßlochsberg
Landesamt f. Umweltschutz
Wallonerberg
Wallonerkirche
Altes Fischerufer
Mühlenstraße
Kleine Schulstr.
Tränsberg
Rötgerstraße
SoS
Städt. Abfallw.betr.
Lukasklause
Jerusalembrücke
Schleusenstr.
Stadtparkstraße
Materlikstr.
Schleinufer
68 69 70 71 73 74 75 76 77 78 79 80 81 82 83 84 85 86 88 89 90 91 92 93 94 95 96 97 59 291

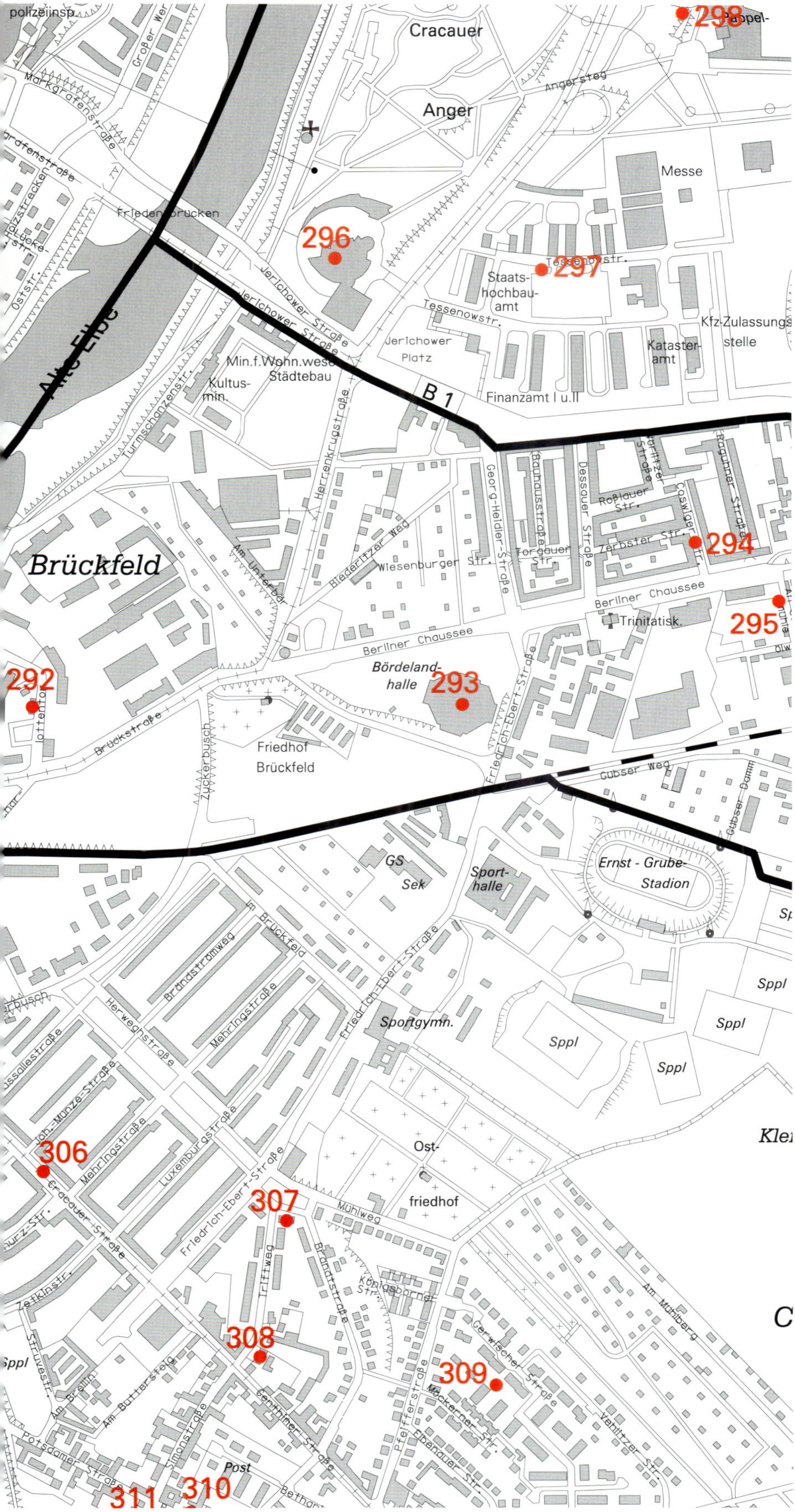

polizeiinsp.
Großer Wer
Markgrafenstraße
Cracauer
Anger
Angersteg
298
Pappel-
Messe
Friedensbrücken
296
297
Tessenowstr.
Staats-
hochbau-
amt
Jerichower Straße
Jerichower Straße
Jerichower
Platz
Kfz-Zulassungs-
stelle
Kataster-
amt
Alte Elbe
Min.f.Wohn.wesen
Städtebau
Kultus-
min.
Turmschanzenstr.
B 1
Finanzamt I u.II
Herrenkrugstraße
Georg-Heidler-Straße
Bauhausstraße
Dessauer Straße
Roßlauer
Str.
Coswiger Str.
Zerbster Str.
294
Brückfeld
Am Unterbär
Biederitzer Weg
Wiesenburger Str.
Torgauer
Str.
Berliner Chaussee
Trinitatisk.
295
Berliner Chaussee
Bördeland-
halle
293
292
Friedrich-Ebert-Straße
Brückstraße
Friedhof
Brückfeld
Zuckerbusch
Gübser Weg
Gübser Damm
GS
Sek
Sport-
halle
Ernst - Grube-
Stadion
Am Brückfeld
Brandstromweg
Herweghstraße
Mehringstraße
Friedrich-Ebert-Straße
Sportgymn.
Sppl
Sppl
Sppl
Sppl
Sppl
Joh.-Münze-Straße
Lassallestraße
306
Mehringstraße
Luxemburgstraße
Ost-
friedhof
Klei
Cracauer Straße
Friedrich-Ebert-Straße
307
Mühlweg
Triftweg
Brandtstraße
Königsborner
Str.
Am Mühlberg
Zetkinstr.
Struvestr.
Sppl
308
Gerwischer Straße
309
Am Brellin
Am Butterssteig
Genthiner Str.
Simonstraße
Pfeifferstraße
Möckerner Str.
Elbenauer Str.
Vehlitzer Str.
Potsdamer Straße
Post
311
310
C

90
Jerusalembrücke(n)
Nordbrückenzug
1994–1996
VAC Berlin

1903 wurde zum ersten Mal eine Nordbrücke erbaut. Sie trug den Namen Königsbrücke, später Hindenburgbrücke und gehörte mit ihren imposanten Brückentoren zu den meist fotografierten Brücken Magdeburgs. 1945 wurde sie gesprengt und am 30.09.1952 neu errichtet, unter dem Namen Wilhelm-Pieck-Brücke wieder dem Verkehr übergeben.
Die neuen Jerusalem- und Friedensbrücken sind Bestandteil des Nordbrückenzuges, über den die B1 verläuft und welcher im Westen vom Askanischen Platz und im Osten vom Jerichower Platz flankiert wird. Täglich rollen mehr als 37 000 Fahrzeuge über die wichtigste Elbüberquerung. Der gesamte, beeindruckende Umfang der Baumaßnahme Nordbrückenzug stellt sich in einigen Eckdaten dar: 2900 m beleuchtete zweispurige Straßen mit Geh- und Radbahnen, 9 Knoten, durch Lichtsignalanlagen (LSA) geregelt, ca. 25 000 qm neu angelegte oder rekonstruierte Grünflächen mit ca. 280 Bäumen, 2 Lärmschutzwälle.
Ob die Brücken in ihrer räumlichen Lage und Gestalt sich selbst genügen oder ihre Bedeutung als Stadteingang durch ein Kunstwerk am Brückenkopf unterstrichen werden soll, ist nach langer kontroverser Diskussion entschieden worden. Die Skulptur „Daphne“ von Auke de Vries betont den östlichen Brückenkopf und markiert gleichzeitig den Stadteingang.
Länge der Brücke: 214,29 m,
Breite gesamt: 17,30 m, Bauhöhe: 20,10 m,
Bauart: Verbund und Stahlbogen mit Betonfahrbahn.

91
Elbzentrum
Mittelstraße 10–11b
1996
Werner Behrens

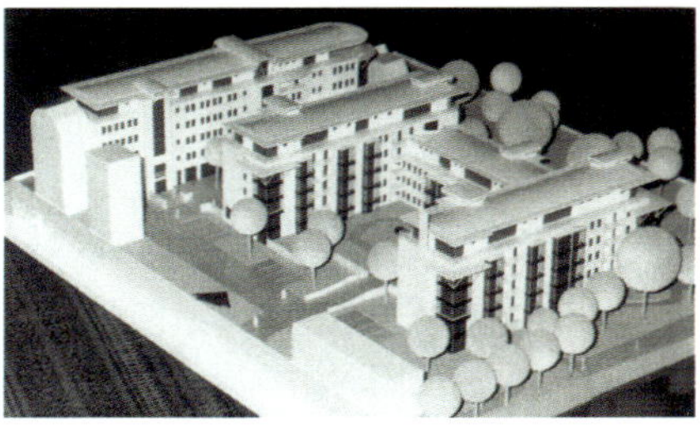

Zwischen Mittelstraße und Alter Elbe ist ein Baukomplex entstanden, der mit seiner Fassadengestaltung und Farbgebung ein eigenes Flair ausstrahlt und dem Werder als einem besonderen Wohnstandort gerecht wird. Kammartig öffnen sich die Höfe zwischen den einzelnen Trakten nach Süden. Während der 6-geschossige Bürotrakt mit gestaffeltem Dachgeschoss und ca. 4 000 m² Gewerbeflächen straßenbegleitend errichtet wurde, sind die dahinter liegenden Trakte 90 Wohnungen in 27 verschiedenen Varianten vorbehalten. Zwischen dem Gewerbetrakt und dem Wohnbereich sind in einem Zwischenbau 3 Läden angeordnet. Einige Wohnungen im 4. und 5. Obergeschoss sind im Penthouse-Stil errichtet. In 2 Tiefgeschossen sind nach einem ausgeklügelten System 150 Pkw-Stellplätze und je ein Abstellraum/WE angeordnet, die auf kurzem Wege über die 7 Treppenhäuser erreichbar sind. Die Außenanlagen erstrecken sich bis zum Uferbereich der Alten Elbe und gehen unmittelbar in einen Elbuferwanderweg über.

92
Wasserstraßen-Neubauamt
Kleiner Werder 5 c
1993–1995
Volker Kersten, Erich Martinoff

Das Projekt wurde 1995 mit dem 1. Architekturpreis des Landes Sachsen-Anhalt ausgezeichnet.
Der Baukörper des WSN, mit einer Nutzfläche von 2 330 m^2, ist in Form und Gestalt der spannungsvollen Topographie des Standortes angepasst und in die Flussauenlandschaft eingebettet. Die Stellung der Baukörper sowie die Verteilung der Baumassen verdeutlichen die „öffnende Geste" zur Elbe und zur Stadt. Die baukörperliche Komposition besteht aus zwei riegelartigen Elementen, die der Richtung der beiden Uferkanten der Stromelbe und der Zollelbe folgen. Durch die Verschiebung der Riegel soll das Fließen um die „Mitte" herum verdeutlicht werden. Das entstehende Bild stellt sich dem Betrachter als „Momentaufnahme" dar. Zwischen den beiden Riegeln entsteht ein spannungsvoller Raum, der von dienenden Funktionen belegt ist (Konferenzraum mit Atrium und Bibliothek) und sich mit einer verglasten und über alle 3 Geschosse reichenden zentralen Eingangshalle zum Kleinen Werder hin öffnet. Der zentrale Bereich, dessen Dachform ein kegelstumpfartiger Körper ist, wird durch einen Stahl-Fischbauchträger frei überspannt. Das Tragsystem ist als Stahlbeton/Mauerwerksmischkonstruktion ausgebildet und auf Bohrpfählen gegründet. Die horizontal gegliederten Fassaden sind zum größten Teil verglast bzw. als Pfosten-Riegel-Konstruktion ausgebildet.

93
Elbspeicher
Kleiner Werder 10 b
1909
Paul Mebes

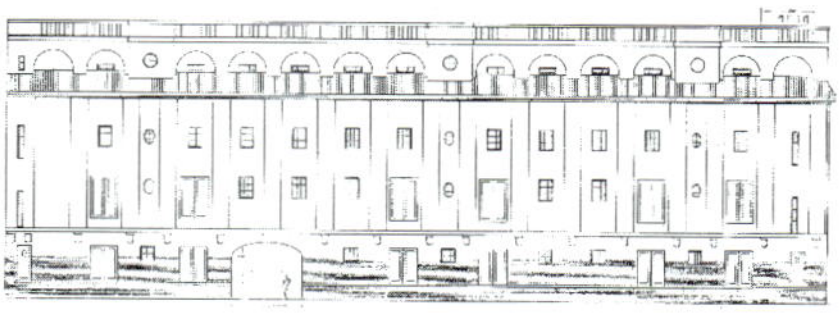

Von Paul Mebes für die Ölfabrik Gustav Hubbe 1900 als Speicher für Getreide und importierte Ölfrüchte aus Übersee entworfen. Der vierstöckige Putzbau ist von einer flachen kolossalen Blendarkatur überzogen, die zwischen zweitem und drittem Obergeschoss durch eine zwischengeschobene schräge Dachfläche unterbrochen wird. Diese Dachfläche setzt gleichzeitig einen starken horizontalen Akzent. Von den im Entwurf vorgesehenen dreizehn Arkadenachsen sind nur acht verwirklicht, so dass die gestalterischen Proportionen verzerrt sind. Den oberen Abschluß des flachgedeckten Geschossbaus bildet eine Balustrade. Innen trug eine fünfgeschossige Stützen-Riegel-Konstruktion (inklusive Keller) mit gewölbten Steindecken die Last der gelagerten Produktionsmittel. Im Gegensatz zu der intakten Tragkonstruktion befindet sich das Gebäude in einem katastrophalen baulichen Zustand.
Benachbartes Kontor- und Wohnhaus 1909 von Otto Felgenträger errichtet.

✚ Nur echt, wenn der Verschluß unverletzt! ✚ Eingetragene Schutzmarke.

94
Zollbrücke und Anna-Ebert-Brücke
Großer Werder
1880–1882

Seit 1828 führt eine Brücke über die Zollelbe. Die heutige massive dreibogige und 43,6 m lange Zollbrücke existiert seit 1882. Balustraden und Figurenschmuck schuf der Bildhauer Emil Hundrieser. Vier allegorische Plastiken auf den Brückenpfeilern symbolisierten die für Magdeburgs wirtschaftliche Entwicklung so wichtigen Bereiche Schifffahrt, Handel, Industrie und Landwirtschaft (nicht in situ). Die Schlusssteine an den Stirnseiten zeigen Merkur und Kilian in der Mitte und Najaden an den Seiten. Außerdem sind an der Außenseite der Brückenpfeiler acht Stadtwappen bedeutender Handelsstädte angebracht, an der Nordseite die von Magdeburg, Hamburg, Altona und Brandenburg, an der Südseite die von Leipzig, Dresden, Prag und Berlin. Die Brücke ist in Ziegelbauweise und Sandsteinquadern und -bossen errichtet. Pfeiler und Pfahlroste sind fundiert und massiv aufgemauert.
Die Gesamtlänge der größeren, aus elf gleichmäßigen Stichbogen zusammengesetzten Anna-Ebert-Brücke (ehemals Lange Brücke) beträgt zwischen den Landpfeilern 191,11 m. Diese im selben Jahr eröffnete Brücke ist ebenfalls mit Sandstein verkleidet, bildet die Verlängerung der Zollbrücke und stellt die Verbindung zwischen Großem Werder und dem Stadtteil Cracau her. Ihr Figurenschmuck, teils von Emil Hundrieser, teils von Ernst Habs, ist zum Teil erhalten, jedoch vielfach stark verwittert. Auf der Cracauer Seite krönt ein steinerner Löwe mit Wappenschild den letzten nördlichen Brückenpfeiler.

95
Landesfunkhaus mdr
Stadtparkstraße 8
1994–1998
Eckhard Gerber

Der Architekt schuf mit dem imposanten Gebäude am Kleinen Stadtmarsch ein Bindeglied zwischen dem öffentlichen Freiraum und der Medienlandschaft. Von innen hat der Besucher des MDR-Cafés einen wunderschönen Blick über die Elbe auf die Stadtsilhouette mit dem ehrwürdigen Dom im Vordergrund. Der Architekt hat das Panorama quasi als ständige Kulisse „vereinnahmt". Die große, verglaste Westfront des hufeisenförmigen Baukörpers, mit einer Geschossfläche von 15 500 m², unterstreicht die Transparenz als Funkhaus-Konzept und ermöglicht andererseits den Einblick in eine große Halle, in der sich unter dem flachen Dach zwei 12 m hohe Kuben befinden, mit den Studios für Fernsehen und Hörfunk. Das Haus-im-Haus-Prinzip schafft die erforderliche Schalldämmung und in Verbindung mit den Treppenanlagen interessante und überraschende Blickbeziehungen für den Nutzer des Gebäudes. Im umgebenden Ring sind über drei Ebenen die Direktion, Redaktionen (mit direkter Blickbeziehung zum Sendebetrieb), die Verwaltung und Konferenzräume untergebracht. In den beiden Tiefgeschossen befinden sich die Technikräume und eine Garage. Nach außen und zum Stadtpark hin präsentiert sich das Gebäude mit seiner geschlossenen Lochfassade eher kühl und zurückweisend, was durch die dunkel glänzenden Klinker noch unterstrichen wird.

96
Hyparschale, Stadtpark Rotehorn

Heinrich-Heine-Platz
1969
Ullrich Müther, Fritz Retzloff

Als Mehrzweckhalle des Kultur- und Freizeitzentrums Rotehorn wurde die sogen. „Hyparschale" als vierteilige Tragkonstruktion in Schalenbauweise errichtet. Das Gebäude über einer 2300 qm umfassenden Grundfläche ist axial auf die 1926/27 von Johannes Göderitz errichtete Stadthalle bezogen.
Die Außenwände werden aus Stahlstützen mit Copilit-Verglasung gebildet. Eine Besonderheit stellt das Dach in Form hyperbolischer Paraboloide aus Spritzbeton dar. Die Halle ist in vier Bereiche unterteilt, die für Kulturveranstaltungen und Ausstellungen genutzt werden können. Insgesamt stellt das Bauwerk eines der wenigen Exemplare seiner Bauart dar, wie sie in den 60er Jahren nur noch in Rostock-Warnemünde („Teepott") und in Berlin im Wohngebiet auf der Fischerinsel („Ahornblatt") zu finden waren.

97
Stadthalle und Rotehornpark

Heinrich-Heine-Platz
1926/27
Johannes Göderitz
Albinmüller, Wilhelm Deffke, Fritz Maenicke, Max Roßdeutscher, Paul Niemeyer, Johann Gottlieb Schoch, Wilhelm Lincke

Die Stadthalle ist eines der bedeutendsten Bauwerke von Johannes Göderitz in Magdeburg. Der auf einer Pfahlgründung aufgelagerte Betonsockel trägt eine Stahlskelettkonstruktion, die mit Eisenschlemmklinkern verkleidet ist. Über jeweils fünf an den Längsseiten des Gebäudes angeordnete Treppenhäuser, die sich auch in den Fassaden ausprägen, gelangt man in den großen Festsaal. Dieser war mit 3 500 Sitzplätzen ausgestattet und konnte insgesamt 5 000 Besucher fassen. Eine in sich geschlossene Holzverkleidung gewährleistete eine hervorragende Akustik des Saales. Gestaffelte, kubische Bauformen heben durch geringere Geschossigkeiten oder reduzierte Maßstäblichkeit die Dominanz des großen Saales gegenüber den Neben- und Wirtschaftsräumen hervor. Eine sparsame, aber prägende Ornamentik der Fassaden, durch linienförmigen und eckbetonenden Versatz von Klinkersteinelementen und einer hervorhebenden Gestal-tung der Eingangsbereiche, stützen den expressiven Ausdruck dieses Bauwerkes. Nach extrem kurzer Bauzeit von acht Monaten wurde die Stadthalle zur Eröffnung der Deutschen Theaterausstellung am 28. Mai 1927 eingeweiht. (Grundsteinlegung am 21.09.1926).
Kurz vor Kriegsende wurde die Stadthalle 1945 stark beschädigt und brannte völlig aus. In den sechziger Jahren wurde sie wieder aufgebaut, wobei durch eine Veränderung der Dachzone die enorme Plastizität des Baukörpers etwas verloren ging.
Der 60 m hohe Aussichtsturm (J. Göderitz und W. Deffke) und das Pferdetor (Fritz Maenicke und Max Rossdeutscher) waren Teile einer von

Prof. Albinmüller projektierten Gesamtanlage für die Deutsche Theaterausstellung, in die die seit 1922 bestehenden Ausstellungshallen für die Mitteldeutsche Ausstellung Magdeburg (MIAMA) einbezogen waren. Diese wurden, ebenso wie die 1922 gebaute Sternbrücke (33), die das Ausstellungsgelände mit der Innenstadt verband, im zweiten Weltkrieg zerstört.
In den 70er Jahren entstand nördlich der Stadthalle ein neuer Ausstellungs- und Messekomplex (96) und in den 90er Jahren das Landesfunkhaus des Mitteldeutschen Rundfunks (95).

Südlich des Ausstellungsgeländes, bis zum ehem. Fort XII an der Südspitze der Elbinsel und östlich durch den Heinrich-Heine-Weg begrenzt, war unter der Leitung von Gartendirektor Paul Niemeyer bereits seit 1871 ein Stadtpark aus der bis dahin typischen, durch Wiesen und Weiden gekennzeichneten Elbauenlandschaft gestaltet worden. Nach 1898 erweiterte Johann Gottlieb Schoch die Parkanlage bis zur östlichen Inselseite, wobei er den natürlichen Charakter der Auenlandschaft einbezog. Wasserläufe, Fahr-, Reit- und Wanderwege durchziehen den Park, Bootshäuser und Gaststätten fügen sich in die Anlagen. Ab 1906 setzte sein Nachfolger Wilhelm Lincke die Planungen fort. Mit Hilfe von Geldspenden des Magdeburger Industriellen Adolf Mittag entstand von 1906 bis 1908 durch Aufweitung der Tauben Elbe der Adolf-Mittag-See, dem wenig später ein kleiner Pavillon auf der Marieninsel hinzugefügt wurde. Die Kolonnaden am westlichen Seeufer, nahe der Stadthalle, zeugen von den von Lincke angelegten Seeterrassen, die auch Opfer von Kriegszerstörungen wurden. Nach dem Krieg wurden die Trümmer der zerstörten Ausstellungsgebäude in Bombentrichter im Park verfüllt bzw. südlich des Heinrich-Heine-Platzes zu einem Hügel aufgeschüttet, der später zu einer Freilichtbühne gestaltet wurde.

Alte Neustadt

Die Eisenbahnstrecke Magdeburg–Berlin flankiert im Westen und im Norden die Alte Neustadt. Im Osten reicht der Stadtteil bis zur Elbe. Er schließt den 1893 in Betrieb genommenen Handelshafen mit den anliegenden Gewerbeflächen ein. Im Süden bildet die Walther-Rathenau-Straße die Schnittlinie zwischen der Altstadt und dem Campus der Otto-von-Guericke-Universität. Der Name Alte Neustadt weist darauf hin, dass hier bis zum Beginn des 19. Jahrhunderts die eigenständige Neustadt lag, die nach einem Dekret von Napoleon 1812/13 zu großen Teilen abgetragen und als Hieronimusstadt (Neue Neustadt) weiter nördlich wieder aufgebaut wurde. Der Nordpark, eine ehemalige Begräbnisstätte, war südliche Begrenzung des noch verbliebenen Teils, während der Luisenpark (Geschwister-Scholl-Park) aus Teilflächen der Festungsanlagen hervorgegangen ist. Nach dem Zweiten Weltkrieg glich die Alte Neustadt einem Trümmerhaufen. Ab 1958 wurde auf den beräumten Flächen rund um den Nordpark das erste Neubaugebiet außerhalb des Zentrums mit ca 1 600 Wohnungen errichtet.
8 739 EW (31.12.1998)

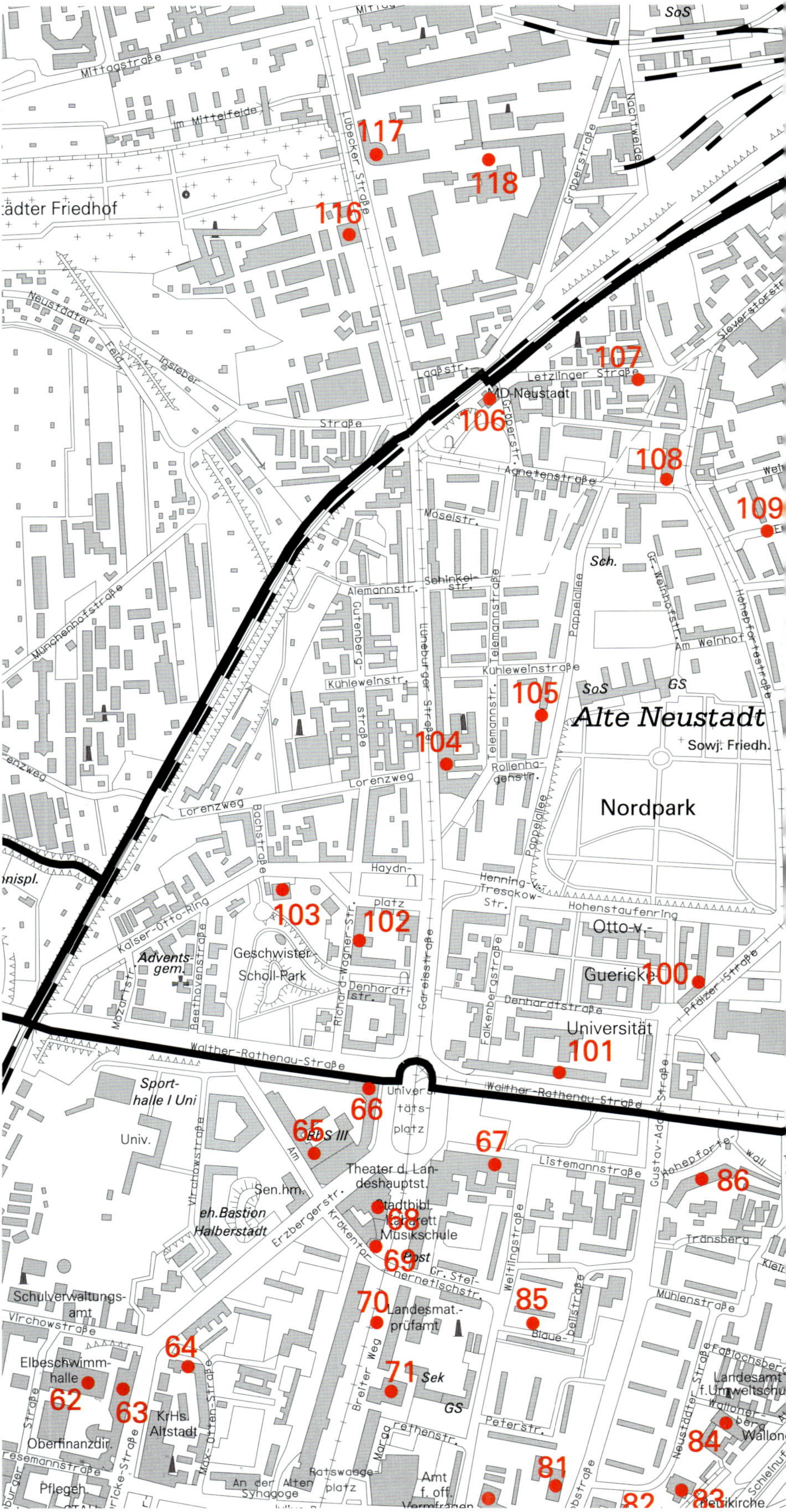
SoS
Mittagstraße
Im Mittelfelde
Lübecker Straße
117
118
Gruperstraße
Nachtweide
ädter Friedhof
116
Neustädter Feld
Insleber Straße
Sieverstorstr.
Laßstr.
107
Letzlinger Straße
MD-Neustadt
106
Gruperstr.
Agnetenstraße
108
109
Moselstr.
Sch.
Gr. Weinhofstr.
Schinkelstr.
Alemannstr.
Gutenbergstraße
Telemannstraße
Pappelallee
Am Weinhof
Hohepfortestraße
Münchenhofstraße
Lüneburger Straße
Kühleweinstr.
Kühleweinstraße
105
SoS
GS
Alte Neustadt
Sowj. Friedh.
104
Telemannstr.
Rollenhagenstr.
Lorenzweg
Nordpark
Bachstraße
Haydnplatz
Henning-v.-Tresckow-Str.
Hohenstaufenring
103
102
Otto-v.-Guericke-Universität
100
Pfälzer Straße
Kaiser-Otto-Ring
Advents-gem.
Geschwister-Scholl-Park
Richard-Wagner-Str.
Denhardtstr.
Gareisstraße
Falkenbergstraße
Denhardtstraße
Mozartstr.
Beethovenstraße
101
Walther-Rathenau-Straße
Sport-halle I Uni
Universitätsplatz
66
65
Univ.
Virchowstraße
Am
67
Listemannstraße
Gustav-Adolf-Straße
Hohepforte-Wall
86
Theater d. Landeshauptst.
Sen.hm.
eh.Bastion Halberstadt
Erzbergerstr.
Krökentor
Stadtbibl.
68
Kabarett
Musikschule
Tränsberg
69
Post
Gr. Steinernetischstr.
Weitlingstraße
Mühlenstraße
Schulverwaltungs-amt
Virchowstraße
70
Landesmat.-prüfamt
85
Blauebeilstraße
64
Elbeschwimm-halle
62
63
71
Sek
GS
Breiter Weg
Landesamt f.Umweltschu
KrHs Altstadt
Max-Otten-Straße
Peterstr.
Neustädter Str.
Wallonerberg
84
Oberfinanzdir.
Rethenstr.
Margarethenstr.
81
Pflegeh.
Ratswaageplatz
An der Alten Synagoge
Amt f. off. Vermfragen
82
83
Neukirche

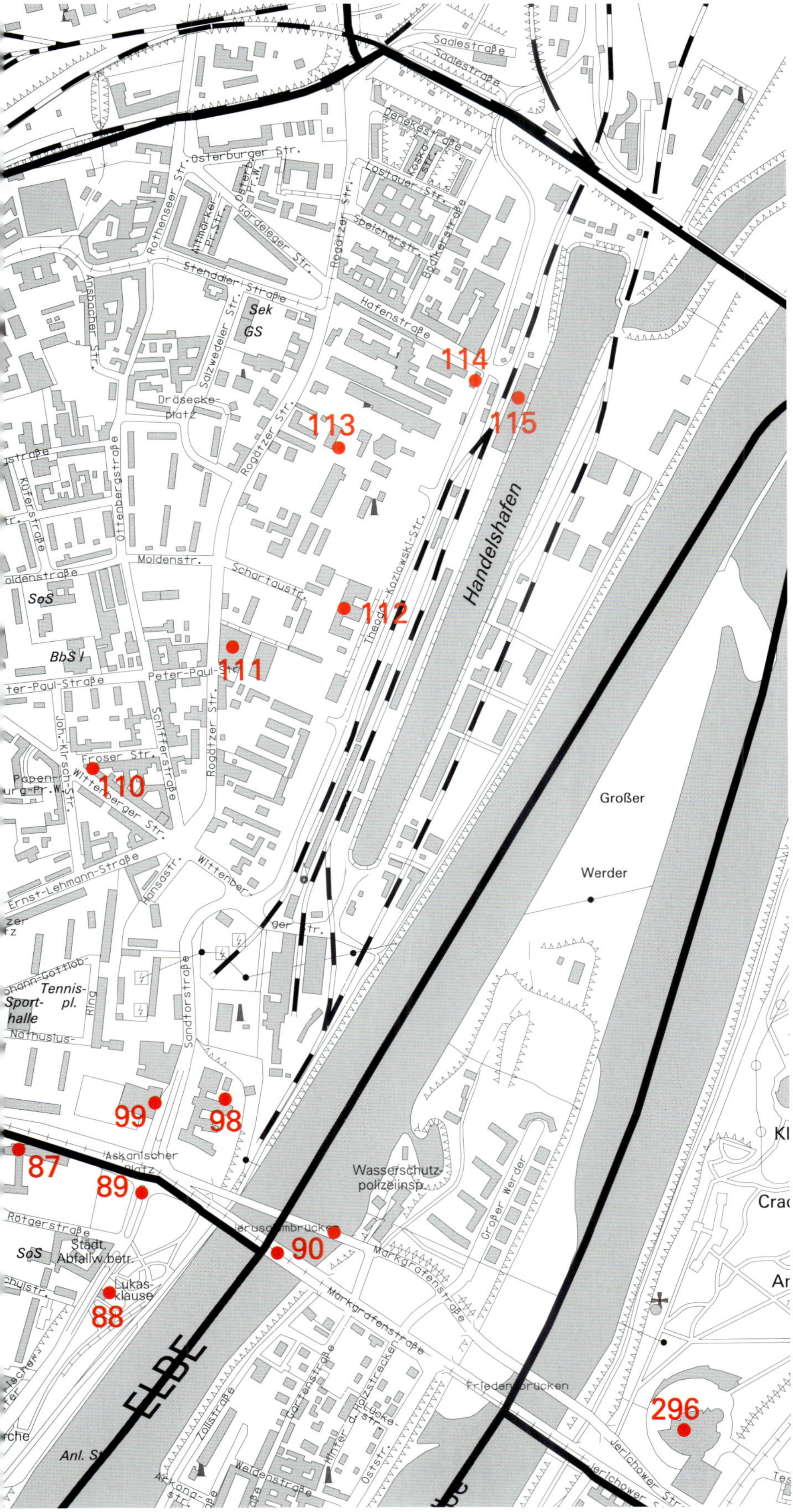
Saalestraße
Denekestraße
Osterburger Str.
Lostauer Str.
Speicherstr.
Rothenseer Str.
Gardeleger Str.
Stendaler Straße
Hafenstraße
Sek
GS
Salzwedeler Str.
Ansbacher Str.
Dräsecke-platz
Rogätzer Str.
114
115
113
Handelshafen
Theodor-Kozlowski-Str.
Küferstraße
Ottenbergstraße
Moldenstr.
Schartaustr.
SoS
112
111
BbS I
Peter-Paul-Str.
Schifferstraße
Froser Str.
110
Wittenberger Str.
Ernst-Lehmann-Straße
Hansastr.
Großer
Werder
Tennis-pl.
Sport-halle
Ring
Nathusius-
Sandtorstraße
99
98
87
Askanischer Platz
89
Wasserschutz-polizeiinsp.
Großer Werder
Rötgerstraße
SoS
Städt. Abfallw.betr.
Jerusalembrücke
90
Markgrafenstraße
Lukas-klause
88
ELBE
Friedensbrücken
Jerichower Str.
296
Gartenstraße
Zollstraße
Weidenstraße
Oststr.

98
Max-Planck-Institut für Dynamik Komplexer Technischer Systeme

Askanischer Platz
1999–2001
Henn-Architekten

Mit dem neuen Max-Planck-Institut wird der Askanische Platz am Eingang zum Stadtzentrum städtebaulich aufgewertet. Für den Neubau wurde eine sich mit der Landschaft verzahnende Bauweise gewählt, die durch ihre Transparenz die reizvolle Situation an der Elbe unterstreicht. Ein 4-geschossiges, transparentes Eingangs- und Verbindungsbauwerk, die „Magistrale", verbindet die einzelnen Flügel für Labors, Technikum, Büros und Institutsleitung. Das Institut soll im Endausbau aus den vier Abteilungen „Prozesstechnik", „Physikalisch-chemische Grundlagen der Prozesstechnik", „System- und signalorientierte Bioprozesstechnik" und „Systemtheoretische Grundlagen der Prozesstechnik" bestehen. Durch die räumliche Nähe zur „Otto-von-Guericke-Universität", bestehen optimale Bedingungen der Zusammenarbeit. Der Institutszugang erfolgt über die „Magistrale", einem verglasten Begegnungsraum mit angelagerten Beratungsräumen und einer Cafeteria, damit wird eine wesentliche Programmforderung nach Kommunikation erfüllt. Zum Institut gehört neben dem Supportgebäude auch ein separates Gästehaus. Die Gestaltung der Fassaden wird durch die Nutzung in den Gebäudeteilen bestimmt. Die Institutsbauten sind mit einer elementierten Fassade aus Glas und Metall-Holzverbundpaneelen ausgestattet, während auskragende Sichtbetonplatten und Metallelemente als Fassaden-Sonnenschutzaufnahme und Putzbalkon dienen. Das Technikum hat eine hinterlüftete, komplett überdeckende Sekundärglasfassade.

99
Fraunhofer Institut für Fabrikbetrieb und -automatisierung

Sandtorstraße 22
1999
Henn-Architekten

Das IFF MD ist der angewandten Forschung und Entwicklung verpflichtet. Als eigenständiges Institut der Fraunhofer Gesellschaft arbeitet es eng mit der Wirtschaft und der Stadt zusammen und bildet so einen Brückenschlag zwischen Forschung und Anwendung. Hier entstehen modellhafte Varianten zum Industriebau, rasche Produktfindung, Prototypherstellung. Auch das bauliche Konzept ist so angelegt, dass der theoretische und der praktische Teil ausgewogen und auf kurzen Wegen miteinander verbunden sind. Ein 6-geschossiger Büro-, Labor- und Seminartrakt umschließt zweiseitig den Technikum-, Werkstatt- und Lagertrakt. Die Innovation und kommunikative Gestaltung werden durch Transparenz des Gebäudes (großflächige Glas-Alu-Fassade) nach außen sichtbar gemacht. Die ca. 200 Mitarbeiter und Besucher gelangen von Süden in das repräsentative und individuell gestaltete Foyer des Institutes. Die Zufahrt zur Tiefgarage und die Warenanlieferung erfolgen von der Nordseite. Der Gebäudekomplex öffnet sich zum Campus der Otto-von-Guericke-Universität.

Grundstücksfläche: 7 403 m^2,
Bebaute Fläche: 2 824 m^2,
Geschossfläche: 6 595 m^2,
Bruttorauminhalt: 38 746 m^3.

100
Fakultät der Wirtschaftswissenschaften
Gustav-Adolf-Straße
1999
Peter Kulka

Auf dem Campus der Otto-von-Guericke-Universität wurde die wirtschaftswissenschaftliche Fakultät umgebaut und baulich erweitert. Mit der Anordnung des Gebäudekomplexes hat der Planer bewusst alte, nur noch fragmentarisch vorhandene Blockstrukturen aufgegriffen, zwei Altbauten integriert und in der Gustav-Adolf-Straße die ehemalige Blockkante nachgebildet. An der Pfälzer Straße entstand ein straßenbegleitender Riegel. Zwischen den viergeschossigen Gebäudeflügeln entstand ein ruhiger Hofraum, der sich zum Nordpark hin öffnet. Während die Hörsäle und Seminarräume zur ruhigen Westseite hin orientiert sind und so dem Lärmschutz genügen, sind die transparent gestalteten Verkehrsflächen und Treppenanlagen zur Straße hin orientiert und stellen so den Kontakt zur Öffentlichkeit her. Eine Besonderheit stellen an der Gustav-Adolf-Straße die doppelreihigen Fensterbänder im liegenden Format dar. Die mit dunklen Klinkern belegten Fassaden zeigen sich dem Betrachter in vornehmer Zurückhaltung. Breite Glasfugen vermitteln zwischen Alt- und Neubauten. Die Giebelflächen sind geputzt und farbig gestrichen. Das Projekt wurde 1998 beim 2. Architekturpreis des Landes Sachsen-Anhalt in der Kategorie Neubauten mit einem Preis ausgezeichnet.

101
Fakultätsgebäude Elektrotechnik
Universitätsplatz 2
1999
Bahlo, Köhnke, Stosberg & Partner

Der fünfgeschossige Neubau der Fakultät Elektrotechnik schließt den Universitätscampus nach Süden ab und bildet gleichzeitig einen neuen Zugang aus der Innenstadt. Ein Glaskubus direkt am Eingang dient als Ausstellungsraum und Treffpunkt. In den Obergeschossen sind Labors und Büros untergebracht.
Der dreibündige Baukörper entwickelt sich aus einer gefalteten, linearen Baustruktur. Der zentrale Luftraum wird durch Ebenen und Kuben rhythmisiert. Nord- und Südfassade öffnen sich durch weitgehende Verglasung. Die zur Straße hin zugefügte Schicht aus Aluminiumlamellen filtert die Offenheit wirkungsvoll. Innovativen Sonnenschutz und Lichtumlenkung bietet diese Schicht im gleichen Maße (Patent). Zur passiven Temperaturregelung sind die Laborinstallationen in offenen Trassen gebündelt. Die unverkleideten Speichermassen der Betondecken können somit Temperaturspitzen spürbar dämpfen. Die kontrollierte Nachtauskühlung wirkt unterstützend. Das Gebäude beherbergt Lehr- und Forschungsräume des Institutes Allgemeine Elektrotechnik und Leistungselektronik und des Institutes Prozessmesstechnik und Elektronik sowie das Dekanat der Fakultät.

102
Mietshäuser
Richard-Wagner-Straße 3 und 3 a
1903
Gustav Griesemann

Die beiden einheitlich konzipierten Mietshäuser vertreten in ihrer Fassadengestaltung den floralen Jugendstil. Beide sind dreistöckig über einem hohen Souterrain, das sich durch eine Bandgliederung in Rauputz von den oberen Stockwerken abgrenzt, errichtet. Sie unterscheiden sich in der Form ihrer Erker und in der unterschiedlichen Dachgestaltung, zum einen mit großem, aus der Tradition barocker Bürgerhäuser abgeleiteten Dacherker, zum anderen durch einen mit Fachwerk durchsetzten Dachaufbau. Neben dem für den Jugendstil typischen Zierrat ist der Verzicht auf eine klare und rhythmisierte Fassadengliederung für diese Stilart charakteristisch. Zur Anwendung kamen statt dessen unterschiedliche Fensterformen und Fensterformate, überwiegend Bogenfenster oder Fenster mit abgerundeten oberen Ecken, eine kleinteilige Innengliederung der Fensterflächen, insbesondere der Oberlichte, eine unterschiedliche Anzahl der Fenster pro Etage (drei bis fünf Achsen) sowie mehrere, zum Teil inzwischen geschlossene Loggien. Die Mietshäuser stehen über rechteckigem Grundriss mit hinten anschließenden, in der Mitte aneinander grenzenden Seitenflügeln. Innen entspricht die Raumaufteilung traditionellen Mietshausgrundrissen leicht gehobenen Standards mit Berliner Zimmer im Übergang zum Seitenhaus. Für den Bauherrn, zugleich Bauausführenden und Baugeschäftsinhaber, Maurermeister Gustav Griesemann, dürfte die angenehme Lage am Geschwister-Scholl-Park ausschlaggebend für die Investition gewesen sein.

103
Villa Bennewitz
Kaiser-Otto-Ring 3
1898
Alf E. Hurum

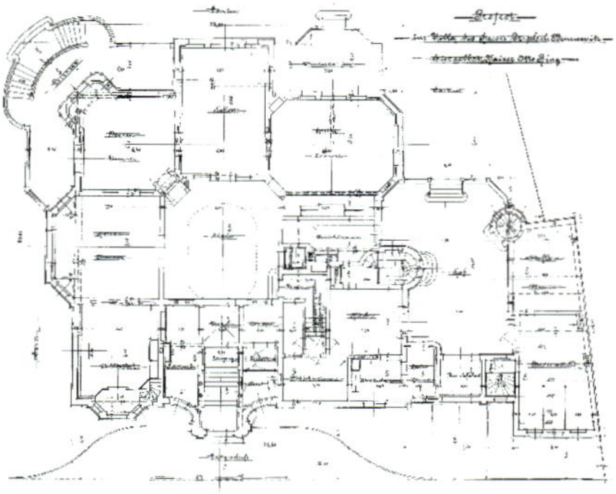

Hochherrschaftliche Villa im neubarocken Stil, für den vermögenden Privatier Dr. phil. Hans Bennewitz erbaut. Im Zusammenhang mit der Anlage des Geschwister-Scholl-Parks (ehemals Königin-Luise-Garten) und der umliegenden, vom Magistrat forcierten Villenbebauung entstanden.

Das Gebäude mit flachem Dach ist zweistöckig über einem hohen Sockelgeschoss angelegt. Sein Obergeschoss wird, trotz geringerer Raumhöhe gegenüber dem Erdgeschoss, am Außenbau eindeutig als Beletage hervorgehoben. Obergeschoss und Dachgeschoss sind als Einheit behandelt, wobei die Dachgeschossfenster fast unbemerkt hinter einem Vestonfries verschwinden. Die Gartenfassade dominiert die Nordseite der benachbarten Parkanlage. Ein kräftiger Risalit mit bekrönender Attika springt aus der fünfachsigen Fassade hervor. Er bildet sich im Obergeschoss aus einer Loggia mit eingestelltem Palladiomotiv. Die Säulen der Loggia kontrastieren mit ihrem schwarzen Granit die helle Putzfassade. An der Straßenfassade schwingen die Seiten des stark hervortretenden Portalerkers konkav nach vorne.

Das Innere entspricht einem Musterbeispiel des gründerzeitlichen Raumprogramms für eine luxuriöse Villa. Beachtenswert sind neben vielen Details die Deckenbemalung in der Diele und eine Holzkranzmalerei in der ehemaligen Bibliothek. Letztere aus der Hand des Magdeburger Malers Edmund Wodick (1817–1886), bereits 1861 ursprünglich für einen anderen Anbringungsort gefertigt.

104
Allgemeine Ortskrankenkasse
Lüneburger Strasse 4
1926–1927
Carl Krayl, Maximilian Worm

Der Gebäudekomplex der AOK enthielt Büro- und Verwaltungsräume und umfangreiche medizinische Konsultations- und Behandlungsräume.
Differenzierte Baukörper mit unterschiedlichen Geschossigkeiten und strenge Fassadengliederungen mit einer farblichen Hervorhebung der Fenster von den hellen Putzfassaden charakterisierten in der Architektur des Neuen Bauens die rückwärtigen Gebäudeteile.
Die symmetrisch aufgebaute Straßenfront ist mit braunblauen Klinkern verkleidet und zeigt expressionistische Stilelemente. Beiderseits des verglasten Mittelteils (Treppenhaus) ist sie in drei Achsen gegliedert, die durch hervorstehende, verkleidete Eisenbetonpfeiler ausgeprägt vertikal betont sind. Ein Versatz der beiden oberen Geschosse steigert die Plastizität. Beachtenswert sind variierende Fensteröffnungen.
Im Innern beeindruckt das großzügige, farbig gestaltete Treppenhaus. Die Oberlichtverglasung, durch die die Kundenhalle ursprünglich belichtet wurde, ist verschlossen worden, nur die einstigen Strukturen sind erkennbar.
Die heutigen Fenster entsprechen in Größe und Aufteilung den Originalen, doch durch breite Profile und weiße Farbe (ursprünglich waren die Rahmen farbig und die Flügel weiß gestrichen) haben sie heute einen Gestaltungswert für die Fassade, der nicht der Originalität entspricht.

105
Standort Pappelallee im Wohnkomplex Nordpark
Pappelallee
1958–1960
Städtebaulicher Entwurf: Horst Heinemann, Friedrich Jakobs, Gerhard Dalchau (Büro des Chefarchitekten Magdeburg)
Hochbauentwurf: Fritz Retzloff, Herwig Hrussa und S. Schmidt vom Landesprojektierungsbüro Sachsen-Anhalt bzw. vom neugebildeten Büro für Hochbau Magdeburg
Freiflächenentwurf: Herbert Schmalenberg

Das Wohngebiet Nordpark liegt im Stadtteil Alte Neustadt und umgibt den im 19. Jahrhundert als Friedhof angelegten und später zur Grünanlage veränderten Nordpark.
Nach dem Zweiten Weltkrieg ist die Alte Neustadt ein Trümmermeer, da dort ein Bombenangriff niedergegangen ist, der das Stadtzentrum verfehlte. Das Gebiet um den Nordpark wird relativ zügig beräumt und steht als erschlossenes Baugelände in der Nähe von Baustofflieferanten und Vorfertigungsstätten – z. B. am Schroteplatz – zur Verfügung. Mit einer Umorientierung des Bauwesens nach der 1. Baukonferenz der DDR im Jahre 1955 steht auch in Magdeburg ein verstärkter Wohnungsbau unter Verwendung von industriellen Baumethoden und Typenprojekten im Vordergrund. Zugleich wird etwa ab 1956/57 über das städtebauliche Modell eines „Sozialistischen Wohnkomplexes" diskutiert, das zwar für die Planungsansätze am Nordpark den Hintergrund abgibt, aber auf Grund des Zeitdrucks hier kaum ausführlich planerisch ausgeformt werden kann. Als Bauträger beteiligen sich verschiedene Magdeburger Baugenossenschaften und neu gegründete Wohnungsunternehmen, was in den einzelnen Abschnitten des relativ heterogenen Gebietes und an den verschiedenen Gebäudetypen bis heute ablesbar ist.
Die Bebauung staffelt sich von höheren, straßenbegleitenden Zeilen an der Hohepforte Straße und an der Pappelallee in mehreren Wohngruppen, die unter Berücksichtigung einiger verbliebener älterer Gebäude die Fläche des Gebietes bis zur Lüneburger Straße sowie zur Rogätzer Straße ausfüllen. Die Gebäude an der Hohepforte Straße weisen noch traditionalistische Fassadenelemente der früheren 50er Jahre auf.
An der Pappelallee werden 5-geschossige Wohnhäuser mit Flachdach errichtet, die bereits an der Moldenstraße sowie an der Otto-

von-Guericke-Straße als Typen Verwendung gefunden haben. Es handelt sich dabei um Großblockbauten vom Typ M-Q. Die inzwischen entwickelte Technologie ermöglicht die Montage von halbgeschosshohen Betonelementen.

Liegende Fenster und verglaste Loggien sowie aufgesetzte Halbgeschosse gliedern die Fassaden. Dabei erreichen einzelne Ensembles und Partien des gesamten Komplexes auf Grund der Trägerschaft durch Genossenschaften und die nachvollziehbare „Handschrift" beteiligter Architekten noch einmal Qualitäten des Magdeburger Siedlungsbaus.

106
Bahnhof Neustadt

Gröperstraße
1899/1900
Paul Michaelis

Zwischen 1865 und 1879 nahm der Neustädter Bahnhof seinen Betrieb auf. Das heutige Empfangsgebäude entstand erst in den Jahren 1899/1900 nach Plänen des Eisenbahn-Bau- und Betriebsinspektors Paul Michaelis. Der neugotische, einstöckige, rote Backsteinbau trägt ein hohes Walmdach. Aus der Fassade tritt ein breiter Risalit mit Staffelgiebel hervor, dem wiederum ein kleiner Eingangserker vorgelagert ist. Mehrere leere Wappenfelder kann man sich ursprünglich bemalt oder mit Reliefs versehen denken. Im Inneren gestalten braun und grün glasierte Ziegel im Kontrast zu glatt verputzten Wänden die geräumige Abfertigungshalle. Eine qualitätvolle, gut erhaltene Zimmermannskonstruktion mit schmiedeeiserner Verstrebung bildet das Dach. Arkaden grenzen die Fahrkartenschalter gegen die Wartehalle hin ab. Sie werden von einer etwas gedrungenen Säule mit Blattkapitell gestützt.
Links neben dem Bahnhof führt über die Lüneburger Straße eine alte Eisenbahnbrücke mit Brückenpfeilern in Sandstein, geschmückt mit den Wappen der Städte Magdeburg und Neustadt.

107
Baugenossenschaftlicher Wohnblock
Letzlinger Straße 7–10
1895/96
Heinrich Cornelius

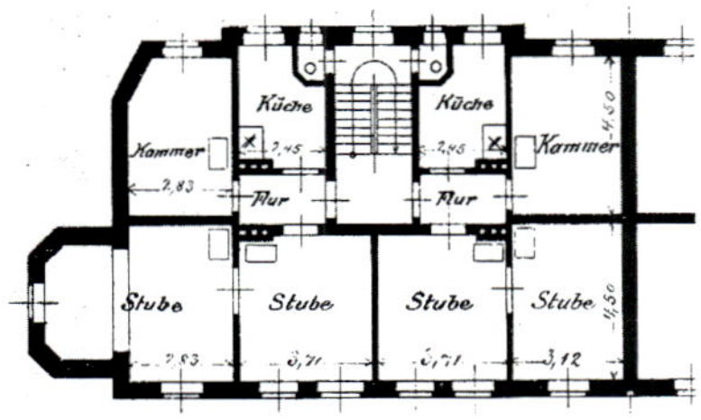

Ältestes Magdeburger Genossenschaftshaus und gleichzeitig Stammhaus des Magdeburger Spar- und Bauvereins (SBV, 1893 gegr.). Der viergeschossige, lang gestreckte und für die Bauzeit auffallend schmuckarme Wohnblock mit mezzaninartigem Dachgeschoss setzt sich aus vier einheitlich gestalteten Teilhäusern mit eigenem Eingang und fünf oder sechs Achsen zusammen. In jedem Teilhaus sind die Etagen als Zweispänner mit 3-Zimmer-Wohnungen und außenliegender Toilette konzipiert worden. Hierbei verzichtete die Baugenossenschaft bewusst auf ein Hinterhaus, um für die Wohnungen, anders als bei den bestehenden Mietskasernen, einen beidseitigen Lichteinfall und die Möglichkeit des Querlüftens zu schaffen. Außen verblenden rote Klinker mit durchlaufenden, horizontal gliedernden Sohlbankgesimsen das Erdgeschoss und das 1. Obergeschoss. Hier setzen nur die vier leicht hervortretenden Eingänge mit ihren übergeordneten Ochsenaugen und den kleinen Giebeln einen vertikalen Akzent. 2. und 3. Obergeschoss bilden mit dem Dachgeschoss zusammen eine Einheit, welche durch eine vorgeblendete Rahmung mit Arkatur und Lisenen in Ziegelstein vertikal rhythmisiert wird. Die roten Klinker, welche auch die Fensterrahmen, bilden einen farblichen Kontrast zu der ansonsten hell verputzten Wandfläche.
Seit den 1890er Jahren gibt es besonders in Deutschland leistungsfähige Wohnungsbauunernehmen, deren Besonderheit bis heute die Mitgliederbezogenheit ist. Jüngere Bauprojekte des Spar- und Bauvereins aus den Jahren 1900–1914 liegen entlang der Dodendorfer Straße und zwischen Nachtweide und Hauswaldtstraße.

108
Hochhaus Agnetenstraße
Agnetenstraße
1962–1963
Erich Degenkolbe, Erich Faber

Nördlich des ersten sozialistischen Wohnkomplexes der Stadt Magdeburg am Nordpark wird 1962/63 nach Entwürfen von Erich Degenkolbe und Erich Faber ein elfgeschossiges Wohnhochhaus mit einem eingeschossigen Versorgungszentrum errichtet. Dieses als Appartementhaus mit 8 Kleinwohnungen pro Etage konzipierte Gebäude wird als „Wiederverwendungsprojekt" deklariert, weil es gleichzeitig zwischen der Erzberger Straße und Karl-Marx-Straße (Nordabschnitt Breiter Weg) zur Unterbringung der Schwestern aus der benachbarten Poliklinik gebaut wird. Das in traditioneller Bauweise unter Verwendung von Fertigteildecken (DIN F) und Lamellentreppen ausgeführte Gebäude wird im Erdgeschoss mit einer Stahlbetonkonstruktion kombiniert. Die Fassade ist durch eine regelmäßige Fensterreihung und Balkonanordnung gekennzeichnet. Das Treppenhaus mit dem Fahrstuhlkern tritt als plastisches Element in Erscheinung. Das Erdgeschoss wird über Arkaden erschlossen, so dass insgesamt eine charakteristische Gebäudegestaltung im Verständnis der Nachkriegsmoderne zum Einsatz kam.
Nach Meinung der Experten entspricht die monolithische Bauweise nicht der Industrialisierung des Bauwesens, so dass fortan in Magdeburg nur noch Punkthochhäuser in Plattenbauweise errichtet werden.
Insgesamt stellt das Bauensemble eine städtebauliche Zäsur im heterogenen Straßenraster der Alten Neustadt dar.

109
Siedlungsanlage Moldenstraße
Moldenstraße
1956–1958

Im Gebiet Hohepforte Straße, Moldenstraße-Ottenbergstraße, Weinbergstraße werden 8 viergeschossige Wohngebäude mit Steildach für vier Arbeiterwohnungsbaugenossenschaften (AWG) errichtet. Die 345 WE gliedern sich in 30 Dreiraum- und 315 Zweiraumwohnungen auf. Die Wohnbauten sind in Zeilen angeordnet und die Nebengebäude befinden sich am Nord- und Südrand des Gebietes. Die Randblöcke sind mit Durchgängen konzipiert, die inneren Blöcke dagegen nur von Osten her zugänglich. In seiner städtebaulichen Struktur knüpft dieses Ensemble an den traditionellen Magdeburger Siedlungsbau der 20er und 30er Jahre an. Die in den leichten Hang hineingesetzten kürzeren Gebäudezeilen mit jeweils zwei oder drei Eingängen bilden eine Gebäudegruppe mit einem innenliegenden und als Zusammenhang wirkenden Grünbereich. Nach außen erscheint die als Ensemble konzipierte Siedlung in Form einer Staffelung der Gebäudegiebel mit versetzt angeordneten Garagenfronten.
Stehende Fenster, Balkone mit hölzerner Verkleidung, 45° geneigte Satteldächer sowie durch großzügige Fensterbänder in Erscheinung tretende Treppenhäuser prägen die äußere Gestalt. Die viergeschossigen Gebäude setzen sich aus Zweiraumwohnungen mit innenliegenden Bädern und Wohnküchen zusammen, die in Dreispännern angeordnet sind und nur teilweise mit Balkonen versehen sind.

110
Mietshaus
Wittenberger Straße 26
1908 errichtet
Salomon Rudolf Rütschi

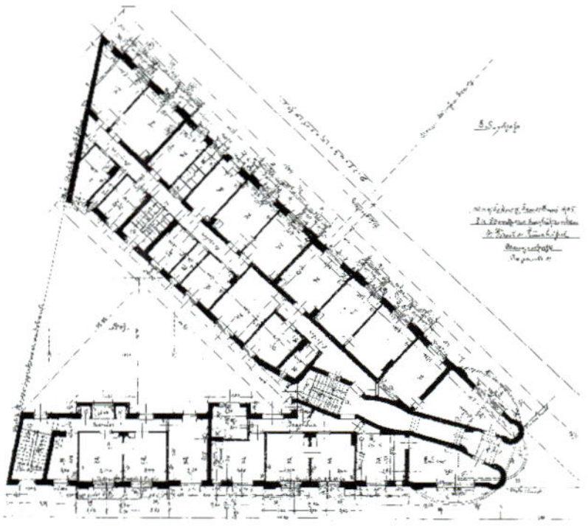

Mehrfamilienwohnhaus auf einem spitzwinkligen Grundstück, von dem in Magdeburg als Lehrer für Innenraumgestaltung und Architektur an der Kunstgewerbeschule tätigen Schweizer Architekten Salomon Rudolf Rütschi entworfen. Zwei Gebäudeschenkel an der Wittenberger und der Froser Straße enden in einem runden vierstöckigen, in seiner Breite an einen Wohnturm erinnernden Risalit an der sternförmigen Straßenkreuzung. Das Gebäude besticht durch seinen völligen Verzicht auf Ornamente und das von Rütschi angewandte Prinzip der Rundung. Einziger Schmuck sind die in die Loggien eingestellten Rundpfeiler. Aus dem runden Risalit wölben sich die bogenförmigen Loggien hervor. Im Erdgeschoss des Risalits befand sich einst der Haupteingang, hinter abgerundeten Mauerkanten, nach hinten zurückversetzt (inzwischen vermauert und mit einem Fenster versehen). Die Rundungen setzten sich an den Wänden des Hausflurs fort. An den Seitenflügeln sind die Laibungen der hinteren Eingänge ebenfalls abgerundet. Kleine ovale Treppenhausfenster staffeln sich übereinander. Die beiden Seitenfassaden gliedern zweistöckige Erker, welche die Flächen der Fassaden und der langen Satteldächer auflockern und Plastizität innerhalb des Baukörpers bewirken.

111
Büro- und Tagungscenter
Rogätzer Straße 8
1994
Frank Köhler

Das Objekt liegt in der Zone IV des Entwicklungsgebietes Rothensee und wurde auf einem 2 922 m² großen Gundstück eines ehemaligen Baubetriebes errichtet. Bereits 1992 wurde die Baugenehmigung für den 6-geschossigen, 41 474 m³ umfassenden Gebäudekomplex erteilt. Der Winkelbau ist in Stahlverbundbauweise (Stütze-Riegel-Konstruktion) und Stahlbeton errichtet. Im Erdgeschossbereich wurden die runden Stützen über 2 Geschosse sichtbar vor die Fassade gestellt, was dem Gebäude ein großzügiges Gepräge gibt. Das Dachgeschoss ist zur Straße hin mansardartig ausgebildet. Ein runder, gläserner Treppenturm markiert den Haupteingang und ist Blickfang zugleich. Im Erdgeschoss befinden sich 3 Konferenzräume (für 80–230 Personen), 3 Besprechungsräume (für 10 bzw. 20 Personen) und 5 Schulungsräume, die um einen interessant gestalteten Innenhof gruppiert liegen. Alle Tagungsräume wurden mit modernster Kommunikationstechnik ausgestattet. Die Obergeschosse sind den Büros vorbehalten. Restaurant und Bistro sowie 6 Läden runden das Raumprogramm ab. Obwohl die Tiefgarage für das Soll der Einstellplätze nicht ausreicht, stehen sie doch mit der Ausnutzung der Tagungskapazitäten im Einklang.

112
Magdeburger Mühlenwerke
Schartaustraße 1–3
ca. 1910
Architekt unbekannt

Großer fünf- bis sechsstöckiger Geschossbau der Magdeburger Mühlenwerke, als verputzter Stahlbeton- und Mauerwerksbau errichtet. Der Hauptbau gliedert sich in drei Teile, das Silogebäude an der Nordseite, das Reinigungs- und Mühlengebäude in der Mitte und den Speicher am Südende. Das Silo unterteilt sich wiederum in den eigentlichen Silotrakt und den vertikalen Getreidetransport. Der Silotrakt an der Westseite besteht aus einer Stahlbetonkonstruktion mit weitestgehend fensterlosen Außenfassaden. Dagegen ist der Bereich des Getreidetransports durch Fensterbänder gegliedert. Im Gegensatz zum Silotrakt sind die beiden anderen Gebäudeteile Mauerwerksbauten. Ein hoher Turm überragt das Reinigungs- und Mühlengebäude. Die eindrucksvolle, großflächige Lisenengliederung der Fassaden bedient sich später Jugendstilanklänge, gepaart mit sachlicher Monumentalität. Beide zum Hafen ausgerichtete Giebel erinnern an Bauten der AEG in Berlin (Peter Behrens). Die Mühlenanlage kann als ein typisches Zeugnis für die Industriearchitektur der Zeit vor dem 1. Weltkrieg betrachtet werden. Rechts vor dem großen Geschossbau, von der Schartaustraße aus gesehen, steht ein zweistöckiges Verwaltungsgebäude mit steilem Walmdach aus dem Jahr 1913.

113
Städt. Gaswerk
Rogätzer Straße 23–30
1852, 1925/26
Baumeister Kühnell, G. M. S. Blochmann (Dresden), Victor von Unruh, Johannes Göderitz

Erst Ende der 20er Jahre des 19. Jh. leuchteten in Hannover und Berlin die ersten, noch von englischen Unternehmen installierten und betriebenen Gaslampen Deutschlands. 1852 baute die Stadt Magdeburg nach Plänen von Baumeister Kühnell und dem Gaswerkspezialisten G. M. S. Blochmann ein Gaswerk, welches zunächst nur für die Straßenbeleuchtung, später auch für Privathaushalte und Industrie produzierte. Die Ausführung der Arbeiten leitete Regierungsbaurat a. D. Victor von Unruh. Mit dem Bau der Großgaserei und des Großkraftwerks im Industriegebiet Rothensee in den 1930er Jahren verlor das Gaswerk seine existentielle Bedeutung für die Stadt.
Auf der Hafenseite steht ein roter länglich polygonaler Ziegel- und Grauwackebau mit flachem Walmdach von 1852, ein Gasometerhaus für zwei achteckige Gasbehälter. Ummantelungen dieser frühen Art sind generell nur spärlich überliefert.
Nur als Ruine erhalten ist das mit roten Trockenpressklinkern verkleidete Apparatehaus für die Reinigung und Kühlung des Gases, 1925/26 von Johannes Göderitz in der innovativen und klaren funktionalen Ausdrucksweise der 20er Jahre gestaltet. Doch selbst die Ruine vermittelt noch einen aussagekräftigen Eindruck des bedeutenden Bauwerks. Es bestand aus einer 50 m x 18 m großen Halle und einem sich an der nördlichen Stirnseite anschließenden 24 m hohen, vierstöckigen Turmbau mit Aussichtsplattform und Laufgang für einen Teerbehälter. Innere Strebepfeiler verstärkten

die Mauern, in welche neun große, vom Boden aufsteigende Stahlrahmenfenster mit Drahtverglasung unter einer durchgehenden Betonplatte eingelassen waren. Durch eine erhöhte Bodenplatte konnte gleichzeitig auch der 4 m hohe Keller belichtet werden. Zwischen Betonplatte und hölzernem Dachüberstand regulierten Lüftungsschlitze den Luftaustausch.
Zum Grundstück gehören auch ein markanter Schornstein von 1888 und zwei ehemalige Retortenhäuser aus der Zeit um 1900.
Nördlich schließen sich die Anlagen des Magdeburger Konsum-Vereins, eine ehemalige Bäckerei (1897–1900) von Julius Krug aus Gandersheim und Andreas Böttcher und Reste eines einstigen Speichergebäudes (1901) von Andreas Böttcher an.

114
Lokschuppen
Hafenstraße
Mitte 19. Jahrhundert

Eine neue Bahnlinie zwischen Magdeburg und Wittenberge eröffnete 1849 ihre erste Teilstrecke zwischen Magdeburg-Neustadt und Geestgottberg. In diesen Zusammenhang fällt die Errichtung des Lokschuppens am ehemaligen Güterbahnhof Alte Neustadt. In den Bruchsteinbau mit flachem, vorkragendem Satteldach führen große rundbogige Einfahrten an den Stirnseiten, deren Stürze mit roten Ziegeln gemauert sind. Sie werden von kleinen Okuli flankiert. In die Längsseiten sind je sieben große Rundbogenfenster eingelassen, deren Stürze und Laibungen ebenfalls aus roten Ziegeln bestehen.
Der kleine rustikale Bau in der Hafenstraße ist neben der Eisenbahnhubbrücke das älteste Zeugnis Magdeburger Eisenbahngeschichte und der älteste Lokschuppen der Gegend. Ein jüngeres Exemplar aus dem Ende des 19. Jahrhunderts steht in der Maybachstraße, ein Ringlokschuppen von 1914 nördlich der Hafenanlage. Nach Öffnung des Hafengeländes und Neubau der Straße 1998/99 wirkt das Gebäude ohne Gleisanschluss an dieser Stelle deplaziert.

115
Handelshafen
Wittenberger Straße 17
ab 1886 bis 1940
Rudolf Büttner, Brosche, Friedrich Lucko, Ernst Hermann Scheibe, Fa. C. Hoppe, Kranbau Eberswalde, Eisenwerk Schafstädt, Fa. Friedrich Schimpf und Söhne, Gebrüder Ludwigs, Paul Schaeffer-Heyrothsberge, Hans Jansen, Otto Peters, Reinh. Beer

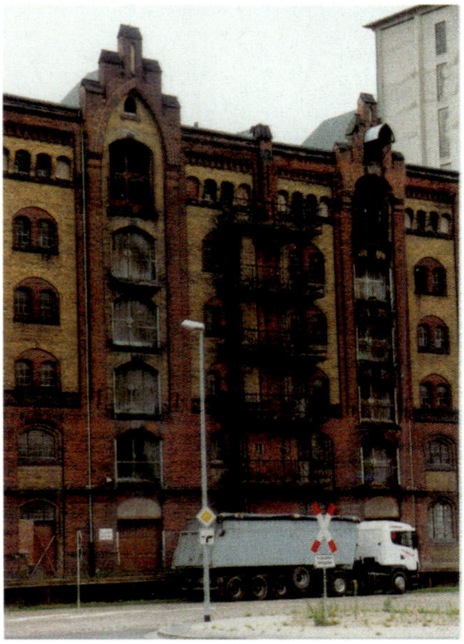

In den Jahren 1886 bis 1893 baute die Stadtverwaltung einen neuen Handelshafen für Massenumschlagsgüter wie Getreide, Zucker und Baumwolle etc., seinerzeit als größtes Umschlagsunternehmen an der Mittelelbe. Der Hafen erstreckt sich über eine Fläche von ca. 50 ha mit einem Hafenbecken von einem km Länge und durchschnittlich 68 m Breite, parallel zur Elbe. Heute stellt der Hafen in seiner Gesamtheit ein einzigartiges Zeugnis der historischen Binnenschifffahrt und Hafenwirtschaft dar. Zu der Anlage gehören verschiedene Speicher, Krane, Ufergleise und eine Hafenbahn.
Am Nordende des Hafenbeckens stehen alte Speichergebäude (Speicherblöcke G, H, J). Sie sind als fünfstöckige Geschossbauten mit genieteten Stahlkonstruktionen, Walmdach und zweifarbiger Mauerwerksverblendung in zwei Bauabschnitten 1889/90 und 1896 als Speicher für Getreide und Waren aller Art mit einer Gesamtlänge von 90 m und 21 m Höhe errichtet worden. Das prominenteste Beispiel einer vergleichbaren historistischen Speicheranlage steht im Hamburger Hafen. Die Längsfassaden werden durch unter Segmentbögen paarweise zusammengefassten Segmentbogenfenstern, einer mehrschichtigen Wandfläche mit Lisenengliederung, dem Mezzanin sowie durch sechs flache Portalrisalite mit Staffelgiebeln bestimmt. In den Risaliten sind für die einzelnen Etagen Speichertore eingelassen. Verschiedene Hubvorrichtungen, darunter mehrere Winden, Balkons und eine Laderampe dienten dem Be- und Entladen der Schiffe und

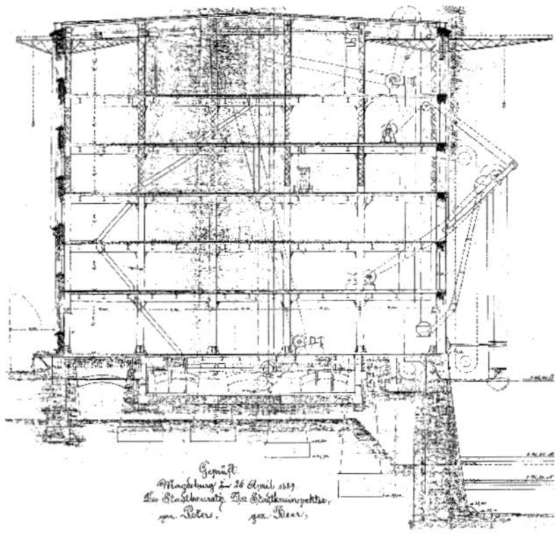

Züge. Die Speicher projektierten die Regierungsbaumeister Brosche und Büttner. Südlich schließt sich der schlichte, doch monumentale Stahlbeton-Erweiterungsbau des Architekten Scheibe, ein Getreidesilo aus den Jahren 1935–1938 an. An seinem südlichen Giebel sind zwei Sackträger angebracht.

In der hydraulischen Zentralstation von 1892 arbeitete bis zur Umstellung auf elektrischen Betrieb eine Maschine, die Druckwasser für sämtliche hydraulische Hebe- und Transportvorrichtungen der Hafenanlage, auch für die Hubbrücke und für Getreideelevatoren in Speicher I erzeugte. Das von Regierungsbaumeister Lucko entworfene Gebäude setzt sich aus Akkumulatorenturm, Maschinenhaus und Kesselhaus zusammen. Ab 1935 beherbergte es Sozialräume und Wohnungen für die Hafenmitarbeiter. Über die Einfahrt zum Hafenbecken führt die hydraulisch bewegte Hubbrücke für die Hafenbahn, seit 1980 Fußgängerbrücke. Sie erbaute 1894 die Berliner Fa. C. Hoppe als genietete Stahlkonstruktion mit einer Stützenweite von 32 m. Neben den vier Hubtürmen aus Stahlfachwerk sitzen 30-t-Gewichte, welche über zehn Stahlseile und Umlenkrollen den Gewichtsausgleich für den Brückentrog besorgen. Zur Hafenbahn gehören, hinter der Eisenbahnbrücke gelegen, ein Betriebswerk mit dem 1914 errichteten halbrunden Ringlokschuppen mit handbetriebener Drehscheibe für Rangierloks.

Die Ausstattung des Hafens bilden weiterhin ein frei beweglicher Vollportalwippdrehkran, 1956 vom Kranbau Eberswalde errichtet, Reste eines hydraulischen Schwerlastkrans von 1896 am Nordende der Kaianlage sowie ein Eisenbahnüberladekran oder Bockkran, 1901 für die Magdeburg-Halberstädter Eisenbahn vom Eisenwerk Schafstädt und der Fa. Friedrich Schimpf und Söhne gefertigt. Darüber hinaus von Bedeutung sind erstens ein um 1900 errichteter langgestreckter Flachspeicher, zweitens das Silo „Ost", ein zweiteiliger Schüttgutspeicher für Getreide von 1935/36 (Gebrüder Ludwigs, Hagen in W.) und 1938 (Paul Schaeffer-Heyrothsberge), frühestes Beispiel seiner Technologie in Gleitbauweise nach System Klotz im Großspeicherbau sowie drittens die beiden achtstöckigen Silos „Handelshafen" und „Elbe" mit steilen Satteldächern, drei Reihen Schleppgauben und turmartigen Dachreitern, Reichseinheitsspeicher aus der Zeit um 1940.

Im südlichen Bereich des Hafengeländes steht links neben der Zufahrt von der Wittenberger Straße das alte, in gelben Backsteinen nach Plänen von Hans Jansen aufgeführte Verwaltungsgebäude aus dem Jahr 1894. Dahinter liegt das seit 1896 bestehende städtische Elektrizitätswerk mit erhaltenen Erweiterungsbauten aus dem Jahr 1909. Hinter dem Elektrizitätswerk wiederum befindet sich der 1888/89 errichtete Zuckerspeicher B, ein einstöckiger Hallenbau, dessen neun in gelben und roten Ziegeln gehaltene Fassadenkompartimente mit quer verlaufenden Sheddächern gedeckt sind. Die zur Halle gehörenden Baupläne sind von Peters und Beer unterzeichnet. Nordwestlich des Hafens die imposante Fabrikanlage der Magdeburger Kaffeefabrik Röstfein, ehem. Joh. Gottl. Hauswaldt (1908). Nördlich die alte Eisenbahnbrücke zum Herrenkrug mit turmartiger Brückenbefestigung aus den 1870er Jahren.

Neue Neustadt

Die Neustadt grenzt ursprünglich an die Altstadt von Magdeburg an. Bereits im 13. Jahrhundert hatte sie Stadtrecht und war von einer Stadtmauer umgeben. Im 30-jährigen Krieg wird sie fast völlig zerstört und 1812 durch Napoleon aus strategischen Gründen gänzlich abgebrochen. Sie wird weiter nördlich als Neue Neustadt wieder aufgebaut. Die Neue Neustadt gilt als Musterbeispiel für eine in ihrer Ganzheit geplante Stadtanlage. Bereits 1885 wird sie mit ihren 30000 Einwohnern durch Magdeburg eingemeindet.
Mit der Industrialisierung setzt in der Neuen Neustadt eine bauliche Verdichtung und Arrondierung ein. Die Industrie und insbesondere der Bau von Eisenbahnlinien und Hafenanlagen (1908–1911) bestimmten die rasche Entwicklung und flächenhafte Ausdehnung bis an den Schrotelauf. Diese Entwicklung schuf auch die Voraussetzung für die in diesem Bereich entstandene „Bancksche-Siedlung" (heute Curie-Siedlung), in Nachbarschaft des bereits bestehenden Vogelgesang-Parkes. Der städtebauliche Siedlungs-Entwurf von 1927/28 wird durch den Verein für Kleinwohnungswesen GmbH realisiert. 15987 EW (31.12.98)

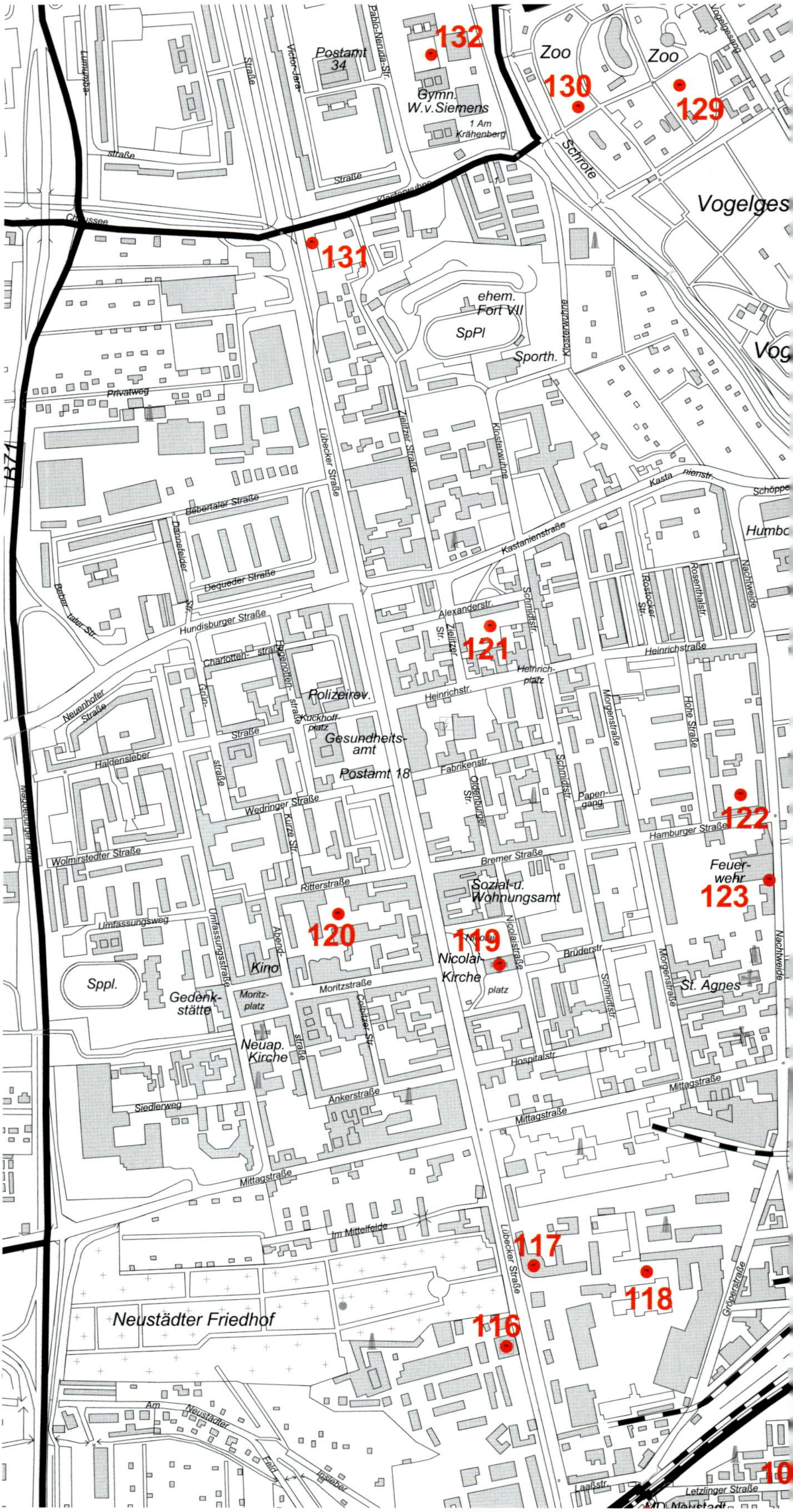
132
Postamt 34
Gymn. W.v.Siemens
1 Am Krähenberg
Zoo
Zoo
130
129
Schrote
Vogelges
131
ehem. Fort VII
SpPl
Sporth.
Lübecker Straße
Zielitzer Straße
Klosterwuhne
Kastanienstraße
Bebertaler Straße
Dequeder Straße
Hundisburger Straße
Alexanderstr.
121
Heinrichstraße
Heinrich-platz
Polizeirev.
Gesundheits-amt
Postamt 18
Fabrikenstr.
Morgenstraße
Hohe Straße
Schmidtstr.
Papen-gang
122
Hamburger Straße
Feuer-wehr
123
Bremer Straße
Sozial-u. Wohnungsamt
Ritterstraße
120
119
Nicolai-Kirche
Brüderstr.
St. Agnes
Moritzstraße
Kino
Sppl.
Gedenk-stätte
Moritz-platz
Neuap. Kirche
Ankerstraße
Hospitalstr.
Mittagstraße
Siedlerweg
Im Mittelfelde
117
118
Neustädter Friedhof
116
Gröperstraße
Letzlinger Straße
Laaßstr.
Wolmirstedter Straße
Umfassungsweg
Wedringer Straße
Haldensleber
Neuenhofer Straße
Charlotten- straße
Privatweg
B71
Rosenthalstr.
Rostocker Str.
Nachtweide
Humbo
Schöppe
Magdeburger Ring

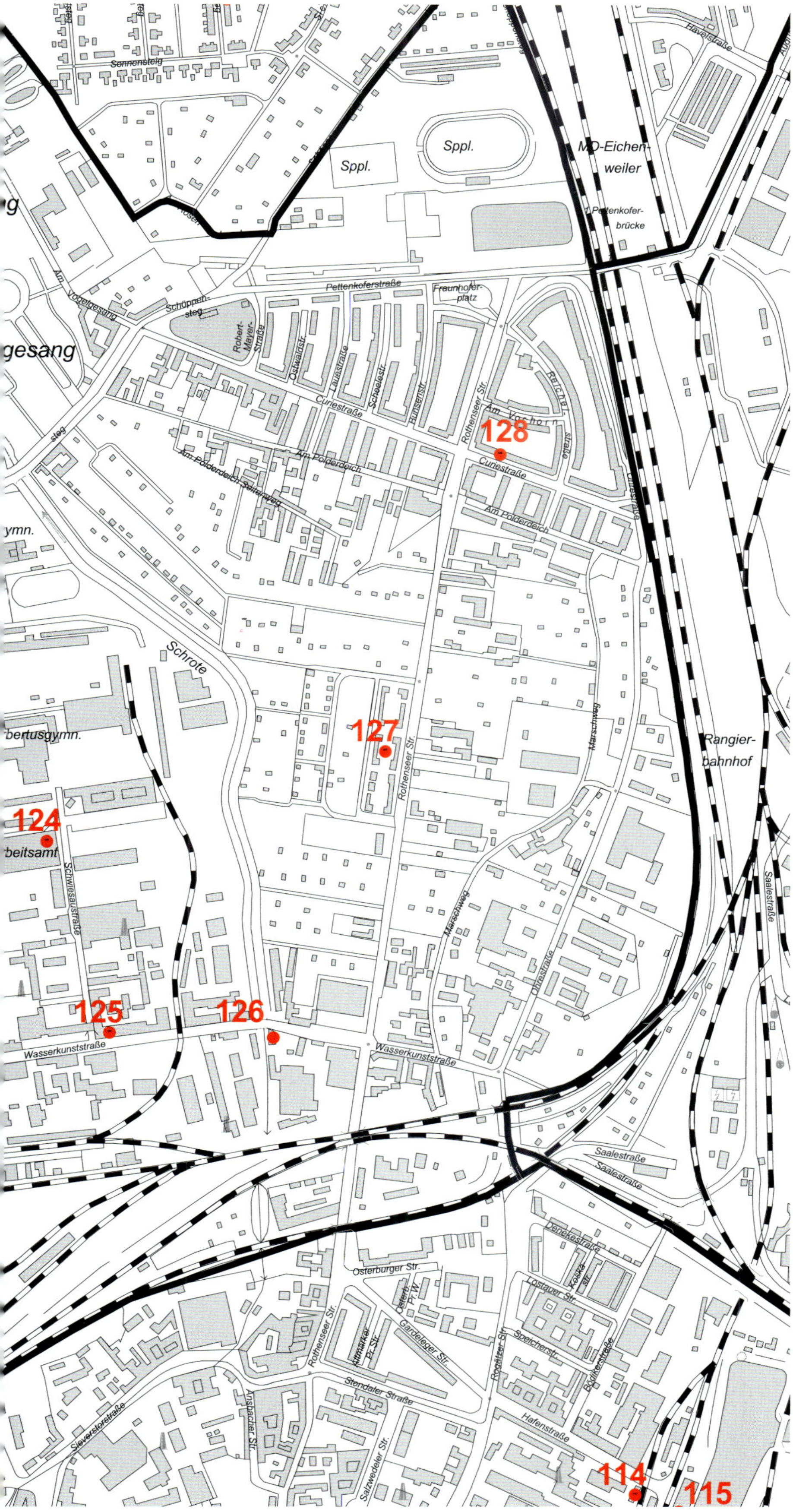

Sonnensteig
Sppl.
Sppl.
MD-Eichenweiler
Pettenkoferbrücke
Pettenkoferstraße
Fraunhoferplatz
Schöppensteg
Am Vogelgesang
gesang
Robert-Mayer-Straße
Ostwaldstr.
Laustraße
Scheelestr.
Bunsenstr.
Rothenseer Str.
Am Vorhorn
Reichelstraße
128
Curiestraße
Am Polderdeich
Am Polderdeich Seitenweg
Curiestraße
Am Polderdeich
Ohrestraße
ymn.
Schrote
bertusgymn.
127
Rothenseer Str.
Marschweg
Rangierbahnhof
124
beitsamt
Schwiesaustraße
Saalestraße
Marschweg
Ohrestraße
125
126
Wasserkunststraße
Wasserkunststraße
Saalestraße
Saalestraße
Denekestraße
Osterburger Str.
Lostauer Str.
Kaskastr.
Rothenseer Str.
Altmarker Pr. Str.
Gardeleger Str.
Roßlitzer Str.
Speicherstr.
Bodikerstraße
Stendaler Straße
Sieversstorstraße
Ansbacher Str.
Salzwedeler Str.
Hafenstraße
114
115

116
Transformatorenhaus
Lübecker Straße 7
1928
Johannes Göderitz

Aus mehreren geometrischen Baugliedern mit Flachdach setzt sich das ein- bis dreistöckige Transformatorenhaus von Johannes Göderitz zusammen. Überwiegend kleine Rechteckfenster, teils zum horizontalen Band zusammengefasst, teils als vertikaler Glasstreifen angeordnet, und der Kontrast aus roten Mauerwerks- und glatten Putzflächen charakterisieren den Bau. In der fensterlosen Südseite liegen große Eisentore. Drei schmale Entlüftungsschächte akzentuieren die Nordfassade.

117
Hauptverwaltung Stadtsparkasse Magdeburg
Lübecker Straße 126
1995
Renk + Partner

Der Gebäudekomplex befindet sich in nördlicher Randlage zur Innenstadt und entstand auf einer Gewerbefläche.
In seiner Umgebung finden sich sowohl gewachsene, zusammenhängende Strukturen, als auch solitäre Wohn- und gewerbliche Bauten. Hauptmerkmal des fünf- bis sechsgeschossigen Gebäudes sind lang gestreckte Verblendmauerwerk-Lochfassaden, die mit dem Klinkermauerwerk der benachbarten, denkmalgeschützten Brauereigebäude korrespondieren. Eine Stahl-Glas-Rotunde ist Blickfang und Gelenkstück zugleich und öffnet das Gebäude zur Lübecker Straße. Diese, über 6 Geschosse reichende, glasüberdeckte Rotunde bildet das Zentrum des Neubaus. Sie dient als Eingangshalle und Kommunikationbereich, verknüpft alle Funktionsbereiche und macht das Gebäude, mit seinen 13 400 m^2 Nutzfläche, transparent und in seiner Größe erlebbar. In einem Kreissegment der Rotunde befindet sich im Erdgeschoss die auf einen großzügig ausgelegten Innenhof hin ausgerichtete Kantine, darüber im I. OG eine zur Halle hin geöffnete Cafeteria. Im Staffelgeschoss auf dem Dach sind große Teile der Haustechnik untergebracht. Durch den Neubau wurden verschiedene Aufgabenbereiche der Stadtsparkasse unter einem Dach zusammen geführt. Hierzu zählen neben den klassischen Finanzdienstleistungen u.a. auch Personalschulung, Marketing sowie angegliederte Immobiliensparten.

118
Ehem. Diamantbrauerei
Lübecker Straße 127–129
1863, 1885, 1887/88, 1906
J. L. Langeloth

Seit 1905 führte das 1841 durch die Gebr. Wernecke gegründete Unternehmen den Namen Diamantbrauerei. An der Lübecker Straße betrieb es die nicht erhaltene, traditionsreiche Bierhalle „Wilhelma" mit dazugehöriger Gartenanlage, ein beliebtes Ausflugsziel für Magdeburger und Neustädter. Durch Bombenangriffe während des 2. Weltkrieges sind 70 % der Anlage beschädigt und 30 % zerstört worden. Zu den erhaltenen Gebäuden des eindrucksvollen Brauereikomplexes und der einst größten Brauerei der Provinz Sachsen gehören das Sudhaus von 1887, die teils fünfstöckige Mälzerei aus dem Jahr 1887/88, beide nach einem Brand auf dem Gelände von dem Frankfurter Architekten Langeloth neu errichtet, und das große Kesselhaus mit Schornstein auf der Nordseite von 1906 sowie ein Lager- oder Gärkellergewölbe um 1885, außerdem ein kleines, zweistöckiges Verwaltungsgebäude mit Erdgeschoss in Bruchstein und Obergeschoss in Ziegel, 1863 datiert (ursprünglich als Mälzerei genutzt). An der Lübecker Straße steht noch ein zur Brauerei gehörendes Wohnhaus von 1874. Die historistischen Brauereigebäude sind einheitlich mit roten, z. T. auch gelben Ziegeln verblendet und nach dem Vorbild gotischer Burganlagen mit Türmen und Zinnen bekrönt. Das Objekt ist ein wertvolles Beispiel dekorativer Gestaltung in der Industriearchitektur des 19. Jahrhunderts.

119
Nicolaikirche
Nicolaiplatz
1821–1824
Karl Friedrich Schinkel, Johann Conrad Costenoble

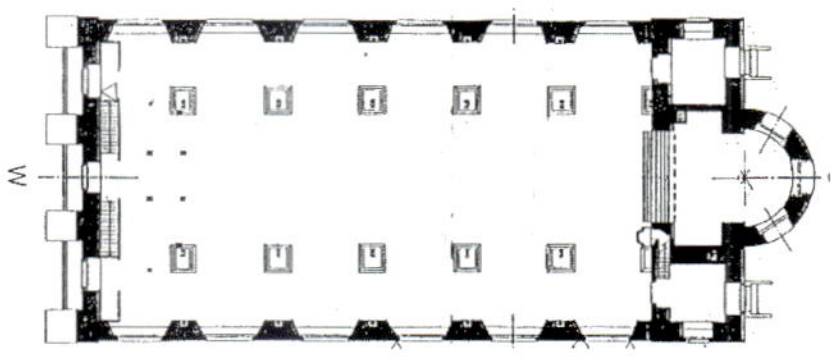

Gestreckte klassizistische Saalkirche mit seitlichen zweirängigen Emporen und kassettierter Tonnenwölbung, die von quadratischen Pfeilern getragen wird. Als Putzbau mit Satteldach errichtet. An den sechsachsigen Saal schließt sich ein Chorrechteck mit halbkreisförmiger Apsis an. Zwei hohe Rundbogenfenster und ein Blindfenster gliedern die Außenwand der Apsis. In die Längsseiten sind jeweils sechs hohe Rundbogenfenster eingelassen. Die repräsentativ gestaltete Westfassade überfängt ein großer Dreiecksgiebel. Breite Lisenen teilen sie in drei gleiche Felder mit jeweils einem Eingang, einer Inschrifttafel und einem übergeordneten Drillingsfenster. An der Ostseite erheben sich seitlich zwei quadratische vierstöckige Chorflankentürme mit rundbogigen Drillingsfenstern in den beiden Obergeschossen und flachen Walmdächern (1845 nachträglich um ein Stockwerk erhöht). Dem streng klassizistischen Innenraum stehen romanisierende Tendenzen des bei Schinkel vertretenen Rundbogenstils am Außenbau gegenüber. Die Nikolaikirche ist Schinkels erster großer Kirchenbau. Es lassen sich mehrere, für Schinkels Kirchen typische Merkmale nachweisen.
Die Bauzeit fällt zusammen mit dem planmäßigen Errichten der Neuen Neustadt nach Zerstörung der Alten Neustadt durch Napoleon. Schinkel schuf mehrere Entwürfe im Auftrag des Königs Friedrich Wilhelm III. Die mittlere Tafel mit der Inschrift „Mit Gott durch Königshuld" verweist auf den Stifter. Eine aus Kostengründen notwendige Überarbeitung der Pläne in Abstimmung mit Schinkel und deren Ausführung übernahm der Magdeburger Johann Conrad Costenoble. Mit dem hl. Nikolaus geweihten Kirchen verbindet sich in Magdeburg eine lange Tradition, da dieser u. a. als Schutzpatron der Elbschiffer galt.
Starke Beschädigung im 2. Weltkrieg, Wiederaufbau 1946–1954. Umfangreiche Renovierungen in den letzten Jahren. Innen ein Taufstein von 1715 aus der Vorgängerkirche.

120
Ehem. Zichorien- und Schokoladenfabrik J. G. Hauswaldt

Ritterstraße 12–15
1880–1902
Albert Thiele

Stadt- und industriegeschichtlich überregional bedeutende Anlage der seit 1833 in Magdeburg ansässigen Zichorien- und Schokoladenfabrik Joh. Gottl. Hauswaldt. Um 1900 umfasste das Betriebsgelände fast das gesamte Viertel zwischen Lübecker, Umfassungs-, Mittag- und Ritterstraße. 1781 in Braunschweig gegründet, gehörte die Firma zu den führenden deutschen Unternehmen ihrer Branche und stand in ebenbürtiger Konkurrenz mit Schweizer Schokoladenherstellern.
Die mehrstöckigen Geschossbauten an der Ritterstraße sind in einheitlicher Architektursprache ab 1880 entstanden. Sie zeichnen sich durch stark ausgebildete Trauf- und Gesimsbänder, lisenenartige Mauervorsprünge mit Kopfbekrönung und ihre zweifarbigen Ziegelfassaden in Gelb und Rot aus. Aus dem Jahr 1884 und aus der Hand des Architekten Albert Thiele stammt der Bau rechts neben der Einfahrt, vermutlich als Biskuitfabrik genutzt. Eine derartige qualitativ aufwendige Fassadengestaltung ist typisch für die Bauzeit vor der Jahrhundertwende. Auf der Rückseite Fabrikgebäude von 1880/81.
In der Mittagstraße 15 steht die dreistöckige Villa des Fabrikanten aus dem Jahr 1877, 2. Obergeschoss erst 1885 aufgestockt.

121
Ehem. Baumwollspinnerei und -weberei Pfeiffer und Schmidt

Schmidtstraße 27, Zielitzer Straße 18
C. Flott, Wilhelm Warnstedt

Letztes erhaltenes Zeugnis des noch im 19. Jahrhundert bedeutenden Industriezweigs der Magdeburger Textilindustrie ist die Fabrikanlage der 1828 gegründeten Baumwollspinnerei und -weberei Pfeiffer und Schmidt. Ihre ein- bis dreistöckigen Bauten erinnern durch ihre Bauweise mit Bruchstein an die frühen englischen „mills". Nur selten und nur bei den älteren Magdeburger Industriebauten in der Neustadt lassen sich diese Bruchsteinfassaden finden (Siehe 114, 126 und 118). Im Gegensatz zu Ziegeln ließen sich Bruchsteine aus einem nahegelegenen Steinbruch leichter und saisonunabhängig besorgen. In der Mitte der Anlage steht die dreistöckige ehemalige Spinnerei, in Bruchsteinmauerwerk errichtet, mit Kranzgesims und Fensterlaibungen sowie einfachen Lagen Bindern aus roten Ziegeln. Der mittlere Teil der Spinnerei steht nicht mehr. Erhalten haben sich der Ost- und der Westflügel sowie ein kleiner niedriger Maschinenraumanbau mit Turm auf der Nordseite. Seit 1847 existiert das von Maurermeister C. Flott errichtete, damals noch zweistöckige Gebäude, welches 1860, ebenfalls von Flott, auf der Westseite verlängert, mit dem rechteckigen, zinnengekrönten Staubturm versehen und zwischenzeitlich aufgestockt wurde.
Auf dem Gelände stehen außerdem Reste einer lang gestreckten eingeschossigen Niederlage an der Zielitzer Straße, ebenfalls in Bruchsteinmauerwerk, und Teile der 1880 errichteten Bleicherei und Färberei mit Kesselhausschornstein, sämtlich von Flott. Nördlich der Spinnerei schließt sich das kürzlich renovierte Webereigebäude aus dem Jahr 1896 von Wilhelm Warnstedt an.

122
Wohnbebauung Hamburger Straße
Hamburger Straße
1953

Nach der abermaligen Zerstörung im Zweiten Weltkrieg wird das Gebiet Neue Neustadt in verschiedenen Zeitabschnitten bebaut und dabei häufig als Experimentierfeld genutzt. Im Rahmen des Zusatzprogramms beginnt 1953 der Wiederaufbau in der Neuen Neustadt in der Hamburger Straße. Beim Bau der 3-geschossigen Gebäude werden Typen in traditioneller Bauweise verwendet, die bereits für die Wohnstadt Calbe projektiert waren (TW 3-4-geschossig, Steildach, Ofenheizung) und für Magdeburg geringfügig verändert eingesetzt wurden. Die Wohngebäude in diesem Bereich weisen eine aufwendigere Fassadengliederung auf. Den Treppenhäusern werden zweigeschossige sandsteinverkleidete Risalite vorgelagert, die nach oben durch Balkone abgeschlossen werden. Die Gebäudeecken erhalten durch parallel verlaufende Putzbänder einen gestalterischen Akzent, die mit einem leicht eingefärbten Putz versehenen Obergeschosse sind durch ein Gesims vom Erdgeschoss abgetrennt. 1953 stehen im Bereich Hamburger Straße 264 WE dieser Bauart zur Verfügung.

123
Druckereigebäude
Nachtweide 36–43
1902/03, 1911/12 und später
Paul Ranft

Für das Papierverarbeitungswerk Hugo Bestehorn errichtetes Produktionsgebäude, bestehend aus drei Stockwerken mit Sockel und Mezzaningeschoss. Die Eisenträgerkonstruktion galt seinerzeit als besonders fortschrittlich, das Unternehmen führte den Ruf einer der modernsten deutschen Großdruckereien. 24 Achsen gliedern den langgestreckten gelben Klinkerbau, welcher in einer abgerundeten Gebäudekante an der Nordseite endet. Dem Sockel sind gelbe Sandsteinquader vorgeblendet. Er ist gegen das Erdgeschoss durch ein schräges Gesims abgesetzt. Jeweils eine Fensterachse der drei Hauptgeschosse liegt zurückversetzt in einer segmentbogig und kolossal blendarkadenförmigen Wandfläche. Die Segmentbögen sind durch ein Werksteinband akzentuiert, welches sich über die gesamte Fassadenlänge erstreckt. Ein Stabmuster aus gelben Ziegeln und Putz schmückt die Flächen zwischen den einzelnen Etagenfenstern innerhalb eines Arkadenbogens. Schmuckbänder aus grün glasierten Ziegeln oberhalb des Sockels und im 2. Obergeschoss durchziehen die gelbe Fassade. Das starke, konkave Kranzgesims hat sich nur an der Nordseite erhalten. Die Einfahrt zum Grundstück liegt zwischen der 11. und der 12. Achse von Süden.
Das Gebäude entstand 1902/03 nach vom Jugendstil inspirierten Plänen des Civilingenieurs Paul Ranft, zuerst nur als 12-achsiger Bau, der in den Folgejahren nach Süden (1911/12) und nach Norden erweitert wurde.

124
Verwaltungscenter
Nachtweide 82
1994
Lars Johannsen

Auf einer ehemaligen Gewerbefläche zwischen Nachtweide und Schwiesaustraße entstand ein attraktiver Bürokomplex mit rund 14 000 m^2 Nutzfläche. Dem Betrachter bietet sich die Hauptfront an der Nachtweide in einem gefälligen Wechselspiel von Material und Farbe. Die ziegelroten Lochfassaden werden durch die vor der Wandfläche stehenden weißen Stützen gegliedert. Ein vorgewölbtes risalitartiges Mittelteil mit dunklen Glasbrüstungen betont den Haupteingang und den rückseitigen Eingang des Gebäudekomplexes. Über einem Garagengeschoss für 206 PKW wurden um zwei begrünte und begehbare Innenhöfe 4-geschossige Baukörper errichtet. Die Tragkonstruktion besteht aus Stahlstützen und -riegeln, Decken und Wände aus Stahlbetonfertigteilen. Das Gebäude steht wegen des wenig tragfähigen Baugrundes auf 234 Verdrängungsbohrpfählen. Die Dachhaut besteht aus einem Warmdachaufbau auf Trapezblech mit Kiesabdeckung. Bis zur Fertigstellung des neuen Gebäudekomplexes an der Hohepfortestraße wurde das Verwaltungscenter durch das Arbeitsamt Magdeburg genutzt.

125
Ehem. Junkerswerk
Wasserkunststraße 10
1937/38
Architekt unbekannt

Verwaltungsgebäude für die Junkers Flugzeug- und Motorenwerke AG, Motorenbau Zweigwerk Magdeburg mit von Pfeilern getragener Straßenüberbrückung an der Schwiesaustraße. Der mit dunkelroten Eisenklinkern verblendete dreistöckige Bau besticht durch seine dichte Achsenfolge und die vertikale Gliederung aus zahlreichen schmalen Klinkerstegen, welche vom Boden aufsteigend über Sockelgeschoss und drei Hauptgeschosse geführt sind und in einem schmalen horizontalen Mauerband unter dem Dach zusammenlaufen. Die stehenden Fenster liegen zurückversetzt zwischen den Klinkerstegen. Alle Mauerflächen ober- und unterhalb der Fenster sind durch braunrote, große, quadratische Tonplatten verkleidet, die einen farblichen Gegenpol zu den dunklen Eisenklinkern setzen. Die achsenreiche Fassadenflucht wird durch den östlich angefügten fünfstöckigen, achtachsigen Kopfbau akzentuiert. Auf der Westseite läuft sie mit gebogener, abgerundeter Wandfläche zur Straßenüberbrückung hin aus.

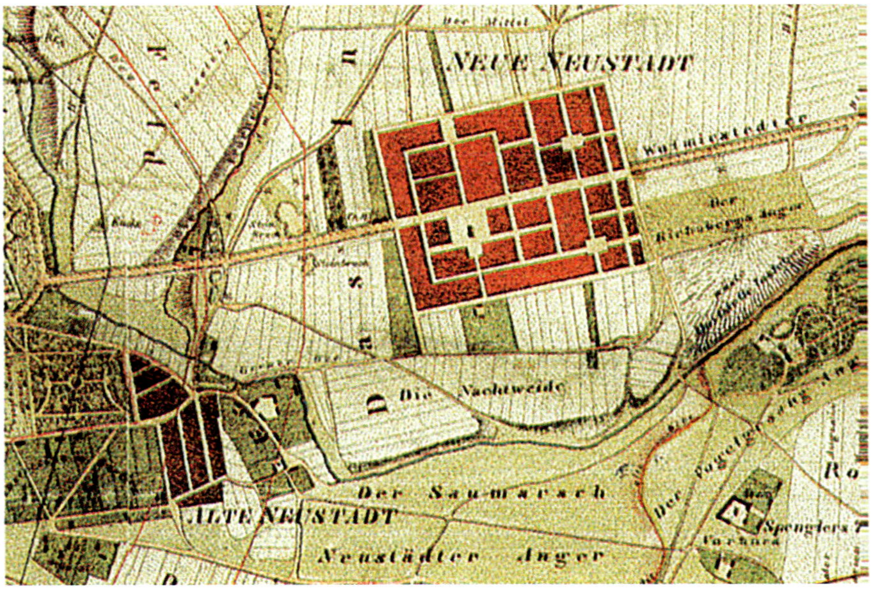

126
Wasserkunst
Wasserkunststraße 99
1849

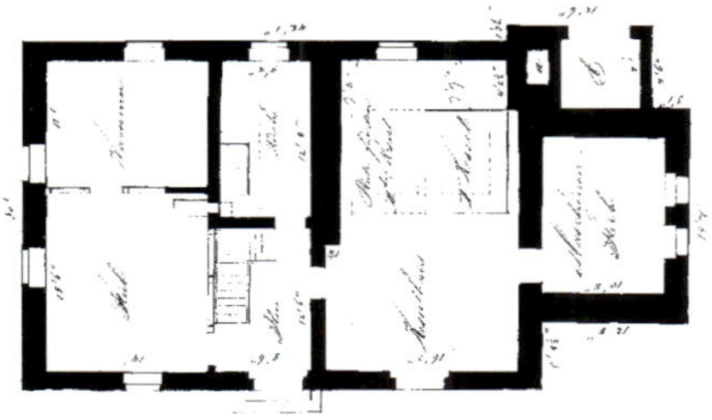

Von den Neustädter Zuckerfabrikanten Jacob Hennige und Jaehningen, Freise & Comp. errichtetes Maschinen-, Wärter- und Kesselhaus zum Betrieb einer Wasserkunst direkt neben der Schrote. Diese kleine private Wasserkunst versorgte neben der angrenzenden Fabrik der Bauherren (große Industrieanlage aus der Zeit kurz nach 1900 in unmittelbarer Nachbarschaft) noch weitere Fabriken in der Neustadt. Das Gebäude setzt sich zusammen aus einem einstöckigen niedrigen Bauteil mit Satteldach und einem turmähnlichen, zinnengekrönten Kopfbau mit seitlich angefügtem kleinen roten Backsteinturm. Neben dem Bruchsteinmauerwerk aus Grauwacke kamen bei einzelnen Details wie Fensterlaibungen auch Ziegel zur Anwendung. Grauwacke war wegen des nahegelegenen Steinbruchs ein leicht zu besorgender Baustoff. In die Straßenfassade sind ein kleiner Maßwerkfries und drei kleine, von Ziegeln gerahmte Okuli mit rundem Maßwerk eingelassen.

127
Behelfswohnungen
Rothenseer Straße 25–27
1918

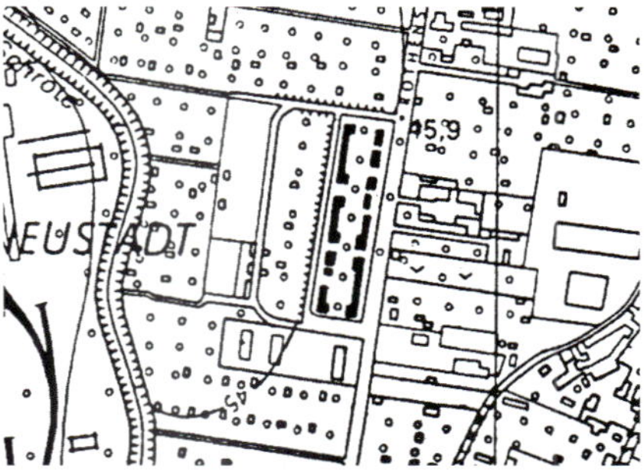

Zur Minderung der größten Wohnungsnot nach dem 1. Weltkrieg ließ die Stadt zwischen 1918 und 1920 in verschiedenen Stadtteilen provisorische Unterkünfte unterschiedlichen Standards errichten. Von geringster Qualität waren die als Notquartiere erbauten Wohnbaracken. Diese sind inzwischen abgerissen oder als Garagen, Werkstätten, u. ä. umgenutzt. Die Behelfswohnungen waren für eine Nutzungsdauer von etwa 30 Jahren konzipiert. Mit einfachen Mitteln wurden innerhalb kürzester Zeit Neubauten erstellt, deren Architektur recht ansprechend war und deren Erscheinungsbild nicht auf behelfsmäßige Unterkünfte schließen ließ. Noch heute sind die ehemaligen Behelfswohnungen im Stadtgebiet zu finden (Vgl. 176). Im Laufe der Zeit wurden sie zum Teil den sich gewandelten Wohnkomfortansprüchen angepasst, was jedoch häufig zu einem Qualitätsverlust der äußeren Gestaltung führte.
In der Rothenseer Straße wurden 1918 zwei parallel zueinander stehende Häuserreihen erbaut. Die zweigeschossigen Gebäude bestehen aus einer Holzfachwerkständerkonstruktion, mit flach geneigten Dächern. Jede Hauszeile wird durch vorspringende Kopfbauten begrenzt, zwischen denen auf der Seite der Hauseingänge schmale, eingeschossige Vorbauten über die gesamte Gebäudelänge angelegt wurden.

128
Curie-Siedlung

Curiestraße, Rothenseer Straße,
Reichelstraße, u.a.
1929–1939
Carl Krayl, Paul Wahlmann

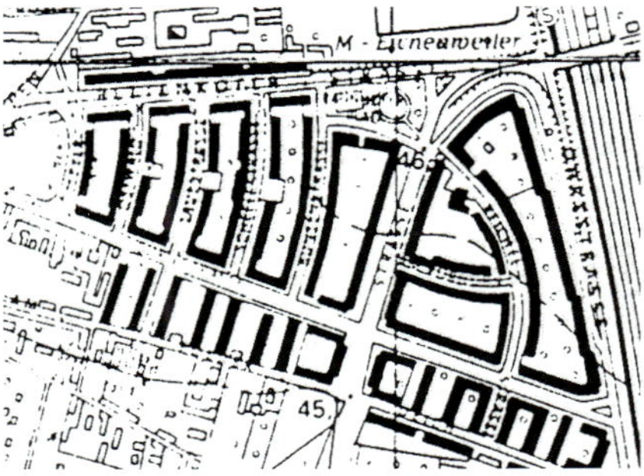

Die Architektur der Curie-Siedlung weist in der Gesamtheit keine einheitlichen Strukturen auf. Vielmehr zeigt sie deutlich die sich wandelnden Architekturvorstellungen während ihrer Erbauungszeit.
1929–1931 ließ der Verein für Kleinwohnungswesen GmbH im Bereich zwischen Rothenseer Straße, Curiestraße und Ohrestraße die ersten Kleinwohnungen nach Plänen der Architekten Carl Krayl und Paul Wahlmann errichten. Teilweise bogenförmige drei- und auch viergeschossige, flach gedeckte Wohnhauszeilen umschließen große, begrünte Innenhöfe, die eine optimale Belichtung und Belüftung der Wohnungen gewährleisten. Dieser Bauabschnitt belegt eindrucksvoll die Klarheit der funktionalistischen Architektur des Neuen Bauens der zwanziger Jahre. Die Gebäudekomplexe sind durch Vor- oder Rücksprünge in Hausabschnitte gegliedert, oder markant gestaltete Treppenhäuser und differenzierte Fensterformate gliedern die Fassaden. Häufig entwickeln sich an den Gebäudeecken besondere Ausprägungen durch einen Versatz der Gebäudeabschnitte, durch unterschiedliche Geschossigkeiten oder durch die Anlage von Loggien oder Balkonen. Eine sparsam geöffnete Dachgeschosszone, ein minimalster Dachüberstand und auch die strenge Vorgartengestaltung komplettieren das architektonische Bild, das durch einen hellen Fassadenputz, aber teilweise farblich hervorgehobenen Anstrich von Fenstern und/oder Haustüren, gestützt wird. Aus dem Gegenspiel der geschwungenen Häuserzeilen zur klaren Kubatur der Gebäudekomplexe bilden sich stadträumlich prägende Bereiche heraus.
Der westlich anschließende, von 1933–1934, errichtete Baublock zwischen Rothenseer Straße und Bunsenstraße markiert bereits einen Umbruch der Architekturauffassung. Hier wird zwar noch das Flachdach beibehalten und geschlossene Häuserzeilen wie gestaffelte Ecklösungen schaffen spannungsreiche stadträumliche Situationen, doch die klaren Gestaltungselemente der Architektur der zwanziger Jahre werden ersetzt durch expressive Architekturdetails. Insbesondere erhalten die Treppenhäuser durch rote Klinkerumkleidungen eine Betonung, Balkone entwickeln sich nicht mehr aus der Kubatur des Baukörpers, sondern werden, ebenso wie die Dachabschlüsse, durch Klinkerbekleidungen hervorgehoben. Mit ockerfarbenen Putzflächen, die in der Bunsenstraße mit fast weißen Putzflächen abwechseln, roten Fensterrahmen, weißen Fensterflügeln und roten Haustüren ist hier eine stärkere Farbigkeit zu finden.
Deutlich unterschiedlich gestaltet ist der Bauabschnitt westlich der Bunsenstraße. Das städtebauliche Konzept, mit einer Bebauung an leicht geschwungenen Straßen und größerer Innenhofbildung, wird auch hier noch nicht aufgegeben, doch durch die Separierung der einzelnen Baukörper können sich prägende Straßenräume nicht mehr herausbilden. Die Architektur der 1935–1937 erstellten Gebäude folgt nun einer traditionellen Auffassung vom Wohnhaus mit Walmdach in überschaubarer Blockgröße. Die Fassaden werden durch gereihte und nicht mehr durch in Gruppen geordnete Fenster gekennzeichnet, Balkone und Loggien wirken ebenso wie Treppenhäuser nicht mehr gestaltgebend oder gliedernd, sondern teilen nur noch die Fassadenansichten.
Entsprechend dem 1936 neu aufgestellten Bebauungsplan ändert sich mit der nachfolgenden Bebauung auch deutlich das städtebauliche Bild. Nördlich der Pettenkofer Straße entstehen straßenbegleitend drei Baublöcke, die in den neunziger Jahren verändert wurden. Die Bebauung südlich der Curiestraße ist nur noch eine Aufreihung von einzeln stehenden Baublöcken, deren Architektur lediglich den Anspruch der Zweckdienlichkeit erhebt. 1939 endet die Bebauung der Curie-Siedlung. Bis dahin sind knapp 1 800 Wohnungen erstellt.

129
Zoologischer Garten (Erweiterung Vogelgesang)

Am Vogelgesang 12
1950, Zoo seit 1959, Ausbau 1972
Rudolf Steinhagen, Heinz Böhl, W. Böge, Gigi Heuss

Das ehemalige, dem Maria-Magdalenen-Kloster gehörende Wald- und Wiesengelände wurde 1737 erstmals als Vogelgesang erwähnt. Am Ende des 18. Jahrhunderts gehörte es zum Rothenseer Busch, einem Waldgelände mit typischer Auenwaldvegetation. Im Norden von der Neuen Neustadt und im Westen von der Schrote begrenzt, wurde auf Betreiben des Oberbürgermeisters August Wilhelm Francke auf diesem Areal 1843–1844 vom Dessauer Hofgärtner F.C.R. Schoch ein Landschaftsgarten angelegt. 1912 legte man einen Rosengarten an, der 1983–1984 rekonstruiert wurde. Im Nordteil des Landschaftsgartens, dem ehemaligen Volkswiesengelände, wurde am 21. Juli 1950 ein Heimattiergarten eingeweiht, der 1959 in den Rang eines Zoologischen Gartens erhoben wurde. Der Ausbau des ca. 21 ha umfassenden Geländes wurde ab 1972 im Zusammenhang mit der Errichtung des Wohngebietes Neustädter See vorgenommen, wobei auch ein neuer Eingang an der Salvador-Allende-Straße einbezogen wurde.
Nach Entwürfen von Rudolf Steinhagen, Heinz Böhl und W. Böge errichtete man 1967 das Dickhäuterhaus für drei Elefanten, zwei Nashörner, Riesenschildkröten, Kleintiere und Fische. In der Besucherhalle findet sich ein Glasbild von Reginald Richter, die indische Elefantengottheit Ganesha darstellend. 1991 wurde das Giraffenhaus nach Entwürfen von Gigi Heuss als begrünter Montagebau errichtet.

130
Menschenaffenhaus

Am Vogelgesang 12
2000
Gigi Heuss

Seit 1962 werden im Magdeburger Zoo Schimpansen gehalten und mit Erfolg gezüchtet. Allerdings entsprach die Unterkunft (Raumbedarf und Raumgröße) nicht mehr den Mindestnormen zur Haltung von Wildtieren. Deshalb entschied der Magistrat 1993, am Nordrand des Zoogeländes ein neues Menschenaffenhaus zu bauen.
Das zweigeschossige Gebäude (etwa 1 100 qm Bodenfläche) verbirgt sich zum großen Teil unter einem grünen Erdwall. Der lichtgebende hintere Teil der Anlage hat eine thermoisolierte Glasbedachung. Die Architektur macht die ideale Kombination der tiergärtnerischen Erfordernisse und der naturnahen ästhetischen Gestaltung sichtbar. Im Sichtbereich wurden die Materialien Holz, Glas und (Kunst-)Felsen verwendet. Der Besucher betritt über einen kreisförmigen Innenhof die Anlage. Auf einem gegliederten, dschungelartig bewachsenen Rundgang wird er über unterschiedliche Ebenen, am Schimpansen- und Orang-Utan-Gehege, nur durch eine Panzerglasscheibe getrennt, vorbeigeführt. Die Anlage für die Schimpansen (250 qm) ist am Boden stark strukturiert und bietet den Tieren Abwechslung, Beschäftigungs- und Rückzugsmöglichkeiten.

131
Wohn- und Geschäftshaus

Lübecker Straße 71–73
1996/97
Alexander Stang

Mit dem Bauvorhaben wurde eine 4 784 m² große Baulücke am nördlichen Ende der Lübecker Straße geschlossen und städtebaulich der Übergang zum Stadtteil Neustädter See hergestellt. Das Ensemble (40 460 m³ umbauter Raum), das 1998 mit einem Architekturpreis ausgezeichnet wurde, vereint unter seinem Dach ein kleines Versorgungszentrum mit 10 Läden, einer Gaststätte und einem Café. Das Grundstück wird von der Lübecker Straße, der Klosterwuhne und der Zielitzer Straße umschlossen. Von allen 3 Straßenseiten ist eine ebenerdige Durchwegung möglich. Der begrünte Hof ist mit einer Tiefgarage mit 97 Stellplätzen unterkellert; von hier gibt es direkte Zugänge zu den drei Erschließungskernen. In den 4–6 Obergeschossen stehen 58 Wohnungen und Büroflächen (1 395 m²) zur Nutzung bereit. An der Zielitzer Straße wird das Grundstück durch eine Stadtvilla begrenzt.

Neustädter See/Kannenstieg

Beide Wohngebiete (11000 WE für rund 35000 EW) werden unter der Bezeichnung Magdeburg-Nord geplant und in den Jahren 1973–1981 errichtet. Erst später erhalten die durch den Magdeburger Ring getrennten Stadtteile die Bezeichnung Neustädter See und Kannenstieg. Funktionell sind beide Seiten durch einen breit angelegten Fußgängerbereich und zwei Fußgängerbrücken über den Magdeburger Ring miteinander verbunden. Während der östliche Bereich ausschließlich vielgeschossig bebaut wurde (10-geschossige Quartiere mit Kindereinrichtungen im Innenhof), wird auf der Westseite eine baukörperliche Abstufung auf 5-6 Geschosse gewählt, um einen verträglichen Übergang zur vorhandenen Siedlungsstruktur zu erreichen. Wichtige Faktoren für die Standortwahl waren das Wärmeangebot vom Heizkraftwerk Rothensee, der 72 ha große Neustädter See, entstanden aus einer Kiesentnahmestelle und der südöstlich angelagerte Magdeburger Zoo. So konnten den Bewohnern des großen Wohngebietes Naherholungsziele angeboten werden. 1977 wurden Stadtplaner, Architekten und Ingenieure für ihre Leistungen mit dem Nationalpreis der DDR ausgezeichnet. 27166 EW (1991), 22164 EW (1998).

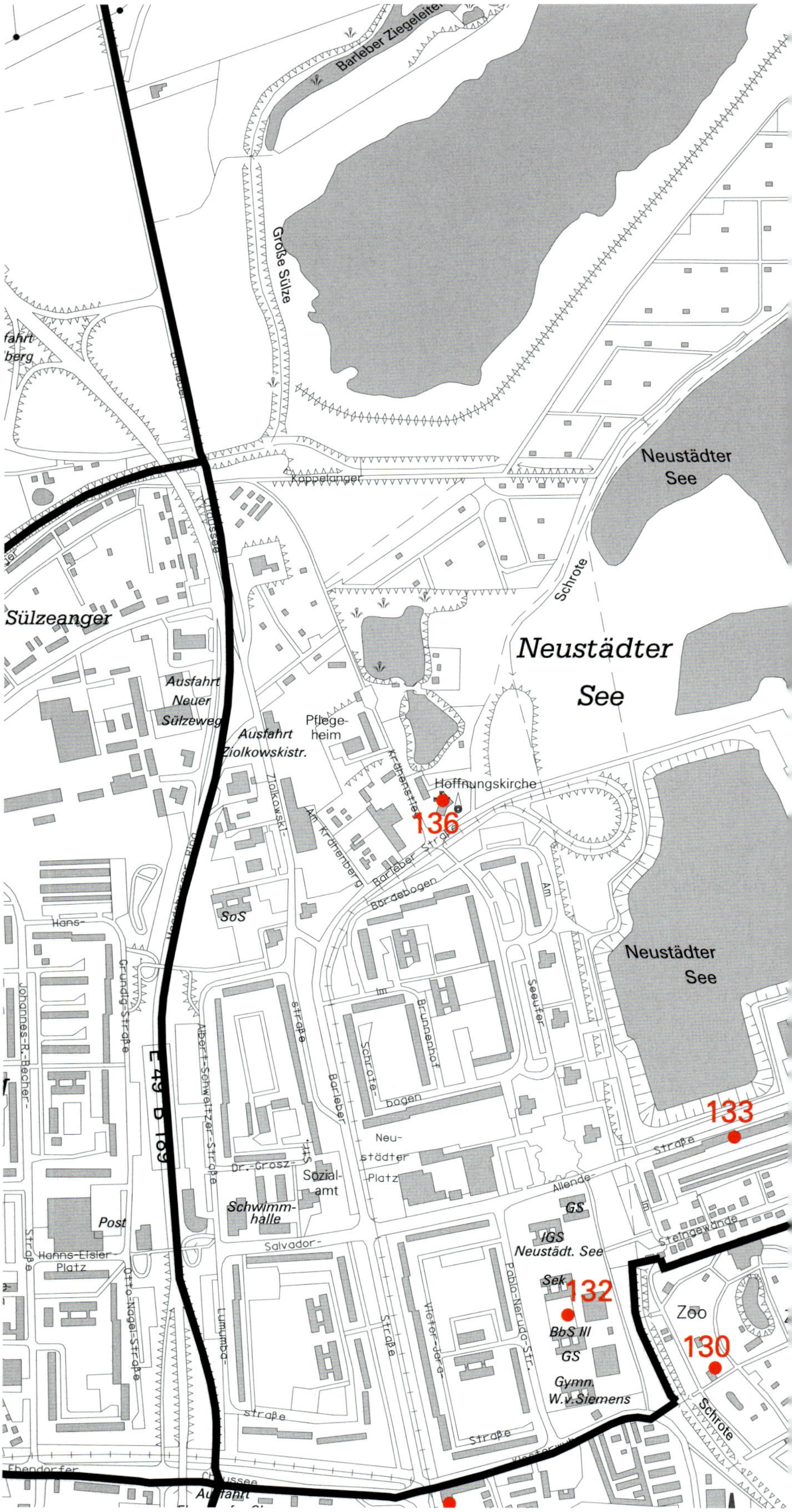
Barleber Ziegeleiteich
Große Sülze
Neustädter See
Neustädter See
Neustädter See
Neustädter See
Kappelanger
Schrote
Sülzeanger
Ausfahrt Neuer Sülzeweg
Ausfahrt Ziolkowskistr.
Pflege-heim
Hoffnungskirche
136
Krähenstieg
Am Krähenberg
Barleber Straße
Bördebogen
Ziolkowski-
SoS
Hans-
Grundig-Straße
Johannes-R.-Becher-
E 49 B 189
Albert-Schweitzer-Straße
straße
Im Brunnenhof
Schrote-bogen
Seeufer
Barleber
Neu-städter Platz
Dr.-Grosz-
Sozial-amt
Schwimm-halle
Post
Salvador-
Hanns-Eisler-Platz
Otto-Nagel-Straße
Straße
Lumumba-
straße
Straße
Victor-Jara-
Straße
Pablo-Neruda-Str.
Allende-
Straße
133
GS
IGS Neustädt. See
Steingewände
Sek
132
BbS III
GS
Gymn. W.v.Siemens
Zoo
130
Schrote
Ebendorfer
Chaussee
Ausfahrt

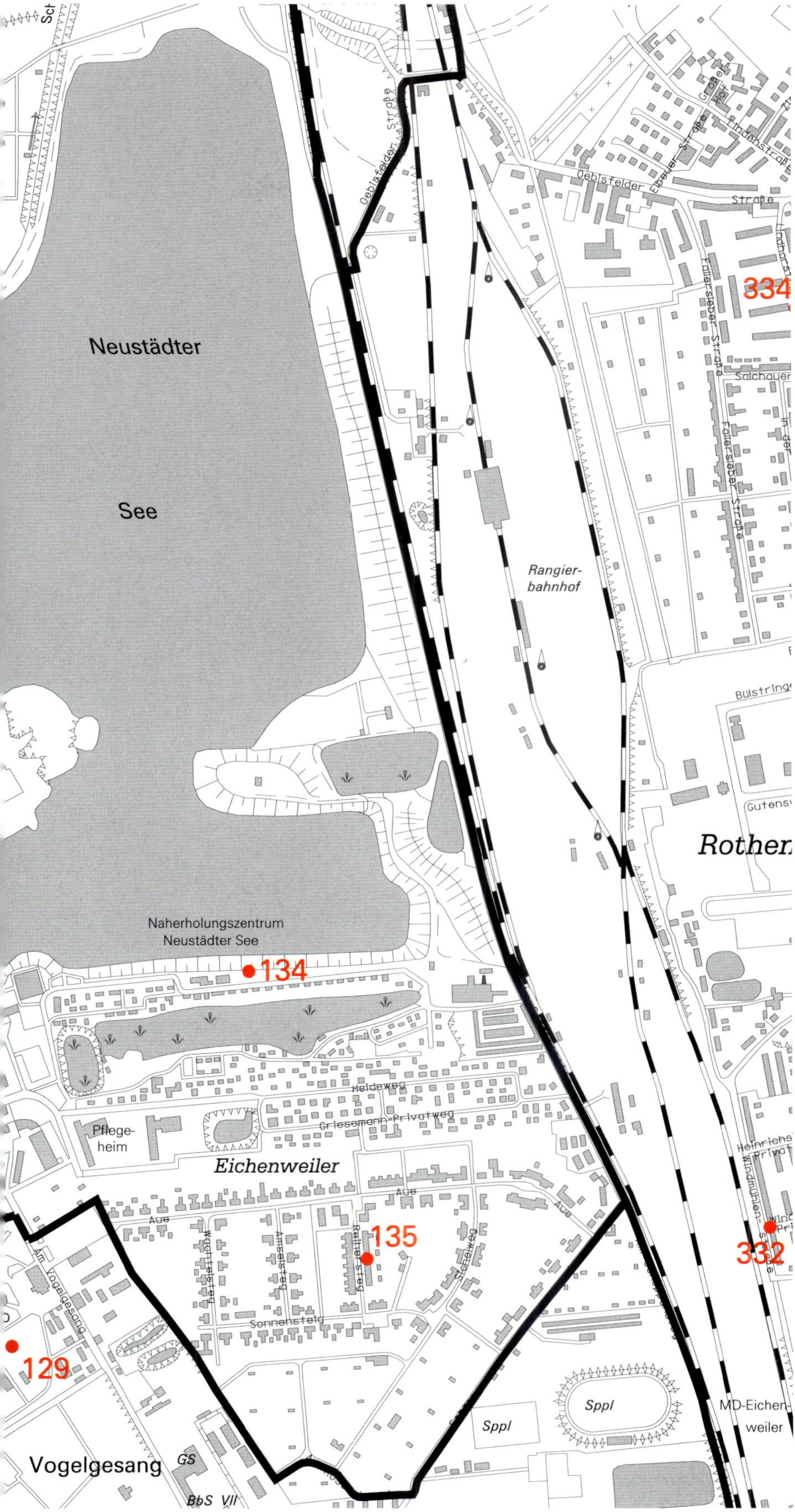
Neustädter
See
Naherholungszentrum
Neustädter See
134
Oebisfelder Straße
Oebisfelder
Straße
Rangier-
bahnhof
334
Salchauer
Faller-sleber Straße
Bülstringe
Rother
Heideweg
Griesemann-Privatweg
Pflege-
heim
Eichenweiler
Aue
135
Am Vogelgesang
Sonnensteig
129
Vogelgesang
GS
BbS VII
Sppl
Sppl
MD-Eichen-
weiler
332

132
Schulkomplex Neustädter See

Salvador-Allende-Straße
um 1972

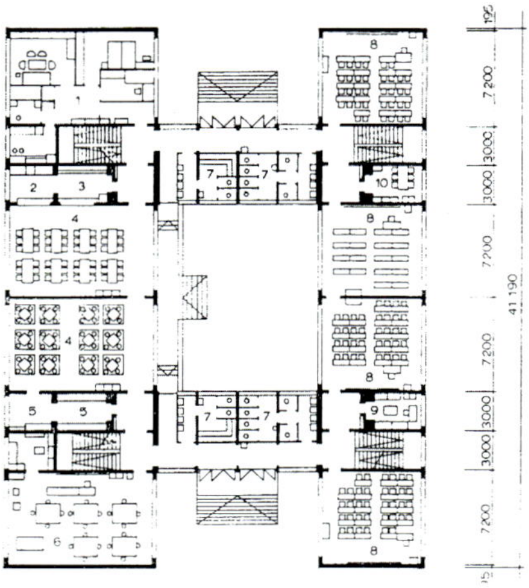

Im Zusammenhang mit der Erschließung und dem Baufortschritt des großen Wohngebietes am Neustädter See im Norden der Stadt wurden fünf Schulgebäude vom Typ „Erfurt 2" an einem Standort errichtet. Alle fünf Gebäude sind einem gemeinsamen Verbindungsgang angelagert, der auch den Zugang zu den zwei zugehörigen Turnhallen bildet. Bei der Bauausführung wurde an der ursprünglichen Idee aus einem städtebaulichen Wettbewerb festgehalten, sämtliche Schulen des neuen Wohngebietes in unmittelbarer Nähe zum Magdeburger Zoo zu platzieren. Der Schulstandort stellt mit seiner Konzentration von fünf Schulen und ursprünglich etwa 5000 Schülern eine Besonderheit dar und verweist auf die sozialen Zielstellungen der Wohnungspolitik in den 70er Jahren, die bevorzugt Familien mit Kindern Wohnraum zur Verfügung stellen wollte.
Die einzelnen Schulgebäude gehen auf einen im Bezirk Erfurt entwickelten Gebäudetyp zurück. Er besteht aus jeweils zwei viergeschossigen Gebäudetrakten, die durch einen dreigeschossigen Verbindungsbau kombiniert werden. Die mit durchgehenden Fensterbändern versehenen Gebäudetrakte nehmen jeweils drei bzw. vier Klassenräume oder Fachkabinette mit entsprechendem Nebengelass auf. Im Erdgeschoss des Verbindungsbaus ist neben der Eingangshalle auch eine großzügige Aula untergebracht. Die ursprüngliche Fassadengestaltung griff auf farblich behandelte Putzflächen und eine Hervorhebung der als Reihung gestalteten Fensterstrukturen zurück.

133
Wohngebiet Neustädter See/ Bebauung Seeufer

Salvador-Allende-Straße
1973–1981
Städtebaulicher Entwurf: Horst Heinemann, Christel Ungewitter, Heinz Karl basierend auf einer Studie der Bauakademie der DDR
Hochbauentwurf: Manfred Radisch, Erika Ganzer, S. Schmidt
Freiflächen: Rolf Weinreich, Harald Wichmann und E. Becker

Das Wohngebiet wird 1973–1981 gebaut. Besondere Aufmerksamkeit widmet man der bildkünstlerischen Gestaltung und bezieht zahlreiche Magdeburger Künstler in die Gestaltung der Fassaden und Freiräume ein. Die besondere Farbigkeit der Keramikfassaden geht dabei auf Intentionen von Bruno TAUT zu Beginn der 20er Jahre zurück. 1977 werden die Architekten und Ingenieure für ihre Planung und Realisierung des Wohngebietes am Neustädter See mit dem Nationalpreis der DDR ausgezeichnet. Die hervorgehobene Gebäudezeile liegt im östlichen Teil des Stadtteils in attraktiver Lage direkt am Neustädter See und in unmittelbarer Nähe des Magdeburger Zoos. Auf Grund ihrer Orientierung verfügt die überwiegende Zahl der Wohnungen über Räume mit Seeblick nach Norden sowie über nach Süden gerichtete Räume mit Aussicht auf den Magdeburger Zoo. Bei den Gebäuden im Uferbereich handelt es sich um 10-geschossige Wohnscheiben (Magdeburger Entwicklung, M10) und einen 16geschossigen Erfurter Hochhaustyp.
Insgesamt stellt die als herausgehobenes Ensemble gestaltete ca. 300 m lange Gebäudezeile ein wesentliches stadtbildprägendes Element im Stadtteil dar. Hier sind die ursprünglichen städtebaulichen und architektonischen Intentionen des Städtebaus der 60er und 70er Jahre („Nachkriegsmoderne") besonders deutlich ablesbar. Man setzte auf die große, in die (Stadt-)Landschaft integrierte Bauform mit einer rhythmisch gegliederten Fassade. Die Einheitlichkeit der Fassadenstruktur wurde deutlicher als bei anderen Gebäuden im Stadtteil durch eine differenzierte Gestaltung einzelner Hausabschnitte überlagert. Bei der Oberflächengestaltung und der Verwendung von Farben wurde das gesamte, im Stadtteil verwendete Repertoire eingesetzt.

134
Strandbad Neustädter See
Salvador-Allende-Straße/Am Seeufer

Bei der Kiesgewinnung für das Wohngebiet See entstand der ca. 72 ha große Neustädter See, der zu den wichtigsten Naherholungsgebieten der Magdeburger Bevölkerung gehört. Die als Grünbereich angelegten Uferbereiche wurden in die Gestaltung des Wohngebiets einbezogen. Im See Strahlenfontäne. Am Südufer des Neustädter Sees wurde ein Strandbad angelegt.

135
Eichenweiler, ehem. Stadtrandsiedlung
Reihersteg, Aue, Schöppensteg, u.a.
1920–1932
Bernhard Lippsmeier

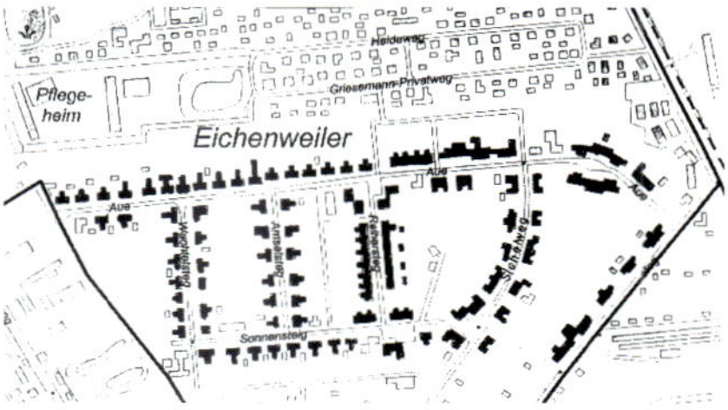

B. Lippsmeier führte den städtebaulichen Entwurf wie die Objektplanungen für die als Gartenstadt geplante Siedlung für die Heimstättenbaugenossenschaft aus. Sie war für Bahnbedienstete des nahen Rangierbahnhofs Rothensee vorgesehen. Der erste Bauabschnitt wurde 1920–1925 angelegt. In dieser Zeit entstand der östliche Siedlungsabschnitt. Jede Wohneinheit verfügte über einen Nutzgarten und einen kleinen Stall. Die eingeschossigen Häuser mit ausgebautem Dachgeschoss waren als Doppelhäuser angelegt, mit unterschiedlicher Platzierung der Stallgebäude. Besondere Hausgruppierungen, in denen die Nutzräume als Bindeglied zwischen Wohnhäusern angeordnet waren, schufen Ensembles und kleine Platzsituationen (1925). Die Häuser waren mit einem Sattel- oder Walmdach versehen.
Ab 1928 erfolgte aus ökonomischen Gründen ein Umbruch in der städtebaulichen Konzeption. Die Grundstücksgrößen wurden reduziert und zur besseren Ausnutzung erfolgte eine Reihenhausbebauung. Die Bebauung am Reihersteg belegt diese Bauphase.
Eine weitere Zäsur erfolgte 1931 unter dem Einfluss der Weltwirtschaftskrise. Der Weiterbau war nur noch durch manuelle Selbsthilfe der Siedler möglich, die zugleich als Arbeitsbeschaffungsmaßnahme für erwerbslose Genossenschaftsmitglieder diente. In diesem Rahmen wurden westlich des Reiherstegs noch 24 Doppelhäuser errichtet. Das städtebauliche Konzept reduzierte sich auf eine schlichte Aufreihung der Häuser.
Nahezu nahtlos wurde diese Bebauung nach 1933 fortgeführt.
Durch Um- und Anbauten wurde die Architektur überformt, teilweise bis zu Unkenntlichkeit der Originalstrukturen.

136
Kirche der Hoffnungsgemeinde

Krähenstieg 2
1980–1984
Michael Sußmann

Im Zuge der Neubildungen von Kirchengemeinden in den neu entstehenden Wohngebieten der 60er und 70er Jahre wurden eine Reihe von Kirchenneubauten in unkonventionellen Formen errichtet. Zu diesen Bauten zählt die evangelische Kirche der Hoffnungsgemeinde. 1980 legte man am nördlichen Rand des Wohngebietes Neustädter See den Grundstein für den von Michael Sußmann geplanten Sakralbau. Der Grundriss des 1984 fertig gestellten Gebäudes besteht aus zwei ineinander verzahnten Rechtecken. Ein hoch aufragendes vierseitiges Pyramidendach, aus zwei Hälften bestehend, prägt die äußere Erscheinung. Eine Besonderheit stellt dabei der aus dem großen Altarraum mögliche Einblick in die Hohlform dieser ungewöhnlichen Dachform dar. An der Schnittstelle beider in ihrer Größe differierenden Dachhälften wurde ein Fensterband eingelassen, das den Kirchenraum erhellt. Das zugehörige Gemeindezentrum erhielt ein flaches Pyramidendach. Über einen gemeinsamen Eingang werden sowohl Kirche als auch Gemeindezentrum erschlossen.
1998 konnte die von der Orgelbaufirma Groß & Soldan aus Waditz (bei Bautzen) eingebaute Orgel geweiht werden. Mit seiner organischen Form fügt sich das Instrument außerordentlich harmonisch in den Kirchenraum ein.
Das Gebäude wird flankiert von einem 18 m hohen Turm in Fackwerkkonstruktion mit Glockenstuhl, der durch ein Pultdach nach oben abgeschlossen wird.

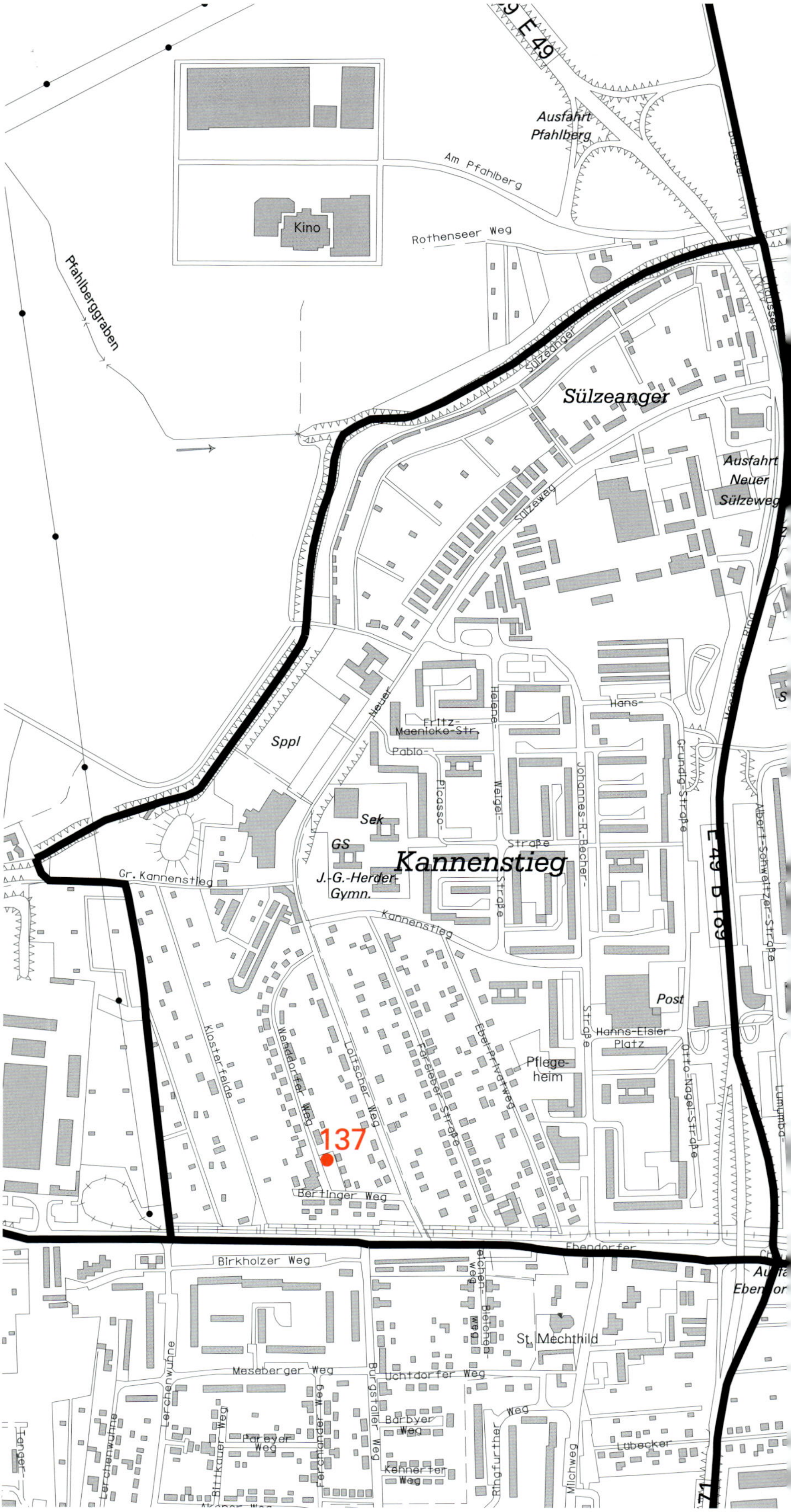
E 49
Ausfahrt Pfahlberg
Am Pfahlberg
Kino
Rothenseer Weg
Pfahlberggraben
Sülzeanger
Sülzeanger
Ausfahrt Neuer Sülzeweg
Sülzeweg
Neuer
Sppl
Fritz-Maenicke-Str.
Pablo-Picasso-
Helene-Weigel-Straße
Hans-
Grundig-Straße
Johannes-R.-Becher-Straße
Sek
GS
J.-G.-Herder-Gymn.
Kannenstieg
Gr. Kannenstieg
Kannenstieg
E 49 B 189
Albert-Schweitzer-Straße
Post
Hanns-Eisler-Platz
Otto-Nagel-Straße
Pflege-heim
Klosterfelde
Wendorfer Weg
Loitscher Weg
Förster Straße
Ebereichenweg
137
Bertinger Weg
Ebendorfer
Birkholzer Weg
St. Mechthild
Meseberger Weg
Uchtdorfer Weg
Burgstaller Weg
Barbyer Weg
Lerchenwuhne
Bittkauer Weg
Pareyer Weg
Ferchlander Weg
Kennerter Weg
Ringfurther
Milchweg
Lübecker

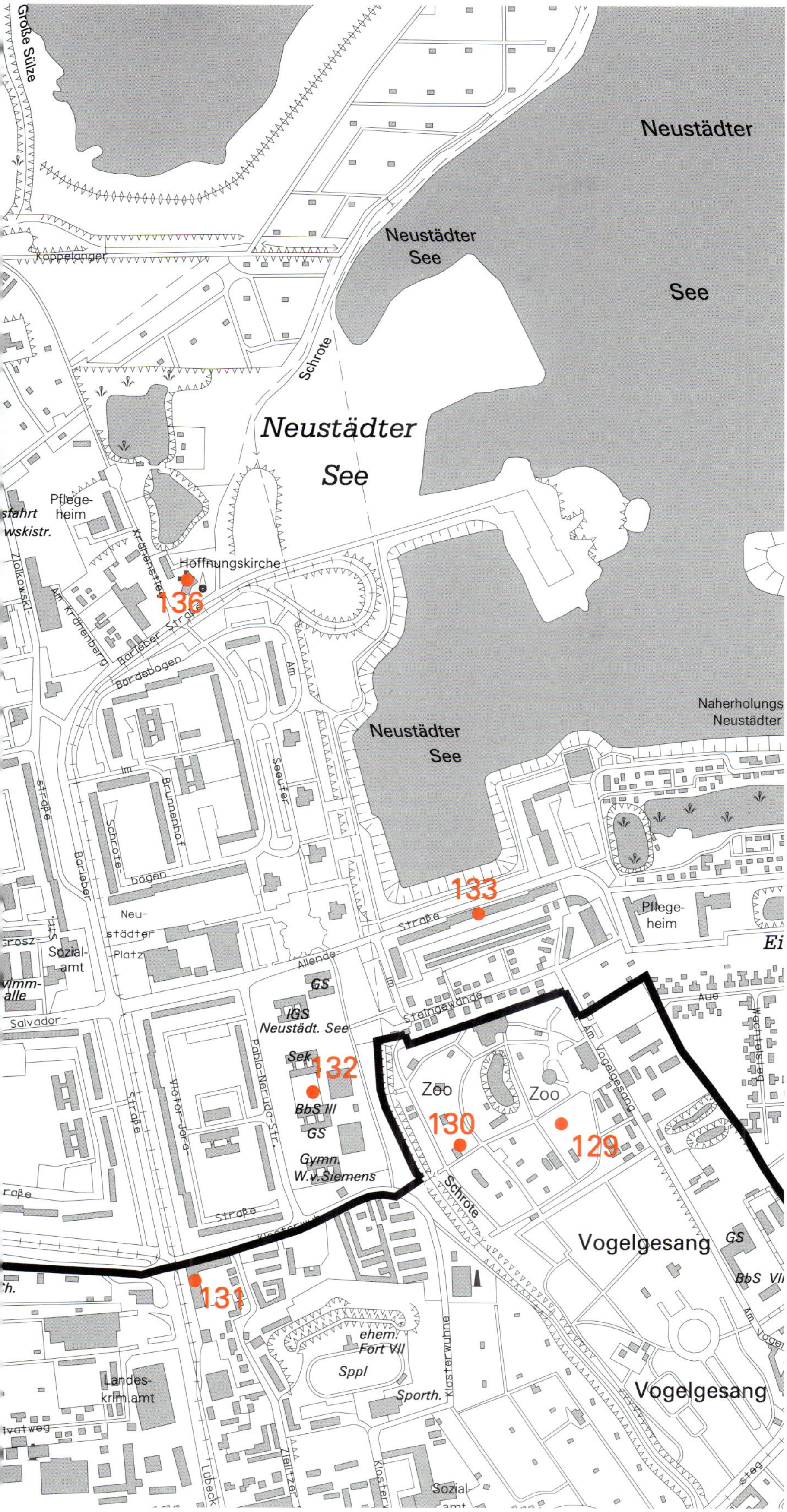

Große Sülze
Koppelanger
Neustädter
Neustädter
See
See
Schrote
Neustädter
See
Pflege-
heim
Hoffnungskirche
136
Krähenstieg
Am Krähenberg
Barleber Straße
Bördebogen
Neustädter
See
Naherholungs
Neustädter
Im Brunnenhof
Seeufer
Schrotebogen
Barleber
Neu-
städter
Platz
Sozial-
amt
133
Straße
Allende-
Pflege-
heim
GS
IGS
Neustädt. See
Sek
132
BbS III
GS
Gymn.
W.v.Siemens
Steingewände
Aue
Zoo
Zoo
130
129
Am Vogelgesang
Pablo-Neruda-Str.
Victor-Jara-
Straße
Salvador-
Schrote
Vogelgesang
GS
BbS VII
131
ehem.
Fort VII
Sppl
Sporth.
Klosterwuhne
Landes-
krim.amt
Vogelgesang
Lübeck
Zielitzer
Sozial-
amt

137
Danziger Dorf
Wenddorfer Weg, Loitscher Weg
1936–1938

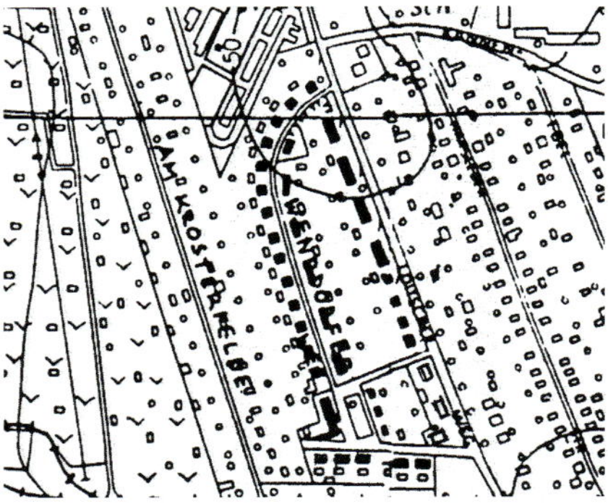

Für die Umsiedlung von Schlesiern nach Magdeburg, die überwiegend Arbeit beim Bau des Mittellandkanals und der Autobahn Hannover-Berlin fanden, wurde die Siedlung erbaut. Die Häuser sind eingeschossig, mit ausgebautem Dachgeschoss. Insgesamt wurden 188 Wohnungen in Doppelhäusern mit vier Wohnungen und in Reihenhäusern mit acht Wohneinheiten nach Plänen des Hochbauamtes der Vereinigten Bauverwaltung gebaut. Die Wohnungen waren in Größe und Ausstattung aufs Einfachste ausgeführt. Obwohl für Familien mit Kindern vorgesehen, verfügten sie nur über eine Wohnküche und zwei Zimmer mit einer Wohnfläche von knapp 50 m^2. Beheizt wurden die Wohnungen nur mit dem in der Wohnküche stehenden Herd. Es gab keinen Anschluss an die Wasserleitung und demzufolge keine Bäder und keine Toiletten in den Wohnungen. Hinter den Häusern lagen kleine Stallgebäude aus Holzfachwerk, in denen sich Trockenaborte befanden, die von mehreren Familien benutzt wurden.
1938 wurde am ehemaligen Dorfanger, im Süden des Wenddorfer Weges, ein Gemeinschaftshaus nach dem Vorbild eines Danziger Vorlaubenhauses errichtet. Diese Bezeichnung leitet sich ab aus der an der Giebelseite im Erdgeschoss befindlichen offenen Vorlaube. Im Vorlaubenhaus waren ein Laden und eine Gastwirtschaft mit einem großen Gemeinschaftsraum untergebracht. Die freiliegenden Deckenbalken im Gemeinschaftsraum waren durch Anstriche verziert, die heute noch teilweise erhalten sind.

Neustädter Feld

Mit dem Wohngebiet Neustädter Feld entsteht von 1977–1983 ein weiterer Wohnstandort entlang der Fernheiztrasse von Rothensee und auf vorwiegend landwirtschaftlich genutzter Fläche. Das 5 000 Wohnungen umfassende Areal grenzt im Osten an den Magdeburger Ring und ist im Norden an den Olvenstedter Graseweg angebunden. In die Planung wird die vorhandene Kleinsiedlung „In den Meerwellen" eingebunden. Das städtebauliche Konzept sieht eine Orientierung der Schulen auf die angrenzende, ehemalige Fortanlage (Fort VI) mit seinen Grünanlagen und den Anschluss an den Bördegarten vor, ein landschaftsgärtnerisch gestalteter Grünbereich zwischen den beiden Neubaugebieten Neustädter Feld und Neu-Olvenstedt. Die Besonderheit bei der Planung dieses Gebietes ist der Versuch, durch Einführung von Sonderelementen im industriellen Wohnungsbau (Ergänzungselement „45 °- Winkel" in der 1961 entwickelten P2-Serie) zu interessanteren Bauformen und Strukturen zu kommen. Leider wurden hier, wie an anderen Standorten die positiven Planungsansätze durch Einsparungsmaßnahmen (6 Geschosse ohne Aufzug) und später verordnete Verdichtungen der Bebauung immer wieder stark gemindert.
14108 EW (31.12.1998)

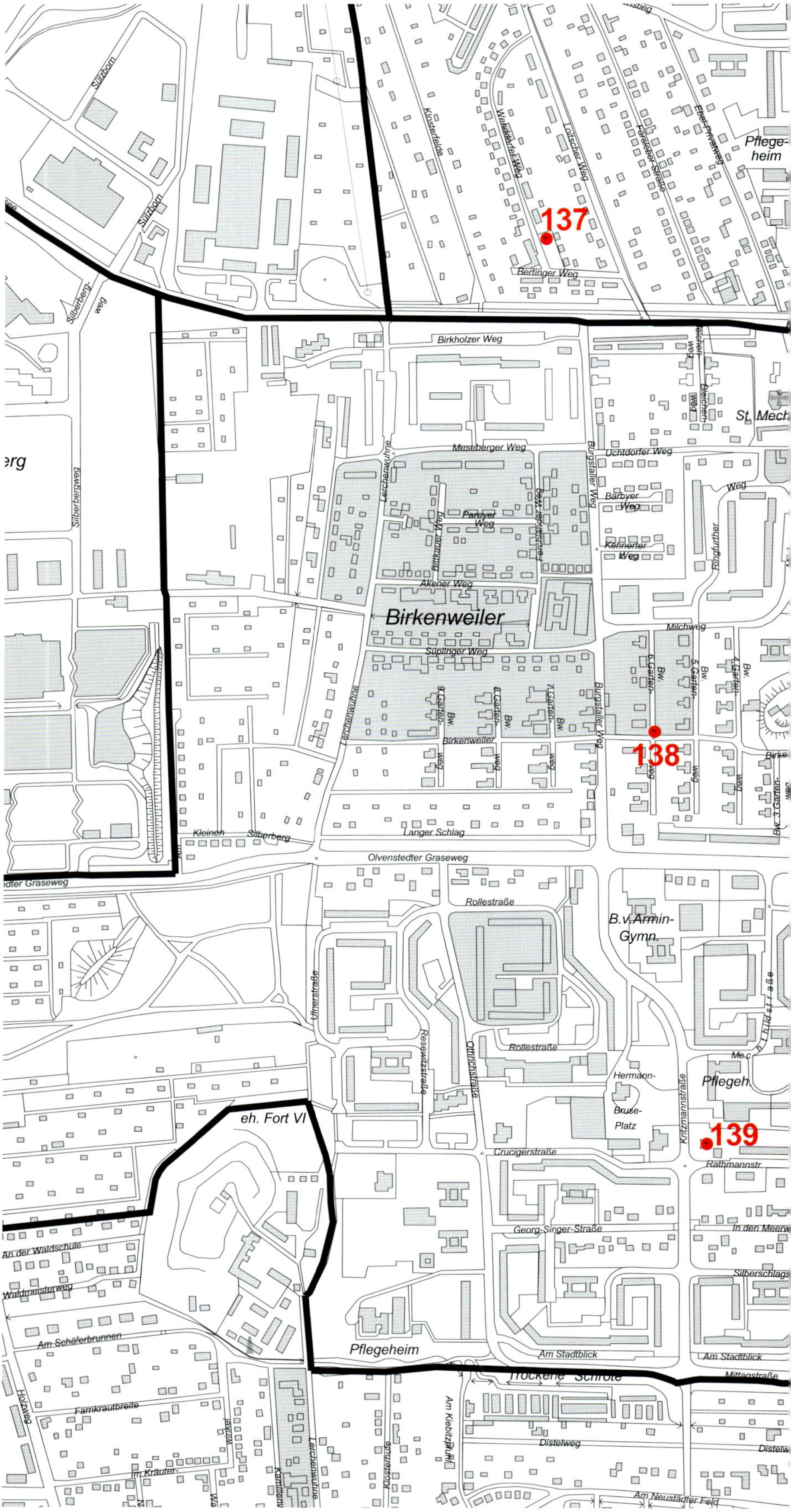
Sülzborn
Sülzborn
Silberberg-
weg
Klosterfelde
Wendorfer Weg
Lotischer Weg
Farsleber Straße
Eber-Privatweg
Pflege-
heim
137
Bertinger Weg
Birkholzer Weg
St. Mech
Meseberger Weg
Burgstaller Weg
Uchtdorfer Weg
erg
Silberbergweg
Lerchenwuhne
Parcyer
Weg
Bittkauer Weg
Barbyer
Weg
Kehnerter
Weg
Ringfurther
Akener Weg
Birkenweiler
Milchweg
Süplinger Weg
Birkenweiler
138
Kleinen
Silberberg
Langer Schlag
Olvenstedter Graseweg
edter Graseweg
Rollestraße
B.v.Armin-
Gymn.
Uhrerstraße
Resewitzstraße
Otfriedstraße
Rollestraße
Hermann-
Bruse-
Platz
Kritzmannstraße
Pflegeh
139
eh. Fort VI
Crucigerstraße
Rathmannstr.
Georg-Singer-Straße
In den Meerw
An der Waldschule
Waldmeisterweg
Silberschlags
Am Schäferbrunnen
Pflegeheim
Am Stadtblick
Am Stadtblick
Trockene Schrote
Mittagstraße
Holzweg
Farnkrautbreite
Distelweg
Distelw
Im Kräuter-
Am Neustädter Feld

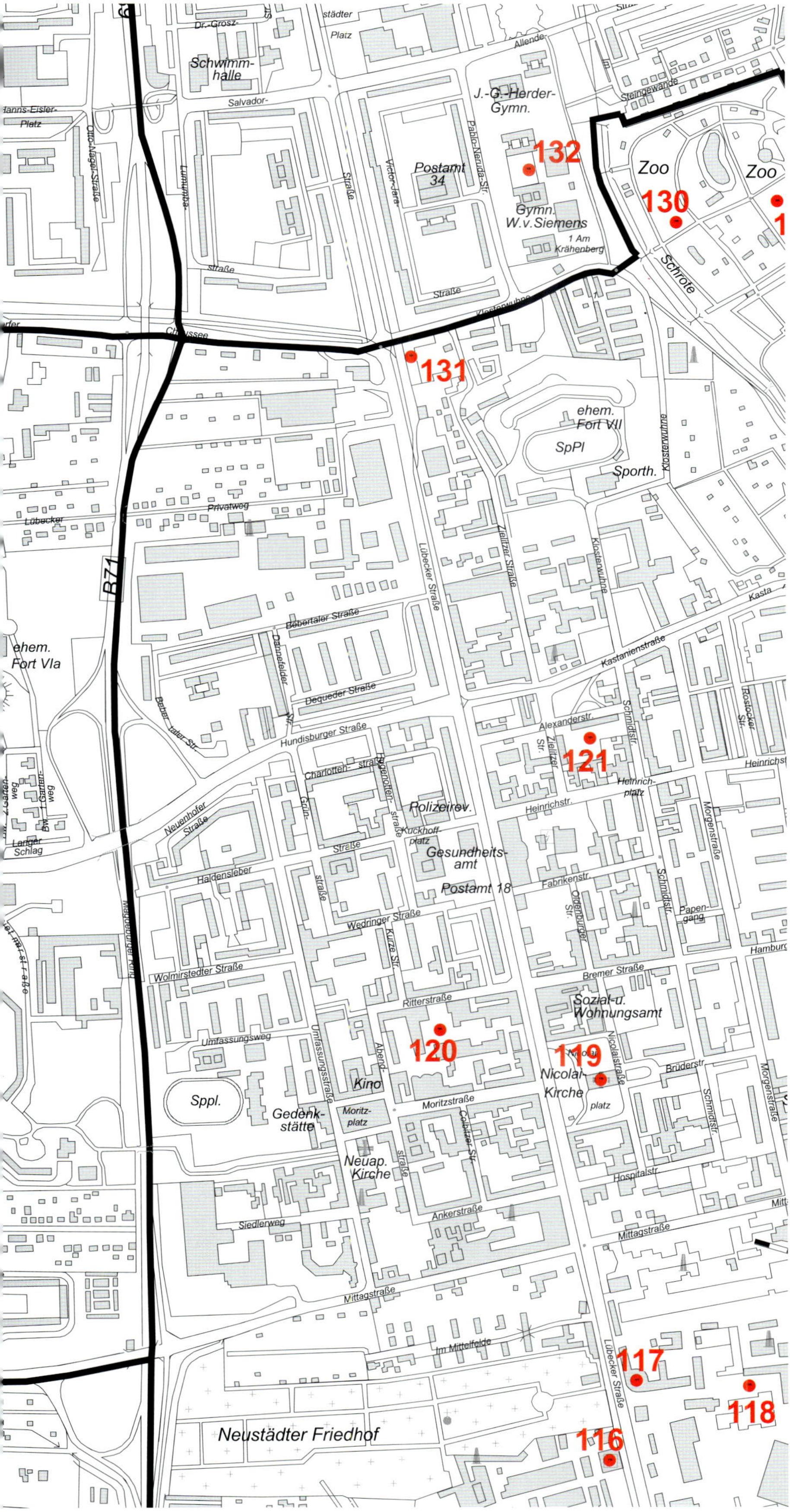

Dr.-Grosz-
Schwimm-
halle
Salvador-
Hanns-Eisler-
Platz
Otto-Nagel-Straße
Lumumba-
straße
Straße
Victor-Jara-
Postamt
34
Pablo-Neruda-Str.
J.-G.-Herder-
Gymn.
132
Gymn.
W.v.Siemens
1 Am
Krähenberg
Straße
Allende-
Steingewände
Zoo
Zoo
130
Schrote
Chaussee
131
ehem.
Fort VII
SpPl
Sporth.
Klosterwuhne
Privatweg
Lübecker
B71
Lübecker Straße
Zielitzer Straße
Klosterwuhne
Bebertaler Straße
Dannefelder
Str.
Dequeder Straße
Kastanienstraße
Kasta
ehem.
Fort VIa
Beber-
taler Str.
Hundisburger Straße
Alexanderstr.
Zielitzer
Str.
Schmidtstr.
121
Heinrich-
platz
Rostocker
Str.
Heinrichst
Langer
Schlag
Neuenhofer
Straße
Charlotten-
straße
Grün-
Rogenotten-
straße
Polizeirev.
Kuckhoff-
platz
Heinrichstr.
Morgenstraße
Haldensleber
Straße
Gesundheits-
amt
Postamt 18
Fabrikenstr.
Oldenburger
Str.
Schmidtstr.
Papen-
gang
Hamburg
Magdeburger Ring
straße
Wedringer Straße
Kurze Str.
Wolmirstedter Straße
Bremer Straße
Ritterstraße
Sozial-u.
Wohnungsamt
Umfassungsweg
Umfassungsstraße
Abend-
120
Kino
119
Nicolai-
Kirche
Nicolaistraße
platz
Brüderstr.
Schmidtstr.
Morgenstraße
Sppl.
Gedenk-
stätte
Moritz-
platz
Moritzstraße
Colbitzer Str.
Neuap.
Kirche
straße
Hospitalstr.
Ankerstraße
Siedlerweg
Mittagstraße
Mittagstraße
Im Mittelfelde
Lübecker Straße
117
118
Neustädter Friedhof
116

138
Birkenweiler, ehem. Stadtrandsiedlung

Gartenweg
1932

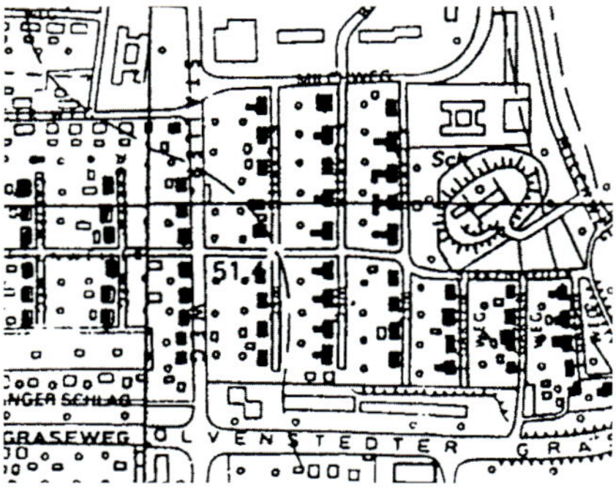

Unter schwierigsten wirtschaftlichen Bedingungen und persönlichem Arbeitseinsatz der Siedler wurde für Erwerbslose die Selbsthilfesiedlung Birkenweiler mit 63 Doppelwohnhäusern errichtet (vgl. 219 u. 186). Jedem Hausteil war ein Stall und ein Nutzgarten zugeordnet, denn die Eigenversorgung war ein wesentlicher Bestandteil der Siedlungskonzeption. Ebenso wie Baupläne waren von der Stadtverwaltung Gartenpläne erarbeitet worden, die einen möglichst hohen Ernteertrag gewährleisten sollten.
Die Häuser bestanden aus einem massiven Erdgeschoss und einem Dachgeschoss aus Holzkonstruktion mit einer Holzstülpverschalung und einem flach geneigten Pultdach. Damit prägten sie das charakteristische Bild der Siedlung. Die Doppelhäuser und die auf der Rückseite der Häuser liegenden zweigeschossigen Anbauten standen jeweils mittig auf der Parzellengrenze, so dass jede Haushälfte L-förmig angelegt war. Der Hauseingang erfolgte durch den Anbau, in dem auch das Treppenhaus, eine Waschküche, ein Abort und der Stall lagen. Der Anbau war über beide Geschosse mit Holz verkleidet.
Im Laufe der Zeit wurden fast alle Häuser in ihrem Aussehen verändert, so dass die gestalterischen Strukturen der zeitgeschichtlich beachtenswerten Siedlung kaum mehr erkennbar sind.
1937 baute der Schokoladenfabrikant Becker am Süplinger Weg sechs Kleinsiedler-Doppelhäuser für Firmenangehörige (sog. „Schweizer Häuser"). Im nördlich anschließenden Siedlungsteil am Milchweg wurden 1938 schlichte Kleinsiedlerstellen errichtet.

139
Würfelhäuser

Cruciger Straße/Rathmannstraße
ab 1978
Städtebaulicher Entwurf: von Horst Heinemann, Christel Ungewitter, Helga Körner, Burkhard Leu
Landschaftsarchitekten: Günter Schöne und Rolf Weinreich
Hochbauentwurf von Christa Schulz und Erich Faber

Das Wohngebiet wird 1977 bis 1983 auf vorwiegend landwirtschaftlich genutzten Flächen errichtet. Ursprünglich ist das Gebiet nur halb so groß geplant (3 250 WE). Das relativ überschaubare Wohngebiet gliedert sich in drei größere Bereiche. Sie gruppieren sich um ein durch vier Hochhäuser markiertes Zentrum. Hier finden auch verschiedene Sonderbauformen Platz, wie die im WBK Magdeburg entwickelten „Würfelhaussegmente". Mit einer überschaubaren Anzahl an Wohnungen ausgestattet, lassen die Würfelhäuser den Versuch einer angemessenen Maßstäblichkeit und Gebäudedimensionierung erkennen. Zugleich stellen die relativ unflexibel orientierten Gebäudeseiten kaum einen traditionellen Bezug zu einem eindeutigen Straßen- und Hofraum her, woraus sich Diskrepanzen zwischen den Wohnungen hinsichtlich ihrer Blickbeziehungen zum umgebenden Stadtraum ergeben.
Insgesamt entstehen im Stadtteil Neustädter Feld 5 000 Wohnungen in der Plattenbauweise P2, die in sechs Wohngruppen verteilt sind. Das Neubauwohngebiet Neustädter Feld dokumentiert den Versuch, die in den großen Gebieten konstatierte Monotonie und Massivität der Bebauung mit den verfügbaren Mitteln und Modifikationen der Großplattenbauweise zu bewältigen. Das lässt sich neben den Würfelhäusern vor allem an den 45° abgewinkelten langen Gebäudezeilen erkennen.

Großer Silberberg

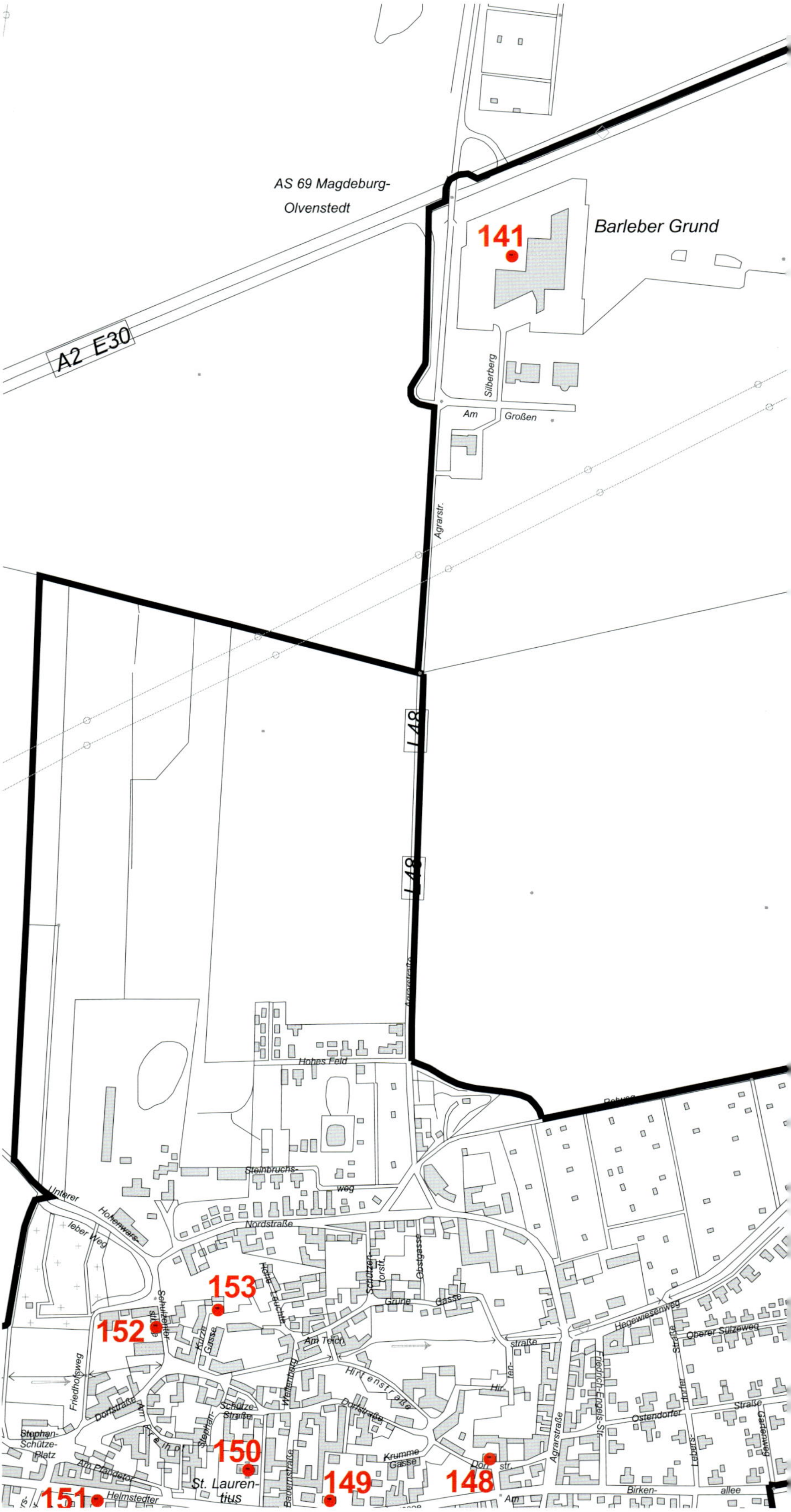
AS 69 Magdeburg-
Olvenstedt
Barleber Grund
141
A2 E30
Silberberg
Am
Großen
Agrarstr.
L48
L48
Hohes Feld
Steinbruchs-
weg
Unterer
Hohenwars-
leber Weg
Nordstraße
153
152
Kurze
Gasse
Grüne
Gasse
Am Teich
Hirtenstraße
Dorfstraße
Friedhofsweg
Stephan-
Schütze-
Platz
Schütze-
Straße
150
St. Lauren-
tius
149
148
Krumme
Gasse
151
Helmstedter
Bauernstraße
Obstgasse
Agrarstraße
Friedrich-Engels-Str.
Hegewiesenweg
Oberer Sülzeweg
Ostendorfer
Straße
Birken-
allee
Gartenweg

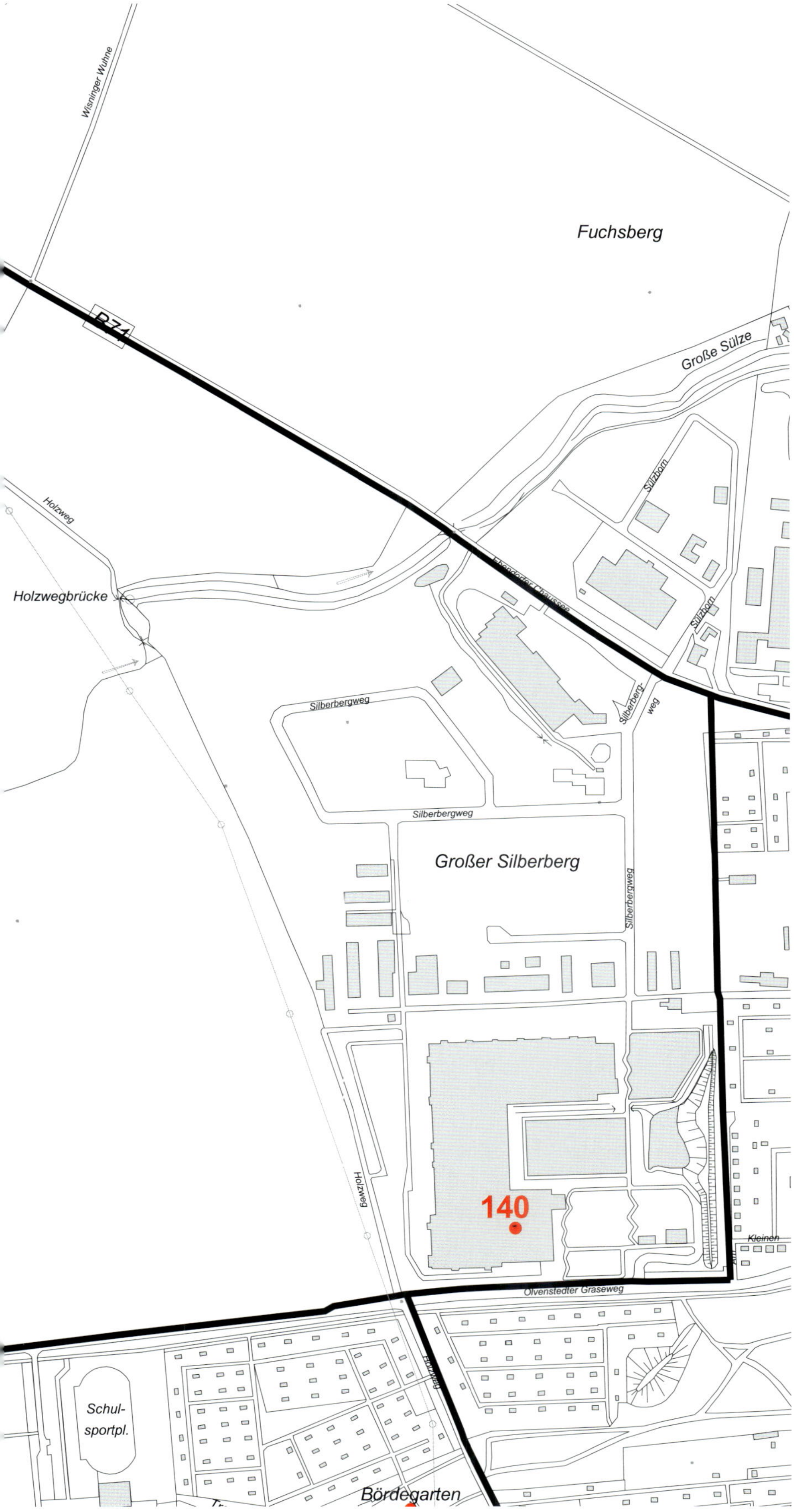
Wisninger Wuhne
Fuchsberg
B71
Große Sülze
Sülzborn
Holzweg
Holzwegbrücke
Ebendorfer Chaussee
Silberbergweg
Silberberg-weg
Großer Silberberg
140
Kleinen
Olvenstedter Graseweg
Schul-sportpl.
Bördegarten

140
Flora-Park
Olvenstedter Graseweg
1993
Harald Deilmann

Mit der Einordnung des Supermarktes auf dem Gelände der ehemaligen Gewächshausanlage wurde einem dringenden Bedürfnis der Bevölkerung der Stadt und ihres Umfeldes Rechnung getragen. Die Besonderheit liegt in der mittelbaren Zuordnung zu den großen Wohngebieten Neustädter Feld, Neu-Olvenstedt und Kannenstieg/Neustädter See. Der „Marktplatz“, den das dreiseitige Objekt umschließt, öffnet sich zu den die Wohnstandorte verbindenden Grünzonen. Die planerische Absicht, ein kommerzielles Zentrum zu erstellen, welches partiell Funktionen eines Stadtteilzentrums übernehmen kann, wurde realisiert, aber nicht genutzt. Die dem Marktplatz zugewandte Seite ist zweigeschossig und bietet Platz für Dienstleistungen, Praxen und Büros.
Neben der gestalterischen Absicht und der städtebaulichen Einordnung bestand für die Planer die Aufgabe, das Projekt in relativ kurzer Zeit zu realisieren. Deshalb wurden vorrangig Stahlbetonfertigteile verwendet. In der Mall wurden die Stützen als Stahlverbundkonstruktion eingebaut. Die Oberlichtzone der Mall ist eine Alu-Glaskonstruktion. Die Dachflächen wurden mit Trapezblech ausgebildet.
Ladenflächen: 70 280 m^2,
Anzahl der Läden/Mietflächen:
81 (zwischen 35 und 20 000 m^2),
Mall/Verkehrsflächen: 8 230 m^2,
Stellplätze: 2 796, Tankstelle.

141
Mercedes Benz, NL Magdeburg
Am Großen Silberberg 3
1993–1994
Rüdiger Schulze

Der Baukomplex an der nördlichen Peripherie der Stadt, unmittelbar an der BAB A2 gelegen, gliedert sich in vier Baukörper: Ausstellungsraum mit einer Stahl/Glas-Fassade, Verwaltungsgebäude, Teilelager und Servicebereich. Die Bauteile sind entlang eines Achsenkreuzes angeordnet; damit ist im Bedarfsfall eine bauliche Erweiterung eines jeden Bereiches auf dem 47 000 m^2 großen Areal problemlos möglich. Für das rund 30 Millionen DM teure Projekt wurden u.a. 4 000 m^3 Beton, 260 t Stahl und 600 t Profilstahl benötigt. Durch den Haupteingang, überspannt mit einer markanten Zeltdachkonstruktion, erreichen Kunden und Besucher den sogenannten Betriebsstern. Dieses Konzept entspringt einer mercedesinternen Gestaltungsphilosophie, die alle kundenrelevanten Bereiche, wie Empfang, Cafeteria, Zubehörshop und Kundendienst in einem Punkt bündelt. Die bauliche Entsprechung ist der kreisförmige Grundriss und die besondere Höhe in der Gebäudehierarchie. So ergibt sich für den Kunden ein „Rundumerlebnis“ und eine leichte Orientierung. Dieser Effekt wird durch eine Fußbodenerhöhung im zentralen Bereich noch gesteigert. Der Verkaufsbereich wird durch die Transparenz der Fassade und die großzügigen Dachoberlichter (Membrankonstruktion) natürlich belichtet. Der Ausstellungsraum ist zugleich Verkaufshaus, Begegnungsstätte und Ort für kulturelle Veranstaltungen.

Nordwest

Der Name des 4 780 Einwohner zählenden Stadtteiles kennzeichnet seine Lage im Stadtgefüge. Im Süden grenzt er an Stadtfeld Ost, im Westen an Neu-Olvenstedt und im Norden schließt das Neustädter Feld an. Die östliche Begrenzung wird durch den Magdeburger Ring tangiert. Die städtebauliche Struktur dieses mit Kleingartenanlagen durchsetzten Siedlungsgebietes basiert auf dem Generalsiedlungsplan der frühen dreißiger Jahre des vorigen Jahrhunderts. Den Kern des Stadtteiles bildet die Hugo-Junkers-Siedlung, sie wird in den Jahren 1936–1939 durch die Mitteldeutsche Heimstätte GmbH für Angestellte und Arbeiter der Magdeburger Junkers-Motorenwerke errichtet. Heute begeht der Siedlerverband Nordwest e.V. als Nachfolge-Verband den 65. Jahrestag der Grundsteinlegung.
An der Grenze zum Stadtteil Neustädter Feld kann der Interessierte noch ein Stück aus der Festungsgeschichte Magdeburgs entdecken. 1866–1873 werden nach der neupreußischen Festungsmanier rund um die Stadt 13 Forts errichtet. Reste des Fort VI sind An der Waldschule vorhanden.

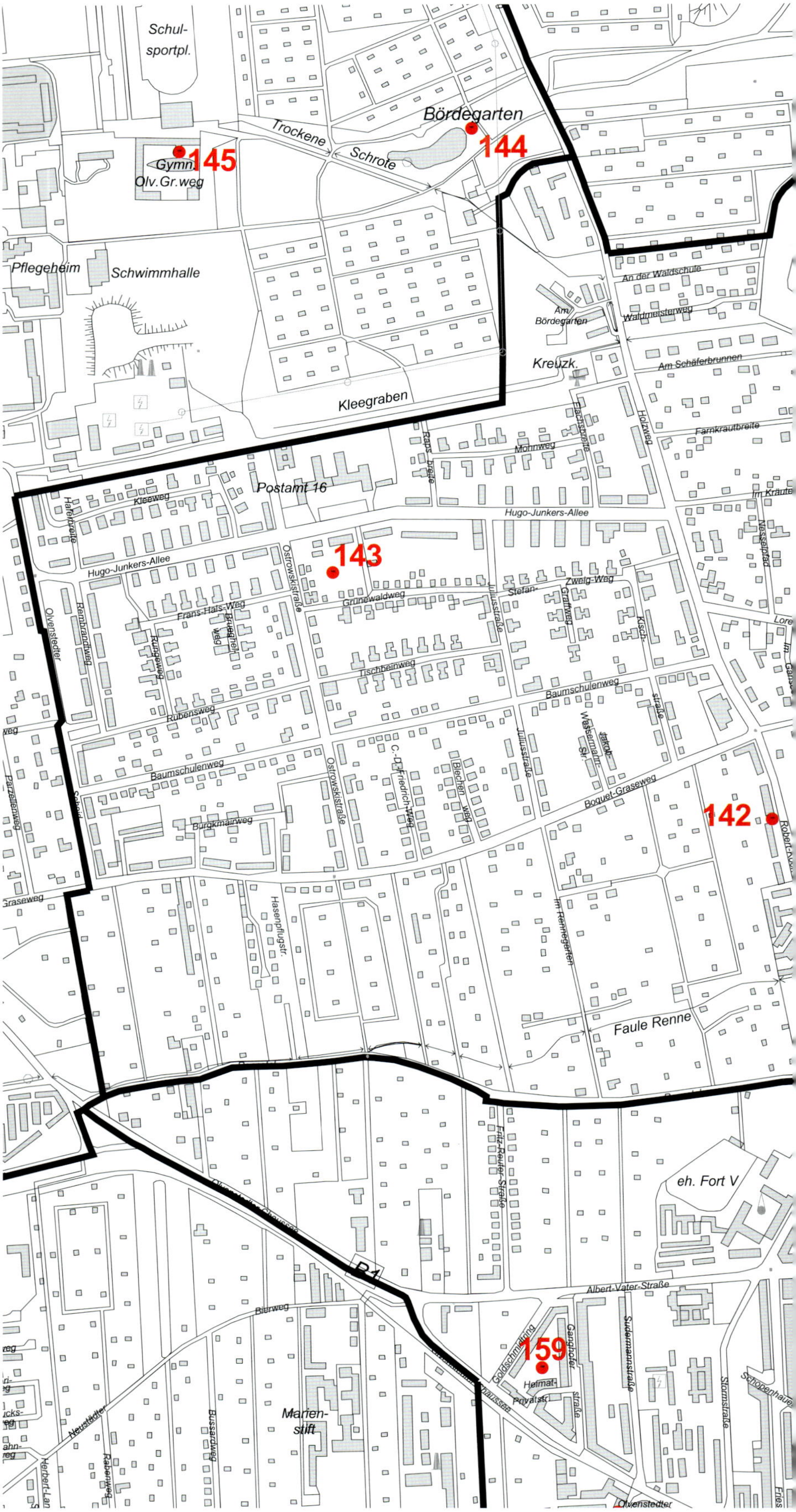
Schul-
sportpl.
Bördegarten
144
Trockene
Schrote
145
Gymn.
Olv.Gr.weg
Pflegeheim
Schwimmhalle
Kleegraben
Kreuzk.
Am Bördegarten
An der Waldschule
Waldmeisterweg
Am Schäferbrunnen
Farnkrautbreite
Holzweg
Flachsbreite
Mohnweg
Rapsbreite
Postamt 16
Kleeweg
Haferbreite
Hugo-Junkers-Allee
143
Ostrowskistraße
Grünewaldweg
Frans-Hals-Weg
Brueghelweg
Rembrandtweg
Olvenstedter
Rungeweg
Rubensweg
Tischbeinweg
Juliusstraße
Stefan-Zweig-Weg
Graffweg
Kirsch-straße
Baumschulenweg
Wassermann-Str.
Jakob-
Boquet-Graseweg
142
C.-D.-Friedrich-Weg
Blechenweg
Burgkmairweg
Graseweg
Parzellenweg
Hasenpflugstr.
Im Rennegarten
Faule Renne
Fritz-Reuter-Straße
eh. Fort V
B1
Albert-Vater-Straße
Bierweg
Goldschmiedring
159
Ganghoferstraße
Heimat-Privatstr.
Sudermannstraße
Stormstraße
Schopenhauer
Marien-stift
Neustädter
Bussardweg
Rabenweg
Herbert-Lan
Olvenstedter

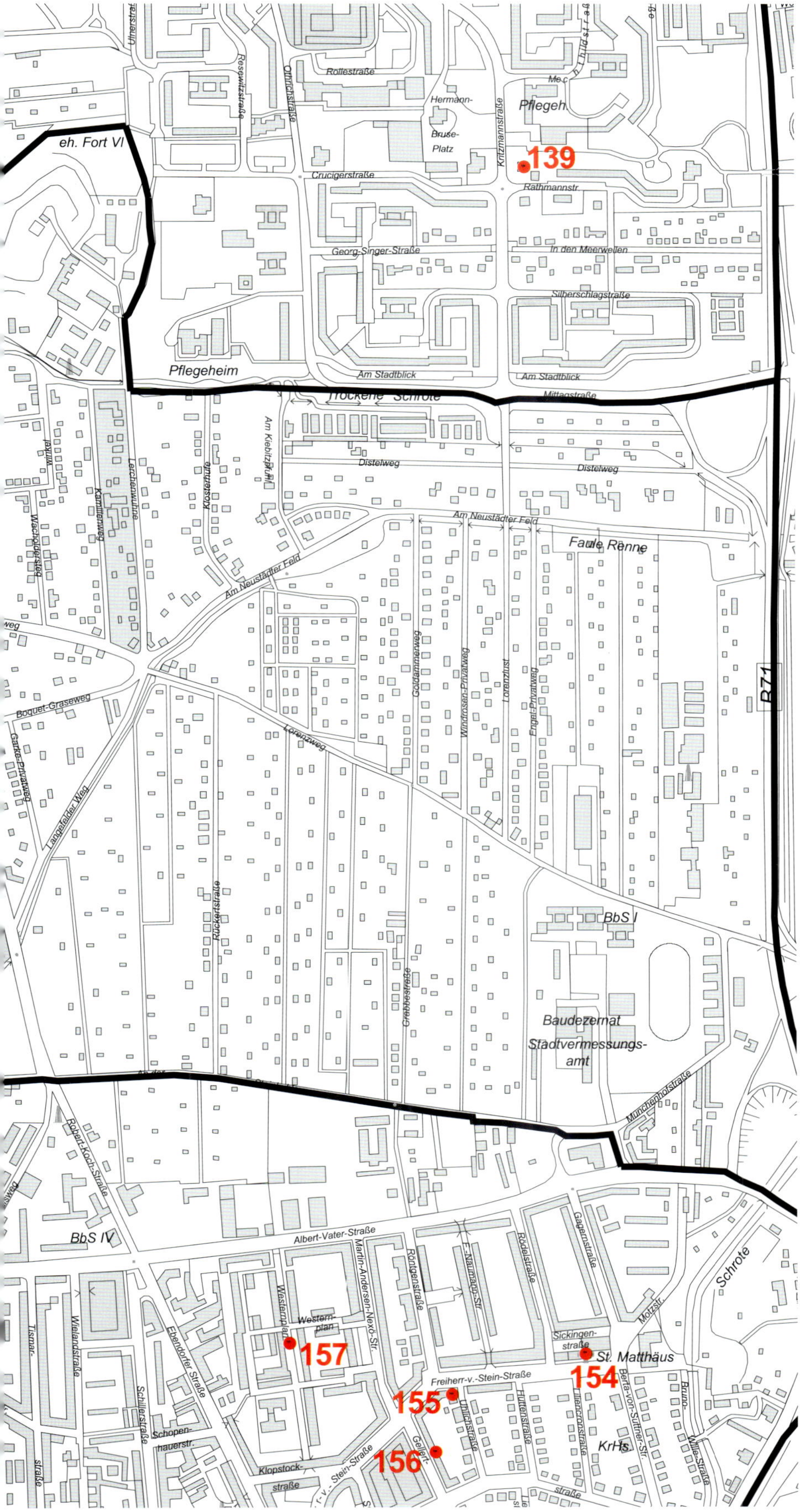

eh. Fort VI
Rollestraße
Hermann-
Bruse-
Platz
Kritzmannstraße
139
Crucigerstraße
Rathmannstr
Georg-Singer-Straße
In den Meerwellen
Silberschlagstraße
Pflegeheim
Am Stadtblick
Am Stadtblick
Trockene Schrote
Mittagstraße
Distelweg
Distelweg
Am Kiebitzpfuhl
Klosterhufe
Lerchenwuhne
Kamillenweg
Am Neustädter Feld
Am Neustädter Feld
Faule Renne
Goldammerweg
Windrosen-Privatweg
Lorenzlust
Engel-Privatweg
Lorenzweg
Boquet-Graseweg
Garke-Privatweg
Langefelder Weg
Rückertstraße
Grebbestraße
B71
BbS I
Baudezernat
Stadtvermessungs-
amt
Münchenhofstraße
Robert-Koch-Straße
BbS IV
Albert-Vater-Straße
Martin-Andersen-Nexö-Str.
Röntgenstraße
F.-Naumann-Str.
Rodelstraße
Gagernstraße
Schrote
Motzstr.
Westernplan
Western-
plan
157
Sickingen-
straße
St. Matthäus
154
Freiherr-v.-Stein-Straße
155
Uhlichstraße
Huttenstraße
Liliencronstraße
Berta-von-Suttner-Str.
Bruno-
Wille-Straße
KrHs.
156
Gellert-
Klopstock-
straße
Schopen-
hauerstr.
Schillerstraße
Ebendorfer Straße
Wielandstraße

142
Siedlungsanlage Robert-Koch-Straße
Robert-Koch-Straße
um 1950
Herwig Hrussa

Im südlichen Anschluss an die ab 1936 durch die Mitteldeutsche Heimstätte GmbH errichtete „Hugo-Junkers-Siedlung" in Magdeburg-Nordwest wird 1950 an der Robert-Koch-Straße vom Landesprojektierungsbüro Sachsen-Anhalt, Zweigbüro Magdeburg unter Federführung von Herwig Hrussa ein Projekt zu einer Baugruppe für vier zweigeschossige Hauseinheiten mit insgesamt 63 Wohnungen und zugehörigem Nebengelass erarbeitet. Offenbar gehört dieses Vorhaben zu einem speziellen „Bauprogramm für den Stadtrand" aus dem Jahre 1950. Dabei finden traditionell und bescheiden gestaltete zweigeschossige Gebäude mit 45°-geneigten Satteldächern Verwendung, die sich typologisch an die Mehrfamilienhäuser in der Hugo-Junkers-Allee anlehnen. Laut Karte des Stadtbauamtes von 1949 werden auch verschiedene Schäden in der Hugo-Junkers-Siedlung selbst als Baumaßnahme registriert. Insgesamt verweist dieses kleine Bauensemble auf die Kontinuitäten der Siedlungsentwicklung von Magdeburg, die erst zu Beginn der 50er Jahre durch eine Zentralisierung und Verstaatlichung des Wohnungsbaus unterbrochen werden.

143
Ehem. Hugo-Junkers-Siedlung
Hugo-Junkers-Allee, Holzweg, Rembrandtweg, u. a.
1936–1939

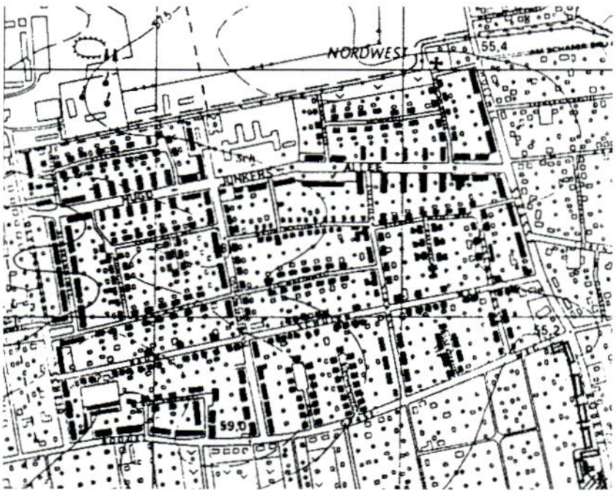

Ab 1936 baute die Mitteldeutsche Heimstätte GmbH für Arbeiter und Angestellte der Hugo Junkers Motorenwerke hier über 600 Wohnungen. Die flächenmäßig sehr große Siedlung wird durch die Hugo-Junkers-Allee, den Bouquet-Graseweg, die Robert-Koch-Straße und den Olvenstedter Scheid begrenzt.
Ein eindeutiges städtebauliches Konzept mit einer gestaltenden Strukturierung und Zuordnung der unterschiedlichen Haustypen ist in der Siedlung nicht zu erkennen. Im Norden, Osten und Westen umgibt eine zweigeschossige Bebauung in größeren Wohnblöcken, so genannte Volkswohnungen, die Siedlung. Der Wechsel von traufständigen und giebelständigen Bauten schafft hier eine Abwechselung und betont Straßeneinmündungen. Innerhalb dieser umgebenden Bebauung wurden an Wohnstraßen verschiedenste Haustypen realisiert, überwiegend eingeschossige Doppelwohnhäuser, als Siedlerstelle mit einem kleinen Stallgebäude im Garten, aber auch Einzelsiedlerstellen, Zweifamilienreihenhäuser und Vierfamilienhäuser. In der Regel wurde an einer Straße, zumindest an einer Straßenseite, ein einheitlicher Haustyp errichtet.
Alle Häuser der Siedlung waren mit einem steilen Satteldach versehen, und die Architektur war ebenso schlicht wie der Ausstattungsstandard.
An der Robert-Koch-Straße wurde die Siedlung in südlicher Richtung 1950 durch vier zweigeschossige Hauseinheiten mit 63 Wohnungen ergänzt. Die Häuser entsprachen in Gestalt und Ausstattung denen der Volkswohnungen aus den dreißiger Jahren.

Neu-Olvenstedt

Neu-Olvenstedt liegt im Nordwesten der Stadt, zwischen Alt-Olvenstedt und Nordwest. Alle drei Stadtteile bilden den Stadtbezirk III.

1977 beginnt die Planung für den Experimentalkomplex, die für 40000 Einwohner ausgelegt ist. Gebaut werden nur ca. 12 700 Wohnungen. Das Experiment basiert auf einem Abkommen vom Dezember 1975, zwischen der UdSSR und der DDR und hatte das Ziel, gemeinsam neue Erkenntnisse für den Wohn- und Gesellschaftsbau zu gewinnen. Die Planer verbinden mit der Aufgabe, das Wohnungsproblem bis 1990 zu lösen, auch eine städtebauliche Vision: viel Grün, Naturnähe, Erholung und Ruhe im Wohnbereich. Andererseits pulsierendes Leben, kurze Wege zum Einkauf und zur Haltestelle der Straßenbahn, die den jüngsten und größten Stadtteil mit dem 4 km entfernten Zentrum verbindet. Auf dieser Grundidee beruht das städtebauliche Konzept, mit dem zentralen Parkweg, dem die soziale Infrastruktur zugeordnet ist und den benachbarten Wohnquartieren, mit verkehrsfreien Innenbereichen. Nach 1990 wird das, in vielen Dingen unfertige Wohngebiet zum Problemkind der Stadt. Aber entgegen allen Horror-Szenarien entwickelt sich dieser Stadtteil zu einem normalen Stadtorganismus. Der im Frühjahr 1997 gegründete Bürgerverein betreibt mittlerweile ein Bürgerbüro und ist mit seinen vielfältigen Aktivitäten ein unverzichtbarer Faktor für die Entwicklung des Wohngebietes als Gemeinwesen geworden. 22 907 EW (31.12.1998).

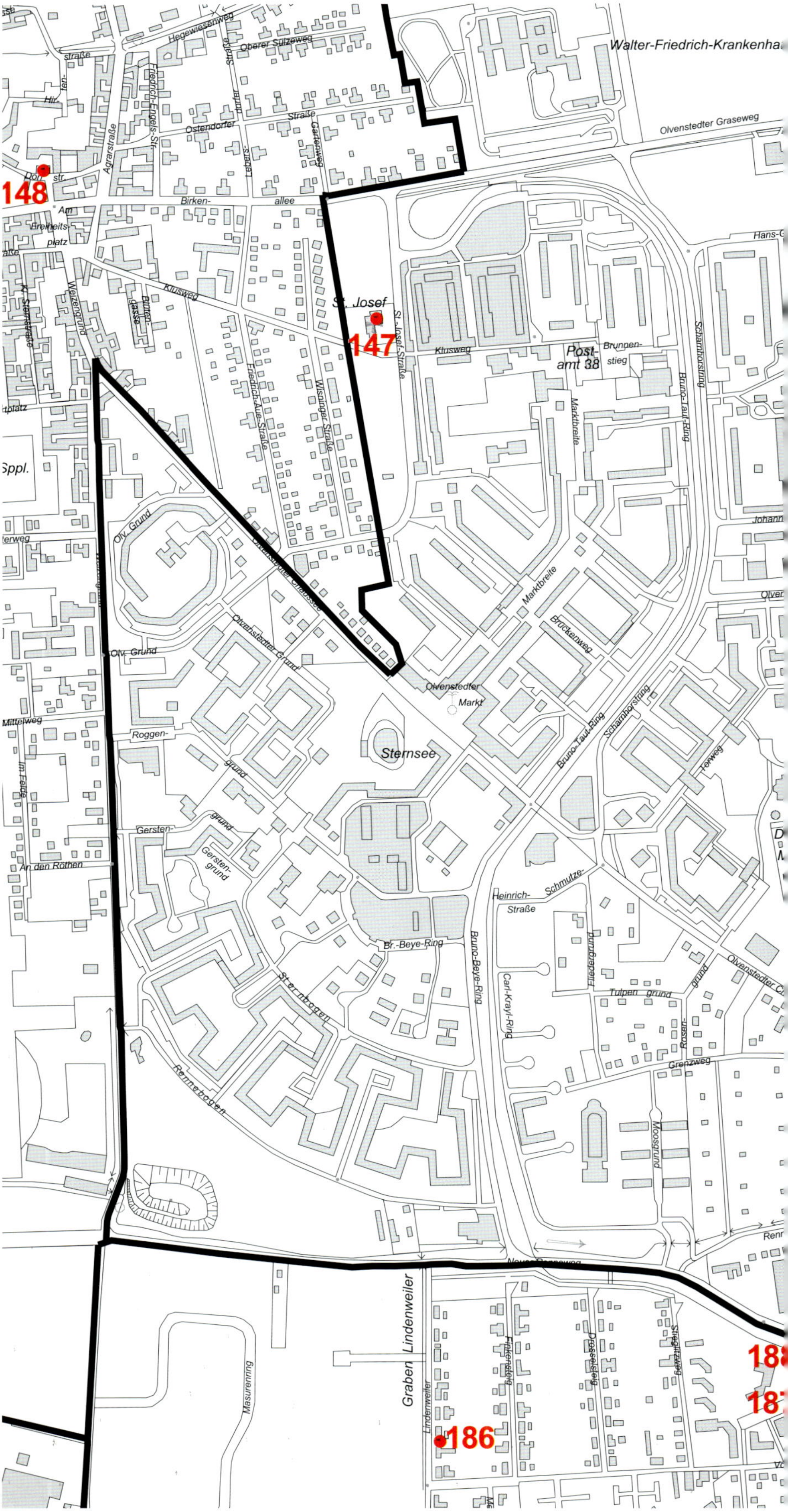
Walter-Friedrich-Krankenha
Hegewiesenweg
Oberer Sülzeweg
Friedrich-Engels-Str.
Agrarstraße
Ostendorfer Straße
Gartenweg
Olvenstedter Graseweg
148
Dorfstr.
Birkenallee
Am Freiheitsplatz
Kl. Sternstraße
Weizengrund
Butten-gasse
Klusweg
St. Josef
147
St.-Josef-Straße
Friedrich-Aue-Straße
Wisinger Straße
Post-amt 38
Brunnenstieg
Marktbreite
Scharnhorstring
Bruno-Taut-Ring
Hans-
Sppl.
Olv. Grund
Olvenstedter Chaussee
Olvenstedter Grund
Olvenstedter Markt
Brückenweg
Johann
Olver
Mittelweg
Roggengrund
Sternsee
Torweg
Im Felde
Gerstengrund
An den Röthen
Heinrich-Schmutzer-Straße
Br.-Beye-Ring
Bruno-Beye-Ring
Carl-Krayl-Ring
Fliedergrund
Tulpengrund
Rosengrund
Olvenstedter Ch
Sternbogen
Grenzweg
Rennebogen
Moosgrund
Rennweg
Neuer Rennweg
Graben Lindenweiler
Lindenweiler
Masurenring
Finkensteg
Drosselsteg
Stieglitzweg
186
188
187

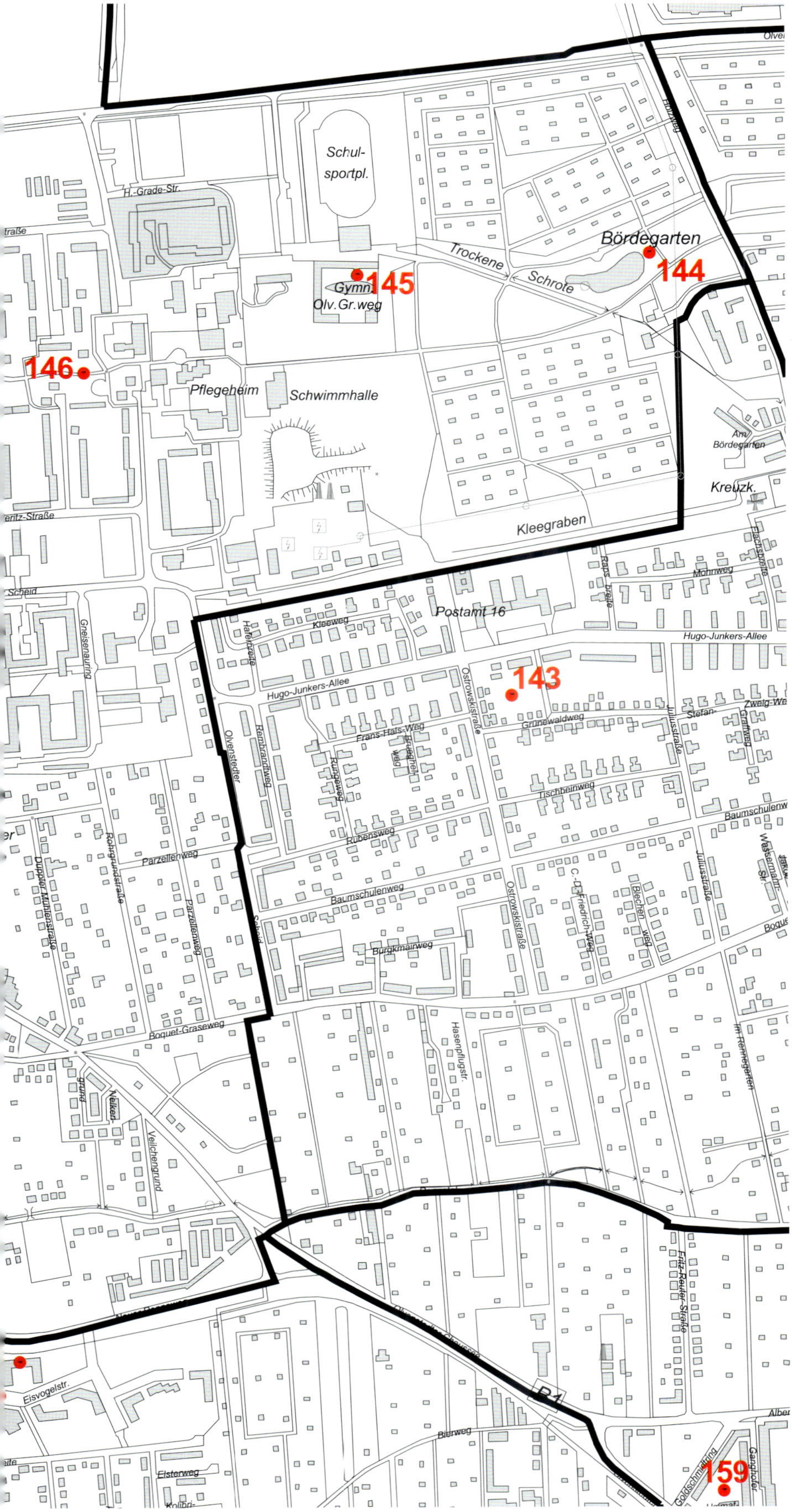
Schul-
sportpl.
H.-Grade-Str.
Trockene
Schrote
Bördegarten
144
Gymn.
145
Olv.Gr.weg
146
Pflegeheim
Schwimmhalle
Am Bördegarten
Kreuzk.
Kleegraben
Postamt 16
Kleeweg
Mohnweg
Hugo-Junkers-Allee
143
Hugo-Junkers-Allee
Ostrowskistraße
Grünewaldweg
Frans-Hals-Weg
Juliusstraße
Zweig-Weg
Gneisenauring
Olvenstedter
Rembrandtweg
Rungeweg
Tischbeinweg
Baumschulenweg
Rubensweg
Parzellenweg
Rohrgrundstraße
Düppler Mühlenstraße
Baumschulenweg
Ostrowskistraße
C.-D.-Friedrich-Weg
Blechenweg
Juliusstraße
Burgkmairweg
Parzellenweg
Boquet-Graseweg
Hasenpflugstr.
Im Hennegarten
Veilchengrund
Fritz-Reuter-Straße
B1
Eisvogelstr.
Bierweg
Elsterweg
159
Goldschmiedring
Ganghofer

144
Bördegarten
Olvenstedter Graseweg
1989–1992

Der Bördegarten ist der jüngste unter den Magdeburger Parkanlagen und verbindet die Wohngebiete Olvenstedt und Neustädter Feld miteinander. Bereits zu Beginn der 80er Jahre im Zuge des Aufbaus beider Neubauviertel wurde dieser Bereich in den Planungen als Reservestandort für einen Wohngebietspark ausgewiesen. Beabsichtigt war die Neugestaltung eines 42 ha umfassenden Geländes, wovon 18 ha als öffentliche Freifläche und 24 ha zur Nutzung als Kleingartenanlage vorgesehen waren.
Im Januar 1989 wurde mit den Bodenmodellierungsarbeiten für den öffentlichen Bereich begonnen, gleichzeitig begann man mit den Bauarbeiten für die Kleingartenanlage. Im öffentlichen Bereich wurde ein 12 m hoher Rodelhügel aufgeschüttet, an dessen Südhang 1992/94 ein Spielplatz gestaltet wurde.

145
Albert-Einstein-Gymnasium
Olvenstedter Graseweg 36
1994–1996
Brockmann + Schulz

Am westlichen Rand des Bördegartens, zwischen Neu-Olvenstedt und Neustädter Feld gelegen, wurde auf einer Fläche von 25 000 m^2 das Albert-Einstein-Gymnasium errichtet. In der dreigeschossigen Anlage können bis zu 900 Schüler unterrichtet werden. Der L-förmige Baukörper umschließt einen nüchternen Schulhof, der sich nach Süden öffnet, mit freiem Blick in die offene Landschaft. Das streng gegliederte Schulgebäude mit seiner dunklen Klinker-Lochfassade wird durch unterschiedlich gestaltete Funktionsbauten ergänzt und in seiner Strenge gemildert. Der „gläserne“ Bibliotheksturm, eine Stahlrahmen-Glas-Konstruktion, setzt an der Ostseite einen wichtigen Höhenakzent. Er ist dafür ausgelegt, Sonnenkollektoren und ein Planetarium aufzunehmen. Die ovale, zweigeschossige Pausenhalle und Aula mit ihrer leichten Holz-Glas-Fassade gliedert optisch den Schulhof. Die südöstliche Ecke des Schulgeländes nimmt der „Musikkubus“ ein. In ihm sind Kunst- und Musikräume untergebracht. Dem Schulgebäude vorgelagert, befindet sich die Sporthalle, die sich mit ihrer großen Glasfront zum angrenzenden Sportplatz hin öffnet.

146
Experimentalwohnkomplex Olvenstedt WK I

Parkweg
1981–1999
Städtebauliche Planung: Siegfried Klügel (als „Komplexarchitekt“);
Hans Peter Kirsch, Werner Rietdorf, Institut für Städtebau und Architektur (ISA);
Klaus Eschke, Friedrich Jakobs u.a. Mitarbeiter im Büro des Stadtarchitekten Magdeburg
Hochbauentwurf: Johannes Schroth, Karin Rode, Lydia Schultze, Lothar Ferchland
Freiflächenkonzepte: Günter Schöne, H. und E. Becker, Herbert Schmalenberg

Die Errichtung eines großen Experimentalwohnkomplexes in Magdeburg geht auf ein Regierungsabkommen vom 9.12.1975 zwischen der UdSSR und der DDR auf dem Gebiet des Wohnungs- und Gesellschaftsbaus zurück. Dabei wird für Magdeburg die Stadt Gorki an der Wolga als Partnerstadt bestimmt, wo zeitgleich ebenfalls ein großes Wohnungsbauexperiment beginnt. Vergleiche und Präsentationen auf hoher und höchster Ebene werden dadurch möglich.
Nach verschiedenen Präzisierungen der zugrunde liegenden städtebaulichen Leitplanung gliedert sich das Wohngebiet heute in fünf Bauabschnitte, die den Ablauf der Realisierung dokumentieren. Sie werden von Nordosten beginnend durch einen doppelten Bogen, der im Südosten in die alte Stadtstruktur einbindet, von einem differenziert gestalteten, 2,5 km langen Fußgängerbereich durchzogen, an dem die wichtigsten Versorgungsbereiche und kleine gesellschaftliche Einrichtungen angeordnet sind. Er hat, den Intentionen der Planer zufolge, am Parkweg im I. Bauabschnitt eine kleinteilige, durch Wohngemeinschaftseinrichtungen geprägte Struktur, setzt sich über den „Brunnenstieg“ im II. Bauabschnitt über eine passagenartige Gestaltung der so genannten „Marktbreite“ fort, wo am Stern ein regelrechter Markt als Platzraum ausgeformt ist.

Im I. Bauabschnitt, insbesondere im Bereich Hans-Grade-Straße, wird ab 1978 die auf einem 6-m-Raster basierende Großplattenweise „WBS 70“ angewendet. Sie erlaubt die Gestaltung eines städtebaulichen Raumsystems, das in Fußgängerbereiche mit eingeordneten Wohngemeinschaftseinrichtungen und außenliegenden Erschließungsstraßen organisiert ist. Die einzelnen fünfgeschossigen Gebäudeabschnitte sind auf Grund technologischer Differenzierungsmöglichkeiten mit Durchgängen, relativ kurzen sowie unterschiedlichen Hauseinheiten oder wahlweise anzuordnenden Balkonseiten ausführbar. Das Wohnungssortiment der „WBS 70“ findet in einer Mischung von Ein- bis Vierraumwohnungen Anwendung. Ein besonderes Merkmal zahlreicher Gebäude sind die „6-m-Balkone“ sowie natürlich belichtete Treppenhäuser mit einem erdgeschossigen Hausdurchgang. Hinzuweisen ist besonders auf die Integration von in farbiger Keramik ausgeführten bildkünstlerischen Elementen.

147
St.-Josef Kirche

St.-Josef-Straße 13
1986–1991
Horst Freitag, Ralf Niebergall

Die Planung für das Katholische Gemeindezentrum „St. Josef" wurde bereits 1985 im WBK Magdeburg unter der Leitung von Horst Freitag begonnen. Ab 1987 übernahm der Architekt des Bischöflichen Amtes Magdeburg, Ralf Niebergall, die Leitung der Planung. Unter Beibehaltung der Grundrisse und der Baukörperbildung überarbeitete er die Fassadengestaltung und konzipierte einen neuen Turmhelm. Die Kirche wurde nach mehreren Bauunterbrechungen am 26. Oktober 1991 geweiht. Das Gemeindezentrum ist als zusammenhängender Komplex stark differenzierter Baukörper zweiseitig um den Kirchplatz gruppiert. Mit vielfältig ineinander verschränkten, schiefergedeckten Dächern und bodenständigen Putzfassaden nimmt das Gemeindezentrum eine enge Beziehung zum westlich angrenzenden Dorfkern von Alt-Olvenstedt auf. Im NW erhebt sich zwischen Gemeindezentrum und Kirche der Glockenturm als weithin sichtbares Zeichen. Der gedrungen rechteckige Kirchengrundriss ist mit einer innen holzverschalten Satteldachkonstruktion aus Holzleimbindern überspannt. Von langen Fensteröffnungen begleitete, sandsteinverkleidete Stützen betonen die Konstruktion und gliedern die Ostfassade der Kirche. Ein dreieckiger Erker bildet im Innern eine Art Sakramentskapelle. Der Altarraum wird von einem Kreissegment gefasst, das durch seitliche Fenster eine indirekte Belichtung ermöglicht. Die künstlerische Gestaltung der Kirchenfenster wurde von Maren-Magdalena Sorger, Magdeburg übernommen.

Alt Olvenstedt

Alt Olvenstedt gehört zu den am frühesten genannten Orten im Raum Magdeburg. Bereits 965 ist beschrieben, dass Otto I. dem Moritzkloster das Zehntrecht in Olvenstedt übertrug. 1351 verkaufte Erzbischof Otto das Dorf dem Propst und damit dem Magdeburger Domkapitel, das somit Grund- und Gerichtsherr in Olvenstedt war. Schon im Mittelalter gehörte Olvenstedt zu den größten Dörfern des Gebietes um Magdeburg. Die Landwirtschaft und die bereits im 15. Jahrhundert erwähnten zahlreichen Grauwacke-Steinbrüche, deren Material u.a. für den Bau der Türme des Magdeburger Domes und später für den Bau der Festungsanlagen benutzt wurde, bieten viele Arbeitsplätze. Der Dreißigjährige Krieg und die französische Besatzung Anfang des 19. Jahrhunderts bringen viel Elend und Zerstörung mit sich.

Der historische Ortskern von Alt Olvenstedt weist heute noch die charakteristischen Strukturen eines für die Börde typischen, organisch über Jahrhunderte gewachsenen Haufendorfes auf. In diesem Bereich nördlich der Helmstedter Chaussee prägen die geschwungenen Straßenführungen mit z.T. sehr geringen Wegbreiten und der ursprünglichen Pflasterung das Erscheinungsbild. Die historischen Hofanlagen und Gehöfte (Vierseitengehöfte) liegen oft unmittelbar an der Straße und werden von dieser durch die Gebäude und hohe Bruchsteinmauern abgeschirmt. Die Siedlungserweiterung aus dem auslaufenden 19. Jahrhundert im Bereich der Agrarstraße wird charakterisiert durch geomertrisch strengere Blockstrukturen. Durch die Eingemeindung 1979 und die Entstehung des Neubaugebietes Neu-Olvenstedt bis Ende der achtziger Jahre in Plattenbauweise wird die bis dato räumliche Abgrenzung zum Stadtgebiet von Magdeburg aufgehoben und der eigenständige dörfliche Charakter nachhaltig verändert.

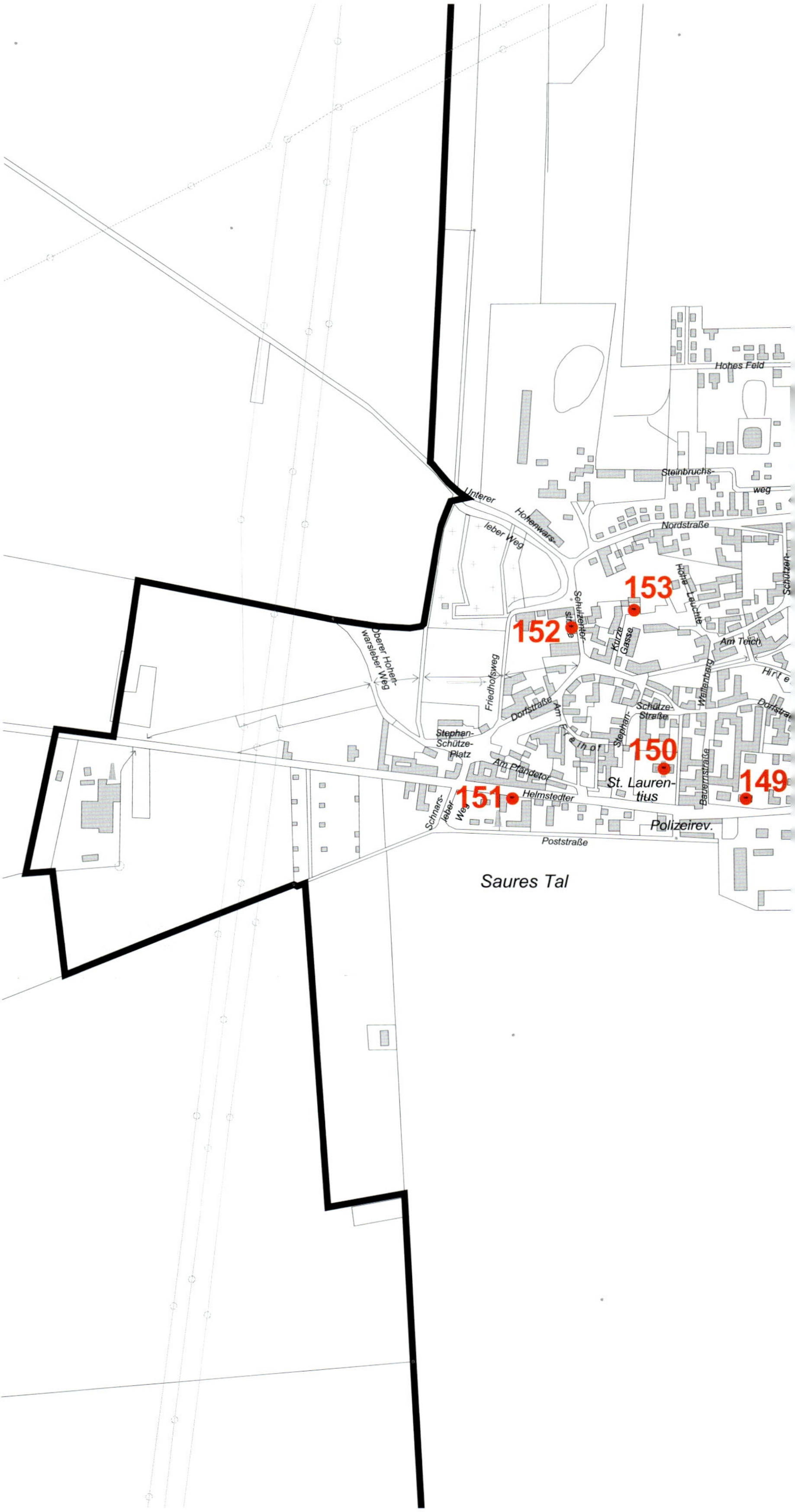
Hohes Feld
Steinbruchs-
weg
Nordstraße
Unterer
Hohenwars-
leber Weg
Schützen-
153
Hohe Leuchte
152
Schulzentor-
straße
Kurze Gasse
Am Teich
Oberer Hohen-
warsleber Weg
Friedhofsweg
Dorfstraße
Weitenberg
Schütze-
Straße
Stephan-
Schütze-
Platz
Am Pfandetor
150
St. Lauren-
tius
149
Bauernstraße
151
Helmstedter
Schnars-
leber
Weg
Polizeirev.
Poststraße
Saures Tal

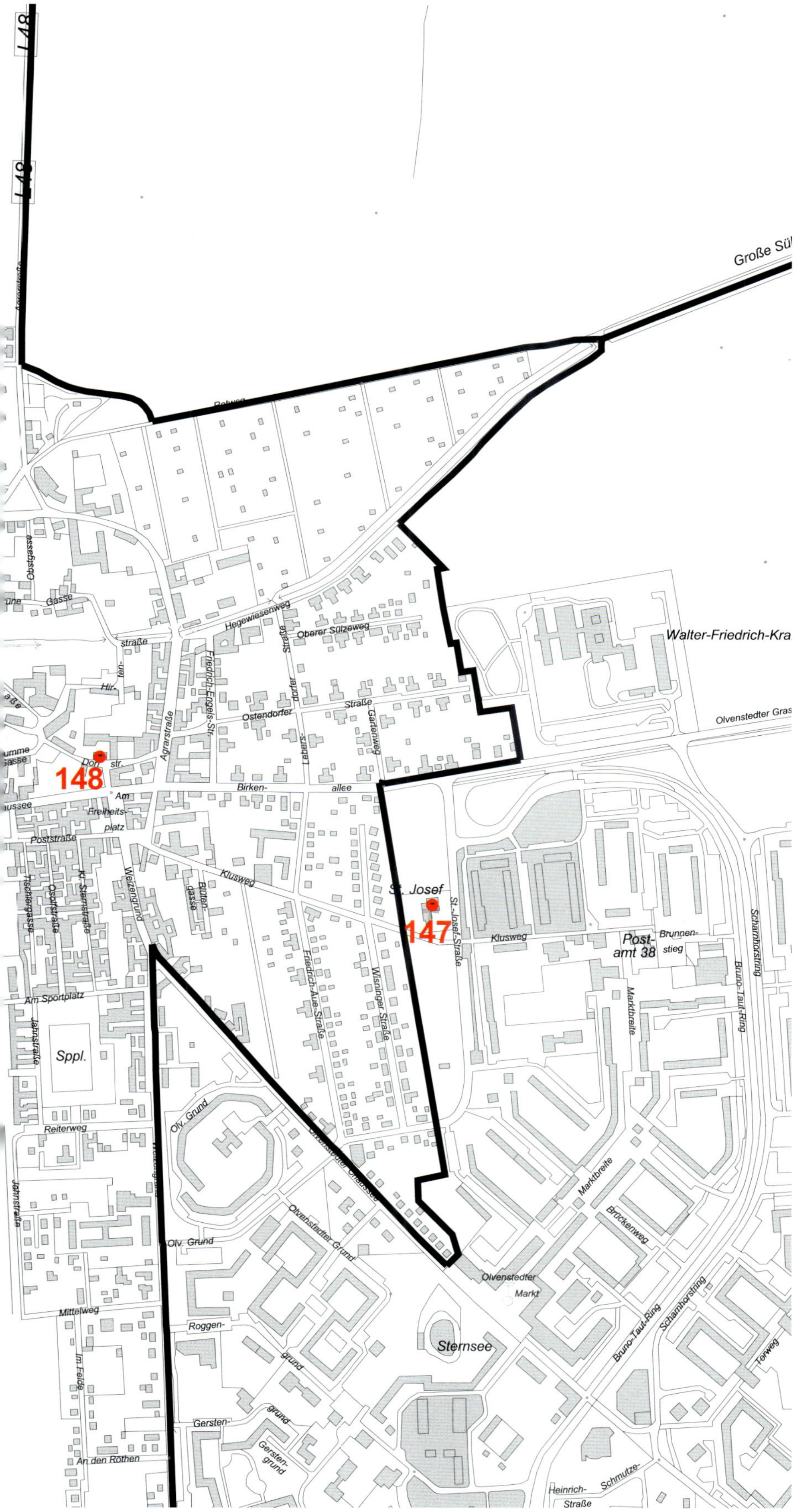
L48
L48
Große Sül
Walter-Friedrich-Kra
Olvenstedter Gras
Hegewiesenweg
Oberer Sülzeweg
Friedrich-Engels-Str.
Ostendorfer
Straße
Gartenweg
Agrarstraße
Obstgasse
Gasse
straße
Hir-
ten-
Dorf
str.
148
Am
Freiheits-
platz
Birken-
allee
Poststraße
Tischlergasse
Ostfrstraße
Kl. Sternstraße
Weizengrund
Butter-
gasse
Klusweg
St. Josef
147
St.-Josef-Straße
Klusweg
Post-
amt 38
Brunnen-
stieg
Friedrich-Aue-Straße
Wisninger Straße
Marktbreite
Scharnhorstring
Bruno-Taut-Ring
Am Sportplatz
Jahnstraße
Sppl.
Reiterweg
Olv. Grund
Olvenstedter Chaussee
Olvenstedter Grund
Olv. Grund
Marktbreite
Brückenweg
Olvenstedter
Markt
Jahnstraße
Mittelweg
Roggen-
grund
Sternsee
Bruno-Taut-Ring
Scharnhorstring
Torweg
Im Felde
Gersten-
grund
Gersten-
grund
An den Röthen
Heinrich-
Straße
Schmutze-

148
Gehöft
Am Freiheitsplatz 1
1860/1841/1906

Das Gehöft gehört zu einer Serie von Häusern im Neorenaissancestil an der Dorfstraße. Die Gebäude bilden einen geschlossenen Hof mit zwei Toreinfahrten. Das Wohnhaus ist zweigeschossig und mit einem ziegelgedeckten Satteldach versehen. Die siebenachsige Straßenfassade ist mit einer angedeuteten Bossierung verputzt. Die Fenster sind mit Faschen gerahmt, im Obergeschoss auch mit Kragplatten bekrönt. Die Geschosse sind durch Gesimse unterteilt. Links neben einer Toreinfahrt befindet sich, in Giebelstellung zur Straße, das Stallgebäude. Die Fassaden sind in Bruchsteinmauerwerk gebaut. Im hinteren Teil des Hofes befindet sich noch ein zwei- bis dreigeschossiges Wirtschaftsgebäude aus Klinker. Es wurde 1906 erbaut. Im gepflasterten Hof gibt es eine aus Bruchsteinen ummauerte Dungablage.

149
Wohnhaus mit Gehöft
Helmstedter Chaussee 16
1894
W. Costenoble

Das Wohnhaus zum ehemaligen Gutshof des Landwirtes Reinhold Schulze wurde 1894 von dem königlichen Landbaumeister und Architekten W. Costenoble erbaut.
Die zweistöckige, orangefarbene Backsteinvilla wurde im Stil der nördlichen Renaissance errichtet. Die Hauptfassade ist achtachsig und besteht aus einem fünfachsigen Mittelteil und zwei flachen seitlichen Risaliten, deren Fassadenschmuck und Fenster unterschiedlich behandelt sind. Die Risalite tragen zwei große Dacherker. In der Fassadenmitte liegt eine Freitreppe mit Veranda und einem großen, von Säulen getragenen Balkon im Obergeschoss. Hinter der Mansarde wurde das Dachgeschoss teilweise ausgebaut und in der Straßenfront mit drei stehenden Dachfenstern versehen.
Im Hof befinden sich die ehemaligen Wirtschaftsgebäude und ein zweigeschossiges Wohngebäude, mit Satteldach. Die Fassade ist aus Bruchstein, ehemals verputzt. Das Gebäude wurde im Jahr 1809 errichtet. Es besitzt einen großen Keller und einen Torbogen zum Brandgang.

150
Sankt Laurentius

Helmstedter Chaussee/
Stephan-Schütze-Straße 1
11./12. Jh., 1724

Die Kirche St. Laurentius hat aus romanischer Zeit einen querrechteckigen Klumpturm (vermutl. 11./12. Jh.) mit spitzbogigen Schallöffnungen. Dieser wurde im 13. Jh. erhöht. Die älteren Öffnungen wurden vermauert. Der Turm ist nur von innen zugänglich. Im Erdgeschoss ist er tonnengewölbt. In der Nordwestecke durchbricht eine ummantelte Steintreppe das Gewölbe. In der Westmauer ist ein Viereckstein mit einer runden Vertiefung eingesetzt. Dies stellt wohl ein altes Hohlmaß dar. In der Glockenstube sind zwei Rundbogenfenster ohne Teilungssäulen. Das Schiff wurde wohl 1724 völlig neu erbaut. Vier Flachbogenfenster und je eine Tür reihen sich an jeder Seite. Der geräumige verputzte Saalbau hat einen dreiseitigen Ostschluss, der als Sakristei und Vorhalle abgetrennt ist. Die Decke bildet ein Spiegelgewölbe auf Schalung. Die Empore ruht auf dicken Säulen.

St. Laurentius wurde am 16. Januar 1945 von einer Brandbombe getroffen und brannte völlig aus. 1953 konnte die Gemeinde das erneuerte Gotteshaus wieder in Besitz nehmen. Altar und Kanzel und das große Kreuz, welches noch heute die Altarwand beherrscht, werden neu eingebaut. Ein Taufständer wird besorgt, in den die alte Taufschale aus dem Jahre 1867 passt. Die Gemeinde erhielt acht hölzerne Figuren, die zu einem barocken Kanzelaltar der mittelalterlichen Kirche zu Athenstedt gehörten. Seit erfolgter Restaurierung im Jahre 1999 sind die Holzplastiken an der Wandfläche zwischen den östlich gelegenen Fenstern zu finden.

151
Wohnhaus

Helmstedter Chaussee 39
ca. 1900

Das Wohnhaus ist ein 2-geschossiges Gebäude mit Satteldach und Ziegeldeckung. Die Nord- und Ostfassade haben auffallende Putz- und Stuckornamente aus der Gründerzeit, die der Neorenaissance nachempfunden sind. Die Straßenfassade ist sechsachsig mit schmalen stehenden Fenstern. Diese sind durch Faschen gerahmt. Die untere Fensterreihe wird bekrönt von einem Schlussstein mit Blumenmotiv, die obere überdeckt eine waagerechte Verdachung mit einem Kragdach, die mit Volutenmotiven verziert sind. Im Brüstungsbereich ist unter jedem Fenster eine Balustrade angeordnet. Das Untergeschoss ist mit einer angedeuteten Bossierung verputzt. Die Geschosse sind durch umlaufende Gesimse unterteilt. Ein schmuckreicher, plastischer Stuckfries unterhalb des Kranzgesims bildet den oberen Abschluss der Straßenfassade. Der Zugang zum Gebäude ist zum Hof orientiert.

Am Haus befestigt ist ein Wappenschild von Olvenstedt 1986 (Werwolf).

152
Hofanlage
Schulzentorstraße 1
1921

1921 hat Herr Kuno Scherping das zweigeschossige Wohnhaus mit ausgebautem Dachgeschoss im Jugendstil errichten lassen. Es gehört zu einer Hofanlage. Die Straßenfassade wird durch drei Fensterachsen, welche durch kannelierte Pilaster gerahmt werden, bestimmt. Die Fensterachsen werden durch Drillingsfenster gebildet, die ebenfalls durch kannelierte Pilaster getrennt werden. Im Brüstungsbereich sind jeweils kassettenförmige Vertiefungen, in denen Schmuckelemente wie stilisierte Pflanzen und Gesichtsreliefs angeordnet sind. Das obere mittlere Fenster wird mittels einer konkaven Auswölbung betont. Bekrönt wird die mittlere Fensterreihe durch eine historisierende Dachgaube mit Dreiecksgiebel und seitlich angesetzten Voluten. Auf der Rückseite des Gebäudes wird die äußere Fensterreihe, bestehend aus vier schmalen Fenstern, durch eine konkave Auswölbung betont. Diese findet ihren oberen Abschluss in einer kleinen Dachterrasse. Der Eingang des Gebäudes ist ebenfalls zur Hofseite orientiert. Das Dach wurde als Krüppelwalm ausgebildet.

153
Wohnhaus
Kurze Gasse 2
ca. 1700/1850

Das Gebäude ist ein zweigeschossiges Wohnhaus mit steilem Satteldach, ohne Dachüberstand und einer Dachziegeldeckung. Die Fassade ist in unverputztem Bruchstein, welche aus den ehemals vorhandenen Steinbrüchen in direkter Ortsnähe gewonnenen wurden, ausgeführt. Auffällig ist die mittelalterliche Giebelform, die sich zur Kurzen Gasse hin zeigt. Im Giebel sind zwei Fenster übereinander angeordnet, welche mit gebranntem Ziegel gerahmt und mit einem scheidrecht gemauerten Sturz überdeckt sind. Darüber ist im Giebeldreieck ein halbkreisförmiges Fenster. Die Straßenseite hat eine vierachsige Fensterfront. Der Eingang des Gebäudes ist zur Hofseite gelegen. Ein Stallgebäude in Bruchstein schließt sich unmittelbar dem Straßenverlauf folgend an das Wohngebäude an. Formschönes, dorfbildprägendes Bruchsteingebäude in mittelalterlicher Struktur.
Im Hof steht ein zum Gehöft gehörendes zweigeschossiges Wohnhaus mit Satteldach. Das Untergeschoss ist ebenfalls in Bruchstein ausgebildet. Das Obergeschoss besteht aus Fachwerk mit einer Ziegelausfachung, welche verputzt wurde. Es ist das einzige größere Gebäude mit Sichtfachwerk im Ortskern.

Stadtfeld Ost/Stadtfeld West

Das Stadtfeld ist bis zu Beginn der Gründerzeit ein ländlich geprägter Bereich, westlich vom Glacis bis zur Ortslage Diesdorf gelegen. Mit der Industrialisierung wächst die Wilhelmstadt, das heutige Stadtfeld Ost. Im Westen reicht es im Wesentlichen bis zur äußeren Ringstraße, dem heutigen Westring. Die nördliche Begrenzung bildet noch heute die Straße „An der Steinkuhle“, während die Eisenbahntrasse Magdeburg–Helmstedt eine Zäsur zwischen Stadtfeld und Sudenburg darstellt. Um die Jahrhundertwende entwickelt sich die Wilhelmstadt zum Beamtenviertel Magdeburgs. Bei der städtebaulichen Planung spielt die Schrote eine besondere Rolle. Sie wurde mittig in die neu entstandene Goetheanlage verlegt. Diese Grünanlage findet später ihre Fortsetzung im sogenannten Schrotegrünzug, der die Verbindung mit Diesdorf herstellt und gemeinsam mit den umgebenden Kleingartenanlagen eine wichtige Frischluftschneise für die Innenstadt darstellt. Die Heimstätten-Baugenossenschaft schafft in den Jahren 1923–1933 die Gartenstadt Westernplan, die dritte und letzte, 825 Wohnungen umfassende Siedlung.

In den 20er Jahren entsteht das heutige Stadtfeld West. Mit der Hermann-Beims-Siedlung an der Großen Diesdorfer Straße, die eine Ausdehnung bis zum 1898 geweihten Westfriedhof hat, entsteht eine der frühesten Komplexe des sozialen Wohnungsbaus in der Formensprache des Neuen Bauens in der Weimarer Republik. Das städtebauliche Konzept, die Farbgebung der Gebäude und die rationellen Grundrissausbildungen der 2 000 Wohnungen hatten lange Zeit Vorbildwirkung. Mit der Sanierung der Wohnungen in den 90er Jahren wird auch gleichzeitig die Gestaltqualität der unter Denkmalschutz stehenden Siedlung wieder hergestellt. Der Bereich nördlich der Großen Diesdorfer Straße ist im Wesentlichen der Kleinsiedlungshaus-Bebauung vorbehalten.

Stadtfeld Ost: 20 272 EW (31.12.1998),
Stadtfeld West: 15 088 EW (31.12.1998)

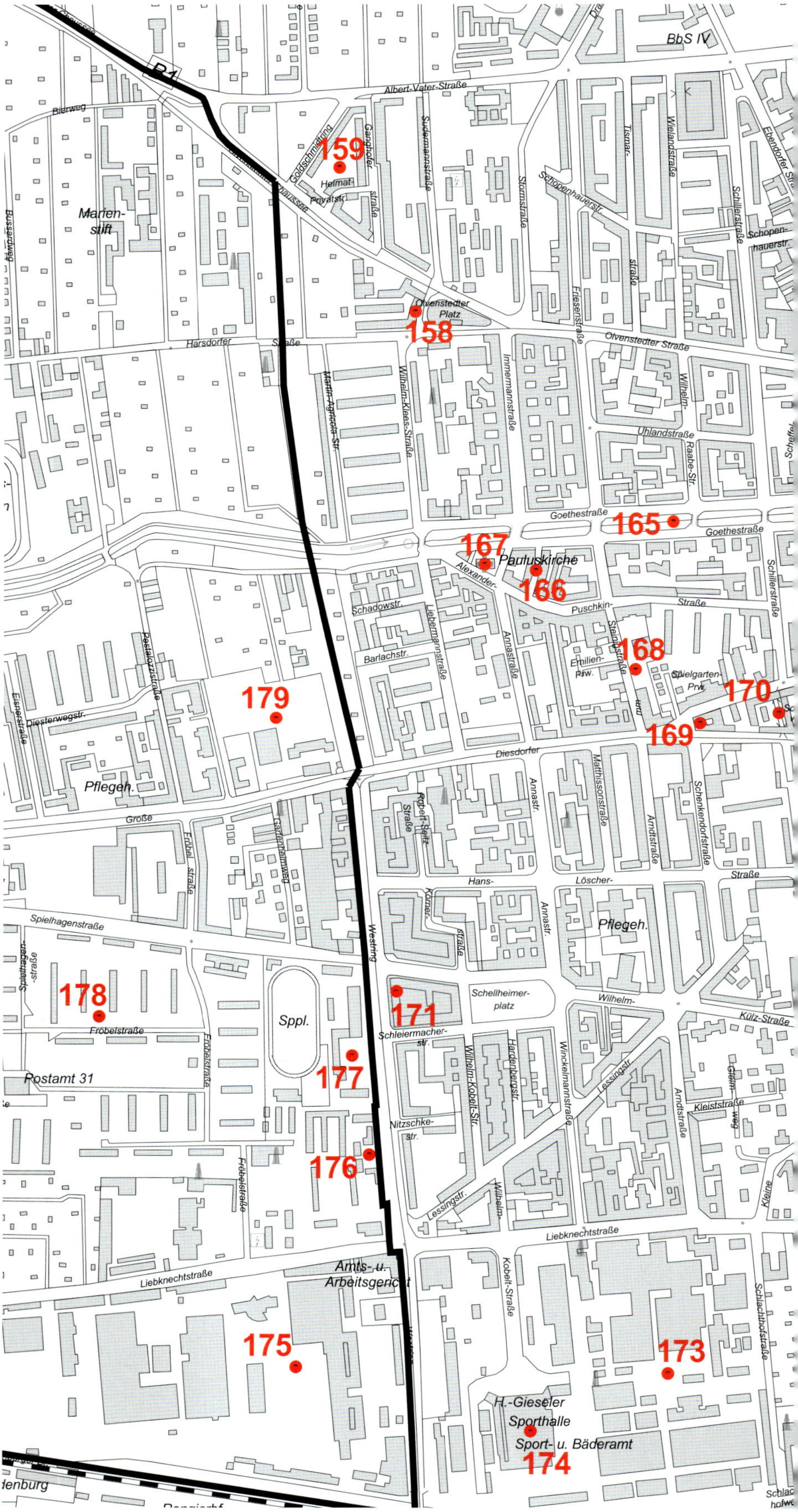
BbS IV
B1
Albert-Vater-Straße
Bierweg
Goldschmidtring
Ganghofer-
straße
Sudermannstraße
Stormstraße
Tismar-
straße
Wielandstraße
Ebendorfer Str.
Schopenhauerstr.
Schillerstraße
Schopen-
hauerstr.
159
Heimat-
Privatstr.
Marien-
stift
Bussardweg
Olvenstedter
Platz
158
Friesenstraße
Harsdorfer Straße
Olvenstedter Straße
Martin-Agricola-Str.
Wilhelm-Klees-Straße
Immermannstraße
Wilhelm-
Uhlandstraße
Raabe-Str.
Goethestraße
165
Goethestraße
167
Pauluskirche
166
Alexander-
Puschkin-
Straße
Schillerstraße
Schadowstr.
Liebermannstraße
Annastraße
Barlachstr.
Steinigstraße
168
Emilien-
Prw.
Spielgarten-
Prw.
170
169
Pestalozzistraße
179
Eisnerstraße
Diesterwegstr.
Diesdorfer
Pflegeh.
Annastr.
Matthissonstraße
Arndtstraße
Schenkendorfstraße
Robert-Seitz-
Straße
Große
Fröbelstraße
Gartenheimweg
Hans-
Löscher-
Straße
Körner-
straße
Annastr.
Pflegeh.
Spielhagenstraße
Spielhagen-
straße
Westring
178
Fröbelstraße
Sppl.
Schellheimer-
platz
Wilhelm-
Külz-Straße
171
Schleiermacher-
str.
Hardenbergstr.
Winckelmannstraße
Lessingstr.
Postamt 31
Fröbelstraße
177
Wilhelm-Kobelt-Str.
Arndtstraße
Kleiststraße
Gleim-
weg
Nitzschke-
str.
176
Fröbelstraße
Lessingstr.
Wilhelm-
Kleine
Liebknechtstraße
Liebknechtstraße
Amts- u.
Arbeitsgericht
Kobelt-Straße
Schlachthofstraße
175
173
H.-Gieseler
Sporthalle
Sport- u. Bäderamt
174

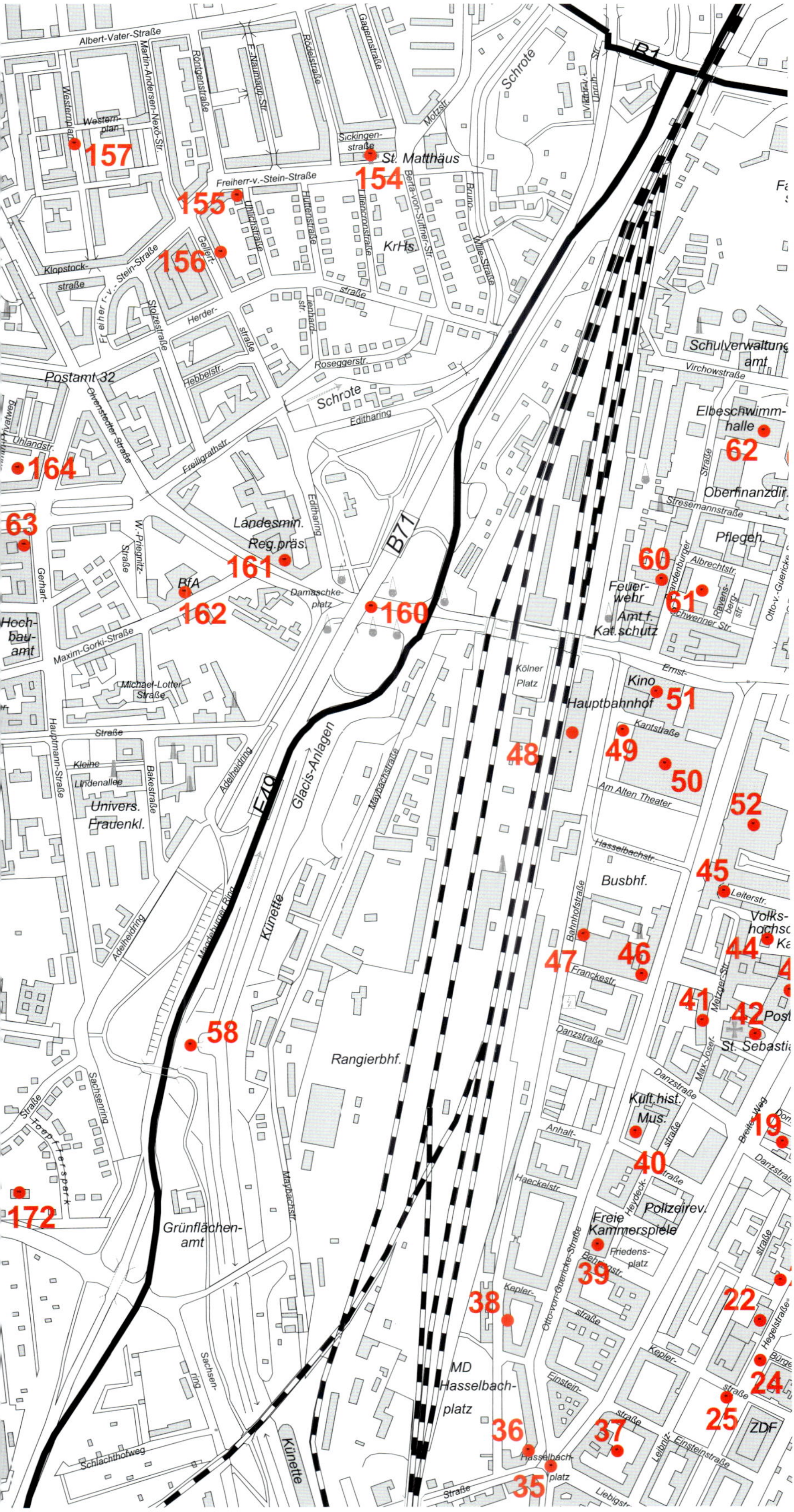

Albert-Vater-Straße
Martin-Andersen-Nexö-Str.
Röntgenstraße
F.-Naumann-Str.
Rödelstraße
Gagernstraße
Westernplan
Western-plan
157
Sickingen-straße
St. Matthäus
154
Motzstr.
Schrote
Virchow-Str.
Unruh-Str.
B1
Freiherr-v.-Stein-Straße
155
Uhlichstraße
Huttenstraße
Liliencronstraße
Berta-von-Suttner-Str.
Bruno-Wille-Straße
KrHs.
156
Gellert-
Klopstock-straße
Freiherr-v.-Stein-Straße
Stolzestraße
Herder-straße
Lienhard-str.
straße
Hebbelstr.
Roseggerstr.
Schrote
Editharing
Postamt 32
Olvenstedter Straße
Privatweg
Uhlandstr.
164
Freiligrathstr.
Schulverwaltungs-amt
Virchowstraße
Elbeschwimm-halle
62
Straße
Oberfinanzdir.
Stresemannstraße
Pflegeh.
Albrechtstr.
60
Brandenburger
Feuer-wehr
61
Revens-berg-str.
Schweriner Str.
Amt f. Kat.schutz
Otto-v.-Guericke-Str.
63
Gerhart-
W.-Pieplitz-Straße
Landesmin.
Reg.präs.
161
Editharing
B71
BfA
162
Damaschke-platz
160
Hochbau-amt
Maxim-Gorki-Straße
Michael-Lotter-Straße
Kölner Platz
Ernst-
Kino
51
Hauptbahnhof
Kantstraße
49
48
50
Am Alten Theater
52
Straße
Hauptmann-Straße
Kleine
Lindenallee
Bakestraße
Univers. Frauenkl.
Adelheidring
E49
Glacis-Anlagen
Maybachstraße
Hasselbachstr.
45
Leiterstr.
Busbhf.
Bahnhofstraße
Volks-hochsc
Ka
44
46
47
Francke str.
Metzger-Str.
41
42
Post
St. Sebastia
Max-Josef-
Adelheidring
Magdeburger Ring
Künette
58
Rangierbhf.
Danzstraße
Danzstraße
Kult.hist. Mus.
Breiter Weg
19
Dom
Anhalt-
straße
40
Heydeck-
Straße
Haeckelstr.
Polizeirev.
Sachsenring
Straße
Toepffers park
172
Grünflächen-amt
Maybachstr.
Freie Kammerspiele
Otto-von-Guericke-Straße
Friedens-platz
Behringstr.
39
Danzstraße
straße
22
Hegelstraße
Kepler-
38
Kepler-
Bürge
24
Einstein-
straße
25
ZDF
MD Hasselbach-platz
Sachsen-ring
36
37
Hasselbach-platz
35
Leibniz-
Einsteinstraße
Schlachthofweg
Künette
Straße
Liebigstr.

154
St. Matthäus-Gemeindehaus

Freiherr-vom-Stein-Straße 45
1934–1935
Georg Heinze

Die ursprüngliche Planung des Magdeburger Architekten Georg Heinze umfasste ein Pfarr-, Jugend- und Gemeindehaus. Alle Gebäudeabschnitte waren mit rot-blauen Blendklinkern verkleidet. Obwohl erst 1934–1935 errichtet, ist die Architektur des Gemeindehauses noch von der Sachlichkeit und gliedernden Fassadenordnung der zwanziger Jahre geprägt. Tiefe, streng vertikal ausgerichtete Fenstereinschnitte heben in den Fassaden den Kirchensaal hervor. Davon abgesetzt erhalten die Nebenräume andere Fensterformate oder sind in fassende Elemente eingefügt. Werksteinumfassungen an Fenstern und Türen, insbesondere am Haupteingang auf der Südseite sind jedoch Gestaltungselemente, die einer Architekturauffassung der dreißiger Jahre entsprechen. Ebenso wie das plastische Relief mit figürlicher Darstellung einer Familie und mit der Sockelinschrift „Ich aber und mein Haus wollen dem Herrn dienen“, das in eine Fenstergruppierung integriert ist.
Neben dem im Obergeschoss liegenden großen Kirchensaal, der für etwa 700 Personen konzipiert war, enthielt das Gemeindehaus umfangreiche Räume wie z. B. den ca. 300 Personen fassenden damaligen Adolf-Hitler-Saal.
Das 1945 bei Bombenangriffen zerstörte Pfarrhaus wurde nicht wieder aufgebaut. Die zerstörten Dächer des ehemaligen Jugendhauses und des Gemeindesaals wurden 1947–1948 repariert. Bis 1990 nutzte die Kirchliche Beschaffungsstelle die Räume des Erdgeschosses.
Die Kanzel und das Taufbecken im Kirchensaal sind 1953 geschaffene Werke.
Das St. Matthäus-Gemeindehaus ist der einzige sakrale Neubau der dreißiger Jahre in Magdeburg.

155
Eckbebauung Uhlichstraße/ Freiherr-vom-Stein-Straße

Uhlichstraße 11/Freiherr-vom-Stein-Straße 26
1929
Ernst Hermann Scheibe

Dieser, als Beamtenwohnhaus mit geräumigen Wohnungen und komfortabler Innenausstattung errichtete Komplex entstand nahezu zeitgleich wie die gegenüberliegende Bebauung der Siedlung Westernplan (157), doch gestaltete der Architekt Scheibe hier ein Gebäude in moderner Architektursprache mit Details, die sich erst auf den zweiten Blick erschließen.
Die horizontale Gliederung der geputzten Fassade des dreigeschossigen, flach gedeckten Gebäudes wird durch durchlaufende, in Rollschicht ausgeführte Klinkerbänder in Höhe der Fenstersohlbänke hervorgehoben. Ein rot verklinkertes, hohes Dachgesims, dessen unterer und oberer Abschluss ebenso eine Rollschicht bilden, und ein rot verklinkerter Sockel, wiederum mit einem Abschluss in Rollschicht, unterstreichen die Fassadengliederung. Am zentralen Eingangsbereich entwickelt sich aus dem Gebäudesockel eine Türumrahmung, die durch differenzierte Ausrichtung der Ziegelsteine grafisch gestaltet ist.
An der Uhlichstraße ist die Hauptfassade verklinkert und durch eingelegte Muster betont. Der hier mit der Klinkerfassade in einer Ebene liegende Gebäudeversatz an der Freiherr-vom-Stein-Straße, der nur bis zur Höhe des Dachgesimses ausgeführt wurde, ist jedoch verputzt, ebenso wie der südliche, zurückspringende Gebäudeabschnitt.

156
Wohnblock Gellertstraße

Gellertstraße 14–20/
Freiherr-vom-Stein-Straße 20–24
1929–1930
Maximilian Worm

Ebenso wie das direkt anschließende Gebäude in der Freiherr-vom-Stein-Straße/Uhlichstraße (155) steht dieser Wohnkomplex als Beispiel des funktionalen Architekturstils der zwanziger Jahre unter Denkmalschutz. Beide Komplexe bilden eine geschlossene Straßenbebauung, doch deutlich abgesetzt sind ihre Gestaltungsmerkmale.
Die Fassade an der Freiherr-vom-Stein-Straße ist ohne markante Architekturdetails, lediglich erkerartige Vorsprünge, zwischen denen die Hauseingänge liegen, gliedern die gleichmäßige Fassadengestaltung.
In der Gellertstraße wird die geputzte Fassade durch schmale, vorspringende Mauerpfeiler aus rotbraunen Ziegeln gegliedert. Flächig geprägte Fassadenabschnitte wechseln mit plastisch strukturierten Zonen, die durch Treppenhausumfassungen und Balkone gebildet werden.
Ein niedriger Gebäudesockel und ein flaches Dachgesims aus Ziegelsichtmauerwerk und ein sparsam geöffnetes Dachgeschoss, bei diesem Gebäude mit schmalen vertikalen Fensteröffnungen, repetieren typische Architekturmerkmale des Neuen Bauens der zwanziger Jahre.
In den mittleren drei Segmenten des Bauabschnitts in der Gellertstraße sind im Erdgeschoss Läden untergebracht.

157
Siedlung Westernplan

Westernplan, Albert-Vater-Straße,
Martin-Andersen-Nexö-Straße, u.a.
1923–1936
Bernhard Lippsmeier

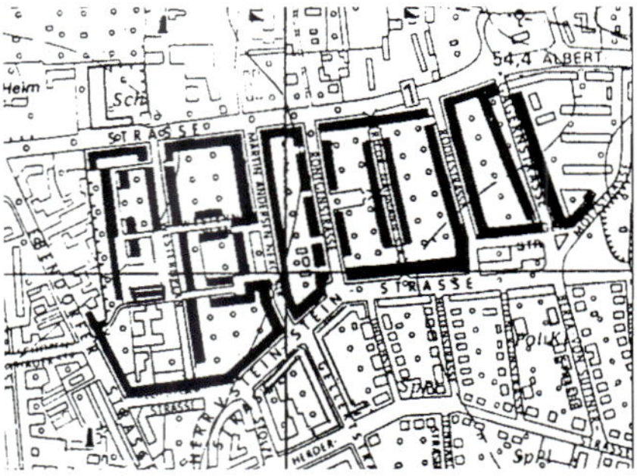

Die Siedlung Westernplan wurde von der Heimstättenbaugenossenschaft Magdeburg errichtet. Der Planung lag ursprünglich die Konzeption einer Gartenstadtanlage zugrunde. Aus städtebaulichen Gründen wurde jedoch eine verdichtetere Bauweise erforderlich. Es wurde ein Siedlungskonzept realisiert, in dem eine dreigeschossige Blockrandbebauung eine in den Blockinnenbereichen liegende zweigeschossige Bebauung umschließt. Große begrünte Innenhöfe schaffen ein gesundes Wohnklima sowie wohnungsnahe Freiflächen und ermöglichten die Anlage von Mietergärten. Die Straßen verlaufen in Nord-Süd-Richtung, wobei die in die Blockinnenbereiche führenden als Wohnstraßen ausgebildet sind. Mit dieser Konzeption wurden städtebauliche Grundsätze umgesetzt, die auch für andere etwa zeitgleich gebaute Magdeburger Siedlungen maßgeblich waren. Die Gestaltung der Gebäude entspricht einer konservativen Architektur der zwanziger Jahre, wobei sich im Laufe der Bauzeit auch moderne Gestaltungsmerkmale herausbildeten.
Die Siedlung ist in drei Bereiche gegliedert. Im ältesten, bis 1926 errichteten Baublock zwischen Ebendorfer Straße und Martin-Andersen-Nexö-Straße waren Ansatzpunkte einer Gartenstadtplanung übernommen worden. Da jedoch mehrere im Krieg zerstörte Gebäude nicht wieder aufgebaut wurden, ist die einstige städtebauliche Situation mit Einzelhäusern und zentraler Platzanlage nicht mehr erkennbar.
Signifikante Gestaltungsmerkmale der Häuser in diesem Bauabschnitt sind vertikal gliedernde Lisenen an den Eingangsbereichen und Ge-

bäudeecken und die roten Dächer mit einer gleichmäßigen Reihung von Satteldachgauben, deren Giebel mit einer grün gestrichenen Holzschalung verkleidet sind. Der kräftig grüne Farbanstrich wiederholt sich an den Haustüren und den Fensterläden, die ursprünglich überall im Erdgeschoss angebracht waren. An einigen Häusern sind noch die originalen Stuckmedaillons über den Hauseingängen vorhanden.
Der mittlere Bauabschnitt von Martin-Andersen-Nexö-Straße bis Rödelstraße wurde von 1927 bis 1930 errichtet. Die Fassaden der Häuser zeigen u.a. durch zusammenfassende Elemente und farbliche Absetzungen eine deutlichere Gliederung. Durch Loggien und Balkone, Gebäudevorsprünge und erkerartige Risalite werden die Fassaden plastisch gestaltet.
Der östliche Bauabschnitt, von 1930 bis 1936 erbaut, wurde nicht mehr vollständig abgeschlossen. Die ursprüngliche Planung wurde hier nicht mehr eingehalten, denn alle Häuser wurden dreigeschossig ausgeführt, und die Differenzierung zwischen Wohn- und Erschließungsstraßen wurde aufgehoben.
Die Siedlung Westernplan bildet architektonisch und städtebaulich eine homogene Wohnanlage mit vielen individuellen Details. Kleine Platzgestaltungen, abwechselungsreiche Straßenräume und eine einheitliche Vorgartengestaltung als Rasenrabatten komplettieren das Gesamtbild.

158
Bogenhaus

Olvenstedter Platz 7–8/Harsdorfer Straße/
Olvenstedter Chaussee
1930
Hans Holthey

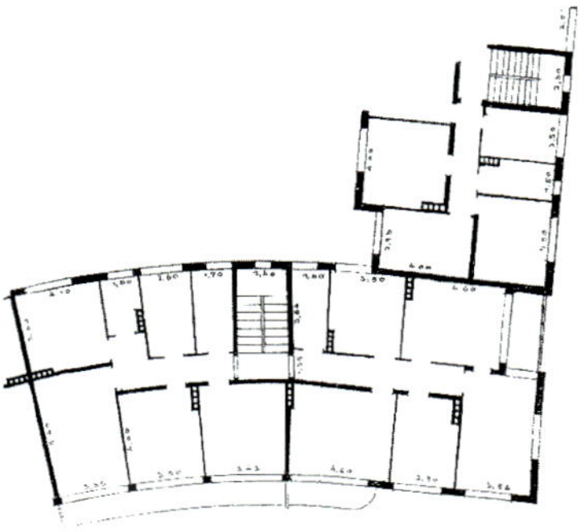

Das flach gedeckte, viergeschossige Wohngebäude begrenzt bogenförmig den Olvenstedter Platz. Sensible Details heben die Gestaltung dieses beachtenswerten Beispiels der Architektur der zwanziger Jahre hervor.
Mehrteilige, querformatige Fenster gliedern die Fassade horizontal. Dies wird durch durchlaufende Balkonbrüstungen über die mittleren acht Achsen in den drei oberen Etagen betont. An den Enden sind die Balkonbrüstungen abgerundet und bilden damit einen gegenläufigen Akzent zur Rundung des Baukörpers. Im Bereich der Balkone sind die dreiflügeligen Fenster um doppelflügelige Türen ergänzt, so dass eine gleichmäßige fünffache Teilung entstand. Diese Fünffachteilung ist im unteren Geschoss bei den Fenstern, die unterhalb der Balkone liegen, im Prinzip beibehalten worden, mit der Abweichung, dass im Bereich der – im Sockelgeschoss liegenden – Hauseingänge auch auf diese Bezug genommen ist. Die Farbigkeit der Fenster hebt diese zeitentsprechend als Gestaltungsmerkmal hervor.
Aus dem in Ziegelstein ausgeführten Gebäudesockel entwickelt sich eine vertikale Bekleidung der Hauseingänge. Dieses Element findet eine Fortführung in den Mauerpfeilern zwischen den Fenstern im Bereich der Balkone.
Die Seitenflügel des Gebäudekomplexes an den flankierenden Straßen sind dreigeschossig ausgeführt. Ihre Gestaltung folgt den gleichen Prinzipien, doch ist hier eine vertikale Betonung durch die Treppenhäuser herausgearbeitet.

159
Wohnanlage Goldschmidtring
Olvenstedter Chaussee/Goldschmidtring
1929
Hans Holthey

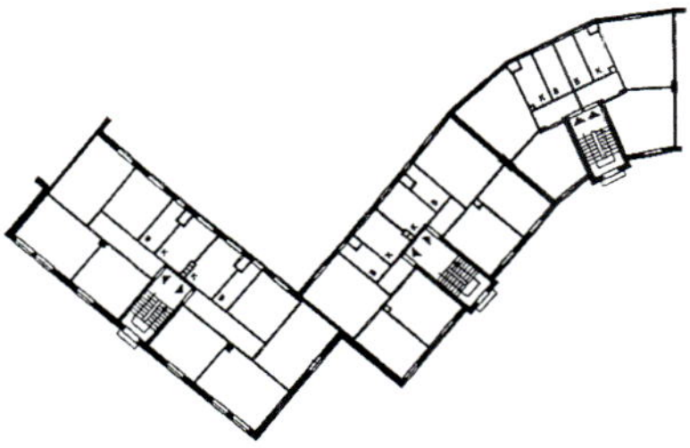

Auf einem nahezu dreieckigen Baugelände errichtete die „Heimat" Gemeinnützige Bau- und Siedlungsgesellschaft eine Wohnanlage, deren Planung der Magdeburger Architekt Hans Holthey ausführte. In der Anlage widerspiegeln sich zeitgemäß typische Konzeptionen und Gestaltungsformen. So wurden auch hier, wie in vielen anderen zeitgleichen Magdeburger Siedlungen, große begrünte Innenhofflächen zur gemeinschaftlichen Nutzung geschaffen und die zur Straße gelegenen, kleinen Vorgärten als Rasenrabatten ausgeführt. Die Architektur der flachgedeckten Gebäude zeigt in ihrer Gesamtheit ein homogenes Bild, das durch abgewinkelte, versetzte und bogenförmige Baukörper und durch unterschiedliche Geschossigkeiten spannungsvolle Ausdrucksformen schafft. Die Fassaden werden durch differenzierte Eingangsgestaltungen, unterschiedliche Fenstergruppierungen und Gliederungselemente aus Klinkersteinen ausdrucksvoll geprägt. Insbesondere werden die Treppenhäuser gestaltend betont.
Die 2- bis 4-Zimmer-Wohnungen wurden alle mit einem Badezimmer ausgestattet und verfügten teilweise über kleine, zum Innenhof orientierte Balkone.
Der Name der kurzen, gebogenen Heimat-Privatstraße resultiert aus dem Namen der Baugesellschaft.

160
Magdeburger Ring
(Bsp. Verkehrsbauwerk Damaschkeplatz)

Damaschkeplatz
Städtebauliche Einordnung nach Konzeption von Heinz Michalk
Verkehrsplanung (1968–1970): H. Stollberg, Wolfgang Mieckley und Peter Görke

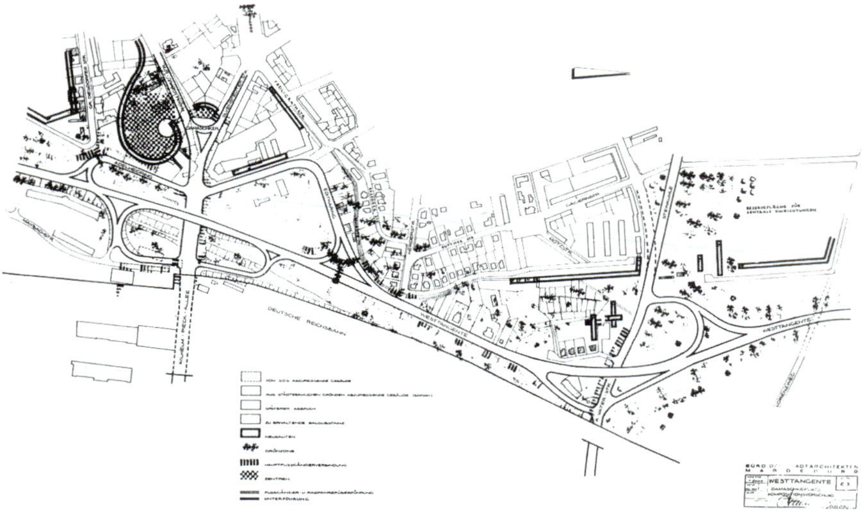

1971–1980 ausgeführte 15 km lange Stadtautobahn mit Anbindung an die A 2 Berlin–Hannover und B 71 sowie B 81 im Süden nach Halle und Halberstadt.
Ende 1967 wird der Entwurf zu einem Generalbebauungsplan für die Stadt Magdeburg vorgelegt. Unter Beibehaltung der Nord-Süd-Orientierung und in Anknüpfung an die Untersuchungen zum Altindustriegebiet Buckau-Südost sowie zum Industriekomplex Nord-Rothensee wird ein Etappenplan zur Entwicklung der Industrie- und Gewerbegebiete ausgearbeitet. Er wird ergänzt durch einen Etappenplan zum Wohnungsbau vom April gleichen Jahres. Neben drei kleineren Baustandorten im Südwesten der Stadt konzentrieren sich die Aussagen auf Bau- und Umgestaltungsmaßnahmen im Norden der Stadt.
In den Generalbebauungsplan wird der überarbeitete Generalverkehrsplan integriert. Dieser geht von einer Aufgabe des an den Elbübergängen orientierten Radialnetzes aus und präferiert zur Entlastung des Stadtzentrums für das Hauptstraßennetz zwei Nord-Süd-Tangenten. Als östliche Tangente soll die „Elbuferstraße" das erweiterte Industriegebiet und die Autobahn im Norden mit dem Altindustriegebiet im Süden verbinden, die jedoch nur partiell verwirklicht wird. Die westliche Tangente verläuft von der Barleber Chaussee nach einer westlichen Verschwenkung über den Milchweg und Damaschkeplatz, wird im Südwesten der Stadt zwischen der Leipziger und Halberstädter Straße geführt und erreicht perspektivisch südlich von Ottersleben wieder die Halberstädter Chaussee. Das Tangentenquadrat wird durch zwei Ost-West-Tangenten vervollständigt, wobei der nördlichen Verbindung zwischen der Berliner Chaussee, Jerichower Straße und Walter-Rathenau-Straße die größere Bedeutung zugemessen wird.
Unter konsequenter Nutzung der Bedingungen der Stadtstruktur war es gelungen, mit einer einzigen Nord-Süd-Trasse und ihrer sinnvollen Verknüpfung mit dem vorhandenen Straßensystem ein neues Netz zu schaffen. Der Knotenpunkt Damaschkeplatz/Hauptbahnhof wird dabei vor allem auf ehemaligen Glacis-Anlagen errichtet und stellt eine Verknüpfung von mehreren Hauptstraßen und eine Kreuzung von Straßenbahnlinien dar, die durch einen unterirdischen Fußgängertunnel erschlossen werden.

161
Verwaltungsgebäude, ehem. Geschäftshaus

Olvenstedter Straße 1/2
1894–1896, erweitert 1900–1915
Hermann Solf und Franz Wichards

Als repräsentatives Geschäftshaus für die 1872 gegründete Versicherung „Wilhelma" in den Jahren 1894–1896 errichtet. Der im Stil der nördlichen Renaissance gehaltene Historismusbau dominiert den Damaschkeplatz und die Zufahrt zum Stadtteil Stadtfeld. Von der Olvenstedter Straße über den Damaschkeplatz bis zum Editharing reicht der dreistöckige Gebäudekomplex mit langem hinteren Seitenflügel. Seine Außenfassaden sind teilweise mit Sandsteinquadern gestaltet, teilweise verputzt. Auch architektonische Gliederungselemente wie das Hauptgesims, Teile der Giebel und Fenstergewände sind in Sandstein gearbeitet. Nach starker Beschädigung in Zweiten Weltkrieg und anschließendem vereinfachten Wiederaufbau fehlt heute der große Giebel an der Stirnseite zum Damaschkeplatz. Die Berliner Architekten Hermann Solf und Franz Wichards bauten in Berlin ein weiteres Geschäftshaus der „Wilhelma" sowie das ehemalige Patentamt.

162
Wohn- und Geschäftshaus

Maxim-Gorki-Straße 10-14 / Werner-Priegnitz-Straße 5, Olvenstedter Straße 66
1995–1997
Bollmann + Friedemann

Auf dem Gelände des ehemaligen Stadtbades entstand auf dreieckigem Grundstück ein 7-geschossiger Gebäudekomplex in Stahlbeton-Skelettbauweise mit einer schlichten Lochfassade. Das Erdgeschoss ist an der Maxim-Gorki-Straße als Arkadengang, das Dachgeschoss als Staffelgeschoss ausgebildet. Der Hauptzugang zum Gebäude führt über einen kleinen, mit alten Bäumen bestandenen Vorplatz. Der Eingang wird durch eine großzügig gestaltete, konkave Stahl-Glas-Fläche markiert. Bundesversicherungsanstalt für Angestellte, Landesversicherungsanstalt Sachsen-Anhalt und Bundesknappschaft sind Hauptnutzer des Gebäudes. Nach den Vorstellungen der Stadt sollte der unter Denkmalschutz stehende Baukörper des 1919 errichteten Stadtbades in das Gesamtvorhaben integriert werden. Das ist aus finanziellen Gründen gescheitert. Die Planung sah an der „Spitze" Olvenstedter Straße/Maxim-Gorki-Straße ein 12-geschossiges Hochhaus (Hotel) vor. Auch dieses Objekt ist aus finanziellen Gründen, oder wegen fehlenden Bedarfs, bisher nicht errichtet worden. Da der Standort für das Stadtbild eminent wichtig ist, bleibt zu hoffen, dass die Baulücke baldigst geschlossen wird. Von den geplanten 36 000 m^2 Nutzfläche wurden bisher 15 519 m^2 Büros, Läden und Dienstleistungen realisiert. In zwei Tiefgeschossen stehen den Beschäftigten und Besuchern 228 PKW-Stellplätze zur Verfügung.

163
Geschäftshaus

Gerhart-Hauptmann-Straße 16
1908–1909
Johann August Duvigneau, Friedrich Stapff
(Magdeburger Bau- und Creditbank)

Noch 1908 wählte die Magdeburgische Land-Feuer-Sozietät für ihr monumentales Geschäftshaus ganz bewusst neubarocke Formen, um den repräsentativen Charakter des Eckgebäudes hervorzuheben. Trotz dieser seinerzeit schon etwas altmodischen Stilwahl haben wir es hier mit einem bemerkenswerten Bau zu tun. Ein Vergleich mit einem Stadtschloss oder einem Palais drängt sich dem Betrachter auf. Zur Goethestraße ist das Gebäude 13-achsig, an der Gerhart-Hauptmann-Straße 17-achsig ausgebildet. Basaltlava und Sandstein verblenden den 3-stöckigen Bau, Sockel- und Erdgeschoss sind rustiziert. Ein Mansardendach bildet den oberen Abschluss. Drei Risalite treten aus der Fassade hervor, wovon zwei mit einer Pilastergliederung versehen sind und wesentlich das Erscheinungsbild des Gebäudes prägen. An der Gerhart-Hauptmann-Straße erhebt sich ein sechsachsiger Portalrisalit mit zweifach abgetreppten Mittelachsen, aufwendig gerahmtem Portal und kräftigem, gesprengtem Dreiecksgiebel mit großformatigen Putten im Giebelfeld. An der Goethestraße ist nach Art barocker Palais und Schlossbauten der im Inneren vorhandene Fest- und Sitzungssaal mit Hilfe eines Risalits hervorgehoben und von außen als exponierter Raum erkennbar gemacht. Neben den großzügigen Geschäftsräumen beinhaltete das Gebäude eine Wohnung für den Generaldirektor mit einer Größe von über 1 000 m^2. Mit diesem Platzangebot konnte sich keine Magdeburger Villa messen. Entwurfsplanung und Ausführung übertrug die Versicherung der Magdeburger Bau- und Creditbank. Zu DDR-Zeiten diente das Gebäude als Thälmann-Haus.

164
Wohnanlage Goethestraße

Goethestraße 4–6a, Gerhart-Hauptmann-Straße 12–14, Uhlandstraße 24–32
1993–1994
Schmölling, Bode & Partner

Nach Auszug der sowjetischen Armeeangehörigen und Abriss der nicht mehr sanierungswürdigen Bausubstanz erfolgte der Neubau viergeschossiger Wohngebäude in geschlossener Bauweise und in Quartierform (3 Flügel), mit ausgebautem Dachgeschoss in zwei Ebenen. Ein wesentlicher städtebaulicher Aspekt war die Gestaltung der Gebäude mit Einzelhauscharakter, in Anlehnung an die Bebauung in der Goethestraße. Gestaltungsmittel sind: eine Staffelung der Fassaden, zurückspringende Treppenhäuser mit durchgehenden Verglasungen sowie Giebelgauben. In der Goethestraße und der Gerhart-Hauptmann-Straße sind die Erdgeschosse mit Geschäftsräumen ausgestattet. Die Ecke Goethestraße/Gerhart-Hauptmann-Straße ist durch eine Rundung und einen zweigeschossigen gläsernen Turm akzentuiert. Die Tiefgarage befindet sich im Hofbereich.
Ca. 8 000 m^2 Wohnfläche, 112 Wohneinheiten, 6 Läden, (ca. 1 360 m^2), 10 Büros, 1 Tiefgarage.

165
Goethestraße
1899–1907
Johann Gottlieb Schoch

Kurz vor der Jahrhundertwende entschied sich die Stadt für eine Gesamtkonzeption der Goethestraße mit Verlegen des Schrotelaufs. Eine lockere Gruppierung mannigfaltiger Gehölze von unterschiedlicher Höhe auf einem 27 m breiten Schmuck- bzw. Pflanzstreifen und ein mehrfach geschwungener Schrotelauf bestimmte das vom städtischen Gartendirektor Schoch entworfene zeittypische malerische Konzept. Schoch wünschte sich zusätzlich eine ebenfalls durch das Malerische bestimmte Bebauung entlang der Straße und eine wechselseitige Beziehung zwischen aufgelockerten Dachflächen und Baumkronen. Neben den gesondert behandelten Häusern der Baugenossenschaft des Magdeburger Mietervereins (166) sei auf ein frühes Beispiel von geräumigen und gut ausgestatteten Einfamilienreihenhäusern Goethestraße 7–10 a aufmerksam gemacht. 1909/10 von der Wilhelmstädter Baugesellschaft nach Plänen des Architekten Alfred Schmelzer errichtet, reflektieren sie die Grünanlage durch ihre ländliche Atmosphäre und eine malerische Gestaltung mit tief heruntergezogenen Dächern, Holzverschalung, Fachwerk, Holzbalkonen, Loggien sowie mit verschiedenen Fensterformaten mit kleinteiliger Sprossengliederung, unterschiedlichen Haustüren und Stabwerk.

166
Baugenossenschaftlicher Wohnkomplex
Goethestraße 35, 36,
Alexander-Puschkin-Straße 27–29
1908–1911
Bartel Hanftmann, Georg Blume

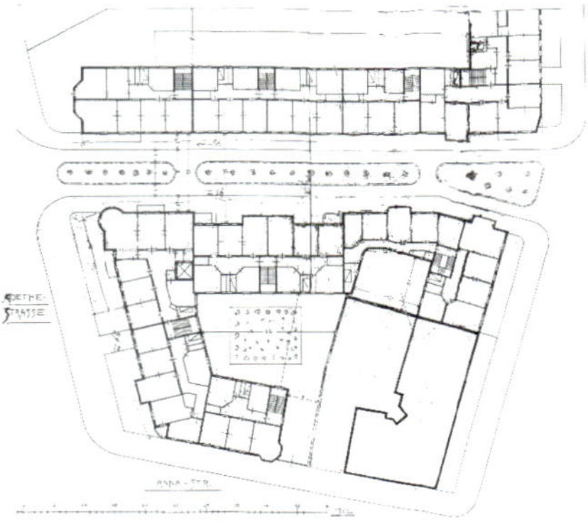

Der Wohnkomplex der Baugenossenschaft des Magdeburger Mietervereins (BGMMV, 1909 gegr.) steht beispielhaft für die große Mietshausreform zu Beginn des 20. Jahrhunderts, welche gleichzeitig komfortableres Wohnen und eine neue Architektursprache forderte. Vorbildhaft schien das Landhaus als Muster eines angenehmen Wohnens mit einem vermehrten Eintritt von Luft und Licht. Kennzeichnend sind eine neue, lockere Art der Gruppierung einzelner Baublöcke, die Auflockerung der Baufluchten durch leichtes Vor- und Zurückspringen der Fassaden, zahlreiche Unregelmäßigkeiten durch Erker, Loggien, Balkone und unterschiedliche Fensterformen und -formate mit kleinteiligen Sprosseneinteilungen. Hinzu kommen als malerische Elemente Fachwerkgiebel, heruntergezogene Dächer mit großen Dachflächen, senkrechte Holzverblendungen und Stabwerk zur Begrünung der Fassaden. Im Gegensatz zum Historismus sind die Fassaden vom Gros des Zierrats befreit, es bleiben kleine Schmuckelemente in sparsamer Verwendung und ohne Bezug zur Fassaden- und Fensterarchitektur. Im Inneren birgt der dreistöckige Wohnblock großzügige Wohnungen bürgerlichen Standards mit bis zu sechs Zimmern.

167
Pauluskirche, evangelische Gemeindekirche

Goethestraße
1894–1896
Heinrich Reinhardt und Georg Süßenguth (Berlin), Ausführung Heinrich Cornelius und Emil Jaehn

Neugotischer Kirchenbau mit Turm, 1894–1896 für die evangelische Gemeinde im Stadtteil Stadtfeld errichtet. Als Ausgangspunkt für die Größe der Pauluskirche galt ein Fassungsvermögen von ca. 900 Sitzplätzen, die sich auf zwei Emporen und zwei Schiffe verteilen sollten. Für die Asymmetrie des Bauwerks sind die Form des Bauplatzes und die Beschaffenheit des Untergrundes verantwortlich gewesen, da nur die Nordseite statische Voraussetzungen für einen Turm bot. Ummendorfer Sandstein, welcher bereits 900 Jahre zuvor als Baumaterial für den Magdeburger Dom diente, verblendet die Fassaden. Mehrere neugotische Details wie Mosaike, Blattkapitelle und Maßwerk schmücken den Außenbau. Der Kirchenraum setzt sich aus dem Mittelschiff und zwei dreijochigen Seitenschiffen zusammen, wovon die Joche des nördlichen Seitenschiffes annähernd quadratisch, die des südlichen jedoch nur sehr schmal ausgebildet sind, so dass die Raumwirkung dem eines Durchgangs entspricht. Der gerade geschlossene Chor wird seitlich durch den Turm und die südliche Portalhalle begrenzt. Entlang der Mittelschiffrückwand und über dem nördlichen Seitenschiff erstreckt sich die Empore. Sie wird von massiven, gedrungenen Rundpfeilern getragen, oberhalb derer weitere Pfeiler ins Kreuzrippengewölbe überleiten. Von der Innenausstattung sind die südlichen neugotischen Obergadenfenster und eine um 1900 erworbene neugotische Orgel mit romantischem Orgelwerk erhalten.

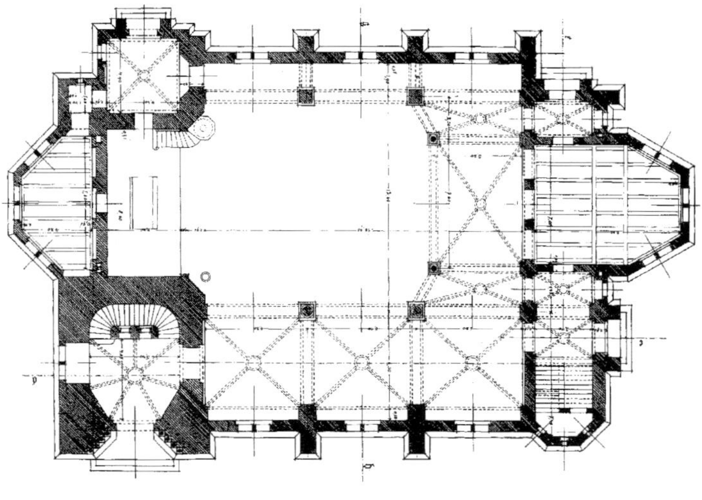

168
Rayonhaus
Steinigstraße 1a
um 1880

Fachwerkhaus aus einem giebelständigen, zweistöckigen, zweiachsigen Gebäudeteil und einem linksseitig anschließenden dreiachsigen, anderthalbstöckigen, traufständigen Seitenflügel, beide mit Satteldach. Typisches Beispiel für die außerhalb der Festung im II. Rayon bis 1891 vorgeschriebene Holzbauweise. Gelbe Ziegel füllen die Gefache, wobei die Sohlbankzone im Erdgeschoss sowie schmale Gesimse zweifarbig gehalten sind. Zum weiteren Dekor gehören aufwendige hölzerne Fenstergerähme und ein vorkragender hölzerner Schwebegiebel mit einfachem Spitzbogen. Das Fachwerk ist im Erdgeschoss mit Andreaskreuzen, im Obergeschoss mit über zwei Gefache geführten Streben konstruiert.

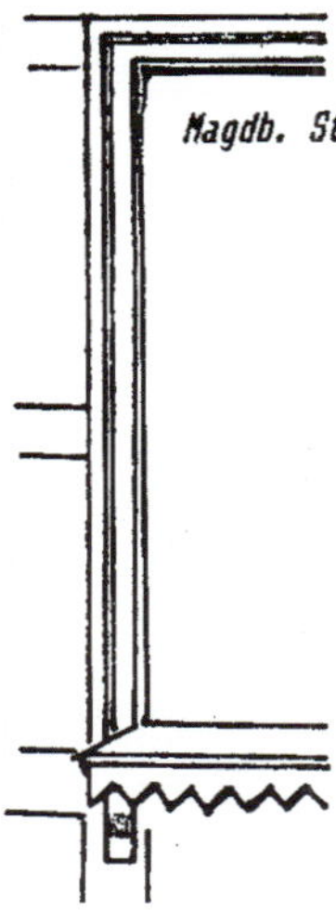

169
Wohn- und Geschäftshaus mit Sparkassenfiliale
Große Diesdorfer Straße 21–22/
Maxim-Gorki-Straße 47
1927/28
Johannes Göderitz

Für den fünfgeschossigen, flach gedeckten Gebäudekomplex waren im Erdgeschoss Nutzungen für eine Stadtsparkasse, ein Postamt, eine Polizeidienststelle und zwei Ladengeschäfte projektiert. Im ersten Obergeschoss befanden sich Büroräume, und erst vom zweiten Obergeschoss an wurden die Räume zu Wohnzwecken genutzt.
Der auf einem konisch zulaufenden Grundstück errichtete Gebäudekomplex besteht aus zwei rechteckigen Baukörpern, die durch ein zur Straßenkreuzung hin spitzwinkeliges, verglastes Treppenhaus verbunden werden. Durch den Treppenhauseingang werden die oberen Geschosse des westlichen Gebäudeabschnitts erschlossen und der Durchgang zum Hof ermöglicht. Neben dem Treppenhauseingang liegen beidseitig gesonderte Zugänge zu den Bankräumen. Auf der Treppenhausverglasung wurde 1929 der Schriftzug „Sparkasse" installiert, der bis heute erhalten ist. Die Stirnseiten der beiden Baukörper sind auf das mittig liegende Treppenhaus ausgerichtet. Aufgrund der Rechtwinkligkeit der beiden Baukörper ergibt sich hier eine abgewinkelte Fassadenfront, deren Prägnanz durch einen orangeroten Farbanstrich der Loggiabrüstungen, der Fensterumfassungen, der Treppenhausuntergliederungen und der Dachgesimse unterstrichen wird.
Die Längsseiten der Gebäude sind durch je 17 Fensterachsen gegliedert, wobei über zwei Fensterachsen angeordnete Loggien oberhalb der Erdgeschosseingänge Akzente setzen, die gleichzeitig eine Teilung der Fassadengliederung bilden. Der westliche Gebäudeabschnitt ist zehnachsig, der östliche, mit reduzierter Höhe im 4.OG, ist fünfachsig gestaltet. Die überhöht ausgeführten Erdgeschosse sind bis zur

Höhe der Sohlbänke im ersten Obergeschoss mit Keramikplatten verkleidet und weisen nur eine elfteilige Gliederung auf. Im Übrigen sind die Fassaden verputzt und hell gestrichen.

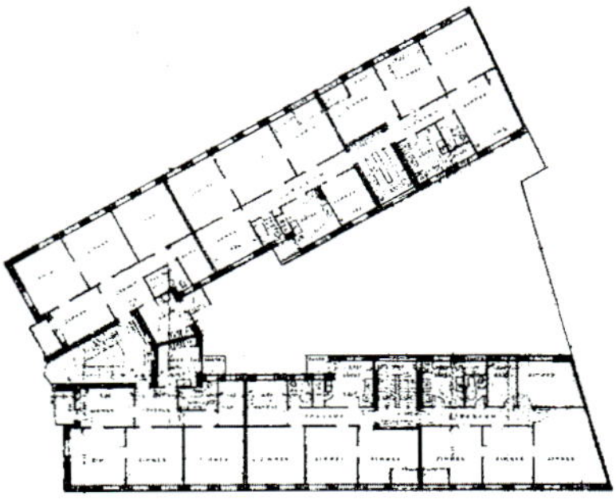

In jedem Gebäudetrakt erschließt ein vom Hof aus zugängliches Treppenhaus die östlichen Hausabschnitte. Hier befinden sich im vierten Obergeschoss, das mit etwas geringerer Höhe ausgeführt wurde, Nebenräume wie Waschküche, Trockenraum und Bodenkammern. An den Fassaden kommt diese Nutzung durch kleinere Fensterformate zum Ausdruck. Für den westlichen Bauabschnitt befinden sich solche Nebenräume in dem aufgesetzten, von der Fassade zurückspringenden Dachgeschoss.

170
Wohnanlage Schillerweg
Schillerweg 1–4
1933/34

Die von der Gemeinnützigen Heimstätten Aktiengesellschaft (Heimag) erbaute Wohnanlage zwischen der Großen Diesdorfer Straße und der Maxim-Gorki-Straße umfasst insgesamt 88 Zwei- bis Vierzimmerwohnungen. Durchgangshäuser erschließen von den beiden Straßen aus einen begrünten Innenhof und die innenliegenden Wohngebäude. Der gesamte Gebäudekomplex ist viergeschossig und komplettiert an den Straßen lückenlos die geschlossene Bebauung. Balkone und Loggien sind zum Innenhof und zur Südfront an der Großen Diesdorfer Straße orientiert. Die Fassadengestaltung und die Farbgebung lehnen sich noch ein wenig an Elemente der Architektur der zwanziger Jahre an, doch eine Veränderung der proportionalen Maßverhältnisse führt zu einer Flächen auflösenden Gestaltung. Die Erdgeschosse, Balkon- und Loggiabrüstungen sowie Fensterumrahmungen sind durch einen gedeckten roten Farbanstrich von hellen Putzflächen abgesetzt, ähnlich, jedoch verhaltener, wie beim nahegelegenen Gebäude der Sparkasse (169). Im Hofbereich zieren Reliefs mit ornithologischen Motiven die Hauseingänge, ein Attribut nationaler Baugesinnung.
Die in eine städtebaulich geschlossene Situation integrierte Anlage steht unter Denkmalschutz.

171
Wohnblöcke am Westring
Westring 21–49
1924/1929–1930
Hans Holthey

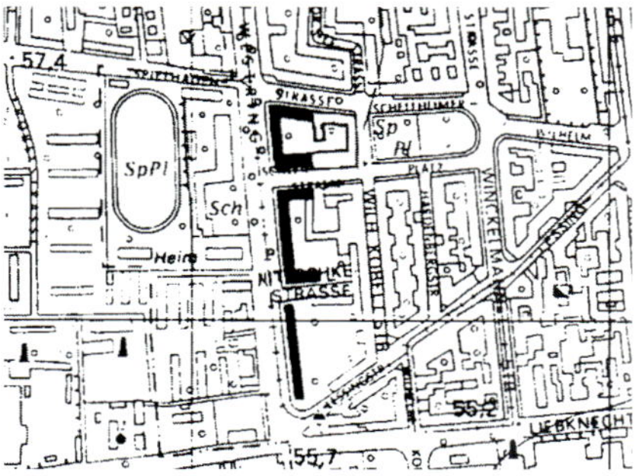

1929 wurde die Bebauung zwischen Spielhagenstraße und Schleiermacherstraße nach Plänen von Hans Holthey errichtet. Die Grundstrukturen der Gestaltung mit kubischen Baukörpern, flacher Dachdeckung, strenger Fassadengliederung und einem durch wenige Öffnungen überhöht wirkenden Dachgeschoss, zeigen die typischen Architekturmerkmale der zwanziger Jahre. Gestalterische Schwerpunkte bilden die Eckbauten. Ein Wechsel verputzter Fassadenflächen mit Flächen aus Sichtmauerwerk, schmale Klinkerbänder und eine starke Betonung der Hauseingangsbereiche sind prägende Elemente, die jedoch die Sachlichkeit des Neuen Bauens der zwanziger Jahre überformen. Die großen Wohnungen besaßen einen komfortablen Standard.
Bereits 1924 ließ die Feuersozietät der Provinz Sachsen in dem südlich anschließenden Wohnblock Beamtenwohnungen errichten. Dieser teils dreigeschossige, teils viergeschossige Wohnblock mit Steildach und traditionalistischer Fassadengestaltung erhält eine Betonung der Erdgeschosszone durch wechselnde Fensterformate, Fensterläden und Putzreliefs über den Hauseingängen.
Der südlichste Baublock zwischen Nitzschke- und Lessingstraße wurde 1930 ebenfalls von H. Holthey projektiert. Nach größeren Kriegsschäden wurde er in Abschnitten von 1948 bis 1959 wieder aufgebaut, gestalterische Elemente gingen dabei verloren.

172
Villa Toepffer
Liebknechtstraße 14
1885–1891
Rudolf Vogt, Emil Jaehn, Heinrich Cornelius

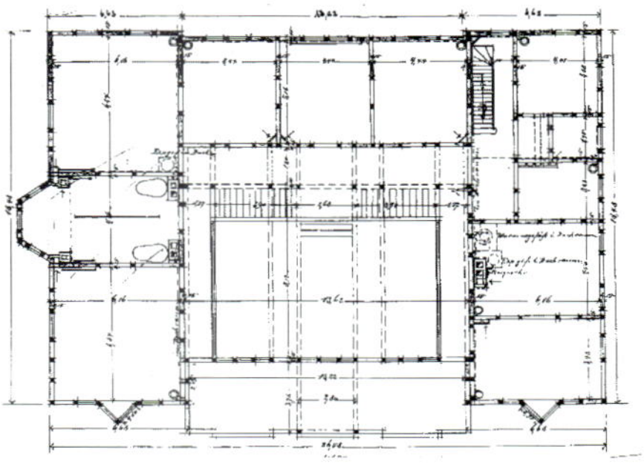

Für den Ingenieur und Dampfpflugfabrikanten Richard Toepffer errichtete zweistöckige Fachwerkvilla mit orangegelber Ziegelausfachung. Das Haus ist ein typisches und spätes Beispiel der durch die Rayonbestimmungen bedingten Fachwerkbauweise in Magdeburg. Von der mit filigranen Türmchen oberhalb der Erker und Risalite bestückten Dachlandschaft ist leider nichts erhalten. Als gestalterische Elemente der Fachwerkskonstruktion kamen die Figur des sog. wilden Mannes und Andreaskreuze zur Anwendung. Die Straßenfassade rahmen zwei schmale Seitenrisalite ein, alle anderen Fassaden sind durch verschiedenartige Erker aufgelockert. Auf der Rückseite öffnet sich eine überdachte Veranda, deren Holzkonstruktion von mehreren Stützen getragen wird, zum Garten. Hinter dieser liegt die als Zentralraum der Villa konzipierte große, ehemals pompös ausgestattete Halle mit großer Treppe und Galerie im Obergeschoss sowie offener hölzerner Dachkonstruktion. Die Pläne für die Villa fertigte der Dessauer Architekt und Regierungsoberbaurat Rudolf Vogt, mit der Ausführung beauftragte Toepffer Emil Jaehn und Heinrich Cornelius.
Um das Gebäude herum lag eine 13 Morgen große Parkanlage, die von dem städtischen Gartenbaudirektor Paul Niemeyer schon 1884 angelegt worden war.

173
Ehem. städtischer Schlacht- und Viehhof

Liebknechtstraße 35
1889–1893, nach 1900, 1924–1926, nach 1945
Otto Peters, Reinh. Beer, Johannes Göderitz

Nach Einführung des städtischen Schlachthauszwanges durch die preuß. Schlachthausgesetze (Erlasse von 1868 und 1881) errichteter städtischer Schlacht- und Viehhof. Auf Grund der beengten Platzsituation innerhalb der Stadt wählte der Magistrat als Standort ein ca. 11 ha großes Ackergelände mit Eisenbahnanbindung außerhalb der Stadtgrenzen. Der mit städtischen Mitteln finanzierte und unter städtischer Verwaltung stehende Schlachthof löste private Schlachtereien ab und sollte bessere hygienische Verhältnisse schaffen.

Eine kreuzförmige Struktur in der Anordnung der Bauten bedingte sich durch den Viehtrieb von Süd nach Nord und die Trennung von Viehhof und Schlachthof in Ost und West. Die Gebäude auf dem Schlachthofgelände lassen sich im Wesentlichen in zwei Bauphasen einteilen. 1889–1893 entstanden Ziegelrohbauten aus ledergelben Ziegeln mit Stahldachkonstruktionen nach Plänen von Stadtbaurat Otto Peters und Stadtbauinspektor Reinh. Beer in einer reduzierten historisierenden und somit seinerzeit modernen Formensprache. Hierzu gehören die ehemalige Börse, das dreistöckige Verwaltungsgebäude, verschiedene Viehmarkthallen, Schlachthäuser und Stallgebäude. Die gelben Mauerwerksflächen durchziehen Lagen aus roten Klinkern. Außerdem sorgen Details aus rotem und gelbem Sandstein für farbliche Nuancen. Verschiedentlich taucht das Motiv des römischen Thermenfensters in unterschiedlichen Variationen auf. Kleine Medaillons mit Schlachthofszenen verweisen auf die unterschiedlichen Funktionen der Gebäude.

In den 20er Jahren plante Johannes Göderitz, der damalige Magdeburger Stadtbaurat, die wegen der steigenden Bevölkerungszahl erforderlich gewordene Schlachthoferweiterung als erste kommunale Bauaufgabe nach der Inflation. Göderitz suchte nach einer neuen Bauform aus einem Zusammenspiel von Zweck, Material, Konstruktion und rationeller Bauweise. Seine Bauten sind eine Verbindung aus dem für das Neue Bauen typischen Stahlbeton und den traditionellen ledergelben Ziegeln. Sie zeichnen sich durch eine einfache Struktur und die Teilung der Fassaden in schlichte geometri-

sche Flächen aus. Zu den neuen Bauten gehören die östlichen Anbauten der Schweine-, der Kleintier- und der Rinder- oder Großviehmarkthalle (1926, 1923 und 1924), der östliche Anbau der Schweineställe (1926), der Kohlenbunker (1924) sowie der neue Eingang mit Beamtenwohnhäusern an der Schlachthofstraße (1926). Der Kohlenbunker aus Eisenbeton und gelben Ziegeln sollte als Beispiel für die Bildung der Form aus der Funktion mit einer neuen konsequenten Architektursprache aufwarten. Der Weg der Kohle lässt sich an der äußeren Form des Bunkers ablesen. Er verläuft vom Übergabepunkt aus den Waggons an der Nordseite über den senkrecht nach oben führenden Paternoster auf ein horizontales Förderband in die schräg nach Osten abfallenden Bunkertaschen mit direkter Beschickung des Kesselhauses. Leider ist dieser Bau wegen fehlender Nutzungsmöglichkeiten in einem katastrophalen Zustand. Eine Besonderheit der Rindermarkthalle ist das vier Meter frei ausladende Vordach in Eisenbeton zum Unterstellen des Viehs. An der Stirnseite der Schweinemarkthalle staffelte Göderitz mehrere Mauerteile hintereinander, wodurch er die Tragkraft erhöhte und Strebepfeiler überflüssig machte. Die Schweineställe sind kürzlich renoviert worden, wobei die Denkmalpflege den Versuch unternahm, ihre ursprüngliche Farbigkeit wieder herzustellen. Die gesamte Anlage mit ihren hochqualitativen Erweiterungsbauten gehört zu den wichtigsten Zeugnissen der Magdeburger Industriearchitektur mit überregionaler Bedeutung.

174
Hermann-Gieseler-Halle, ehem. Halle Land und Stadt

Wilhelm-Kobelt-Straße 40
1922
Bruno Taut, Johannes Göderitz

Die Hermann-Gieseler-Halle wurde 1922 als Viehmarkt- und Ausstellungshalle „Land und Stadt" nach Plänen von Bruno Taut und Johannes Göderitz errichtet.
Sie war das erste kommunale Bauwerk im Stil des „Neuen Bauens" nach dem 1. Weltkrieg in Magdeburg. Sie wurde in einer Stahlbetonskelettkonstruktion mit acht flach gewölbten Bogenbindern von 35 m Stützweite und 12 m Stichhöhe errichtet. Schmale Horizontalverstrebungen, die annähernd der Höhe der Binder entsprechen, bilden eine kassettierte Deckenkonstruktion, die die raumprägende Wirkung der Wölbung unterstreichen. Belichtet wurde die Halle durch ein aufgesetztes, durchlaufendes Oberlicht im Scheitel der gewölbten Binder und durch große Glasflächen in den Giebelwänden, die bis in die Spitze des Oberlichts führten. Niedrige Seitenfenster beleuchteten die Zugänge zu den Tribünen. Die markante Hallenkonstruktion, verbunden mit der klaren Lichtführung, schuf den prägnanten Raumeindruck dieser Halle.
In den fünfziger Jahren wurde das Gebäude zu einer Sporthalle umgenutzt und bauliche Veränderungen vorgenommen. Besonders die Verbauung des Oberlichtes und die Veränderung der Giebelverglasung und der Eingangsgebäude beeinträchtigen die ehemalige Schönheit des Innenraumes und die äußere Gestaltung.
Die unter Denkmalschutz stehende Halle ist eines der wenigen Bauwerke, die von der Tätigkeit Bruno Tauts in Magdeburg erhalten sind.

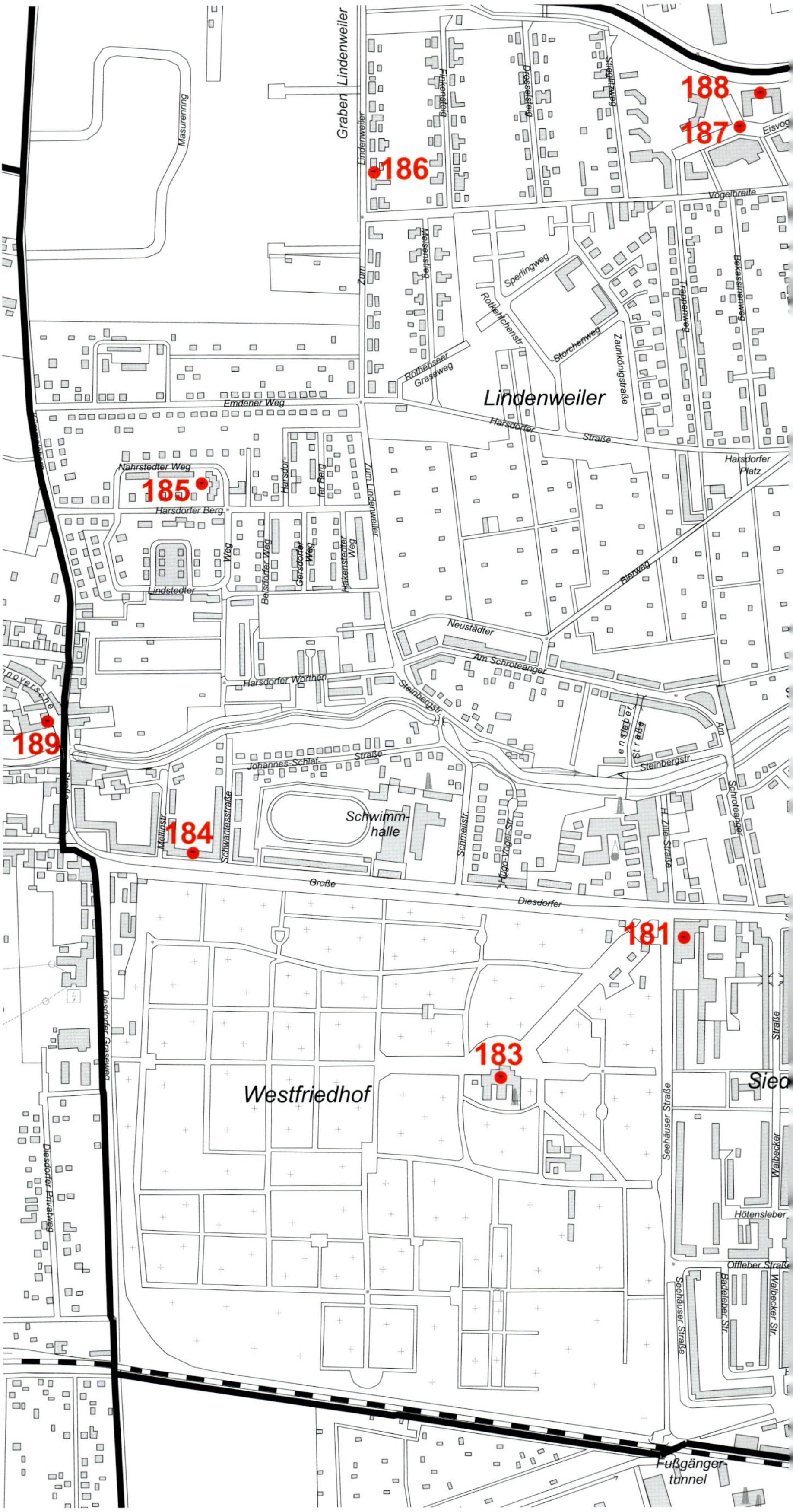
Masurenring
Graben Lindenweiler
Lindenweiler
Finkensteig
Drosselweg
Stieglitzweg
188
187
Eisvog
186
Vogelbreite
Zum
Meisensteig
Sperlingweg
Rotkehlchenstr.
Storchenweg
Zaunkönigstraße
Trappenweg
Bekassinenweg
Rothenseer Graseweg
Lindenweiler
Emdener Weg
Harsdorfer Straße
Harsdorfer Platz
Nahrstedter Weg
185
Harsdorfer Berg
Harsdor-fer Berg
Zum Lindenweiler
Weg
Belsdorfer Weg
Gersdorfer Weg
Hakenstedter Weg
Lindstedter
Bierweg
Neustädter
Am Schroteanger
Harsdorfer Worthen
Steinbergstr.
Steinbergstr.
Am
Johannes-Schlaf-Straße
Schwimmhalle
189
Mellinstr.
184
Schwantesstraße
Schmeilstr.
Hugo-Vogel-Str.
H. Zille-Straße
Schroteanger
Große Diesdorfer
181
183
Westfriedhof
Diesdorfer Graseweg
Diesdorfer Privatweg
Seehäuser Straße
Walbecker
Hötensleber
Offleber Straße
Badeleber Str.
Walbecker Str.
Straße
Fußgänger-tunnel

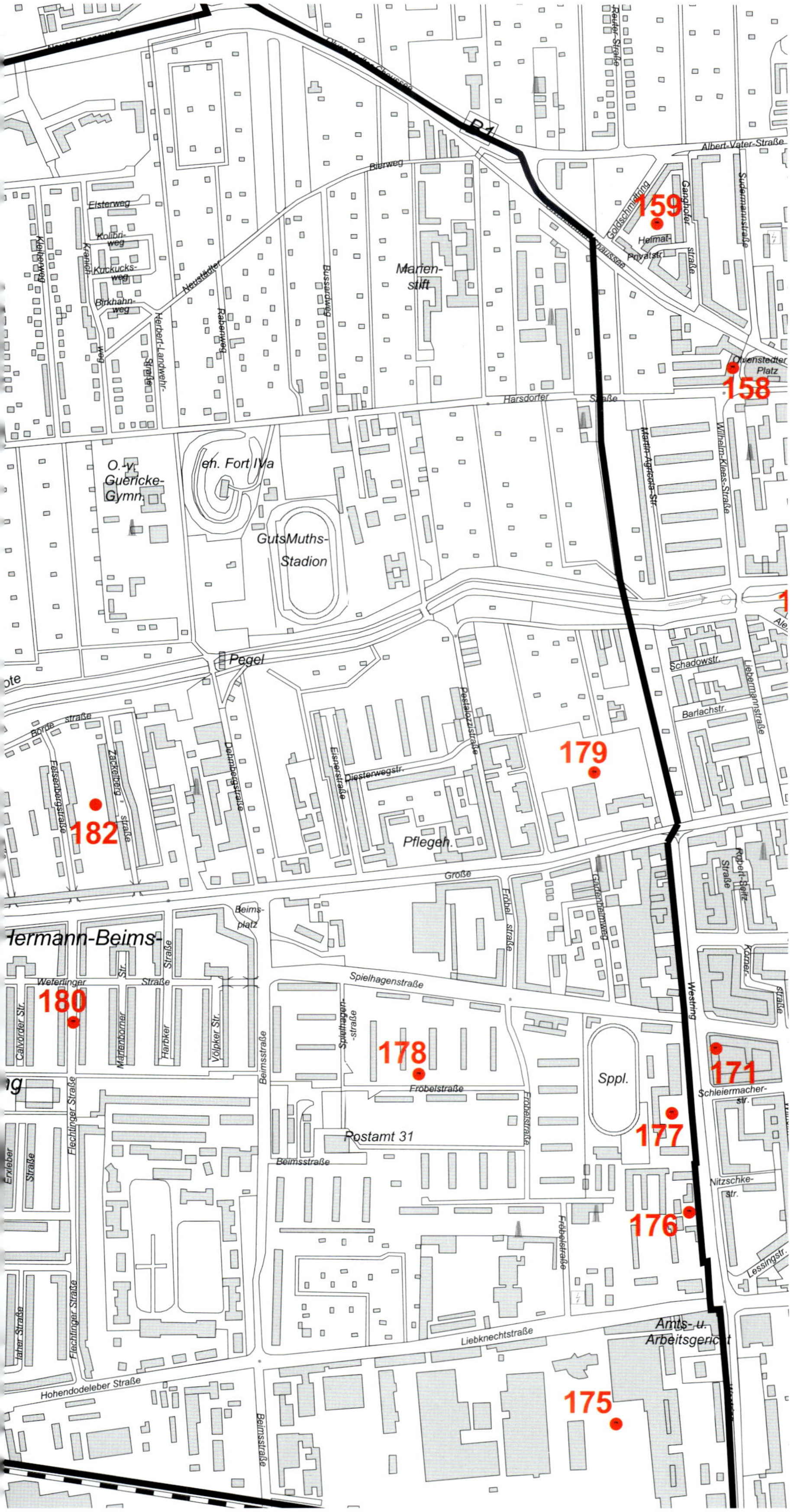
Albert-Vater-Straße
Bierweg
Goldschmiedring
159
Ganghofer straße
Sudermannstraße
Heimat-
Privatstr.
Elsterweg
Kolibri-weg
Kuckucks-weg
Birkhahn-weg
Kiebitzweg
Kranich-
Neustädter
Herbert-Landwehr-Straße
Rabenweg
Bussardweg
Marien-stift
Olvenstedter Platz
158
Harsdorfer Straße
Martin-Agricola-Str.
Wilhelm-Klees-Straße
O.-v.-Guericke-Gymn.
eh. Fort IVa
GutsMuths-Stadion
Pegel
Schadowstr.
Liebermannstraße
Barlachstr.
Börde straße
Zackelberg straße
Falsenbergstraße
182
Dehmbergstraße
Eisnerstraße
Diesterwegstr.
Pestalozzistraße
179
Pflegeh.
Große
Fröbel straße
Gartenheimweg
Robert-Blefz Straße
Beims-platz
Hermann-Beims-
Straße
Weferlinger Str. Straße
180
Calvörder Str.
Marienborner
Harbker
Völpker Str.
Beimsstraße
Spielhagenstraße
Spielhagen-straße
178
Fröbelstraße
Sppl.
Westring
Körner-straße
171
Schleiermacher-str.
177
Postamt 31
Beimsstraße
Fröbelstraße
Nitzschke-str.
176
Lessingstr.
Flechtinger Straße
Erxleber Straße
Liebknechtstraße
Amts- u. Arbeitsgericht
Hohendodeleber Straße
Beimsstraße
175

175
Ehem. MAW (Magdeburger Armaturenwerk)

Liebknechtstraße 65–91
1915/16 (1928), 1924–1926, 1935–1937
Max Behrendt, Paul Ranft, Bruno Buch,
Curt von Brocke

Das MAW ging aus der 1885 gegründeten Armaturenfabrik Polte hervor, die vor dem 1. Weltkrieg ihren Firmensitz aus dem Stadtteil Sudenburg in die Liebknechtstraße verlegt hatte. Es ist eine der geschichtsträchtigsten Maschinenbaufirmen Magdeburgs und einer der wichtigsten Großbetriebe des DDR-Regimes gewesen. Die ersten Gebäude entstanden während des Fabrikneubaus ab 1915/16 in Ziegelbauweise nach Plänen des Magdeburger Industriearchitekten Max Behrendt und des Leipzigers Paul Ranft (Fertigstellung bis 1928). Es sind die Presshalle (Gebäude 44) mit Torbogenstraße und ihren drei Annexen (Gebäude 28, 33, 39).
Auf dem hinteren Betriebsgelände befinden sich ein im neoklassizistischen Stil errichtetes Beamtenwohnhaus sowie Modelllager und Modelltischlerei, alles aus der Hand des Berliner Industriearchitekten Bruno Buch. Buch errichtete seit ca. 1910 Industriebauten in allen Bezirken Berlins. Über 100 Industrieanlagen umfassen sein Lebenswerk, zu dem sowohl neoklassizistische als auch expressionistische Objekte zählen. Modelllager und Modelltischlerei sind expressionistisch beeinflusst, aufeinander abgestimmt und als Eisenbetonbauten mit roter Klinkerverblendung zwischen 1924–1926 errichtet. Turmartige Aufbauten überragen die Aufzugsschächte. Das sechsstöckige Modelllager prägen kleine stehende Fenster und spitzwinklige, bis zur Höhe des 5. Obergeschosses reichende Wandvorlagen sowie kräftige, rechteckige, gebäudehohe Pfeiler. Auf der Südseite sind vier weitere sich von oben nach unten verjüngende Wandvorlagen, die ca. ein Drittel der Gebäudehöhe einnehmen, vorgeblendet. Das Dachgeschoss erinnert wegen der zum Teil nicht bis zum Dach durchgezogenen Wandvorlagen und der kleineren rechteckigen Fenster an ein Mezzanin. An der vierstöckigen Modelltischlerei sind die Fenster der drei Hauptgeschosse in senkrechte Bänder zusammengefasst und diese vom Fußboden bis zum Fenster im 2. Obergeschoss tief hinter die Fassadenoberfläche zurückversetzt. Den so entstehenden Zwischenstegen aus Mauerwerk wiederum sind spitzwinklige Wandvorlagen vorgelegt. Auf der Eingangsseite sind der Fassade vier weitere, sich von oben nach unten verjüngende Wandvorlagen vorgesetzt, die etwa zur halben Gebäudehöhe reichen. Sie dienten einst als Auflager für eine Kranbahn.
Langgestreckte Klinkerfassaden der Büro- und Fabrikgebäude aus den Jahren 1935–1937 entlang der Liebknechtstraße prägen das Straßenbild. Entwürfe hierfür schuf der Architekt Curt von Brocke, welcher als Vorstand der Bauabteilung der größten europäischen Lokomotivfabrik, der Fa. Henschel und Sohn in Kassel, tätig gewesen war. Die Eisenbetonskelettbauten sind auf Grund ihrer abgerundeten Ecklösungen, der Buntklinkerverkleidung, der Tekturen und der langen Fensterbänder noch der expressionistischen Formensprache verhaftet. Derzeitige Nutzung der straßenseitigen Verwaltungsgebäude durch das Amts- und das Arbeitsgericht.

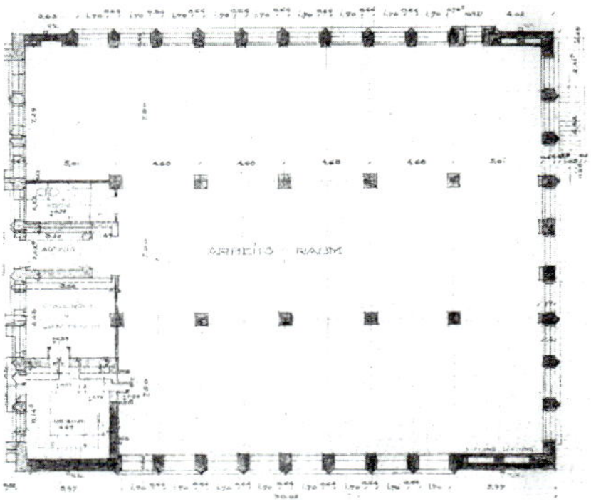

176
Behelfswohnungen
Westring 36–46
1918

Nach dem ersten Weltkrieg ließ die Stadt Magdeburg Not- und Behelfswohnungen errichten, um möglichst schnell und mit geringem Kostenaufwand die große Wohnungsnot zu mildern. Diese Bauten waren nur für eine vorübergehende Nutzungsdauer konzipiert (vgl. Behelfswohnungen Rothenseer Straße, 127).
Nach der Konzeption des städtischen Hochbauamtes wurden am Westring sechs zweigeschossige Wohnbauten mit insgesamt 40 Wohnungen errichtet. Der typische Wohnungsgrundriss bestand aus Küche, Wohnzimmer, zwei Schlafräumen und einer Toilette, Keller- und Dachbodenraum waren jeder Wohnung zugeordnet.
Das äußere Erscheinungsbild ließ nicht auf eine behelfsmäßige Wohnanlage schließen. Unterhalb des flach geneigten Walmdaches verlief ein schmales Band aus gemauertem Holzfachwerk mit Belichtungs- und Belüftungsöffnungen. Die Fassaden waren durch ein umlaufendes Putzgesims horizontal gegliedert, und vertikale Putzlisenen unterteilten die Wandflächen, die zum Teil mit medaillonartigen Flachreliefs im Obergeschoss und Rankgittern für Pflanzen im Erdgeschoss versehen waren. Ursprünglich waren die Fenster mehrfach unterteilt und an den Süd- und Ostfassaden mit Fensterläden ausgestattet. Die Treppenhäuser waren durch Risalite hervorgehoben, die von einem Dreiecksgiebel überdacht wurden.

177
Willy-Brandt-Schule
Westring 26–32
1928
Johannes Göderitz, Konrad Rühl

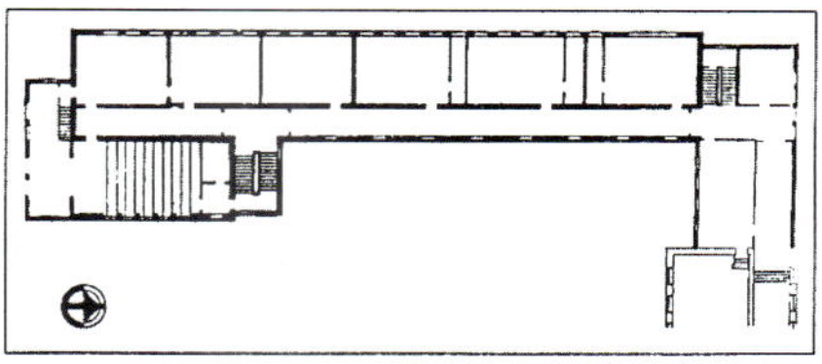

Seit ca. 1925 wurden nahegelegen mehrere Wohnquartiere errichtet (171, 180, 182). Um dem dadurch erhöhten Schulplatzbedarf zu entsprechen, wurden zwei neue Schulen gebaut. Die Raum- und Funktionskonzeption der neuen, so genannten Versuchschulen berücksichtigte schulpädagogische Reformbestrebungen.
Die am Westring bestehende Wilhelmstadt-Schule wurde durch einen von J. Göderitz und K. Rühl projektierten Anbau erweitert. Ein dreigeschossiger Zwischentrakt verbindet die alte Schule mit dem neuen viergeschossigen Klassentrakt. Eine klare Kubatur und eine funktionale Fassadengestaltung prägen das Gebäude. Der hohe, mit rotem Klinkerstein von der hellen Putzfassade abgesetzte Treppenhausturm gliedert die Ostfassade, die im südlichen Abschnitt durch einen versetzt angeordneten zweigeschossigen Baukörper und eine prägnante Fensteranordnung einen charakteristischen Ausdruck erhält.
Alle Klassenräume sind nach Westen orientiert. Die Schule erhielt einen Zeichensaal mit Austritt ins Freie, eine Schulbücherei, Fachräume für den Chemie- und Physikunterricht und eine Sternwarte. Turnhalle und Aula blieben aus finanziellen Gründen in den alten Gebäudeteilen. Benannt wurde die Schule damals nach dem Reformpädagogen Berthold Otto.
An der Großen Diesdorfer Straße, Ecke Schmeilstraße wurde 1928 die zweite, von J. Göderitz entworfene, Versuchschule gebaut. Auch sie zeigte ursprünglich die klare Formensprache des Neuen Bauens der zwanziger Jahre. Nach Kriegszerstörungen wurde die Schule in den fünfziger Jahren in veränderter Form wieder aufgebaut und mit einem Steildach versehen. (Weiterer Schulbau von Göderitz: 333)

178
Wohnkomplex Spielhagenstraße

Spielhagenstraße
1964–1966
Städtebauliches Konzept: Gerhard Dalchau

Das Wohngebiet Spielhagenstraße (1200 WE) sowie die Bebauung an der Georg-Gaidzig-Straße stehen in engem Bezug zur Hermann-Beims-Siedlung, der inzwischen denkmalgeschützten ersten Magdeburger Großsiedlung aus der Zeit der Weimarer Republik.
Die Bereiche an der Georg-Gaidzig-Straße und auf dem Gebiet westlich der Schule am Westring sind bereits in dem ursprünglichen Bebauungsplan des Magdeburger Stadterweiterungsamtes aus dem Jahre 1927 für das Gelände zwischen Westfriedhof, Große Diesdorfer Straße, Poltestraße und Sedanring als Ergänzung der Siedlung an der Großen Diesdorfer Straße enthalten. Allerdings erfährt der ursprüngliche stadträumliche Gestaltungsansatz zu Beginn der 60er Jahre eine erhebliche Abwandlung. In den als großen Grünraum mit Blickachse zum Dom konzipierten inneren Bereich werden nunmehr die Kinder-, Bildungs- und Kaufeinrichtungen des neuen Wohnkomplexes platziert. Die Bebauungsstruktur folgt nicht mehr den halboffenen, zur Grünachse orientierten Baublöcken, sondern variiert die schematisch angeordneten, durch die Q6-Bauweise diktierten offenen Zeilen. Lediglich an der Georg-Gaidzig-Straße werden die nordsüdgerichteten Zeilen aufgegriffen, allerdings ohne einheitliche Bauflucht an den Straßen.

Der Wohnkomplex Spielhagenstraße entwickelt sich um eine öffentliche Grünfläche herum in Form von vier Wohngruppen, die durch Stichstraßen erschlossen sind. Im Innern der Wohngruppen sind die Wohnblöcke viergeschossig konzipiert, die Wohnblocks am Rande der Grünflächen fünfgeschossig. Die Gebäude vom Typ Q6 werden nach einer weiterentwickelten Takt- und Fließmethode errichtet, wobei erstmals geschosshohe Tafeln montiert werden können. Im nördlichen Teil des Komplexes werden Flach-, sonst Steildächer gebaut. Für die Fassade wurde ursprünglich ein eingefärbter Putz verwendet. Eingangstüren, Fensterfaschen und Balkonverkleidungen folgten einem einheitlichen Typus, der in der gesamten Stadt Verwendung fand. Die östlich der Grünfläche gelegenen Gebäude und der große südliche Block an der Beimsstraße werden später unter Verwendung der Wohngebäudetypen P2 errichtet.
Insgesamt stellt der Wohnkomplex eine typische Siedlungsform aus den frühen 60er Jahren in der ehemaligen DDR dar.

179
Wohnpark Kahlenberg-Stift

Große Diesdorfer Straße 45–46
1998
Hanfried Schütte/Cullmann + Wedemeyer

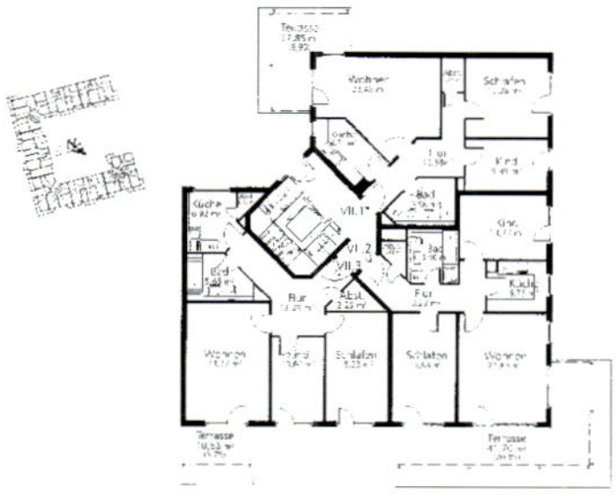

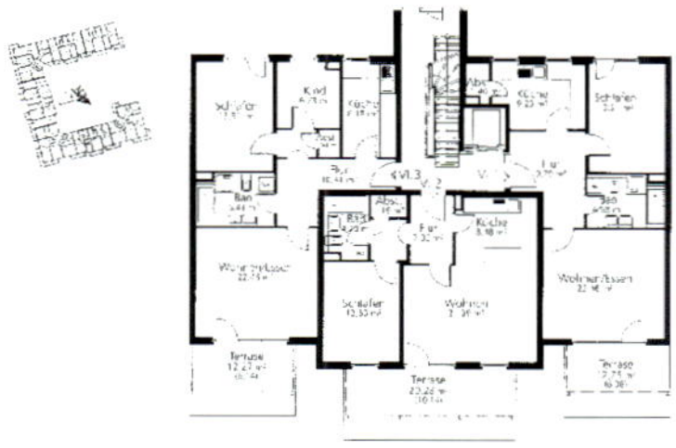

An der Grenze zwischen Stadtfeld Ost und Stadtfeld West befindet sich das ehemalige „Kahlenberg-Stift". 1883 aus einer Stiftung des Kaufmann K. gegründete wohltätige Anstalt. Sie diente als Pflegeheim und Ausbildungsstätte für die freiwillige Krankenpflege. Jahrzehntelang wurde die Anlage durch die sowjetische Armee als Lazarett genutzt. Nun sind auf dem ca. 23000 m² großen Grundstück zwei neue, u-förmige Wohnanlagen entstanden. In den 4-geschossigen Gebäuden mit ausgebautem Dach werden 208 Eigentumswohnungen mit Balkon oder Dachterrasse angeboten. Die Größe der 2 bis 5-Zimmerwohnungen misst zwischen 45 und 115 m². Von besonderem Reiz sind die Sattelgeschosswohnungen. Der Wohnraum wird über eine Innentreppe mit der Galerie und einem Gästezimmer im Dachgeschoss verbunden. Das Grundstück wird im Osten von dem neu gebauten Europaring durch einen Lärmschutzwall getrennt. Im Norden wird es von der Schroteanlage tangiert, während ein neu errichtetes Nahversorgungszentrum mit SB-Markt, Bäcker, Fleischer und Blumenladen und das unter Denkmalschutz stehende ehemalige Krankenhaus (geplant als Gesundheits- und Ärztezentrum) die Wohnanlage zur verkehrsreichen Großen Diesdorfer Straße hin abschirmen und zugleich den Wohnwert erhöhen.

180
Hermann-Beims-Siedlung

Große Diesdorfer Straße, Flechtinger Straße, Walbecker Straße, u.a.
1925–1929
Konrad Rühl, Gerhard Gauger, Willy Zabel, Adolf Otto

Die Hermann-Beims-Siedlung (benannt nach dem von 1919 bis 1931 amtierenden Oberbürgermeister) ist die erste, die größte (ca. 2 000 Wohnungen), die bekannteste und eine der qualitätvollsten Siedlungen des sozialen Wohnungsbaus im Stil des Neuen Bauens der zwanziger Jahre in Magdeburg.
Der Gliederung der Siedlung liegt ein einfaches orthogonales Straßensystem zu Grunde, in dem die in Nord-Süd-Richtung verlaufenden Straßen bebaut sind. Die querenden Straßen sind in der Regel nicht bebaut. Sie erschließen die Wohnstraßen, die zum Teil als Stichstraßen ausgebildet sind. Eine Bebauung des Siedlungsrandes umschließt das Wohnquartier und leitet den überörtlichen Verkehr an der Siedlung vorbei.
Grundelement der räumlichen Gestaltung bilden die dreigeschossigen Hauszeilen. Trotz des einfachen Bebauungsschemas wurden stadträumlich abwechslungsreiche Situationen durch platzähnliche Erweiterungen des Straßenraumes (z.B. Walbecker Platz), verengte Straßeneinfahrten oder kubische Staffelungen der Baukörper als Abschluss von Stichstraßen (z. B. Calvörder Straße, Erxleber Straße, Marienborner Straße) und Durchfahrten unter Straßenüberbauungen (z.B. Weferlinger Straße/Beimsstraße) geschaffen.
Zwischen den Wohnhauszeilen sind zur Nutzung der Bewohner große begrünte Wohnhöfe angelegt, die durch Mauern oder doppelte Baumreihen begrenzt werden. Die großen Innenhöfe und relativ breite Straßen ermöglichen eine optimale Belichtung, Belüftung und Besonnung aller Wohnungen und schaffen im Zusammenhang mit der Grundrissgestaltung einen hohen wohnhygienischen Standard.

Gleichzeitig sind sie zusammen mit dem, die Siedlung durchquerenden, breiten Grünzug von ökologischer Bedeutung. Die in Ost-West Richtung verlaufende Grünanlage war ursprünglich in ein überörtliches Grünkonzept eingebunden und sollte eine Verbindung vom benachbarten

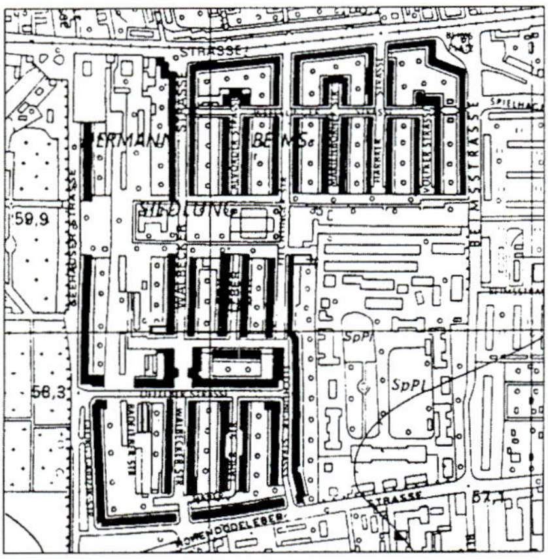

Westfriedhof zum Stadtzentrum herstellen. Ein freier Blick zum Magdeburger Dom markierte die Orientierung. Bereits zu Beginn der dreißiger Jahre wurde östlich der Wahlbecker Straße innerhalb der Grünanlagen ein flacher Baukomplex für Verwaltung, Wäscherei und Badeeinrichtungen erstellt, 1967 folgte westlich der Wahlbecker Straße der Bau eines Kindergartens.

Ergänzend zur städtebaulichen Konzeption prägt die architektonische Gestaltung der Bebauung die hohe Qualität der Siedlung. Den Fassadengliederungen der flach gedeckten kubischen Baukörper liegt ein einheitlicher Aufbau zu Grunde: niedriger Gebäudesockel aus sichtbarem Ziegelmauerwerk, horizontal gegliederte Wohngeschosse, Dachgeschoss mit kleinen Fensteröffnungen, schmale Dachabschlusskante, die Wandflächen sind verputzt. (Die Dachgeschossausbauten in einigen Häusern entsprechen nicht der Originalität. An der Großen Diesdorfer Straße sind die Gebäude mit einem Steildach versehen.) Diesem Gestaltungsschema wurden straßenweise unterschiedliche Gestaltungselemente hinzugefügt, so dass vielfältige Ansichten entstanden. So werden z.B. Erdgeschosszonen durch Vor- oder Rücksprünge, durch Gesimse oder Ziegelsteinschichten besonders heraus gearbeitet; Treppenhausgestaltungen setzen vertikale Akzente; Hauseingänge, Balkonbrüstungen und Bereiche für kommerzielle Nutzungen sind mit Ziegelsichtmauerwerk verkleidet oder Gebäudekanten werden betont. Die Kopfbauten an Straßeneinmündungen und Gebäudeabschnitte an städtebaulich markanten Stellen zeigen häufig eine ausgeprägte Plastizität, die durch unterschiedliche Geschossigkeiten, den Versatz von Gebäudeabschnitten oder Bauteilen, oder durch die Anordnung von Balkonen und Loggien erreicht wird.

Von besonderem Gestaltungswert und typisches Merkmal dieser Siedlung war die intensive Farbigkeit von Fenstern und Haustüren. Die Putzfarben beschränkten sich im Wesentlichen auf ein helles Grau und gelbliche Töne. Während die Wohnungsfenster straßenweise oder straßenabschnittweise in einem einheitlichen Grundfarbton gestrichen waren, konnte die Farbigkeit der Haustüren innerhalb eines Abschnittes durchaus variieren, wobei in der Regel ein Farbton vorherrschend war. Meistens waren der Rahmen, das Türblatt und das Sockelbrett in unterschiedlichen Farben gestrichen. Auch die Ausbildung der Türen war teilweise unterschiedlich, blieb jedoch auf wenige Varianten beschränkt. Bei den Fensteranstrichen wurden üblicherweise die Fensterflügel und die Sprossen farblich vom Fensterrahmen abgesetzt. (Bis auf einen Bereich in der Calvörder Straße waren alle Fenster gleichmäßig geteilt und mit Sprossen versehen.) Überwiegend wurden Rottöne eingesetzt und die Farben Grün, Schwarz und Gelb, jeweils mit verschiedenen Abtönungen. (Zur Ermittlung der Original-Farbgestaltung sind Untersuchungen angestellt worden, deren Ergebnis bei den bisherigen Sanierungen berücksichtigt wurde.)

Zur Komplettierung einer harmonischen Einheit der Siedlung waren Straßenräume, Wohnhöfe und der Grünzug nach eigens aufgestellten Plänen bepflanzt, die Vorgärten waren einheitlich als Rasenrabatten gestaltet, teilweise wurden speziell entwickelte Beleuchtungskörper installiert, unterschiedliche Straßenbeläge markierten die verschiedenen Verkehrsfunktionen der Straßen, und auch die Bodenbeläge für Gehwege und Hauszugänge waren in die gestalterische Planung einbezogen.

Die zwischen Seehäuser Straße und Wahlbecker Straße einzeln stehenden Wohnblöcke wurden von 1964 bis 1968 errichtet. 1994–1996 erfolgte die Bebauung an der Seehäuser Straße/Große Diesdorfer Straße (siehe 181).

181
Wohn- und Geschäftshaus

Seehäuser Straße 1 u. 2/
Große Diesdorfer Straße 162
1994–1996
Meike von Zimmermann

Die Bebauung nimmt entlang der Seehäuser Straße die Typologie der Zeilenbebauung auf, schließt aber gleichzeitig als Eckbebauung das Quartier gegenüber dem Westfriedhof ab. Das zurückgezogene Erdgeschoss mit der Arkade betont die städtebauliche Bedeutung des Platzes und trägt damit auch seiner Nutzung als Ladenzone Rechnung. Die Bebauung lehnt sich in Gliederung und Material an die des Umfeldes an. Die Fassade ist horizontal gegliedert. Das Erdgeschoss ist geschlossen gehalten und öffnet sich nur in der Eingangszone, im Arkadenbereich. Der Riegel an der Seehäuser Straße, der sich zwischen den beiden Treppentürmen spannt, thematisiert das Motiv der Scheibe, die sich in verschiedenen Lastzuständen befindet. Eine Scheibe aus gemauerten Klinkern steht fest am Boden. Dagegen hebt sich eine zweite, geputzte und scheinbar frei schwebende Scheibe ab, die durch das 2. und 3. Obergeschoss gebildet wird. Auf der Hofseite hängt sie zwischen den Treppentürmen über dem durchgeschobenen Erdgeschoss fest. Dieses Motiv des Stehens, Schwebens und Hängens ist durchgängiges Gestaltungsprinzip. Das Gebäude ist in drei Nutzungsbereiche gegliedert: im Erdgeschoss befindet sich der Ladenbereich. Der nach Norden orientierte Flügel an der Großen Diesdorfer Straße ist mit Büros ausgestattet, während sich im Gebäudeteil an der Seehäuser Straße Wohnungen unterschiedlicher Größe, vom Appartement bis zur 4-Zimmer-Maisonette-Wohnung, befinden.

182
Wohngebiet am Schroteanger

Zackelbergstraße, Felsenbergstraße,
Steinbergstraße, Am Schroteanger
1924–1930
R. Ferchland, Artur Reinecke, P. Wygasch

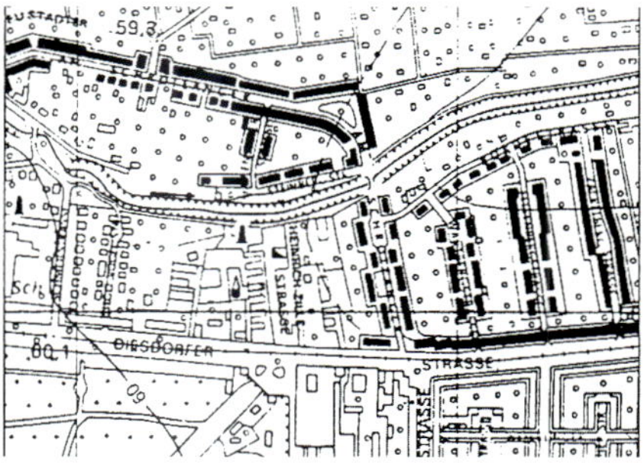

Im Zusammenhang mit der Bebauungsplanung der Hermann-Beims-Siedlung (180) wurde auch der Bebauungsplan für das nördlich davon gelegene Wohngebiet am Schroteanger aufgestellt. Dieses Wohngebiet hat jedoch einen völlig anderen Charakter und ist auch in sich differenziert gestaltet.
An der Felsenbergstraße (1924) und an der Zackelbergstraße (1927) wurden zweigeschossige Einfamilien- und auch einige Mehrfamilienreihenhäuser mit ausgebautem Dachgeschoss für vorwiegend mittelständische Schichten errichtet. Die Gestaltung der Häuser, mit einer meist symmetrischen Fassadengliederung und Satteldach, entsprach einer traditionellen Architekturauffassung. Besondere Akzente setzten unterschiedlich gestaltete Hauseingänge, die innerhalb einer Hauszeile jedoch einheitlich waren. Als Architekt dieser Baugruppe wird u.a. R. Ferchland genannt. Durch eine leicht geschwungene Straßenführung und entsprechend angepasste Bebauung, durch versetzt angeordnete Gebäude und durch platzähnliche Erweiterungen entstanden charakteristische Straßenräume. Die Wartbergstraße wurde in ähnlicher Weise bebaut.
Eine dreigeschossige Zeilenbebauung schirmt das Quartier, dessen Erschließung durch Hausdurchfahrten erfolgt, von der Hauptverkehrsstraße ab. Zum Bachverlauf der Schrote münden die Wohnstraßen in die Bördestraße, deren 1924 begonnene offene Bebauung durch Doppelhäuser mit einem so genannten Zollinger-Dach (vgl. 287) charakterisiert wird.
In gleicher Bauform, mit Doppelhäusern für vier Familien, wurde nach Plänen des Architekten P. Wygasch, 1925 die Bebauung westlich der Straße Am Schroteanger in der Steinbergstraße fortgesetzt.

Ab 1927 realisierte der Architekt Artur Reinecke mit der Bebauung im nördlichen Abschnitt Am Schroteanger eine rationale Architektur, die durch die bereits im Bebauungsplan vorgegebene städtebauliche Anordnung einen Kontrapunkt erhielt. Den Reihenhäusern an der

konkav geschwungenen Straßenführung steht eine rechtwinklige Bebauung gegenüber, so dass eine reizvolle Platzsituation erschlossen wurde. Die dem Straßenverlauf folgende, sich fortsetzende Bebauung mit zweigeschossigen Mehrfamilienreihenhäusern war für kinderreiche Familien konzipiert. Ende 1930 erfolgte die Bebauung südlich des Bachlaufs der Schrote bis zur Großen Diesdorfer Straße.
1929/30 errichtete die Stadt Magdeburg in der Steinbergstraße 34 ein Wohnhaus für Familien mit lungenkranken Angehörigen. Besonders in Industriestädten war Lungentuberkulose eine verbreitete Krankheit, die durch mangelhafte Wohnverhältnisse negativ beeinflusst wurde. Von 1929–1931 baute die Stadt drei Wohnhäuser für Lungenkranke (Steinbergstraße, Bassermannstraße 3–5 vgl. 306, Lutherstraße 19/19a), an die bestimmte bauliche Anforderungen gestellt wurden. Das Haus in der Steinbergstraße war das erste realisierte Projekt. In sonniger, luftiger Lage wurde das separat stehende Haus in den Grünbereich des Schroteangers eingefügt. Die Architektur des zweigeschossigen Gebäudes entsprach dem Stil des Neuen Bauens der zwanziger Jahre. In dem Komplex waren acht Wohnungen untergebracht, die durch große Fenster quer zu belüften waren. Alle Wohnungen verfügten über ein großes Badezimmer und über ein nach Süden orientiertes Krankenzimmer mit einer Loggia, die so groß war, dass ein Liegebett darauf Platz fand.

183
Kapelle auf dem Westfriedhof

Große Diesdorfer Straße 160
Planung 1895/96, 1898 fertiggestellt
Regierungsbauführer Oehlmann,
Architekt Poisson

Neugotische Friedhofskapelle mit Seitengebäuden, ehemals als streng symmetrische Anlage in roter Ziegelarchitektur mit Werkstein an Gebäudekanten und architektonischen Gliederungs- und Zierelementen konzipiert, Sockel aus Haustein. Aufwendiger Eingang aus drei Portalen, durch eine neugotische Spitzbogen- und Giebelarchitektur zusammengefasst. Darüber eine Fensterrose mit dreiteiliger, gestaffelter Maßwerkfenstergruppe. Zwei Treppentürme flankieren den von einem Dachreiter gekrönten Saalbau, bestehend aus einem hohen Mittelschiff und niedrigen Umgängen. Gedrungene Säulen stützen die Hochwände und die Orgelempore. Seitlich schließen sich Totenhallen und Versammlungsräume für die Trauergemeinden an. Großflächige Dachlandschaft aus einer Kombination aus Sattel- und Walmdach mit vielen kleinen spitzen Dach-

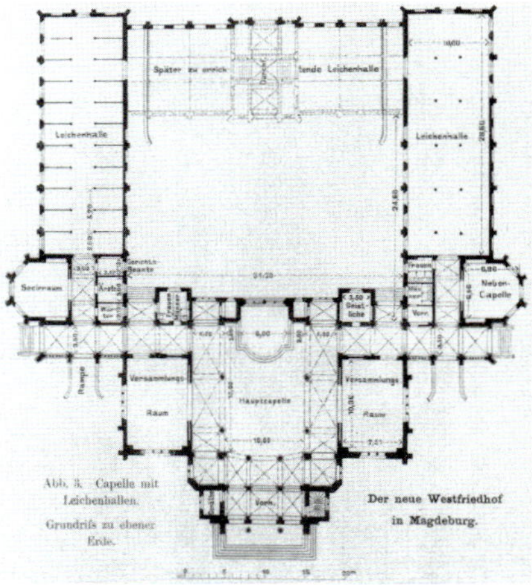

gauben, in dunklem Schiefer gedeckt. Vorentwürfe zum Bau lieferten Regierungsbauführer Oehlmann und der Architekt Poisson. Bearbeitung der Bauzeichnungen und örtliche Bauleitung durch Erich Echternach. Dem Stil der Kapelle verwandt sind die zeitgleich errichteten Nebengebäude und der Friedhofseingang. Hinter der Kapelle ein von Göderitz entworfenes Krematorium (1923).
Gärtnerische Gestaltung dieser größten Magdeburger Begräbnisstätte von Johann Gottlieb Schoch. Sehenswert sind Gräber Magdeburger Persönlichkeiten, ein Ehrenhain für Faschismusopfer (Plastik 1981 von Fritz Cremer) sowie eine Gedenkstätte für die Bombenopfer 1945 von Wieland Schmiedel.

184
Wohnanlage an der Großen Diesdorfer Straße

Große Diesdorfer Straße 103–121,
Mellinstraße, Schwantestraße
1934–1938

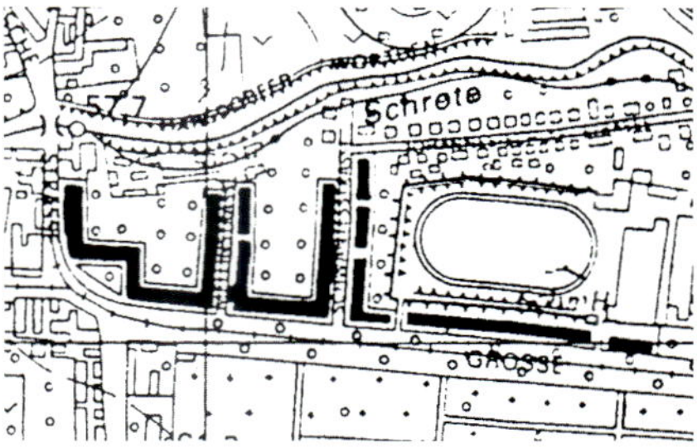

Zur Großen Diesdorfer Straße begrenzt eine dreigeschossige Bebauung die Wohnanlage. Die zwei als Wohnstraßen ausgebildeten Seitenstraßen sind zweigeschossig mit Reihenhäusern und einzeln stehenden Mehrfamilienhäusern bebaut. Eine direkte Anbindung an die höhere Bebauung an der Großen Diesdorfer Straße erfolgte durch kleine, eingeschossige Gebäudeabschnitte, in denen Dienstleistungseinrichtungen untergebracht waren. So wurden mit einer dreiseitigen Bebauung begrünte Innenhöfe umschlossen, die sich zum nahe vorbeifließenden Bachlauf der Schrote öffneten.
Die Architektur der mit einem Steildach versehenen Häuser ist anspruchslos, Bauqualität und Wohnungsstandard entsprachen minimalen Anforderungen. Die Häuser enthielten 2-3 1/2-Zimmer-Wohnungen mit Kochnische und Abort. An der Großen Diesdorfer Straße setzen Putzreliefs (Tierkreiszeichen) über den Hauseingängen individuelle Merkmale.
In Magdeburg bilden nur wenige Siedlungen aus den dreißiger Jahren städtebaulich eine geschlossene Einheit wie in dieser Wohnanlage, es sei denn, sie vervollständigen die Konzeption einer bereits in den zwanziger Jah-ren begonnenen Anlage. Eine offene Bauweise mit Mehrfamilienwohnblöcken und Einzel- oder Doppelhäusern mit Garten, entsprachen eher einer nationalsozialistischen Bauauffassung. In diesem Fall wurde jedoch die städtebauliche Konzeption des 1928 aufgestellten Generalsiedlungsplans für eine neu anzulegende Bebauung übernommen.

185
Eigenheimsiedlung Harsdorfer Berg
Harsdorfer Berg
ab 1972

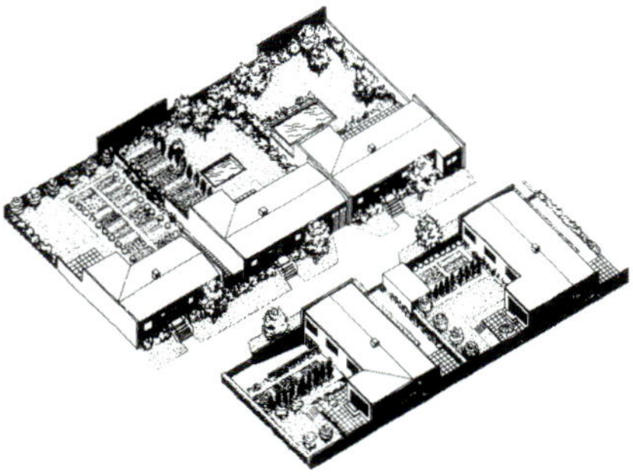

Im Oktober 1971 wird in Magdeburg eine Verordnung über die Förderung des Baues von Eigenheimen erlassen. Sie zielt auf die Aktivierung von Eigenleistung der Bürger und soll offenbar einen speziellen Bedarf an Wohnraum decken, den insbesondere kinderreiche Familien haben, die in den kleinen, maßgeschneiderten Wohnungen der Wohnungsbauserien P2 oder WBS 70 nicht ausreichend Platz finden. Die Verantwortlichkeit für die Förderung der Eigenheime wird an die Bezirke und Kreise mit ihren zugehörigen „Plankommissionen" delegiert.
Die Eigenheimsiedlung am Harsdorfer Berg umfasst die beiden bogenförmig angelegten Wohnstraßen Nahrstedter Weg und Lindstedter Weg. Auf den etwa 300 bis 500 qm großen Grundstücken werden wenig differenzierte „Angebotsprojekte" realisiert. In der Mehrzahl handelt es sich um einen eingeschossigen Gebäudetyp mit winkelförmigem Grundriss und Flachdach. Unter Verwendung dieses reihbaren eingeschossigen Gebäudetyps werden hier verschiedene Baustrukturen kombiniert. Im Wesentlichen entstehen freistehende Einzelhäuser, die lediglich über Garagenbauten verkettet sein können. Die umliegenden Straßenzüge und Wohnwege verweisen darauf, dass in diesem Bereich auch individuelle Eigenheimvorhaben realisiert werden, die in ein vielfältiges Netz von Kleingartenanlagen eingebunden sind.

186
Stadtrandsiedlung Lindenweiler
Zum Lindenweiler
1932

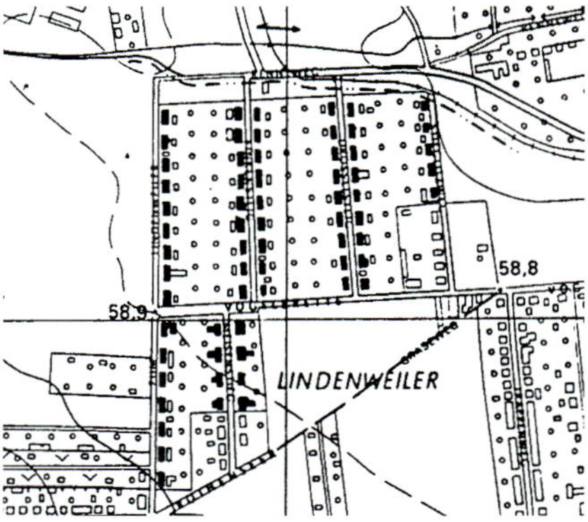

Die Stadtrandsiedlung Lindenweiler ist in den Depressionsjahren der Weltwirtschaftskrise als Selbsthilfesiedlung für Erwerbslose errichtet worden (vgl. 219 u.138). Jeder Siedler musste in verschiedenen handwerklichen Bereichen Arbeitsleistungen erbringen. Nach Fertigstellung wurden die Häuser mit einem Erbpachtvertrag in der Reihenfolge der erbrachten Arbeitsleistungen an die Siedler übergeben.
Nach Entwürfen des Stadterweiterungsamtes wurden 50 zweigeschossige Doppelhäuser errichtet. Zu jeder Haushälfte gehörte ein zum Nutzgarten gelegener zweigeschossiger Anbau, in dem sich eine Waschküche, die zugleich Hauseingang war, das Treppenhaus, ein Abort und ein Stall befanden. Nach Ausbau des Obergeschosses, den die Siedler in finanzieller und handwerklicher Eigenleistung erbringen mussten, betrug die Wohnungsgröße ca. 50 qm. Die Fassaden waren verputzt, das Gesims des flach geneigten Pultdaches war mit Holz verkleidet, wodurch das prägende Erscheinungsbild der Siedlung entstand.
Nach 1989 setzte eine verstärkte Umbauphase ein, die das architektonisch charakteristische Bild der unter schwierigsten Bedingungen entstandenen Siedlung zu zerstören droht.
An die Siedlung schließt eine Bebauung aus den dreißiger Jahren und nach dem Eigenheimbauprogramm der DDR an.

187
Bebauungsplan 302-1 Vogelbreite
Quartier 3 – Eisvogelstraße
1994–1995
Michael Koch

Die Wiedervereinigung Deutschlands brachte für die ostdeutschen Kommunen immense Aufgaben mit sich. So mussten den politischen, wirtschaftlichen und rechtlichen Veränderungen sehr schnell planungs- und baurechtliche Grundlagen geschaffen werden. Um den Bedarf an neuen städtebaulichen Strukturen zu decken, wurden nach 1990 in Magdeburg mehr als 30 „vorzeitige“ Bebauungspläne aufgelegt. Einer davon ist der B-Plan „Vogelbreite“ in Bereich Lindenweiler, der im Juli 1992 beschlossen wurde. Aus städtebaulicher Sicht galt es den Raum zwischen Stadtfeld und Neu-Olvenstedt baulich zu schließen bzw. abzurunden, der durch die neue Straßenbahntrasse und den Neuen Renneweg verkehrlich gut erschlossen ist. Das 13,2 ha große Wohnmischgebiet hat in seiner Entstehungsphase mehrmals Nutzungsänderungen erfahren, da sich die Anforderungen des Marktes und die Absichten der Investoren in der Stadt sehr schnell verändert haben.
So wurde im Komplex Eisvogelstraße auf den Bau eines Hotels verzichtet, ein Ladenobjekt in eine Gaststätte umgenutzt und geplante Büro- und Verwaltungsräume in der ersten Etage der 3-geschossigen Gebäude letztlich als Wohnungen ausgebaut.

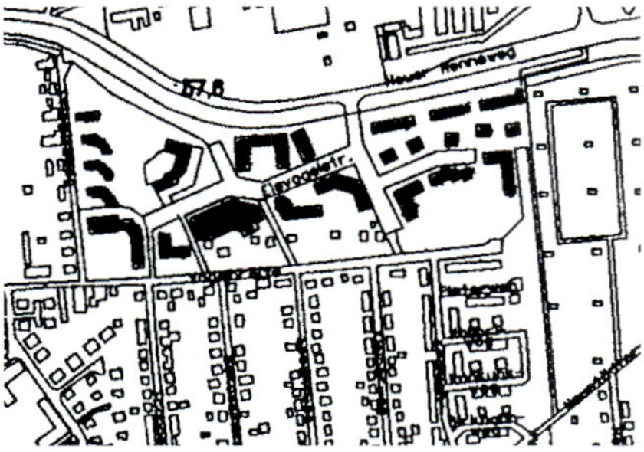

188
Wohn-und Geschäftshaus
Eisvogelstraße 34–40
1996/97
Manfred Fritsch

Der u-förmige, dreigeschossige Gebäudekomplex mit ausgebautem Dachgeschoss, schließt den Wohnkomplex Vogelbreite zur Verkehrsstraße Neuer Renneweg ab und bietet in seiner Anlage zugleich die Möglichkeiten für ein kleines Wohngebietszentrum.
Im Erdgeschoss befinden sich z. Z. eine italienische Gaststätte, ein Drogeriemarkt und eine Fleischverkaufsstelle.
Im ersten Obergeschoss waren ursprünglich Gewerberäume und Büros geplant. Das Überangebot an Verwaltungsräumen in der Stadt veranlasste den Bauherrn jedoch zur Umnutzung. 40 2-5 R-Wohnungen mit einer Fläche zwischen 60–117 m^2 werden über 7 Hauseingänge erschlossen. Östlich vom Gebäudekomplex befindet sich die Tiefgarage mit einem Parkdeck.

Diesdorf

Diesdorf wird erstmals als Thiederestorp in einer Schenkungsurkunde Ottos I. 937 erwähnt, die Namensgebung „-torp“ deutet jedoch auf eine frühere Entstehung zwischen 400 und 800 hin. Der Bereich zwischen Kirche und Anger dürfte der Ursprung der Siedlung gewesen sein. Von einem Angerdorf entwickelte sich Diesdorf entlang der Schrote zu einem für die Börde typischen Haufendorf, das durch Hofanlagen in der Form des mitteldeutschen Mehrseitenhofes geprägt ist. Da Diesdorf im Dreißigjährigen Krieg bis auf die Kirche vollständig zerstört worden ist, lassen sich die alten Zustände jedoch nicht mehr genau rekonstruieren. Um 1700 hatte sich der Ort wieder regeneriert. Schon im 18. Jahrhundert gab es durch die hohe Ertragsfähigkeit der Böden zahlreiche wohlhabende Bauern, deren Häuser bereits massiv gebaut waren. Ab Mitte des 18. Jahrhunderts siedelten sich zahlreiche Häusler, also Arbeiter ohne eigenen Ackerlandbesitz, in Diesdorf an, so dass schalenartig um den alten Ortskern herum einfache Wohnhäuser entstanden. Die Ertragslage der bäuerlichen Bevölkerung verbesserte sich zu Beginn des 19. Jahrhunderts so weit, dass die alten Wohnhäuser in Fachwerkbauweise durch repräsentative Bauten ersetzt wurden. Die bisherige Geschlossenheit des Ortsbildes veränderte sich am Ende des 19. Jahrhunderts, als im Westen fingerartige Siedlungen entstanden (Dreibrücken-, Hollehoch- und Niederndodeleber Straße). 1926 ist Diesdorf nach Magdeburg eingemeindet worden.

B1
Hohlweg
Wellener Weg
Wellener Weg
1 Dietrichstraße
2 Hösebergweg
3 Hundorfer Weg
Döllweggraben
Döllweg
Gersdorfer Str.
Irxleber Str.
Am Holländer
Zur Korngrube
straße
Krumme
Straße
St. Eustachius
u. Agathe
Die Fahrt
Zerrenner-
195
Am Denk-
mal
191
Alt
Postamt
22
Rothestraße
Niederndodeleber
Straße
Schnars
leber
Straße
Hems-
dorf
Ochtmersleber Weg
Drackenstedter Weg
Dreileber Weg
Alt Dies-
Kreipestraße
Tor-
platz
194
193
192
Hoffehochstraße
Am Thie
Ummendorfer
Zur Wassermühle
Hohenwender Weg
Dreibrückenstr.
Am Neuber
Dreibrückenstr.
Diesdorfer Wuhne

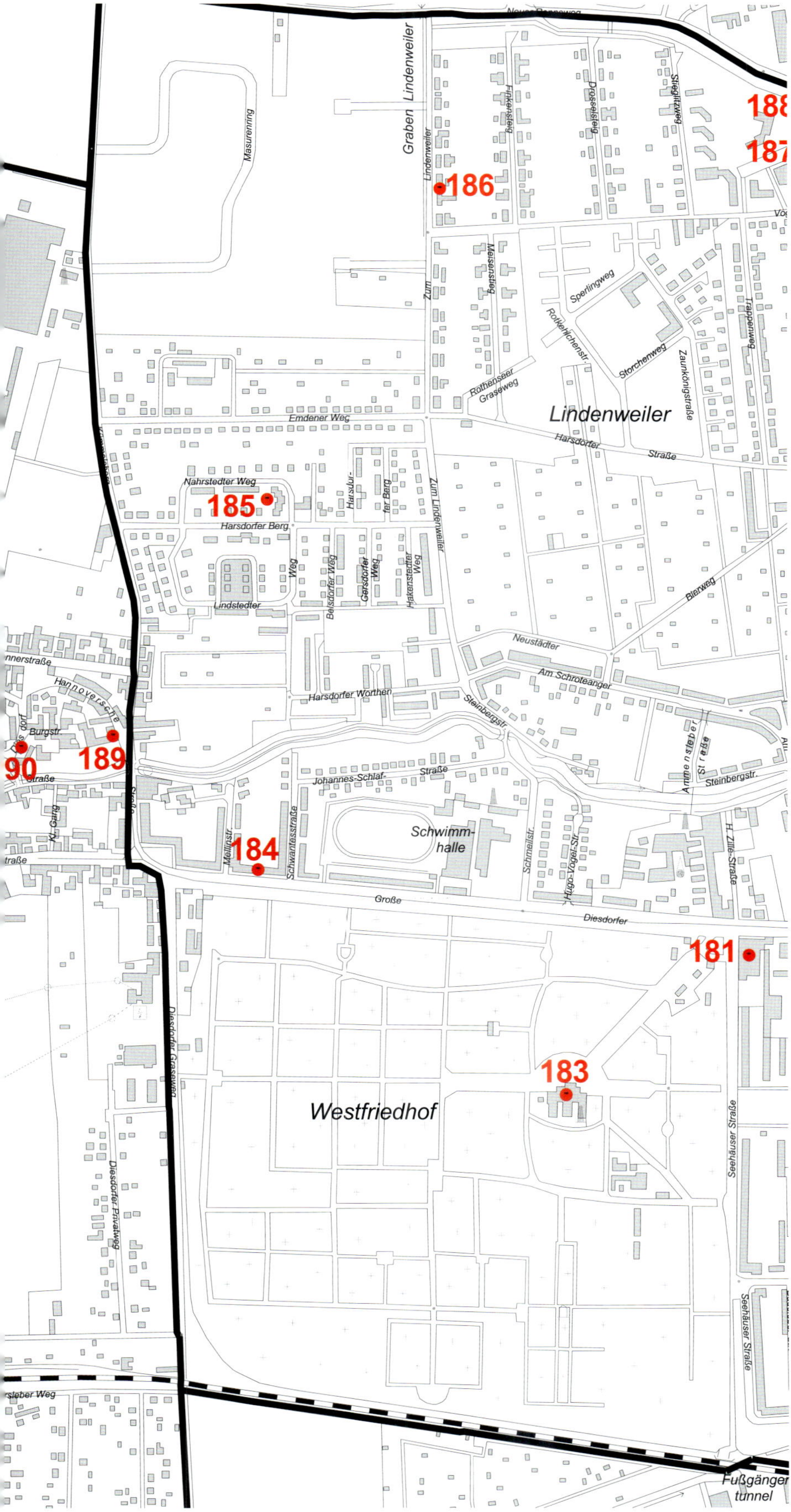
186
185
184
183
181
189
188
187
90
Lindenweiler
Westfriedhof
Schwimm-
halle
Graben Lindenweiler
Masurenring
Zum Lindenweiler
Emdener Weg
Nahrstedter Weg
Harsdorfer Berg
Lindstedter
Harsdorfer Straße
Harsdorfer Worthen
Johannes-Schlaf-Straße
Sperlingweg
Rotkehlchenstr.
Storchenweg
Zaunkönigstraße
Trappenweg
Rothenseer Graseweg
Bierweg
Neustädter
Am Schroteanger
Steinbergstr.
Ammenslebener Straße
H.-Zille-Straße
Schmeilstr.
Hugo-Vogel-Str.
Mellinstr.
Schwantesstraße
Große Diesdorfer
Seehäuser Straße
Diesdorfer Graseweg
Diesdorfer Privatweg
Hannoversche
Burgstr.
Kl. Gang
Fußgänger
tunnel

189
Villa Lüttje
Hannoversche Straße 7
1895
Alf Hurum

Das Gebäude ist ein Beispiel für die in einem dörflichen Umfeld gelegenen, überwiegend einstöckigen Villen, welche als Wohnhaus für einen zu Wohlstand gelangten Bauern auf dessen Gutshof errichtet wurden.
1895 ließ sich der Diesdorfer Zug- und Zuchtviehlieferant Friedrich Lütge das massiv aus Ziegeln gemauerte Haus nebst einem Rinderstall für sich und seinen Sohn entwerfen. Das im barockisierenden Stil gestaltete Wohnhaus erstreckt sich über L-förmigem Grundriss parallel und im rechten Winkel zur Straße. Die Straßenfassade ist fünfachsig ausgebildet. Zwei Risalite mit vorgeblendeten Erkern, von denen sich der rechte konkav und der linke konvex nach außen wölbt, rahmen die drei mittleren Fensterachsen. Hinter den beiden Erkern befinden sich der große Saal und das Schlafzimmer. Oberhalb des Erkers am rechten Risalit ist im Obergeschoss ein Drillingsfenster eingelassen, dessen Bögen von gestauchten Pilastern getragen werden. Der dreiteiligen Fensterarchitektur an den Risaliten sind ebenfalls Pilaster vorgeblendet, hier aber in länglicheren Proportionen. Aus der ebenfalls fünfachsigen Gartenfassade tritt ein weiterer Risalit hervor, der dem rechten Risalit an der Straßenseite vergleichbar gestaltet ist. Auch diesem ist ein Erker vorgeblendet. Die attikaähnlichen Risalitbekrönungen sind nicht erhalten. Die hochovalen Dachluken wurden zwar bei der Restauration wieder hergestellt, stimmen aber mit der ursprünglichen, barockisierenden Ausführung in der Größe, Anzahl und Umrahmung nicht überein. Alle über die Ziegelflächen hervortretenden architektonischen Rahmen- und Schmuckelemente sind in sandsteinfarbenem Putz gestaltet, ebenso das Sockelgeschoss.

190
Gehöft
Alt Diesdorf 31
1844

Das mittelbäuerliche Gehöft in nahezu unveränderter historischer Baugestalt ist inschriftlich datiert auf das Jahr 1844. Das stattliche zweigeschossige Wohnhaus in Traufstellung hat ein massiv ausgeführtes Erdgeschoss und ein Fachwerk-Obergeschoss. Bemerkenswert sind die in den Eckgefachen ausgeführten Halber-Mann-Figuren und die stattlichere und reiche Ausführung des Hauses im Vergleich zum benachbarten Gehöft Nr. 21. Rückwärtig sind die Wirtschaftsgebäude angeordnet, welche in Fachwerk ausgeführt wurden. Das Gehöft bildet mit dem in Sichtweite gelegenen Fachwerkhaus Nr. 21 eine straßenbildprägende Baugruppe am östlichen Ausgang des historischen Dorfkernes.
Die Bauformen sind typisch für die schlichte Alltagsarchitektur des 18. Jh. und frühen/mittleren 19. Jahrhunderts in der Region. Es handelt sich um ein bemerkenswertes bauliches Zeugnis für die Geschichte der vorgründerzeitlichen Landwirtschaft in der Magdeburger Börde, hier insbesondere die Wohn- und Wirtschaftsverhältnisse der mittelgroßen Bauern.
Am Hofeingang ein Medaillon mit den Bauherren Johann-Jakob und Marie-Catharine Meier von 1844.

191
Villa, Gehöft
Alt Diesdorf 39
1886

Das zu einem Gehöft gehörende Wohnhaus wird 1886 als repräsentatives Wohnhaus des Gutsbesitzers Albrecht Schulze erbaut. Die traufständige, gelbe Ziegelsteinvilla erstreckt sich über einem längsrechteckigen Grundriss mit einem Vollgeschoss, Mezzanin und Satteldach. Hinter dem Mezzanin und Satteldach befindet sich eine bewohnbare Etage, die zu Baubeginn bereits in dieser Form mit eingeplant war. Die Straßenfassade setzt sich aus vier Fensterachsen mit übergeordnetem Mezzanin, wovon jeweils zwei Fenster als Paar zusammengezogen sind, und einer aufwendigen, dreiteiligen Fensterarchitektur aus Arkadenbögen und Halbsäulenvorlagen zusammen. Hinter der dreiteiligen Fensterarchitektur liegt ein großer Gartensalon. Der Eingang befindet sich auf der Rückseite.
Das Haus ist seinem architektonischen Typus einfach, im Dekor jedoch an anspruchsvoller städtischer Villenarchitektur der Zeit orientiert. Dies ist typisch für die Wohnkultur und das Repräsentationsbedürfnis vermögender Großbauern und Agrarunternehmer der Hochgründerzeit. Wirtschaftsgebäude giebelständig in Ziegelbauweise, originale Einfriedung des Gartens mit schmiedeeisernem Zaun.

192
Villa, Hofanlage
Hemsdorfer Straße 14
1886

Einstöckiges traufständiges Neorenaissancegebäude mit betont antikisierenden Elementen und hohem Satteldach. Aus der neunachsigen Straßenfassade mit schmalen stehenden Fenstern treten an den Seiten zwei flache zweiachsige Risalite hervor. Die jeweils beiden Rundbogenfenster in den Risaliten sind von einem ornamentreichen Zwickelfeld und einer Kragplatte überfangen und somit paarweise zusammengezogen. Als Mittel- und Seitenstützen für die Bögen dienen kannelierte Pilaster. Die fünf mittleren Rechteckfenster sind ebenfalls mit kannelierten Pilastern und Kragplatten versehen. Besonders auffällig ist der schmuckreiche, plastische Stuckfries unterhalb des Kranzgesims. Während er im mittleren Bereich Palmetten- und Blattmotive zeigt, sind an den Risaliten Tritonen zu sehen. Die Villa ist Teil eines großen Gutshofes, der seit napoleonischer Zeit als Freigut Diesdorf bekannt war. Im letzten Jahrhundert ging der Hof in den Besitz der Familie Löber über, die aller Wahrscheinlichkeit nach auch den Neubau des Wohnhauses in Auftrag gab. Eine Tafel an der Fassade nennt das Baujahr 1886.

193
Gehöft
Alt Diesdorf 46
Anfang 19. Jh.

Das mittelbäuerliche Dreiseitengehöft stammt vermutlich aus dem späten 18./frühen 19. Jahrhundert. Das stattliche zweigeschossige Wohnhaus mit Satteldach steht traufständig zur Straße. Dem massiven Erdgeschoss ist ein Obergeschoss in Fachwerk mit Eckstreben aufgesetzt. An der Fassade findet sich ein Wappenstein und Steinköpfe. Linker Hand schließt sich eine große regionstypische Toreinfahrt mit Pforte an. Das Gehöft ist prägend am Diesdorfer Anger gelegen und ein bemerkenswertes bauliches Zeugnis für die Geschichte der vorgründerzeitlichen Landwirtschaft in der Magdeburger Börde, hier insbesondere die Wohn- und Wirtschaftsverhältnisse der mittelgroßen Bauern.

194
Gehöft
Alt Diesdorf 48
19. Jh.

Das Gebäude ist ein eingeschossiges, gründerzeitliches Wohnhaus, mit einem eingeschobenen Untergeschoss im Sockelbereich. Das traufständig zur Straße gestellte Haus mit Satteldach hat eine gut gegliederte spätklassizistische Fassade mit qualitätvollem Stuck. Die Straßenfassade setzt sich aus sieben Fensterachsen, einem übergeordneten Mezzanin und den annähernd quadratischen Fenstern im Sockelbereich zusammen. Die Geschosse sind durch Gesimse unterteilt. Das Sockelgeschoss ist mit einer angedeuteten Bossierung verputzt. Die hochrechteckigen Fenster im Erdgeschoss sind durch Faschen gerahmt und werden durch waagerechte Kragplatten bekrönt. Ein schmuckreicher, plastischer Stuckfries unterhalb des Kranzgesims, in den die Fensterschlitze des Mezzanin integriert sind, bildet den oberen Abschluss der Straßenfassade. Der Zugang zum Gebäude ist zur Hofseite orientiert.
Zum Hof gehört ein Wirtschaftsgebäude in Fachwerk, welches im 19. Jahrhundert erbaut wurde. Das Gehöft liegt ortsbildprägend am Westeingang des Diesdorfer Angers und ist ein Zeugnis für die Wohn- und Wirtschaftsverhältnisse mittelgroßer Bauern in der Magdeburger Börde während der Gründerzeit.

195
Sankt Eustachius und Agathe, Dorfkirche

Am Denkmal 5
um 1350

Um 1350 erfolgte der Bau des steinernen Gotteshauses. Dieses ist bis heute im Grundbau erhalten. Die Kirche besitzt einen Klumpturm mit 1,35 m dicken Mauern. Zu dieser Zeit wurde auch der rechteckige Saalbau errichtet. Turm und Kirche bestehen aus Bruchsteinen. Ende des 14. Jh. entstand an der Nordwand ein quadratischer Vorbau (3.80 m x 3.80 m), der als Sakristei genutzt wurde. Das feine Kreuzrippengewölbe gipfelt in einer Rosette. Neben stabgerahmter Pforte an der Nordostecke ein Eckstein, wahrscheinlich von 1400, mit einer „bäuerlichen Schlachtszene nach Art der Kalenderbilder“. Neben der Sakristei ein typisch romanisches Rundbogenfenster (vermauert). 1697 erfolgt eine umfassende Instandsetzung. Das Kirchenschiff wird dabei mit einem dreiseitigen Schluss erweitert. Die Maße betragen nun 7.50 x 21 Meter. Die Chorecken sind abgeschrägt, ringsum Flachbogenfenster, auf der Nordseite zweireihig. Zeitgleich erhält das Südportal eine 4.65 x 4.85 Meter große Vorhalle, im Giebel Blendnischen und eine Wappentafel, gehalten durch zwei Barockengel. 1813 schlagen Franzosen kreisrunde Öffnungen als Schießscharten in den Turm. Bei umfangreicher Reparatur um 1832 erfolgt eine Turmerhöhung. Man bringt unter der Plattform einen romanischen Fries an, stellt im Westen das große Rosettenfenster her, setzte auf die Plattform eine achteckige Konstruktion mit steilem Dach und Schallöffnungen. Bruchsteinaltar von 1350 mit einer Holzverkleidung von 1928. 1946 farbige Bildfenster der Namenspatronen St. Eustachius und St. Agathe, in der Kirchenvorhalle zwei barocke Grabplatten, Grabplatte an der äußeren Turmmauer aus dem Jahr 1726.

Am Denkmal Diesdorf

Nordseite	Westseite	Südseite
Den Heldentod starben im Kriege gegen Oesterreich 1866 aus der Gemeinde Diesdorf	Die Söhne Diesdorfs nahmen Teil an den Kriegen Dänemark China 1864 1900-1901	Den Heldentod starben im Krieg gegen Frankreich 1870–1871 aus der Gemeinde Diesdorf
Musk. Wilh. Wedekind 03.07. Musk. Andr. Fricke 14.08. Kür. Alb. Cleve 19.08.		Unteroff. Alb. Guthknecht 30.08. Füsilier Carl Ebeling 30.08. Füsilier Aug. Wetteborn 30.08. Gefr. Otto Brandes 06.09. Schütze Aug. Herwig 15.09. Gefr. Fried. Bauermeister 17.10. Füsilier Christ. Wernecke 10.12.

198
Wohnstandort Helle Straße
Helle Straße
1953
Herwig Hrussa

Nach einem individuellen Projekt des Landesprojektierungsbüros Sachsen-Anhalt, Zweigbüro Magdeburg werden unter Federführung von Herwig Hrussa im Rahmen des Zusatzwohnungsbauprogramms zwei großzügig gestaltete zweigeschossige Wohngebäude errichtet. Die Fassadenausformung trägt traditionelle Züge und nimmt Elemente der in den späten 30er Jahren errichteten Volkswohnungen mit aufwendigerer Bauart auf. Im Volksmund erhalten diese Gebäude die Bezeichnung „Intelligenzhäuser", was auf die großzügig geschnittenen Grundstücke, die durchaus repräsentativen Fassaden, aber vor allem auf die Zielgruppe ihrer Nutzer zurück zu führen ist. Nach dem Aufstand am 17. Juni 1953 versuchte man mit solchen Wohnungsangeboten vor allem technische und politische Eliten in der Stadt Magdeburg zu halten, weil sich eine Auswanderungswelle nach Westdeutschland abzeichnete.
Beide Gebäude werden durch ein Satteldach abgeschlossen. Die im Bereich der Wohnzimmer angeordneten Loggien treten als vertikale Bänder deutlich aus der Fassade hervor. In die Brüstungen wurden reliefartig geometrische Grundmuster eingefügt.

199
Villa Jordan
Halberstädter Straße 40
1870
Maurermeister Grobecker

Als einstöckiges Wohnhaus mit Walmdach 1870 für den Sudenburger Schokoladen- und Zuckerfabrikanten Wilhelm Jordan errichtet. Das historistische Gebäude stellt eine typische Fabrikantenvilla und ein frühes Beispiel Magdeburger Villenarchitektur dar. Von den umliegenden Fabrikationsgebäuden der einstigen Firma Bethge und Jordan ist nichts erhalten. Der zur Straße traufständige, siebenachsige Bau erhebt sich über annähernd längsrechteckigem Grundriss mit flachen Seitenrisaliten an Straßen- und Rückfassade und einem tiefen Mittelrisalit mit imposantem Säulenportikus und betontem Dreiecksgiebel an der Westseite. Die Villa ist durchweg mit antikisierendem Zierrat geschmückt (Mäander, Akanthus, Anthemion). Um das inzwischen ausgebaute Dachgeschoss zieht sich ein Metopen-Triglyphen-Fries, in den die Obergeschossfenster eingelassen sind. Gerade und dreieckige Fensterverdachungen wechseln sich ab.
Das Wohnhaus ist in Magdeburg auch unter der Bezeichnung Villa Drevenstedt, benannt nach einem späteren Eigentümer, geläufig.

200
Schneidersgarten
Lucas-Cranach-Straße
1926–1932
Carl Krayl, Maximilian Worm

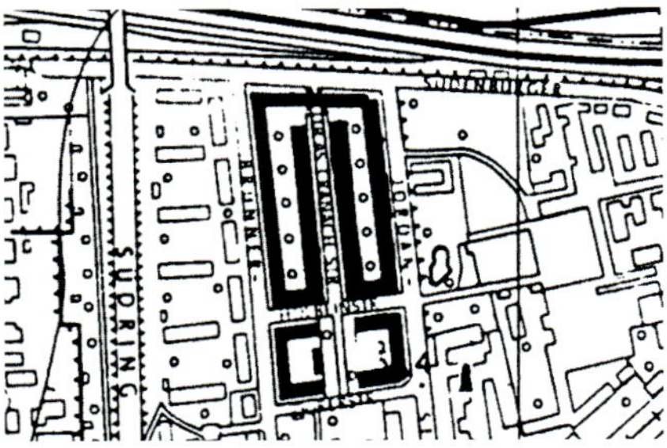

Die Anlage wurde auf dem ehemaligen Gutsgelände der Familie Schneider errichtet. Im Zuge der Parzellierung und Erschließung des Schneider'schen Grundstücks ging der Park des Gutes 1910 in den Besitz der Stadt Magdeburg über, um ihn für eine öffentliche Nutzung zu erhalten.
Bereits 1904 wurde eine erste Parzelle an der Ecke Halberstädter Straße/Jordanstraße bebaut. 1911 erfolgte die Fortsetzung der Bebauung im überwiegend neoklassizistischen Stil an der Halberstädter Straße bis in die Brunner- und Jordanstraße hinein.
1926–1927 entstanden in Zusammenarbeit der Architekten C. Krayl und M. Worm, zwischen Dürer- und Holbeinstraße, die ersten Häuser eines neuen Bauprogramms, der Siedlung Schneidersgarten. Unter alleiniger Federführung von Krayl wurde die Bebauung an der Jordanstraße, Sudenburger Wuhne, Lucas-Cranach-Straße und dem südlichen Teil der Bebauung an der Brunnerstraße bis 1932 fortgesetzt.
Der hohe Wohnwert der Siedlung zeichnet sich durch moderne Wohnungsgrundrisse, durch die Anlage großer, begrünter Innenhöfe und durch eine funktionale Architektur des Neuen Bauens der zwanziger Jahre aus.
Ohne erkennbaren stilistischen Bruch wurde 1935 die Wohnzeile an der Brunnerstraße vollendet und der Komplex Brunnerstraße 6–8/Schneidersgarten errichtet. Erst mit dem Bau an der Jordanstraße 11–13/Dürerstraße 2 und den zweigeschossigen Vierfamilienhäusern an den Stichstraßen westlich der Brunnerstraße setzte sich 1935 ein Baustil der dreißiger Jahre durch.
Die westliche Seite der Brunnerstraße wurde 1957 bebaut.

201
Laubenganghaus
Amsdorfstraße 5–7/Helmstedter Straße 39–40
1931
Friedrich Rother

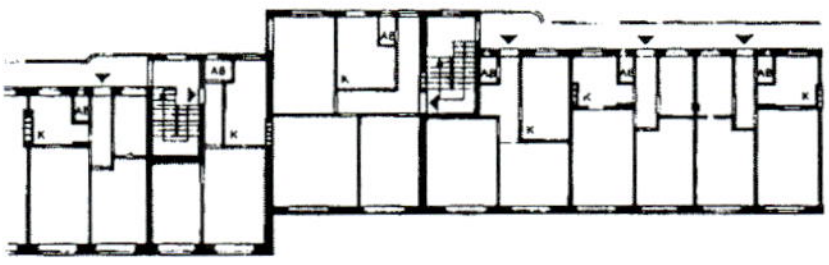

Der auf dem Eckgrundstück Amsdorfstraße/Helmstedter Straße vom Mieter-Bau-und-Spar-Verein errichtete Wohnkomplex ist in zwei konzeptionell unterschiedliche Abschnitte gegliedert. Der Gebäudetrakt an der Helmstedter Straße ist als konventioneller Zweispänner angelegt, der Bauabschnitt an der Amsdorfstraße als Laubenganghaus.
Über zwei, vom Innenhof zugängliche Treppenhäuser werden die Laubengänge erschlossen. In den nur 40 qm großen Wohnungen (ursprünglich zwei Zimmer, Küche, Kammer, WC) weisen die Schlaf- und Wohnräume nach Süden, die Küchen und Bäder am Laubengang nach Norden. Um das geringe Raumangebot zu kompensieren, waren in den Küchen und Schlafzimmern Klappmöbel eingebaut.
Die Gebäude sind dreigeschossig und mit einem Flachdach versehen, jedoch in der Amsdorfstraße wie in der Helmstedter Straße beschließen viergeschossige, versetzt angeordnete Baukörper den Gesamtkomplex.
Während in dem Bauabschnitt Helmstedter Straße die Straßenfassade durch Treppenhäuser gegliedert ist, prägt eine konsequente Reihung gleicher Fensterformate die Südfassade. Im Hofbereich bildet ein stark farbiger Anstrich der Laubengänge ein prägnantes Pendant zur Exaktheit der glatten, hellen Putzfassaden.

202
Villa Wolf
Klausenerstraße 11–13
1886
Albert Marcks

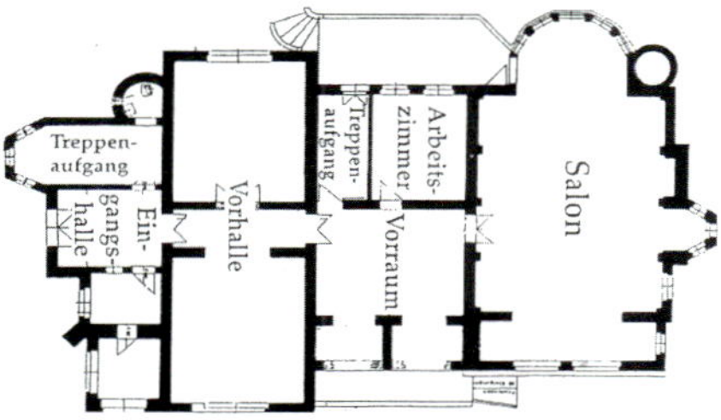

Neugotische Villa gehobenen Standards und eindrückliches Beispiel des Magdeburger Villenbestandes. Lage in der seit den 70er Jahren des 19. Jahrhunderts entstandenen Villenkolonie Klausenerstraße. Seit 1889 Wohnsitz des bedeutenden Magdeburger Fabrikanten Rudolf Wolf, überregionaler Hersteller von Lokomobilen. Zwischenzeitlich ab 1950 jüdisches Gemeindezentrum.
Die Villa ist gänzlich in rotem Backstein aufgeführt und dieser mit braunen, glasierten Ziegeln und einem bunten Fries aus ornamentierten Kacheln durchzogen und abgesetzt. Höhepunkt des zweigeschossigen Gebäudes ist der alles überragende, burgfriedähnliche Turm, dessen Anblick nicht nur das Wohnhaus, sondern auch den Anfang der Klausenerstraße dominiert. Material und Stil sprechen für das Interesse des Bauherrn an der mittelalterlichen Architektur, aber auch für die Wahl eines malerisch romantischen und gleichzeitig national völkischen Beiklangs. Unter den Resten der einst luxuriösen Innenausstattung sind Harzlandschaften des Malers Adolf Rettelbusch, welcher mit Rudolf Wolf in einem freundschaftlichen Verhältnis stand, erhalten.
Zum Grundstück der Familie Wolf gehörten außerdem die benachbarte Sommervilla, heute Klausenerstraße 13 a, und ein im Stil der Villa gehaltenes Wohnhaus für Diener und Kutscher in der Braunschweiger Straße.
Baumeister Albert Marcks war Direktor der Magdeburger Bau- und Creditbank, zwischen 1869–1873 leitete er die Magdeburger Provinzial Kunst- und Baugewerkeschule.

203
Volksbad Sudenburg
Lemsdorfer Weg 21/23
1890/91, 1900, 1906, 1912
Otto Peters, Emil Jaehn

Kleiner gelber historisierender Ziegelbau mit flachem Satteldach. 1890/91 als symmetrische, flache, zweiflügelige Anlage mit jeweils einem fünfachsigen Frauen- und Männertrakt mit Brause- und Wannenbädern seitlich des mittleren, erhöhten Eingangsbereiches errichtet und bis 1912 durch Um- und Anbauten erweitert (1900 mittlerer Eingang verändert, 1912 rückseitiger Anbau). Über dem alten Eingang ein vierteiliges Thermenfenster, das sowohl als zeittypisches Element als auch als Hinweis auf die römische Badetradition zu werten ist. Lagen von roten glasierten Bindern durchziehen die gelbe Klinkerfassade. Rechter zweistöckiger, von hellen Putzflächen durchsetzter und über quadratischem Grundriss aufgeführter Anbau in verhaltenem Jugendstil 1906 als Baderaum für skrofulöse Kinder angefügt. Hier ragt der Mittelrisalit mit geschwungenem Giebel und kleinen seitlichen Türmchen über die Traufe des Walmdaches hinaus. Rechts neben dem alten Bau ein jüngeres Volksbad, 1928/29 von Johannes Göderitz. Die städtische Anlage sollte den in bäderlosen Mietshäusern wohnenden Sudenburgern zur Pflege der Hygiene dienen. Kollektiv genutzte Bäder haben seit römischer Zeit eine fast ununterbrochene Tradition in Mitteleuropa. Bedingt durch die Zustände in Industriestädten des 19. Jh. kam es zur verstärkten Hygieneförderung, die als öffentliche Dusch- und Wannenbäder ihren Ausdruck fand und mit zunehmender privater Badinstallation endete. Magdeburg kann diesbezüglich neben anderen Städten als Vorreiter genannt werden. 1830 eröffnete hier die erste öffentliche Schwimmhalle Europas (1860 abgerissen).

204
St. Marien, katholische Gemeindekirche

Rottersdorfer Straße
1867
Arnold Güldenpfennig

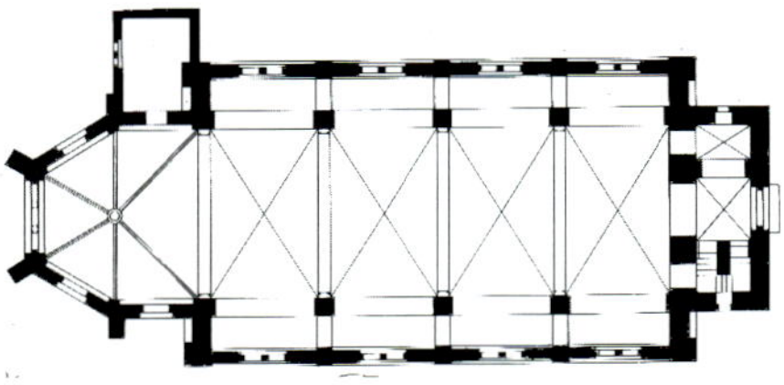

Neugotische Backsteinkirche für die seit 1861 in Sudenburg bestehende katholische Missionspfarrei. Nach basilikalem Schema mit Einturmfassade konzipiert. An das vierjochige, von einem Satteldach gedeckte Langhaus sind die schmalen Seitenschiffe und das $^5/_8$tel Chorpolygon mit einer standortbedingten Ausrichtung nach Südwesten angefügt. Kräftige Strebepfeiler leiten den Gewölbeschub ab. Der starke Turm tritt nur leicht aus der Eingangsfassade hervor und entwickelt sich eigentlich erst auf Höhe des Daches zum eigenständigen Baukörper. Über ihm erhebt sich der spitze Turmhelm. Im Inneren sind alle konstruktionsbedingten Elemente wie Gurtbögen, Scheidbögen, Rippen, Pfeiler, Lisenen etc. im Kontrast zu den hell verputzten Wandflächen materialsichtig belassen. Die kleinen neugotischen Knospenkapitelle wie auch ein paar Dienste sind in Werkstein gearbeitet. Die Pläne für die Kirche entwarf der Paderborner Diözesanbaumeister Arnold Güldenpfennig. Dieser baute für das Bistum Paderborn u. a. auch die katholische Marienkirche in Oschersleben (1867–1872) und die katholische Kirche in Staßfurt (1887).

205
Sudenburger Eck

Halberstädter Straße 125–127
1995
Werner Behrens

Den Blickfang des 6-geschossigen Gebäudes bildet der gläserne Turm an der Ecke zur Heidestraße, mit dem Zugang zur Volksbank. Zwei Treppenhäuser gliedern mit vertikaler Betonung und Dachaufbauten die Fassade. Mit einer solide wirkenden Gestaltung aus vorgehängtem Sandstein, Glas und Kupferabdeckungen ist ein Bauwerk entstanden, das das Gesicht der Einkaufsmagistrale Halberstädter Straße mitprägt und bereichert. Das „Sudenburger Eck“ wurde als Dienstleistungszentrum konzipiert, entsprechend wurde beim Ausbau auf flexible Raumgestaltung und hohe technische Ausstattung (unter Einbeziehung neuester Technologien) großer Wert gelegt. Die Geschossdecken sind aus 200 mm Stahlbeton gegossen und somit als Gewerbeflächen geeignet. Abgehängte Decken lassen nachträgliche Installationen zu. Aluminium-Fenster in braun/grünem bicolor Design, mit Isolierverglasung und Schallschutzglas ausgestattet, garantieren den notwendigen Schallschutz an der verkehrsreichen Straße. Der quartierförmige Block bietet vom 2. bis 4. Geschoss Gewerbeflächen zwischen 20 und 190 m^2 an. Im Staffelgeschoss wurden nach den Wünschen der Eigentümer Wohnungen im Penthouse-Stil mit unterschiedlichen Grundrissen verwirklicht. Trotz knappen Flächenzuschnitts ist es gelungen, unter Einsatz innovativer Technik im Kellergeschoss 48 Pkw-Stellplätze anzubieten.

206
Straßenbahndepot
Halberstädter Straße 133
Julius Kohtz

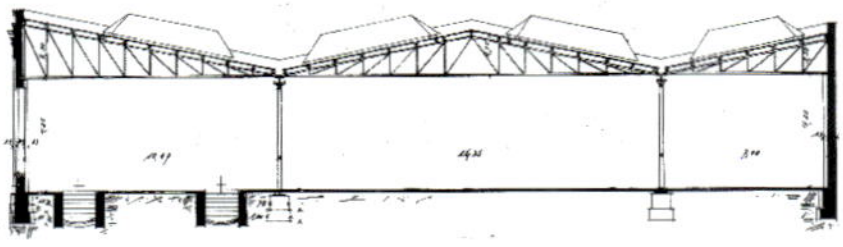

1876 gründete sich die Magdeburger Straßen-Eisenbahn-Gesellschaft, welche ihre ersten beiden Strecken im Folgejahr eröffnete und gleichzeitig zwei Depots in Betrieb nahm. Als größeres von beiden enthielt das Sudenburger Depot auch die Verwaltung sowie eine Wagenreparaturwerkstatt und die Hauptschmiede für den Hufbeschlag der Pferde. Ab 1899 stellte die Gesellschaft auf elektrischen Straßenbahnverkehr um. Die historistischen Gebäude entwarf sämtlich der Maurermeister Julius Kohtz. Ein lang gestrecktes Beamten- bzw. Bürogebäude am Eingang zum Grundstück stammt im Kern aus dem Jahr 1877, wurde jedoch bis in die 1880er Jahre durch kleinere Um- und Anbauten mehrmals ergänzt. Mit der Umstellung auf elektrischen Betrieb baute die Straßen-Eisenbahn-Gesellschaft 1899 das neue Depot mit mehreren nebeneinander angeordneten Einfahrtstoren für die verschiedenen Züge. Links neben dem Depot steht eine Werkstatt- und Wagenhalle aus dem Jahr 1888. Sämtliche Gebäude sind mit roten Klinkern verblendet und zum Teil mit gelben Backsteinfriesen dekoriert.

207
Ambrosiuskirche, evangelische Gemeindekirche
Ambrosiusplatz
1875–1877
vermutlich Königlicher Landbaumeister W. Costenoble

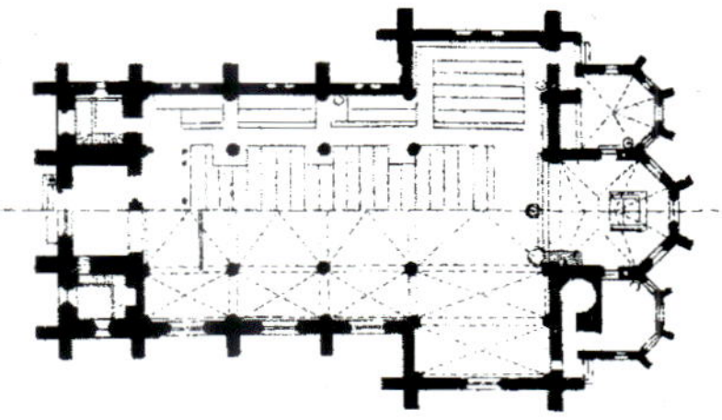

Neugotische, kreuzförmige, dreischiffige Staffelhallenkirche. Die quergestellten Giebel an der Langhausaußenseite finden sich auch an der Pauluskirche und sind wohl durch das Langhaus von St. Petri inspiriert. Sie ermöglichen ein weit über das Hauptgesims hinaufgesetztes Gewölbe und eine besondere Raumhöhe. Schlanke Säulen mit Blattkapitellen tragen das Kreuzrippengewölbe. Die in Ziegeln gemauerten, tragenden Elemente des Gewölbes wie Rippen-, Scheid- und Gurtbögen sind im Kontrast zu den ansonsten verputzten Flächen materialsichtig belassen. Zwischen den Türmen innen eine Vorhalle mit übergeordneter Orgelempore. Die rasterförmige Anlage der neuen Sudenburg bedingte die nach Südosten ausgerichteten Doppelturmfassade. Drei Portale, davon das Mittlere mit übergeordnetem Maßwerk und von mit Fialen bekrönten Säulen flankiert, weisen auf das dreischiffige Innere hin. Über dem Mittelportal eine große Fensterrose. Auf den fünfstöckigen, von Strebepfeilern gestützten Türmen sitzt je ein spitzer Turmhelm mit seitlich vier kleineren Turmdächern über den abgeschrägten Außenkanten des 5. Turmgeschosses. An das dreischiffige Langhaus schließen sich das Querhaus und der von zwei polygonalen Nebenräumen flankierte Chor mit $^5/_8$tel-Schluss an.
Baustoffe: quaderförmiger Kalkhaustein und Sandstein, schwarze Schieferplatten. Das evangelische Gotteshaus ist die sechste im Laufe der Zeit nach dem hl. Ambrosius benannte Kirche in Sudenburg.

208
Wohnhaus
Hesekielstraße 1
Anfang 19. Jahrhundert

Eingeschossiges, siebenachsiges, traufständiges Fachwerkgebäude mit teilausgebautem Krüppelwalmdach sowie Dacherker (1892/93 ergänzt) und niedrigem, langgezogenem Nebengebäude (1896) auf der Hofseite. Der Eingang liegt zur Straße gewandt in der mittleren Achse und ist über eine vorgelagerte zweiläufige Treppe zugänglich. Die Straßenfassade gliedert ein regelmäßiges Fachwerkgerüst aus Riegeln und Ständern und jeweils einer, dem Pendant gegenläufigen Strebe an den Gebäudekanten.
Das Gebäude ist das älteste, unverändert gebliebene Haus der Sudenburg. Seine Bauzeit fällt zusammen mit der Verlegung der Sudenburg während der napoleonischen Besatzungszeit. Die alte Sudenburg wurde 1812/13 per Dekret Napoleons niedergelegt und ab 1813 drei Kilometer von der Altstadt entfernt wieder aufgebaut. Das kleine Fachwerkhaus diente zwischenzeitlich den Sudenburger Kindern als Schule, außerdem dem Küster der evangelischen Ambrosiusgemeinde als Wohnung. Auch heute noch im Besitz der evangelischen Kirche, ist hier inzwischen die evangelische Propstei untergebracht.

209
Arbeiterwohnhaus
Bergstraße 2
1893
Julius Kohtz

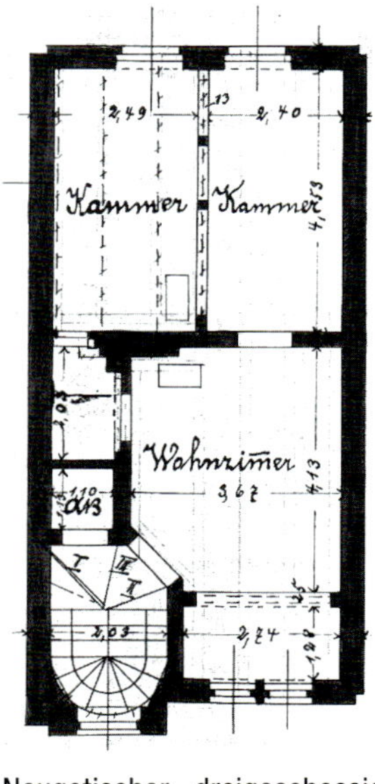

Neugotischer, dreigeschossiger, zwei- und dreiachsiger, traufständiger roter Ziegelbau mit vierstöckigem linksseitigem Risalit. Die Spitzbogenfenster der beiden Gebäudehälften sind nicht auf einer Höhe gehalten, sondern versetzt. Trotz der geringen Fassadenfläche fällt die Verwendung mehrerer verschiedener Schmuckformen wie der Staffelgiebel über dem Eingang, der Staffelfries über dem rechten Fenster im 1. Obergeschoss, eine kleine spitzbogige Blendbogenarkatur, zwei blinde Ochsenaugen sowie Friese aus Deutschem Band und Zahnschnitt ins Auge.
Das kleine Mietshaus für drei Parteien stellt durch seine geringe Breite von nur 5,40 m ein architektonisches Unikum dar und erinnert an schmale mittelalterliche Bürgerhäuser. Erbaut von Maurermeister Julius Kohtz zur Unterbringung gesunder und billiger Arbeiterwohnungen, enthielt jede Wohnung eine Wohnstube mit Kochgelegenheit und zwei Kammern.

210
Ehem. Röhrig & König
Blankenburger Straße 58–70
1894
Max Behrendt

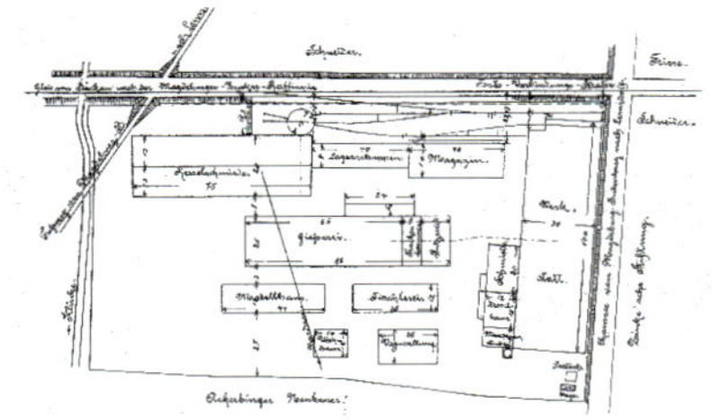

Fabrikanlage der ehemaligen Maschinenfabrik Röhrig und König, bestehend aus einer Gruppe gleich gestalteter qualitätvoller Funktionsbauten im Stil des späten Historismus aus dem Jahr des Fabrikneubaus 1894. Dazu gehören ein Wohn- und Verwaltungsgebäude, eine Werkstatthalle und ein Magazin mit einem Wasserturm sowie eine Tischlerei, sämtlich als rote Backsteinbauten aufgeführt.
Parallel zur Straße liegt das ehemalige Werkstattgebäude, ein langgestreckter, vierschiffiger, basilikaler Hallenbau. Die traufseitige, 20-achsige Ansicht zur Straße zeigt Anklänge sakraler Architektur. Segmentbogenfenster mit kleinteiliger Eisensprosseneinteilung alternieren mit kurzen, mit spitzen Dreipassbögen aus Werkstein geschmückten Strebepfeilern. Über dem Seitenschiff erstreckt sich die durchfensterte Hochwand des erhöhten, zweischiffigen Hauptbaus. Das Satteldach des Mittelschiffes und die seitlichen Pultdächer werden von schmiedeeisernen Drehbindern getragen, welche auf schmiedeeisernen Stützen und auf den Umfassungswänden ruhen.
Den Geschossbau des Modellhauses errichtete Behrendt mit drei Vollgeschossen und Dachgeschoss unter einem Satteldach. Jeweils zehn Fensterachsen gliedern den Bau rechts und links des in der Mitte aufragenden, sechsstöckigen Turmes (zinnenbekrönter Aufbau mit Wasserspeicher nachträglich). Im Inneren pro Etage ein großer Saal mit zwei Stützenreihen. Nach Westen schließen sich ein flacher Schuppen und die Tischlerei an.

211
Treff Hansa Hotel Magdeburg
Hansapark 2
1994–1996
Karl-Diethard Geyer

Im südlichen Bereich des Stadtteils Sudenburg entstand quasi als Auftakt für das neue Wohngebiet Hansa-Park das gleichnamige Hotel. Eingebettet in die vorhandene Siedlungsstruktur, übt der nach außen schlicht wirkende, viergeschossige Gebäudekomplex doch eine gewisse Dominanz aus. Rund um die über 4 Etagen reichende und nach außen durchgängig verglaste Hotelhalle reihen sich 243 Hotelzimmer und Suiten mit über 400 Betten. Hoteleingang und -halle werden durch einen Turmbau markiert, der zugleich den räumlichen Höhepunkt in der Spitze der Hotellobby bildet. Das Hotel bietet auf ca. 1 000 m^2 Fläche in 10 Veranstaltungsräumen Konferenz- und Veranstaltungskapazitäten an. Das Hotelrestaurant öffnet sich nach Westen zur Seeterrasse. Eine Tagesbar und die Tanzbar im Untergeschoss runden den Gastronomiebereich ab. Lagunenbad, Sauna, Solarium, Whirlpool und Fitnessraum (auf 150 m^2) stehen den Hotelgästen zur Verfügung. Im Tiefgeschoss werden 100 Pkw-Stellplätze angeboten.

212
Wohnsiedlung Hansapark
Hansapark
1993–1996
Karl-Diethard Geyer/Wittmann, Valier & Partner GbR/Georg Lang

Der Hansa-Park ist ein neues Misch-/Wohngebiet besonderer Prägung. Das Plankonzept sah die Verbindung von Wohnen und Arbeiten im Grünen vor (Gewerbliche Flächen: 33607 m², Wohnbebauung: 37202 m², 612 WE). Auf einem etwa 11 ha großen Areal zwischen Lemsdorf und Sudenburg entstanden 5 Verwaltungsgebäude, 1 Hotel und Wohnungen in 2-3-geschossigen Mehrfamilienhäusern, Einzel- und Doppelhäusern. Die Wohnbebauung umfasst eine Palette von sieben Grundtypen mit einem breit gefächerten Wohnungsangebot. Der größte Teil der privaten Stellplätze ist in Tiefgaragen untergebracht, was sich positiv auf die Gestaltung der Freiflächen auswirkt. Ein angelegter Bachlauf, der in der Klinke mündet, und ein kleiner See nehmen das Oberflächenwasser auf und bilden zugleich eine zentrale Grünachse. Den optischen Auftakt an der Brenneckestraße bilden das Hansa-Hotel, das Ministerium für Arbeit, Soziales und Gesundheit und das Funkhaus SAW. Im Süden wird das Wohngebiet durch den Grünbereich der Klinke begrenzt. Entlang der Klinke bieten sich Fußwegeverbindungen nach Ottersleben und Lemsdorf. Mit der städtebaulich und architektonisch durchgängig gestalteten Anlage werden, wie auch bei anderen Komplexen, die positiven Möglichkeiten eines Vorhaben- und Erschließungsplanes deutlich.

213
Goethesiedlung
Egmontstraße/Fauststraße
1995/1996
Ioannis Karnavos / Dietmar Klotz

Faust-, Egmont-, Werther-, Tasso- und Erlkönigstraße erschließen die gelungene Wohnsiedlung, die in vorrangig zweigeschossiger Bauweise mit ausgebautem Dachgeschoss errichtet wurde. Sie liegt zwischen Sudenburg und Ottersleben und wird begrenzt durch die Halberstädter Chaussee, den Diesdorfer Graseweg und im Süden durch die Klinke und den Ottersleber Teich. Die städtebauliche Qualität in der Goethesiedlung wurde durch ihre ganzheitliche Planung (Vorhaben- und Erschließungsplan), durch den Einsatz nur eines Bauträgers und durch die offene Bauweise und die Stellung der Gebäude zueinander erreicht sowie durch eine individuelle Dachgestaltung (meist mit Krüppelwalm) und eine vielseitige Gliederung der Fassaden mit Risaliten, Erkern, Gebäudevor- und -rücksprüngen, Balkonen und Terrassen. Eine üppige Begrünung der Freiflächen rundet das Erscheinungsbild des reinen Wohngebietes ab. Verschiedene Haustypen bieten eine Palette unterschiedlicher Wohnungsgrößen an, z.B.: Typ B + N1: 4-Familienhaus (3 + 4 RWE), Typ D + E: 8-Familienhaus (2 RWE), Typ F 5-Familienhaus (2, 3+4 RWE), Typ M 9 – Wohnungen (1 + 3 RWE), 14 Einfamilienhäuser.

214
Baugenossenschaftliche Wohnsiedlung
Otto-Richter-Straße
1904–1916

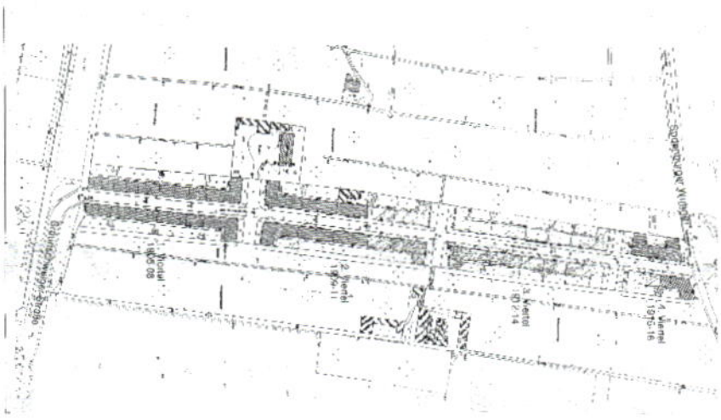

Wohnsiedlung entlang der Otto-Richter-Straße mit geschlossener drei- und viergeschossiger Randbebauung und insgesamt 442 Wohneinheiten, in vier Teilabschnitten 1904–1916 für den Mieter-Bau- und Sparverein errichtet. Im Vordergrund standen der Selbsthilfegedanke und das Ziel, billige und gesunde Wohnungen für minderbemittelte Familien anzubieten. Die vorwiegend in Nord-Süd-Richtung gehaltenen Häuserzeilen sind ohne Hinterhöfe angelegt, um durch verbesserten Einfluss von Luft und Licht ein gesünderes Wohnklima in Abgrenzung zu den bisher üblichen Mietskasernen zu schaffen. Drei kleine Kreuzungen unterbrechen den langgestreckten, baumlosen Straßenzug. Eigentümlich ist der städtische Charakter, gekoppelt mit der freien Stadtrandlage. Lage und dichte Bauweise ergaben sich auf Grund der knappen Finanzmittel. Bedingt durch die lange Bauphase sind einerseits stilistische Unterschiede und andererseits Entwicklungen in der Grundrissgestaltung festzustellen. Angefangen beim Vierspänner mit Durchgangszimmern ohne Flur und außenliegender Toilette in den noch historisierenden Bauten lief die Entwicklung über eine Fassadengestaltung im Jugendstil zum Zweispänner mit Fluren. Bei der jüngeren, schmuckarmen Bauweise ist die strenge Bauflucht hauptsächlich durch zweistöckige Erker, welche meistens bis ins Dach hinaufreichen, aufgelockert.
Unter der Leitung von Bruno Taut erhielt 1920/21 ein Teil der schlichten Putzfassaden durch den Architekten Carl Kayl einen bunten, kürzlich rekonstruierten Anstrich.

Lemsdorf

In den Jahren 937 und 973 wird Lemsdorf schon in den alten Urkunden gemeinsam mit anderen Dörfern genannt. Kaiser Otto I. schenkt das Dorf dem damaligen Moritzkloster. Nach der Gründung des Erzstiftes ist Lemsdorf diesem verpflichtet. Im weiteren Verlauf wird das Dorf abgabepflichtig. 1427 empfing auch das Kloster Berge Zins von einigen Hufen aus Lemsdorf.

Die Schreibweise des Ortsnamens ist - wie bei anderen Orten auch – in den alten Urkunden recht verschieden. 937 hieß das Dorf „Liemundestorp“, 973 „Liemannesdorp“, dann „Lemmestorp“, und schließlich auch noch Lempstorp, bevor sich die heutige Schreibweise entwickelte. In diesem Ortsnamen ist der altsächsische Personenname „Liamund“ enthalten, was daraus schließen lässt, dass der Ort schon viel älter ist als seine urkundliche Erwähnung. Lemsdorf war ein recht kleiner Ort. Ende des 17. Jahrhunderts zählte man hier nur einen Ackermann, 12 Kossaten, einen Schulmeister und einen Wassermüller. Viel anders sah es auch um 1840 noch nicht aus. Da wurden ganze 29 Wohnhäuser gezählt. Erst durch den starken Zuzug der Industriearbeiter im Ort stieg bis 1910 die Einwohnerzahl auf 3 277. Diese langsame Ortsentwicklung ist eine Ursache, weshalb vom alten Lemsdorf nur wenige historische Gebäude erhalten blieben, denn die Zunahme der Einwohnerzahl bedingte auch Wohnraum. So wurden viele Gehöfte abgebrochen und an ihrer Stelle Mietshäuser erbaut. Die heute noch erhaltene Bebauung der Harzburger Straße mit dem Doppelhof, dem gegenüberliegenden Villenbau und der Kirche bilden gewissermaßen das altdörfliche Zentrum des Ortes.

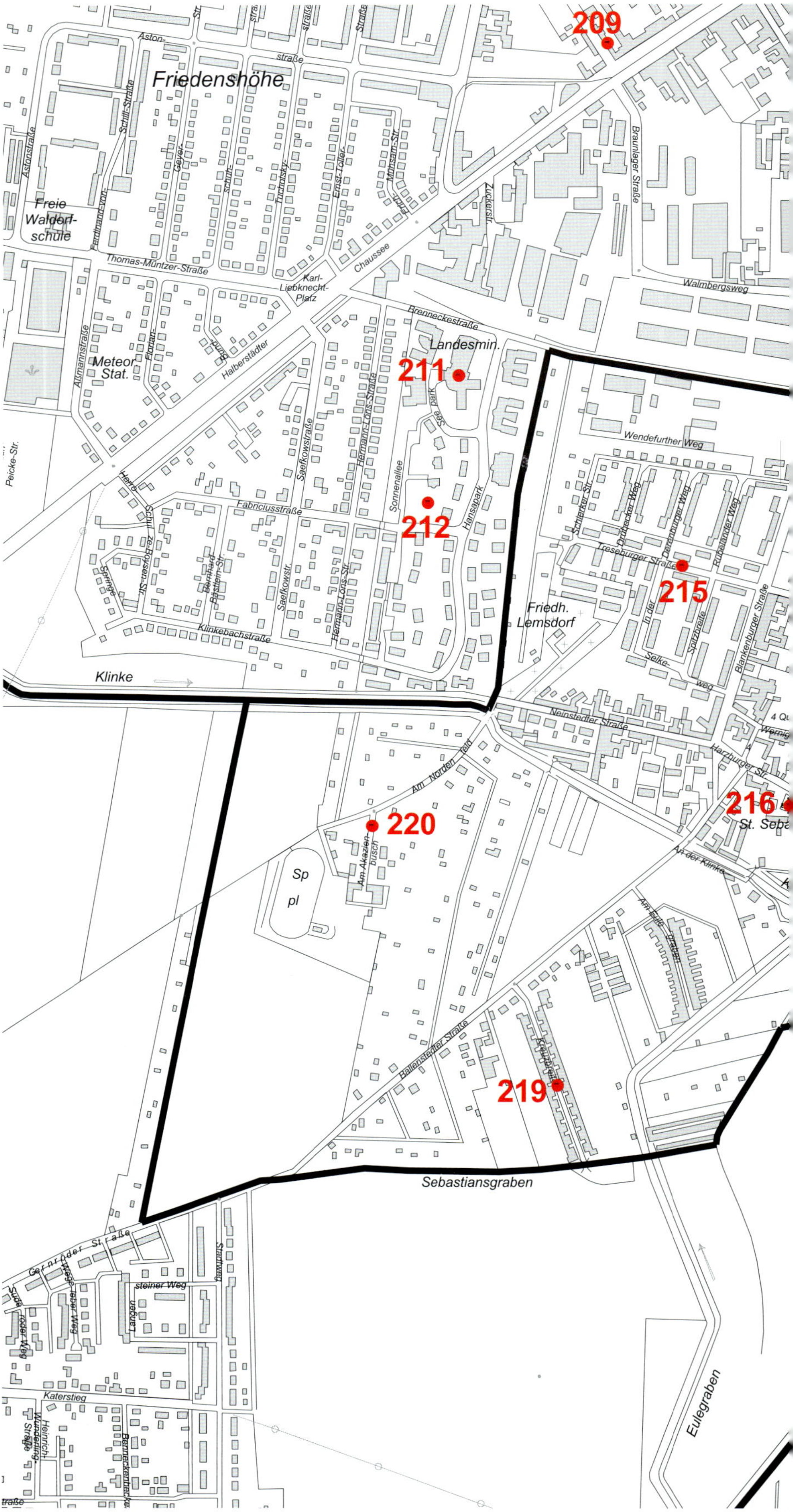
209
Friedenshöhe
Aston-
straße
Astonstraße
Schill-Straße
Geyer-
Tucholsky-
Ernst-Toller-
Münzer-Str.
Freie
Waldorf-
schule
Ferdinand-von-
Thomas-Müntzer-Straße
Karl-
Liebknecht-
Platz
Chaussee
Zuckerstr.
Braunlager Straße
Walmbergsweg
Brenneckestraße
Landesmin.
211
Aßmannstraße
Meteor.
Stat.
Florian-
Halberstädter
Saefkowstraße
Hermann-Löns-Straße
Sonnenallee
Hansapark
212
Peicke-Str.
Fabriciusstraße
Saefkowstr.
Hermann-Löns-Str.
Bernhard-
Bästlein-Str.
Klinkebachstraße
Klinke
Wendefurther Weg
Schierker Str.
Treseburger Straße
Rübeländer Weg
215
Friedh.
Lemsdorf
Spitzbreite
Blankenburger Straße
Selke-
weg
Neinstedter Straße
Harzburger Str.
216
St. Seba
An der Klinke
Am Nordenfeld
220
Am Akazien-
busch
Sp
pl
Ballenstedter Straße
219
Sebastiansgraben
Gernröder Straße
steiner Weg
Langen
Katerstieg
Heinrich-
Wundering-
Straße
Eulegraben

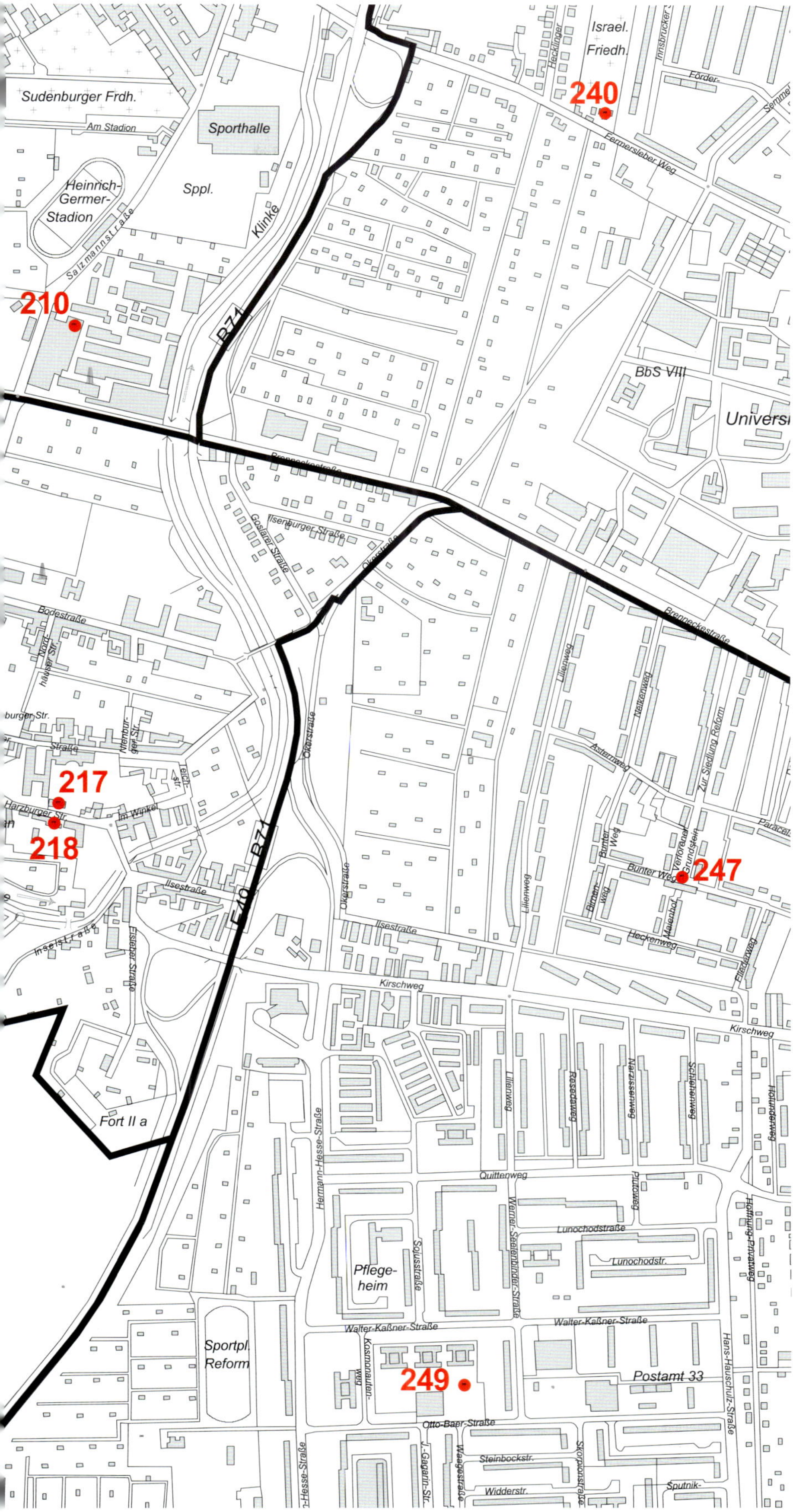

Sudenburger Frdh.
Am Stadion
Sporthalle
Heinrich-Germer-Stadion
Sppl.
Klinke
Salzmannstraße
210
B71
Israel. Friedh.
240
Hecklinger
Förder-
Semmel
Fermersleber Weg
BbS VIII
Universi
Brenneckestraße
Isenburger Straße
Goslarer Straße
Okerstraße
Bodestraße
Nord-häuser Str.
burger Str.
Nienburger Str.
Straße
217
218
Harzburger Str.
Im Winkel
Teich-str.
Ilsestraße
E49
Inselstraße
Eisleber Straße
Fort II a
Lilienweg
Nelkenweg
Asternweg
Zur Siedlung Reform
Paracel
Bunter Weg
Verlorener Grundstein
247
Birnenweg
Maienhof
Heckenweg
Fliederweg
Kirschweg
Hermann-Hesse-Straße
Rosenweg
Narzissenweg
Schlehenweg
Holunderweg
Quittenweg
Pflaumenweg
Hoffnung-Privatweg
Werner-Seelenbinder-Straße
Lunochodstraße
Lunochodstr.
Sojusstraße
Pflegeheim
Walter-Kaßner-Straße
Hans-Hauschulz-Straße
Sportpl. Reform
Kosmonautenweg
249
Postamt 33
Otto-Baer-Straße
Steinbockstr.
Skorpionstraße
J.-Gagarin-Str.
Waagestraße
Widderstr.
Sputnik-

215
Ehem. GAGFAH-Siedlung
Treseburger Straße, In der Spitzbreite, u.a.
1938

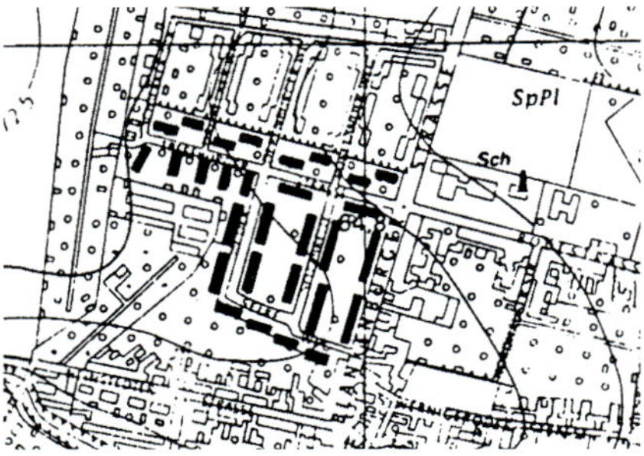

Ab 1938 erbaute die Gemeinnützige Aktiengesellschaft für Angestellten Heimstätten (GAGFAH) nach eigener Planung im Stadtteil Lemsdorf eine Siedlung mit 314 Volkswohnungen. Entsprechend der Verordnung für Volkswohnungen waren dies billigste Mietwohnungen, deren Größe, Bauweise und Ausstattung minimale Notwendigkeiten erfüllten.
Die Siedlung besteht aus 29 zweigeschossigen Wohnblöcken mit Walmdach. Mittelpunkt der Wohnanlage ist eine Platzgestaltung im Bereich der Spitzbreite, eine für die Zeit typische Anlage, die Raum bieten sollte für parteipolitische Propagandaveranstaltungen.
Durch unterschiedliche Anordnung der Baukörper wurde versucht, die Eintönigkeit der schlichten Architektur zu mildern. Der ursprüngliche Ausstattungsstandard der Wohnungen war bescheiden, die Wohnungsgröße (2 Zimmer, Wohnküche) betrug etwa 50 m^2, doch jeder Raum war beheizbar, und durch den Anschluss an die städtische Wasser- und Abwasserleitung waren die Wohnungen mit einer Toilette ausgestattet. Damit waren die Wohnungen komfortabler als manche zeitgleich errichtete Volkswohnung.
Im Rahmen des Eigenheimprogramms der DDR von 1972 erfolgte eine Erweiterung der Siedlung in nördlicher Richtung durch die Ausführung normierter Eigenheime.

216
St. Sebastian, ev. Kirche
Harzburger Straße 5a
9. Nov. 1890

Im Jahre 1889 musste die alte aus dem 14. Jahrhundert stammende Lemsdorfer Kirche abgerissen werden. Nachfolgend entstand ein neoromanischer Bau, der 1890 fertiggestellt war. Formal und wenig einfühlsam wurden romanische Schmuckelemente und Bauteile nachempfunden und verwendet und sogar mit anderen Stilelementen vermischt. Die kleine, aber doch massige Kirche wirkt durch je vier dicht aneinandergereihte Rundbogenfenster an der Nord- und Südwand das Schiffes etwas leichter, ebenso der rechteckige Turm, durch im oberen Bereich rundherum angeordnete Schallöffnungen. An der Ost- und Westseite sind je drei und an der Nord- und Südseite je zwei Rundbogen-Schallöffnungen mit nachempfundenen, vorgeblendeten Säulen mit romanischen Würfelkapitellen eingebaut. Nach unten hin sind an drei Seiten des Turmes doppelte kleine Fenster vorhanden. Einzelne eckige Schlitzfenster setzen sich weiter abwärts fort. In ihrer Gestalt entsprechen sie aber nicht dem romanischen Stil. Das von Säulen flankierte Hauptportal befindet sich an der Westseite des Turmes. Eine kleinere Pforte an der Nordseite führt zum Turm hinauf. Gotisierend wirken die Turmgiebel. Der Kirchenchor lässt erste Andeutungen einer damals neuen Stilepoche, des Jugendstils, erkennen. Zwischen den Strebepfeilern des Chorpolygons zeigen sich kleine Rundbogenfenster im oberen Bereich, kurz unter dem alles einfassenden Hauptgesims. Aufgelockert wirkt die Ostansicht der Kirche durch die Apsisgestaltung links und rechts des Chores. Auch diese sind entgegen romanischen Maßstäben eckig ausgeführt. Hier befinden sich je kleine Rundbogenfenster.

217
Villa
Harzburger Straße 11
1886
Zimmermeister Ketzer

Dem großen Doppelhof Harzburger Straße 6/7 (218) gegenüber ließ sich der Gutsbesitzer Köhne im Jahre 1886 eine Prunkvilla im Stil der Gründerzeit aus gelbem Ziegelstein, nach einem Entwurf des Zimmermeisters Ketzer, erbauen. Sie steht in einem kleinen Park und hat eine symmetrische Anlage über H-förmigem Grundriss mit einem fünfachsigen Mittelteil und flankierenden zweiachsigen Risaliten, nach dem alten Schema der Villa suburbana. Dieser Palast besitzt zweistöckige Seitenteile mit oberen Giebelkrönungen. Die Vasen auf den Giebelecken sind heute nicht mehr vorhanden. Im geschmückten flachen Giebeldreieck beider Seitenteile sind Medaillons mit plastischen Pferdeköpfen angebracht. Die unteren Fenster beider Seitenteile sind dreieckig überdacht und eingefasst. Der einst überladene Mittelteil der Villa ist inzwischen umgebaut und entbehrt den oberen Zierrat. Hier befand sich über dem unteren Vollgeschoss nur ein Halbgeschoss mit kleinen flachen Fenstern, das dem Dienstpersonal der Köhnes einst als Wohnung diente. Die kleineren oberen Fenster waren wuchtig gerahmt. Über einem Doppelgesims befand sich eine Dachbalustrade mit Kugeln auf den Brüstungpfosten. Heute hat das Obergeschoss normale Höhe und ist glatt verputzt. Im unteren Bereich gliedert noch heute das Portal das gesamte Bauwerk. Es wird von einer Dreiecksüberdachung über einem Rundbogen gekrönt und von zwei Säulen flankiert. Über den Säulen befanden sich einst Vasen als Abschluss. Vier weitere Fenster links und rechts des Portals sind mit Segmentbögen überdacht. Schlichte, aber wuchtige Bossierungen schließen die Gestaltung des Bauwerkes nach unten ab.

218
Doppelhof/Dorfschäferei
Harzburger Straße 6/7
1822

Die eindrucksvolle Doppelhofanlage mit einer straßen- und ortsbildprägenden Wirkung im Ensemble mit der nahegelegenen Kirche (216) und der Köhneschen Villa (217) steht auf historischem Boden. Hier wird der seit dem 12. Jahrhundert nachgewiesene Schäfereihof der Magdeburger Dompropstei vermutet. Das ehemalige Dorf war nämlich dem Erzstift abgabepflichtig. Die beiden Grundstücke wurden im 19. Jahrhundert zu einer ungewöhnlich großen Vierseitenhofanlage durch die Lemsdorfer Großbauern Köhne zusammengefasst. Aus dem Jahre 1822 stammen die zweigeschossigen Fachwerk-Wohnhäuser mit steilen Satteldächern, die traufseitig zur Straße stehen und deren Erbauungsdaten nebst Initialen der Besitzer an den Giebeln mittels geformter Ankereisen befestigt sind. Innen sind die Häuser als Doppelstubenhäuser angelegt mit annähernd mittigem Flur und Küchentrakt, rechts und links flankiert von Stube und Kammer. Am westlichen Haus folgt eine große korbbogige Tordurchfahrt mit Hofpforte. Die für das Erscheinungsbild der Straßenfront wichtige Toreinfahrt des östlichen Hauses ist leider nicht erhalten. Das große Hofareal wird umgrenzt durch teilweise erhaltene Wirtschaftsbauten aus Bruchstein der gleichen Bauzeit und westlich durch die erhaltenen Außenmauern eines Stallgebäudes. Die Hofanlage ist typisch für die Wohn- und Wirtschaftsverhältnisse mittlerer bis großer Bauern im frühen 19. Jahrhundert.

219
Siedlung Kreuzbreite
Kreuzbreite 1–51
1932

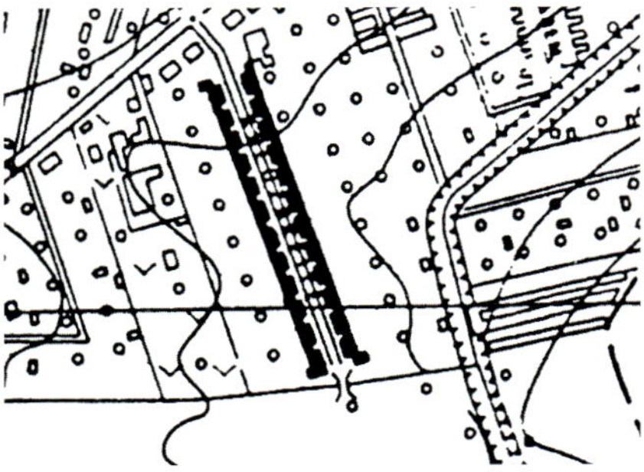

Die Weltwirtschaftskrise brachte 1932 den öffentlich geförderten Wohnungsbau in Magdeburg fast ganz zum Erliegen. Auf Grund der am 6.10.1931 erlassenen Notverordnung der Reichsregierung konnten öffentliche Gelder nur noch für landwirtschaftliche Siedlungen, vorstädische Kleinsiedlungen und für die Bereitstellung von Kleingärten für Erwerbslose vergeben werden. Eine ergänzende Richtlinie vom 10.11.1931 bestimmte, dass die finanziellen Mittel nur für Bauvorhaben eingesetzt werden durften, bei denen ein möglichst großer Teil der Bauarbeiten in Selbsthilfe geleistet werden konnte. Um die Wohnungsnot der Arbeitslosen zu mildern, hatte die Magdeburger Stadtverwaltung deshalb den Bau von mehreren vorstädtischen Kleinsiedlungen für Erwerbslose geplant, für deren Realisierung die Siedler eigene Arbeitsleistungen erbringen mussten (vgl. 138 u. 186). Die Selbsthilfesiedlung Kreuzbreite war die erste ihrer Art in Magdeburg.
Die städtebauliche Planung, die Hochbauplanung einschließlich der Gartenplanung, sowie die Bauleitung wurde durch das Stadterweiterungsamt der Stadt Magdeburg erbracht. Mit der Betreuung der Bauarbeiten und mit der Materialbeschaffung wurde eine Baufirma beauftragt. Die praktischen Arbeiten am Bau mussten von den Siedlern ausgeführt werden. Während sich in anderen Siedlungen arbeitslose Handwerker aus verschiedenen Berufen und auch Industriearbeiter um eine Siedlerstelle bewerben konnten, war das Pilotprojekt der Siedlung Kreuzbreite auf arbeitslose Bauarbeiter beschränkt. Entsprechend der geplanten Anzahl der Siedlerstellen fanden 50 arbeitslose Bauhandwerker für den Erstellungszeitraum eine Beschäftigung, in der auch ihre Sozialversicherung gewährleistet war. Nach Fertigstellung der Siedlung wurden die Häuser mit den dazugehörigen Grundstücken nach einem Losverfahren den Selbsthilfesiedlern zugewiesen und durch Vertrag in Erbpacht überschrieben.
Auf städtischem Bauland wurden 25 Einfamilien-Doppelhäuser mit Stallanbauten errichtet. Die Gebäude wurden mit einem massiven Erdgeschoss und einem vorerst nicht ausgebauten Obergeschoss in Holzkonstruktion und einer Außenverkleidung in Holzstülpschalung errichtet. Das flach geneigte Pultdach und die Holzverkleidung des Obergeschosses prägten das typische Aussehen der Siedlung. Den Dachgeschossausbau und dessen Finanzierung mussten die Siedler selbst übernehmen. Im Erdgeschoss befanden sich eine Wohnküche und zwei Zimmer. Der anschließende, eingeschossige Anbau enthielt den von der Straße aus zugänglichen Hauseingang, eine Waschküche, einen Abort und einen Stall. Nach Ausbau des Dachgeschosses betrug die Wohnfläche ca. 52 m^2. Viele Siedler nutzten später den vorgesehenen Bodenraum und die Waschküche zu Wohnzwecken. Jeweils spiegelbildlich setzte sich die Bebauung des Nachbarhauses fort, so dass eine geschlossene Bebauung entstand, die in der Straßenperspektive durch die eingeschossigen Zwischenbauten fast wie eine offene Bebauung wirkt.
Zahlreiche An- und Umbauten, die bereits kurz nach der Fertigstellung der Siedlung begannen, veränderten die strengen Formvorstellungen der Erbauungszeit. Die Siedlung steht heute unter Denkmalschutz, um das Gesamtbild des einst sozialpolitisch sehr bedeutenden Projektes bewahren zu können.
In der Nähe liegt die zeitgleich entstandene Selbsthilfesiedlung Am Eulegraben, deren ursprüngliche Architektur jedoch im Laufe der Jahre gravierend verändert wurde.

220
Siedlung Am Akazienbusch
Am Akazienbusch
1925/26
Willy Zabel

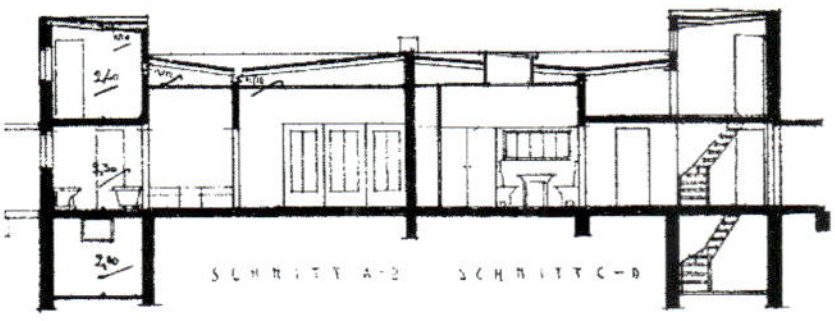

Die ursprüngliche Fassadengestaltung nach den Prinzipien der modernen Architektur der zwanziger Jahre wurde bei den Doppelhäusern Am Akazienbusch im Laufe der Jahre durch Veränderungen von Fenster- und Türöffnungen zwar beeinträchtigt, doch das typische Merkmal, die Überhöhung der äußeren Bauabschnitte, prägt noch heute das Aussehen der kleinen Siedlung. Unterschiedliche Geschosshöhen von Wohn- und Nebenräumen und die Anordnung eines zweiten Geschosses über den Nebenräumen werden in der Ansicht deutlich. Die von dem Magdeburger Architekten Willy Zabel projektierten Häuser wurden vom Verein Wohlfahrt e.V. Magdeburg errichtet.
1927/28 errichtete der Verein Wohlfahrt am südlichen Abschluss der Siedlungsstraße Bauten für Lehrlingswerkstätten, Verwaltung und Werkunterricht. 1933 wurden diese L-förmigen Anlagen zu Wohnräumen umgebaut. 1942 erfolgte ein Umbau als Kriegsgefangenenlager.

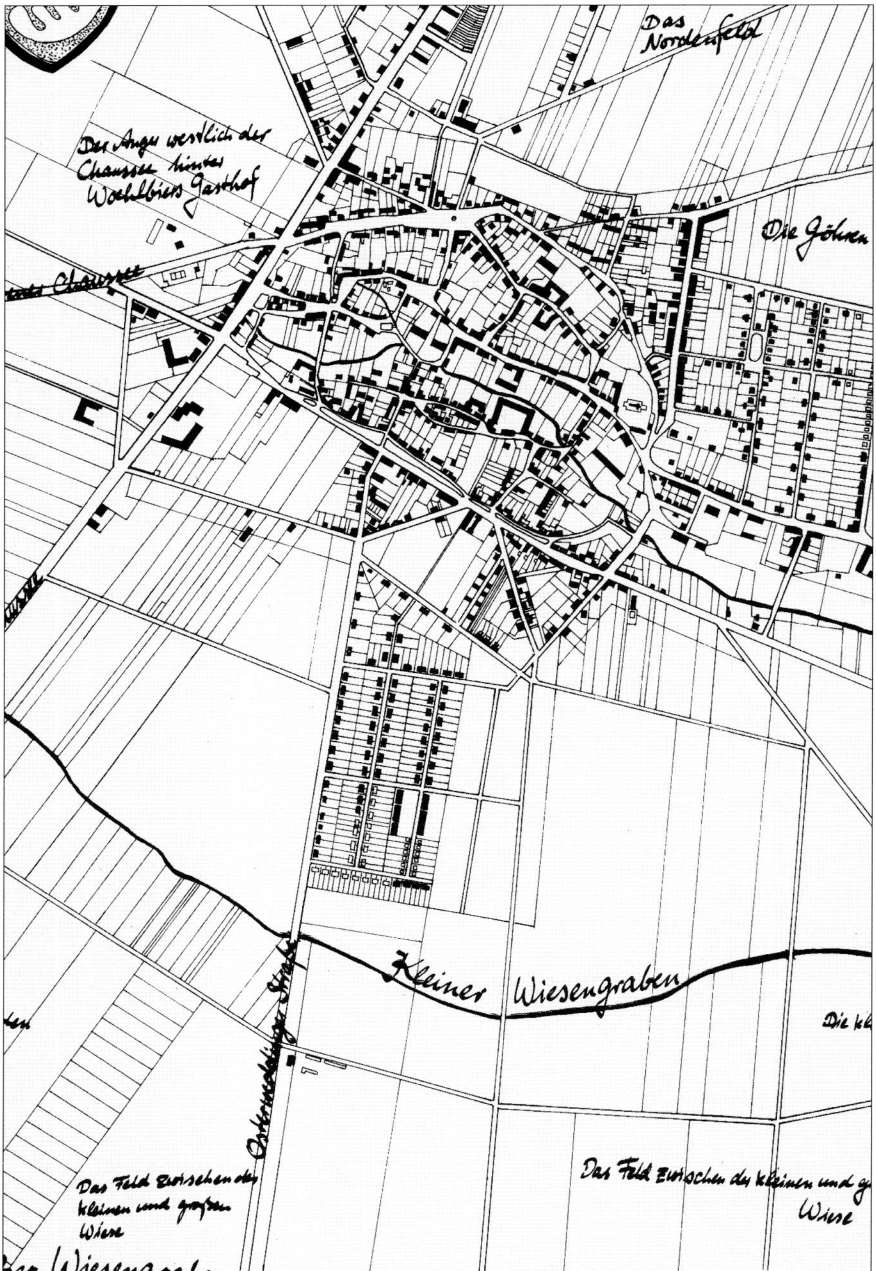
Das Nordenfeld
Der Anger westlich der Chaussee hinter Woehlbiers Gasthof
Die Göhren
Chaussee
Kleiner Wiesengraben
Das Feld zwischen der kleinen und großen Wiese
Das Feld zwischen der kleinen und g
Wiese
Wiesengraben

Ottersleben

Erstmals erwähnt wird der Ort nach 900. Zur Verteidigung kriegerischer Horden der Magyaren teilte König Heinrich I. seinen Herrschaftsbereich in Bezirke oder Burgwarde und ließ Burgen und Schlösser zum Schutz der Bewohner errichten. Ottersleben wird in diesem Zusammenhang als „pertinentia ad castellum" (Zubehörung zur Burg) Magdeburg erwähnt. Der Ortsname setzt sich aus zwei Teilworten zusammen. Das Wort -leben kommt vom althochdeutschen hleo = Hügel und deutet auf eine Siedlungsepoche um ca. 450–500 n. Chr. hin. Später bezeichnete man auch einen Besitztum als -leben, also einen Hügel, der ein Besitztum, Gehöft oder eine Siedlung trägt. Wahrscheinlich handelte es sich bei Ottersleben um den Besitz eines Ottos oder Ottars, auf einem Hügel gelegen. Mit einem Otter hat Ottersleben nichts zu tun, auch wenn das Dorfsiegel von 1602 einen Otter darstellt.

Zu Beginn des 10. Jahrhunderts werden in Ottersleben 24 Höfe aufgelistet, die noch bis ins 19. Jahrhundert nachweisbar sind. In dieser Zeit, also zur Zeit Heinrichs des Städtebauers, wird das Dorf zum Schutze gegen Hunnen befestigt. Auf einem kleinen Wall rings um das Dorf hat man eine feste Mauer errichtet. Die Gehöfte waren so angelegt, dass die Wohnhäuser in Richtung Ortsmitte an den Straßen liegen und die Gärten an die Befestigungsmauer stoßen. Den Mittelpunkt des Ortes bildete die Gerichtsstätte mit dem Gemeindehaus.

Das 20. Jahrhundert bringt einen erheblichen Wandel in der Bevölkerungs- und Baustruktur des Ortes mit sich. Immer mehr in Magdeburg beschäftigte Arbeiter siedeln sich an, so dass Ottersleben zunehmend zur Arbeiterwohngemeinde für Magdeburg wird.

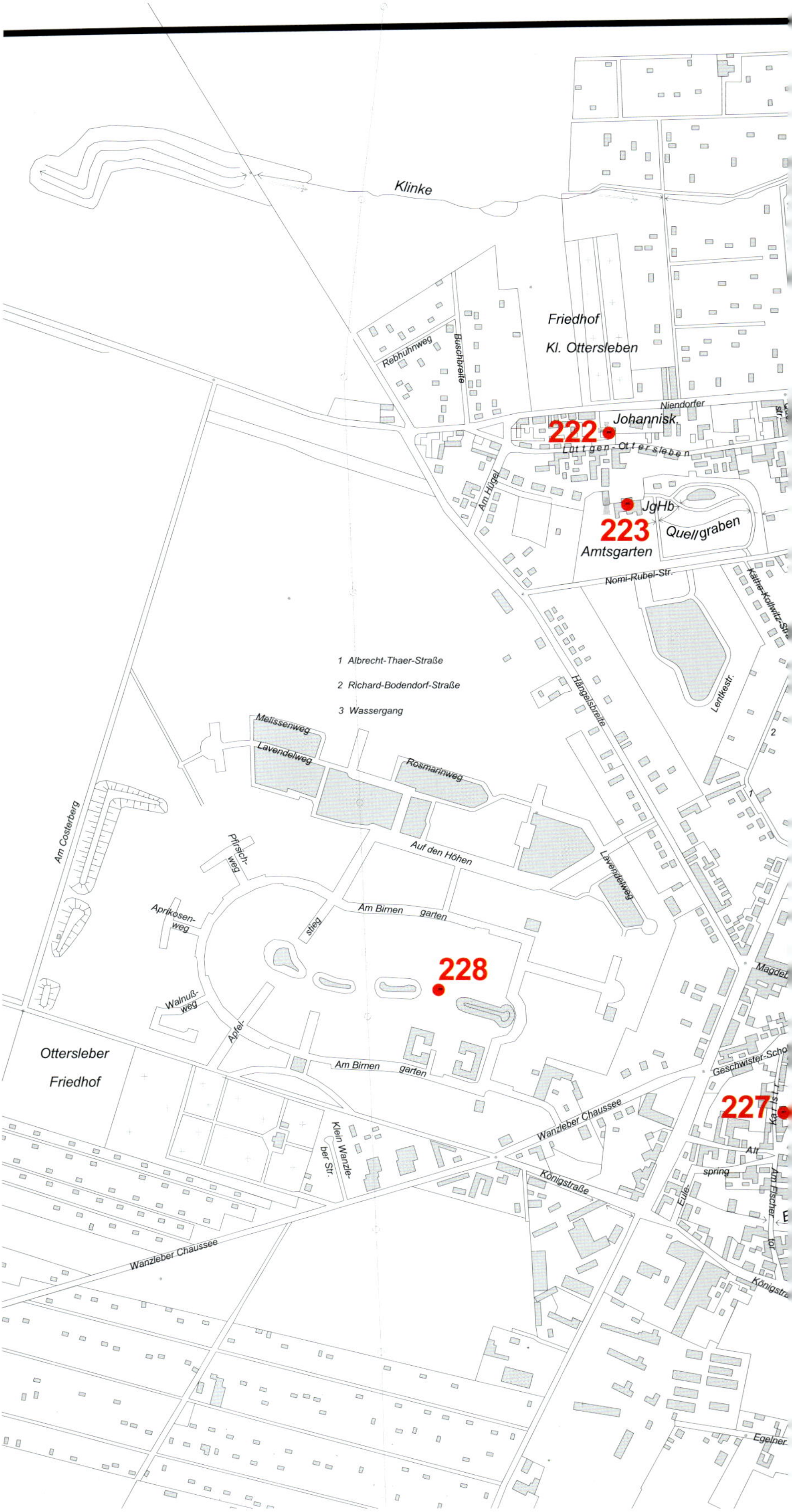
Klinke
Friedhof
Kl. Ottersleben
Rebhuhnweg
Buschbreite
Niendorfer
Johannisk.
222
Lüttgen-Ottersleben
Am Hügel
JgHb
223
Quellgraben
Amtsgarten
Nomi-Rubel-Str.
Käthe-Kollwitz-Str.
1 Albrecht-Thaer-Straße
2 Richard-Bodendorf-Straße
3 Wassergang
Hängelsbreite
Lentkestr.
Melissenweg
Lavendelweg
Rosmarinweg
Am Costerberg
Pfirsichweg
Auf den Höhen
Lavendelweg
Aprikosenweg
Am Birnengarten
stieg
228
Walnußweg
Apfel-
Magdeb
Ottersleber Friedhof
Am Birnengarten
Geschwister-Scho
227
Wanzleber Chaussee
Klein Wanzleber Str.
Alt
spring
Eulé-
Am Fischertor
Königstraße
Wanzleber Chaussee
Königstra
Egelner

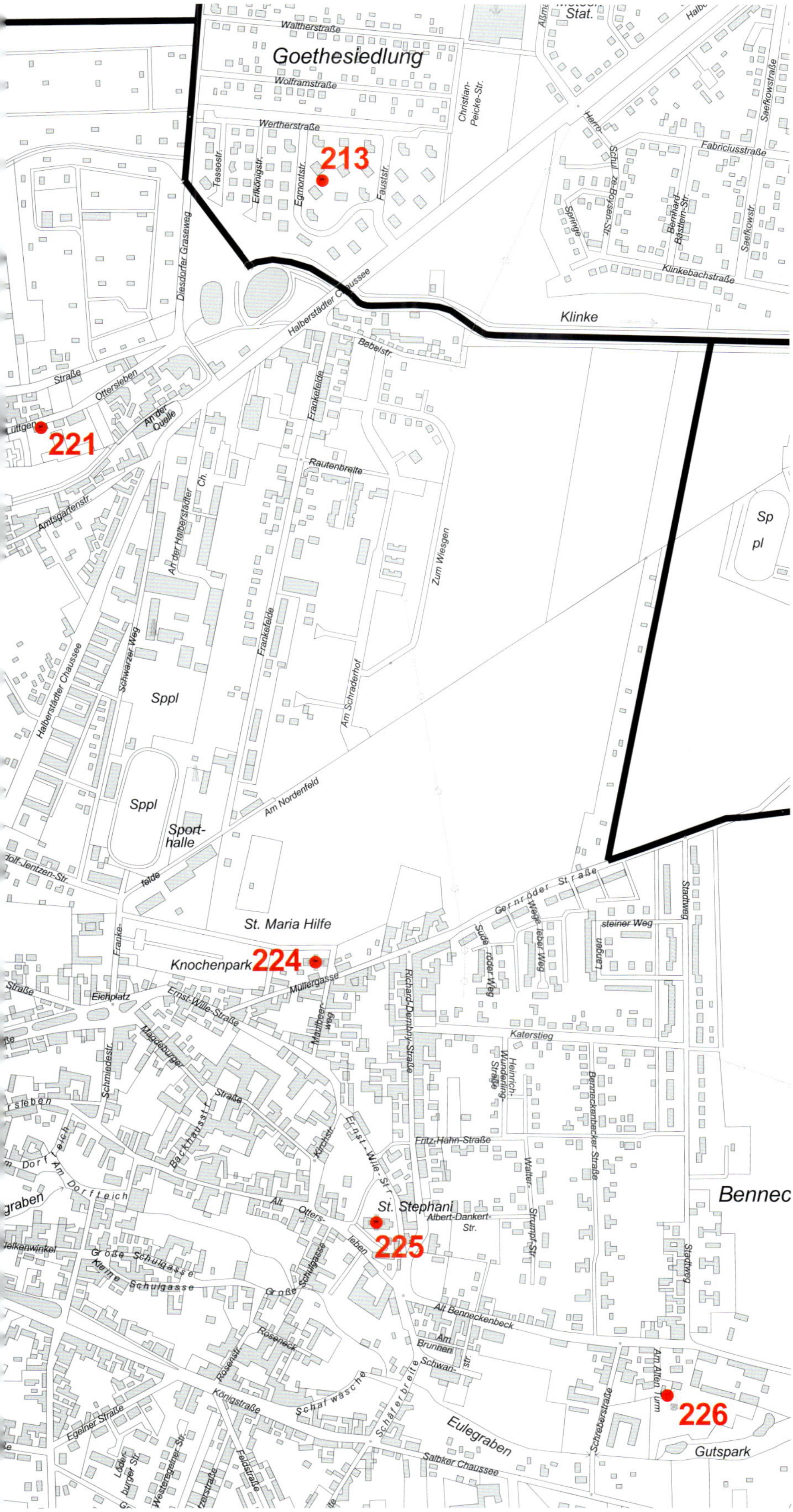

Goethesiedlung
Waltherstraße
Wolframstraße
Wertherstraße
Tassostr.
Erlkönigstr.
Egmontstr.
Faustst.
Christian-Peicke-Str.
213
Stat.
Fabriciusstraße
Saefkowstraße
Saefkowstr.
Springe
Bernhard-Bästlein-Str.
Klinkebachstraße
Klinke
Diesdorfer Graseweg
Halberstädter Chaussee
Bebelstr.
Straße
Ottersleben
An der Quelle
221
Frankefelde
Rautenbreite
Amtsgartenstr.
An der Halberstädter Ch.
Zum Wiesgen
Sp
pl
Schwarzer Weg
Halberstädter Chaussee
Sppl
Am Schraderhof
Sppl
Sport-halle
Am Nordenfeld
St. Maria Hilfe
Knochenpark
224
Gernröder Straße
Stadtweg
Eichplatz
Ernst-Wille-Straße
Müllergasse
Maulbeer-weg
Richard-Dembny-Straße
Katerstieg
Magdeburger Straße
Schmiedestr.
Heinrich-Wunderling-Straße
Benneckenbecker Straße
Backhausstr.
Kirchstr.
Ernst-Wille-Str.
Fritz-Hahn-Straße
Walter-Strumpf-Str.
Am Dorfteich
St. Stephani
Albert-Dankert-Str.
225
Bennec
Alt Otters-leben
Große Schulgasse
Kleine Schulgasse
Große Schulgasse
Alt Benneckenbeck
Am Brunnen
Schwan-str.
Rosenstr.
Am Alten Turm
226
Gutspark
Königstraße
Schafwäsche
Schäferbreite
Eulegraben
Egelner Straße
Salbker Chaussee
Schrebersstraße
Westeregelner Str.
Feldstraße

221
Ehem. Brennerei
Lüttgen Ottersleben 8
1861

Unter der Hausnummer 8 sind heute zwei früher eigenständige Hofstellen zusammengefasst, die gewerblich genutzt werden. Der zweigeschossige, historisierende, massive Putzbau unter flachem Satteldach mit streng symmetrischer Trauf- und Hofseite ist durch Dach-, Gurt- und Brüstungsgesims horizontal gegliedert. Die hochrechteckigen Fenster im Obergeschoss sind unter einer stark profilierten Verdachung durch säulenartige Pilaster eingerahmt. Im Brüstungsbereich finden sich Schmuckreliefs. Der schmuckreiche, plastische Stuckfries unterhalb des Kranzgesims bildet den oberen Abschluss der Fassaden. Das Sockelgeschoss ist mit einer angedeuteten Bossierung verputzt. Als zusätzlicher Schmuck befinden sich unterhalb der Fensterreihe im Erdgeschoss kassettenartige, quadratische Putzaufsätze. Ein kleiner Fenstererker befindet sich, orientiert zur Haupttoreinfahrt, auf dem rechten Giebel. Dieser ist ebenfalls schmuckreich verziert und findet mit einem Kranzgesims seinen oberen Abschluss. Das links angebaute Torhaus ist heute durch einen Fenstereinbau geschlossen.

222
St. Johann der Täufer, Dorfkirche
Lüttgen Ottersleben 41
13. Jh.

„Die Kirche ist ein schwer zu beschreibendes Produkt aller denkbaren Bauzeiten, der inneren Substanz nach jedoch frühgotisch um 1250, ein hoher Westquerturm mit groben Spitzbogenöffnungen, darunter jedoch zwei Reihen von unten drei, oben vier vermauerten und verputzten Fenstern, die eine zweimalige Erhöhung des Turmes bezeugen, und ein langgestrecktes, noch halbrund geschlossenes Schiff ... Man könnte mit einer gewissen Sicherheit eine barocke Ausweitung der ursprünglichen zurückgesetzten Apsis wie in Ochtmersleben annehmen, obwohl hier die Merkmale unter innerem und äußerem Neuputz nicht erkennbar sind. Den Charakter der Übergangszeit spiegeln jedoch deutlich die schmalen, hohen Spitzbogenfenster wider, von denen an der Südseite drei, an der Nordseite fünf erhalten sind und von denen die beiden östlichen schon in der Rundung des Schlusses stehen. Außerdem gewährleisten das Alter gerade der Ostmauer vier Wandnischen, teils rund, teils spitzbogig oder giebelig das gleiche Stilgemisch der Über-

gangszeit. Das breite östlichere Rundbogenfenster halte ich für eine barocke Erweiterung eines ursprünglich schmalen Chorfensters, obwohl es nunmehr durch den Altaraufbau fast verdeckt ist. So ist auch die Tür in der Südseite außen flachbogig erneuert, innen noch rund. Über ihr ein niedriges Flachbogen- und ein (zugesetztes) Kreisfenster. Endlich in dem einen der südlich vorgebauten Herrschaftsstände eine spätgotische Spitzbogentür. Die Sakristei, als 5/8tel Chörlein an der Ostseite angesetzt, scheint ebenfalls spätgotisch, obwohl auch hier Öffnungen – Tür und Fenster – rechteckig erneuert sind." (Dr. Heinrich Bergner, Bau- und Kunstdenkmäler des Kreises Wanzleben)

223
Villa Böckelmann

Lüttgen Ottersleben 19
1892
Max Behrendt

Die hochherrschaftliche Villa nach Art eines Herrensitzes oder Schlosses wurde 1892 im Stil der Neorenaissance für den bürgerlichen Rittergutsbesitzer und Eigentümer der Zuckerfabrik in Groß Ottersleben, Wilhelm August Böckelmann, durch den Architekten und Maurermeister Max Behrend errichtet.
An der zweistöckigen Fassade mit teilweise ausgebautem Dachgeschoss nimmt die Höhe des steilen Mansardendaches etwa ein Drittel der gesamten Gebäudehöhe ein. Der längliche Bau ist an der Hoffassade neun- und elfachsig, an der Gartenfassade durchgehend elfachsig ausgebildet. Während man das sockelgeschossähnliche Erdgeschoss mit einer Putzbandrustika und kleinen, zum Teil quadratischen Fenstern versah, wurde das Obergeschoss bewusst als Beletage hervorgehoben. Die Hoffassade dominiert ein dreiachsiger Mittelrisalit mit zwei äußeren Fensterachsen und mittigem Portal, dem im Obergeschoss eine Blindnische übergeordnet ist, in der sich ehemals eine Skulptur befand.Die Risalite an den Außenseiten sind wesentlich schmaler gehalten und tragen im Obergeschoss jeweils kleine polygonale Erker. Sie werden von großen Dacherkern überfangen. Auf den restlichen Dachflächen befinden sich kleine Dachhäuschen. Aus der Gartenfassade treten ebenfalls drei Risalite hervor, wovon die Seitlichen jedoch wesentlich größer, tiefer und abgestufter sind. Auch diese werden von großen Dacherkern überragt. Die krönenden Blendgiebel der Dacherker an Hof- und Gartenfassade sind nicht erhalten. Vom Obergeschoss im Mittelrisalit kann eine Terrasse betreten werden, an die sich eine große Freitreppe anschließt. Die Freitreppe ist im oberen Teil einläufig und im unteren Teil zweiläufig mit Wende- und Ruhepodest und halbrund ausschwingender Balustrade. Der Park wurde nach Vorbild von engl. Gärten von Landschaftsgartenmeister Peter-Josef Lenné gestaltet.

224
Sankt Maria Hilf, kath. Kirche
Müllergasse 1–3
1893
Dombaumeister Arnold Güldenpfennig

Am 5. November 1893 wurde am einstigen Mühlenwege – heute Müllergasse durch den bischöflichen Kommissar, Propst Brieden von St. Sebastian, der Grundstein für eine neue Kirche, die nach Plänen des Paderborner Diözesan- und Dombaumeisters Arnold Güldenpfennig errichtet wurde, gelegt. Die neogotische Kirche wurde aus rotem Ziegelstein gebaut. Das Kirchenschiff ist 22 m lang, 13 m breit und weist unterschiedliche Höhen auf – das Mittelschiff ist deutlich höher als die Seitenschiffe. Der sich anschließende Chor ist 8.60 m lang, 7 m breit und verfügt über drei großflächige Farbfenster, deren Glasmalereien Geschichten aus dem Marienleben erzählen. Auf dem Dachfirst unmittelbar über dem Chor und dem Giebel wurde Ende Juni 1894 je ein Kreuz angebracht. An der Nordseite des Chores befindet sich ein 40 m hoher Turm. 1911 installierte die Bernburger Firma Fuchs & Sohn die Turmuhr. 1934 erhielt der Turm eine kupferne Haube. 1945 fielen Brandbomben auf die Kirche, wovon zwei keinen Schaden anrichteten, die dritte verfing sich im Turm. Nur dem beherzten Einschreiten von Bürgern ist es zu verdanken, dass die Kirche nicht abbrannte, denn sie stiegen aufs Dach hinauf und löschten. 1960 kam es zur Neugestaltung des Kircheninneren, wobei auf alle neogotischen Elemente verzichtet wurde. 1962 wurde im Chor ein aus Gardelegen stammender Katharinenaltar aus dem 15. Jh. aufgestellt. 1969/70 neue Schieferdachdeckung, 1990 Neuerrichtung des Turmkreuzes nach Sturmschaden, 1993 Renovierung des Kircheninneren.

225
St. Stephani, ev. Kirche
Kirchstraße 1
vermutlich Anfang 9. Jh.

Die Kirche stammt vermutlich, wie auch der namensgleiche Westerhüser Stephanusturm (289), aus dem 8./Anfang 9. Jahrhundert, und geht vermutlich auf die Gründung durch den Missionar Hildegrim und seinen Stephanuskult zurück.
Am Anfang des 14. Jh. wurde die Kirche durch Erzbischof Burchard III., nach Zerstörungen durch Streitigkeiten zwischen Bürgerschaft und Erzbischof, repariert. Dabei ging das romanische Äußere weitgehend verloren. Nur der Turm weist noch romanische Spuren auf. Dieser wurde zweimal erhöht, wobei man die Rundbogen-Schalllöcher zumauerte. Das später aufgemauerte Glockengeschoss verfügt über gotische Schallöffnungen. Das flachgedeckte Langhaus ist vierjochig mit ungegliederten weitgespannten spitzbogigen Arkaden. Der jetzige Zustand mit dem mächtigen Mittelschiff, auf die niedrigeren Seitenschiffe herabgezogenen Dach, stammt wohl aus dem Jahre 1556, wozu die Details der rundbogigen Zwillingsfenster in den Seitenschiffen passen, die Flachdecke innen von 1774. In den beiden Nebenschiffen wurden Emporen eingebaut, die über zwei Etagen reichen. Ihre Balustrade versah man im Jahre 1784 mit ornamentartig gestalteten Bibelsprüchen. 1854 wird das große Fenster hinter dem Altar vermauert. Ab 1771 erfolgt eine umfassende Renovierung. Dabei wird die Westfront des Turmes durchbrochen und ein zeitgenössisches Hauptportal eingefügt. An der Nord- und Südseite des Turmes entstanden Vorhallen im neoromanischen Stil, die alten Eingänge wurden vermauert. Spätgotisches Epitaph von 1510, vormals an der Stelle des jetzigen Portals, in die Turmhalle versetzt. Kanzel aus der Spätrenaissance. 1979–1982 Einbau einer Winterkirche. Altar von Conrad Matthias Haber (1704).

226
Wohnturm
Am Alten Turm 2
um 1500

Dieser unter Denkmalschutz stehende Turm, im Garten des ehemaligen Köhneschen Hofes (Alt Beneckenbeck 17), um 1500 entstanden, ist das letzte noch vorhandene Gebäude des alten Dorfes Beneckenbeck. Es ist ein sogenannter Wohnturm, auch „Spiker“ oder „Borchfrid“ genannt, und diente in früheren Zeiten als letzte Zuflucht der Bewohner bei Belagerung und Krieg. Von solchen Wohntürmen gab es in Ottersleben mehrere, die aber mit Ausnahme des Beneckenbeckers alle verschwunden sind. Heinrich Albrecht Mynsinger von Frundeck erwarb das Rittergut gegen Ende des 16. Jahrhunderts.

Der quadratische 6,5/6,5 m breite und knapp 18 m hohe Turm besteht aus Bruchsteinmauerwerk. Die Gebäudeecken zeigen ein regelmäßiges Mauerwerk aus hellem Hausstein. Das 5,5 m hohe Erdgeschoss ist kreuzrippengewölbt, hat eine Mauerstärke von 1,3 m und ist im Zentrum mit einer Säule aus Ziegelmauer-

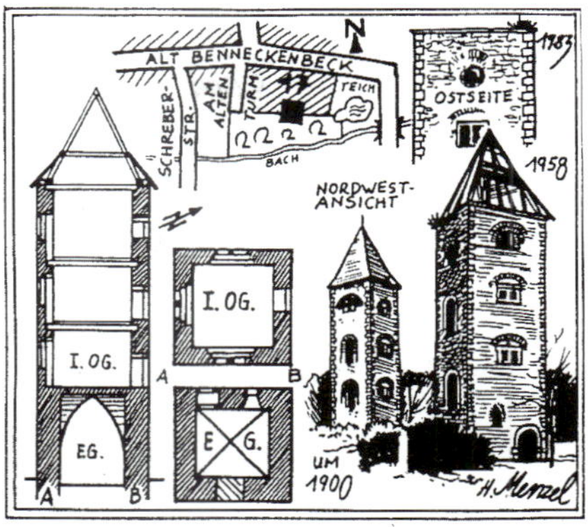

werk versehen, die Zugangstür ist auf 1594 datiert. Die vier Obergeschosse sind, wie bei Wohntürmen üblich, nur von außen über eine einziehbare Treppe oder Leiter zu erreichen. Untereinander verband sie jedoch eine durchgehende Holztreppe. Das erste und zweite Obergeschoss besitzt nach Norden je eine rundbogige Einstiegsöffnung. Nach den anderen Seiten liegen rechteckig geschlossene Zwillingsfenster. Das dritte Obergeschoss wird an drei Seiten von Rundbogenfenstern und an der nördlichen Seite von einem größeren halbkreisförmigen Fenster durchbrochen. Das ursprünglich steile Zeltdach, welches nach einem Blitzschlag 1945 abbrannte, fehlt. Anhand eines alten Aufmaßes kann man feststellen, dass es als Sparrendach mit Aufschiebling ausgebildet war und die Dachdeckung aus Biberschwänzen bestand. Bis zum 2. Weltkrieg wurde der Turm von der Gutsfamilie Köhne als Taubenturm benutzt.

227
Bethge-Stift
Alt Ottersleben 40/41
1883

Nördlich innerhalb der Dorfmauer befindet sich das Gebäude der „Bethge-Stiftung“, im Volksmund auch „Spittel“ genannt. Die reiche Bauernfamilie Bethge finanzierte 1883 den Bau des „Siechen- und Armenhauses“ der Gemeinde Groß Ottersleben. Kranke, alte oder verarmte Menschen fanden hier Obdach, Pflege und Essen. In dem Haus waren das Hospital und das Armenhaus untergebracht, in der südlichen Hälfte das Bethge-Stift. Es hatte 8 Zimmer, wovon zwei als Krankenstuben und zwei für den Hausmeister hergerichtet waren. In dem Gemeindearmenhaus fanden Personen Aufnahme, die sich nicht selbst ganz oder teilweise unterhalten konnten und sonst niemandem angehörten. Ihr Unterhalt wurde aus der Gemeinde-Armen-Kasse und durch Mildtätigkeit der Ortseinwohner bestritten.
Das Gebäude ist ein breitgelagerter zweigeschossiger Ziegelbau mit übergiebeltem Mittelrisalit und bekrönendem Dachreiter mit Uhr. Eine schlichte Fassadengliederung erfolgt durch farbige Ziegeleinlagen und Segmentbogenfenster. Der Ziegelbau ist sehr ortsbildprägend als point de vue des Straßenbezuges Alt Ottersleben und auch bedeutsam im Ensemble mit benachbarten bäuerlichen Wohnhäusern des frühen 19. Jahrhundert.

228
Auf den Höhen II
Hängelsbreite
2000
Kellner, Schleich, Wunderling/Jaqueline Funke

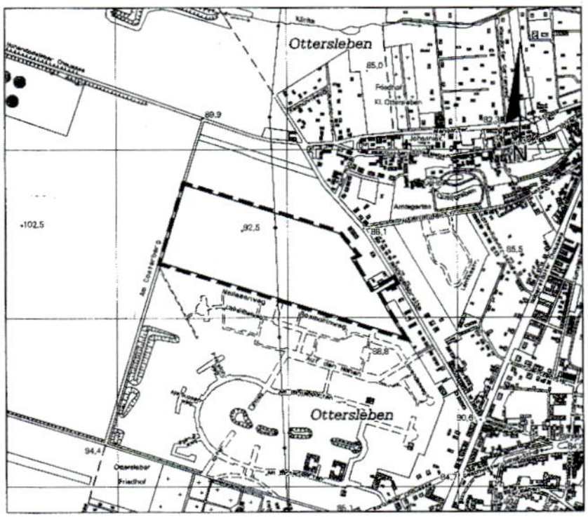

Am westlichen Ortsrand von Ottersleben und am Rande der Hohen Börde wurden nach 1990 drei große Baufelder für den Wohnungsbau durch die Stadt ausgewiesen und erschlossen. Von der Königstraße im Süden beginnend, entstanden die Wohngebiete „Birnengarten“ und „Auf den Höhen I“. Als dritter und jüngster Bauabschnitt ist nun das Eigenheim-Baugebiet „Auf den Höhen II“ in Vorbereitung (Gesamtfläche: 141 160 m², Baufläche: 100 945 m², Verkehrsfläche: 20 250 m², Öffentl. Grünfläche: 9 565 m², Regenrückhaltung: 8 400 m³). Die Vielzahl neu erschlossener und kostengünstiger Wohnbaustandorte ist ein dringendes Erfordernis, um der Abwanderung Bauwilliger in das ländliche Umfeld entgegen zu wirken. Um eine geordnete städtebauliche Entwicklung sicherzustellen, wurde ein Bebauungsplan (B-Plan 354-3) erarbeitet, der ein allgemeines Wohngebiet (WA im Sinne des § 4 BNVO) ausweist. Vorgesehen ist ein- und zweigeschossiger individueller Wohnungsbau. Die Belange der Umwelt werden durch den Grünordnungsplan sichergestellt. Zum Schutz der Siedlung, die sich bis zur Straße Am Costerberg erstreckt, wird ein Sichtschutzwall errichtet. Für die kleinsten Bewohner dieser neuen Siedlung ist ein 800 m² umfassender Spielplatz ausgewiesen. Die Grundstücke werden durch die Stadt und die Treuhandgesellschaft gemeinsam vermarktet.

Leipziger Straße

„Leipziger Straße", benannt nach einer der Magistralen der Stadt, die geradlinig den Stadtteil in südlicher Richtung durchzieht, sich in der Leipziger Chaussee fortsetzt und schließlich in die B 71, Richtung Halle–Leipzig mündet. Im Westen trennt der Magdeburger Ring die Stadtteile Leipziger Straße und Sudenburg, im Osten bildet die Bahntrasse die Grenze zu Buckau. Im Süden schließen sich Reform und Hopfengarten nahtlos an (14 012 EW, Stand 31.12.1998). Am Ende des 19. Jahrhunderts wächst mit der Industrie auch die Stadt Magdeburg. Die Neuanlage eines Friedhofes im Süden wird notwendig und nach dem Entwurf von Paul Niemeyer 1872 realisiert. Der heute etwa 18 ha große Südfriedhof liegt zur Zeit seiner Entstehung ca. zwei Kilometer außerhalb der Stadt und wird deshalb bereits 1887 durch eine Pferde-Straßenbahn erschlossen.
Sein Gepräge erhält das Gebiet u. a. durch die 1890/91 errichteten Sudenburger Krankenanstalten, das heutige Universitätsklinikum. 1993 vereinigen sich die Technische Universität, die Pädagogische Hochschule und die Medizinische Akademie Magdeburg zur Otto-von-Guericke-Universität Magdeburg. Im jüngsten Klinikum-Neubau, der 2002 feriggestellt sein wird, werden 16 Operationssäle unter einem Dach vereint. 3 300 Mitarbeiter sind im Klinikum tätig.
Östlich der Dodendorfer Straße liegt eine große Industriebrache, die sich von der Marienstraße bis zur Salbker Straße erstreckt. Hier begann Gruson 1867 mit dem Bau seiner Fabrik, später wird das Werk von Friedrich Krupp übernommen und firmierte als Krupp-Gruson-Werk. Nach 1945 entstand aus einem SMAG-Betrieb das zentral geleitete SKET, Magdeburgs größter Schwermaschinenbaubetrieb. Ein 108 m hoher Schornstein, der "Lange Heinrich" steht noch inmitten des Geländes als Denkmal und Zeuge bewegter Zeiten eines großen Unternehmens.

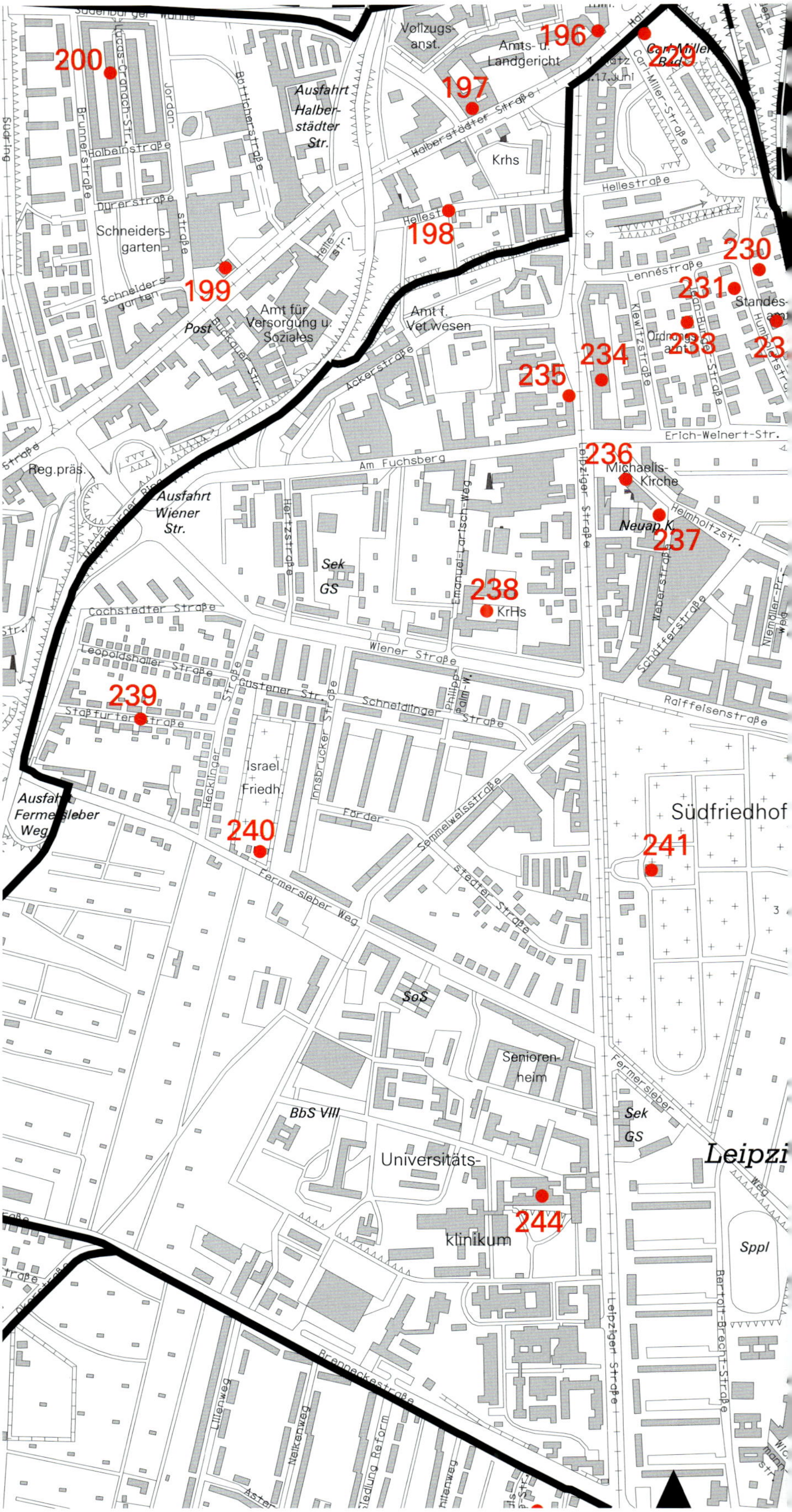
200
196
229
197
198
199
230
231
233
234
235
236
237
238
239
240
241
244
Vollzugs-anst.
Amts- u. Landgericht
Carl-Miller-Bad
Ausfahrt Halberstädter Str.
Halberstädter Straße
Krhs
Hellestraße
Schneidersgarten
Amt für Versorgung u. Soziales
Amt f. Vet.wesen
Post
Reg.präs.
Ausfahrt Wiener Str.
Lennéstraße
Standesamt
Ordnungsamt
Klewitzstraße
Erich-Weinert-Str.
Am Fuchsberg
Michaelis-Kirche
Neuap.K.
Helmholtzstr.
Leipziger Straße
Sek GS
KrHs
Wiener Straße
Cochstedter Straße
Leopoldshaller Straße
Staßfurter Straße
Raiffeisenstraße
Israel. Friedh.
Südfriedhof
Ausfahrt Fermersleber Weg
Fermersleber Weg
Semmelweisstraße
SoS
Seniorenheim
BbS VIII
Universitätsklinikum
Sek GS
Leipzi
Sppl
Bertolt-Brecht-Straße
Brenneckestraße
Siedlung Reform

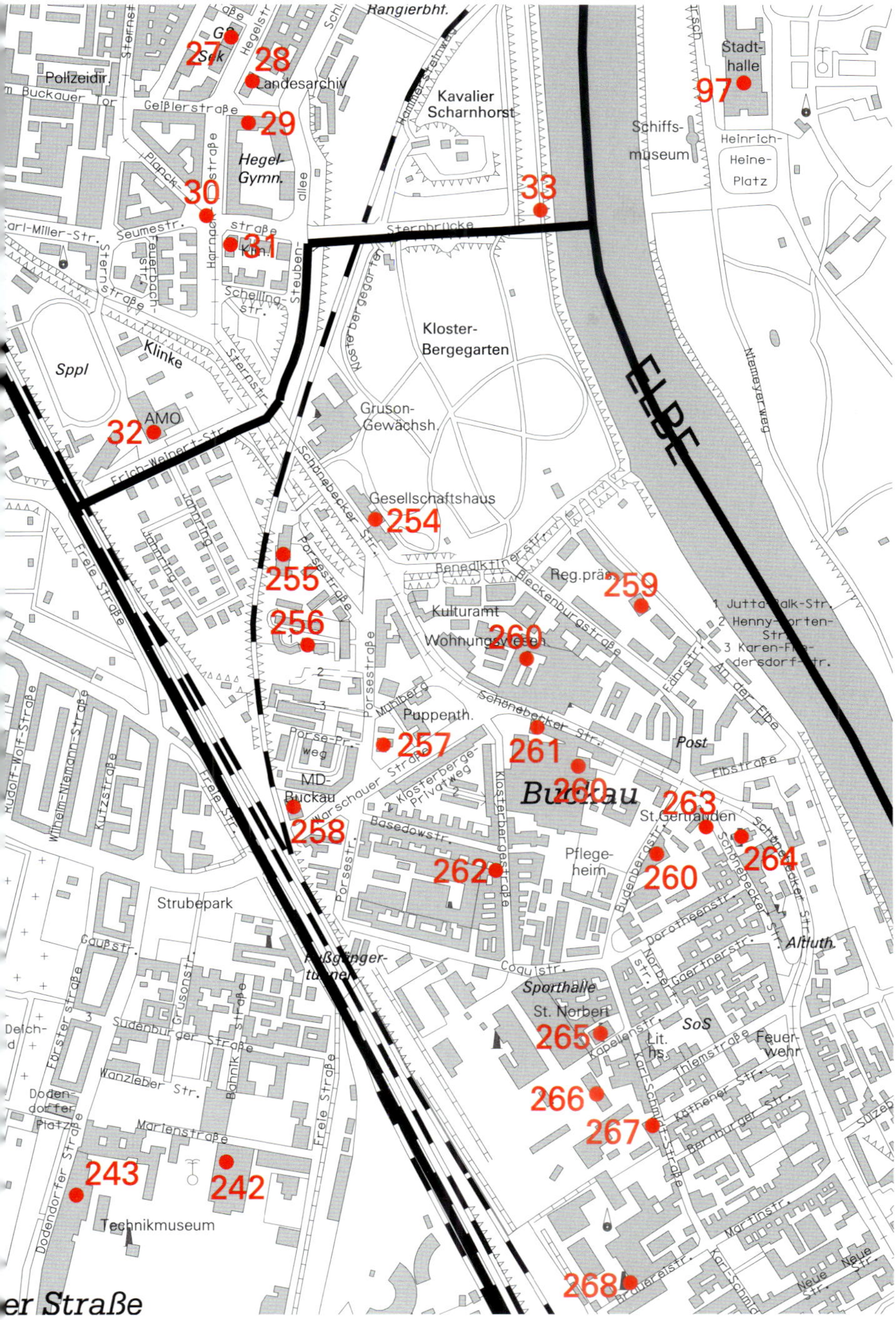
Rangierbhf.
Polizeidir.
Buckauer Tor
Geißlerstraße
Landesarchiv
Hegel-Gymn.
Plancker-
Seumestr.
Karl-Miller-Str.
Hegelstr.
Harnackstraße
Klin.
Schelling-str.
Steuben-allee
Sternstraße
Feuerbach-str.
Klinke
Sppl
AMO
Erich-Weinert-Str.
Sternstr.
Kavalier Scharnhorst
Hammersteinweg
Sternbrücke
Kloster-Bergegarten
Klosterbergegarten
Gruson-Gewächsh.
Gesellschaftshaus
Schönebecker Str.
Porsestraße
Benediktiner Str.
Reg.präs.
Bleckenburgstraße
Kulturamt
Wohnungswesen
Mühlberg
Puppenth.
Porse-Pr.-weg
MD-Buckau
Warschauer Straße
Klosterberge-Privatweg
Basedowstr.
Klosterbergestraße
Porsestr.
Buckau
St. Gertrauden
Pflege-heim
Budenbergstr.
Dorotheenstr.
Schönebecker Str.
Altluth.
Post
Elbstraße
Fährstr.
An der Elbe
1 Jutta-Balk-Str.
2 Henny-Porten-Str.
3 Karen-Friedersdorf-Str.
ELBE
Stadt-halle
Schiffs-museum
Heinrich-Heine-Platz
Niemeyerweg
Jahnring
Freie Straße
Rudolf-Wolf-Straße
Wilhelm-Niemann-Straße
Kutzstraße
Strubepark
Gaußstr.
Fußgänger-tunnel
Coquistr.
Sporthalle
St. Norbert
Norbertstr.
Gaertnerstr.
SoS
Lit. hs.
Kapellenstr.
Karl-Schmidt-Straße
Thiemstraße
Feuer-wehr
Köthener Str.
Bernburger Str.
Martinstr.
Brauereistr.
Neue Str.
Förster Straße
Grusonstr.
Sudenburger Straße
Wanzleber Str.
Bahnik Straße
Doden-dorfer Platz
Mariënstraße
Dodendorfer Straße
Technikmuseum
Delch-
er Straße
27
28
29
30
31
32
33
97
242
243
254
255
256
257
258
259
260
261
262
263
264
265
266
267
268

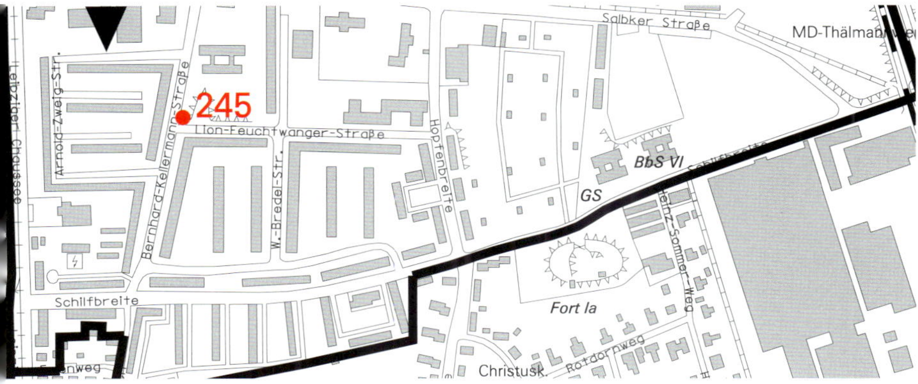
Salbker Straße
MD-Thälmannwer
Arnold-Zweig-Str.
Leipziger Chaussee
Bernhard-Kellermann-Straße
Lion-Feuchtwanger-Straße
W.-Bredel-Str.
Hopfenbreite
BbS VI
GS
Heinz-Sommer-Weg
Schilfbreite
Fort Ia
Christusk.
Rotdornweg
245

229
Eike-von-Repgow-Denkmal

Hallische Straße/Carl-Miller-Straße
1937
Hans Grimm

Das Denkmal für Eike von Repgow, den Verfasser des Sachsenspiegels, wurde 1937 von dem Bildhauer Hans Grimm geschaffen. Auf zwei Flächen des wuchtigen Kalksteinsockels sind Figuren abgebildet, die die Treue, die Arbeit, die Pflicht, die Wahrhaftigkeit, die Ehre und das Recht symbolisieren. Eine weitere Fläche enthält eine Karte, die die Ausbreitung des Rechts aufzeigt, und auf der vierten Sockelfläche sind Abschnitte aus dem Leben des Eike von Repgow dargestellt. Eike von Repgow, der um 1180 in Reppichau, nahe Dessau, geboren wurde, ist sitzend, mit einem Schwert dargestellt.

Der um 1224–1231 von Eike von Repgow verfasste Sachsenspiegel war das einflussreichste Rechtsbuch des deutschen Mittelalters. Er enthielt die im sächsischen Gebiet geltenden gewohnheitsrechtlichen Regeln des Privat-, Straf-, Staats- und Verfahrensrechts sowie des Lehnrechts. Sein Geltungsbereich erstreckte sich über das deutsche Reichs- und Sprachgebiet hinaus. In Thüringen und Anhalt blieb der Sachsenspiegel bis 1900 gültig.

230
Villa Wedel

Humboldtstraße 14
1912
Albinmüller

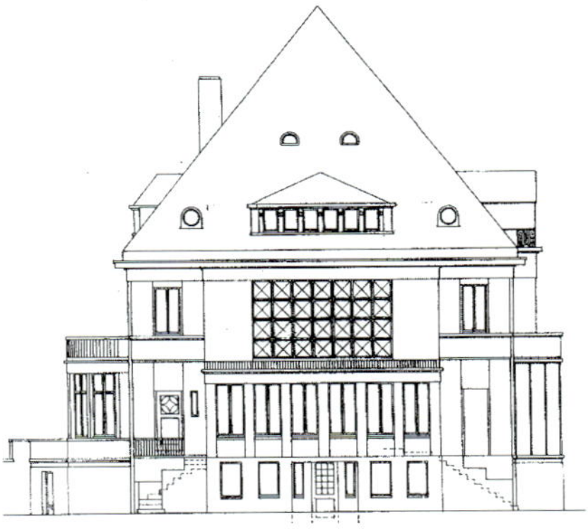

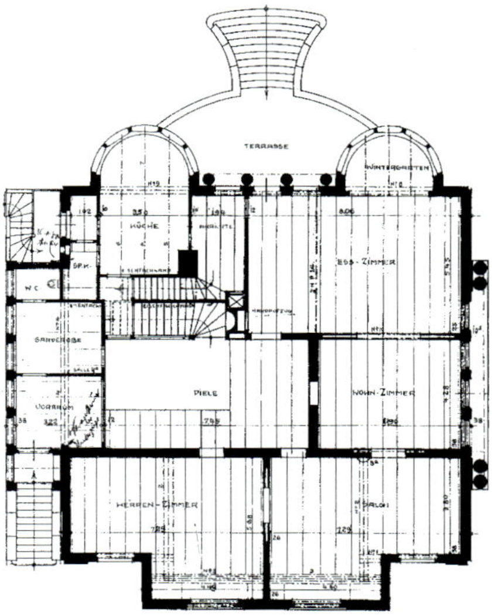

Zweistöckige eindrucksvolle Villa mit hohem Walmdach, in neoklassizistischer Formensprache für Prof. Dr. Wedel 1912 von Albinmüller als luxuriöses Wohnhaus entworfen. Über dem Sockelgeschoss erhebt sich ein hohes Erdgeschoss. Die Fassaden sind durch Risalite, Erker und flache Lisenen gegliedert und verhalten dekoriert. Ein zierlicher Zahnschnittfries grenzt das Erdgeschoss gegen das Obergeschoss ab. Vier dicht vor die Fassade gesetzte Vollsäulen tragen auf der Südseite einen schmalen Balkon. Am interessantesten erscheint die Nordseite mit der großen Fensterfront aus kleinteiligen Scheiben mit schräg gekreuzten Fensterhölzern und mit farbiger Bleiverglasung.

231
Villa
Humboldtstraße 1
1900
Otto Brandt

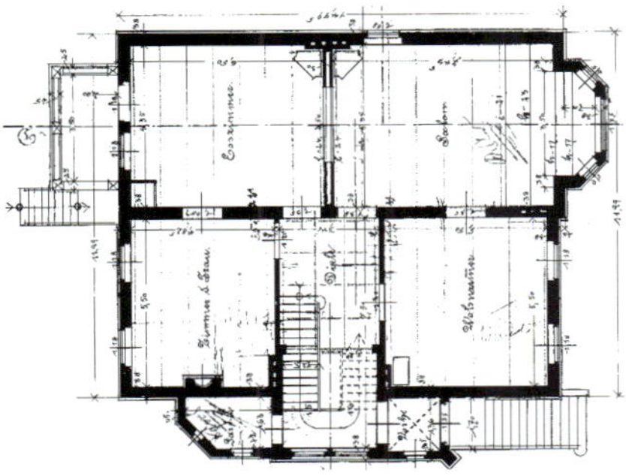

Zweistöckige Villa mit hohem Sockelgeschoss, teilweise ausgebautem Dachgeschoss und Spitzboden. Beispiel für die malerische, sich auf einheimische Vorbilder stützende, historisierende Architektursprache um die Jahrhundertwende, wie sie in der Villenkolonie um die Humboldt-, Lenné- und Jean-Burger-Straße noch mehrfach zu finden ist. Bemerkenswert insbesondere der vorkragende Fachwerkgiebel am Risalit mit vielen geschnitzten Details. Über einem polygonalen Erker ein Balkon und dahinter ein großes und für den Jugendstil typisches, mehrteiliges Bogenfenster, welches hier mit der historisierenden Formensprache in Einklang gebracht ist. Im Jahr 1900 durch den Architekten Otto Brandt für Herrn Gustav Krull, Kaufmann und Inhaber der Firma Krull's Wwe., Großhandlung für Rohleinen, neue und gebrauchte Säcke, erbaut.

232
Villa Wolf jun.
Humboldtstraße 11
1901
Planung Hermann Solf u. Franz Wichards (Berlin), Ausführung Christian Andreas Schmidt

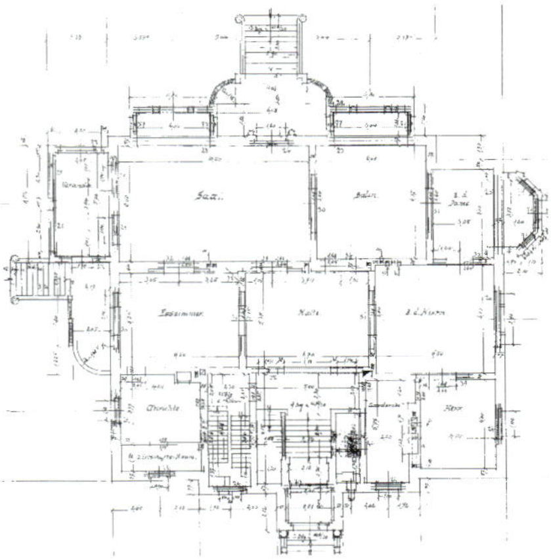

Das Gebäude steht in einer typischen Villenkolonie. An der zweistöckigen Villa fällt der Verzicht auf eine traditionelle Wandaufteilung mit regelmäßigen Fensterachsen ins Auge. Gestalterisches Mittel ist stattdessen die Gegenüberstellung unterschiedlicher Fensterformate, verschiedener Fensterformen und die Verwendung von Doppel- und Drillingsfenstern. Trotz dieser unkonventionellen Wandaufteilung bleibt die stilistische Formensprache dem Historismus, speziell der Verwendung von Renaissancemotiven, verhaftet. Dabei sind die beiden Vollgeschosse so differenziert, dass im Erdgeschoss durch die massiven Fensterrahmungen mit Bossenquadern ein trutziger Eindruck entsteht, während das Obergeschoss mit den kleineren Bogenfenstern leichter wirkt. Durch das Fehlen trennender Gesimse zwischen den Etagen entsteht trotz der Unterschiede ein homogener Eindruck. Das aus einer quadratischen Grundform entwickelte Gebäude bildet seine Hauptschauseite mit zwei einstöckigen Erkern nach Süden zum Garten aus. Bis auf diese sind alle Fassaden asymmetrisch aufgebaut.
Bemerkenswert sind die bei historistischen Villen typischen raumteilenden Holzkonstruktionen im Inneren. Das Gebäude dient heute als Standesamt.

233
Villa Farenholtz
Jean-Burger-Straße 2
1912
Paul Mebes

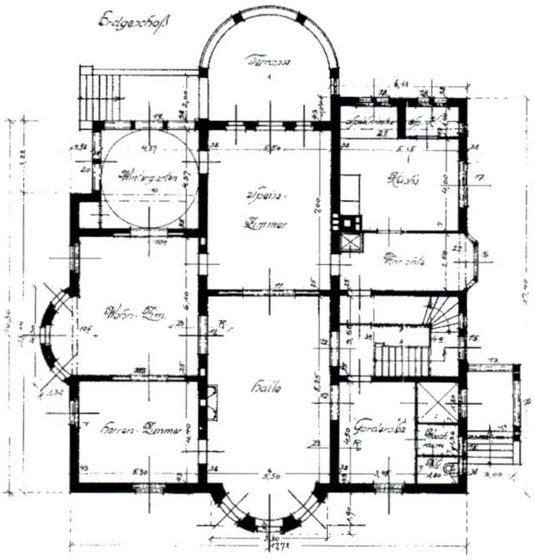

Neoklassizistische zweistöckige Villa über annähernd rechteckigem Grundriss mit Walmdach. 1912 entwarf Paul Mebes dieses Objekt als Wohnhaus für den Fabrikbesitzer Botho Farenholtz, Inhaber der Ölfabrik G. W. Farenholtz. Von den vier unterschiedlich gestalteten Fassaden hebt sich die Straßenfassade durch ihren Dekor hervor. Ihre Mitte betont ein halbrunder Risalit, hinter dem sich im Obergeschoss ein runder Frühstücksraum verbirgt. Die Gliederung der Fassadenoberfläche bestimmt eine nur flache Plastizität. Mebes verwendete Lisenen, kannelierte Pilaster, Rundbögen und Baluster, außerdem ein Dekor aus Fruchtschalen, Frucht- und Blütenkränzen. Als Kranzgesims wählte er einen Zahnschnittfries. Der Eingang liegt in der Nordseite, ihm ist ein Portikus vorgestellt. Auf der Südseite tritt ein halbrunder Balkonerker aus der Fassade hervor.
Der in Magdeburg geborene Architekt Paul Mebes gehört zu den Vertretern der gemäßigten Moderne mit Haupttätigkeitsfeld in Berlin. Sein Schaffen bestimmte vor allem der Wohnungsbau mit dem Schwerpunkt Wohnanlagen und Siedlungen, deren innovative Bautechnik die jungen Architekten des Neuen Bauens anregte.
In unmittelbarer Nachbarschaft steht die denkmalpflegerisch vorbildlich restaurierte neubarocke Bankiersvilla Lennéstraße 11 aus dem Jahr 1902.

234
Telekom-Verwaltungsgebäude
Leipziger Straße 58
1997
Bahlo, Köhnke, Stosberg & Partner

Auf der Ostseite der Leipziger Straße, zwischen Lenné- und Erich-Weinert-Straße wurde auf einer ehemaligen 8094 m² großen Kleingartenfläche das 6-geschossige Verwaltungsgebäude, mit 18738 m² Büroflächen für 800 Arbeitskräfte in Stahlbetonbauweise, mit hellen keramischen Verblendern (VMZ-Schale) und dunklen Stahl-Glas-Fassaden, errichtet. In 2 Tiefgeschossen werden 230 Pkw-Stellplätze angeboten. Die Gebäudehöhe orientiert sich an den Traufhöhen der gegenüberliegenden Häuser. Das sechsgeschossige Gebäude, mit einer Bruttogeschossfläche von 26 675 m², folgt dem Straßenverlauf und bildet mit der Bebauung Klewitzstraße eine neue Blockstruktur. Die enorme Länge des Gebäudes wird durch einen kräftigen Rücksprung des Haupteinganges, sowie durch eine vertikale Betonung der beiden ersten Geschosse und der anderen Treppenhäuser gegliedert. Durch eine erkerförmige Eckausbildung an der Leipziger-/Erich-Weinert-Straße und ein zurückgesetztes Dachgeschoss werden weitere Akzente gesetzt. Das Objekt wurde mit einem Architekturpreis 1998 ausgezeichnet.

235
Rayonhaus
Leipziger Straße 9
1887
Carl Ganzlin

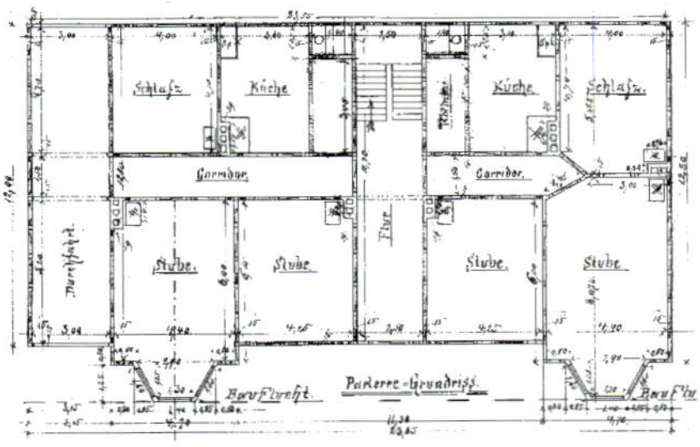

Das unmittelbar vor der Festung Magdeburg gelegene Gelände teilte sich in drei Rayons, für die bis 1891 eingeschränkte Bauvorschriften galten. Im II. Rayon gelegene Häuser durften nur in Fachwerk mit Ziegelausfachung errichtet werden. Entlang der Leipziger Straße sind besonders viele dieser sog. Rayonhäuser erhalten geblieben. Das Mehrfamilienwohnhaus Leipziger Straße 9 entstand vermutlich für die Mitarbeiter der ehemals dahinter liegenden Geldschrankfabrik A. Purcel, wobei Zimmermeister Carl Ganzlin die Pläne zeichnete und das Projekt ausführte. Die einzelnen Stockwerke sind als Zweispänner konzipiert. Aus der dreistöckigen, achtachsigen Fassade treten zwei flache Risalite hervor, denen je ein dreistöckiger Erker vorgelagert ist. Die Erker werden auf Höhe des Daches von den niedrigen Dreiecksgiebeln der Risalite hinterfangen. Bemerkenswert erscheinen die beschlagwerkähnlichen Dekupierarbeiten um die Fenster und die Vielzahl der geschwungenen und facettierten Streben.
In unmittelbarer Nachbarschaft des Mietshauses stehen die beiden Rayonvillen Leipziger Straße 7 und 8.

236
Gemeindehaus St. Michael
Helmholtzstraße 4
1929
Ernst Hermann Scheibe

Der Entwurf des Gemeindehauses ist aus einem Wettbewerb hervorgegangen, zu dem nur evangelische Architekten zugelassen waren. Ursprünglich war von der St.-Ambrosius-Gemeinde der Neubau eines Gemeindezentrums und einer Kirche vorgesehen, um ihren Gemeindegliedern aus dieser Region den langen Weg zur St.-Ambrosius-Kirche zu ersparen. Die Rezession der frühen dreißiger Jahre verhindert jedoch die Ausführung des Gesamtprojektes. Der Kirchenbau wurde nicht mehr ausgeführt, deshalb wird der Gemeindesaal als Gottesdienstraum genutzt.
Das Gemeindehaus besteht aus zwei Baukörpern, die nicht nur in der Geschossigkeit, sondern auch in der Gliederung der Fassadengestaltung voneinander abweichen. Der viergeschossige Baukörper ist konsequent vertikal gegliedert, der flache ein- bzw. zweigeschossige Baukörperhingegen erfährt durch die Anordnung der Fenster eine deutliche horizontale Ausrichtung.
Der Entwurf von E. H. Scheibe sah den Kirchenbau im Anschluss an den Gemeindesaal vor. Das flach gedeckte Kirchenschiff sollte die Höhe des vorhandenen viergeschossigen Gebäudeteils erhalten und war ebenso wie dieser und wie die geplanten, gestaffelten Kirchtürme, in der Fassade vertikal gegliedert.
1953 wurde die St. Michael-Gemeinde selbständig. 1955 wurde D. J. Jähnicke als Bischof der Kirchenprovinz Sachsen im Gemeindehaus St. Michael in sein Amt eingeführt, da im Dom die Kriegsschäden noch nicht behoben waren.
Das Gemeindehaus St. Michael mit einer klaren Architektur des Neuen Bauens der zwanziger Jahre ist der einzige, leider Fragment gebliebene, sakrale Neubau seiner Zeit in Magdeburg.

237
Fabrikantenvilla
Helmholtzstraße 8
1889/90
Johann August Duvigneau, Albert Favreau
(Magdeburger Bau- und Creditbank)

Für den aus England stammenden Industriellen und Maschinenfabrikanten Garrett Smith errichtete Villa, auf seinem ebenfalls 1889 erworbenen Firmengrundstück, vormals Sudenburger Brückenbauanstalt. Die Lage der Villa im II. Festungsrayon bedingte die Fachwerkbauweise. Das Gebäude ist zweistöckig errichtet, wobei im Erdgeschoss die Gefache mit Ziegeln verblendet sind, während das Mauerwerk zwischen den Holzbalken im Obergeschoss verputzt ist. Die Art der Holzbaugestaltung greift auf englische Landhäuser im am spätgotischen Tudorstil orientierten Old-English-Style zurück. Typisch hierfür sind ein massives Erdgeschoss – hier wegen der Baubestimmungen mit Fachwerk kombiniert – steile, verschachtelte Satteldächer, der Verzicht auf aufgesetzte Ornamentik, breite, mehrteilige Fenster und das englische Fachwerk mit fischgrätartigen, eng stehenden Streben, hier im Giebelbereich. Das Gebäude besticht durch seine malerische Wirkung und die ineinander verschachtelten und verwinkelten Bauglieder.

238
Zentrum für Kinderheilkunde der Otto-von-Guericke-Universität
Emanuel-Larisch-Weg 17–19
1930

Der im typischen Stil des Neuen Bauens der zwanziger Jahre erbaute Gebäudeabschnitt wurde 1930 als Wohn- und Wirtschaftsgebäude der Wachturm- Bibel- und Traktatgesellschaft errichtet. An den dreigeschossigen, winkelförmigen Haupttrakt schließt zur Hofseite ein überhöhter, eingeschossiger, ehemaliger Speisesaal an. Die geputzten Fassaden des Hauptgebäudes sind horizontal gegliedert und werden durch einen Sockel und ein schmales Dachgesims aus Klinkersteinen gefasst. Die mit einem schmalen Klinkerband umkleideten Eckfenster prägen die Gestaltung. Im Dachgeschoss angeordnete kleine Fenster nehmen Bezug auf die Geschossfenster, der Bereich über den Eckfenstern bleibt fensterlos. An der Rückfassade bilden schmale Fensterbänder, deren Mauerpfeiler verklinkert sind, die horizontale Gliederung. Beim ehemaligen Speisesaal werden Sockel, Dachgesims und Fensterpfeiler aus Sichtmauerwerk beibehalten, doch hier sind die Hauptfassaden durch hohe schmale Fenster vertikal gegliedert.
Nach 1945 wurde der Komplex als Hotel für durchreisende russische Offiziere genutzt, und 1951 wurde er zur Städtischen Kinderklinik umgebaut. Von 1963–1967 erfolgten die Anbauten des Hörsaals und des eingeschossigen Traktes an der Wiener Straße. Der polychrome Anbau am Emanuel-Larisch-Weg entstand 2000.

239
Wohnsiedlung Staßfurter Straße
Staßfurter Straße
1906/07
Peter Schneider

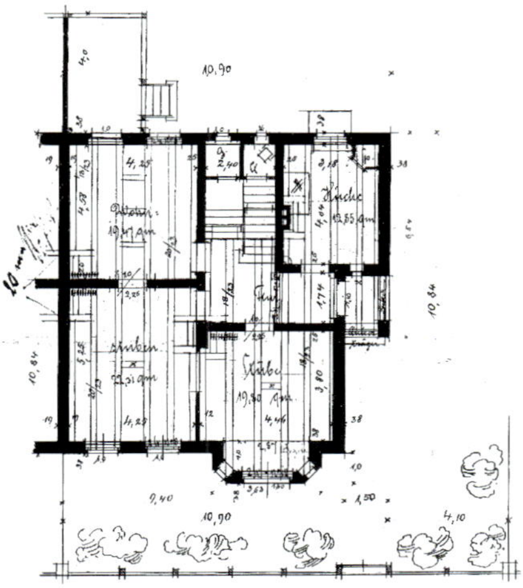

Nach den Prinzipien der Gartenstadtbewegung gestaltete, bislang unbeachtet gebliebene Wohnsiedlung mit kleinen Einfamiliendoppelhäusern, noch vor Gründung einer Magdeburger Ortsgruppe der deutschen Gartenstadtgesellschaft (1908) errichtet. Die kleinen Wohnhäuser entwarf der Architekt Peter Schneider für den Beamten-Bau-Verein zu Magdeburg. Zwar sind inzwischen einige der Gebäude bis zur Unkenntlichkeit verbaut, so hat sich doch ein Teil originalgetreu erhalten. Tiefgezogene, große Dachflächen, Fachwerk und eine Kombination aus Ziegeln und verputzten Flächen bestimmen das malerische Äußere der ländlich wirkenden Doppelhäuser. Sie sind einstöckig mit ausgebautem Dachgeschoss, Spitzboden, kleinen Erkern, Dreiecksgiebeln und Risaliten über einer Grundfläche von 2 x 115 m² angelegt. Zu den einzelnen Haushälften gehörten eine Veranda und ein kleines Stallgebäude im Garten.

240
Leichenhalle auf dem jüdischen Friedhof
Fermersleber Weg 40–46
1864

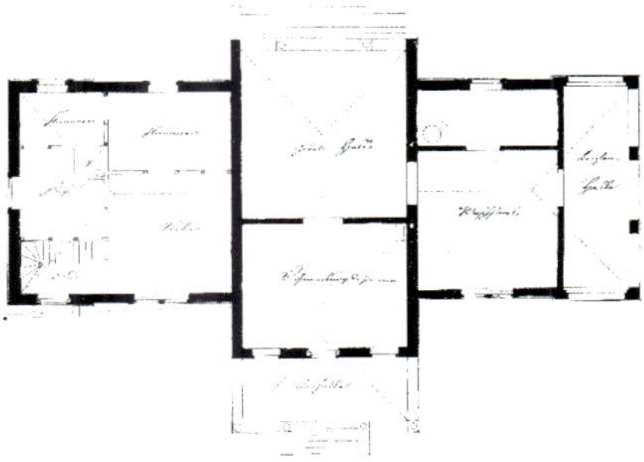

Seit 1816 nutzte die Magdeburger jüdische Gemeinde, ermöglicht durch ihre wieder erworbene Religionsfreiheit, einen neuen Friedhof am Fermersleber Weg. Hier entstand 1864 am Eingang über länglich kreuzförmigem Grundriss eine einstöckige Leichenhalle mit Wärterwohnung im westlichen Seitenflügel. An dem in horizontalen Lagen aus gelben und roten Klinkern gehaltenen Historismusbau treten vor allem die Vorhallen mit den aus der maurischen Architektur entlehnten, leicht hufeisenförmigen Spitzbögen und die gusseisernen Säulen und eisernen Tore in den Vordergrund. Vermutlich schien der jüdischen Gemeinde die orientalische Formensprache angemessener als die stark mit dem christlichen Glauben verwurzelten anderen stilistischen Strömungen des Historismus. (Zweistöckiger Ausbau der Wärterwohnung 1900)

241
Kapelle auf dem Südfriedhof
Leipziger Straße 47
1874–1876
Stadtbaurat Aurel Sturmhöfel

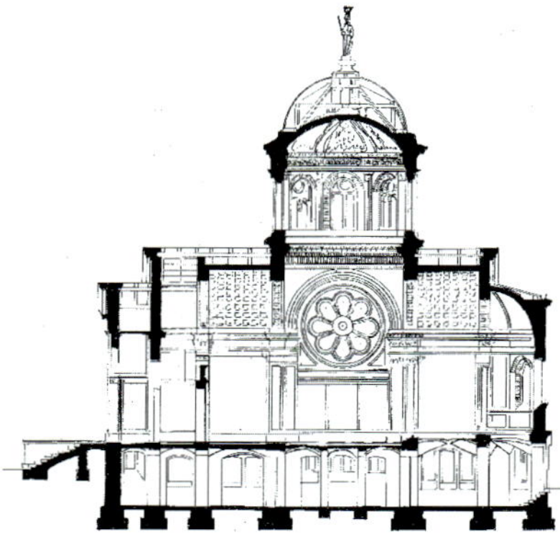

Kreuzförmiger, symmetrischer Zentralbau aus gelbem Ziegelstein mit achteckigem Tambour und Welscher Haube über der kleinen Kuppel. Die Kreuzarme sind mit kassettierten Tonnengewölben versehen. Der östliche Kreuzarm mit Apsis (5/8tel Polygon) wird als Altarraum genutzt. In die Apsiswand sind drei Bogenfenster mit fünfteiliger Innengliederung eingelassen, sie entsprechen den Fenstern im Tambour. Vor dem westlichen Kreuzarm befindet sich ein kleiner Vorraum, davor stehen zwei steinerne Bänke mit Sphingen an den Wangen. Achtteilige Fensterrosen mit eingestellten Säulchen schmücken die nördliche und die südliche Stirnseite. Der Neorenaissancebau zeigt eine Vielzahl der für die 70er Jahre des 19. Jahrhunderts typischen antikisierenden Schmuckformen wie Akroterien über den Gebäudekanten, Rosetten, Eierstab, Mäander-, Herzblatt- und Lotos-Palmetten-Friese, hier überwiegend in Terrakotta gefertigt. Schmuckreiche Innenausstattung, darunter Medaillons in den Zwickelfeldern unterhalb des Tambours. Diese zeigen in qualitätvoller Malerei die vier Evangelisten mit ihren Symbolen.
An der Nordseite ein moderner, den Gesamteindruck störender Anbau.
Den seit 1872 bestehenden Friedhof gestaltete der städtische Gartendirektor Paul Niemeyer. Neben dem alten Baumbestand sind zahlreiche Grabstätten alter Magdeburger Persönlichkeiten erhalten.

242
SKET, ehem. Krupp-Grusonwerk
Marienstraße 20
Christian Andreas Schmidt, Friedrich Hanke, Robert Meißner und Adolf Liborius

Das ehemalige Grusonwerk (SKET) ist eine der Großfabriken gewesen, die das städtebauliche Bild Magdeburgs durch zunehmendes Anwachsen zu einer Fabrikstadt wesentlich beeinflussten. Es entwickelte sich seit der Gründung 1855 zum größten und traditionsreichsten Industriebereich der Stadt. Seine noch erhaltenen Industrieanlagen gehören zu den wesentlichen, wenn nicht sogar wichtigsten Zeugnissen der historischen Magdeburger Industriearchitektur.
1867/69 begann Gruson mit dem Bau seiner neuen Fabrik, welche ausgehend von der Marienstraße, fortlaufend nach Süden bis zur Salbker Straße expandierte. An der Marienstraße reihen sich die Gebäude zu einer geschlossenen Straßenfront nebeneinander. Hierzu gehören, beginnend an der Kreuzung zur Freien Straße, die zweistöckige Konsumanstalt, 1899 von Meißner und Liborius, der ebenfalls 1899 vom werkseigenen Baumeister Friedrich Hanke geplante Arbeiterspeisesaal, die 1896 von Hanke errichtete zweistöckige, sechsachsige Montagehalle IV, als erstes Gebäude nach Übernahme des Unternehmens durch Friedrich Alfred Krupp, der Ölmaschinenbau und spätere Hobelsaal, ältestes erhaltenes Gebäude der Fabrik aus den Jahren 1869/70 von Christian Andreas Schmidt, Reste der Montagehalle I aus dem Jahr 1872 (links neben der Einfahrt) sowie der 1890 in Betrieb genommene große Verwaltungskomplex von Robert Meißner und Friedrich Hanke, mit Erweiterungen aus den Jahren 1910, 1923 und 1930. Im südlichen Bereich der Freien Straße liegen außerdem der Zerkleinerungsmaschinenbau aus den Jahren 1906 bis 1917 sowie die Versuchsanstalt von 1913. An der Dodendorfer

Straße befindet sich die gesondert behandelte ehemalige Panzergießerei. Im Zentrum des Werksgeländes steht der 1921/22 mit einer seinerzeit ungewöhnlichen Höhe von 108 m errichtete Schornstein „Langer Heinrich". Der

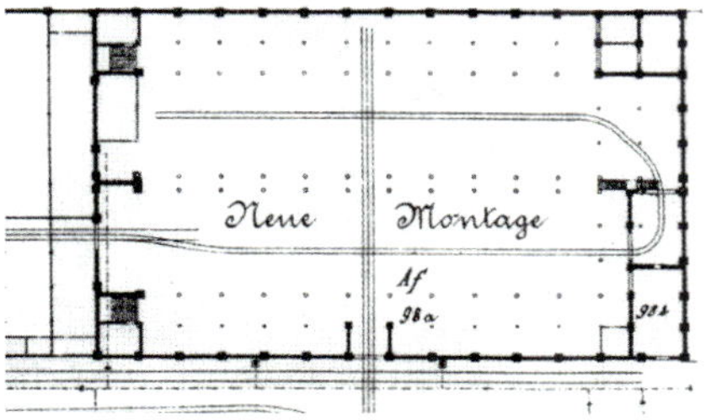

Schornsteinriese galt seit jeher als Wahrzeichen des Friedr.-Krupp-Grusonwerkes und als Landmarke der Stadt Magdeburg.
Eigentliches Kleinod der Anlage ist jedoch die parallel zur Freien Straße liegende Montagehalle III. Anfang des 19. Jahrhunderts galten als Neuerung für Industriebauten gusseiserne Stützen und Träger, mit deren Hilfe man die Feuergefahr in den Fabriken wesentlich einschränken und gleichzeitig möglichst große Hallen mit ungestörten, weit überspannten Geschossflächen bauen konnte. Die 1889 nach Plänen von Hanke errichtete Montagehalle III ist ein sehr viel späteres Beispiel, bei welchem Konstruktion und Ausführung perfektioniert sind. Ihre Ausmaße betragen ca. 85 m x 51 m, die Grundfläche 4315 m². Die Halle birgt zwei Schiffe von je 14,8 m Breite, außerdem Seitenschiffe, zwei dreistöckige Galerien und Nebenräume. 40 in einem Stück gegossene, 9,76 m hohe Stützen mit einem Durchmesser von 50 cm tragen im Inneren die Kranbahnen, die Galerien und das große, durchgehende, hölzerne Sheddach. Sie sind durch gusseiserne Andreaskreuze miteinander versteift. Die dreigeschossige, rote Außenfassade in Backsteinbauweise ist an der östlichen Längsseite in 14 Achsen gegliedert und durch Wandpfeiler, welche über die Fassade hinausragen, vertikal rhythmisiert. Dagegen setzen die langen Fensterbänder einen horizontalen Akzent. Über alle drei Etagen sind den Drillings- und Zwillingsfenstern sehr schmale gusseiserne Säulen eingestellt, auf welchen, vergleichbar mit der Panzergießerei, die segmentbogenförmigen Fensterstürze aufliegen. Die Fensterflächen sind in viele kleinteilige, meist stehende Rechtecke unterteilt. Ein reichhaltiges Schmuckwerk aus Konsolenfriesen, Deutschem Band und Zahnschnitt überzieht die Fassade. Dieses wird jedoch, wie auch das Kranzgesims, von den Wandpfeilern unterbrochen. Die Halle gilt mit ihrer Höhe und der gusseisernen Tragkonstruktion als einzigartig in Europa. Sie wird zu Recht als wichtigstes Dokument der Magdeburger Industriearchitektur bezeichnet.
Bemerkenswert ist weiterhin das 1912 errichtete vierstöckige Modellhaus K an der Salbker Straße, von dem seinerzeit auf dem Gebiet des Stahlbetonbaus innovativen Berliner Unternehmen Wayss und Freytag, das von Joseph Monier Patente erworben hatte, errichtet.

243
Technikmuseum, ehem. Panzergießerei

Dodendorfer Straße 65
1871–1888
Christian Andreas Schmidt, Friedrich Hanke

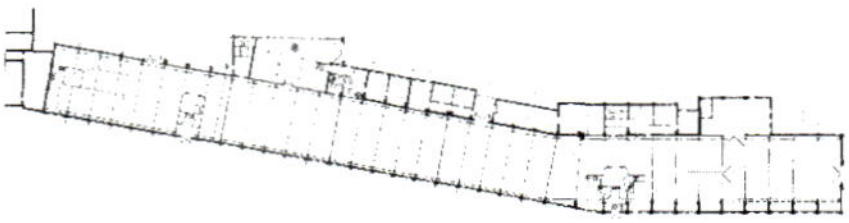

Nach Kriegsbeschädigung von 39 auf 35 Achsen gekürzter langgestreckter roter Hallenbau in Backsteinbauweise an der Nordwestecke des einstigen Friedr.-Krupp-Grusonwerks. Schon zur Bauzeit konnten in dieser Halle 120 Tonnen schwere Gussstücke gegossen und mit dampfhydraulischen Kränen mit bis zu 150 Tonnen Tragkraft über Parallelgleise bewegt werden.
Die 35 Hauptachsen der zweigeschossigen Straßenfassade überwiegend mit Drillingsfenstern im Obergeschoss. Eine Vertikalgliederung wird durch Wandpfeiler erzeugt, welche über die Fassade hinausragen und auch das Kranzgesims durchbrechen. Über dem überwiegend in Haustein gefertigten Sockel erhebt sich das Erdgeschoss mit seinen schlichten, stehenden Rechteckfenstern, deren Einbau erst 1916 erfolgte. Zuvor war dieser untere Teil der Wand nicht durchlichtet, sondern mit einfachen Wandspiegeln versehen. Im Obergeschoss werden die dreiteiligen, segmentbogenförmigen Fensterstürze von zwei eingestellten, schmalen, gusseisernen Säulen gestützt. Zwischen den beiden Geschossen und auf Höhe des Kranzgesimses ist der Fassade jeweils ein Backsteinfries vorgeblendet, davon der untere als eine Art Spitzbogenfries mit übergeordnetem Deutschen Band und der obere als gestufter Konsolenfries. In der Halle tragen schmiedeeiserne Binder ein hölzernes Sheddach. Als Denkmal ist die ehemalige Panzergießerei einzigartig. Seit einigen Jahren dient sie dem Technikmuseum als Ausstellungshalle. Beachtlich ist die original erhaltene Brückenkrananlage.

244
Universitätsklinikum der Otto-von-Guericke-Universität, ehem. Krankenhaus Sudenburg, Chirurgische Klinik

Leipziger Straße 44
1926
Johannes Göderitz

Als Erweiterung des 1891 als Sudenburger Krankenhaus gegründeten Klinikums wurde 1926 die Chirurgische Klinik nach Plänen des Architekten Johannes Göderitz errichtet. Um eine flexible Grundrissgestaltung zu ermöglichen, wurde eine Stahlbetonskelettkonstruktion gewählt, in der die Zwischenwände an jede gewünschte Stelle gesetzt werden konnten. Der durch einen Mitteltrakt betonte Fassadenaufbau ist symmetrisch gegliedert ,und wieder wählte Göderitz, wie bei vielen seiner bekannten Bauten, roten Ziegelstein mit weißer Verfugung für die Fassadenbekleidung. Plastisch vorstehende Betonbänder als obere und untere Einfassung der Fenstergruppen und durchlaufende Balkone heben die horizontale Gliederung der Südfront hervor.
Spätere Um- und Anbauten veränderten zwar die Gestaltung, da jedoch der Gesamteindruck weitgehend erhalten geblieben ist, wurde das Gebäude als hervorragendes Beispiel des Neuen Bauens der zwanziger Jahre in das Denkmalverzeichnis der Landeshauptstadt Magdeburg aufgenommen.

245
Wohnkomplex Schilfbreite

Schilfbreite
um1953, Erweiterung 1968–1977
Städtebaulicher Entwurf: Horst Heinemann, Christel Ungewitter, Friedrich Jakobs und Günter Schöne (Landschaftsarchitekt)
Hochbauentwurf: Manfred Radisch

Nördlich der historischen Gartenstadt Hopfengarten und östlich der kleinen Wohnanlage aus den 30er Jahren für die Beschäftigten der Gruson-Werke an der Hopfenbreite wird um 1953 im Auftrag einer Magdeburger Wohnungsbaugenossenschaft beidseits der Schilfbreite eine relativ umfängliche Wohnsiedlung angelegt.
Es ist zu vermuten, dass für dieses Baugebiet deshalb ebenfalls Planungsunterlagen aus den späten 30er Jahren existieren, die von der damaligen Vereinigten Bauverwaltung der Stadt Magdeburg angefertigt worden waren. Die Baustruktur und die Gestaltung der Straßen- und Grünräume nimmt sowohl auf die beiden Hauptstraßen durch Eckgebäude an der Leipziger Chaussee und am Klostergraben Bezug und integriert am Ostrand einen Gartenhof, wie er in den städtebaulichen Grundmustern der beiden Gartenstädte Reform und Hopfengarten zu finden ist. Die dreigeschossigen Gebäude mit einer schlichten, traditionellen Fassadengestaltung sind vermutlich ebenfalls in der verbliebenen Bauabteilung der Eigentümerin entworfen worden.
1968–1977 wird an diese bereits bestehende Wohnsiedlung ein neues Wohngebiet mit 3 200 WE angelagert. Es gehört zu den ersten großen Komplexen im Süden der Stadt. Für die Wohnbauten werden folgende Typen verwendet: die 6geschossige „P2", 10-geschossige „M 10" sowie 16-geschosssige Wohnhochhäuser „PH 16". Das Gebiet bezieht sich in seiner Gestaltung auf die Leipziger Chaussee, die von vielgeschossigen Wohnhausscheiben mit untergeschobenen Ladenzonen flankiert wird. Zwischen Salbker Chaussee und Schilfbreite ist das von drei Hochhäusern markierte Komplexzentrum angeordnet.

Reform/Hopfengarten

Der Stadtteil Reform wird begrenzt und zugleich erschlossen durch die Brenneckestraße im Norden, die Leipziger Straße/-Chaussee im Osten und die Salbker Chaussee im Süden. Im Westen wird er durch den Magdeburger Ring tangiert. Baugeschichtlich sind mehrere Entstehungszeiträume zu vermerken: Mit der Gartenstadt–Kolonie Reform (Verlorener Grundstein) beginnt 1912 die erste Phase der Bebauung, zugleich eine erfolgreiche Entwicklung des genossenschaftlichen Kleinsiedlungswesens in Magdeburg. Die Siedlung entwickelt sich in südlicher Richtung und findet mit der sogenannten Planetensiedlung zunächst ihren baulichen Abschluss. Parallel zur Leipziger Straße, zwischen Brenneckestraße und Fort 2 (einer ehemaligen Festungsanlage) entsteht in den Jahren 1910/12 die Siedlung der Krupp-Gruson-Beamten. Ein neuer Wohnkomplex, mit 5 000 Wohnungen in industrieller Bauweise, entsteht auf der ehemaligen Flur Hundertmorgenbreite (1972–1975). Nach 1990 findet mit der Errichtung des „Bördepark" an der Salbker Chaussee und der baulichen Arrondierung der Planetensiedlung die territoriale Ausdehnung ihr Ende.
Östlich der Leipziger Chaussee entwickelt sich in den Jahren 1910–1940 die Gartenstadt Hopfengarten. Der Stadtteil umfasst ein Areal von der Schilfbreite im Norden, bis zur Ottersleber Chaussee im Süden. Die östliche Begrenzung bildet die Bahntrasse Magdeburg–Halberstadt. Zwischen der Schilfbreite und der Straße Am Hopfengarten liegt das ca. 20 ha umfassende SKET-Gelände. Parallel zur Ottersleber Chaussee, gegenüber dem Magdeburger Flugplatz, wurde nach 1990 ein weiteres und zu Teilen schon bebautes Gewerbegebiet ausgewiesen.
Reform: 16 573 EW (31.12.1998),
Hopfengarten: 3 826 EW (31.12.1998).

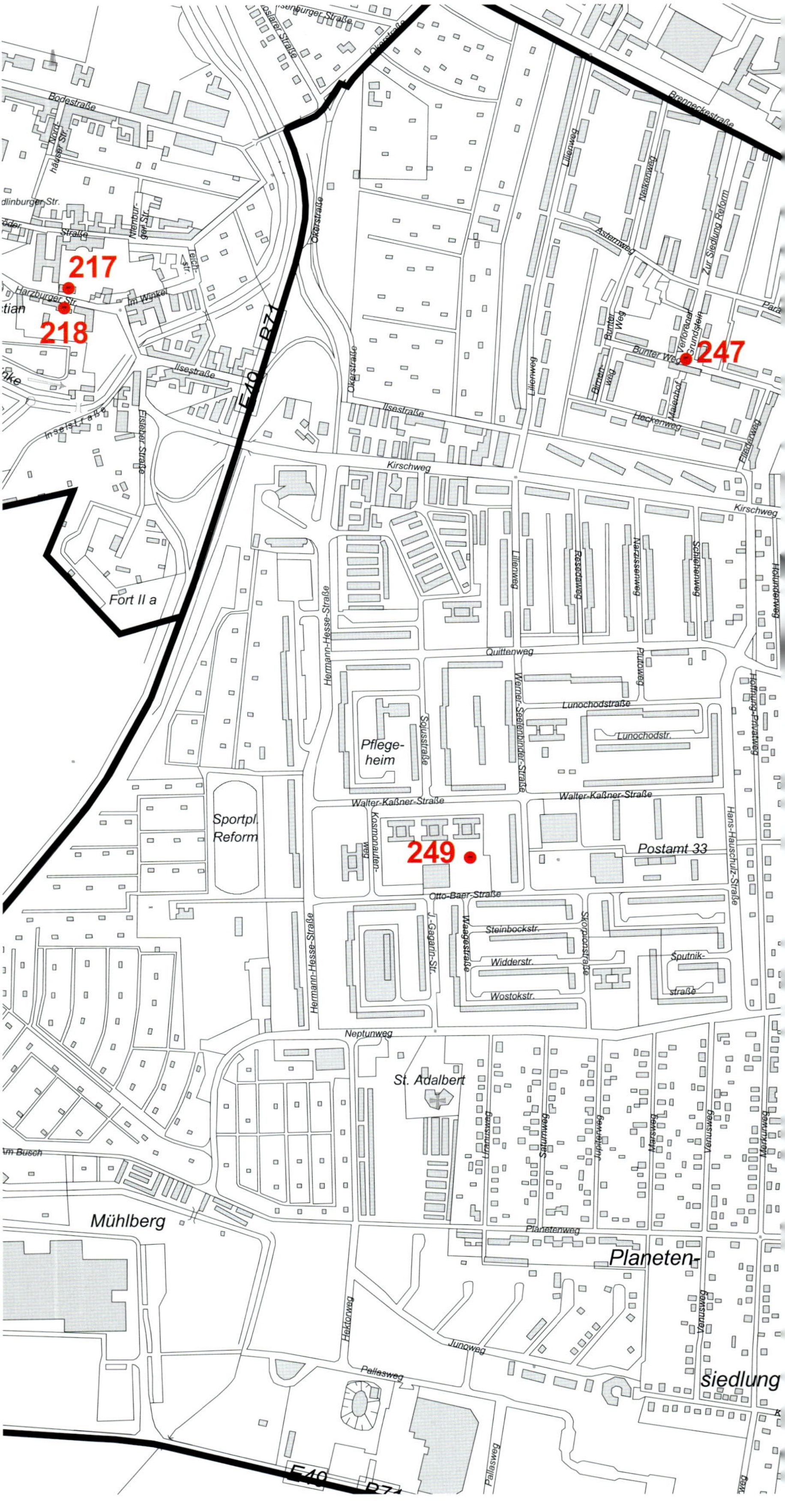
Goslarer Straße
Ilsenburger Straße
Okerstraße
Bodestraße
Nordhäuser Str.
Quedlinburger Str.
Straße
Harzburger Str.
Im Winkel
Ilsestraße
Inselstraße
Elsteber Straße
Fort II a
217
218
247
249
E49
B71
Lilienweg
Nelkenweg
Asternweg
Zur Siedlung Reform
Bunter Weg
Birkenweg
Maienhof
Heckenweg
Fliederweg
Brenneckestraße
Kirschweg
Resedaweg
Narzissenweg
Schlehenweg
Holunderweg
Quittenweg
Plutoweg
Lunochodstraße
Lunochodstr.
Hermann-Hesse-Straße
Werner-Seelenbinder-Straße
Sojusstraße
Pflege-heim
Walter-Kaßner-Straße
Hans-Hauschulz-Straße
Sportpl. Reform
Kosmonautenweg
Postamt 33
Otto-Baer-Straße
J.-Gagarin-Str.
Waagestraße
Steinbockstr.
Widderstr.
Wostokstr.
Skorpionstraße
Sputnik-straße
Neptunweg
St. Adalbert
Uranusweg
Saturnweg
Jupiterweg
Marsweg
Venusweg
Merkurweg
Am Busch
Mühlberg
Planetenweg
Planeten-siedlung
Hektorweg
Junoweg
Pallasweg

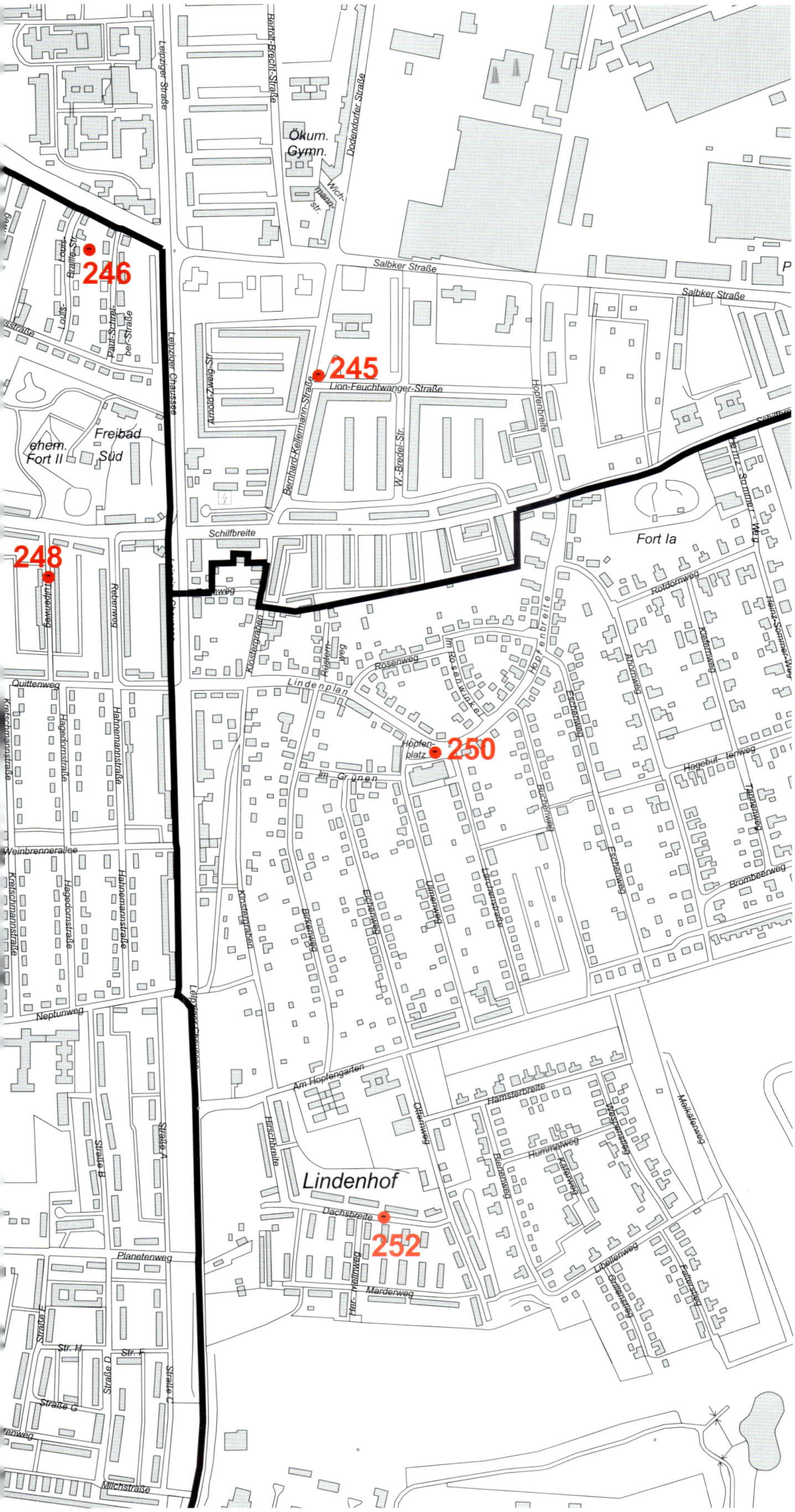
Leipziger Straße
Bertolt-Brecht-Straße
Dodendorfer Straße
Ökum. Gymn.
Wichmannstr.
Salbker Straße
Salbker Straße
246
Louis-Braille-Str.
Paul-Schreiber-Straße
Leipziger Chaussee
Arnold-Zweig-Str.
245
Lion-Feuchtwanger-Straße
Bernhard-Kellermann-Straße
W.-Bredel-Str.
Hopfenbreite
Freibad Süd
ehem. Fort II
Schilfbreite
Fort Ia
248
Rebenweg
Rotdornweg
Heinz-Sommer-Weg
Klostergraben
Rüsternweg
Rosenweg
Im Rosenwinkel
Lindenplan
Quittenweg
Kretschmannstraße
Hagedornstraße
Hahnemannstraße
Eschenweg
Ahornweg
Kiefernweg
Hopfenplatz
250
Im Grünen
Hagebuttenweg
Tannenweg
Buchenweg
Weinbrenneralle
Eschenweg
Brombeerweg
Klostergraben
Birkenweg
Eichenweg
Ulmenweg
Lärchenstraße
Neptunweg
Am Hopfengarten
Hamsterbreite
Hirschbreite
Otternweg
Maikäferweg
Straße A
Straße B
Bienenweg
Hummelweg
Wespenstieg
Lindenhof
Dachsbreite
252
Planetenweg
Hermelinweg
Marderweg
Libellenweg
Grillenstieg
Falterstieg
Straße E
Str. H
Str. F
Straße D
Straße C
Straße G
Milchstraße

246
Wohnsiedlung, ehem. für Beamte des Krupp-Gruson-Werkes

Louis-Braille-Straße, Paracelsusstraße, Paul-Schreiber-Straße
1910/11, 1921/22
Architekturbüro Sack und Co., 2. Phase Dr. Dobert

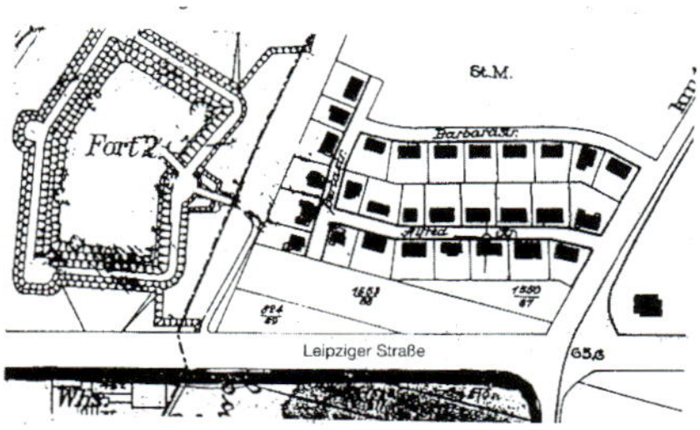

Unter dem Einfluss der Gartenstadtbewegung stehender, gehobener Typus einer Werkswohnsiedlung mit einstöckigen Doppelhäusern, für die auf Lebenszeit angestellten Werksbeamten des Krupp-Gruson-Werkes. 1909 gründete sich zum Bau von Einzelwohnhäusern mit Gärten der „Bauverein der Grusonwerk-Beamten eGmbH", den das Unternehmen mit einem zinsgünstigen Darlehen unterstützte. Anders als in Essen, wo das Kruppwerk richtungsweisend im Werkswohnungsbau tätig war, finanzierte das Magdeburger Werk die Gründung einer Genossenschaft mit, trat jedoch selbst nicht als Bauherr auf. Arbeits- und Mietvertrag blieben hingegen gekoppelt.
Die Wohnsiedlung ordnet sich entlang der U-förmig geführten Straßenzüge in unmittelbarer Nähe zum ehemaligen Fort II. Sowohl Architektur als auch Wohnungsausstattung haben mit der benachbarten Arbeitersiedlung Reform nichts gemein. Ein Grund, weshalb sie in Magdeburg auch unter dem Spitznamen Protzenheim bekannt war. Trotz der einheitlichen Planung legten die Architekten bei den Doppelhäusern Wert auf Individualität. Kein Haus gleicht dem anderen. Übergeordnete Gestaltungsprinzipien sind entweder ein mittlerer Risalit, meistens von einem großen Giebel überfangen, oder zwei seitliche Eckrisalite nebst breitem Dacherker. Die Architektur entspricht dem Geist der Zeit und dem Streben nach einem malerischen Äußeren. Hierfür stehen große, nach Art einer Mansarde über das fast vollwertige Obergeschoss heruntergezogene Dachflächen, Fachwerkdetails, Wintergärten, Loggien und Holzbalkone. Die Eingänge liegen seitlich oder hinten. 2. Bauphase 1921/22.

247
Gartenstadt – Kolonie Reform

Bunter Weg, Lilienweg, u.a.
1911/12, 1913–1930
A. Glimm, Bruno Taut

Mit dem Ziel, preiswerte Wohnungen mit einem Garten zur eigenen Bewirtschaftung zu schaffen und unterstützt durch die Ideen der Gartenstadtbewegung, gründeten 19 Arbeiter des Krupp-Gruson-Werkes die Genossenschaft Gartenstadt – Kolonie Reform, die am 4.1.1909 in das Genossenschaftsregister eingetragen wurde. Im Herbst 1911, nachdem ein geeignetes Baugelände gefunden worden war, konnte nach Plänen des Magdeburger Architekten A. Glimm mit dem Bau der ersten vier Häuser am Verlorenen Grundstein begonnen werden.
Ab 1913 übernahm Bruno Taut die Planung der Siedlung und schuf eine Anlage von hohem funktionalem und ästhetischem Wert. In dem Siedlungskomplex, in dem im Laufe seiner Bebauung eine homogene städtebauliche Struktur herausgearbeitet wurde, treten vier differenzierte Gestaltungsabschnitte hervor. Allen Bereichen gemeinsam ist die zweigeschossige Bebauung, die Reihung von Wohneinheiten, die große Funktionalität der Grundrissgestaltung, die Angliederung eines Stallgebäudes und eines Nutzgartens, eine kostengünstige Bauausführung und eine ausgeprägte Farbigkeit von Objekt und Detail.
Die ersten von Taut projektierten Reihenhäuser entstanden bis 1915 am Maienhof, im östlichen Abschnitt der quer verlaufenden Straßen Heckenweg und Bunter Weg und auf der Westseite Fliederweg. Charakteristisch für diesen Bauabschnitt ist eine aufgelockerte Bauweise an kleinräumigen Straßen. Die Häuser sind flächig mit einem teilweise intensiven Farbanstrich versehen und durch farbig abgesetzte Putzbänder der Gesimse betont.

Mit dem Bau des Hauses Bunter Weg 3, in das der Architekt Carl Krayl einzog, begann nach dem 1. Weltkrieg ab 1919 eine nächste, umfangreichere Bauphase. Die Bebauung am Heckenweg und am Bunten Weg wurde vervollständigt, der Birnenweg und die Ostseite der Straße Zur Siedlung Reform wurden bebaut. Mit dieser Bebauung wurden eine deutliche Nord-Süd-Orientierung der Straßen entwickelt, die fortan zur prägenden städtebaulichen Gestaltung der Siedlung führte. Die dadurch ermöglichte Ost-West-Besonnung der Wohnungen erhöhte die Wohnqualität. Auch in dieser Bauphase tritt eine intensive Farbgebung hervor, die nun nicht nur Hausabschnitte betont, sondern auch mal einzelne Geschosse oder Giebelteile. Darüber hinaus gestalten unterschiedliche Putzarten, geometrische Muster

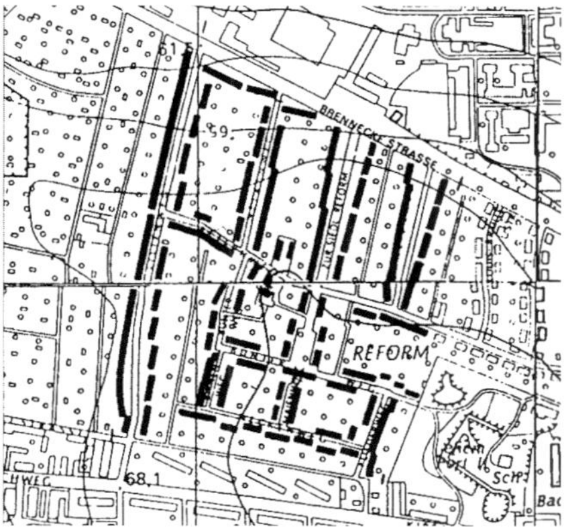

auf den Putzflächen, horizontale Klinkerbänder und vielgestaltige Spaliere die Fassaden.
Der dritte, umfangreichste, von Taut geplante Bauabschnitt wurde in nur zwei Jahren, von 1926 bis 1928, realisiert. In dieser Zeit entstanden die Bebauungen an der Ostseite Fliederweg, an der Westseite der Straße Zur Kolonie Reform (1926), am Nelkenweg (1927), an der Brenneckestraße (1927), am Dahlienweg (1927/28) und an der Paracelsusstraße (1928). Die strenge Parallelität der Straßen wurde durch Vor- und Rücksprünge von Gebäudeabschnitten, durch versetzt stehende Häuser und durch Baufluchten, die von den Straßenfluchten abweichen, aufgehoben und individuelle Straßenräume geschaffen. Dennoch liegt jeder Straße die gleiche Ordnung zugrunde. Eine Straßenseite ist mit geschlossenen Hauszeilen bebaut, die andere Seite mit einzeln stehenden Baublöcken. Die Fassaden waren klar gestaltet, die Farbgebung war großflächig, teilweise plakativ durch starke Differenzierung und rhythmische Reihung der Farben.
In der letzten Bauphase von 1928 bis 1930 entstanden die Wohnungen am Lilienweg und am Asternweg und dort eine Wasch- und Badeanstalt mit angegliedertem Geschäftshaus. Der Gesamtkonzeption entsprechend, wurde am Lilienweg eine Straßenseite mit langen, geschlossenen Wohnhauszeilen bebaut und auf der gegenüberliegenden Seite stehen separate Reihenhäuser. Während sonst eine Mehrfarbigkeit die Fassaden prägte, dominiert am Lilienweg eine nahezu monochrome, aber sehr intensive Farbgebung. Eine flache Dachdeckung und horizontale Fassadengliederungen setzen in diesem Bauabschnitt neue Akzente.
Die Gartenstadt – Kolonie Reform entstand unter der Prämisse, möglichst preiswerte Wohnhäuser für Arbeiter zu erstellen. Um dennoch eine ansprechende Gestaltung zu erreichen, setzte Bruno Taut die Farbe als Gestaltungselement ein. Dies prägte sich in den Fassadenanstrichen und ganz besonders im Anstrich der Haustüren aus. Für die Ausbildung der Türen lagen nur einige Typenentwürfe zugrunde, doch die farbliche Behandlung erfolgte in sehr vielfältigen Variationen.
Im Laufe der Jahre hat die Siedlung an Authentizität verloren, doch bauhistorische Untersu-

Heute noch verwendetes Emblem der GWG-Reform

chungen und Farbanalysen geben Kenntnis über den Originalzustand, und erste Renovierungen zeigen die positiven Bemühungen zur Wiederherstellung einer der ersten gartenstadtähnlichen Siedlungen in Magdeburg.
Im Zuge der Umstrukturierungen des Genossenschaftswesen in der DDR wurde 1957 die Genossenschaft Gartenstadt – Kolonie Reform umbenannt in (Gemeinnützige Wohnungsgenossenschaft) GWG Reform. 1975 erfolgte, bei Beibehaltung des Namens, eine Fusion mit der GWG Hopfengarten und der GWG Süd (ehemals Bauverein der Grusonwerk-Beamten). Dieser Zusammenschluss blieb erhalten und firmiert heute unter dem Namen Gemeinnützige Wohnungsgenossenschaft Gartenstadt–Kolonie Reform e.G.

248
Erweiterung der Kolonie Reform

Tulpenweg, Holunderweg, Resedaweg, u.a.
1932–1938
Carl Krayl, Paul Wahlmann, Maximilian Worm, J. Arnold

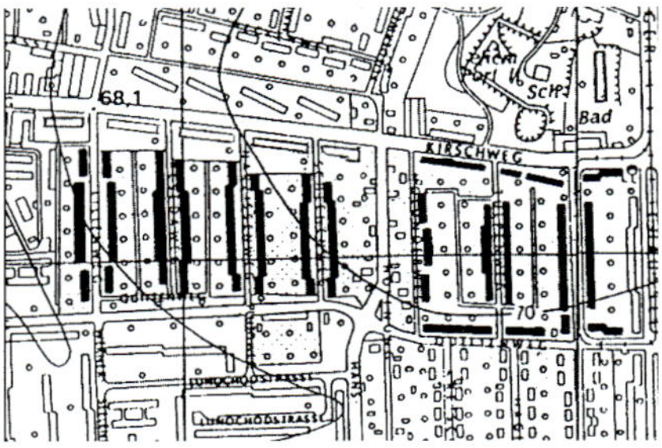

1932 beginnt die Genossenschaft Gartenstadt – Kolonie Reform mit dem Bau zur Erweiterung ihrer Siedlung (vgl. 247). Grundelement der Anlage bildet die Bebauung an den in Nord-Süd-Richtung verlaufenden Straßen.
Bei Beibehaltung des städtebaulichen Konzeptes ändert sich die Architektur der Gebäude im Laufe der Bauzeit. Die frühen Bauten am Rebenweg und der Ostseite Tulpenweg (C. Krayl, P. Wahlmann 1932) sind u.a. durch eine konsequente Horizontalgliederung noch von einem funktionalen Stil der zwanziger Jahre geprägt. Sowohl der Architekt J. Arnold (Westseite Tulpenweg 1933 und Holunderweg 1934) wie M. Worm (Lilienweg bis Schlehenweg 1936–

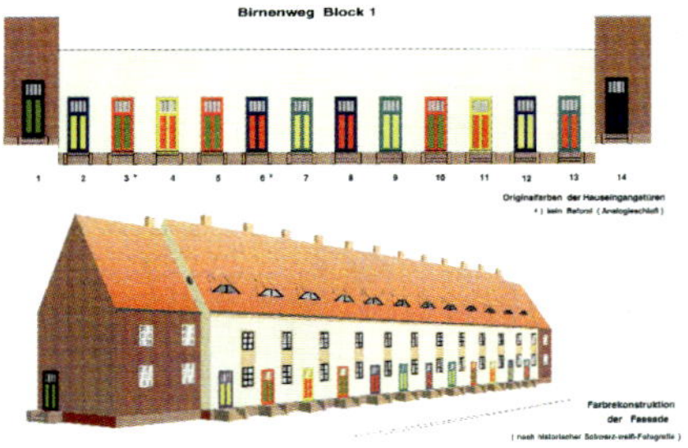

1938) übernehmen die Konzeption der Hausreihung, in der die Eingänge nebeneinander liegen. Am Holunderweg werden sie durch Vorbauten markant geprägt. Die Fassadengestaltung bezieht sich nun auf die Funktion einzelner Hausabschnitte und löst damit eine gesamtheitliche Flächengestaltung auf. Als weitere Konzession an gewandelte Architekturvorstellungen werden die Reihenhäuser am Lilienweg und Resedaweg statt mit einem flachen Pultdach mit einem Satteldach versehen und schließlich werden am Narzissenweg (1937) und am Schlehenweg (1938) Mehrfamilienwohnhauszeilen errichtet, deren Gestaltung sich lediglich an der Raumnutzung orientiert.
Etwa zeitgleich, zwischen 1935-1938, wird der südlich an die Siedlung anschließende Bereich in offener Bauweise mit eingeschossigen Doppelhäusern durch andere Genossenschaften bebaut. Diese Konzeption entspricht einer zeittypischen, nationalsozialistischen Baugesinnung.

249
Wohngebiet Reform
Komplexzentrum und Kleingartenanlage

Hermann-Hesse-Straße
1972–1975
Städtebaulicher Entwurf: K.-H. Müller, Burkhard Leu und Heinz Karl
Hochbauentwürfe: Georg Timme, Gerhard Heisig, Manfred Jakob, Heinz-Günther Adam, Gundolf Merkel
Landschaftsarchitekten: Heinrich Nachtweh, Heinz Sauerzapf, Claus-Dieter Feldmann, Dirk Schütze

Dem Entwurf für ein relativ kompaktes, den Maßgaben der zugrunde liegenden Richtwerte offenbar direkt entnommenes Planungskonzept von 1970 geht eine Bebauungskonzeption aus dem Jahre 1967 voraus, die noch den mechanischen Grundstrukturen der „Wohnkomplexe" aus den 60er Jahren folgt. In den realisierten Bebauungsplan wird das in seinen Grundzügen beibehaltene Konzept integriert, wobei offenbar viel Wert auf die Ausbildung eines sogenannten Komplexzentrums gelegt wird. Der planerische Umgriff reicht nunmehr bis an die inzwischen realisierte Tangente im Westen, die nach einem Vorbild aus Jena-Lobeda mit vielgeschossigen Wohnscheiben flankiert wird. Die Bebauung des Wohngebietes besteht aus den Typen P2 und M 10, wobei das Zentrum durch eine 10-geschossige Wohnhausgruppe städtebaulich betont wird.
Inmitten des Wohngebietes, im Einzugsradius der Wohngebäude, entsteht ein drei Schulen, zwei Sporthallen, vier KITAs, ein Ambulatorium sowie eine Kaufhalle umfassendes Komplexzentrum. Ambulatorium, Dienstleistungsgebäude, Gaststätte und Kaufhalle wurden als selbstständige Baukörper in Beziehung zueinander gebracht. Die Kaufhalle entwarfen Gundolf Merkel, Heinz-Günther Adam und Manfred Jakob. Dabei handelt es sich um eine Erstanwendung einer Kaufhallenserie verschiedener Typen in Metallleichtbauweise mit der Bezeichnung ESK 1400/1700, wie sie fortan viele Wohngebiete von Magdeburg und der Region prägen sollte. 1974 wurde die Kaufhalle übergeben.
Als individuelles Projekt für den Standort im Komplexzentrum wurde schräg gegenüber der Kaufhalle die Gaststätte „Kosmos" nach Plänen von Gerhard Heisig und Georg Timme errichtet. Projektiert als Wohngebietsgaststätte, versorgte sie auch die nahe gelegenen Schulen mit Schulspeisung. Zur Gaststätte gehört eine Milchbar mit Terrassenplätzen. Das Dach besteht aus kräftig geschwungenen Hyparschalen mit je einer Mittelstütze. Im Wohngebietszentrum Plastik „Mutter und Kind" von Ursula Schneider-Schulz.
Eine 1939–1941 nach Plänen von Heinrich Nachtweh als Dauerkleingärten angelegte Sparte „Reform" mit 300 Parzellen befindet sich in unmittelbarer Nähe zum Wohngebiet. Eine Konzeption aus dem Jahre 1976 ergänzt das bereits fertig gestellte Wohngebiet entlang der autobahnähnlichen Straße um ein ausgedehntes Kleingartengebiet mit einem ausgesprochen aufwendigen Landschaftskonzept in einem, bezogen auf die natürliche Situation, ohnehin differenzierten Bereich. Die bereits bestehende Kleingartensparte erfährt somit bis 1981 eine Erweiterung nach Entwürfen von Heinz Sauerzapf, Claus-Dieter Feldmann und Dirk Schütze. Es entstehen 365 Gärten in fünf getrennten Sparten, dazu ein Schulgarten, eine Sportanlage und öffentliche Grünanlagen.

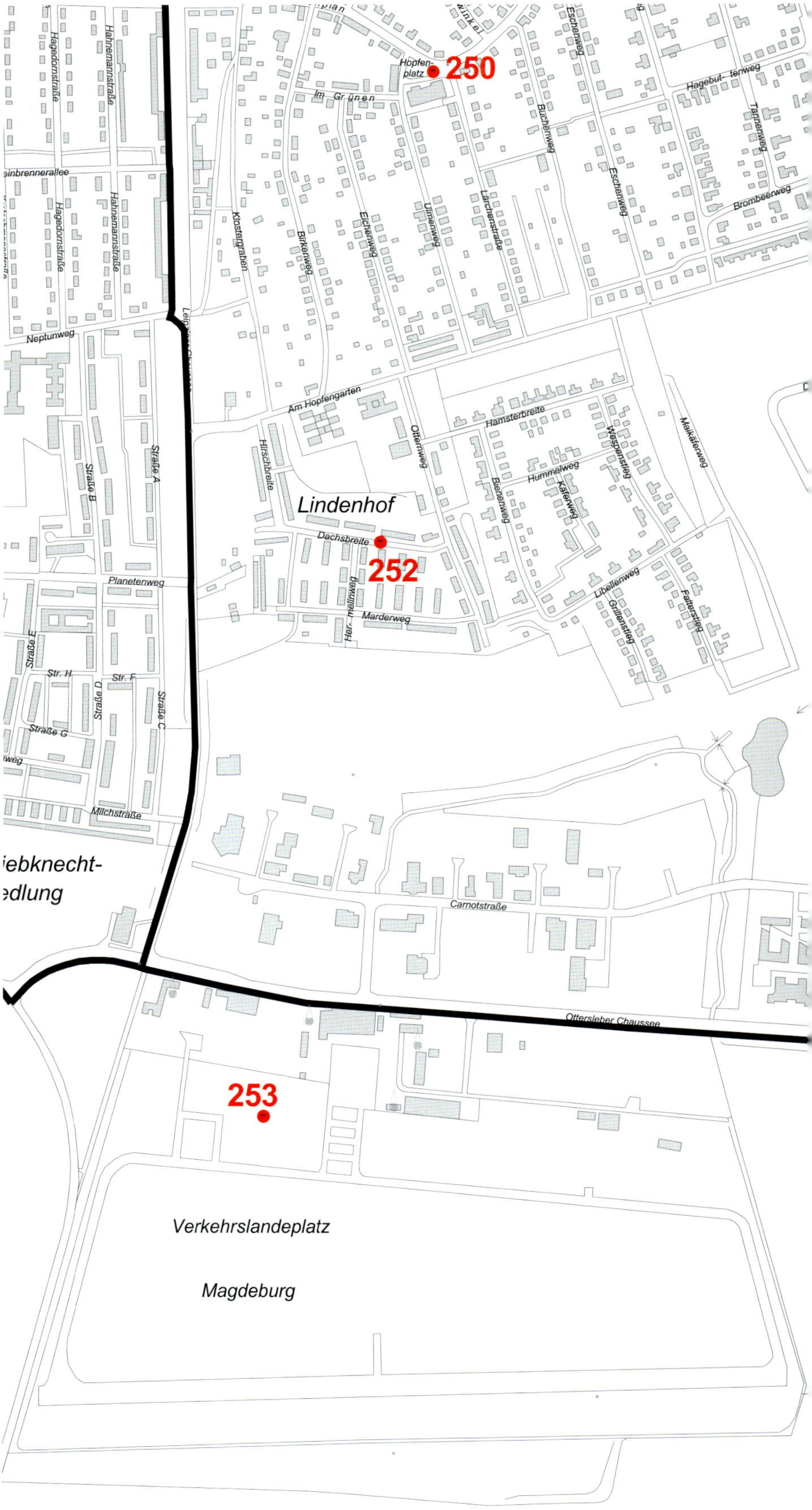
Hopfen-
platz
250
Im Grünen
Hagedornstraße
Hahnemannstraße
Eschenweg
Buchenweg
Hagebuttenweg
Tannenweg
Brombeerweg
Klostergraben
Birkenweg
Eichenweg
Ulmenweg
Lärchenstraße
Neptunweg
Am Hopfengarten
Hamsterbreite
Ottenweg
Maikäferweg
Wespenstieg
Hirschbreite
Hummelweg
Käferweg
Bienenweg
Lindenhof
Dachsbreite
252
Planetenweg
Libellenweg
Grillenstieg
Falterstieg
Hermelinweg
Marderweg
Straße A
Straße B
Straße C
Straße D
Straße E
Str. F
Straße G
Str. H
Milchstraße
iebknecht-
edlung
Carnotstraße
Ottersleber Chaussee
253
Verkehrslandeplatz
Magdeburg

m Hopfengarten
251
r-Eisenbart-Ring
Maria-Neide-Straße
Gustav-Ricker-Straße
Schreinergasse
51
Matthiasstr.
Gr. Lüttgen-Salbke
Wolfsweg
Iltisweg
Stichlerweg
Beyendorfer Straße
Damaschkeweg
Kobelweg
Beyendorfer Str.
Nerzweg
Hans-Behrendt-Weg
Igelweg
Präsident-Friese-Weg
Irenen-platz
Ottersleber Straße
51
Wolfsfelde
Beyendorfer Kirchweg
Sülze

250
Gartenstadt Hopfengarten

Hopfenbreite, Hopfenplatz, Rosenweg
1910–1929
Franz Amelung, Robert Bahn,
Heinrich Tessenow, Ernst Herrmann Scheibe,
Paul Wahlmann

Die ab 1910 gebaute Gartenstadt Hopfengarten ist die älteste Siedlung der Gartenstadtbewegung in Magdeburg. Ziel war, eine Siedlung mit starker Mischung aller Berufszweige und Bevölkerungsklassen zu schaffen. Am 22.1.1909 wurde die Genossenschaft Gartenstadt Hopfengarten gegründet, die der Deutschen Gartenstadtgesellschaft als korporatives Mitglied beitrat. Dabei wurde schon deutlich, dass die individualistische Vielfalt der Interessen und Gestaltungsprinzipien später beim Bau der Siedlung in Erscheinung treten würden. Tatsächlich stellten die privaten Eigentümer die Mehrzahl der Bauherren und damit auch die finanzielle Basis für die Genossenschaft dar, und auch die angestrebte soziale Mischung blieb Utopie, denn die Mitglieder kamen vornehmlich aus finanzkräftigen Mittelschichten. Damit grenzte sie sich aus der bodenreformerisch und am Gemeinschaftseigentum orientierten Genossenschaftsrichtung immer weiter aus.
Der erforderliche Bebauungsplan wurde 1909 durch den Magdeburger Architekten Franz Amelung erstellt. Das Gesicht der Gartenstadt Hopfengarten wurde entscheidend durch die Wesensmerkmale des Wohnungsbaus in den beiden großen Wachstumsphasen 1910–1915 und 1923–1929 bestimmt. Charakteristisch für den Wohnungsbau der Kaiserzeit sind die Einzel- und Doppelhäuser, mit wenigen Ausnahmen auch Reihenhausgruppen, der Architekten Franz Amelung und Robert Bahn, sowie einer Vielzahl weiterer Architekten und Baugeschäfte. So entstand im Bereich Rosenweg, Im Rosenwinkel, Hopfenbreite, Eschenweg und Buchenweg sowie Birkenweg/Im Grünen eine individualistische Vielfalt, die von der Einfachheit der Entwürfe Tessenows (Haus zum Wolf, Birkenweg 7) bis zur angelsächsisch geprägten Kleinvilla (Riemann, Landhaus, Im Grünen 2) im Geiste von Muthesius reichte. Dabei gab es einen gemeinsamen Material- und Formenrahmen, der vom Baumaterial über die mit Klappläden versehenen Sprossenfenster, über Zwerchgiebel und -häuser bis zu jener Vielfalt der Sattel- und Mansarddächer mit Schlepp- und Fledermausgauben der Siedlung einen vereinheitlichenden Zusammenhalt verlieh.
Nach dem verlorenen Krieg herrschte allgemeiner Mangel, und die Bautätigkeit konnte sich nur langsam wieder entwickeln. Ab 1920 begann der Architekt Ernst Herrmann Scheibe mit der Ausarbeitung der Pläne für den Nachkriegsausbau der Siedlung. Neben der Konzeption des zentralen Platzes der Gartenstadt (heute: Hopfenplatz) entwarf er Kleinhaustypen

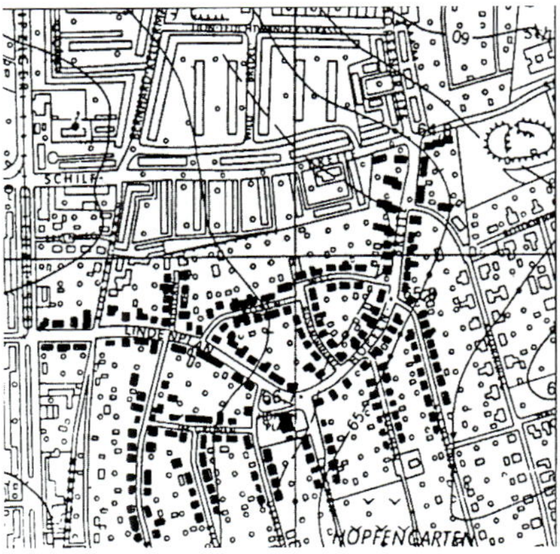

mit Drei- und Vierzimmerwohnungen und Wohnflächen von 60–70 qm. An die Bescheidenheit der Verhältnisse erinnern neben den geringen Wohnflächen und knappen, badezimmerlosen Grundrissen die zugebilligten drei qm Stallfläche. Die Nachkriegsrealität von Baustoffmangel und beschleunigter Inflation beschränkte die bauliche Entwicklung zunächst nur auf Selbsthilfemodelle.
Charakteristisch für die zweite Entwicklungsphase in der Weimarer Zeit waren die Mehrfamilienhäuser, die vor allem im Bereich Hopfenplatz (im Kriege zerstört) und des Hauptstraßenzuges Lindenplan-Hopfenbreite das Erscheinungsbild der Siedlung prägten. Nach der Währungsreform gab es ab 1923 wieder Darlehen und Kredite, so dass ab 1924 in der Gartenstadt Hopfengarten eine Welle des Mietwohnungsbaues einsetzte. Für das Gros der Entwürfe zeichnete der Architekt Paul Wahlmann vom Verein für Kleinwohnungswesen verantwortlich. Mit ihm prägten erstmals Elemente der modernen Architektur der 20er Jahre den Mietwohnungsbau in Hopfengarten. Die fertiggestellten Wohnungen zeichneten sich ab 1927 durch einen erhöhten Wohnstandard aus, der Bad und zum Teil auch Zentralheizung mit Warmwasserversorgung einschloss. Ende 1929 kam die Bautätigkeit der Genossenschaft zu ihrem Ende. Da von 1930 an keine Darlehen mehr vergeben wurden, war dem genossenschaftlichen Wohnungsbau die wirtschaftliche Basis entzogen.
Im Laufe der vergangenen Jahrzehnte ist das Erscheinungsbild der Gartenstadt durch Kriegszerstörungen und zahlreiche private Einzelmaßnahmen im Bereich der Hausfassaden und Außenraumgestaltung erheblich verändert worden.

251
Verwaltungszentrum für Heilberufe

Doctor-Eisenbart-Ring 2
1993–1995
SYNERGIS, Bangel & Partner GmbH

Südlich der Straße Am Hopfengarten entstand auf der Grundlage eines Bebauungsplanes (B 431-1) ein neues Mischgebiet, das vorwiegend für Einrichtungen der Heilberufe genutzt wird. Hier errichtete die Bauherrengesellschaft, bestehend aus der Kassenärztlichen Vereinigung SA, der Ärztekammer SA, der Apothekerkammer SA, dem Landesapothekerverein SA e.V. und der Deutschen Apotheker- und Ärztebank e.G. ein Büro- und Konferenzgebäude zur Eigennutzung. Entstanden ist ein 5-geschossiges, 62 417,95 m^3 umfassendes, mehrflügliges Gebäude in Stahlbeton mit Klinkerfassade. Unterzugsfreie Ortbetondecken und ein leichtes Trennwandsystem, dazu eine Elektroinstallation über Hohlraumböden sichern eine flexible Nutzung. Durch die Gestaltung des Baukörpers soll die berufliche Verbindung der einzelnen Bauherren und Nutzer als Körperschaften und Einrichtungen der Heilberufe dargestellt werden. Ein großzügig gestalteter Eingangsbereich symbolisiert die Funktion des offenen Zentrums für die Verwaltungsaufgaben der Berufsgemeinschaft und für Tagungen und Kongresse mit mehr als 23 000 m^2 Geschossfläche. Das weitläufig angelegte Grundstück bietet ausreichend Platz für den ruhenden Verkehr und für attraktive Außenanlagen. Das anfallende Niederschlagswasser wird über Rückhaltebecken reguliert, die sich als natürlich gestaltete Teichanlagen gut in das Gesamtbild einfügen.

252
Lindenhof-Siedlung

Dachsbreite, Wespenstieg, u.a.
1938–1939
Runge & Baumann, Stier

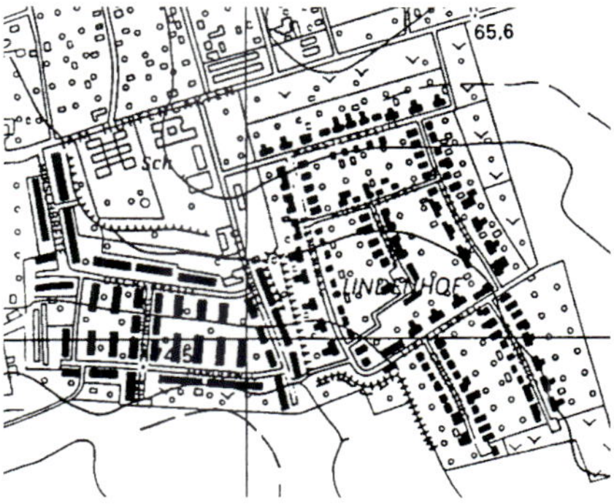

Die Planungen für die Großsiedlung am Lindenhof, in der 2 450 Wohneinheiten entstehen sollten, begannen bereits 1937.
Im östlichen Bauabschnitt waren 1000 Siedlerstellen geplant, von denen ab Mitte 1938 nur 153 ausgeführt wurden. Hierfür war eine Vielzahl verschiedener Haustypen entwickelt worden, die jedoch einheitlich gestaltet waren. Die verputzten Häuser waren alle eingeschossig mit einem ausgebauten Dachgeschoss und Satteldach. Die Grundrisse waren sparsam, funktional und die Bauausführung war sehr einfach. Die Variabilität bestand in der Ausführung als Doppel- oder Einzelhäuser und in der unterschiedlichen Anordnung der Stallgebäude. Eine differenzierte Ausrichtung der Wohnhäuser, giebel- oder traufständig, schuf ein abwechslungsreiches, aber homogenes Ortsbild. Dieser Siedlungsteil war vorwiegend für SA-Mitglieder vorgesehen. Im Laufe der Zeit erfolgten an den Häusern zahlreiche Um- und Anbauten, so dass die Ursprünglichkeit verloren ging.
Von den im westlichen Bauabschnitt projektierten 1 450 Volkswohnungen in zweigeschossigen Mehrfamilienhäusern wurden 1939 nicht einmal die beantragten 184 Wohneinheiten ausgeführt. Volkswohnungen waren billigste Mietwohnungen, die in Größe, Ausstattung und Bauweise aufs Einfachste ausgeführt waren. In der Siedlung Lindenhof waren die Wohnungen vorwiegend für Arbeiter der nahegelegenen Maschinenfabriken Wolf und Krupp-Gruson vorgesehen.
Die Wohnungen waren etwa 45 qm groß und sie verfügten über eine Wohnküche, zwei Zim-

mer und eine Toilette. Bademöglichkeiten standen im Keller für die Nutzung durch mehrere Familien zur Verfügung.
Die Architektur der Gebäude war schlicht und ohne gestalterische Schwerpunkte. Lediglich in den Giebelfronten waren durch unterschiedliche Fensteranordnungen oder -größen kleine Gestaltungsvariationen zu finden und in den Hauseingangsbereichen wurde bei einigen Gebäuden die einfache Aneinanderreihung der Fensteröffnungen unterbrochen. Die Fassaden waren verputzt und die Satteldächer waren mit roten Biberschwanzziegeln gedeckt.
Nach 1950 wurde die Bebauung der Siedlung fortgeführt. In enger Anlehnung an den Bebauungsplan und die Baupläne von 1939 wurden 100 Wohnungen errichtet, hauptsächlich auf der Ostseite Otternweg und der Südseite Marderweg.

253
Flugplatz Magdeburg
Ottersleber Chaussee 91
1936

Die Geschichte der Anfänge des deutschen Motorfluges ist dank der Leistungen des Flugpioniers Hans Grade in hohem Maße mit Magdeburg verbunden. Der erste Flugplatz in Magdeburg am Cracauer Anger entwickelte sich zunächst als wichtiger Landeplatz auf den Luftpoststrecken und Mitte der 20er Jahre auch im Linienverkehr. Weil eine notwendige Erweiterung nicht möglich war, entstand 1928/29 der neue Flugplatz an der Berliner Chaussee. 1934 wurde für diesen die Betriebsgenehmigung zurückgezogen, Magdeburg musste sich um ein neues Gelände für den zivilen Luftverkehr bemühen.
Der Bauantrag für den heutigen Flugplatz an der Ottersleber Chaussee wurde 1935 von den Vereinigten Bauverwaltungen/Hochbauamt der Stadt Magdeburg gestellt. Er umfasste zunächst die Gaststätte und den Verwaltungstrakt an der Leipziger Chaussee sowie zwei Flugzeughallen mit Werkstätten, Fahrzeughallen und Mannschaftsunterkünfte. Einweihung war am 4.1.1936. Bis 1938 kamen ein Erweiterungsbau für die Verwaltung, eine Kraftwagenhalle sowie ein militärischer Teil hinzu.

Die Architektur des Gaststätten- und Verwaltungsbereiches entspricht dem eher schlichten „Stil“ der 30er Jahre mit einer schwach gegliederten, geputzten Lochfassade, die nur in Ansätzen eine horizontale Gliederung andeutet. Gleichwohl wird eine Spannung durch Gebäudeversprünge und die Höhenentwicklung der Gebäude erzielt. Die Architektur der Hallen- und Wirtschaftsgebäude ist nicht bemerkenswert. Die Flugzeughallen waren Stahlleichtkonstruktionen, die Nebengebäude Zweckbauten mit einfachen, geputzten Lochfassaden.
Während des zweiten Weltkrieges wurde der Flugplatz überwiegend militärisch genutzt, überstand den Krieg aber nahezu unbeschädigt. Von 1945 bis 1954 wurde der Flugplatz von einem sowjetischen Truppenteil militärisch genutzt. Ab 1957 wurde er Agrar- und Wirtschaftsstützpunkt der Interflug und diente als Ausbildungs- und Flugsportzentrum. 1999 wurde der Flughafen um einen neuen, großflächig verglasten Terminal in funktionaler architektonischer Gestaltung durch das Planungsbüro Rohling AG, Magdeburg, ergänzt.

Buckau

Buckau mit seinen 3 876 Einwohnern (Stand 31.12.1998), ist der erste der vier Ortsteile, von Magdeburgs Innenstadt gesehen, die sich in südöstlicher Richtung, entlang der Elbe erstrecken. Die Stadtteile Salbke, Fermersleben und Westerhüsen folgen fast nahtlos und haben so die Stadtplaner zur Begriffsprägung „Perlenkette“ angeregt.

Buckau entstand als slawische Siedlung. In der Schenkungsurkunde Otto I. von 937 an das Kloster des Heiligen Mauritius wird die Siedlung unter dem Namen „Buchuvi" (Ort an den Buchen) erwähnt. Ab 965 gehört Buckau, wie auch Fermersleben zum Besitz des Kloster Berge. Bis zum 19. Jahrhundert blieb der Ort bedeutungslos. Ab 1834 beginnt mit der industriellen Entwicklung und dem Eisenbahnbau Magdeburg–Leipzig auch für Buckau eine enorme Entwicklung, die sich an den Einwohnerzahlen ablesen lässt:

1563: 90 EW; 1800: 390 EW; 1847: 2689 EW; 1887: 17 530 EW (Eingemeindung durch Magdeburg).

Mit der „Alten Bude", einem einfachen Holzbau, beginnt 1838 eine rasante Entwicklung des Maschinenbaus im Raum Buckau, begünstigt auch durch die Enge und Zwänge der Festung Magdeburg.

1859 wird auf dem Wolfswerder das Elbwasserwerk Buckau errichtet. Es versorgt Magdeburg bis 1962 mit Trinkwasser.

In der Zeit nach 1945 wird die Wohnbausubstanz wie die gesamte Infrastruktur sträflich vernachlässigt. Das Ergebnis ist u.a. ein Rückgang der Bewohner um die Hälfte. 1991 wird für Buckau eine Satzung zur förmlichen Festlegung des Sanierungsgebietes Magdeburg-Buckau beschlossen, mit der Zielstellung, städtebauliche Missstände zu beseitigen, sowie historische Straßen- und Platzräume wieder herzustellen.

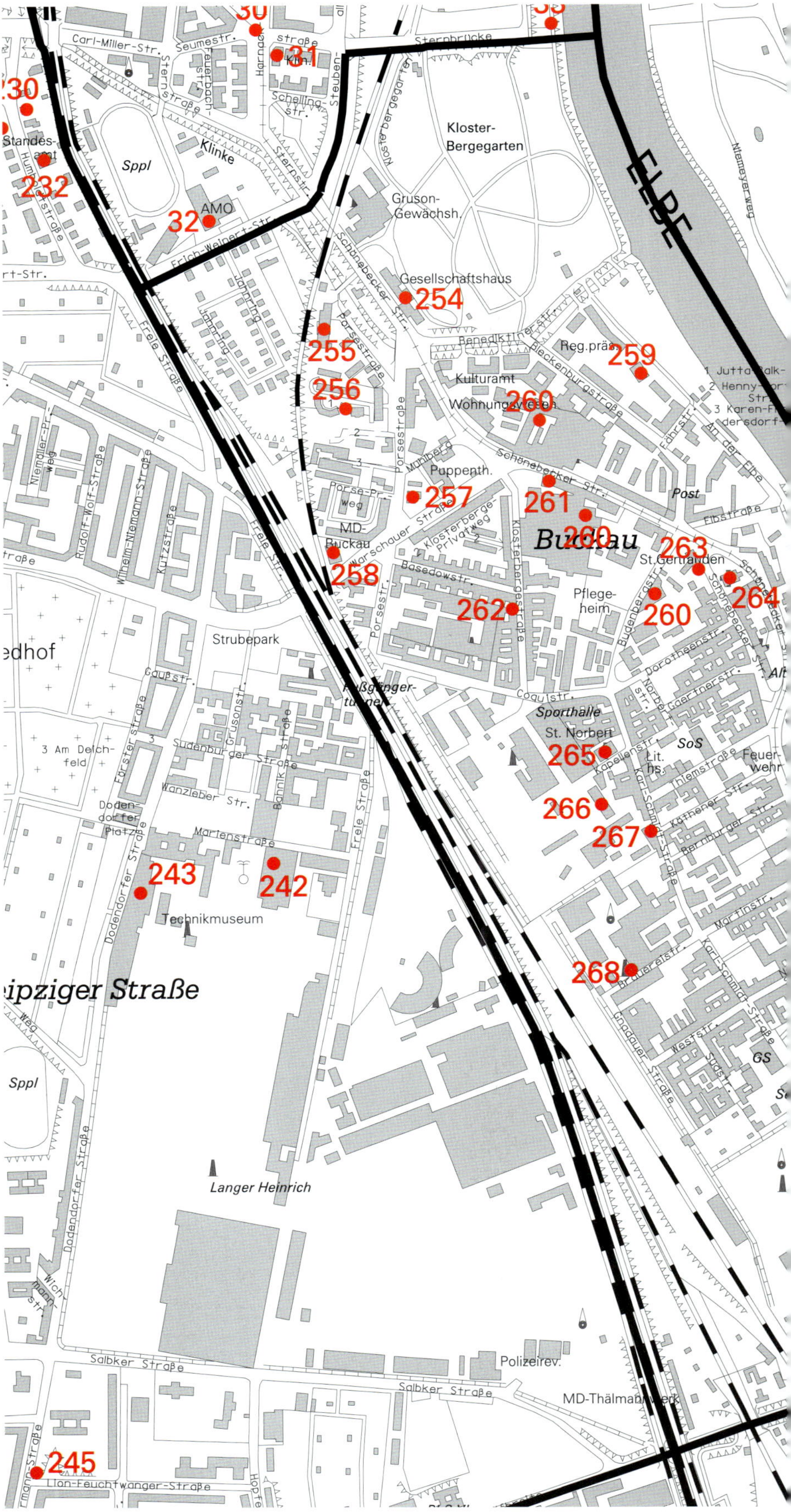
Carl-Miller-Str.
Seumestr.
Feuerbach-str.
Sternstraße
Harnack
31
Schelling-str.
Steuben
Sternbrücke
230
Standes-amt
232
Humboldtstraße
Sppl
Klinke
AMO
32
Erich-Weinert-Str.
Kloster-Bergegarten
Klosterbergegarten
Gruson-Gewächsh.
ELBE
Niemeyerweg
Gesellschaftshaus
254
Schönebecker Str.
Jahnring
255
Porsestraße
256
Benediktinerstr.
Bleckenburgstraße
Reg.präs.
259
Kulturamt
Wohnungswesen
260
1 Jutta-Balk-
2 Henny-Porten-Str.
3 Karen-Finder-dorf-
Fährstr.
An der Elbe
Freie Straße
Niemöller-Pl.
Rudolf-Wolf-Straße
Wilhelm-Niemann-Straße
Kutzstraße
Mühlberg
Puppenth.
Porsestraße
Porse-Pl.
Klosterberge-Privatweg
257
Schönebecker Str.
261
Post
Fiebstraße
260
Buckau
263
St.Gertrauden
264
Warschauer Straße
MD-Buckau
258
Basedowstr.
Klosterbergestraße
Pflege-heim
Budenbergstr.
260
262
Porsestr.
Strubepark
Gaußstr.
Dorotheenstr.
Gaertnerstr.
Alt
Fußgänger-tunnel
Coquistr.
Sporthalle
St. Norbert
Norbertstr.
SoS
265
Kapellenstr.
Lit. hs.
Feuer-wehr
Thiemstraße
Karl-Schmidt-Straße
3 Am Delchfeld
Försterstraße
Grusonstr.
Sudenburger Straße
Bahnhofstraße
Wanzleber Str.
Freie Straße
266
Köthener Str.
267
Bernburger Str.
Doden-dorfer-Platz
Martenstraße
243
242
Dodendorfer Straße
Technikmuseum
Martinstr.
Karl-Schmidt-Straße
268
Brauereistr.
ipziger Straße
Weststr.
Südstr.
GS
Gnadauer Straße
Sppl
Dodendorfer Straße
Langer Heinrich
Wichmannstr.
Salbker Straße
Polizeirev.
Salbker Straße
MD-Thälmannwerk
245
Lion-Feuchtwanger-Straße

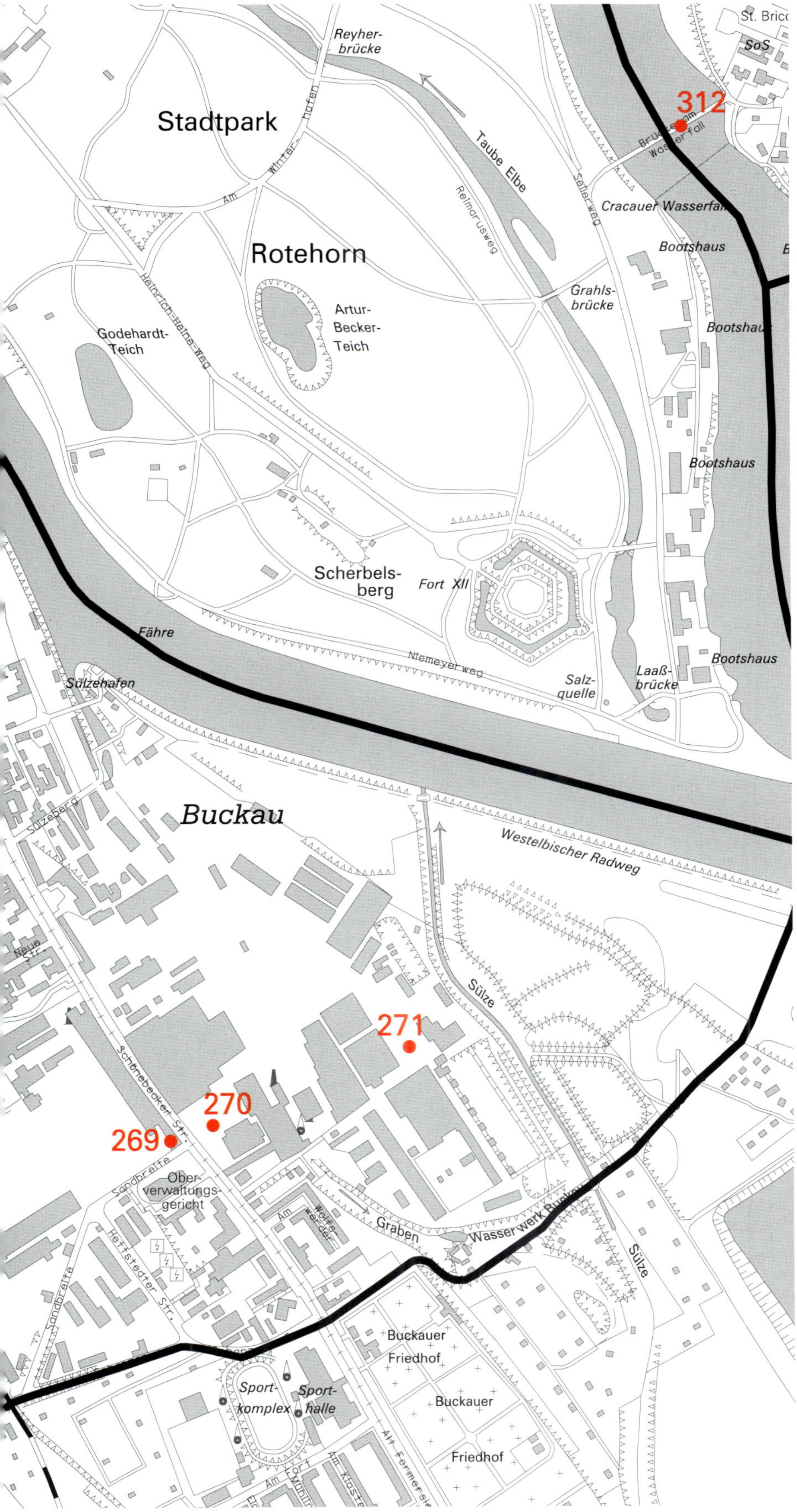

Stadtpark
Rotehorn
Reyherbrücke
Am Winterhafen
Taube Elbe
Reimarusweg
Sellerweg
Cracauer Wasserfall
St. Bric
SoS
312
Brücke am Wasserfall
Bootshaus
Bootshaus
Bootshaus
Bootshaus
Grahlsbrücke
Artur-Becker-Teich
Godehardt-Teich
Heinrich-Heine-Weg
Scherbelsberg
Fort XII
Niemeyerweg
Salzquelle
Laaßbrücke
Fähre
Sülzehafen
Buckau
Sülzeberg
Westelbischer Radweg
Neue Str.
Sülze
271
270
269
Schönebecker Str.
Oberverwaltungsgericht
Sandbreite
Hettstedter Str.
Am Wolfswerder
Graben
Wasserwerk Buckau
Sülze
Buckauer Friedhof
Buckauer Friedhof
Sportkomplex
Sporthalle
Alt Fermersleben
Am Klosterbergegarten
Am Fort

254
Gesellschaftshaus am Klosterbergegarten

Schönebecker Straße 129
ab 1824/25, erweitert bis 1835 (Park),
1825–1829 (Gebäude)
Peter Joseph Lenné, Karl Friedrich Schinkel

Von Peter Joseph Lenné auf dem Gelände des einstigen Benediktinerklosters St. Johannis auf dem Berge als erster kommunaler Volksgarten Deutschlands gestalteter Landschaftspark, ehemals am Rande der Stadt. Bedeutendes Dokument gartenkünstlerischer Arbeit aus der 1. Hälfte des 19. Jahrhunderts auf einer Fläche von ehemals 30 ha (heute nur noch 10,2 ha). Vorbildlich konzipierte Lenné die Sichtbeziehungen zur Elbe und zur Stadt. Lenné gilt als bedeutendster Vertreter der Gartenarchitektur seiner Zeit in Deutschland.
Zur Schönebecker Straße liegt das 1825 von Schinkel entworfene Gesellschaftshaus, welches Festen, Konzerten und Ähnlichem dienen sollte (Entwurf von Friedrich Wilhelm Wolff abgeändert). Über einem Sockelgeschoss erhebt sich der klassizistische dreistöckige Putzbau mit zweigeschossigen Loggien und eingestellten Säulen am Mittelbau, die jeweils zur Straße und zum Park gerichtet sind. Das Dach ist als flaches Walmdach ausgeführt. Im Inneren befinden sich ein großes Treppenhaus und ein über zwei Stockwerke reichender Festsaal, welcher nach den Entwürfen Schinkels doppelt so groß hätte ausfallen sollen. Die Loggien-Fronten hätten somit die Schmalseiten des Gebäudes gebildet. Durch spätere An- und Umbauten in den Jahren 1889, 1896 und 1914 ist das Gebäude im Laufe der Zeit verändert worden.
Neben dem Gesellschaftshaus liegen die 1895 hierher versetzten Gewächshäuser des Magdeburger Großindustriellen Hermann Gruson, eine Sehenswürdigkeit der Stadt Magdeburg.

255
Umspannwerk

Porsestraße 4
1926
Johannes Göderitz

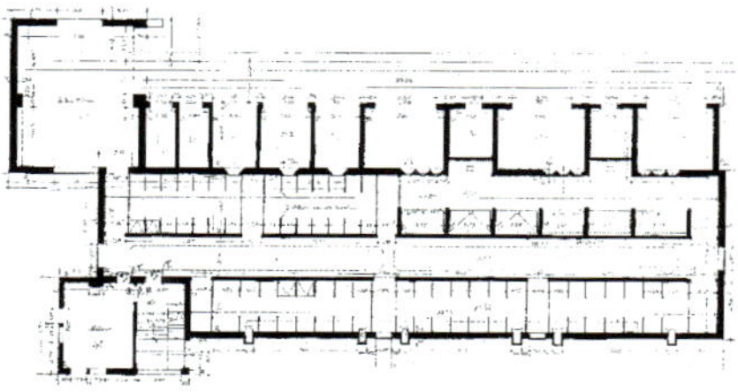

Mit Eisenschmelzklinkern verkleidetes, an der Bahnlinie gelegenes, zweistöckiges Umspannwerk. In den Bauteilen entlang der Gleise sind die einzelnen Transformatoren eingebaut. Hier durchbrechen mehrere Metalltore die Fassade. Auf der selben Seite steht ein rechteckiger Werkstattblock, in den Anschlussgleise zur Bahn hineinführten, so dass die Transformatoren hierüber in die einzelnen Transformatorenzellen mit Hilfe einer Krananlage eingefahren werden konnten. Zur Porsestraße gerichtet liegt die Schalteranlage. Die einzelnen Kammern der Schalteranlage sind gruppenweise zusammengefasst und durch besondere, an der dunkelroten Außenfassade aufsteigende Abzugsschlote entlüftet, welche als Gliederungselemente die Fassade rhythmisieren. Ansonsten ist diese Seite sehr schlicht gehalten. Ihre große Wandfläche durchbrechen nur unterhalb des Flachdaches Fenster, welche durch einen durchgehenden Betonsturz zusammengefasst sind. Der kubische Baukörper ist mit seinen Eisenklinkern, den wenigen funktional bedingten Fensterachsen und der Eisenbetonkonstruktion typisch für die Architektursprache der 20er Jahre.
Das Wohnhaus neben dem Umspannwerk baute im selben Jahr ebenfalls Johannes Göderitz. Es sollte zwei Wohnungen für den Direktor und einen Aufseher beinhalten. Seine Außenflächen sind dem Umspannwerk durch die Eisenschmelzklinker angepasst und zur Gartenseite im Bereich der Aufseherwohnung zusätzlich mit Holz verschalt.

256
Wohnpark Porsestraße
Jutta-Balk-Straße
1994–1996
Graf + Graf/Werner Schenkelberg

Der Wohnpark wurde auf einem etwa 9600 m² großen, ehemaligen Villen-Grundstück mit altem zum Teil erhaltenen Baumbestand entwickelt. Der 1825–1835 errichtete Magdeburger Volkspark erstreckte sich einmal bis auf das heutige Baugrundstück. Zielstellung der Planung war es, eine Bebauung zu schaffen, die sich in Architektur und Nutzung in die vorhandene Bebauung einfügt und gleichzeitig dem parkähnlichen Charakter der Umgebung Rechnung trägt. Die Integration von Wohnen und vorhandenem Grün wird durch einen Innenhof erreicht, der von den fünf 3- und 4-geschossigen Gebäuden angerartig umschlossen wird. In den Hof gelangt man durch ein Torhaus, das zugleich urbane Funktionen wie Büros, Praxen und Läden unter seinem Dach vereint. Die Geschäfte präsentieren sich im Erdgeschoss zur Porsestraße unter einem Arkadengang. Begrünte Hofflächen, weitgehend ohne ruhenden Verkehr, schaffen Raum für Kommunikation und Spiel. Durch unterschiedliche Gestaltungsmerkmale und verschiedene Farbgebung erhält jedes Gebäude sein individuelles Gepräge. Der ruhende Verkehr ist in 4 Tiefgaragen untergebracht.
104 Eigentumswohnungen (2- und 3-Raum-WE und 6 Maisonete-WE).
Haus 1: 16 WE beb. Fläche: 442,76 m²,
Haus 2: 16 WE mit 422,76 m²,
Haus 3: 12 WE mit 356,52 m²,
Haus 4: 36 WE mit 919,95 m²,
Haus 5: 24 WE mit 675,78 m²,
Ladenfläche: 582,14 m², Bürofläche: 566,70 m².

257
Rayonvilla
Porsestraße 13
1884

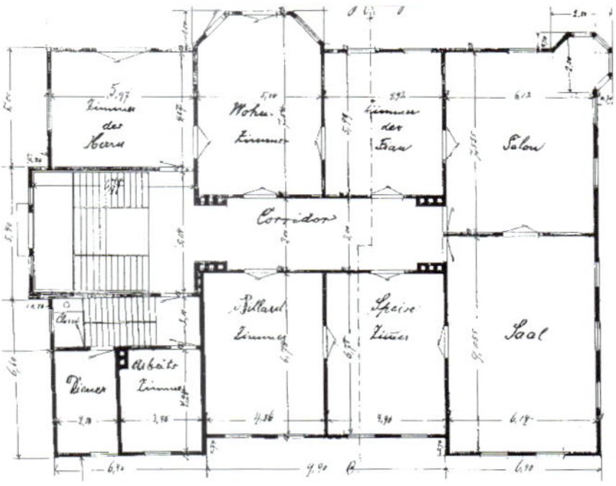

Zweistöckige Fachwerkvilla mit gelber Ziegelausfachung und flachem Walmdach, 1884 unter Einschränkungen durch die Rayonbestimmungen für den Fabrikanten Fritz Dresel, Geschäftsführer der Fa. Schäffer und Budenberg, errichtet. Zur Porsestraße zeigt das Gebäude eine achtachsige Fassade mit seitlichen, zweiachsigen Eckrisaliten. Dem ehemaligen Wohnzimmer ist auf der Gartenseite ein dreiseitiger Risalit vorgelagert, während ein weiterer, turmähnlicher Risalit die Südostecke des Hauses schmückt. Das wichtigste Gestaltungsmittel der Holzkonstruktion bilden Andreaskreuze.
Ein besonderes Objekt des Magdeburger Villenbestandes ist auch das kürzlich renovierte Nachbargebäude Porsestraße 9. Als Neorenaissancebau nach italienischem Vorbild wurde es in einem parkähnlichen Garten vermutlich 1894 für den Amtsgerichtsrat Robert Freise erbaut.

258
Bahnhof Buckau
Warschauer Straße
Entwurf 1927
Reichsbahndirektion Magdeburg,
Beratung durch das Stadterweiterungsamt

Als neues Empfangsgebäude für den Buckauer Bahnhof von der Reichsbahndirektion Magdeburg 1927 entworfen und in den Folgejahren ausgeführt. Das zweistöckige symmetrische Gebäude mit großflächigem Walmdach teilt sich in seitlich je fünf Fensterachsen und einen Mittelrisalit mit großer fünfteiliger Fensterfront und einem halbrund ausschwingenden Portalvorbau, der von quadratischen Pfeilern gestützt wird. In die dunkelrote Klinkerfassade sind zwischen die Fenster im Erdgeschoss und im Obergeschoss Tekturen eingearbeitet, in deren Mitte jeweils ein Achteck mit geflügeltem Rad (Symbol der Eisenbahn), Merkurkopf, Reichsadler oder Rosette sitzt. Reliefflliesen mit expressionistisch anmutendem kristallinen Dekor umfangen die großen Fenster des Mittelrisalits. Hinter diesem Eingangsrisalit verbirgt sich die gebäudehohe Wartehalle. Sie ist innen dunkel gefliest, wobei hier ebenfalls Friese aus Reliefflliesen, diesmal mit expressionistischem Zickzackmuster, Schalter und Türen rahmen und die tragenden Achteckpfeiler umziehen.

259
Speicher Silo Süd
Bleckenburgstraße 11a
1997–1998
Bernd Feeken

Das 17 994 m^3 umfassende Gebäude in Magdeburg-Buckau, direkt an der Elbe gelegen, ist eines der frühen Beispiele des Magdeburger Industriebaus aus Stahlbeton. Es wurde 1911/1912 als Getreidespeicher erbaut und bis etwa 1993 genutzt. Der Ausbau der Trichterspeicher und der Umbau des Silos zu einem Wohn- und Geschäftshaus stellte den Tragwerksplaner vor eine diffizile Aufgabe. Über 120 Fensteröffnungen wurden in den Beton geschnitten, dutzende Zwischendecken eingezogen und ein komplettes Treppenhaus mit Aufzug eingebaut. Das Erdgeschoss mit der Eingangshalle und den 440 qm Gewerbefläche erfährt sein Ambiente durch den Erhalt der Deckentrichter und der 12 massiven Stahlbetonstützen, die als gestaltende Elemente genutzt werden. Die Synthese von alten Formen und Strukturen mit neuen Inhalten und modernen Anforderungen wirkt überzeugend. Der 27 m hohe Stahlbetonquader beherbergt auf einer Geschossfläche von 4 820 m^2 heute 35 Wohnungen unterschiedlicher Größe, mit Ausblicken auf das Panorama der Stadt und den Elbstrom. Mit dem durch Land und Stadt geförderten Umbau wird ein historisches Bauwerk erhalten, das sich dominant in die Stadtsilhouette einreiht.

260
Ehem. Schäffer und Budenberg

Schönebecker Straße 8–13, 124, Klosterbergestraße 7, 11 und 13, Budenbergstraße 1–7, 1870er Jahre bis 1910, 1938–1940
Karl Husung, Ferdinand Boese

1850 gründeten Bernhard Schäffer und Christian Budenberg ein Unternehmen zum Bau von Manometern, welches sich zu einem der wichtigsten Fabriken des Magdeburger Maschinenbaus entwickelte und zu DDR-Zeiten unter dem Namen VEB Messgerätewerk „Erich Weinert" weiter existierte. Der Kern des Betriebsgrundstücks liegt an der Grenze zwischen den Stadtteilen Buckau und Altstadt beidseitig der Schönebecker Straße. Rechtsseitig der Straße begannen 1858 Arbeiten zum Fabrikneubau. Hier stehen auch die Verwaltungsgebäude (siehe 261) und die Villa Budenbergs. Ab der Mitte der 70er Jahre des 19. Jahrhunderts kam die Betriebsstätte nördlich der Straße hinzu. Von den bestehenden Fabrikanlagen sind folgende erwähnenswert: der längliche zweigeschossige Fachwerksbau von 1887, als Tischlereigebäude parallel zur Schönebecker Straße errichtet, weiter das Werkstattgebäude für den Manometerbau, später Instrumentenbau aus dem Jahr 1896, ein hoher, langgestreckter, schmaler Geschossbau aus rotem Ziegelmauerwerk mit rechtem Seitenflügel, ergänzt durch einen nördlichen Seitenflügel aus den Jahren 1938–1940 sowie die Metallgießerei, wohl aus den 70er Jahren des 19. Jh. mit Schornstein auf dem hinteren Werksgelände.
Ab 1883 diente das Areal an der Budenbergstraße dem expandierenden Unternehmen als weitere Betriebsstätte. Hier reihen sich in geschlossener Fassadenfront nebeneinander eine ca. 1880 errichtete dreistöckige, verputzte, ehemalige Tischlerei, ein vierstöckiges, vierachsiges Modellhaus in Ziegelbauweise von 1884 und die Gussputzerei, ein zweigeschossiger, elfachsiger roter Ziegelbau von 1907 aus der Hand des werkseigenen Bauführers Ferdinand Boese. Schräg gegenüber der Produktionsstätte gründete die Witwe des Unternehmensgründers 1884 ein Altenheim für ehemalige Mitarbeiter, das Budenbergstift (Haus-Nr. 9, Architekt Gustav Schmidt).
Zwischen 1900 und 1906 baute die Firma an der Klosterbergestraße ein Dreherei- und Schlossereigebäude in rotem Ziegelmauerwerk mit Wellblechdach, an der Straßenseite zwölfachsig mit zweistöckiger Fassade. Der hintere Dreherei- und Druckereibau mit einer Giebelfront zum Hof entstand erst 1910 nach Plänen des Architekten Karl Husung. Haus Nr. 13 aus dem Jahr 1898 oder 1899 diente als zum Betriebsgrundstück gehörendes Wohnhaus.

261
Ehem. Verwaltungsgebäude von Schäffer und Budenberg
Schönebecker Straße 8
1894

Das letzte Viertel des 19. Jahrhunderts brachte mit dem Expandieren der Industriebetriebe den Typus des industriellen Verwaltungsbaus hervor, welcher sich zur repräsentativen Fassadengestaltung besser eignete als herkömmliche Produktionsstätten.
1894 entstand das Verwaltungsgebäude der Messgerätefabrik Schäffer und Budenberg im für diese Zeit typischen und weit verbreiteten Neurenaissancestil nördlicher Prägung. Das vierstöckige, zur Straße traufständige, rote Backsteingebäude mit Schmuckelementen aus Werkstein erstreckt sich über längsrechteckigem Grundriss mit kurzem rechten Seitenflügel. Es zeigt an der Straße acht Achsen mit breiten Segmentbogenfenstern im Erdgeschoss und paarweise angeordneten Fenstern in den Obergeschossen. Die vierte Achse von rechts zeichnet sich durch einen zweistöckigen Erker über kräftigen Konsolen und einen großen giebelförmigen Dacherker besonders aus. Zwei kleinere Lukarnen in der ersten und siebten Achse rahmen den großen Dacherker ein. In der südlichen Achse liegt der Eingangsbereich mit schmiedeeisernem Türgitter. Im 1. und 2. Obergeschoss sind die übereinanderliegenden Fensterpaare jeweils mittels rahmender Elemente architektonisch zusammengefasst. Schmiedeeiserne Zieranker schmücken die Fassade.
Der Eingang führt durch einen Vorraum in ein rundes Vestibül mit achteckiger Außenmauer, welches für den Eintretenden die Verteilerfunktion übernimmt. Während das Erdgeschoss in der Planung mehrere einzelne Büros vorsah, wurden die oberen Etagen in der Art moderner Großraumbüros mit einem großen Hauptraum angelegt.

262
Rayonhaus
Klosterbergestraße 18
1888/90
Gustav Löseke

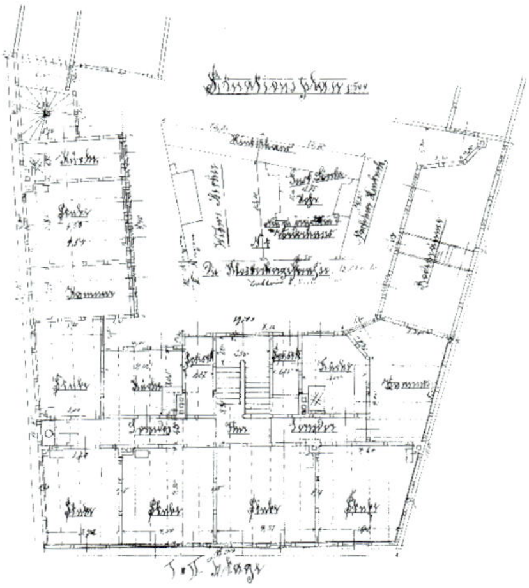

Ein besonders schönes Beispiel der innerhalb des II. Rayons vor der Festung Magdeburg errichteten Fachwerkbauten stellt dieses von Maurermeister Gustav Löseke errichtete Mehrfamilienhaus dar. Es ist dreistöckig mit inzwischen ausgebautem Dachgeschoss, linkem Seitenflügel und Hinterhaus angelegt. Aus der in gelben und roten Ziegeln gehaltenen, sechsachsigen Fassade springen in den äußeren Achsen zwei zweistöckige Erker hervor, die mit Balkonen bekrönt sind. Die Tragekonstruktion bestimmen Andreaskreuze, deren Ränder rote Ziegelbänder betonen. Die Balkenrahmen der Fenster sowie ein Teil der Streben sind facettiert. Ein weiteres sog. Rayonhaus steht direkt um die Ecke, Basedowstraße 22.

263
Gemeindehaus
Schönebecker Straße 17
1902/03
Hermann Harms

Diakonatsgebäude, heute Gemeindehaus der evangelischen Kirche in Buckau, in unmittelbarer Nähe der Gertraudenkirche. Als neugotischer, massiv wirkender, heller Putzbau mit roten Sandsteinelementen (Fensterrahmungen, Sockel etc.) von Kreisbauinspektor Hermann Harms konzipiert. Die zweistöckige Fassade teilt sich im Erdgeschoss in acht, im Obergeschoss in zehn Achsen. Die Fenster sind paarweise zusammengefasst und zum Teil mit Dreipassbögen überfangen. Ein zweistöckiger, vom Obergeschoss aufsteigender Erker mit Turmhelm ragt über das steile Satteldach hinauf. Sein Obergeschoss und der Turmhelm sind im Kontrast zum hellen Putz und zum roten Sandstein mit dunklem Schiefer verkleidet.

264
Gertraudenkirche, evangelische Gemeindekirche
Schönebecker Straße
1867–1869
Königlicher Baumeister Sieger

Aus einem alten Leinenweberdorf entwickelte sich im 19. Jahrhundert der Industrieort Buckau. Die Heilige Gertrud kann hier als Schutzpatronin der Weber auf eine jahrhundertealte Tradition zurückblicken. Der heutige historistische Kirchenbau war wegen der rasant steigenden Bevölkerungszahl während der Industrialisierungsphase notwendig geworden. 1864 begann Sieger mit Entwürfen für das 1867–1879 verwirklichte Projekt. Die Kirche ist in Bruchsteinmauerwerk errichtet, Details wie die Rahmungen der Rundbogenfenster sind in Sandstein gehalten. Dem 5-jochigen, mit einem Satteldach gedeckten Langhaus ist auf der Westseite ein vier- bis fünfstöckiger Turm mit spitzem Turmhelm vorgestellt. Den Langhaussaal verwandelt eine Holzkonstruktion mit hölzernen Pfeilern, welche die seitlichen Emporen, die westliche Orgelempore und das hölzerne Dach stützen, in einen dreischiffigen Raum. Eine niedrige halbrunde Apsis mit vorgeblendeter Säulenarkatur bildet den von einem Triumphbogen ausgezeichneten Chorraum. Drei Portale mit Archivolten und kleinen Säulen vor den gestaffelten Laibungen führen auf der Westseite in die Kirche. Auf der südlichen Langhausseite tritt ein kleiner Anbau mit separatem Eingang und einer weiteren kleinen halbrunden Apsis hervor. Unterhalb der Traufe und entlang des östlichen Giebels verläuft ein Blendbogenfries, auf halber Höhe des Chores ein Blattfries. Obwohl die Proportionen der Bauglieder mit der hohen Einturmfassade und ihrem spitzen Turmhelm aus der gotischen Tradition kommen, weisen die Ornamente, die Apsiden und die Rundbogenfenster auf die Romanik hin.

265
St. Norbert, katholische Gemeindekirche

Karl-Schmidt-Straße
1894–1896
Bernhard Hertel

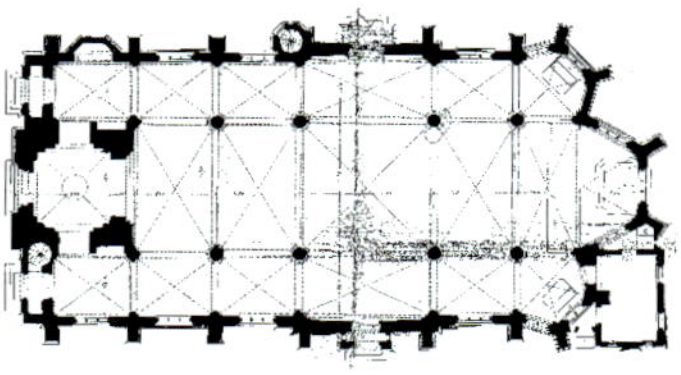

Seit 1868 existiert in Buckau eine katholische Gemeinde mit einem eigenen Geistlichen. Ein 1872 geweihtes Pfarr- und Schulhaus in der Kapellenstraße reichte der wachsenden Gemeinde bald nicht mehr aus, so dass Regierungsbaumeister Hertel aus Münster 1894 eine neugotische Backsteinkirche entwarf. An diese dreischiffige, nach Westen ausgerichtete Staffelhallenkirche mit einem Hauptchor und zwei kleinen Nebenchören, jeweils als $^3/_8$tel-Polygon, sollte ein Langhaus mit fünf Jochen anschließen, wobei das östlichste gleichzeitig das Fundament für einen Turm bilden sollte. Im Ergebnis ist das Langhaus nur dreijochig geblieben, die für später geplante Erweiterung blieb unausgeführt. Das mittlere der drei Langhausjoche zeichnet sich durch seine dem Mittelschiff angepasste größere Breite und die Giebel am Außenbau aus, so dass hier nur scheinbar ein Querhaus entsteht. Ein Kreuzgrundriss entfällt, da dieses Joch nur um eine halbe Wandstärke über die Langhausbreite hervortritt. Das Giebelmotiv mit den drei gestaffelten Lanzettfenstern wiederholt sich an der Ostfassade. Auf der Südseite ein kleiner Treppenturm, auf der Nordseite ein zusätzlicher Eingang. Hertel wirkte zwischen 1903 und 1927 als Dombaumeister in Köln. Um den Kirchhof gruppieren sich ein ehemaliges Schulgebäude und ein 1907–1909 von Robert Meißner und Adolf Liborius ebenfalls in Backsteinbauweise errichtetes Schwesternhaus.

266
Magazin mit Wasserturm

Karl-Schmidt-Straße 5 e
um 1850
vermutlich Regierungsbaumeister Horn

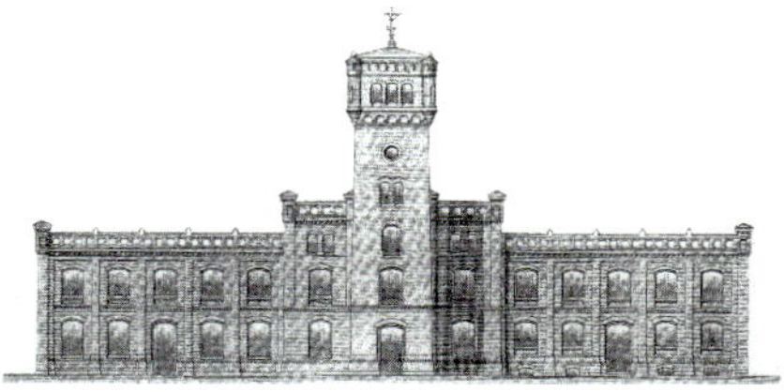

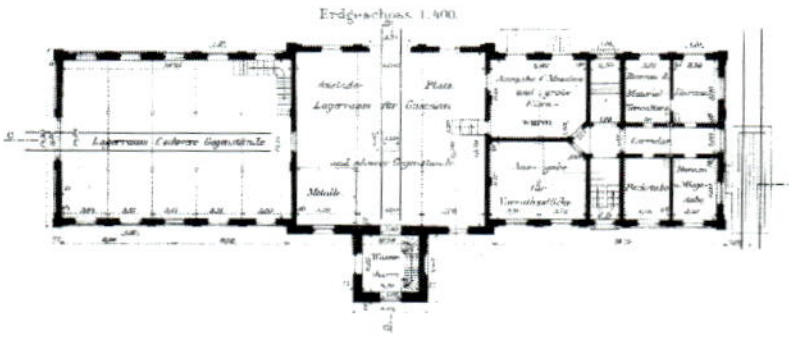

Langgestreckter roter Ziegelrohbau mit durch Gesimse und durch ein Lisenensystem plastisch gegliederten Wandflächen. Im Zuge des Umbaus der Buckauer Eisenbahnwerkstatt (weitere Gebäude Coquistraße 16–16 d) zur Königl. Preußischen Eisenbahnhauptwerkstatt errichtetes Magazin. Es setzt sich aus einem dreistöckigen, drei- bis sechsachsigen Mittelbau und zwei zweistöckigen, jeweils fünfachsigen Seitenflügeln zusammen. Sämtliche Wandöffnungen sind in Segmentbogenform mit gestufter Laibung ausgeführt. Der Mittelbau ist mit dem Wasserturm, welcher zugleich als Treppenhaus fungiert, vereint. Er erhebt sich über quadratischem Grundriss mit 6 m Seitenlänge. Sein Eisenblechbehälter hatte Platz für 50 m^3 Wasser und konnte von der städtischen Wasserleitung selbständig gefüllt werden. Das Erdgeschoss des Mittelbaus war als Hauptausladestelle ehemals durch ein Gleis für Eisenbahnfahrzeuge zugänglich gemacht. Seitliche Aufzüge dienten der Bewegung schwerer Güter in die oberen Etagen.

267
Ehem. Maschinenfabrik R. Wolf

Karl-Schmidt-Straße 9–12
1881/85, 1889, 1891, 1894
Christian Andreas Schmidt

Fabrikensemble der 1862 gegründeten traditionsreichen Lokomobilenfabrik R. Wolf. Sämtliche Gebäude errichtete der Buckauer Architekt Christian Andreas Schmidt. Hierzu gehören folgende Bauten. Das Modellhaus, ein dreistöckiger, zweifarbiger Ziegelbau aus dem Jahr 1894 mit drei Hauptachsen und vorgetäuschtem Mansardendach erstreckt sich über länglichem Grundriss, wobei eine schmale Stirnseite zur Straße zeigt. Hinter der Fassade ist das Gebäude über seine gesamte Länge vierstöckig angelegt und mit einem Flachdach versehen. Wesentliches Gestaltungsmittel der Straßenseite sind die kolossalen Blendarkaden, welche die beiden ersten Stockwerke überfangen. Alle Gliederungs- und Zierelemente sind in Gelb ausgeführt, der übrige Mauerverband in Rot.
1891 projektierte Schmidt das gelb verklinkerte Verwaltungsgebäude mit hohem Sockel aus Sandsteinquadern und Flachdach. Sein länglicher Grundriss verläuft parallel zur Straße. Der 15-achsigen Straßenfassade sind drei flache Risalite vorgeblendet, zwei zweiachsige an den Außenseiten und ein dreiachsiger Mittelrisalit mit flachem Scheinerker im oberen Bereich. Die Rückseite gliedern zwei tiefe Risalite. Sohlbankgesimse grenzen die drei Stockwerke voneinander ab. Sie werden von Friesen begleitet. Zwischen Erd- und 1. Obergeschoss verläuft eine Rollschicht, zwischen 1. und 2. Obergeschoss ein Fries mit wie ausgestanzt wirkenden Kleeblattmotiven. Unterhalb des Kranzgesimses liegt ein dreiteiliger Fries aus Terracottaplatten mit Eichenblättern, einem kleeblattförmigen Blendbogenfries und einem Rautenband aus gelben und roten Wandfliesen. Über dem Kranzgesims erhebt sich eine Balustraden-Attika mit Uhr. Weiterer Fassadenschmuck sind zierliche Bänder aus rotbraunen Bindern, welche sich über die gesamte Fassadenbreite erstrecken. Sämtliche Fensteröffnungen sind mit zum Teil überdachten Segmentbögen überfangen und mit profilierten Fensterlaibungen geschmückt. Im Inneren eine schmuckvolle Treppenanlage aus Kunstguss und freiliegende gusseiserne Säulen. An der Straße steht weiterhin ein Werkstattgebäude, ein dreigeschossiger zweifarbiger Ziegelbau in Rot und Gelb über ungleichmäßigem Grundriss und mit Flachdach. Es entstand 1885 im Zuge

von Um- und Erweiterungsmaßnahmen aus einem bereits 1881 errichteten Kontor. Kolossale Blendarkaden teilen die Fassade in sieben Hauptachsen und überfangen die beiden unteren Stockwerke mit Segmentbogenfenstern im Erdgeschoss und Rundbogenfenstern im 1. Obergeschoss. Die Arkadenbögen ruhen auf Pilastern mit angedeuteter Kämpferzone. Kolossale Blendarkaden scheinen zumindest zur Straße hin ein repräsentatives Spezifikum der Industriearchitektur dieses Unternehmens gewesen zu sein. Sie waren bereits Gestaltungsmittel bei der älteren, nicht erhaltenen Maschinenhalle direkt im südlichen Anschluss an dieses Gebäude und kamen auch beim Modellhaus zur Anwendung. Fassadengestaltungsmittel von Modellhaus und Werkstattgebäude entsprechen sich. Auf dem hinteren Betriebsgelände liegt die 1889 errichtete hydraulische Nieterei, später Werkzeugmaschinenbau und Lager.

268
Ehem. Buckauer Dampfbierbrauerei Reichardt und Schneidewien

Brauereistraße 4
ab 1864
Königl. Baumeister Sieger, Rud. Bernhardt, Christian Andreas Schmidt, Gustav Windschild, Hermann Diestel

Ursprünglich stellten zahlreiche kleine und größere Brauereien einen nicht unbedeutenden Teil der Magdeburger Lebensmittel- und Spirituosenindustrie. Heute existiert davon nicht eine einzige mehr. Ab 1864 begann der Königl. Baumeister Sieger mit dem Bau von Brauereigebäuden auf dem Grundstück der Buckauer Kleinbrauerei Reichardt und Schneidewien. In der Folgezeit wirkten verschiedene Architekten auf dem Betriebsgelände. Von der einstigen Anlage blieb eine technologisch gut gegliederte Gebäudegruppe in historisierender roter und gelber Backsteinarchitektur erhalten. Markant wirkt das turmartige ehemalige Malzlager mit Zinnenbekrönung, rechteckigem Schornstein und den Initialen R & S. Dieses Brauereigebäude ist bereits 1876 nachweisbar. Die dreistöckigen Bauten rechts neben der Einfahrt an der Brauereistraße, als Mais- und Gerstentenne errichtet, erhielten ihre jetzige Form durch Aufstockung 1880 nach Plänen des Baugeschäfts Windschild und Diestel.
Weitere erhaltene, jedoch ungenutzte Brauereianlagen befinden sich in der Alten Neustadt Sieverstorstraße 6–20 (ehemalige Bördebrauerei mit eindrucksvollem Turm) und in Cracau, Burchardstraße 19/21. Die Diamantbrauerei in der Neuen Neustadt wird gesondert behandelt. (Siehe 116)

269
SKET, ehem. Eisen- und Stahlwerk Otto Gruson

Schönebecker Straße 66
1894, 1905, 1916, 1921, 1936
Paul Schäffer-Heyrothsberge

1871 eröffnete der Bruder des legendären Hermann Gruson seine Buckauer Eisengießerei, seit 1893 auch Stahlgießerei. Mit Inbetriebnahme einer Kleinbessemerei 1904 gehörte das Grusonsche Unternehmen zu den weltweit führenden Stahlformgussherstellern.
Die Werksanlage bildet mit ihrer straßenseitigen Fabrikarchitektur das Pendant zur gegenüberliegenden Maschinenfabrik Buckau. Die markante Torsituation entstand anlässlich der Wiederaufbauarbeiten nach dem 2. Weltkrieg, geht jedoch in ihrer Art auf das ältere beschädigte Verwaltungsgebäude (1887 und 1899) zurück. An der Schönebecker Straße steht ein fast 200 m langer Hallenbau, ehemals Dreherei, in mehreren Bauphasen von Süden nach Norden 1894, 1905, 1916 und 1936 errichtet. Sämtliche Straßenfronten sind einheitlich in rotem Ziegel mit Lisenengliederung aufgeführt, wenngleich die Gestaltung der Fenster bei den jüngeren und älteren Teilen divergiert. Auf der Straßenseite sind den Zwillingsfenstern gusseiserne Säulen eingestellt. Auf dem Dach verlaufen durchgehende Laternensheds.
Das 1921 entworfene Eckgebäude an der Schönebecker Straße und an der Sandbreite gilt als Frühwerk des Architekten Paul Schaeffer-Heyrothsberge. Markantes Merkmal des dreistöckigen, monumental und neoklassizistischen Putzbaus ist das zweistöckige, zweifach zurückspringende Mezzanin aus 2. Obergeschoss und Dachgeschoss. Bei den jeweils fünfachsigen Straßenfassaden liegen die Fenster des Erd- und 1. Obergeschosses in senkrechten, leicht zurückversetzten Fassadenspiegeln mit giebelförmigen oberen Abschlüssen.

270
Ehem. Maschinenfabrik Buckau, später VEB Schwermaschinenbau „Georgij Dimitroff"

Schönebecker Straße 82–84
1883/84, 1896, 1920er–40er Jahre
Christian Andreas Schmidt, Erich Neumann-Rundstedt, Paul Schaeffer-Heyrothsberge

Die Gründung der Maschinenfabrik Buckau geht bis ins Jahr 1836 zurück. Sie steht somit am Beginn der Industrialisierungsphase Magdeburgs und wird vielfach als Wiege des Magdeburger Maschinenbaus betrachtet. Das Werk gehört zu den ältesten der deutschen Maschinenbauindustrie.
Eine geschlossene Fassadenarchitektur entlang der Straße begrenzt das Werksgelände. Hier reihen sich nebeneinander rote giebelständige Hallenbauten und ein traufständiger Verwaltungsbau, sämtlich aus den 1920er–40er Jahren. Die Straßenfronten der Produktionshallen variieren in ihrer Höhe und Ausprägung, sind jedoch relativ einheitlich gestaltet. Sie zeichnen sich durch ihre schmuckarme rote Verklinkerung, die hohen, schmalen Eisenfenster und einzelne verputzte sowie in Werkstein oder Sichtbeton gearbeitete Details aus. Die Straßenzeile beginnt im Norden mit den beiden Hallen der Blechschmiede, gefolgt von der zweiteiligen Baggermontage mit Konstruktionswerkstatt. Hier schließt sich die Großbaggerhalle, von dem Architekten Neumann-Rundstedt entworfen, an. Traditionelle Architekturmotive wie ein Kranzgesims oder gemauerte Stürze sind als Tekturen an der Längsseite aufgenommen. Die Halle wirkt durch ihre Monumentalität.
Den südlichen Abschluss bildet das in drei Bauabschnitten 1927, 1928 und 1935 nach Zeichnungen des Architekten Paul Schaeffer-Heyrothsberge errichtete Verwaltungsgebäude. Seine Fassade ist zweifarbig mit roten Verblendern und Buntklinkersteinen gestaltet. Über die Fassaden verliefen als farblicher Kontrast patinierte Kupferbänder. Der Fensteranstrich scheint ebenfalls in dem patinierten Grünton gewesen zu sein. Somit ist der Bau als ein Beitrag zu der in Magdeburg in den 20er Jahren praktizierten mehrfarbigen Fassadengestaltung zu sehen.
Auf dem Werksgelände liegt die Montagehalle mit nördlich anschließender Schlosserei und anderen Anbauten. Sie entstand 1896 durch Aufstockung der alten, spätestens seit 1845 bestehenden Eisengießerei (Umbau C. A. Schmidt). Die rote Backsteinhalle trägt eine hölzerne Dachkonstruktion und ein Oberlicht über dem Satteldach. Bei den Umbauten blieben ein Teil der älteren Fassade und das nach oben versetzte und ergänzte Dach erhalten. Innen auf der Nordseite eine verglaste Hoch-

wand. Die zur Straße hin drei- bis vierachsige, giebelständig ausgerichtete Westfassade täuscht ein zweistöckiges Inneres vor. Über dem Tor liegen zwei eng zusammenstehende Segmentbogenfenster und im Giebel darüber ein Ochsenauge. Ziegelgebäude dieser Art mit zweistöckig angelegter Stirnseite, übergeordnetem Ochsenauge und Satteldach mit durchgehender Laterne sind in der Architektur des Magdeburger Maschinenbaus, wenngleich nicht erhalten, keine Seltenheit gewesen.
In unmittelbarer Nachbarschaft zur Montagehalle steht die Putzerei, gleichzeitig Modellhaus, ein viergeschossiger roter Backsteinbau aus den Jahren 1883/84 von C. A. Schmidt. Das schmale lange Historismusgebäude verläuft im rechten Winkel zur Schönebecker Straße. Auf Grund eines starken Bodengefälles erscheint die Südfassade nur dreistöckig. Die Fassaden sind durch ein Lisenensystem gegliedert. Zwei flache Risalite mit getreppter Giebelverblendung, einer an der Westseite, der andere etwa in der Mitte der beiden Längsfassaden teilen die insgesamt 14 Hauptachsen in zwei Abschnitte.
Ebenfalls erwähnenswert sind zwei weitere Gebäude auf dem hinteren Werksgelände, die ca. 1900 errichtete Eisengießerei und das Kraftwerk mit markantem Schornstein aus den 40er Jahren des 20. Jahrhunderts.

271
Städt. Wasserwerk

Schönebecker Straße 81
1856–1859, 1874, 1905, 1908–1916
Oberingenieur Moore, Hermann Grubitz, Ernst Goger

Das Magdeburger Wasserwerk auf dem Wolfswerder gilt als überregional bedeutendes Beispiel eines erhaltenen Flusswasserwerkes der kommunalen Trinkwasserversorgung. 1856–1859 konstruierte und baute Oberingenieur Moore die erste Anlage, welche wegen steigenden Bedarfs mehrmals erweitert werden musste. Auf Grund der zunehmend schlechteren Wasserqualität wechselte die Schöpfstelle 1905 zum rechten Elbufer. Die Fachwelt rühmte vor allem die ab 1908 installierte belüftete Stufenfilteranlage nach Puech-Chabal. Erst 1930 entlastete ein neues Grundwasserwerk in Colbitz die Buckauer Anlage. Zu den erhaltenen Baulichkeiten gehören ein kleines Brunnenhaus, Reinwassermaschinenhäuser, Reste der Feinfilteranlage, die Stufenfilteranlage (1908/09, 1913/14, 1916) mit neoklassizistischem Turm, Säulenportiken und Verbindungsbrücke von Regierungsbaumeister Ernst Goger und das 1905 errichtete Schöpfwerk mit kleinem zinnengekrönten Ziegelturm auf dem östlichen Elbufer bei Prester, in Magdeburg auch Wasserschlösschen oder Mäuseburg genannt.
Die älteren Gebäude sind in historisierenden Formen als gemischte Ziegel- und Putzbauten erbaut. In Richtung Elbe steht das kleine achteckige Brunnenhaus mit Blendbogenfries und großen Arkadenbögen auf jeder der acht Seiten. Das zweistöckige Maschinenhaus mit gestuftem Pfeilergiebel entwarf 1874 Stadtbaurat Hermann Grubitz, gleichzeitig Direktor der Magdeburger Gasanstalt. Sein hinterer Anbau in einem Mischstil aus Historismus und Jugendstil und mit dem variierten Motiv des römischen Thermenfensters muss kurz nach der Jahrhundertwende angefügt worden sein.

Fermersleben

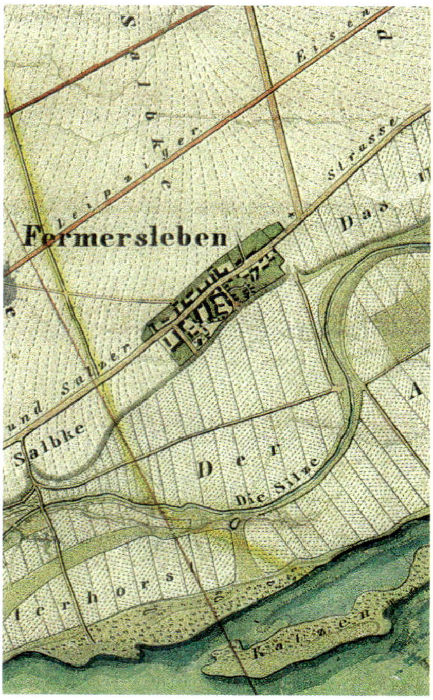

Anno 935 siedelten Langobarden am Westufer der Elbe im Bereich der Sülze. Fredumar gilt als Gründer von Fermersleben. Er nannte die Siedlung Fredumaresleve, was bedeutet: hier lebt Fredumar. 968 erhält das Kloster Berge von Kaiser Otto I. u.a. Fermersleben als Schenkung. Eine große Hungersnot (1316) und die aus Asien eingeschleppte Pest (1349) rafften ein Drittel der Bewohner dahin. Vom Schmalkaldischen Krieg wurde Fermersleben unmittelbar betroffen. Kurfürst Moritz von Sachsen schlug sein Feldlager bei Fermersleben auf. Dem Scharmützel, das bei Buckau stattfand, fiel auch die um 1400 erbaute Fermersleber Kirche zum Opfer. Seine neue Kirche erhielt Fermersleben 1657.
3 117 EW (31.12.98).

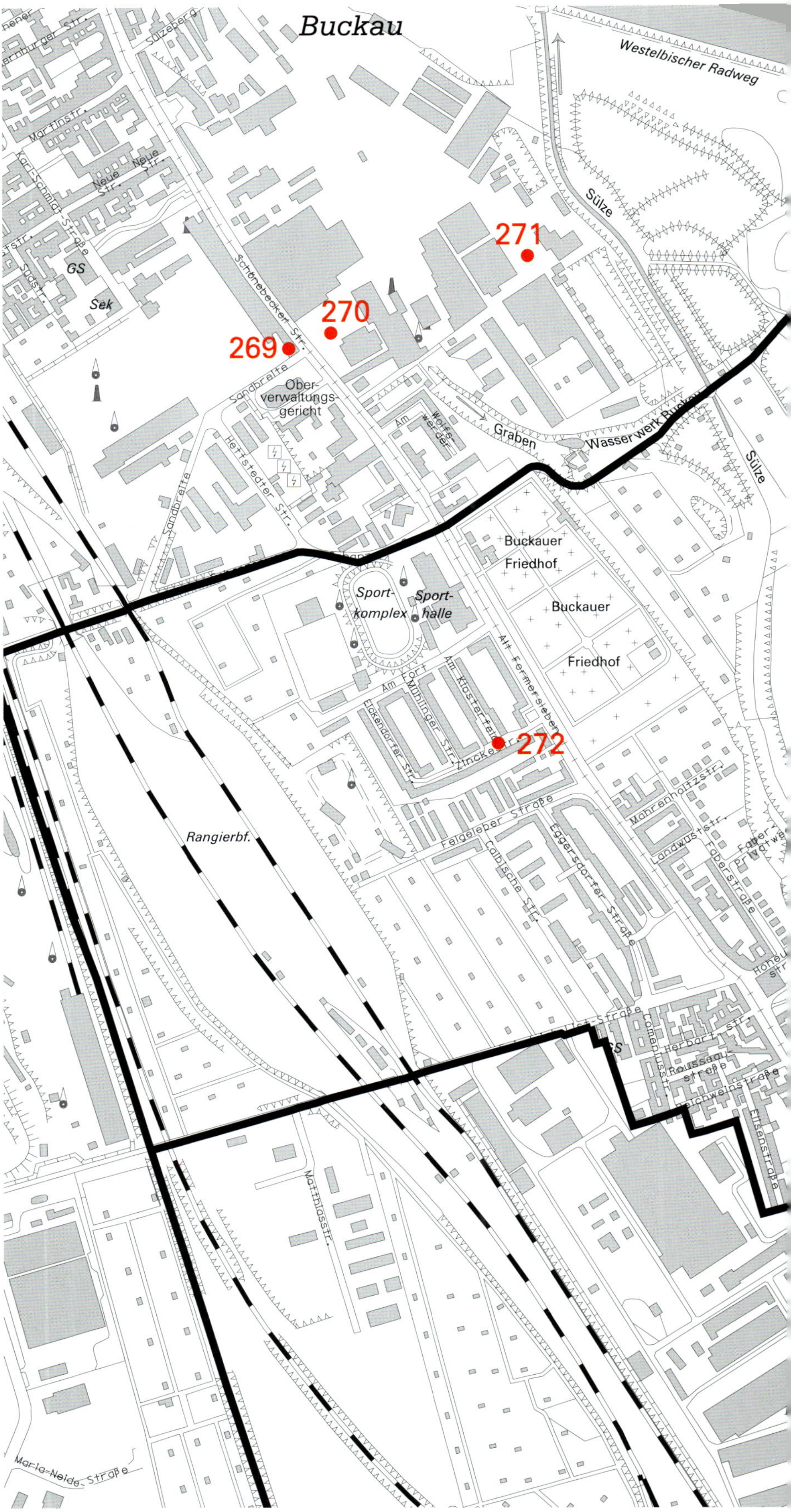
Buckau
Westelbischer Radweg
Sülze
271
270
269
Schönebecker Str.
Ober-
verwaltungs-
gericht
Sandbreite
Hettstedter Str.
Am Wolfswerder
Graben
Wasserwerk Buckau
Buckauer
Friedhof
Sport-
komplex
Sport-
halle
Am Fort
Alt Fermersleben
Am Klosterfeld
272
Zinckestr.
Mühlinger Str.
Elckendorfer Str.
Felgeleber Straße
Calbische Str.
Eggersdorfer Straße
Mahrenholtzstr.
Landwüststr.
Faberstraße
Rangierbf.
Comeniusstr.
Herbartstr.
Rousseaustraße
Schweinitzstraße
Elisenstraße
Matthissonstr.
Maria-Neide-Straße
GS
Sek
Martinstr.
Neue Str.
Karl-Schmidt-Straße
Sülzeberg

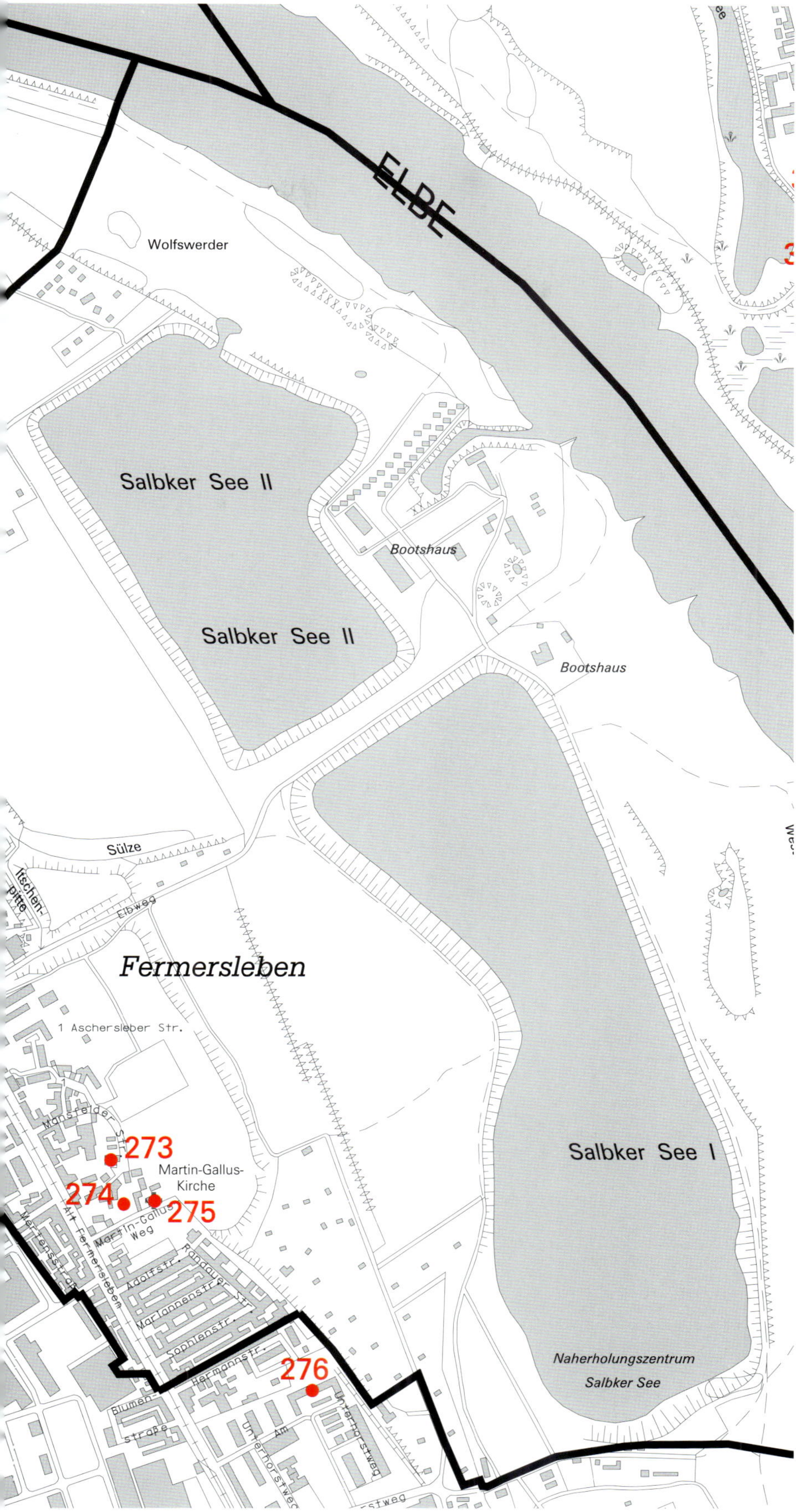
ELBE
Wolfswerder
Salbker See II
Bootshaus
Salbker See II
Bootshaus
Sülze
Elbweg
Fermersleben
1 Aschersleber Str.
Mansfelder Str.
273
Martin-Gallus-
Kirche
274
275
Martin-Gallus-
Weg
Alt Fermersleben
Adolfstr.
Randauer Str.
Mariannenstr.
Sophienstr.
Hermannstr.
276
Blumen-
straße
Am
Unterhorstweg
Salbker See I
Naherholungszentrum
Salbker See

272
Siedlung Fermersleben

Am Klosterfeld, Felgeleber Straße, u.a.
1920–1938
Paul Wahlmann, Carl Krayl, F. W. Ferd. Müller

Ab 1914 errichtete die Baugenossenschaft für Kleinwohnungen Fermersleben, nach Entwürfen der Architekten Cornelius und Jaehn, die ersten Gebäude in der Faberstraße.
Die eigentliche Siedlung entstand 1920–1938 nach einem geschlossenen städtebaulichen Konzept auf der westlichen Seite der Straße Alt Fermersleben. Grundelement der städtebaulichen Gestaltung bilden die an Wohnstraßen angelegten, in Nord-Süd-Richtung parallel verlaufenden Häuserzeilen, die große begrünte Innenhöfe umschließen. Die Bebauung entlang der Zinckestraße und der Felgeleber Straße durchbricht das städtebauliche Grundprinzip, da sie eine geplante Industriebahntrasse abschirmen sollte. Gleichzeitig teilt diese Bebauung die Siedlung in zwei zeitlich unterschiedliche Bauphasen. Der nördlich der Felgeleber Straße gelegene Bauabschnitt wurde in den zwanziger Jahren, der südliche nach 1933 erbaut.
Der normale Haustyp ist dreigeschossig, in den zwanziger Jahren meist mit einem Satteldach und in den Folgejahren mit einem Walmdach versehen. An städtebaulich dominanten Punkten wurden in beiden Zeitepochen höhere Geschossigkeiten, flache Dächer und hervortretende Gestaltungsmerkmale realisiert. Bis auf einzelne Ausnahmen in der Bauzeit nach 1933 sind alle Grundrisse der Wohnungen so gestaltet, dass sie von den Innenhöfen und von den Straßenseiten belichtet und belüftet wurden und damit neuen wohnhygienischen Anforderungen entsprachen.
1927 entstand nach Plänen des Architekten Carl Krayl die Bebauung an der Straße Am Klosterfeld. Sie zeichnet sich durch eine besondere Plastizität aus, indem in einer Gebäudezeile die bis über die Traufkante der Dächer hinaus geführten Treppenhäuser markant hervortreten, während auf der gegenüberliegenden Straßenseite die Treppenhäuser in der Fassade zurückversetzt liegen.
Der 1928 von Carl Krayl entworfene Gebäudekomplex auf der nördlichen Seite der Felgeleber Straße, Ecke Alt Fermersleben zeigt eine funktionale Gestaltung der zeitgemäßen Architektur der zwanziger Jahre, mit einer Betonung der Ecksituation durch versetzte Bauteile. Da dieses Objekt unter Denkmalschutz steht, wurden bei der Modernisierung die ursprünglichen Gestaltungsmerkmale und eine originale Farbgebung beibehalten.
Alle weiteren Gebäude im nördlichen Bauabschnitt, der 1931/32 fertiggestellt wurde, waren von Paul Wahlmann entworfen. Die Architektur der Häuser war sachlich funktional und immer prägten die Treppenhäuser, die

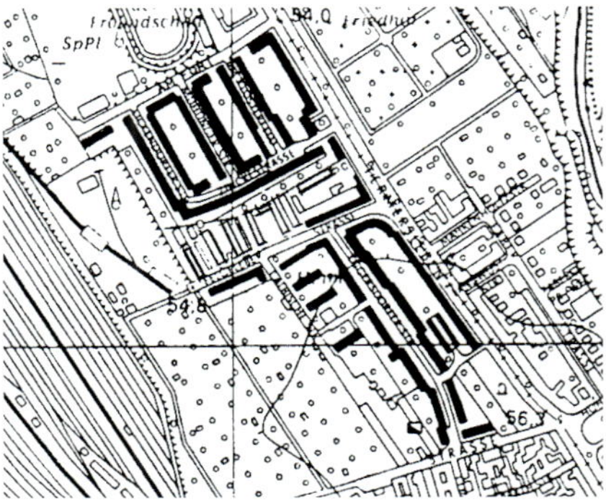

straßenweise unterschiedlich ausgebildet waren, die Fassadengliederungen. Die grün gestrichenen, mit gleichmäßigen, schmal profilierten Teilungen versehenen Fenster und die einheitlichen, grünen Hauseingangstüren stützten das homogene Gesamtbild.
Auf der Grundlage der bestehenden Konzeption wurde die Bebauung des südlichen Siedlungsabschnittes nach Plänen des Architekten F. W. Ferd. Müller fortgesetzt. Auch Müller behielt den grünen Farbanstrich für Fenster und Türen und das Prinzip der Fassadengestaltung durch Betonung der Treppenhäuser bei. Besonders ausgeprägt erscheint dies in dem 1934 errichteten, abgerundeten Baukomplex Alt Fermersleben/Felgeleber Straße. Ab 1937 wurden die Fassadengliederungen zwar zusehends vereinfacht, doch die in rotem Ziegelstein ausgeführten Haustürumkleidungen wurden in vielfältigen und ausdrucksstarken Variationen ausgeführt.
Durch eine unsensible Modernisierung gingen wesentliche charakteristische Gestaltungselemente verloren.

273
Mahrenholzhof
Mansfelder Straße 20
1530/1695

Der Wohnturm stammt wohl aus dem Jahr 1530 und wurde in das Gutshaus, welches im Jahr 1695 erbaut wurde, einbezogen. Über einem rechteckigen Grundriss befinden sich drei flachgedeckte Geschosse, die mit zwei sich durchdringenden Satteldächern mit vier Giebeln überdacht werden.
1916 beantragt der Eigentümer Herr Maurermeister Heinrich Böwe in der Scheune rechts neben der Durchfahrt den Bau eines Kinematografentheaters. Das Vorhaben wird genehmigt und so entsteht auf dem Hof ein Kino mit 347 Klappsitzen.

274
Wohnanlage Alt-Fermersleben
Alt Fermersleben 80–80 k
1998
Graf + Graf

In der Ortslage von Fermersleben, zwischen der Straße Alt Fermersleben und der Aschersleber Straße gelegen, ist eine Wohnanlage mit 112 WE in 5 Gebäuden (dreigeschossig, mit ausgebautem Satteldach) entstanden. Den Fassaden sind durchlaufende Betonrahmen vorgelagert, in die die Balkone eingebunden sind. Dieses Gestaltungselement gibt der Anlage ihr Gepräge. Den Architekten ist es gelungen, auf beengtem Raum eine Wohnsituation zu schaffen, die dem dörflichen Charakter des Umfeldes gerecht wird, ohne auf den Komfort einer Stadtwohnung zu verzichten. Das ist allerdings nur durch die Schaffung der 103 PKW-Stellplätze in einer Tiefgarage, mit direkter Anbindung an die Straße Alt-Fermersleben, möglich geworden. Eigentumsrechtliche Probleme konnten mit Hilfe des Investitions-Vorrang-Gesetzes überwunden werden. Die städtebaurechtlichen Voraussetzungen wurden bereits 1992 mit dem Aufstellungsbeschluss für einen Bebauungsplan geschaffen.

275
Martin-Gallus-Kirche

Alt Fermersleben 71
um 1200

Die Dorfkirche von Fermersleben stellt eine Besonderheit unter den Gotteshäusern Magdeburgs dar, denn sie ist die einzige erhalten gebliebene Fachwerkkirche im Stadtkreis. Noch bis in die 80er Jahre des 20. Jahrhunderts hinein war ihr Dach mit Holzschindeln bedeckt. Der querrechteckige Westturm stammt aller Wahrscheinlichkeit nach aus dem 12. Jahrhundert. Während er die Zeiten überdauerte, brannte das Kirchenschiff mehrfach nieder. 1570 und 1657 erfolgte ein Wiederaufbau.
Das in hölzerner Skelettkonstruktion gebaute Kirchenschiff endet im Osten mit einem dreiseitigen Schluss und stammt, nimmt man die Jahreszahl im Balken über der nördlichen Eingangstür als Indiz, aus dem Jahre 1657. 1828 wurde der Bestattungsplatz, der sich um die Kirche herum befand, für geschlossen erklärt. Die Grabsteine aus der Einfriedungsmauer stammen aus dem 18. Jahrhundert und zählen zu den sehenswerten Epitaphien in Magdeburg. Kulturhistorisch interessant ist dabei der Grabstein der Familie Mahrenholz. Er zeigt Reliefs des Ehepaares in der damals üblichen Bördetracht. 1928 stellte die Kirchengemeinde an das Konsistorium den Antrag, künftig den Namen „Martin Gallus“ zu führen. Martin Hahn, lateinisch Gallus, Rektor der Kloster-Berge-Schule, war 1563 als erster evangelischer Prediger für Buckau und Fermersleben eingesetzt worden. Im 2. Weltkrieg nahm die Kirche beträchtlichen Schaden durch Explosionen auf dem nahegelegenen Rangierbahnhof. Ziegel wurden vom Dach gerissen und Fenster eingedrückt. Sogar die Decke des Kirchenschiffes und die Orgel nahmen Schaden. In den Jahren 1949/50 erfolgen Instandsetzungsarbeiten. 1965 baut die Firma Heinze eine neue Orgel ein. Nach 1990 wird die Kirche komplett saniert.

Salbke

Die Geschichte Salbkes gleicht der von Westerhüsen. Auch Salbke wird erstmals im 9. Jahrhundert in den Corveyer Traditionen als Saltbeke erwähnt. 937 wird von Otto I. ein Neuntel des Lehnsvertrages von Salbetse dem Stift Quedlinburg zugeschlagen. Anfang des 11. Jahrhunderts werden 10 Hufen in Salbke und die Kreuzhorst zwischen der neuen und der alten Elbe dem Liebfrauenkloster in Magdeburg übertragen, das seinen Besitz im Dorf in der nachfolgenden Zeit erweiterte und im 12. Jahrhundert an der Sülze eine Mühle anlegen ließ. Die Elbe mit der Schifffahrt und die Kreuzhorst mit der Holzwirtschaft führten dazu, dass die Zahl der nichtbäuerlichen Bevölkerung ziemlich hoch lag. Dieser Umstand war einer der Gründe, dass Salbke zusammen mit Westerhüsen und Fermersleben 1840 zu den wohlhabendsten Gemeinden im Kreis Wanzleben gehörte.
Die dörflichen Strukturen sind heute noch im Bereich der Repkowstraße und der alten Dorfstraße zu erkennen. Hier gibt es noch einige große Höfe mit Backsteingebäuden und Rundbogentoren, die allerdings größtenteils nicht mehr landwirtschaftlich genutzt werden. Die Hauptstraße Alt Salbke ist ähnlich der Hauptstraße Westerhüsens überwiegend durch zwei- bis dreigeschossige großstädtische Mietshäuser geprägt, während in dem alten Dorfkern um die Repkowstraße ein- bis zweigeschossige Wohnhäuser verbreitet sind. Westlich der Bahnanlagen befinden sich die um 1912 angelegten Werkssiedlungen Lüttgen-Salbke und Wolfsfelde.

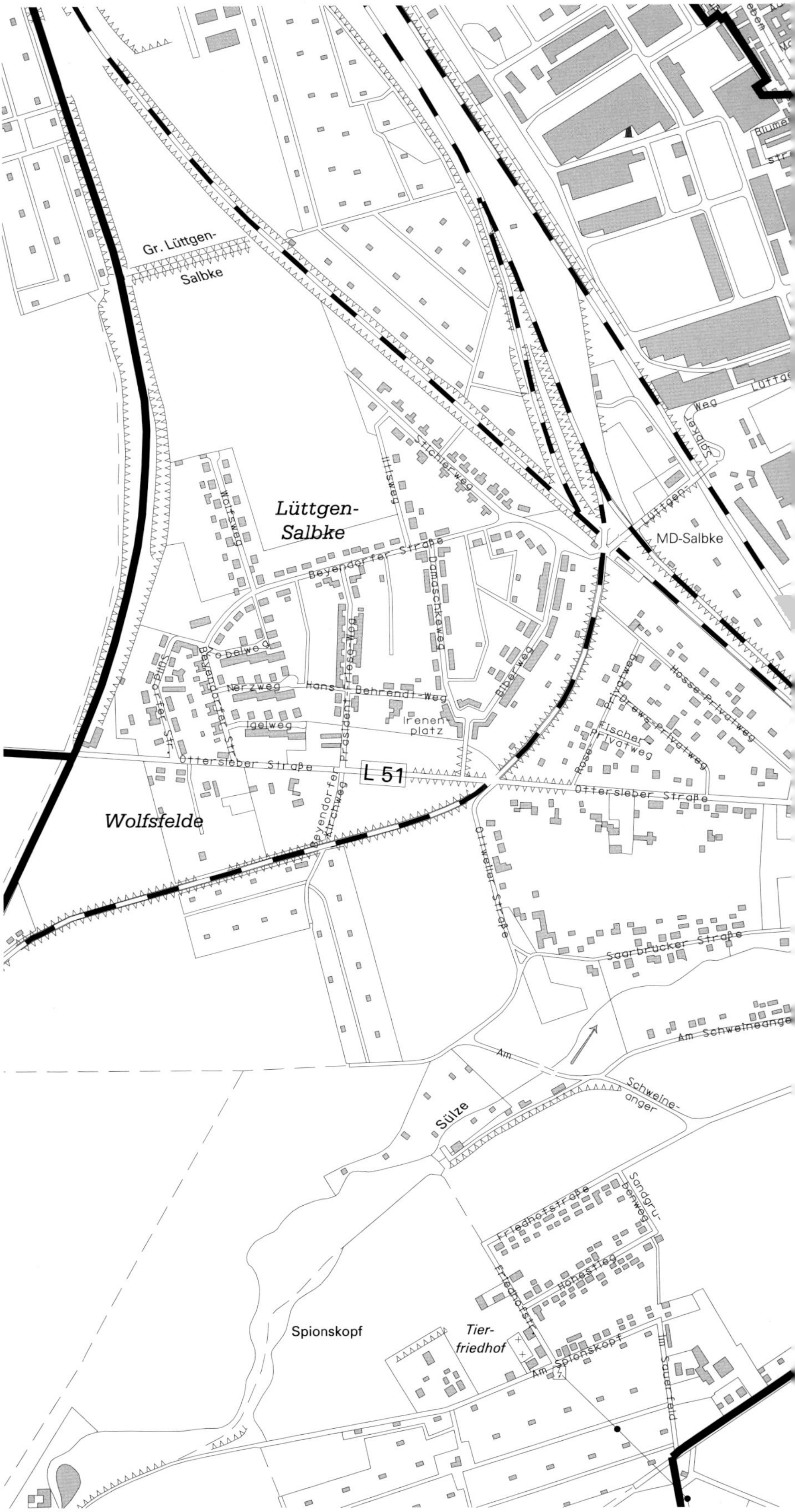
Gr. Lüttgen-
Salbke
Lüttgen-
Salbke
MD-Salbke
Wolfsfelde
Stichlerweg
Ilsweg
Wolfsweg
Beyendorfer Straße
Damaschkeweg
Nobelweg
Nerzweg
Hans-Behrendt-Weg
Igelweg
Irenen-
platz
Präsident-Friese-Weg
Biberweg
Beyendorfer Str.
Ottersleber Straße
L 51
Beyendorfer Kirchweg
Drews-Privatweg
Hesse-Privatweg
Fischer-Privatweg
Rose-Privatweg
Ottweiler Straße
Saarbrücker Straße
Am Schweineanger
Am Schweine-
anger
Sülze
Sandgrubenweg
Friedhofstraße
Hohesteg
Friedhofst.
Spionskopf
Tier-
friedhof
Am Spionskopf
Sauerfeld
Lüttgen Weg
Blumen

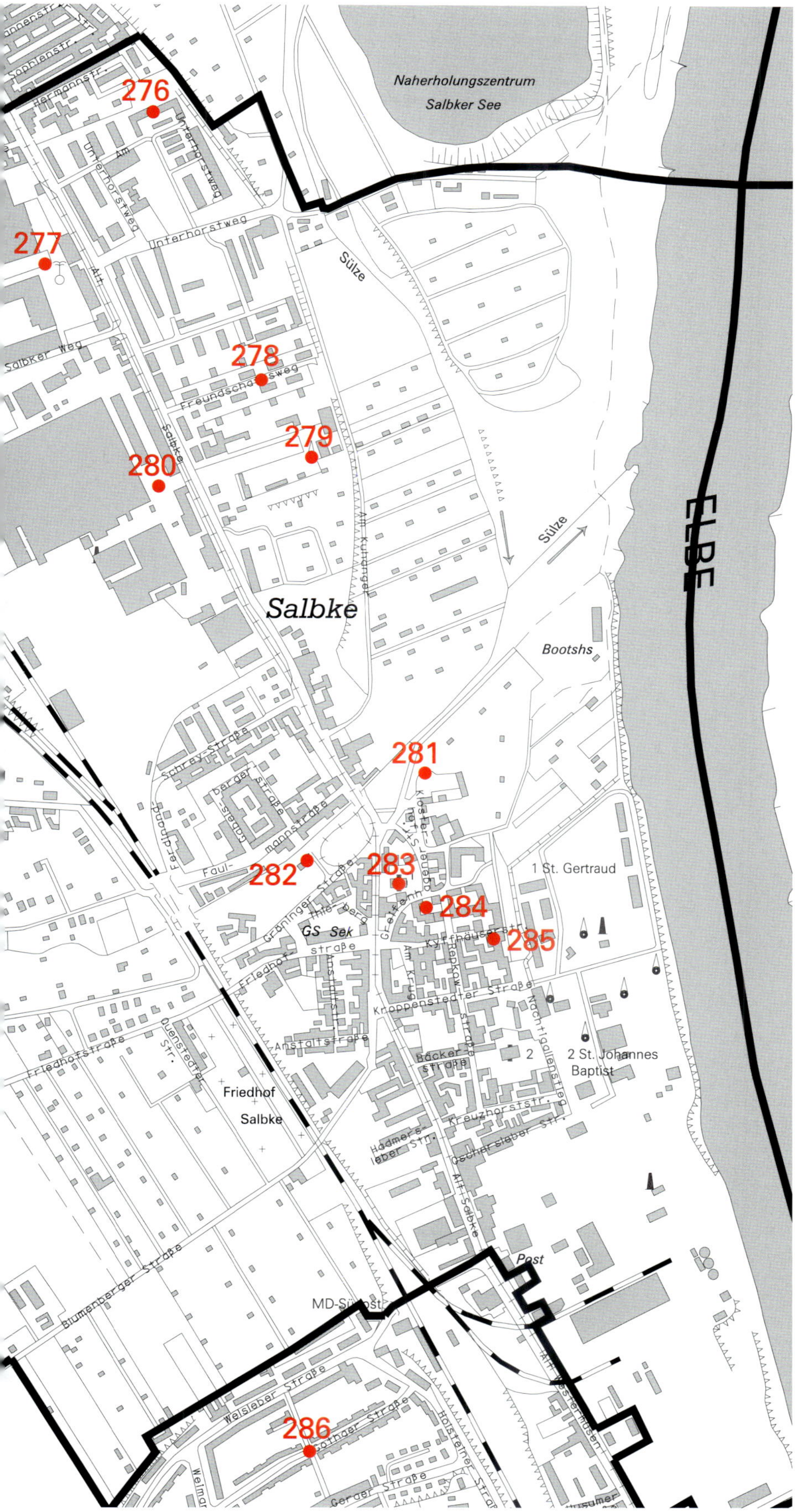
Naherholungszentrum
Salbker See
Sülze
Sülze
ELBE
Salbke
Bootshs
1 St. Gertraud
2 St. Johannes
Baptist
Friedhof
Salbke
Post
GS Sek
Hermannstr.
Unterhorstweg
Am Unterhorstweg
Alt
Salbker Weg
Freundschaftsweg
Alt Salbke
Am Kuhanger
Schrey-Straße
Faul-
Ferdinand-
Friedhofstraße
Gröninger Straße
Thieberg
Greifenhagener Str.
Klosterhof
Kyffhäuserstr.
Knoppenstedter Straße
Nachtigallenstieg
Bäckerstraße
Kreuzhorststr.
Hadmerslebener Str.
Oscherslebener Str.
Anstaltstraße
Blumenberger Straße
Welsleber Straße
Gothaer Straße
Geraer Straße
Holsteiner Straße
MD-Südost
276
277
278
279
280
281
282
283
284
285
286

276
Wohnkomplex

Am Unterhorstweg 13–18
1994–1995
Simon + Partner GbR

An der Bruchkante zwischen der Hohen Börde und der Elbaue entstanden oberhalb der markanten Flussterrasse im Stadtteil Salbke 66 neue Wohnungen. Der U-förmige Komplex öffnet sich in südöstlicher Richtung und bietet reizvolle Blicke auf das Wohnumfeld: die Elbaue mit der gegenüberliegenden Kreuzhorst und die Salbker Seen.
Die 6 zusammenhängenden Gebäudeteile sind durch Vor- und Rücksprünge sowie die Treppenhäuser und Balkone gegliedert und haben zum Hof hin ansteigende Pultdächer. Das Erdgeschoss ist als blau-braun-bunte Ziegelfassade, die Obergeschosse sind als hell gestrichene Putzfassade ausgebildet. Gestalterisch herausgehoben sind die teilweise verglasten, metallisch glänzenden Treppenhäuser und die farbige Gestaltung der freistehenden Aufzugsschächte. Diese wurden in südlicher Lage gelb, nach Westen grün und zur Elbe hin blau gestrichen. Damit soll einerseits eine stärkere Einbindung in die Umgebung erreicht werden, andererseits erhalten die bewusst homogen gestalteten Baukörper einen individuellen Ausdruck und die Eingänge eine persönliche Note. Im Gebäude wurden 9 verschiedene, zum Teil zweigeschossige Grundrisstypen mit 54 m^2 bis 144 m^2 Wohnfläche realisiert. Damit ist eine gute Durchmischung der Bewohnerstruktur und ein Nebeneinander-Wohnen von Jung und Alt möglich.

277
SKL-Salbke, Werksgelände

Alt Salbke 6–10
1906–1908, 1938

1905 gegründetes Zweigwerk der Firma R. Wolf, später Maschinenfabrik Buckau R. Wolf. Auf dem Werksgelände sind drei Gebäude von besonderem architekturgeschichtlichen Interesse erhalten. Hierzu gehört die 1907/08 parallel zur Schönebecker Straße errichtete Gießereihalle, ein monumentaler dreischiffiger Hallenbau aus rotem Backstein. Hervorzuheben ist neben der geschwungenen Nordfassade im Jugendstil die geschweifte Ausbildung der Dachkonstruktion. Verputzte Flächen und große Fenster stehen im Kontrast zum roten Ziegelverband. Die Dachfläche des Mittelschiffes ist als gläsernes Oberlicht ausgebildet, wobei die einzelnen Glasfenster von Walzeisensprossen gehalten werden.
Im Zentrum des Werksgeländes liegt die 1906 erbaute Montagehalle und Kesselschmiede, ein langgestreckter vierschiffiger Hallenbau aus rotem Backstein mit einem Flächeninhalt von ehemals 8 140 m^2, später erweitert. Eigentliches Schmuckstück ist die renovierte vierteilige Ostfassade im Jugendstil mit ihren geschwungenen Giebeln, den hellen Putzflächen und den großen Fenstern. Die vier Hallenfronten sind einheitlich gestaltet, nur ist die südlichste Front entsprechend der Hallenbreite etwas schmaler ausgefallen.
Als jüngstes Gebäude ist der in Nähe der Einfahrt gelegene Rohrschlangenbau mit Uhrenturm zu nennen, ein Erweiterungsbau aus dem

Jahr 1938 über L-förmigem Grundriss an einem älteren Bauteil von 1911. Die einstöckigen Anbauten dienten der Verlängerung von fünf vorhandenen Hallen und dem Neubau einer weiteren Längshalle. Dabei hatte der

fünfstöckige Uhrenturm vermutlich eher repräsentative Funktion. Die Fassade passt sich den umliegenden Backsteinbauten durch ihre Klinkerverblendung in unterschiedlichen Rottönen an. Die 17-achsige Nordfassade gliedert sich durch breite rechteckige Fenster und drei Tore, die 24-achsige Ostansicht durch schmale stehende Fenster und ein Tor. Einziger Fassadenschmuck des strengen, nüchternen Baukörpers sind neben wenigen Tekturen extrem schmale Gesimse aus einfachen liegenden oder stehenden Lagen Klinker, die Rahmungen der Tore aus über Eck gestellten Klinkern und die Fensterrahmungen inklusive Gitterwerk am Turm.

278
Arbeiterwohnsiedlung des RAW Salbke

Freundschaftsweg 2–10 a
1904–1913

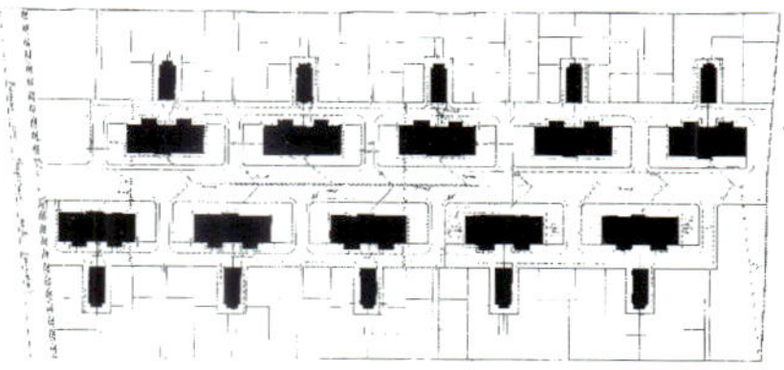

Schlichte dreistöckige Doppelwohngebäude mit Mansardendach, als Mietwohngebäude für die Arbeiter des Reichsbahnausbesserungswerkes Salbke auf beiden Seiten des Freundschaftswegs von der Königl. Eisenbahnbetriebsdirektion errichtet. Von 1904 stammen das Gesamtprojekt und die Entwürfe der ersten, am malerischen Prinzip orientierten Wohnhäuser, deren Errichtung sich bis 1913 hinzog. Die einzelnen Haushälften sind jeweils zweispännig angelegt, jedoch von unterschiedlicher Größe mit Zwei- oder Dreiraumwohnungen pro Etage und außenliegenden Toiletten. Sämtliche Fassaden sind einheitlich mit der farblichen Kontrastwirkung von roten Ziegeln und hellen Putzflächen gestaltet, wobei die Erdgeschosse voll verklinkert und die Obergeschosse bis auf gliedernde Details in Ziegeln wie Lisenen, Mauerkanten, Fensterstürze und Kranzgesimse, begleitet vom deutschen Band, verputzt sind. In der Mitte der elfachsigen Fassaden steigt ein flacher zweiachsiger Risalit mit dreieckigem Fachwerkgiebel empor. Mehrere jüngere Gebäude im hinteren Teil der Straße sind nach dem gleichen Prinzip gebaut, jedoch wesentlich schlichter gehalten, da auf jeglichen Zierrat verzichtet wurde. Die flachen Mittelrisalite an den Straßenfassaden sind hier mit geschwungenen Giebeln versehen. Alle Eingänge liegen auf den Rückseiten in tiefen Eingangsrisaliten. Zu jedem Wohnhaus gehört ein zweistöckiges, bei den jüngeren Gebäuden ein einstöckiges Stallgebäude.

279
Wasserturm
Alt Salbke
1893/94
Behrendt (Königl. Eisenbahndirektion Berlin)

Schon in den Anfängen legte die Eisenbahnverwaltung größten Wert auf eine unabhängige Wasserversorgung entlang der Bahnstrecken. Ausfälle im Zugbetrieb wegen unterbrochener Speicherwasserversorgung der Lokomotiven galt es zu vermeiden. Um die Mitte des 19. Jahrhunderts hatte sich der Bestand an Wassertürmen im Nutzungsbereich der Eisenbahn an Bahnhöfen und auf dem Gelände der Betriebswerkstätten weit ausgedehnt.
Der Salbker Wasserturm mit benachbartem Maschinenhaus und Tiefbehälter steht auf der Ostseite der Salbker Straße. Er diente dem 1895 eröffneten Reichsbahnausbesserungswerk Salbke auf der gegenüberliegenden Straßenseite.
Wasserturm aus zylinderförmigem, überkuppeltem Kopfteil und turmähnlichem Schaft mit historisierender Verbrämung. 1893/94 nach Plänen von Behrendt aus mehrfarbigen Ziegelsteinen und Sandsteinelementen errichtet, Teilflächen verputzt. Kuppel aus einer genieteten Eisenkonstruktion mit genietetem Doppelbehälter nach Patent Intze (Typ I) mit mittigem Durchbruch sowie einem Zentralschornstein, welcher über den Turmkopf hinausragt. Der vierstöckige Turmschaft mit schmalen, schießschartenähnlichen Öffnungen birgt im Fuß ein Laboratoriumszimmer und verjüngt sich nach oben. Ein Blendbogenfries leitet zum Turmkopf über. Im Zylinderbereich liegen ebenfalls schmale Rundbogenöffnungen, zum Teil paarweise angeordnet und von einer flachen Lisenengliederung gerahmt. Um das Erdgeschoss verläuft ein Sandsteingesims mit kugelförmigen Sandsteinbekrönungen.

280
Werksgelände RAW Salbke
Alt Salbke 11–13
ab 1892, 1908/09
Planung Behrendt (Königl. Eisenbahndirektion Berlin), Gerhard Schürmann

Die ehemalige Königl. Eisenbahnhauptwerkstatt Salbke gehörte zu den großen zentralen, um die Jahrhundertwende entstandenen Produktionsstätten der Eisenbahnen in Sachsen-Anhalt. Sie diente zur Entlastung der 1887 in Buckau gegründeten Hauptwerkstatt und begann ihre Produktion ab 1895 auf dem großzügig und technologisch fortschrittlich angelegten Areal. Ihr trotz großer Kriegsschäden geschlossenes Erscheinungsbild lässt sie zum bedeutenden Zeugnis der Magdeburger Industriekultur werden.
Auf dem Betriebsgelände steht die elfschiffige Wagenreparaturwerkstatt, eine große Halle, geplant 1893 und in mehreren Bauabschnitten 1894/95, 1899 und 1911 ausgeführt. Ihre Ostfassade setzt sich aus insgesamt elf gleichen Giebeln zusammen. Diese sind in gelbem Backstein gehalten und durch einen getreppten Fries sowie eine Art Konsolenfries an den Giebelschrägen gegliedert. Die einzelnen Giebelfelder werden durch über die Fassade hinaufreichende Pfeiler voneinander abgegrenzt. Ihre Spitze krönt ein kaminartiger Aufbau, dessen segmentbogenförmig ausgesparter unterer Teil lanzettförmige Blindfenster umfängt. Schmale rote Backsteinbänder laufen in Horizontalrichtung über die Fassaden. 45 Arbeitsgleise des weit aufgefächerten Gleissystems führen auf der Südseite durch Tore in die große Halle. Flache Satteldächer mit Laternensheds verlaufen in Ostwest Richtung. Derartig großflächige Hallenareale sind für Ausbesserungswerke typisch, ebenso ihre Frontgestaltung mit langer Giebelfolge.
Eine einstöckige und einschiffige, gelbe Backsteinhalle plante die Königl. Eisenbahndirektion 1892 als Reifen-, Feder- und Hammerschmiede und verwirklichte sie in drei Teilabschnitten bis zu einer Länge von 108 m (1899, 1911). Das Gebäude bot nun eine Kapazität von vier Vierfach-Schmiedefeuern in seiner Mitte und 23 Zweifach-Schmiedefeuern an den Längsseiten. Fassadengestaltung aus Zinnen- und Konsolenfriesen und schmalen roten Bändern aus zwei Lagen Bindern. Ein Teil der rechteckigen Schmiedeschornsteine sind erhalten. Beleuchtung durch hohe Seitenfenster und Oberlichter im Laternenshed-System über dem Satteldach. Schmiedeeiserne Dachkonstruktion. Bemerkenswert ist der 6 m tiefe Funda-

mentkeller mit fünf Schwingfundamenten für Schmiedehämmer. Das Gebäude ist von An- und Nachbarbauten jüngeren Datums an der Nord- und der Südseite umgeben.
1894/95 entstand auf dem hinteren Betriebs-

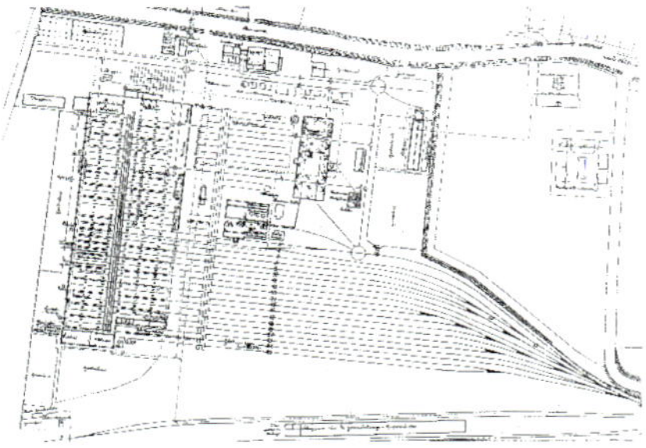

gelände die Kessel- und Maschinenanlage nebst 43 m hohem Dampfschornstein für die benachbarte Wagenreparaturwerkstatt. Die erhaltene Nordfassade aus zwei gelben Giebelfeldern stammt von einer Erweiterung 1899 und entspricht in ihrer Form der Planung von 1894. Der Dampfschornstein dominiert den Industriebereich und stellt mit seiner schmuckreichen Schaftgestaltung aus gelben und roten Ziegeln eine besonders spielerische Variante im Stil des Historismus dar. Sein von einem Rechteck in ein Polygon und wiederum in einen Zylinder übergehender Unterbau weist Anklänge einer sakralen Architektursprache auf.
In der Südostecke des Betriebsgrundstückes und zur Straße giebelständig steht der zweischiffige, an den Längsseiten elfachsige Hallenbau der Weichenbauanstalt, später Großteileaufarbeitung. 1908/09 unter Baurat Gerhard Schürmann in rotem Backstein errichtet und an den Außenseiten durch helle Putzflächen farblich kontrastiert. Die Fassaden werden durch ein Lisenensystem und Backsteinfriese gegliedert. An den Stirnseiten erheben sich zusätzlich über die Fassade hinaufreichende Pfeiler mit zeltdachförmigem Abschluss und mittig angeordnete, getreppte Wandvorlagen. Die Fassadengestaltung entspricht der Zeit um und kurz nach 1900. Hier fließen Mittelalterzitate aus der regionalen Backsteinarchitektur und moderne Elemente zusammen. Dachbinder in genieteter Eisenkonstruktion tragen die beiden Satteldächer und ihre gläsernen Oberlichter. (Siehe auch 280)

281
Ehemaliges Klostergut
Klosterhof

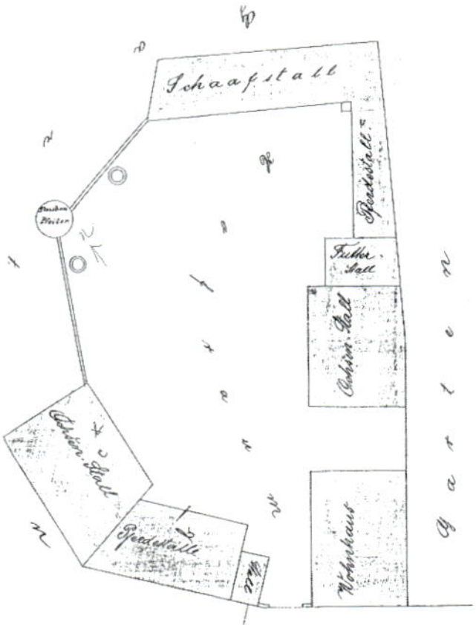

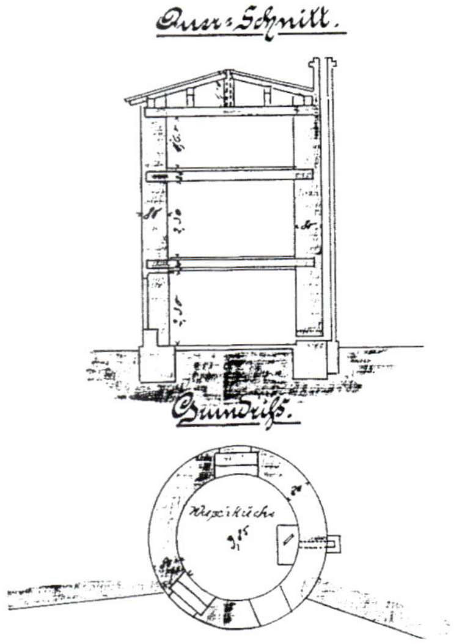

Die noch vorhandene Mauer aus Bruchsteinen und der ebenfalls aus Bruchsteinen gemauerte, runde Turm gehören wahrscheinlich zu einem ehemaligen Klostergut des Klosters Berge. 937 werden durch Otto I. Güter aus Salbke an das Stift Quedlinburg verschenkt, 1015 stattet Erzbischof Gero das Kloster Unser Lieben Frauen mit Salbker Ländereien aus, 1189 hatte das Kloster Münzenberg bei Goslar hier Besitzungen, die als Freihof und Meierei bezeich-

net werden, das Kloster Sionsberg in Quedlinburg besaß ein Vorwerk. Die beiden letzten Besitzungen werden 1515 an das Kloster Unser Lieben Frauen verkauft. Das Klostergut wird vielleicht erst durch den Schmalkaldischen Krieg verwüstet. Salbke brannte hierbei 1826 vollständig nieder.
Im Jahre 1894 wird das Klostergut als gehörig dem Sacharin-Fabrikanten Fahlberg-List ausgewiesen. Zu dieser Zeit wird das ehemalige Klostergut als Hofstelle genutzt. Um einen Hof herum gruppieren sich ein Schafstall, zwei Pferde- und zwei Ochsenställe sowie ein Wohnhaus. Der runde Turm wird als Taubenpfeiler bezeichnet. Mehrere Versuche des Fabrikanten Fahlberg-List schlagen fehl, auf dem Hof ein Kupfer-Extraktionswerk zu errichten. Schließlich werden Kleinwohnungen auf dem Gelände gebaut. Der Turm wird nach seiner Sanierung, das Dach mit einer Ziegeldeckung wird gegen eines mit einer Asphalt-Teerpappenlage ausgetauscht und zwei Fenster werden eingebrochen, als Waschküche genutzt. 1960 ist das Gelände im Besitz des VEB Fahlberg-List. Der Betrieb erklärt die Scheune und die Stallgebäude für baufällig.

282
Volksbad Südost

Gröninger Straße 2–3
1926
Johannes Göderitz

Der Komplex des Volksbades Südost besteht aus drei differenzierten Baukörpern mit unterschiedlichen Funktionen. An das vertikal geprägte Treppenhaus schließt, beidseitig versetzt, das dreigeschossige Hauptgebäude der Badeanstalt mit Dusch- und Wannenbädern an. Eine Büchereizweigstelle sowie die Bademeisterwohnung befanden sich im zweigeschossigen Gebäudeteil.

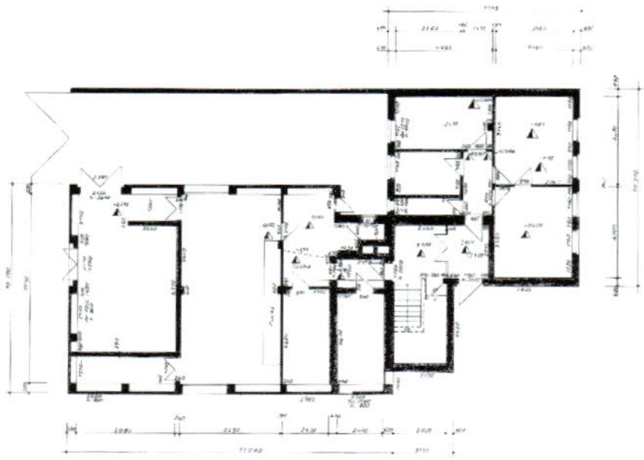

Das Volksbad zeigt die typischen Materialien und die typische Architektursprache, die J. Göderitz bei mehreren Objekten in Magdeburg einsetzte (vgl. z. B. 244). Die architektonische Form entwickelte sich aus der Raumgruppierung, aus der Konstruktion (Stahlbetonskelettbau) und dem Material. Die roten Ziegel der Außenbekleidung waren weiß verfugt. Plastische, kubisch wirkende Fensterumrahmungen betonen die horizontale Fassadengestaltung des Badetraktes, während der Treppenhausturm und der zweigeschossige Bauabschnitt durch ihre Fensterformate vertikal gegliedert sind. Ursprünglich waren die liegenden Fensterformate im Badehaus farbig und die stehenden Fensterformate im Büchereitrakt weiß gestrichen. Die Fenster des dazwischen liegenden Treppenhauses vermittelten sozusagen zwischen beiden Bauabschnitten, indem sie als stehende Fenster den Farbanstrich der liegenden Fenster erhielten.

283
Sankt Gertraud, ev. Kirche
Alt Salbke 80
1865
Siegismund und Hermann Schrader

1865 wird anstelle der romanischen Kirche, welche 1018 vom Magdeburger Bischof Thitmar geweiht wurde, die heutige neogotische St. Gertrauden-Kirche errichtet. Ein Gedenkstein an der Außenwand erinnert an die Erbauer der neuen Kirche, Siegismund und Hermann Schrader. Die Kirche ist ein mittelgroßer Backsteinbau in schlichten neugotischen Formen mit stämmigem Westturm. Die Fassade des erhöht gelegenen Baus wird durch eine dreischiffige Vorhalle mit Spitzgiebeln betont. Über dem Mittelportal erhebt sich der Turm. Dieser läuft oben in vier dünnen Fialen und einem hohen Spitzhelm aus. Die Seitenwände werden gegliedert durch flache Strebepfeiler und große, mit dünnem gusseisernem Maßwerk ausgestellte Fenster. Den lichten Saal überdeckt ein offener Dachstuhl, der als gotisierendes Hängewerk ausgeführt wurde. Das Chorpolygon erstreckt sich hinter einem überlängten Triumpfbogen. Das Sterngewölbe im Chor hat eine sparsame Gliederung und lagert auf Runddiensten und -rippen. Im Westen ist eine U-förmige Empore als Holzkonstruktion eingebaut. Der Außenbau und die Raumgestalt sind ein Zeugnis der Neogotik der Jahrhundertmitte und noch deutlich von der Schinkelschen Gotik-Rezeption geprägt, in der noch dem Klassizismus verpflichteten saalartigen Raumauffassung und der Spärlichkeit der gotischen Konstruktions- und Zierelemente. Die drei bleiverglasten Bildfenster, auf denen Szenen der „Geburt Jesu", die „Speisung der Fünftausend", die „Bergpredigt" und die „Kreuzigung" aus dem Neuen Testament dargestellt sind, wurden auf Beschluss der Gemeinde während des Zweiten Weltkrieges ausgebaut. Nach Kriegsende konnten sie unversehrt wieder eingesetzt werden.

284
Pfarrhof/Taubenturm
Greifenhagenerstraße 3

Der Pfarrhof gehört zu einer Gesamtheit baulicher Anlagen, die den historischen Ortskern um die Kirche mitbegründen. Das zweigeschossige Wohnhaus unter einem Walmdach ist glatt verputzt und zur Straße giebelständig angeordnet. Das Wohnhaus und das Kapellengebäude sind in Massivbauweise errichtet, zum Teil in Bruchstein. Das Kapellengebäude, unter einem Satteldach, besitzt mit Faschen gerahmte Fenster mit Segmentbogen. Der Sockel ist aus Bruchsteinen gemauert. Die Einfriedungsmauer, außen in Bruchstein, wurde auf der Innenseite verputzt. Der Taubenturm im Hof ist achteckig und wird von einem Spitzdach mit Ziegeldeckung überdacht. Bekrönt ist er mit einer Kugel als Turmspitze. Der Turm ist bereits als Baudenkmal ausgewiesen. Er wurde wahrscheinlich erbaut, um im Rahmen einer Viehzucht, die Selbstversorgung des Pfarrers sicher zu stellen, die auf dem Hof untergebracht war. Pfarrer wurden finanziell nicht unterstützt und waren auf derlei Selbstversorgung angewiesen.

285
Hofanlage
Kyffhäuserstraße 4

Die Hofanlage stammt vermutlich aus der Mitte des 18. Jahrhunderts und wurde durch den Baumeister Süß errichtet. Sie ist im alten Ortskern angelegt, der sich vom Klosterhof bis zur Oschersleber Straße erstreckt. Von der Anlage kann sie einem typischen Bördehof zugeordnet werden. Ein zweigeschossiges, massives und glatt geputztes Wohnhaus, welches giebelständig zur Straße angeordnet ist, reiht sich mit den Stallgebäuden und der Scheune um die Hofstelle. Zur Straße wird der Hof durch eine Mauer abgetrennt. Die Scheune wird 1893 für den damaligen Eigentümer Heinrich Heinecke durch den Bauunternehmer Wilhelm errichtet. Im Jahre 1933 beantragt der Landwirt Otto Ulrich den Bau einer Milchstube zur Aufbewahrung von Milch.

Westerhüsen

Die günstige Lage von Westerhüsen auf dem Hochufer der Elbe lässt auf eine sehr frühe Siedlungsgeschichte schließen. So finden sich im Bereich von Westerhüsen Funde, die auf eine jungsteinzeitliche Besiedelung hinweisen. Die erste urkundliche Erwähnung findet in der Mitte des 9. Jahrhunderts statt. Der Name Westerhüsen stammt vermutlich von einem nach Westen ausgerichteten Einzelhof. Eine andere Theorie besagt, dass es das Pendant zu einem nordöstlich von Schönebeck/Salzelmen gelegenen Ort mit dem Namen Osterhüsen sei, beide an der alten Post- und Heerstraße gelegen.
Für die Ortsentwicklung entscheidend ist neben der naturräumlichen Situation die Lage an der Straße Schönebeck–Magdeburg sowie, jedoch erst sehr viel später, der Eisenbahnstrecke. Bis 1850 zeigt sich Westerhüsen als einfaches Bauerndorf mit dörflicher Struktur, bestimmt durch die landwirtschaftliche Nutzung der ertragreichen östlich gelegenen Ackerflächen der Börde und der Grünländereien in der Elbaue sowie der Fischerei in den Elbgewässern. Durch die Lage an der Heerstraße Magdeburg–Halle sowie der Fähre über die Elbe wird das Dorf häufig von durchziehenden Heertruppen zerstört, geschädigt oder als Quartier in Beschlag genommen. Der Grundriss des Dorfes, die Gebäude und Hofanlagen unterscheiden sich deutlich von den Dörfern der Elbaue, wie zum Beispiel im Elbdorf Pechau. Vom Charakter lässt sich Westerhüsen einem typischen Bördedorf zuordnen. Ab 1850 erfährt Westerhüsen eine zunehmende Siedlungserweiterung. Mit der Ansiedlung von Industrie geht der dörfliche Charakter verloren.
1919 erfolgt die Eingemeindung des Dorfes in die Stadt Magdeburg.

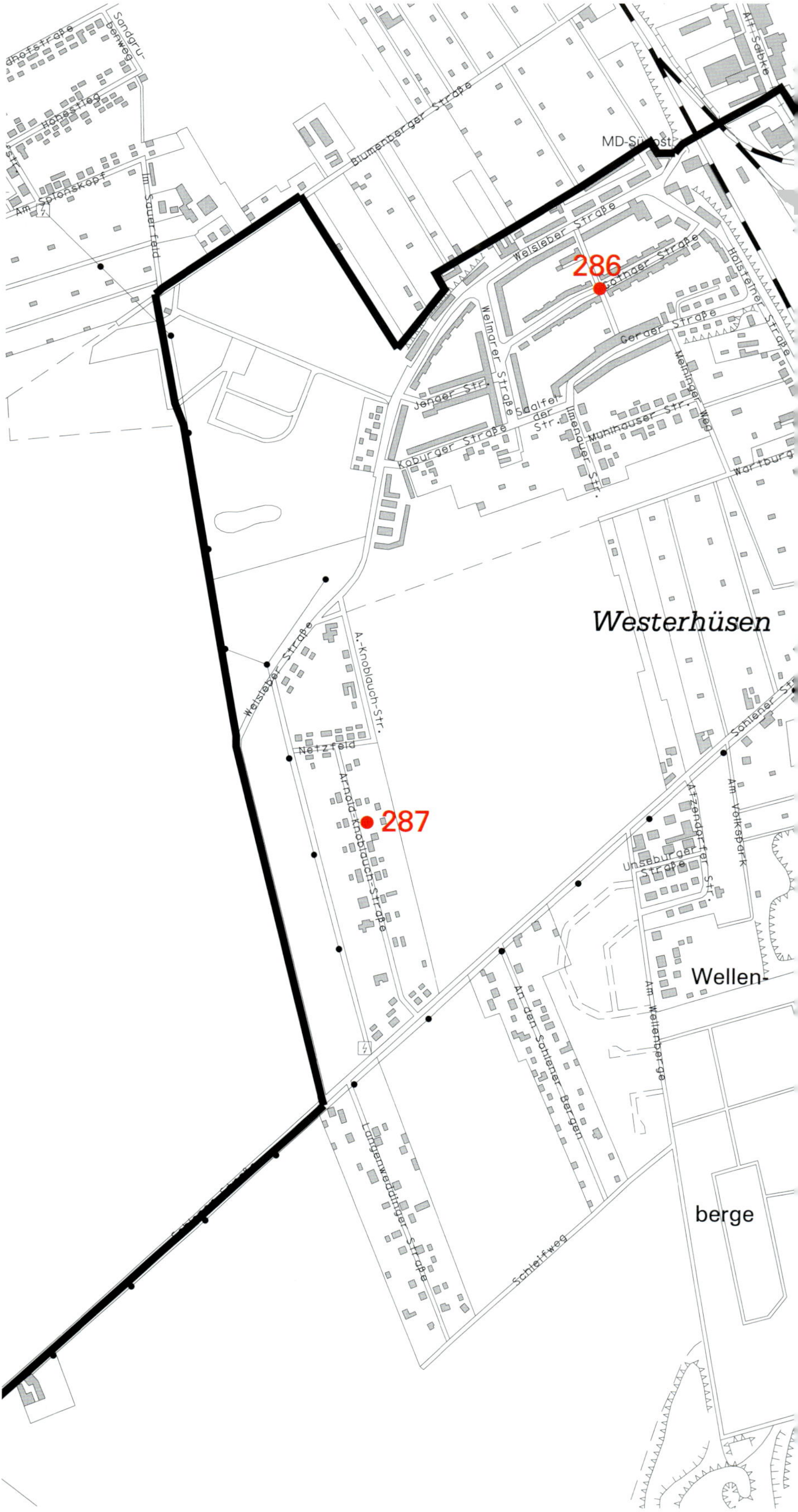
Westerhüsen
Wellen-
berge
286
287
MD-Südost
Blumenberger Straße
Welsleber Straße
Gothaer Straße
Geraer Straße
Holsteiner Straße
Weimarer Straße
Jenaer Str.
Koburger Straße
Saalfelder Str.
Ilmenauer Str.
Mühlhauser Str.
Meininger Weg
Wartburg
A.-Knoblauch-Str.
Netzfeld
Arnold-Knoblauch-Straße
Schleiner Str.
Am Volkspark
Atzendorfer Str.
Unseburger Straße
An den Schleiner Bergen
Am Wellenberge
Langenweddinger Straße
Schleifweg
Alt Salbke
Sandgrubenweg
Hohestieg
Am Spionskopf
Im Sauerfeld

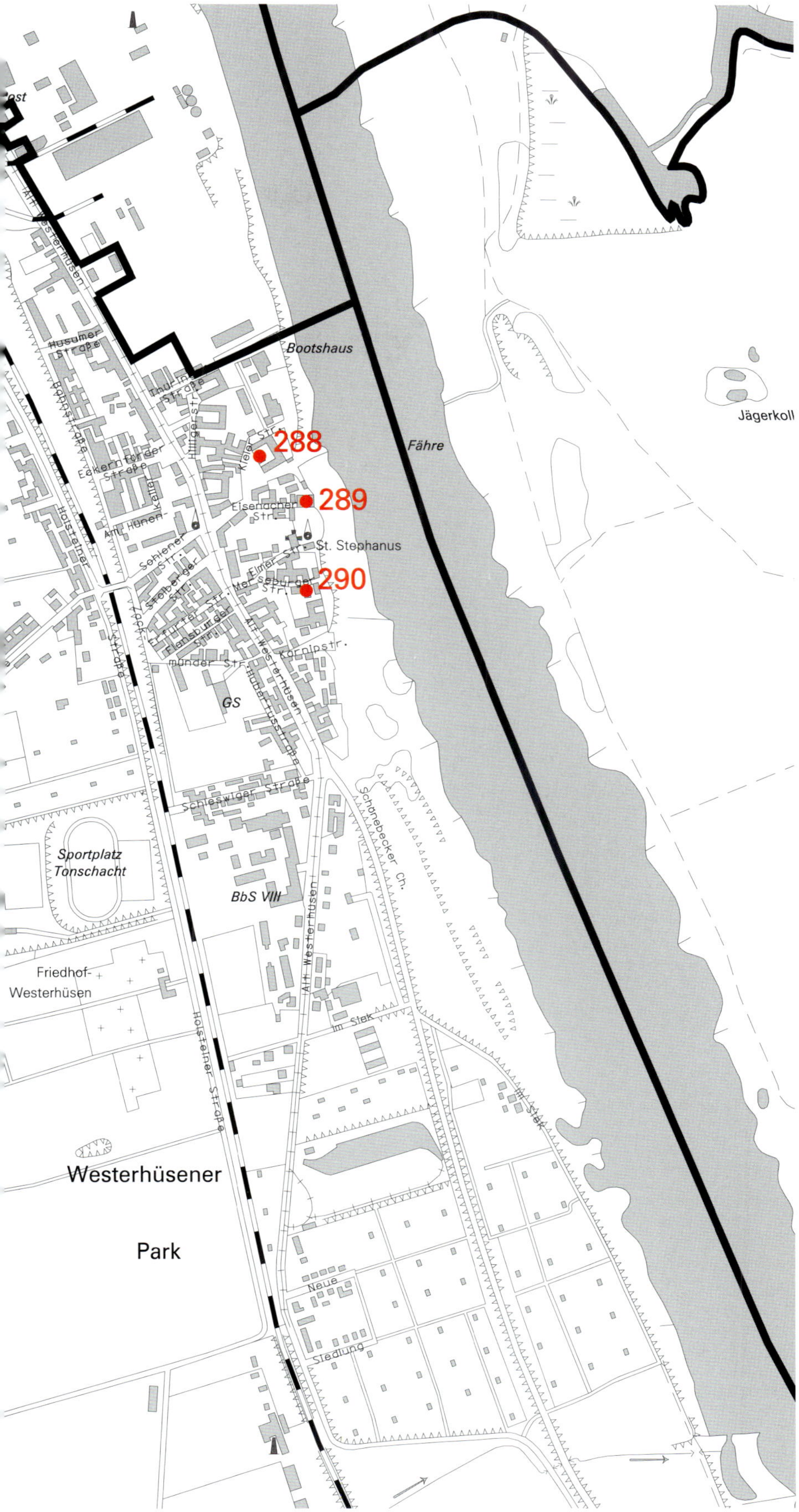
Bootshaus
Fähre
Jägerkoll
288
289
290
St. Stephanus
Husumer Straße
Thüringer Straße
Hilliger Str.
Kieler Str.
Eisenacher Str.
Eckernförder Straße
Holsteiner Str.
Elmer Str.
Merseburger Str.
Flensburger Str.
Kornipstr.
Alt Westerhüsen
GS
Schleswiger Straße
Sportplatz Tonschacht
BbS VIII
Schönebecker Ch.
Friedhof-Westerhüsen
Im Stek
Holsteiner Straße
Westerhüsener
Park
Neue
Siedlung

286
Siedlung Westerhüsen

Jenaer Straße, Gothaer Straße,
Koburger Straße, u.a.
1926–1938
Gerhard Gauger, Konrad Rühl, J. Arnold,
J. Hotz, F. W. Ferd. Müller

Die überwiegende Anzahl der Gebäude des Siedlungsbereiches am Bahnhof Südost wurde von 1926 bis 1928 errichtet, doch sie entsprechen keineswegs einem einheitlichen Baustil.
1926 entstanden beiderseits der Gothaer Straße und an einem Teilabschnitt der Welsleber Straße Siedlungshäuser mit dem typischen Tonnendach der „Zollinger"-Bauweise (vgl. 287). Die traufseits zur Straße stehenden Doppelhäuser mit ausgebautem Dachgeschoss waren mit flach gedeckten Zwischenbauten verbunden, so dass eine geschlossene Bebauung geschaffen wurde, die durch giebelständige Einfamilienhäuser ihren Abschluss fand. Durch Um- und Anbauten und den Einsatz nicht authentischer Materialien ist die einstige Homogenität des Straßenbildes verloren gegangen.
Die von 1926 bis 1928 an der Welsleber Straße und an der Weimarer Straße errichteten zweigeschossigen Mehrfamilienhäuser mit Satteldach zeigen ebenso wie die Reihenhäuser an der Weimarer Straße eine konservative Architektur mit einer gegliederten Fassadenstruktur, die ursprünglich durch eine gleichmäßige Sprossenteilung der Fenster gestützt wurde.
Mit dem Bau der Reihenhäuser an der Jenaer Straße und an der Koburger Straße wurde Ende 1926 begonnen. Hier zeigen die flach gedeckten, zweigeschossigen Häuserzeilen mit einer konsequent systematischen Fassadengliederung die Architektur des modernen Bauens der zwanziger Jahre. Die Reihenhäuser sind durch leicht vorspringende Klinkerbänder deutlich in einzelne Hausabschnitte mit identischer Gestaltung gegliedert. Ursprünglich waren die Fenster farblich vom hellen Fassadenputz abgesetzt und gleichmäßig geteilt. Obwohl bei der Sanierung der Häuser neue Elemente wie Hauseingangsüberdachungen hinzugefügt wurden, wurde versucht, wieder eine Einheitlichkeit der Gestaltung zu erreichen. Diese Bemühungen machten die Wohnungsnutzer durch Veränderungen z. B. an den Eingangsbereichen und durch vorgesetzte Rolladenkästen über den Fenstern schnell wieder zunichte. Zur Gartenseite war jeder Hauseinheit ein Stall angefügt, dessen Dach eine vom Obergeschoss des Hauses begehbare kleine Terrasse bildete. Beim Bau dieser von Konrad Rühl und Gerhard Gauger entworfenen Häuser wurden als technische Neuerung so genannte „Rapidbalkendecken" eingesetzt. In einer vor Ort eingerichteten Fertigungsanlage wurden die Rapidbalken (Stahlbetonbalken) hergestellt und per mobilem Kran montiert.

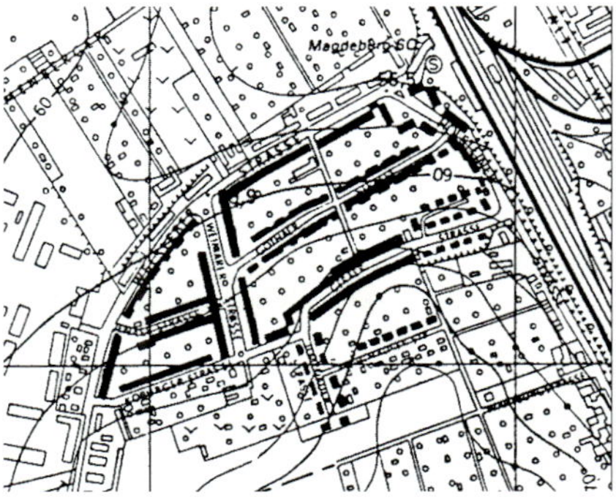

Etwa zeitgleich wurden 1927 die Häuser Holsteiner Straße 2, 3 und 4–6 gebaut, die, wie auch das Haus Gothaer Straße 2 (1930), eine Architektur des Neuen Bauens der zwanziger Jahre zeigen. Die flach gedeckten Baukörper sind durch Loggien oder Balkone, durch versetzte oder in der Höhe differierende Bauteile kubisch gegliedert. Ebenso wie bei den Häusern der Jenaer Straße lagen die Fenster sehr flach in den Fassaden und sie waren farblich vom hellen Fassadenputz abgesetzt.
Als letzte Baumaßnahmen in diesem Zeitabschnitt wurden 1930 die Häuserzeilen an der Geraer Straße Nr. 4–10 und auf der südlichen Seite 1931 die Häuser Nr. 9–17 errichtet. Die Dreizimmer-Wohnungen in diesen Häusern waren klein und auch die Architektur war aufs Einfachste reduziert.
Nach dem politischen Machtwechsel von 1933 änderte sich in Westerhüsen die Baustruktur und die Bautätigkeit ging rapide zurück. 1936/37 wurde die Bebauung an der nördlichen Geraer Straße nach Entwürfen von J. Arnold fortgesetzt, wobei er den Stil der vorhandenen Gebäude beibehielt. Bereits 1933/34 wurden die eingeschossigen Einfamiliendoppelhäuser nach Plänen des Architekten J. Hotz an der nördlichen Mühlhauser Straße errichtet und 1934/35 folgten die von F. W. Ferd. Müller entworfenen Häuser an der Ilmenauer Straße.
Eine letzte Phase der Bautätigkeit erfolgte 1938. An der östlichen Geraer Straße wurden Billigstwohnungen in eingeschossigen Einfamilienhäusern mit steilem Satteldach gebaut, deren Planung von der Vereinigten Bauverwaltung ausgeführt worden war, und an der nord-östlichen Holsteiner Straße entstanden nach Entwürfen von J. Arnold dreigeschossige Mehrfamilienhäuser mit Walmdach, deren Architektur nur noch den Anspruch der Zweckdienlichkeit erhob. Um 1960 wurde die Siedlung durch eine Bebauung an der nördlichen Welsleber Straße komplettiert.

287
Arnold-Knoblauch-Straße
Arnold-Knoblauch-Straße
1923–1925

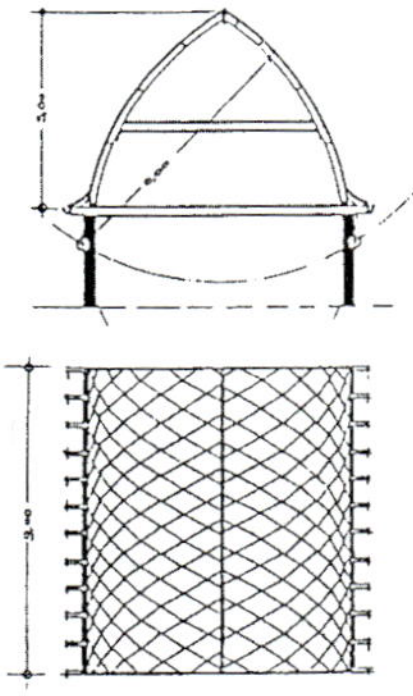

Tonnengewölbte Dächer sind das charakteristische Merkmal dieser kleinen Wohnsiedlung. In dem Bemühen, kostengünstigen Wohnraum zu erstellen, wurde bei der Errichtung der Häuser ein Verfahren angewandt, das von dem Architekten Fritz Zollinger (ab 1918 Stadtbaurat in Merseburg) entwickelt worden war. Fundamente, Kellerwände und Kellerdecken wurden im sog. „Zollingerschen Schüttverfahren" aus Kiesbeton hergestellt. Die weiteren Wände wurden konventionell gemauert, wobei auch Eigenleistungen der Siedler eingesetzt wurden. Die typischen Dachkonstruktionen, die „Zollinger-Lamellendächer", basierten auf dem Prinzip einer stützenlosen, bogenförmigen Bohlenbinderkonstruktion. Lamellen, aus Brettern gleicher Abmessungen, wurden zu einem rautenförmigen Flächentragwerk zusammengesetzt und verschraubt. Durch die Verwendung kurzer und vergleichsweise gering bemessener Holzteile lag der Holzverbrauch etwa 40–50 % unter dem üblicher Dachkonstruktionen. Außerdem bot der stützenfreie Dachraum wesentlich effektivere Ausnutzungsmöglichkeiten. Eingedeckt waren die Dächer mit einer roten Biberschwanzkronendeckung.
In gleicher Bauweise wurden z.B. in der nahegelegenen Gothaer- und Welsleber Straße (286) und in der Steinbergstraße (182) Häuser ausgeführt.

288
Hofanlage
Kieler Straße 6
1767

Die vierseitig geschlossene Hofanlage dokumentiert in ihrer regelmäßigen Anlage, mit dem zweigeschossigen Wohnhaus, den beiden flankierenden Hoftoren unter Torbögen und den Nebengebäuden eine der bedeutendsten Hofstellen im historischen Ortskern.
Die seitlich zum Wohnhaus gelegenen Nebengebäude sind aus Bruchsteinmauerwerk, welches lagerhaft vermauert wurde. Die Ortquader sind durch ein Backsteinmauerwerk ersetzt worden und schmücken das Gebäude, wie auch die in Backstein eingearbeiteten Brüstungs- und Gurtgesimse. Durch einen Zahnschnitt besonders hervorgehoben ist das Gurtgesims. Die hochrechteckigen Fenster im Erdgeschoss, im Giebel drei als Nische ausgebildet und an der Längsfassade fünf, zieren backsteingemauerte Faschen und scheidrecht gemauerte Stürze aus Backstein. Auf der Längsseite sind den Fenstern im Drempelbereich Zwillingsnischen übergeordnet. Im Giebeldreieck wurde ein ähnliches Motiv verwandt. Den beiden Fenstern im Obergeschoss wurde eine Drillingsnische übergeordnet. Die sich anschließenden Hoftore sind ebenfalls aus Backstein erstellt. Das rechte weist dabei noch reichliche Verzierungen über dem Segmentbogen auf. Das Wohnhaus ist ein schlichter glatt verputzter Bau unter einem Satteldach. Im Obergeschoss sind die sechs Fenster zu je zwei Fenstern als Gruppe geordnet. Der rückwärtige Abschluss der Hofstelle wird durch eine hoch aufragende Fachwerkscheune gebildet.

289
St. Stephanus, Kirchturm
Elmer Straße 2
möglicherweise Ende 8. Jh.

Der Kirchenname deutet darauf hin, dass es sich um ein Anwesen aus dem 8. Jh. handeln könnte. Ein Missionar Hildegrim, der das Gebiet zwischen Harz und Havel christianisierte, ließ am Ausgang des 8. Jahrhunderts in der Region über dreißig Kirchen errichten, die er sämtlich unter den Schutz des Heiligen Stephan stellte. Die Westerhüser Kirche wurde am 14. Februar 1944 durch eine Bombe getroffen. Das Kirchenschiff wurde gänzlich zerstört. Lediglich der Westturm blieb in seinen Umfassungsmauern erhalten. Er wurde 1964 baulich gesichert. Der Turm verfügt über eine achtkantige Haube in barocker Zwiebelform und weist im Erdgeschoss eine spitztonnengewölbte Halle auf. In der oberen Etage besitzt er rundbogige Schallöffnungen. In seinem Inneren befindet sich ein Sandsteinrelief aus dem 15. Jahrhundert. Darauf abgebildet ist eine Kreuzigungsszene, wobei über Christus Sonne und Mond dargestellt sind. Neben der knienden Stifterfigur befinden sich mehrere Heilige, darunter der Namenspatron der Kirche, der Heilige Stephanus. Im Pfarrgarten liegt ein beschädigter romanischer Taufstein, dessen Beckenrand mit zwei übereinandergelegenen Rundbogenblenden verziert ist. Erhalten geblieben ist eine Glocke aus dem Jahre 1523. Sie wurde, wie die Randinschrift verkündet, von „clawes backmester van magde borch" gegossen. Die 550 Kilogramm schwere Glocke wurde in einem hölzernen freistehenden Glockenstuhl aufgehangen, wo sie per Hand geläutet wurde. In den letzten Jahren durfte sie wegen Baufälligkeit des Gerüstes nicht mehr erklingen. Im Dezember 1998 wurde die Glocke vom Gerüst gehoben.

290
Wohnhaus
Merseburger Straße 4

Das spätklassizistische, zweigeschossige Gebäude mit einem Satteldach steht traufständig zur Straße. Das Bruchsteinmauerwerk ist glatt verputzt. Die sechsachsige Straßenfassade ist durch hochrechteckige Fenster gegliedert. Bis auf ein Brüstungsgesims sind alle Schmuck- und Zierelemente verloren gegangen. Die beiden mittleren Fensterachsen, in die auch der Eingangsbereich integriert wurde, sind wahrscheinlich durch einen Mittelrisalit hervorgehoben gewesen. In einer rundbogigen Nische, mittig in der oberen Fensterreihe angeordnet, steht eine Madonna.
Im Giebel sind zwei Rundbogenfenster, denen eine rundbogige Nische übergeordnet ist.
Im Jahre 1927 ist das Haus im Besitz des Zeichenlehrers Heinrich Bosse.

Brückfeld

Nach der endgültigen Fertigstellung der Turmschanze im Jahre 1731 wird der Innenbereich von den Militärs zur Besiedlung freigegeben. Die Ansiedlung erhielt den Namen Friedrichstadt, den sie bis 1945 trug. Der Heumarkt bildete den Mittelpunkt der nach militärischen Gesichtspunkten errichteten Siedlung. Straßennamen, wie z. B. „Am Charlottentor" (erbaut 1818, im Zusammenhang mit dem Bau der Berliner Chaussee) zeugen von der ehemaligen Festungsanlage. Bereits 1846 erhält die Friedrichstadt einen Bahnanschluss der Eisenbahn Magdeburg–Potsdam–Berlin. Nach Auflassung der Festung beginnt die Stadt Magdeburg umfangreiche Wohnsiedlungen zu errichten, so entsteht auch in den Jahren 1926–1931, unter der Leitung von Rother und Rühl, die Angersiedlung. Heute wohnen im Stadtteil 2 678 Menschen (Stand: 31.12.1998).
Das Ernst-Grube-Stadion (1955) und die Sporthalle (1998) sind Publikumsmagneten der Landeshauptstadt.

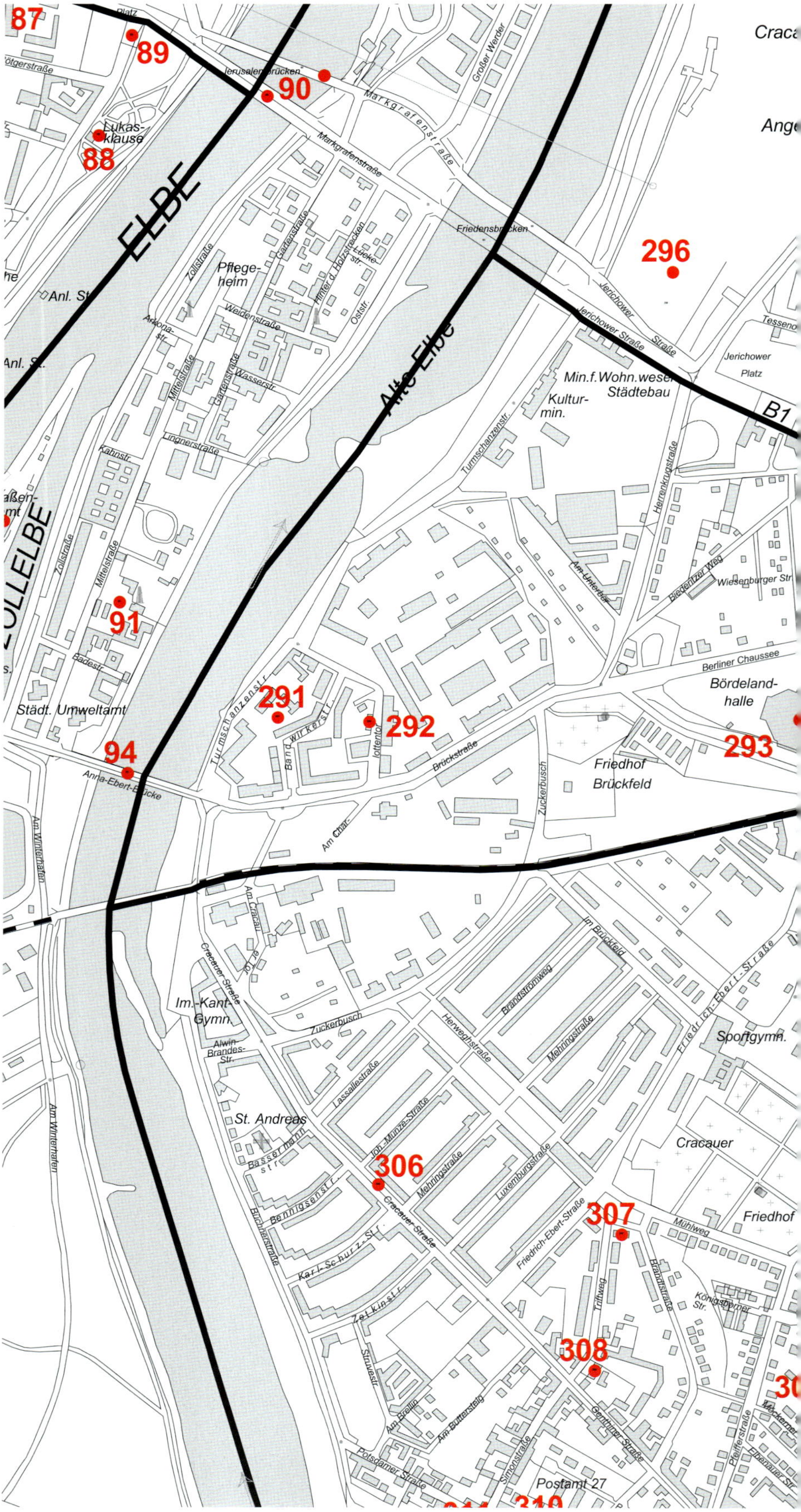
87
89
90
88
Lukasklause
ELBE
Alte Elbe
ZOLLELBE
Jerusalembrücken
Markgrafenstraße
Großer Werder
Friedensbrücken
Pflegeheim
Gartenstraße
Zollstraße
Weidenstraße
Arkonastr.
Mittelstraße
Wasserstr.
Lingnerstraße
Kahnstr.
Badestr.
Städt. Umweltamt
91
94
Anna-Ebert-Brücke
291
292
Turmschanzenstr.
Brückstraße
Zuckerbusch
296
Jerichower Straße
Jerichower Platz
Min.f.Wohn.wesen Städtebau
Kulturmin.
B1
Herrenkrugstraße
Biederitzer Weg
Wiesenburger Str.
Berliner Chaussee
Bördelandhalle
293
Friedhof Brückfeld
Im Brückfeld
Friedrich-Ebert-Straße
Sportgymn.
Brandstromweg
Mehringstraße
Herwegstraße
Lassallestraße
Im.-Kant-Gymn.
Alwin-Brandes-Str.
Cracauer Straße
St. Andreas
Joh.-Münze-Straße
306
Luxemburgstraße
Cracauer Friedhof
307
Mühlweg
Triftweg
Brandtstraße
308
Genthiner Straße
Bennigsenstr.
Karl-Schurz-Str.
Zetkinstr.
Struvestr.
Am Brellin
Am Buttersteig
Potsdamer Straße
Simonstraße
Postamt 27
Pfeifferstraße
Am Winterhafen

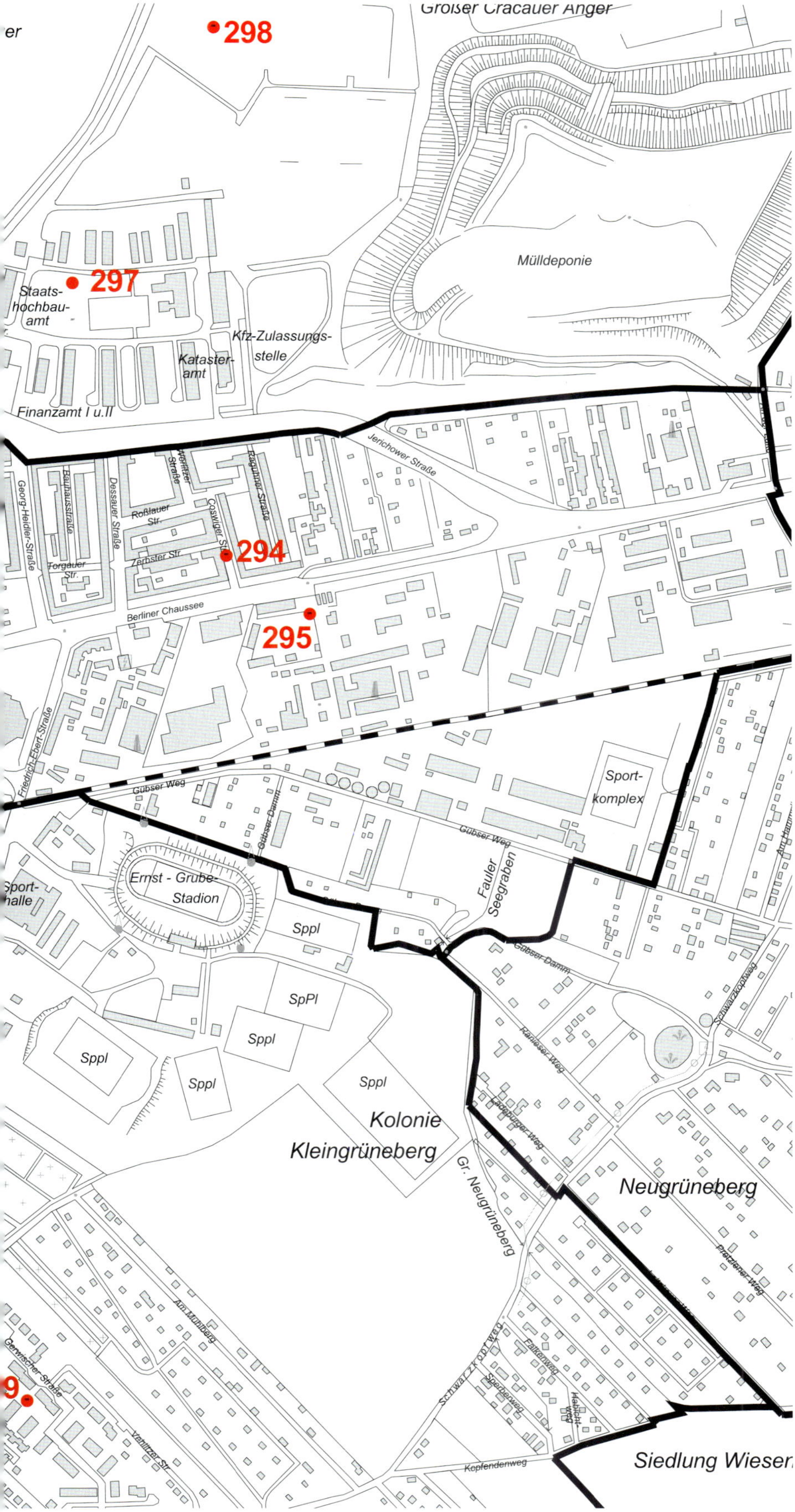
Großer Cracauer Anger
298
297
Staats-
hochbau-
amt
Kfz-Zulassungs-
stelle
Kataster-
amt
Finanzamt I u.II
Mülldeponie
Jerichower Straße
Raguhner Straße
Georg-Heidler-Straße
Bauhausstraße
Dessauer Straße
Roßlauer Str.
Coswiger Str.
294
Zerbster Str.
Torgauer Str.
Berliner Chaussee
295
Friedrich-Ebert-Straße
Gübser Weg
Sport-
komplex
Gübser Damm
Ernst - Grube-
Stadion
Sport-
halle
Sppl
Fauler
Seegraben
SpPl
Kolonie
Kleingrüneberg
Gr. Neugrüneberg
Neugrüneberg
Schwarzkopfweg
Pretziener Weg
Am Mühlberg
Gerwischer Straße
Falkenweg
Sperberweg
Kopfendenweg
Siedlung Wieser

291
Umgestaltungsgebiet Heumarkt
Bandwirkerstraße
1985–1988/89

Der bis 1977 noch weitgehend erhaltene Heumarkt mit zahlreichen Bombenlücken, einem unmittelbar angrenzenden Kohlehof und einer stark verschlissenen und leer stehenden Bausubstanz ist über Jahrzehnte ein Problemfall im Stadtbild, weil er eine wichtige Einfallstraße in das Stadtzentrum prägt. Ein 1984 im Büro des Stadtarchitekten gefertigtes Bebauungskonzept für den Nordteil dokumentiert den schier unmöglichen Versuch, mit den Segmenten der Plattenbauweise einen differenzierten historischen Stadtgrundriss nachzuempfinden und zu komplettieren. So wird nach erheblichen Abbrüchen 1985–1988/89 der nördliche Heumarkt neu bebaut, wobei auch einige wenige gründerzeitliche Wohngebäude rekonstruiert werden. Die Gebäude am Heumarkt stellen eine Anwendung der für die innerstädtischen Standorte entwickelten Serie WBS M86 dar. Auf Grund der krisenhaften bauwirtschaftlichen Situation der DDR in den 80er Jahren dokumentieren die wenig strukturierten Fassaden der Plattenbauten und die kaum angepassten Gebäudeübergänge und Eingangsbereiche die Probleme der zugrunde liegenden Bauweise.

292
Wohnhaus
Am Charlottentor 12
1865
Oscar Oeltze, A. Paul

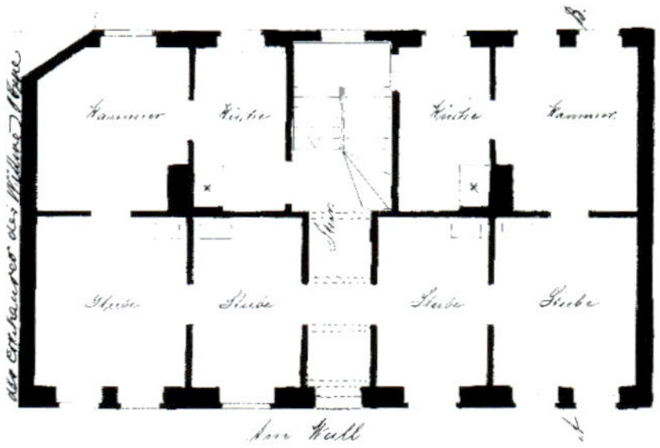

Letztes altes, im Neubaukomplex Heumarkt erhaltenes Wohnhaus, charakteristisch für die einstige Bebauung in der Friedrichstadt. Dreistöckiges, achtachsiges, traufständiges Reihenmietshaus aus der Phase des mittleren Historismus mit Satteldach und zurückhaltender, symmetrischer Fassadengestaltung. Erdgeschoss mit einer schlichten Putzbandgliederung und einem von kannelierten Pilastern gerahmten Eingang. Fenster in den beiden Obergeschossen paarweise durch eine einfache Rahmung zusammengefasst, von schlichten Kragplatten überfangen und im ersten Obergeschoss von kleinen Konsolen gestützt. Auf Sohlbankhöhe im zweiten Obergeschoss verläuft ein antikisierender Palmettenfries. Diese in der Plastizität zurückhaltende und an der griechischen Ornamentik orientierte, symmetrische Fassadengestaltung der 60er und 70er Jahre des 19. Jahrhunderts ist auch unter dem Begriff der „hellenischen Renaissance" geläufig. Die Etagen sind als Zweispänner mit 3-Zimmer-Wohnungen angelegt.
Das Mehrfamilienhaus ließ die Witwe Caroline Poppe von Zimmermeister Oscar Oeltze und Maurermeister A. Paul errichten. Es diente zwischenzeitlich als Dienstwohngebäude für die Artillerie.
Das Gebäude wurde nach Redaktionsschluss abgerissen.

293
Bördelandhalle

Berliner Chaussee 32
1994–1997
Helmut Blöcher
Raimund Krawinkel
Moritz Kroht

Als Standort für die multifunktionale Sporthalle wurde in unmittelbarer Nachbarschaft zum Ernst-Grube-Stadion ein etwa 3,4 ha großes Areal gewählt. Mit einer Vierfeld-Sporthalle für max. 7000 Besucher, mit zwei integrierten Übungshallen und weiteren sportorientierten Funktionsräumen wurde eine moderne Sport- und Veranstaltungsstätte geschaffen, in der mehr als 30 Sportarten möglich sind. Daneben ist sie für Konzerte, Kongresse und Shows ausgelegt. Die freie Raumhöhe zwischen dem Hallenboden und der Beleuchterbrücke beträgt 16 m, die gesamte Innenhöhe 22 m. Das äußere Erscheinungsbild ist durch eine starke Betonung der Konstruktion bestimmt. Auf einer Stahlbetonplatte ruhen die tragenden Wände und Stützen aus Stahlbeton. Das Dach (Stahl-Trapezbleche) wird in 22 m Höhe von 3 räumlichen Stahlfachwerk-Bogenbindern getragen, die ihrerseits auf den Treppentürmen, nach außen sichtbar, aufliegen. Eine Fassade aus Aluminium und Glas rundet das kompakte und sachliche Bild des 109 m langen Gebäudes ab. Auf der umgebenden Freifläche sind 450 Stellplatze für PKW angeordnet.

294
Anger-Siedlung

Coswiger Straße, Raguhner Straße, Bauhausstraße, u.a.
1913–1922/1926–1935
Artur Reinecke, Friedrich Rother, J. Arnold

Die Anger-Siedlung, zwischen Jerichower Straße und Berliner Chaussee, zählt zu den beachtenswerten Siedlungen des Neuen Bauens der zwanziger Jahre in Magdeburg.
Die ersten genossenschaftlichen Miethäuser ergänzten eine bestehende Bebauung und wurden von 1913–1917 an der nordöstlichen Dessauer Straße und an der Roßlauer Straße und deren Ergänzung von 1919–1922 an der Wörlitzer- und Jerichower Straße im traditionellen Stil ihrer Zeit errichtet. Bei den 1922 fertig gestellten Häusern Wörlitzer Straße 1 und 2 fallen fast expressionistische Gestaltungselemente an den Hauseingängen und an den Fassadenflächen auf. Außerdem waren die beiden Häuser farblich kontrastreich gestrichen, was der von Bruno Taut, der seit 1921 Stadtbaurat in Magdeburg war, initiierten Forderung nach mehr Farbe in der Stadtarchitektur entsprach.
Mit dem ab 1926 in Angriff genommenen Bauabschnitt östlich der Wörlitzer Straße begann die Phase des Neuen Bauens der zwanziger Jahre, die den heutigen Bekanntheitsgrad der Anger-Siedlung begründet. In enger Zusammenarbeit der Wohnungsbaugenossenschaft mit dem von Bruno Taut geschaffenen Stadterweiterungsamt wurden hier städtebauliche und architektonische Konzeptionen umgesetzt, wie sie auch für andere Magdeburger Siedlungen dieser Zeit maßgebend waren: die Trennung von Wohn- und Durchgangsstraßen, die Schaffung von zusammenhängenden, großen, begrünten Innenhöfen und einer Nord-Süd-Ausrichtung der Gebäude, die Typisierung von Wohnungsgrundrissen modernen Standards und die Ausbildung der Häuser als so genannte Zweispänner, in denen jeweils zwei Wohnungen je Etage vom Treppenhaus erschlossen wurden, damit eine optimale Belichtung und Belüftung der Wohnungen gewährleistet wurde. Bemerkenswert sind in der Anger-Siedlung nicht nur die starke Farbigkeit der Fassaden in den Farben Gelb, Rot und Schwarz, die kubischen Baukörper, die rhythmische Fassadengliederung, die häufige Anordnung vorkragender Loggien und die Betonung horizontaler Gliederungen durch farbliche Zusammenfas-

sung von Gestaltungselementen, sondern auch besondere Detaillösungen. So wurden z. B. in der Coswiger Straße die Treppenhäuser so gestaltet, dass die Treppenhausfenster in eine durchgehende Brüstung der beiderseits der Treppenhäuser liegenden, vorkragenden Loggien integriert wurden. In anderen Fällen, z. B.

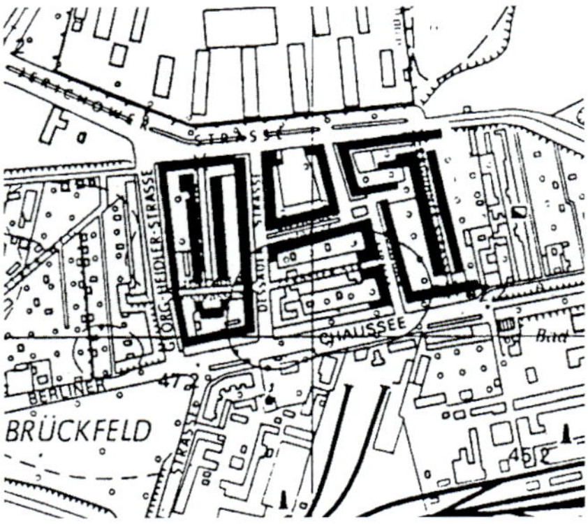

in der Raguhner Straße, liegen die Treppenhausfenster fassadenbündig zwischen den flankierenden, vorkragenden Loggiabrüstungen.

Die letzte Phase des Neuen Bauens begann 1929 im westlichen Abschnitt, zwischen Dessauer- und Georg-Heidler-Straße, auf dem Gelände einer erst im gleichen Jahr geschlossenen Radrennbahn. Auch hier wiederholte sich das städtebauliche Grundkonzept. Im Innern eines großen Baublocks liegt eine ruhige Wohnstraße, die durch Hausdurchfahrten, wie auch schon bei der Raguhner Straße, erschlossen wird. Architektur und Grundrissgestaltung waren ähnlich wie im östlichen Bauabschnitt, aber die kräftige Farbgestaltung wurde nicht wiederholt, sondern eine sehr viel dezentere Farbgebung eingesetzt.

Als Architekt hatte die Baugenossenschaft Friedrich Rother, ab 1931 in Kooperation mit Artur Reinecke, verpflichtet, die beide für die Genossenschaft auch andere Projekte in Magdeburg bearbeiteten.

Die von Rother geplante Bebauung an der Georg-Heidler-Straße wurde nicht mehr vollständig unter seiner Leitung ausgeführt. 1935 übernahm J. Arnold die Planung. Für die ergänzenden Bauten auf der östlichen Straßenseite orientierte sich Arnold an der bestehenden Architektur, doch die Hauszeilen auf der gegenüberliegenden Straßenseite zeigen z. B. mit einer Veränderung der Proportionen der Baukörper, mit steilen Dächern und mit den kräftigen Umrahmungen flachbogiger Hauseingangstüren die Elemente einer neuen Architekturauffassung der dreißiger Jahre.

295
Ehem. Ölmühle der Fa. Hubbe und Fahrenholtz

Berliner Chaussee 66
1891, 1899, 1926, 1936/37
Heinrich Cornelius, Paul Schaeffer-Heyrothsberge, Heinrich Tessenow

Seit 1890 Betriebsgelände der 1922 vereinigten Ölfabriken Gustav Hubbe und G. W. Farenholtz, eine der führenden und größten Ölfabriken Deutschlands und das wichtigste Unternehmen der Magdeburger Lebensmittelindustrie. Drei Architekten bauten maßgeblich für den Betrieb, in den 1890er Jahren Heinrich Cornelius und in den 20er und 30er Jahren Paul Schaeffer-Heyrothsberge und Heinrich Tessenow. Inzwischen ist das Gelände großflächig beräumt worden. An der Berliner Chaussee steht noch das unscheinbare zur Straße zwei- und zum Betriebsgelände dreistöckige Verwaltungsgebäude, ein Putzbau aus den Jahren 1936/37 von Tessenow. Neben der Zufahrt errichtete Cornelius 1891 die Direktorenvilla in gelber Ziegelbauweise mit rückseitigem, von einer Zwiebelhaube bekröntem Turmrisalit. Neben weiteren von Cornelius errichteten Produktionsgebäuden in roter Backsteinarchitektur, darunter ein Ölhaus von 1899, ist nur das 1936 von Schaeffer-Heyrothsberge konstruierte Rapssilo vom Abbruch verschont geblieben. Dieser Betonbau entstand als 12-zelliger Speicher mit einer Höhe von 29 m, ursprünglich in Verbindung mit einem nicht erhaltenen Rapslager.

Ein Stück stadteinwärts, Berliner Chaussee 42, ließ Gustav Hubbe 1915/16 nach Plänen des Architekten Peter Schneider eine Villa errichten, welche er der evangelischen Kirchengemeinde zum Gottesdienst übereignete. Sie trägt den Namen Ida-Hubbe-Kapelle.

Herrenkrug

Der Stadtteil „Herrenkrug" mit seinen 821 Einwohnern (Stand 31.12.1998), erstreckt sich von der Jerichower Straße/Berliner Chaussee bis zum Zuwachs, einem alten Elbarm. Die Elbe bildet die westliche Begrenzung, während der Umflutkanal im Osten eine natürliche Nutzungsbegrenzung darstellt. Die Berliner Eisenbahnstrecke bildet eine Barriere zwischen dem Großen und Kleinen Cracauer Anger und dem Herrenkrugbereich mit den Rennwiesen und dem Biederitzer Busch.

Dieser landschaftlich geprägte Stadtteil gehört zu den ältesten Naherholungsbereichen der Stadt Magdeburg. Bereits um 1790 werden erste Anlagen im landschaftlichen Gartenstil gestaltet. Die bis heute prägende Gestaltung beginnt 1863 und ist eng mit den Namen Niemeyer (1. Gartenbaudirektor der Stadt) und Schoch verbunden. Der Stadtteil ist über den Nordbrückenzug mit der Innenstadt verbunden. Bereits seit 1886 bringt eine Dampftrambahn (später die „Elektrische") die Besucher zum Herrenkrug und ab 1906 auch zur Pferderennbahn. Das erste Pferderennen wird am 15.08.1909 vor 42 000 Zuschauern als „Kronprinzenrennen" gestartet. Der Cracauer Anger ist lange Zeit der militärischen Nutzung vorbehalten. Mit der Bundesgartenschau 1999 ist es der Stadt gelungen, die weit über 100 ha große Fläche, die rund 50 m hohe Mülldeponie eingeschlossen, als einen Elbauenpark, mit regionaler Bedeutung, umzugestalten.

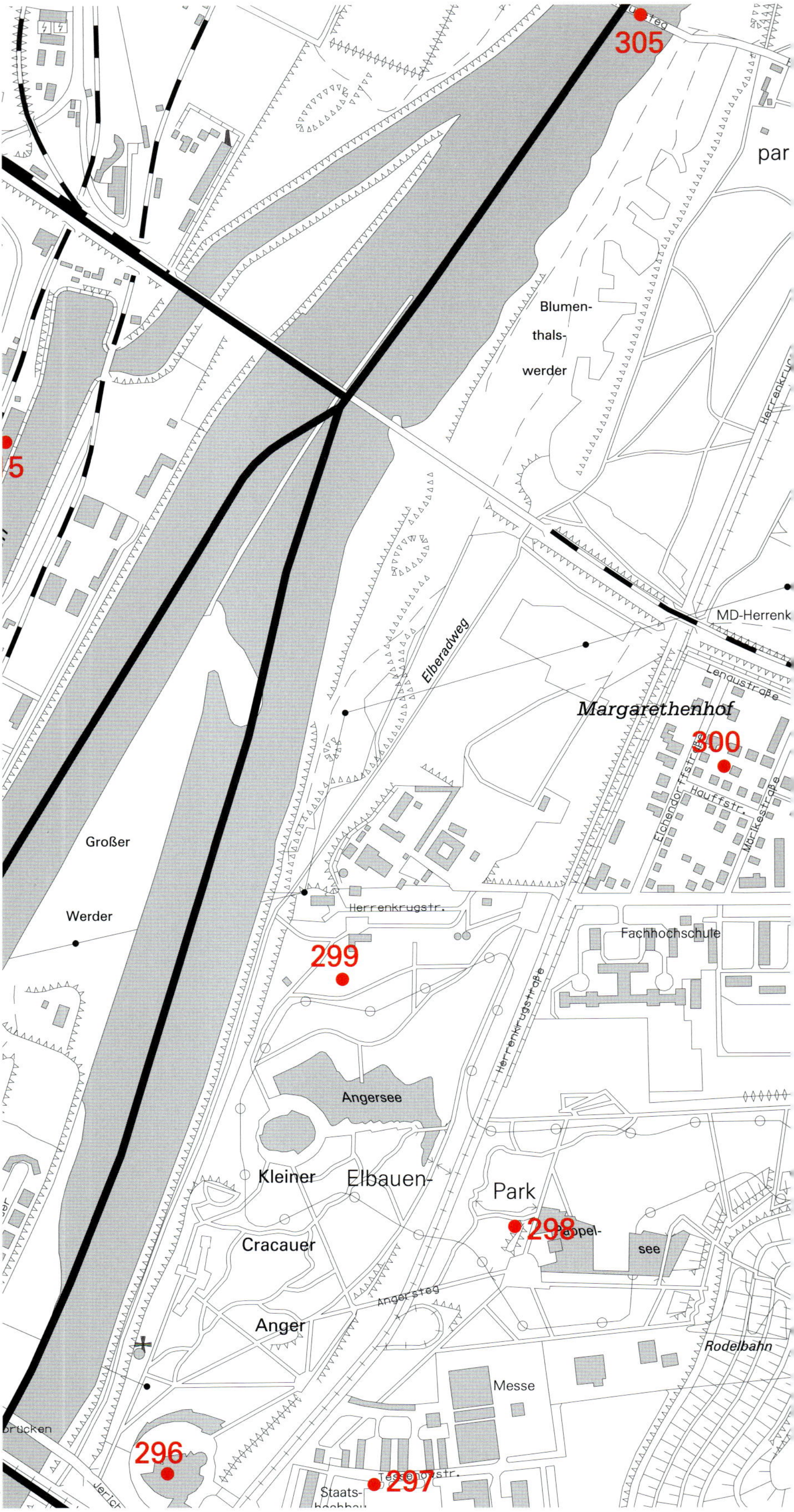
305
par
Blumen-
thals-
werder
MD-Herrenk
Elberadweg
Lenaustraße
Margarethenhof
300
Hauffstr.
Mörikestraße
Großer
Werder
Herrenkrugstr.
299
Fachhochschule
Herrenkrugstraße
Angersee
Kleiner
Elbauen-
Park
298
Pappel-
see
Cracauer
Angersteg
Anger
Rodelbahn
Messe
brücken
296
297
Staats-

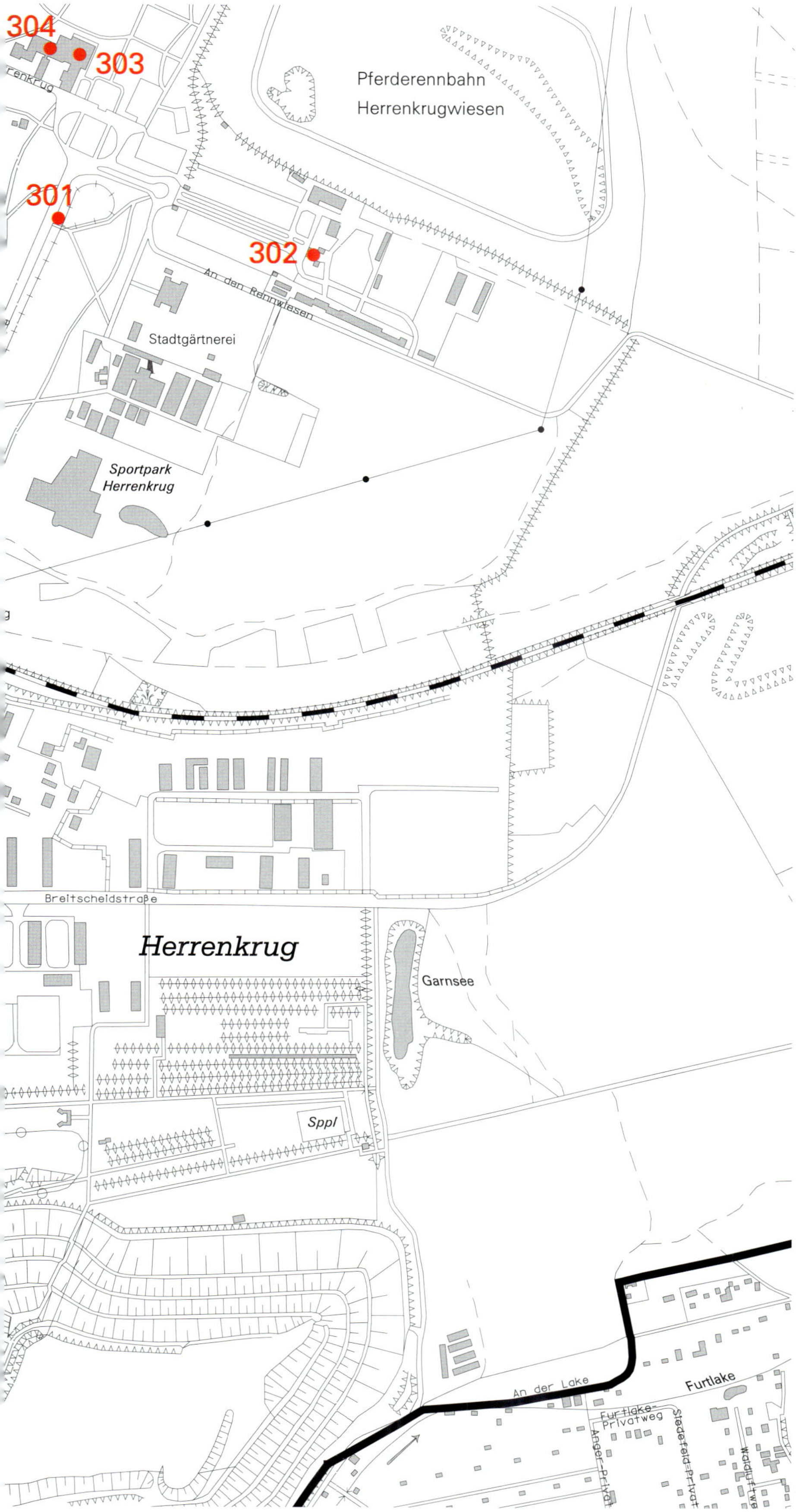
304
303
301
302
Pferderennbahn
Herrenkrugwiesen
An den Rennwiesen
Stadtgärtnerei
Sportpark
Herrenkrug
Breitscheidstraße
Herrenkrug
Garnsee
Sppl
An der Lake
Furtlake
Furtlake-
Privatweg

296
Freizeitbad NAUTICA
Herrenkrugstraße 150
1997–1999
Gilles Edenne

2 300 Gäste können sich täglich in den verschiedenen Becken der „Wasserwelt" tummeln und in der Saunalandschaft Erholung und Entspannung finden. Neben dem Freizeitbad, einschließlich gastronomischer Versorgung, stehen im Kuppelbau eine Diskothek über zwei Ebenen und Räumlichkeiten für Tagungen und Feiern zur Verfügung. Das Freizeit- und Erlebnisbad wurde architektonisch und landschaftsgestalterisch in die Parkanlagen der Bundesgartenschau einbezogen und ist Bestandteil und mit seiner 45 m hohen Kuppel auch Auftakt zum Elbauenpark. Mit dem neuartigen Konzept, Sport, Kommunikation, Erlebnis und Gesundheitspflege miteinander zu vereinen, wurde durch Architekt und Planer eine zukunftweisende Architektur verwirklicht. Die Baukörperkomposition aus Zylindern, Kegelstümpfen, Halbkugeln und Tonnengewölben ist um den zentralen Punkt des großen Erlebnisbeckens angeordnet. In diesem Punkt überschneiden sich die einzelnen Bauteile oder sind, wie der Rutschenturmkegel und die Diskothek in einem schwebenden Gleichgewicht als Solitäre angeordnet. Durch das Gegeneinanderstehen der zylindrischen Baukörper gegen die geneigten Wandflächen der Kegelstümpfe des Veranstaltungsturmes und des Saunabereiches wird die Spannung und Dynamik der Gesamtkomposition zusätzlich bereichert.

297
Ehem. Kaserne
Tessenowstraße 1–15
1937–1939
Heinrich Tessenow

Aufgrund seiner indifferenten Einstellung zur Architektur des Nationalsozialismus erhält Heinrich Tessenow nach 1933 kaum noch größere Architekturaufträge bzw. er zieht sich aus eigener Entscheidung weitgehend aus der Tätigkeit als Architekt zurück. Sein ehemaliger Student und mehrjähriger Assistent Albert Speer, der inzwischen ministeriale Funktionen wahrnimmt, behält Kontakt zu Tessenow und bewahrt ihn damit vor Repressalien des Dritten Reiches. Aus finanziellen Erwägungen heraus übernimmt Tessenow die von seinem Freund General Otto vermittelte Planung für ein Ehrenmal und die Kasernenanlage in Magdeburg.
Im Sommer 1939 wird die Kaserne, nach vielen Auseinandersetzungen mit dem Heeresbauamt, fertig gestellt. Werksteinverkleidung, Wandrisalite, Balkengesimse, Eingangsportale und turmartige Dacherker sind Details, die auf Tessenows Anpassung schließen lassen, soweit sie nicht durch den Auftraggeber vorgegeben sind. Tessenow entwirft auch die Inneneinrichtung der Gebäude und die gärtnerischen Anlagen.
1945 werden Soldaten der Sowjetarmee in der Kaserne stationiert. Im Februar 1993 räumt die Armee die letzten Anlagen des Militärgeländes, und nach Rekonstruktion und Sanierung der Gebäude erfolgt eine Umnutzung durch Dienststellen der öffentlichen Verwaltung. Auch die ehemaligen Kfz- und Panzergaragen sind einer neuen Nutzung zugeführt.

298
Elbauenpark
Herrenkrugstraße
1995–1999
Helmut Ernst, Christoph Heckel, Axel Lohrer
M. Schwarz, C. Mancke

Ein Ort lebt von seiner Geschichte, von Spuren und Relikten – und davon besaß das von der sowjetischen Armee aufgelassene Gelände genug. Durch die Bundesgartenschau wurde das ca. 90 ha große Areal in eine attraktive Parklandschaft für Freizeit und Erholung verwandelt. Dabei wurde die etwa 40 ha große Mülldeponie in die Gestaltung einbezogen. Gedanke war, dass ein Park durch individuelle Besonderheiten des Geländes lebt und unverwechselbar wird. Trümmerschutt und Deponie, Schießwälle und Klippen, Kugelfänger und Panzergaragen wurden zu unverzichtbaren Elementen des Elbauenparks. Alter Baumbestand und weite Rasenflächen bestimmen das Bild im Großen Cracauer Anger. Die ehemalige Leere des Kleinen Cracauer Angers wird einprägsam durch das Spaßbad und insbesondere durch den 60 m hohen Jahrtausendturm gefüllt.
Schichtungen und Brüche spiegeln sich auch an den thematisch verdichteten Orten, den Gärten wider. Bewusst wurde auch hier dem alten Vorgefundenen Neues entgegengesetzt. Olivenhain und Wildstauden, alter Armeeunterstand vor moderner Kunst, Bambusdickicht und Rosenfelder vor der Deponie – besondere Pflanzen als Ausdruck der neuen Nutzung des Cracauer Angers.

299
Jahrtausendturm
Herrenkrugstraße
1999
Entwurf : Johannes Peter Staub
Idee und Realisation: Georg Müller

Der Schiefe Turm ist das Wahrzeichen der 25. Bundesgartenschau in Magdeburg und zugleich auch die Dominante im Elbauenpark. Mit seiner Form und Höhe von ca. 60 m stellt der Holzturm eine echte Novität dar. Die radial ausgerichteten Holzleimbinder haben eine Spannweite bis ca. 80 m, die vorgefertigt auf der Baustelle angeliefert und mit einer Passgenauigkeit im Millimeterbereich eingebaut wurden. Die 26 Bogenbinder der Kuppelhalle werden in 21 m Höhe durch einen 10 t schweren Druckring zusammengeführt. Die Aussteifung erfolgt über die Balkenlagen der Stockwerke und eine Riegelkonstruktion an der Außenhaut. Insgesamt wurden 1 650 t Holz verbaut. Eine lichtdurchlässige Folie umhüllt die Konstruktion und schafft Transparenz im Innern. Die architektonisch-gestalterische Form des unkonventionellen Turmes ist bestimmt durch den Ausstellungsinhalt. So bilden Formgestalt und Inhalt eine Einheit. Die 600 m lange Rampe, die spiralförmig um den Turm herum den Besucher zur Aussichtsplattform führt, schafft gleichzeitig Zugang zu „6000 Jahre Entwicklungsgeschichte der Menschheit“, von der Frühgeschichte bis zur Neuzeit, die über 5 Ebenen im Turm auf ca. 6 000 m² Ausstellungsfläche präsentiert werden. In der Kuppelhalle können bei Veranstaltungen bis zu 1 200 Personen Platz finden.

300
Mehrfamilienhäuser

Hauffstraße 3–9/Mörikestraße
1996–1997
Josef Scheurecker

Eingebettet zwischen dem Herrenkrugpark und dem Elbauenpark erlebt eines der attraktivsten Wohngebiete der Stadt seine Wiedergeburt. Der Bebauungsplan-Entwurf sieht den Erhalt der parkartigen Struktur der Siedlung mit Stadtvillencharakter im Stadtteil Herrenkrug vor. Dieser Zielstellung hat der Planer weitgehend Rechnung getragen, obwohl es sich um Doppelhäuser mit jeweils 8 Wohnungen handelt. Die 3-geschossigen Gebäude mit ausgebautem Dachgeschoss liegen aber in der Firsthöhe unter der der früheren Gebäude. Die alten Villen mussten nach jahrzehntelanger Nutzung durch die sowjetische Armee abgetragen werden. Durch sensible Einordnung der neuen Gebäude, die Bauflucht springt 10 m von der Hauffstraße zurück, konnte der alte Baumbestand weitgehend erhalten werden. Da auf eine Einfriedung verzichtet wurde, wird der parkartige Charakter der Siedlung unterstrichen. Durch eine Tiefgarage mit Zufahrt von der Mörikestraße werden die Außenanlagen vom ruhenden Verkehr freigehalten. Die Fassaden werden zur Straße hin (Südseite) durch eine doppelte Balkonreihe und eine Metallgaube im Dachgeschoss risalitartig gegliedert. Das Sockelgeschoss wird durch breite Putzfugen betont. Die stehenden Fensterformate, die an allen Gebäuden gleichen Schutzgitter an den Balkonen, den Fenstertüren und als Rankhilfe an den Außenwänden sowie die einheitliche warme Farbgebung geben dem Ensemble ein eigenes Flair.

301
Wartehaus der Straßenbahn-Endhaltestelle

Herrenkrugstraße
1900/1901
Baugeschäft Brandt und Brunkow

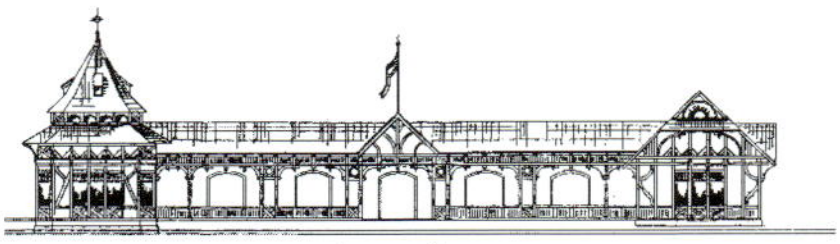

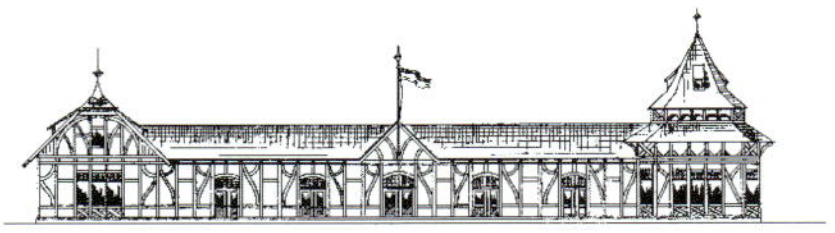

Malerisch wirkt der kleine Fachwerkbau aus der Geschichte des Nahverkehrs. Er besteht aus zwei Teilen, dem über annähernd quadratischem Grundriss mit abgeschrägten Ecken errichteten Warteraum und einem kleineren Sozialtrakt. Ursprünglich erstreckte sich das Gebäude mit einem langen Zwischenbau und einem weiteren Gebäudeteil für den Fahrkartenverkauf über knapp 60 m Länge (1946 Teilabbruch zwecks Materialgewinnung zum Wiederaufbau eines anderen kriegsbeschädigten Gebäudes).
Die Strebekonstruktionen des Fachwerks bilden im Wesentlichen kleine Andreaskreuze und den sog. rheinländischen wilden Mann, einen Strebebalken in Kombination mit einer kleineren geschwungenen Strebe. Die Gefache zwischen der Holzkonstruktion sind mit Ziegeln ausgemauert und hell verputzt. Früher verschlossen kleinteilige Holzgitter und am Sozialtrakt hölzerne Lamellen die scheibenlosen Fensteröffnungen. Inzwischen sind die Fenster erneuert und mit Glas geschlossen worden. Eine bemerkenswerte Zimmermanns-Strebekonstruktion aus Holz stützt das mit doppelten Biberschwänzen gedeckte Zeltpagodendach. Die Ecken des Zeltpagodendaches sind entsprechend der Grundrissform abgewalmt. Über dem Seitengebäude eine Kombination aus Sattel- und Krüppelwalmdach.
Das kleine Wartehäuschen ist vermutlich das älteste erhaltene seines Typus in Deutschland. Umfassende Restaurierung 1999.

302
Pferderennbahn

Herrenkrug
ab 1906
Robert Meißner und Adolf Liborius (Stallungen)

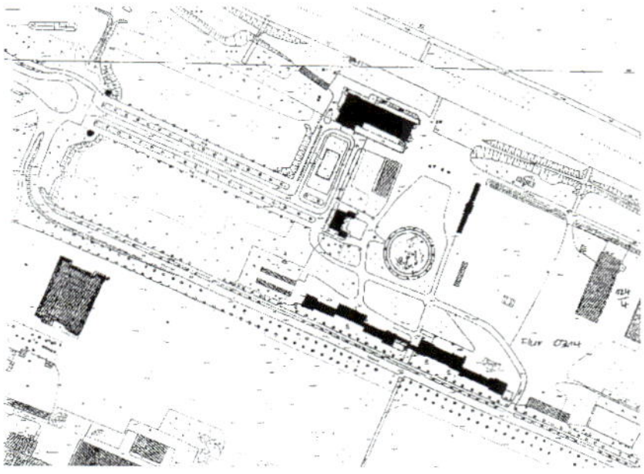

Vom Rondell des Herrenkrugparks führt eine Straße nach rechts zur Pferderennbahn. Nach Gründung des Magdeburger Rennvereins 1906 bewirkte dieser den Ausbau der schon seit 1838 für Pferderennen genutzten Wiese. Bemerkenswert sind vor allem die alten Stallungen. Die langgestreckte ein- und zweistöckige Anlage folgt der Vorstellung von einer malerischen Architektur. Sie präsentiert sich als Kombination aus Ziegel- und Putzbauweise mit tief herunter gezogenen Walm- und Mansardendächern, Holzverblendungen und einem Uhrenturm.
Parkanlage mit vierreihiger Lindenallee aus dem Jahr 1909, Stallungen 1910, Rennbahngebäude 1911 errichtet und durch einen Umbau des Empfangsbereichs 1936 nach Plänen von Johannes Göderitz verändert.

303
Herrenkrug mit Parkrestaurant

Herrenkrug 3
Park 1818–1824, 1829/30, 1836,
Restaurant 1885–1887, 1900
Regierungsrat Clemens, Peter Joseph Lenné,
F. Rudolf Schoch, Wilhelm Berner

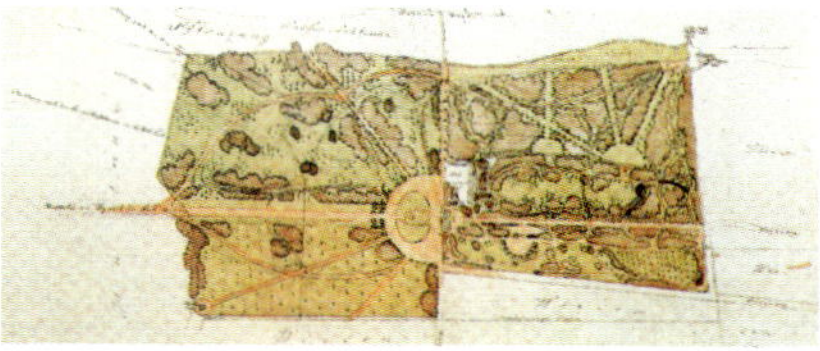

Der heute 64 ha große Herrenkrug, in der nördlichen Elbaue gelegen, ist der älteste Magdeburger Landschaftspark und die dendrologisch bedeutendste Anlage der Stadt. Schon 1676 eröffnete hier ein Gasthaus, welches auf Grund seiner Lage auf dem Gelände der Magdeburger Ratsherren den Namen Herrenkrug erhielt, welcher sich auf den Park übertrug. Die 1818/19 nach Entwürfen von Regierungsrat Clemens begonnene, durch Pappelalleen gegliederte Anlage diente zunächst vorrangig landwirtschaftlich-gärtnerischen Zwecken. 1829/30 folgte eine Erweiterung im Stil englischer Landschaftsparks nach Plänen von Peter Joseph Lenné, um 1837 eine weitere Umgestaltung unter Mitwirken des Dessau-Wörlitzer Gartendirektors F. Rudolf Schoch. (Weitere Maßnahmen unter Paul Niemeyer 1863–1872 und Johann Gottlieb Schoch 1890–1903). Ein 1843/44 von Friedrich Wilhelm Wolff angeblich nach einem stark abgeänderten Entwurf Karl Friedrich Schinkels in der Achse der Herrenkrugstraße errichtetes Gesellschaftshaus fiel erst Ende der 50er Jahre der Abrissbirne zum Opfer. Es stand zwischen den beiden Hälften des noch vorhandenen, 1912–1914 aufgestellten Pergolalaubengangs. Zielpunkt für Ausflügler und Ort für Feierlichkeiten blieb das 1885–1887 errichtete Parkrestaurant. Es ist in Ziegelbauweise mit vorkragender Holzdachkonstruktion und Satteldach erbaut. Nach Norden schließt sich der 1900 von Wilhelm Berner entworfene Jugendstilsaal an. Die Terrassenüberdachung besteht aus Holz und einer Kombination aus Guss- und Schmiedeeisen. Ein großzügiger Hotelneubau ergänzt die historische Anlage.
Sein ursprünglicher Charakter als Volkspark ist dem Herrenkrug bis heute erhalten geblieben, wenngleich seine Begehbarkeit durch die militärische Nutzung der angrenzenden Flächen durch die Sowjetarmee zu DDR-Zeiten stark eingeschränkt gewesen ist. Die anlässlich der Bundesgartenschau 1999 neu gestalteten Flächen bereichern die Umgebung des traditionellen Ausflugsziels.

304
Park Consul Hotel Herrenkrug
Herrenkrug 3
1992–1994
Hans Krafft/Werner Behrens

Der Herrenkrug ging aus einem 1676 errichteten Wiesenwärterhaus hervor. Die jeweiligen Pächter entwickelten an der Landstraße nach Burg eine gut gehende Meierei und einen bewirtschafteten Ausspann, den „Neuen Krug“ oder auch „Herrenkrug“ genannt. Bei der Planung des neuen Hotels wurde das Grundkonzept des Denkmalbereiches Herrenkrug aufgegriffen und weitergeführt. In einem 1. Bauabschnitt wurden mit viel Einfühlungsvermögen und einem hohen finanziellen Aufwand die historischen Gebäudeteile im Jugendstil aus dem Beginn des vorigen Jahrhunderts (1912) restauriert und später mit dem Neubauteil liebevoll zusammengefügt. So wurden auch der ehemals freistehende Eiskeller und der Pferdestall (Remise) des 1887 entstandenen Restaurations-Lokals, in den Hotel-Neubau integriert. In der Remise, die gemeinsam mit dem Parkrestaurant den Vorplatz zum Hoteleingang flankiert, stehen dem Hotel mehrere Konferenzräume zur Verfügung. Das Ergebnis der Planung zeigt nach Aussage des Architekten keine spannende Architektur der Gegenwart, sondern *Eine gelungene Symbiose aus Altem und Neuem, was nur selten so harmonisch gestaltet ist, wie hier im Herrenkrug.*[1] Aus der natürlichen Verpflichtung gegenüber der Natur haben die Architekten das Hotel einfühlsam in den Landschaftspark eingebettet.
Hotelneubau: Bruttogeschossfläche 7 535,83 m², Bruttorauminhalt 32 548,35 m³, 158 Zimmer, darunter 36 Suiten

1 Bundespräsident Roman Herzog bei seinem Besuch in Magdeburg

305
Herrenkrugsteg
Herrenkrug
1999
Hans-Günther Burkhardt
Setzpfandt & Lindschulte GmbH

Die Elbebrücke „Herrenkrugsteg“ wurde für die Bundesgartenschau 1999 errichtet. Sie verbindet den im Bereich Industriehafen gelegenen Parkplatz mit dem Herrenkrugpark. Für Fußgänger und Radfahrer aus dem nördlichen Stadtbereich ergibt sich mit der Brücke die dauerhafte und bequeme Lösung, in den Naherholungsbereich Elbauenpark zu gelangen. Der gesamte Brückenzug besteht aus der eigentlichen Strombrücke (erdverankerte Hängebrücke), den Vorlandbrücken und der westlich davon liegenden Brücke über den alten Schleusenkanal. Das Bauwerk ist s-förmig gekrümmt. Damit wird der Versatz zwischen den Anschlusspunkten ausgeglichen. Gleichzeitig vermittelt die Krümmung in Verbindung mit der Kuppenausrundung der Strombrücke für den Benutzer einen eleganten und schwungvollen Verlauf der Brückenfahrbahn. Am östlichen Pylon ist ein Schiffsanleger mit Treppenanlage angeordnet.
Wegen der geringen Tragfähigkeit der oberen Bodenschichten ist die gesamte Brücke auf Stahlbeton-Rammpfählen tief gegründet.
Gesamtlänge der Brücke: 496,71 m, Größte Höhe über Mittelwasser: 12,08 m, Pylonabstand: 145,21 m,
Höhe Pylon: 27 m, Tragseildurchmesser: 120 mm

Cracau

In alten Chroniken findet man um 1160 den Namen Cracowe erwähnt, ein kleiner Ort östlich der Elbe, an einem alten Handelsweg „Klusdamm" gelegen. Auf dem Petersilienberg wird im 12. Jahrhundert eine Kirche gebaut, die im 30-jährigen Krieg zerstört wurde. Die heutige St. Briccius-Kirche an der Burchardstraße wird 1661 errichtet. Sie stellt mit dem alten Wehrturm den Mittelpunkt der alten Ortslage dar.

Im 19. Jahrhundert entwickelt sich das Dorf zur Arbeiterwohngemeinde. 1910 wird Cracau nach Magdeburg eingemeindet. Ab 1924 entstand in mehreren Bauetappen die neue Siedlung Cracau, nach Ideen von Bruno Taut und Konrad Rühl.

Bekannt wurde Cracau durch die Pfeifferschen Stiftungen (1889 durch Superintendent Gustav Adolf Pfeiffer gegründet).

1928 wird Cracau in das städtische Straßenbahnnetz eingebunden.

7 553 EW (31.12.98)

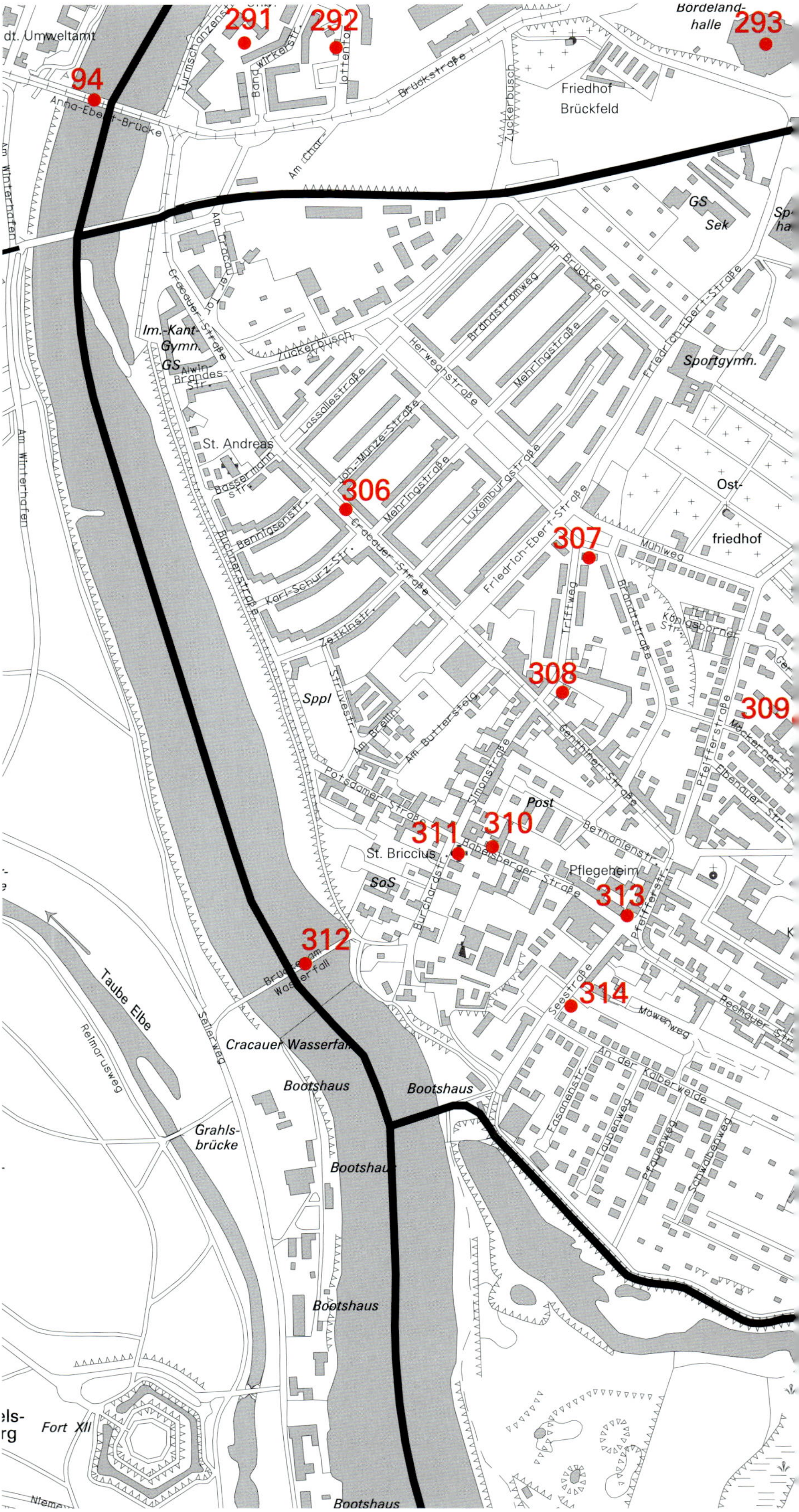
291
292
293
94
dt. Umweltamt
Bordeland-
halle
Friedhof
Brückfeld
Brückstraße
Anna-Ebert-Brücke
Zuckerbusch
Am Winterhafen
Am Cracauer Tor
GS
Sek
Im.-Kant-
Gymn.
GS
Alwin-
Brandes-
Str.
Cracauer Straße
Lassallestraße
Herweghstraße
Brandströmweg
Im Brückfeld
Mehringstraße
Friedrich-Ebert-Straße
Sportgymn.
St. Andreas
Bassermannstr.
Joh.-Münze-Straße
306
Luxemburgstraße
Ost-
friedhof
307
Mühlweg
Bennigsenstr.
Karl-Schurz-Str.
Büchnerstraße
Triftweg
Brandtstraße
Königsborner Str.
Zetkinstr.
Sppl
Struvestr.
Am Brellin
Am Buttersteg
308
309
Genthiner Straße
Pfeifferstraße
Möckerner Str.
Elbenauer Str.
Potsdamer Straße
Simonstraße
Post
310
311
St. Briccius
Babelsberger Straße
Bethanienstr.
Pflegeheim
SoS
Burchardstr.
313
Pfeifferstr.
312
Brücke am Wasserfall
314
Seestraße
Möwenweg
Rechauer Str.
Taube Elbe
Reimarusweg
Seilerweg
Cracauer Wasserfall
Bootshaus
Bootshaus
Grahls-
brücke
An der Kälberweide
Fasanenstr.
Taubenweg
Pfauenweg
Schwalbenweg
Bootshaus
Bootshaus
Fort XII
Bootshaus

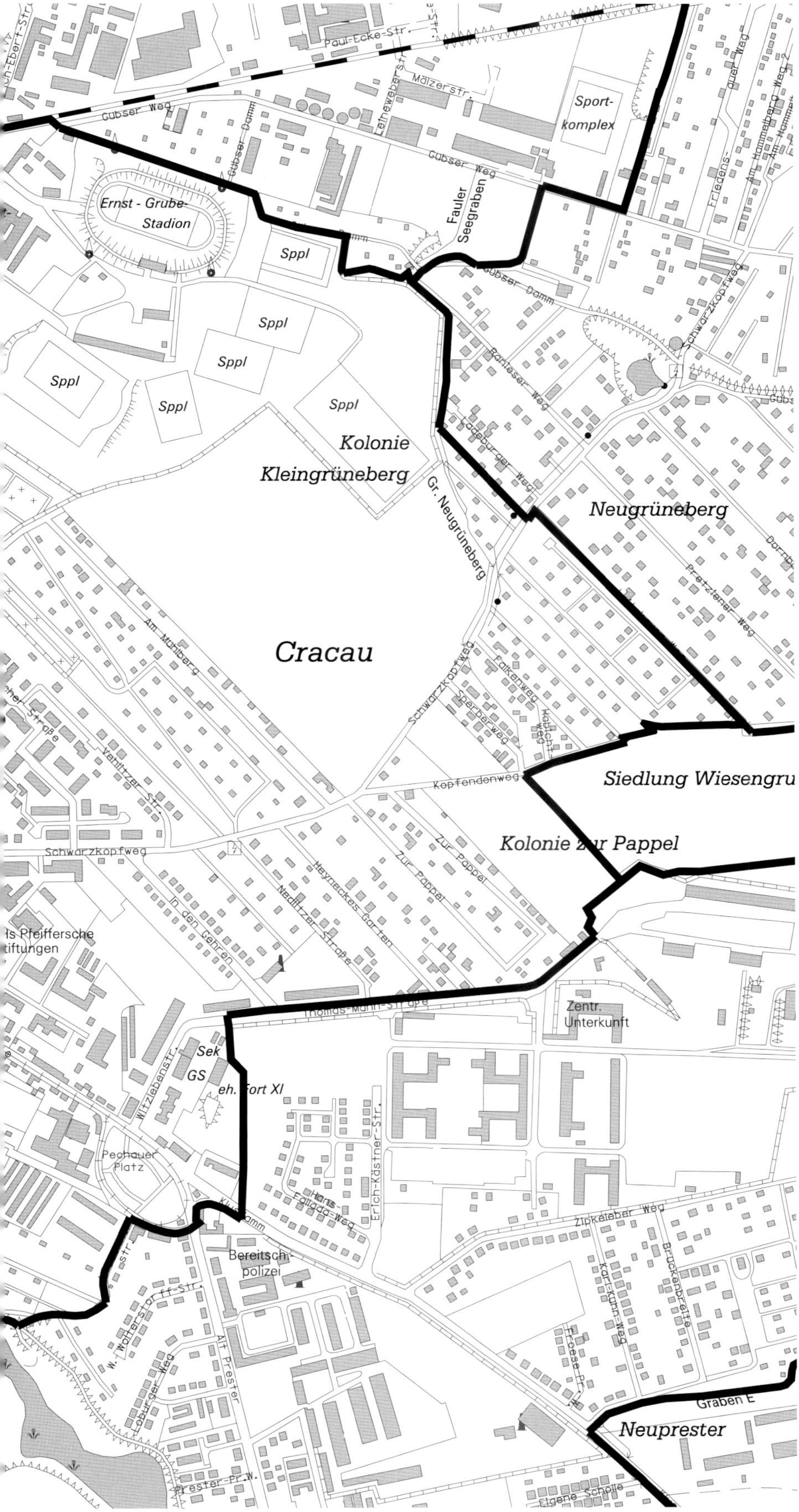
Paul-Ecke-Str.
Mälzerstr.
Gubser Weg
Gubser Damm
Sport-
komplex
Ernst - Grube-
Stadion
Fauler
Seegraben
Sppl
Kolonie
Kleingrüneberg
Gr. Neugrüneberg
Neugrüneberg
Schwarzkopfweg
Am Mühlberg
Cracau
Pretzliener Weg
Falkenweg
Sperberweg
Kopfendenweg
Siedlung Wiesengru
Kolonie zur Pappel
Zur Pappel
Heyneckes Garten
Nedlitzer Straße
In den Gehren
Venlitzer Str.
Thomas-Mann-Straße
Zentr.
Unterkunft
Sek
GS
eh. Fort XI
Witzlebenstr.
Pechauer
Platz
Erich-Kästner-Str.
Hans
Fallada-Weg
Zipkeleber Weg
Bereitsch-
polizei
Karl-Kuhn-Weg
Brückenbreite
Froese-Pr.-W.
Alt Prester
Loburger Weg
Prester-Pr.-W.
Eigene Scholle
Graben E
Neuprester
Friedens-
quer Weg
Am Hammelberg
Schwarzkopfweg
Gubser Damm
Ramleser Weg
Lodeburger Weg
Habichtweg

306
Siedlung Cracau
Cracauer Straße, Herweghstraße, u.a.
1929–1938
Johannes Göderitz, Carl Krayl, Paul Wahlmann

Wie auch in anderen Magdeburger Siedlungen der zwanziger Jahre (vgl. z. B. 128, 180, 294), wurden in Cracau grundsätzliche städtebauliche und bauliche Grundprinzipien umgesetzt. Der Durchgangsverkehr wurde deutlich vom Individualverkehr der Wohnstraßen getrennt. Eine zeilenartige Blockrandbebauung schuf große begrünte Innenhofflächen, deren Größe so bemessen ist, dass bei der dreigeschossigen Bebauung auch jede Erdgeschosswohnung gut belichtet wird. Aus der gewünschten Hinleitung zur Elbe entwickelte sich die Ausrichtung der städtebaulichen Strukturen, die durch eine Staffelung von Bauabschnitten im Bereich der flussbegleitenden Büchnerstraße architektonisch gestützt werden.
Die Cracauer Straße als Hauptverkehrsstraße und die Herweghstraße, ausgebildet als breiter grüner Anger, gliedern die Siedlung in drei Abschnitte. Die Gebäude der 1929–1931 bebauten Straßenzüge beiderseits der Cracauer Straße zeichnen sich durch eine typische funktionalistische Architektur des Neuen Bauens der zwanziger Jahre aus. Klare Formen wie kubische Baukörper und in der Fläche betonte Fassadengestaltungen bestimmen das Erscheinungsbild. Durch risalitartig vorspringende Treppenhäuser werden die Fassaden leicht plastisch gestaltet. Diese vertikal prägenden Elemente durchbrechen die horizontalen Fassadengliederungen, die durch Fensterformate und die Zusammenfassung von Fenstergruppen bestimmt werden. Dachgeschosszonen mit sparsamen, horizontalen Öffnungen in unterschiedlichen Anordnungen heben horizontale Gliederungsmerkmale hervor. Die Farbgebung, zum Teil deutlich differenziert, zum Teil sensibel abgestimmt und mit einer besonderen Hervorhebung von Fenstern und Türen, komplettiert eine ausdrucksstarke Architektur des Neuen Bauens.
In dem ab 1932 bis 1934 fertig gestellten Baubereich nordöstlich der Herweghstraße dominieren expressionistisch beeinflusste Gestaltungsmerkmale. Durch einen Materialwechsel von Putz- und Ziegelflächen, durch Vor- und Rücksprünge werden die Fassaden ausgeprägt plastisch gegliedert. Besonders bei den 1935/36 errichteten Gebäuden im östlichen Teil der Mehringstraße tritt diese Ornamentik der Fassadengestaltung deutlich hervor, die zudem durch Figuren mit heroisierendem Symbolgehalt betont werden.
An den nordöstlichen Abschnitten der Luxemburg- und der Friedrich-Ebert-Straße wurden zwar die vorgesehenen Grundformen des städtebaulichen Konzeptes beibehalten, aber die geschlossenen Baustrukturen wurden durch

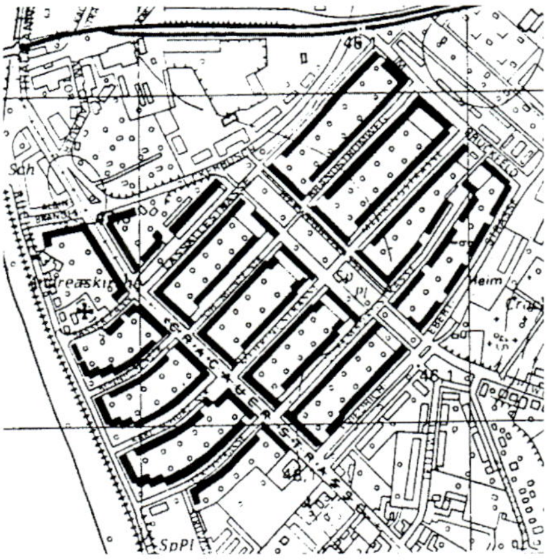

die Errichtung einzelner Baukörper ersetzt. Die Architektur dieser 1937/38 errichteten Bebauung entspricht einer belanglosen Zweckarchitektur.
Im 2. Weltkrieg wurden viele Gebäude stark beschädigt und einige vollkommen zerstört. Beschädigte Bauten wurden meist in der ursprünglichen Form, zerstörte zum Teil verändert wieder aufgebaut.
Mit ca. 2 000 Wohnungen zählt die Siedlung Cracau zu den größten Siedlungen des sozialen Wohnungsbaus der zwanziger Jahre in Magdeburg.
Durch die Bebauung an der Südostseite der Friedrich-Ebert-Straße von 1950/51 und an der Straße Im Brückfeld von 1951 bis 1959, deren Architektur sich an die der vorausgegangenen Epoche angleicht, erhielt die Siedlung eine bauliche Ergänzung.
Eine Sonderstellung in der Siedlung nimmt das Gebäude Bassermannstraße 3–5 ein. Nach einem Entwurf des Stadterweiterungsamtes ließ die Stadt Magdeburg 1930 ein Haus für bedürftige Familien mit lungenkranken Angehörigen errichten (vgl. 182). Entsprechend den besonderen hygienischen Anforderungen wurden große Fenster angelegt. Zur Hofseite erhielt jede Wohnung in den beiden unteren Geschossen einen Balkon, und im obersten Geschoss ließ sich das große Fenster durch Schiebeelemente vollständig öffnen. Bei dem leicht gerundeten Gebäude treten an der Straßenfront Treppenhausrisalite mit einer Eckverglasung hervor, die einen Kontrapunkt zur horizontalen Fassadengliederung bilden. Die Originalfarbigkeit, mit heller, nepalgelber Putzfassade, grauen Fenstern, Türen in rotbrauner Farbe, der steinsichtigen Elemente wie Sockel und Dachgesims und kräftig grün gestrichenen Elementen an den Balkonen, komplettierte dieses beachtenswerte Beispiel des Neuen Bauens der zwanziger Jahre.

307
Wohnstandort Triftweg
Triftweg
um 1950

Einem 1949 für das Stadtbauamt Magdeburg erstellten Plan über Wohnungsbaustandorte sind Reparaturprojekte im Bestand der ab 1930 im Auftrag des Vereins für Kleinwohnungswesen und der GAGFAH errichteten Wohnsiedlung Cracau zu entnehmen, die sich über das gesamte Siedlungsgelände erstrecken. Die Reparaturmaßnahmen lassen sich an den Fassaden im Bereich der Fenster und der Putzstrukturen erkennen. Bei den Gebäuden im Bereich des Triftweges ist anzunehmen, dass sie nach einer Totalzerstörung im Krieg im Auftrag der zuständigen Wohnungsgesellschaft vor 1950 wieder aufgebaut wurden. Eine als Relief in den Putz eingearbeitete bildliche Darstellung dokumentiert diesen Akt bis heute. Dabei handelt es sich um einen Fahnenträger, dessen Konturen mit einem bräunlichen, Gesicht und Arme mit einem rötlichen Putz akzentuiert sind.

308
Wohnhaus
Triftweg 4
Mitte 19. Jh.

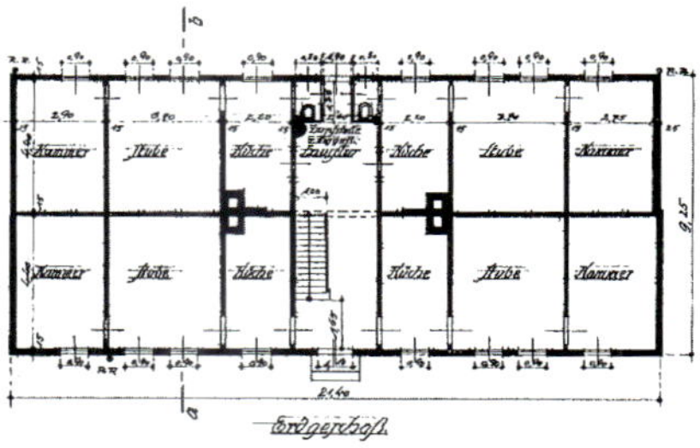

Das, bis in die 60er Jahre als Wohnhaus dienende, zweigeschossige Gebäude, ist ein Fachwerkhaus, das vermutlich in der ersten Hälfte des 19. Jahrhunderts als Rayonhaus, nach den Militärbestimmungen der Festungsstadt errichtet wird. Die Abmessungen betragen 9.40 x 21.50 Meter. Die Bekleidung aus Brettern mit Fugenleisten erfolgt 1879 durch den Stellmachermeister Heinrich Ferchland, der zu diesem Zeitpunkt Eigentümer des Grundstückes ist. Diese ist leider in einem ruinösen Zustand. Ebenso die Bauornamentik, wie die umlaufenden Gurt- und Kranzgesimse. Die neunachsige, symmetrische Straßenfassade, wird durch die hochrechteckigen Fenster geprägt. Die zweite und dritte, sowie die siebente und achte Fensterachse ist jeweils durch eine engere Zuordung betont. Der Hauseingang ist mittig angeordnet. Das strenge Satteldach betont die langgestreckte Silhouette des Gebäudes. Im Jahre 1926 stellen die Söhne Gustav und Otto Ferchland einen Antrag für den Bau einer Brückenwaage nebst Wiegehäuschen.

309
Neubausiedlung

Gerwischer Straße
1992/1996
ASP Nellemann
L. Behnke / Schmölling, Bode & Partner

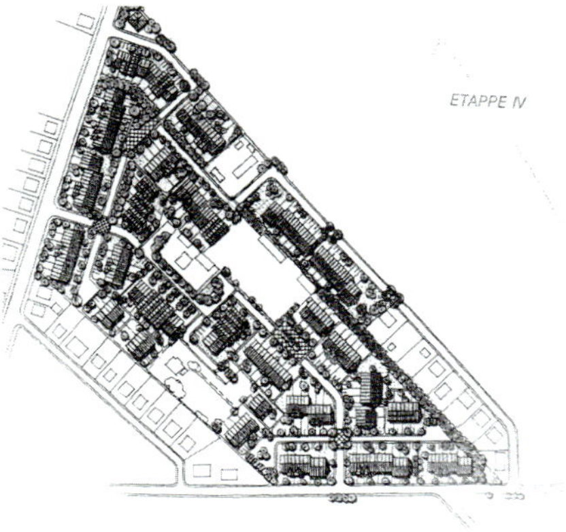

Auf der Grundlage eines Vorhaben- und Erschließungsplanes (nach § 34 BauGB) ist ein einheitlich gestaltetetes Wohngebiet in 1 1/2 – 3 1/2 geschossiger Bebauung entstanden, eine Form der Investitionstätigkeit, die große Zeitvorteile gegenüber dem herkömmlichen Bebauungsplan aufweist. Auf einer etwa 4,5 ha großen, ehemaligen Gärtnereifläche wurden ca. 150 Reihenhäuser, die wegen schwieriger Eigentumsverhältnisse in 5 Bauabschnitten geplant waren, aber doch in relativ kurzer Zeit errichtet. Das Areal wird vom Schwarzkopfweg, der Elbenauer Straße, der Pfeifferstraße und der Vehlitzer Straße umschlossen und wird über diese Straßen auch verkehrsseitig angebunden. Mit Rücksicht auf die an diesen Straßen bereits vorhandenen Eigenheime wurden die niedrigen Gebäude an der Außenkante platziert, während sich die dreigeschossigen Gebäude, vorrangig in Giebelstellung, in der Mitte um einen angerartigen Platz gruppieren. Durch das Reihenhausprinzip werden die Bauflächen zugunsten von Vegetationsflächen weitgehend begrenzt. Jeder der 350 Wohnungen ist ein PKW-Stellplatz zugeordnet, teilweise in Tiefgaragen. Die junge und attraktive Siedlung hat wesentlichen Anteil an der positiven Einwohnerentwicklung im Stadtteil Cracau.

310
Wohnhaus

Babelsberger Straße 20
Mitte 19. Jh.

Die Babelsberger Straße war Handelsweg und Siedlungsansatz für das Dorf Cracowe. In dieser Straße steht das Wohnhaus Babelsberger Straße 20, ein stattlicher zweigeschossiger Fachwerkbau mit einem Zwerchhaus, vermutlich nach den Rayonbestimmungen der Festungsstadt, in einer straßenbildprägenden Lage erbaut. Es wurde in dem so genannten Stab-Stil errichtet, der sich in der zweiten Hälfte des 19. Jahrhunderts durchsetzte, und tritt durch die besondere Betonung der Skeletthaftigkeit hervor. Sie gründete sich auf den Einfluss, den neogotische Formenvorstellungen um 1850 auf den Fachwerkbau nahmen.
Die sechsachsige Straßenfassade wird durch die Zusammenfassung von je zwei Fenstern in je zwei Gefachen gestaltet. Es entsteht eine vertikale Achsenbetonung. In diese Gestaltung ist auch die Hauseingangstür integriert. Sie liegt in einer der beiden mittleren Fensterachsen. Seitlich im Erdgeschoss ist ein Laden mit raumhohen Schaufenstern angeordnet. Prägend für das Fassadenbild sind die Andreaskreuze jeweils zwischen den Fensterachsen und als Sturzausbildung über den Fenstern im ersten Obergeschoss. Das Gebäude ist ein bemerkenswertes Beispiel für die Fachwerkbauweise der Gründerzeit.

311
St. Briccius, evangelische Dorfkirche
Babelsberger Straße 1
12. Jahrhundert, 1661

Dorfkirche mit dominantem, romanischem, wehrhaft wirkendem Westturm aus Bruchstein mit Eckquaderverband aus Sandstein (westlicher Eingang erst 1907, gleichzeitig Nord- und Südportal im Langhaus geschlossen). Der Westturm über querrechteckigem Grundriss im 12. Jahrhundert als Wehr- und Wachturm von holländischen Siedlern erbaut. Die kleinen Schallöffnungen unterhalb des Walmdaches sind erneuert. Während des 30-jährigen Krieges brannten 1629 das Dorf Cracau und die bisherige Kirche nieder. Eine neue Kirche feierte 1661 ihre Weihe. Sie steht im Verbund mit dem erhalten gebliebenen Wehrturm. So schließt sich östlich, den großen Turmbau kontrastierend, in gleicher Breite das niedrige und jüngere, ebenfalls in Bruchstein erbaute Langhaus an. Es ist einschiffig und vierachsig mit dreiseitigem Ostabschluss ausgebildet und trägt ein steiles Satteldach. Seitenemporen sind in den 60er Jahren entfernt worden.

312
Brücke Am Cracauer Wasserfall
Alte Elbe
1996–1997
Jürgen Langrock

Maßnahmen der Gemeinschaftsinitiative URBAN-Projekt in Magdeburg-Cracau sind u. a.: das Jugendzentrum Zuckerbusch, ein Bürgerzentrum, die Neugestaltung des Pechauer Platzes, die Ufergestaltung Alte Elbe und die Fußgängerbrücke. Mit der Brücke, die etwa 70 m nördlich vom Cracauer Wasserfall liegt, wird eine direkte Verbindung zwischen dem Stadtteil Cracau und dem Stadtpark Rotehorn hergestellt, mit ihr wird gleichzeitig ein Teil des städtischen Radwegenetzes realisiert. Zur Gewährleistung eines ungehinderten Hochwasserabflusses wurde eine Schrägseilbrücke mit einem ca. 50 m hohen, in Richtung der Hauptöffnung geneigten, A-förmigen Stahl-Pylon gewählt. Die Tragkonstruktion des Brückenüberbau besteht aus 2 Brettschichtenbindern aus Lerchenholz mit beiderseitiger Verkleidung aus Kieferholz. Die Vorlandbrücke setzt sich gestalterisch bewusst von der Hauptbrücke ab. Die Tragkonstruktion besteht aus einem durchlaufenden dreifeldrigen Spannbetonrahmen. Die Gründung erfolgte als Tiefgründung auf Spundwandkästen. Die Tragfähigkeit der Brücke ist so ausgelegt, dass Wartungs- und Rettungsfahrzeuge sie befahren können.
Fuß- und Radwegbrücke (5kN/m^2),
Gesamtlänge: 232,50 m,
Vorlandbrücke: 37,50 m,
Nutzbreite: 3 m,
Kleinste lichte Höhe ü. MW: 5,50 m

313
Trafohäuschen
Babelsberger Straße/Pfeifferstraße
um 1920

Das erste Magdeburger Elektrizitätswerk wurde 1896 als Tochtergesellschaft der Allgemeinen Elektrizitätswerks-Gesellschaft Berlin (AEG) gegründet. Durch den erst relativ späten Bau wurden allerdings die neuesten Entwicklungen der Forschung gleich mit einbezogen. Und so setzte die AEG in Magdeburg von Anfang an auf eine reine Drehstrom-Erzeugung und Versorgung im Stadtnetz – ein Standard, der sich nach und nach überall durchsetzte.
Immer im Lastschwerpunkt des Netzes mit einer Reichweite von ca. 800 Meter wurden kleine Trafostationen, die im öffentlichen Bereich stehen mussten, gebaut. Das Trafohäuschen in der Babelsberger Straße/Ecke Pfeifferstraße wurde auf einer Verkehrsinsel errichtet.
Der kleine straßenbildprägende Putzbau hat eine Höhe von ca. 6 Meter über kreisrundem Grundriss. Eine barockisierende Lisenengliederung und Mansardendach schmücken das Gebäude. Es stellt ein gelungenes Beispiel einer Trafostation in den traditionellen Formen des Heimatstils dar.

314
Stadtvilla
Seestraße 11
1930
Zander

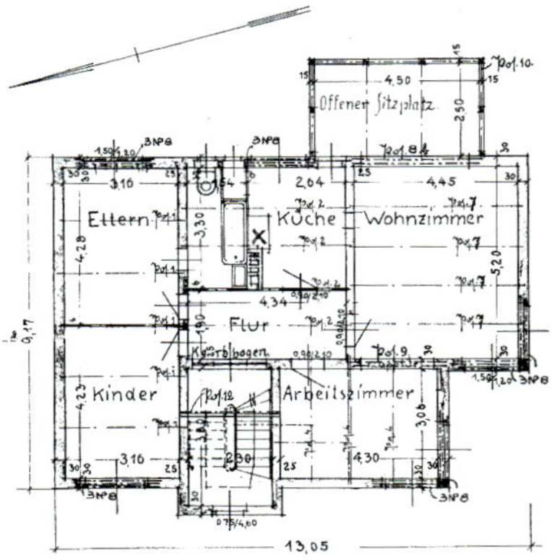

Die Stadtvilla für zwei Familien ließ der Lehrer und Organist W. Höroldt erbauen. Der Bau zeichnet sich durch eine ausgeprägte Kubatur mit differenzierten Höhen der einzelnen Gebäudeteile aus. Der modernen Architektur der zwanziger Jahre entsprechend, sind die Fassaden funktional gestaltet. Die Fensteranordnungen sind zusammengefasst und verhindern so eine Auflösung der Flächen.
In den dreißiger Jahren erfolgte die Bebauung in dem angrenzenden Bereich An der Kälberweide bis zum Elbdeich. Auf recht großen Grundstücken entstanden zweigeschossige Stadtvillen, die in ihrer Grundstruktur, mit fast quadratischem Hausgrundriss und Walmdach alle ähnlich gestaltet waren. Elemente aus Klinkersteinen, Vordächer und Eingangssituationen u.a. schufen individuelle Situationen. Bei einigen Objekten sind Architekturdetails zu finden, die der klaren Formensprache der zwanziger Jahre entlehnt wurden. Durch Renovierungen in den neunziger Jahren wurden viele Häuser mit neuen Elementen und Materialen überfrachtet, so dass die Originalstrukturen oft nicht mehr eindeutig kenntlich sind. Zur Zeit findet sich am Taubenweg noch eine weitgehend ursprüngliche Gestaltung.

Prester

1110 wird Prester als Brezden genannt und zum ersten Male als ein altes slawisches Dorf urkundlich erwähnt. Erzbischof Adelgotus vergab das Dorf zusammen mit dem Walde Dubrize zins- und lehnpflichtig an den Abt Hildebold vom Kloster Berge.

Prester ist ein ehemaliges Straßendorf, das sich am Elbaltarm, dem Prester See, entwickelt hat und auch heute noch in seiner ursprünglichen Siedlungsform nachvollziehbar ist. Wegen der ständigen Hochfluten ist frühzeitig eine Eindeichung erfolgt. Der heutige Deichverlauf (Presterscher Vordeich) wird bereits im 16. Jahrhundert erwähnt. Im 10. Jahrhundert verschenkt Otto I. das Dorf Prester an das Moritzkloster. Das spätere Kloster Berge legte einen großen Meierhof an, der später als Klostergut verpachtet wurde. Südlich der Kirche liegt ein zweiter Klosterhof, „Kleiner Klosterhof“, „Kapitelshof“ oder „Vorwerk“ genannt.

Bei der Einschließung durch Wallenstein im Jahre 1629 werden drei Schanzen bei Prester errichtet. Man spricht heute noch vom Schanzenberg. 1910 wird Prester mit 944 Einwohnern als kleinstes Dorf in die Stadt Magdeburg eingemeindet. Da sich in Prester keine Industriebetriebe niederließen, ist der dörfliche Charakter erhalten geblieben. Die Agrarproduktion überwog. 1953 ging aus dem Klostergut das Volksgut Prester hervor, dessen Nutzfläche sich über die Fluren von Prester, Cracau und Zipkeleben ausdehnte.

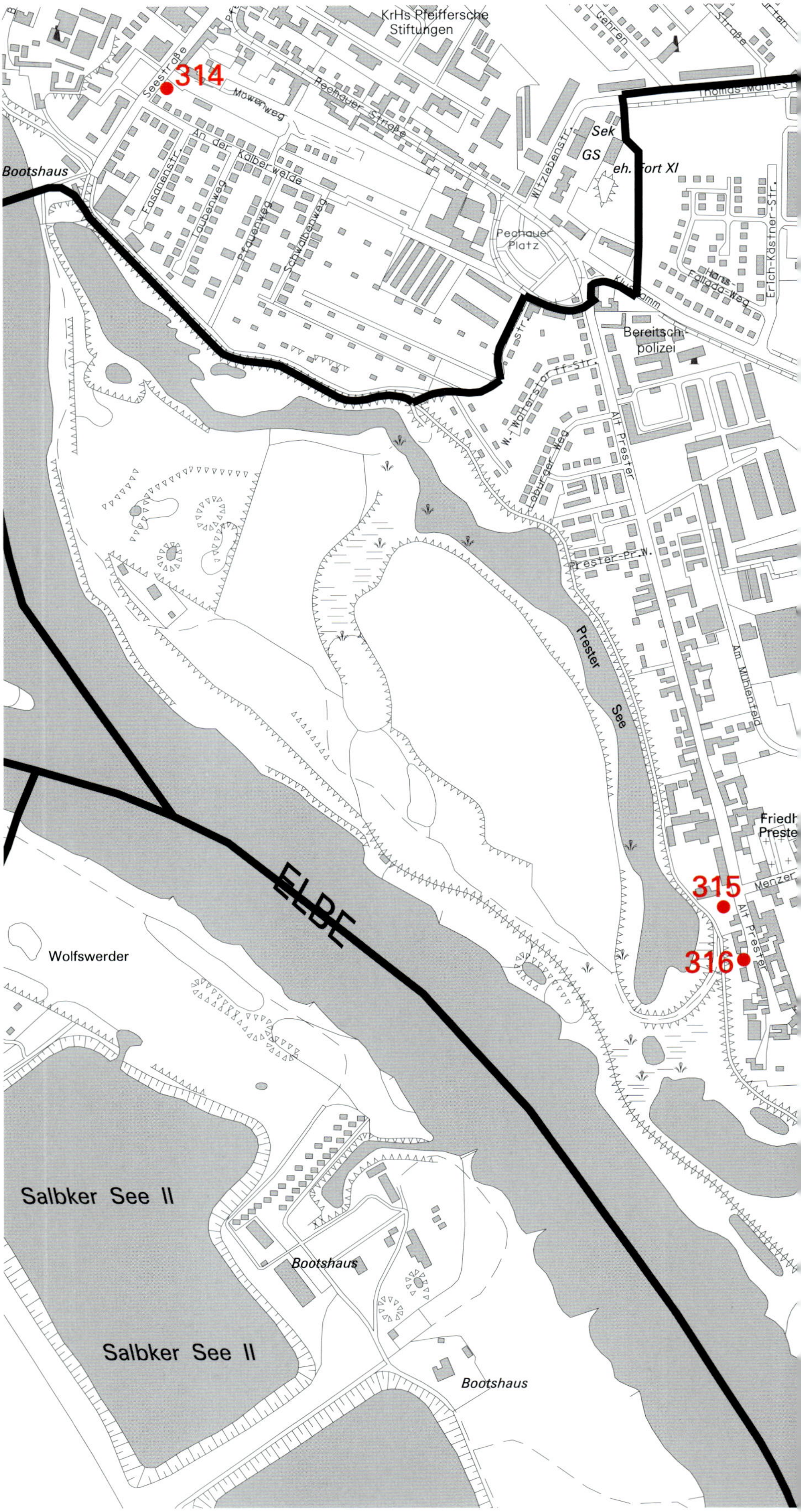
KrHs Pfeiffersche Stiftungen
314
Seestraße
Möwenweg
Pechauer Straße
An der Kälberweide
Fasanenstr.
Taubenweg
Pfauenweg
Schwalbenweg
Bootshaus
Witzlebenstr.
Sek
GS
eh. Fort XI
Pechauer Platz
Thomas-Mann-Str.
Erich-Kästner-Str.
Hans-Fallada-Weg
Bereitsch.-polizei
W.-Wolterstorff-Str.
Alt Prester
Loburger Weg
Prester-Pr.W.
Prester See
Am Mühlenfeld
Friedh Preste
315
Menzer
316
Alt Prester
ELBE
Wolfswerder
Salbker See II
Bootshaus
Salbker See II
Bootshaus

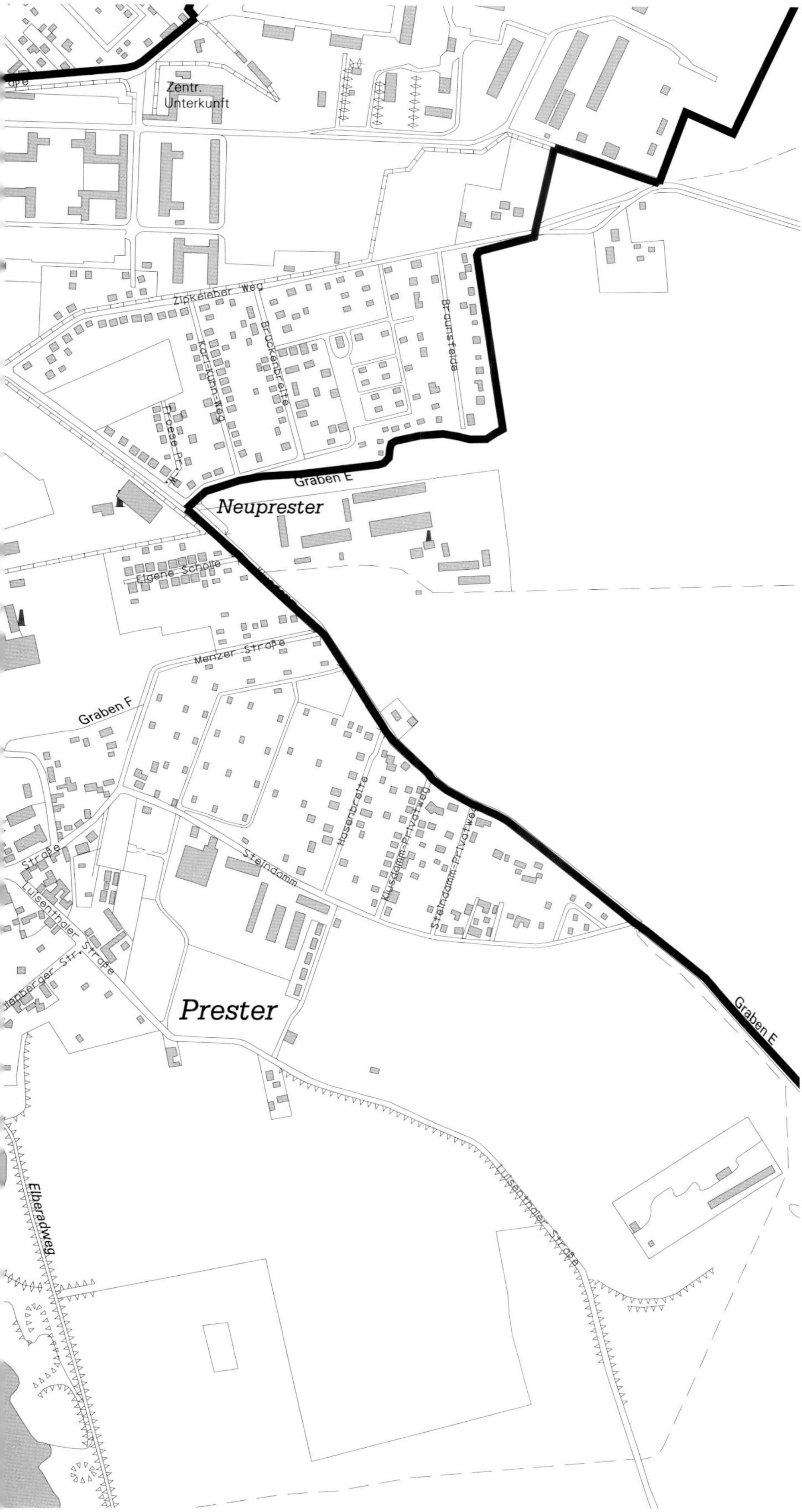
Zentr.
Unterkunft
Zipkeleber Weg
Karl-Kühn-Weg
Brückenbreite
Braunsfelde
Graben E
Neuprester
Eigene Scholle
Menzer Straße
Graben F
Hasenbreite
Klusdamm-Privatweg
Steindamm-Privatweg
Steindamm
Straße
Luisenthaler Straße
Prester
Graben E
Elberadweg
Luisenthaler Straße

315
Immanuelkirche
Alt Prester 86
12. Jh./1832

Es liegt die Vermutung nahe, dass die frühe Kirche eine Gründung der Benediktinermönche ist. 1110 schenkte Erzbischof Adelgot von Veltheim das Dorf Prester dem Kloster Berge. Die in der Formensprache der Romanik erbaute Kirche überlebte die Wirren der Kriege nicht. Sie wurde zwar jedesmal erneut aufgebaut, doch zunehmende Baufälligkeit veranlasste die Gemeinde, eine neue Kirche errichten zu lassen.
Der Bau der heutigen Prester Kirche geht auf das Jahr 1832 zurück. Sie ist ein kleiner einschiffiger Bruchsteinbau (Steine aus dem Plötzkyer Steinbruch) mit eingezogenem Polygonalchor und hohem Westturm in einfachen Formen der frühen Neugotik, das achteckige Glockengeschoss des Turmes mit kleinen Fialen und kurzem, krabbenbesetztem und massiv gemauertem Spitzhelm in Anlehnung an die Silhouettenwirkung der Domtürme, Haupteingangsachse als Stufenportal, Seitenwände und Chorpolygon mit großen, ungegliederten Spitzbogenfenstern, das Innere als einfacher Saal mit offenem Dachstuhl und barockem Kanzelaltar von 1735 (aus Delitzsch), sehr schöne, landschaftsbildprägende Lage unmittelbar hinter dem Elbdeich am Westrand des Dorfes, interessantes architekturhistorisches Dokument der frühen Neugotik des 19. Jh., Formensprache und Raumbildung in der Art von Schinkels gotischen Entwürfen, der nach einem Entwurf aus der Berliner Baudeputation errichtete Bau nach seinen Plänen oder unter seiner unmittelbaren Einwirkung entstanden. Am 27. Oktober 1844 wurde die vom Magdeburger Orgelbauer Hamann aufgestellte Orgel durch Pastor Rathmann geweiht (heute befindet sich die Orgel in der Reformationskirche in Rothensee, Nr. 336). 1957 wurde die Prester Kirche in Immanuelkirche umbenannt. Da seit 1983 keine kirchliche Nutzung mehr erfolgte, war ab 1990 in der Immanuelkirche eine Tischlerei ansässig. Im September 1997 wurde die Kirche an einen Architekten verkauft, der das Gotteshaus in eine Gaststätte umbaute.

316
Trafohäuschen
Alt Prester
um 1920

Das sanierte und wieder als Trafo-Station genutzte historische und denkmalwürdige Technikgebäude stellt einen positiven Blickfang im Verlauf des südlichen Straßenabschnittes „Alt-Prester“. Wie auch das baugleiche Trafohäuschen an der Ecke Babelsberger Straße/Pfeifferstraße (313), steht auch dieses im Lastschwerpunkt des Netzes, welches die einzelnen Stadtbereiche mit Strom versorgt. Die Reichweite eines solchen Netzes betrug zur Bauzeit ca. 800 Meter.
Der Putzbau mit einem kreisrunden Grundriss hat eine Höhe von ca. 6 Metern. Die barockisierende Lisenengliederung und ein gesprengter Dreiecksgiebel über der Eingangstür schmücken das Gebäude, das in den traditionellen Formen des Heimatstils errichtet wurde und von einem Mansardendach überdacht ist.

Pechau

Die erste urkundliche Erwähnung von Pechau erfolgt gemäß einer Urkunde Ottos I. über die Gründung des Bistums Brandenburg am 1. Oktober 948. Pechau war zu dieser Zeit, als Grenzort, eine befestigte Burganlage. Die Ursprünge der Siedlung sind jedoch weit älter. Seit dem 6. Jahrhundert befindet sich an dieser Stelle eine slawische Siedlung, die durch Ausgrabungsfunde belegt werden kann. Der Ort lag damals unmittelbar an einem der zahlreichen Elbarme in der Elbaue und ist wegen fehlender Deiche regelmäßig überflutet worden. Das alte Dorf, auf dem sich die Burganlage befand, war praktisch überall von Wasser und Sumpf umgeben. Diese besondere Lage ist noch heute an den vorhandenen Geländehöhen zu erkennen. Um 1100 wird das alte Dorf verlassen.

Von der Anlage ist Pechau mit seiner fast runden Form hinter umfassenden Deichen zu den Haufendörfern mit recht regelmäßigem Straßengrundriss zu zählen. Die heutige Hauptstraße und die Breite Straße bilden ein Straßenkreuz, wobei die Breite Straße einen angerförmigen Zuschnitt aufweist. Die historische Grundform ist bis heute erhalten geblieben.

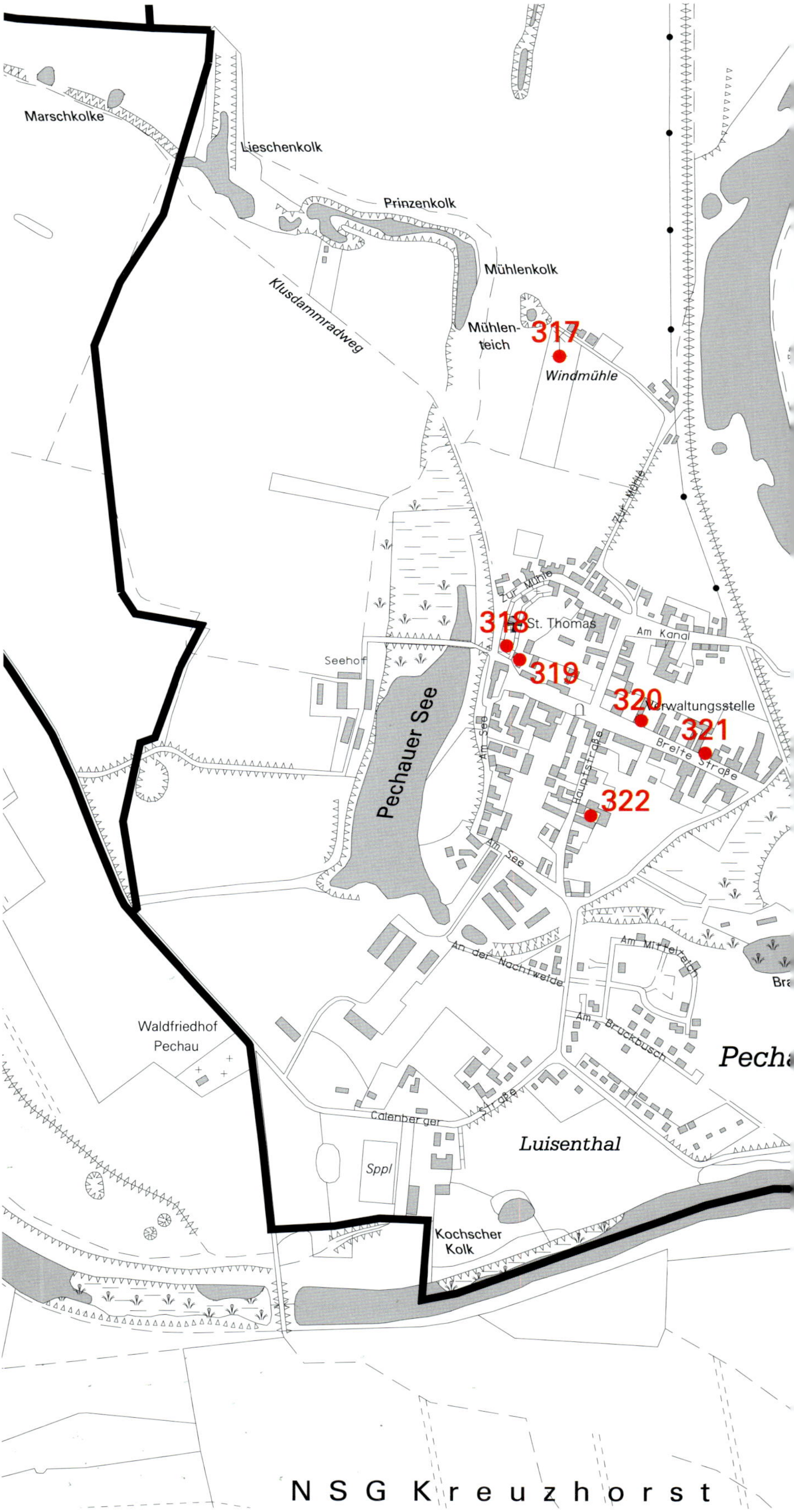
Marschkolke
Lieschenkolk
Prinzenkolk
Mühlenkolk
Klusdammradweg
Mühlen-
teich
317
Windmühle
Zur Mühle
Zur Mühle
318
St. Thomas
Am Kanal
319
Seehof
Pechauer See
320
Verwaltungsstelle
321
Breite Straße
Am See
Hauptstraße
322
Am See
Am Mittelteich
An der Nachtweide
Waldfriedhof
Pechau
Am Bruckbusch
Pecha
Calenberger Straße
Luisenthal
Sppl
Kochscher
Kolk
NSG Kreuzhorst

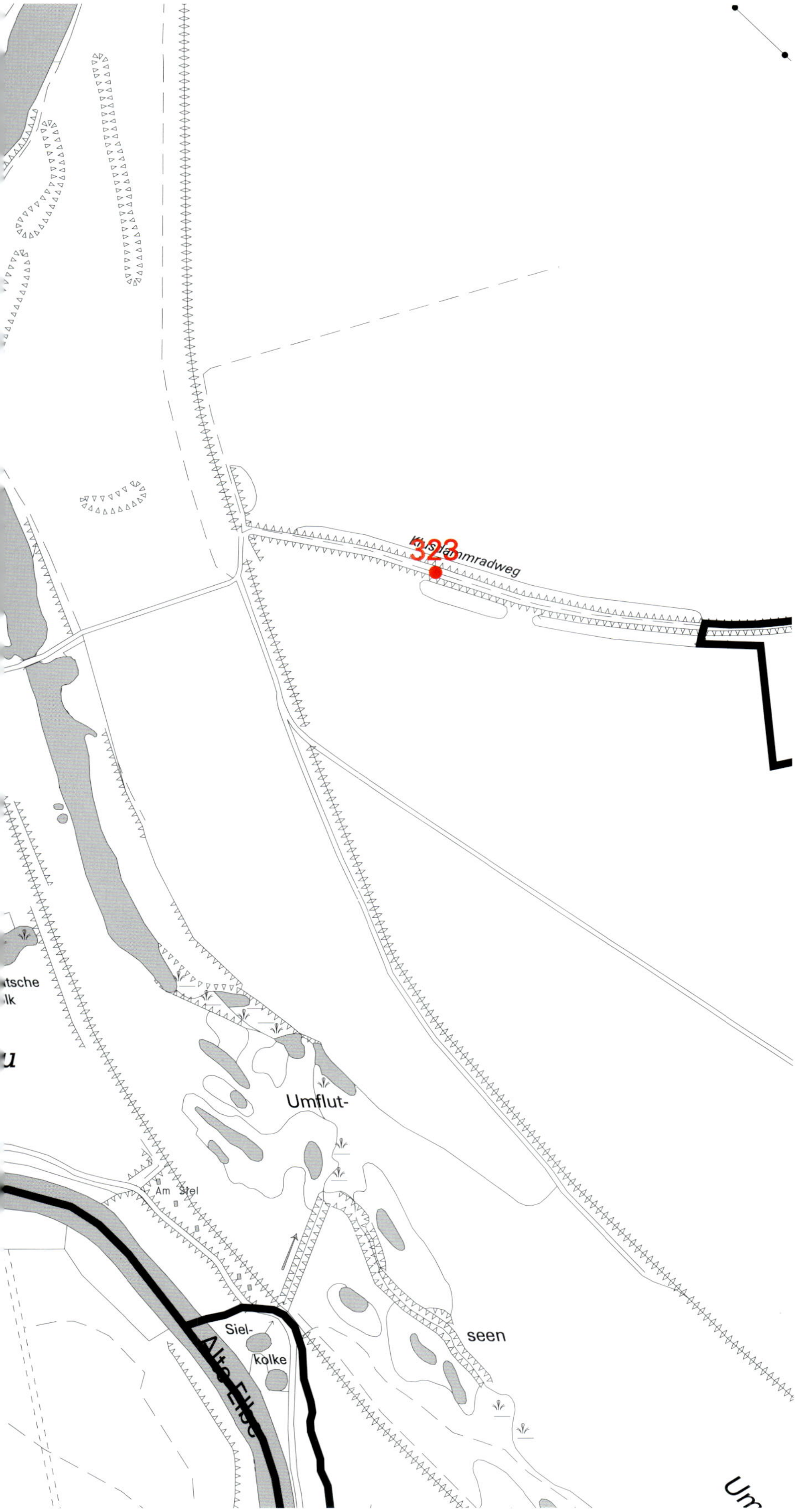
323
mmradweg
Umflut-
seen
Am Siel
Siel-
kolke
Alte Elbe

317
Bockwindmühle
Zur Mühle
1828

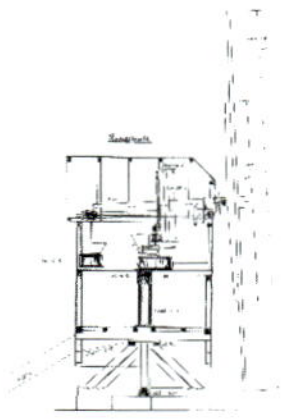

Um das Jahr 1880 befanden sich im Jerichower Land, zu dem Pechau damals gehörte, 185 Windmühlen. Wilhelm Fricke, der 1911 den Mühlenbetrieb übernahm, erinnert sich, dass er in seiner Lehrzeit von der Plattform seiner Mühle noch 21 Mühlen sehen konnte.
1828 wurde ein Kaufvertrag zwischen der Gemeinde Pechau und dem Mühlenbesitzer Dessau über einen Mühlenbergfleck bzw. einen Mühlenbaufleck geschlossen. In den 30er Jahren erwarb der Kossate Friedrich Fricke senior die Bockwindmühle. Seitdem ist sie in Familienbesitz, jetzt in der fünften Generation. 1896 wurde die Mühle vom Blitz getroffen, geriet in Brand und wurde dadurch schwer beschädigt. 1898 baute Müllermeister Friedrich Fricke junior die niedergebrannte Mühle wieder auf. 1911 übernahm sein Sohn Wilhelm Fricke den väterlichen Betrieb. Am Heiligen Abend 1924 riss ein Sturm alle vier Flügel ab und fegte sie bis in die Nähe des etwa 75 Meter entfernt stehenden Wohnhauses. 1945 hatte die Mühle ohne größere Schäden überstanden. 1952 übernahm die Tochter Ruth Hesse, geb. Fricke die Mühle. Zunehmend wurden auch Reparaturen erforderlich.
1954 wurde die bis dahin funktionsfähige Mühle stillgelegt und 1960 die Flügel wegen Unfallgefahr abgebaut. Danach setzte fortschreitender Verfall ein. Im Februar 1990 wurde die defekte Dachkonstruktion durch einen Sturm völlig zerstört. Durch Fördermittel aus dem Dorferneuerungsprogramm wurde 1992 die Basis für die Instandsetzung der Mühle gelegt. Irma Wuttke, geb. Hesse übernahm mit ihrer Familie die Mühle. Durch sehr viel Eigenleistung wurde die Mühle in 2 Jahren wieder funktionstüchtig gemacht.

318
St. Thomas, Dorfkirche
Am See
1221

Die Kirche St. Thomas, welche am westlichen Rande von Pechau liegt, fand im Jahre 1221 als dem Kloster St. Laurentius zugehörig erstmals Erwähnung. Bei der Kirche handelt es sich um einen frühgotischen, flachgedeckten Saalbau mit Spitzbogenfenstern. Die Wände wurden aus Bruchsteinen errichtet, welche man später verputzte. Der Chor erhielt einen 5/10 Schluss. Über dem Westgiebel sitzt ein Fachwerktürmchen. Dieses erhielt 1894 einen pyramidalen Aufbau. Das barocke Südportal hat eine Pilasterrahmung und einen Giebel.
In den Kriegs- und Notzeiten Pechaus blieb auch das Kirchengebäude nicht verschont. 1813/14 warfen die abziehenden Franzosen Granaten in die Kirche. In den Jahren 1944/45 wurde das Gebäude durch Bomben und Granatbeschuss schwer in Mitleidenschaft genommen.
1947 wurden die acht zerstörten Fenster erneuert. Ab 1980 erfolgten größere Renovierungsarbeiten, wobei unter der Empore eine Winterkirche eingerichtet wurde. Als 1987 eine grundlegende Restaurierung begann, wurden Altar, Empore und Gestühl entfernt. Den neuen, aus Backstein bestehenden Altar und das Kreuz schuf Carsten Kriegenburg. 1994 konnte auf Grund einer privaten Spende das barocke Südportal restauriert werden.

319
Wohnhaus
Breite Straße 24
Anfang 1800

Das Gebäude ist ein eingeschossiger Fachwerkbau mit tief heruntergezogenem Halbwalmdach. Es wurde im späten 18./frühen 19. Jahrhundert erbaut. Die Straßenfassade wird bestimmt durch fünf Fensterachsen und ein doppelflügeliges Eingangstor, welches durch ein darüber liegendes Zwerchhaus repräsentativ hervorgehoben wird. Im Ensemble mit der benachbarten Pechauer Dorfkirche und der am Nordende des Kirchhofs gelegenen historischen Dorfschule ist das Wohnhaus in hohem Maße ortsbildprägend.

320
Gehöft/Slawensiedlung
Breite Straße 18
Mitte 19. Jh.

Das Gehöft ist eine stattliche Vierseitenhofanlage. Der Wirtschaftshof wird zur Straße hin durch das traufständige Wohnhaus, eine hohe Bruchsteinmauer mit zwei segmentbogenförmigen Toreinfahrten und ein giebelständiges Wirtschaftsgebäude aus Bruchstein abgeschlossen. Das Wohnhaus wurde in seiner Gestalt stark verändert. Ein großer Zwerchgiebel, der in der Fassade auch als angedeuteter Mittelrisalit seine Fortsetzung findet, und zwei Gauben gliedern das Mansardendach. Die sechs Fensterachsen sind jeweils paarweise zusammengefasst. Die äußeren Achsen werden durch gemeinsame waagerechte Fensterüberdachungen und säulenartige Pilaster zwischen den Fenstern betont, die inneren Fenster durch beidseitige Pilaster, die einen Wellengiebel tragen.
Heute ist der Hof das Gemeindezentrum der Gemeinde Pechau.
Auf dem Hof befinden sich eindrucksvolle Nachbauten von prähistorischen Häusern der slawischen Siedlungsepoche nach archäologischem Vorbild.

321
Gehöft
Breite Straße 15
Mitte 19. Jh.

Die zwei stattlichen Wirtschaftsgebäude eines Vierseitengehöftes in Bruchsteinbauweise wurden in der Mitte des 19. Jahrhunderts gebaut. Ein Gebäude steht traufständig zur Straße und das andere ist giebelständig. Verbunden sind die beiden Gebäude mit den für das Magdeburger Land typischen hohen Bruchsteinmauern mit einer rundbogigen Toreinfahrt als Abschluss zur Straße. Der giebelständige Bau besitzt ein dekoratives Rundbogenfenster und ein Okulus. Zum Hof gehört auch ein eingeschossiges Wohngebäude mit Satteldach und ehemals mittigem Eingang. Die Grundrisse der Häuser waren früher über einen mittigen zur Straße orientierten Flur erschlossen. Es waren sogenannte Ernhäuser. Erst im vergangenen Jahrhundert hat man begonnen, die Eingänge auf die Hofseite zu verlegen und straßenseitig ein zusätzliches Fenster anzuordnen. Deshalb bilden die Häuser, gemeinsam mit den hohen Bruchstein- und Klinkermauern und den Torbögen, eine geschlossene Front. Man hat keine Einsicht in die Höfe, sofern die Tore nicht geöffnet sind.

322
Hofanlage
Hauptstraße 5
Ende 19. Jh.

Bei dem Gehöft handelt es sich um eine ehemalige Vierseiten-Hofanlage. Zur Anlage gehören das traufständig zur Straße gelegene zweigeschossige Wohnhaus im Neorenaissance-Stil, das aus Backstein errichtete, giebelständig zur Straße orientierte Scheunengebäude und zwei weitere zum Hof gehörende ehemalige Stallgebäude aus Backstein, die den Hof umschließen. Zur Straße wird der Hof durch eine segmentbogige Toreinfahrt abgeschlossen.
Die Straßenfassade des Wohnhauses ist fünfachsig mit schmalen stehenden Fenstern ausgebildet. Die Fenster sind mit Faschen gerahmt und im Untergeschoss mit Fensterladen versehen. Brüstungs- und Gurtgesimse gliedern die Fassade. Unterhalb des Kranzgesims, welches mit einem Zahnschnitt gestaltet wurde, verläuft ein schmuckreicher, plastischer Schmuckfries. Heute wird die Hofanlage als Pflanzenhof wieder bewirtschaftet.

323
Klusdamm/Klusbrücke

Klusdamm
Anfang 15. Jh.

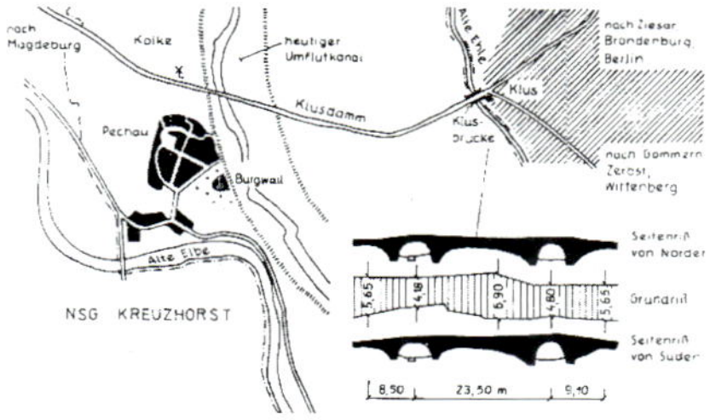

Eine enge Anbindung an die Stadt Magdeburg und die weiter östlich gelegenen Gebiete besteht seit Jahrhunderten durch den Klusdamm. Gut erkennbar ist noch heute seine erhöhte Lage gegenüber dem Umland auf dem Teilabschnitt zwischen dem Umflutkanal bei Pechau und der Klus. Als mittelalterlicher Handelsweg hatte er einst überregionale Bedeutung, denn er verband Magdeburg mit dem Osten. Er begann in Prester und führte nördlich an Pechau vorbei in die Klus. Dort, wo der Damm auf das Dünengebiet der östlichen Niederterrasse trifft, befand sich bis zum Zweiten Weltkrieg das Forsthaus Klus. Im Mittelalter lag hier eine Mönchsklause, wohl verbunden mit einer Herberge. Von dieser Einrichtung dürfte der Name Klusdamm abzuleiten sein.

Erst wurde der Klusdamm als Knüppeldamm ausgebaut, später, seit dem 15. Jh., als Steindamm mit Sandsteinen. Er war 7,6 km lang und knapp 6 m breit. 1753 führten 32 Brücken über die einzelnen Elbarme. Die Einzige noch erhaltene ist die Klusbrücke. Ihr Baujahr ist zwar nicht genau bekannt, aber auf einer Zeichnung von 1588 ist sie bereits in ihrer heutigen Bauweise und Form dargestellt. Sie war und ist das nördlichste Bauwerk des Klusdammes und überbrückt mit zwei steinernen Bogen den wasserreichen Lauf der Ehle am Ostrand der Elbaue. Die Klusbrücke ist eine Naturstein-Wölbungsbrücke von 41 m Länge, ihre beiden Bogen haben einen Scheitelabstand von 23,5 m, der dazwischenliegende Damm ist durch Mauern eingeschalt. Gewölbe und Mauern bestehen vorwiegend aus unterschiedlich bearbeiteten Bruchsteinen des Gommern-Quarzits, daneben finden sich rote Sandsteine und Eruptivgestein (Rotliegendes) möglicherweise aus dem Gebiet Bebertal. Der Ostbogen ruht auf z. T. mit „M“ bezeichneten großen Sandsteinquadern. Nach seiner Beschädigung (im Befreiungskrieg nach der Schlacht bei Vehlitz und Dannigkow am 5.4.1813) wurde er mit roten Backsteinen und einem eisernen Queranker repariert. Der Raum zwischen den Seiten- bzw. Schalenmauern ist mit Sand aufgefüllt, darauf liegt das 1980 wiedergefundene Quarzitpflaster der Fahrbahn. An den 0.1–0.5 m hohen Seitenbrüstungen befinden sich im Abstand von 2 bis 3 m Radabweisesteine. Eine Bedeckung des Pflasters mit einer wenige Zentimeter mächtigen Schicht aus hellem Dünensand könnte ursprünglich sein. Der Ostbogen hat ein halbkreisförmiges Profil, der elegantere und im Scheitel mit kaum 0.7 m extrem dünne ältere Westbogen erscheint leicht gespitzt. Die Spannweite des Westbogens beträgt 7.05 m, seine lichte Höhe etwa 3.50 m, je nach Wasserstand. Der Ostbogen hat eine Spannweite von 5.10 m und eine lichte Höhe von 2.95 m über trockenem Grund.

Calenberge

Das Dorf Calenberge wird erstmalig in einer Urkunde des Papstes Innocens III. aus dem Jahre 1209, in der alles Eigentum des Klosters Berge aufgeführt wird, erwähnt. Da das Dorf auf einer Anhöhe von lediglich 1,5 Meter liegt, mutet der Name etwas sonderbar an. Die leichte Bodenerhebung, die allseitig von feuchten und sumpfigen Niederungen umgeben ist, kann keinerlei Anspruch auf die Bezeichnung Berg erheben. Das Dorf soll den slawischen Namen Lysagora gehabt haben, was Kahlenberg heißt. Es ist zu vermuten, dass das Dorf vor der Besitznahme durch das Kloster von Slawen besiedelt wurde. Die Landwirtschaft muss sehr erträglich gewesen sein, ansonsten hätten sich die Bauern nicht auf jener leichten Anhöhe angesiedelt. Zudem wird auch die Fischerei in den zahlreichen stehenden Gewässern der Feldmark ein guter Erwerbszweig gewesen sein.
Calenberg gab einst 14 Bauernfamilien Platz für Hof und Feld. Die einzelnen Feldstücke wurden mit Flurnamen versehen, die bis heute von dem zähen Kampf des Dorfes gegen Hochwasser und Fluten der Elbe zeugen, zum Beispiel „die See“, „Krapfenrenne“ oder auch „die Gräsige“. Die Calenberger Feldflur umfasste nur etwas über 300 Hektar, aber dafür um die hundert Flurnamen.
1994 wurde Calenberge in die Landeshauptstadt Magdeburg eingemeindet.

Randau

Der Ortsname Randau, 1236 Randowe, später Randawe bzw. Randow, wird einem slawischen Ursprung zugeschrieben und bedeutet soviel wie „Aue am Rande“ (Grenzaue). Nach der ersten Erwähnung von Kalenberch im Jahre 1209 wird in einem Vergleich vom 28.05.1236 zwischen dem Kloster Unser Lieben Frauen und Iwan von Dornburg als Zeuge Thegenardus von Randowe genannt, der vermutlich einer der ersten Besitzer der Burg zu Randau auf dem Göbs war. Wie lange diese Burg schon bestand und ob sie aus der slawischen Siedlung oder dem Burgwall hervorgegangen ist, ist nicht nachvollziehbar. Damit ist dieses Datum die erste urkundliche Erwähnung von Randau. Seit 1994 ist das ca. 10 km südöstlich vom Stadtzentrum der Landeshauptstadt auf dem Elbenauer Werder gelegene und durch die Stromelbe und die Alte Elbe umschlossene Dorf, ein Ortsteil von Magdeburg. Das Besondere an Randau ist seine Lage inmitten der Elbauenlandschaft, die sich durch zahlreiche Auenwaldgebiete bzw. Gehölzgruppen, ausgedehnte Feuchtwiesen zwischen Stromelbe und Deich, landwirtschaftlich genutzte Ackerflächen, eine Vielzahl von Altgewässern der Elbe mit Sumpfgebieten, aber auch durch ausgedehnte Kiefernbestände darstellt.

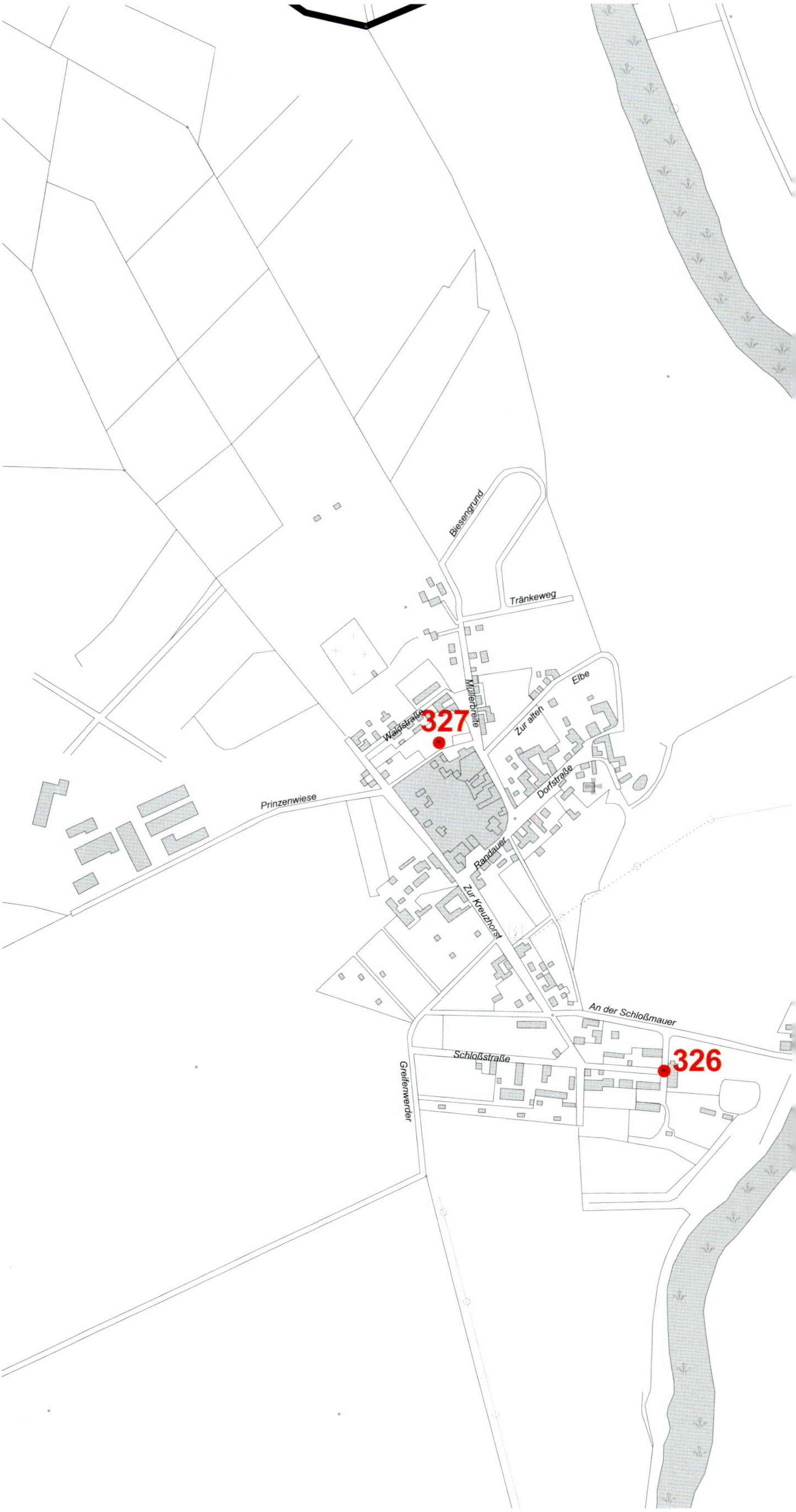
Biesengrund
Tränkeweg
Elbe
Müllerbreite
Zur alten
Waldstraße
327
Dorfstraße
Prinzenwiese
Randauer
Zur Kreuzhorst
An der Schloßmauer
Schloßstraße
326
Greifenwerder

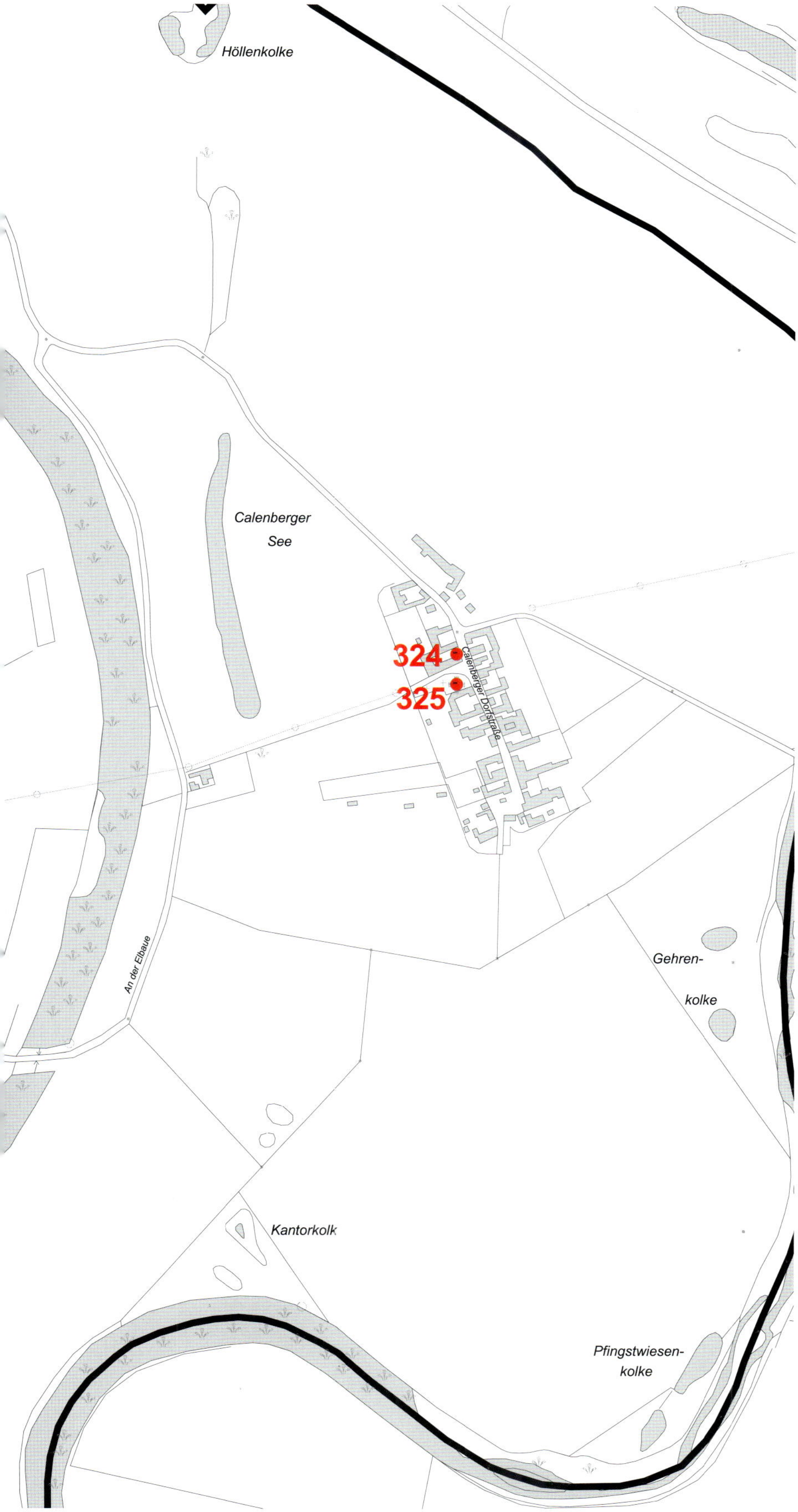
Höllenkolke
Calenberger
See
324
325
Calenberger Dorfstraße
An der Elbaue
Gehren-
kolke
Kantorkolk
Pfingstwiesen-
kolke

324
Hofanlage
Calenberger Dorfstraße 1
Ende 19. Jh.

Das eingeschossige Gebäude mit einem ausgebauten Dachgeschoss aus gelbem Klinker unter einem Satteldach wurde im Stil der Gründerzeit errichtet und steht in unmittelbarer Nachbarschaft zur Pfarrkirche St. Georg. Die siebenachsige Straßenfassade mit stehenden Fensterformaten wird durch einen dreiachsigen Zwerchgiebel dominiert, der sich durch Fugen im Mauerwerk als Mittelrisalit absetzt. Bedacht wird dieser mit einem Dreiecksgiebel, in den ein Okula eingebracht ist. Brüstungs-, Gurt- und Kranzgesims gliedern das Bauwerk in der Höhe. Die Gebäudeecken werden durch eine Bossierung betont. Die Fenster sind durch Putzfaschen gerahmt und werden mit waagerechten Kragplatten bedacht. Dazwischen ein Pilaster einer Säulenbasis. Der Drempelbereich ist als Mezzanin mit rechteckigen Nischen gestaltet.

325
Sankt Georg, ev. Pfarrkirche
Calenberger Dorfstraße
1882

Nachdem das alte Gotteshaus von Calenberge abgerissen worden war, ging man im Jahre 1882 daran, eine neue Kirche im Stil der Neoromanik zu errichten. Die Kirche St. Georg ist der Bauform nach eine Saalkirche mit eingezogenem Chor am Ostgiebel. Der Chor hat einen runden Chorschluss. Der Turm, mit einem annähernd quadratischen Grundriss, steht mittig am Westgiebel. Der Eingang zum Kirchenraum befindet sich in der südlichen Längswand. Ein separater Eingang zum Turm befindet sich an der Westseite. Der ehemalige Durchgang vom Kirchenschiff zum Turm wurde vermauert. An der nördlichen Längsseite ist eine kleine Sakristei angebaut, mit einem Durchgang zum Kirchenschiff. Der Sockel besteht aus quaderförmigem Sandstein, mit einer gräulich-weißen Oberfläche im gleichhohen Schichten. Die Fassadeflächen, ebenfalls aus Quadermauerwerk aus Sandstein bestehend, haben eine gelblich-bräunliche Oberfläche. Diese wird durch Lisenen aus gelben Klinker gegliedert. Ebenfalls aus gelben Klinker bestehen der Rundbogenfries unterhalb des Trauf- und Turmgesims und die Fensterrahmung. Die schmalen, hohen Rundbogenfenster werden durch Rahmen aus Gusseisen, mit Sprossen, Bögen und Kreisen gegliedert. Das Dachtragwerk ist als Pfettendach mit liegendem Stuhl in Holz ausgebildet. Die flache Holzbalkendecke hat einen weißen Anstrich. Das Dach wurde mit Schiefersteinen in einer Altdeutschen Schieferdeckung gedeckt. Der 29 Meter hohe Turm hat ein steiles Turmdach, ebenfalls mit einer Schieferdeckung. Bekrönt ist dieser und der Ostgiebel mit einem gusseisernen Kreuz aus Kupfer. Der Altar befindet sich im Chor. An der westlichen Giebelwand wurde eine Empore als Holzkonstruktion, bestehend aus Unterzügen,

die sich über hölzerne Säulen mit Kapitellen und Wandkonsolen abstützen, eingebaut. Darunter wurde nachträglich mit einer Holz-Glas-Wand eine Winterkirche abgetrennt.
Als man während Untersuchungen entdeckte,

dass die Kirche einst farbenfreudig ausgestattet war, entschloss man sich, den Zustand von 1882 wieder herzustellen. Am 10. Oktober 1999 wurde die Kirche St. Georg, welche in ihrem Innern nunmehr mit der ursprünglichen Farbgebung aufwartet, mit einem Festgottesdienst neu geweiht.

326
Gut zu Randau

Schlossstraße
13.Jh./ 1795 / 1885

Der Ursprung des Gutes war die Burg zu Randau, die 1297 zerstört wurde. Bereits 1309 wurde sie in einer Kaufurkunde als „Gut to Randauwe" bezeichnet und lag auf dem Göbs (nördl. des heutigen Standortes). Ab 1309 gelangte das Gut für mehrere Jahrhunderte in den Besitz der Familie von Alvensleben. Im Jahre 1554 übernahm Andreas von Alvensleben, ein Anhänger der lutherischen Lehre, das Gut. Er wurde in der von ihm 1558 gebauten Kirche beigesetzt. Unter Johann Friedrich Karl von Alvensleben wurde das Gut an den heutigen Standort südlich des Göbs verlegt. Sein Neffe Gerhard Johann Achaz, der 1795 das Gut übernahm, legte mit dem Bau von Wirtschaftsgebäuden, Kolonistenhäusern, einer Windmühle und des Predigerwitwenhauses den Grundstein für die noch heute sichtbare Anlage des Gutes. Nach wirtschaftlichem Rückgang musste das Gut 1850 verkauft werden. Nachfolgend wurden Teilflächen der Ziegelei veräußert. Große Eichen- und Kieferbestände wurden abgeholzt, 600 Morgen Weide- und Waldfläche verkauft. Im Jahre 1863 ging der jetzt als Rittergut bezeichnete Betrieb an Moritz Paul Hennige über. Er versuchte, schnell durch Kauf und Tausch die ursprüngliche Größe des Gutes wieder zu erlangen. 1885 erfolgte auf den alten Mauern der Neuaufbau des Gutshauses in der noch heute sichtbaren klassizistischen Form mit Freitreppe und säulengestützten Rundbögen und den Reliefmedaillons der Jahreszeiten. Das aufwendige Äußere trug dem Haus die Bezeichnung Schloss ein. Auch der Park wurde durch Ausbauten (Obelisk, Brücke, Rondell, Erdgrab, Gewächshaus, Voliere und Aussichtsturm) bereichert. Um 1890 entstanden die Wirtschaftsgebäude entlang der Schlossstraße, deren Reste noch heute das Ortsbild durch Fassadenelemente bereichern.

327
Bürgerhaus Randau
Müllerbreite 16
1995
Friedhelm Ribbert

Das Objekt wurde ursprünglich als Bürgerhaus mit integriertem Kindergarten für die Gemeinde Randau konzipiert. Während der Bauausführung erfolgte die Eingemeindung. Die Landeshauptstadt setzte neue Prämissen. Gebaut wurde letztlich nur ein Bürgerhaus, das für Verwaltungsaufgaben des Ortsteiles genutzt wird. Errichtet wurden zwei pavillonartige Baukörper in Holzskelettbauweise, die durch einen flachen Zwischenbau miteinander verbunden sind. Jeder Gebäudeteil mit quadratischem Grundriss von 9,00 m x 9,00 m Achsmaß hat ein wärmegedämmtes Zeltdach mit Flachdachpfannendeckung und aufgesetzter Aluminium/Glas-Pyramide. Im Gemeindesaal können durch mobile Wandelemente differenzierte Bereiche abgetrennt werden. Kleine Glaserker an den Ost- und Westfassaden schaffen zusätzliche Belichtung der Haupträume und lockern das strenge Raumgefüge auf. Die Eingänge sind über terrassierte Freiflächen erschlossen. Aus dem ursprünglichen Raumprogramm resultiert die aufgelöste Bauform mit der auch außen ablesbaren Differenzierung. Das Gebäude passt sich in seiner Gestalt gut in die dörfliche Umgebung ein.

Industriehafen

Der Stadtteil Industriehafen, auch vorderes Industriegebiet genannt, liegt nördlich der Bahntrassen nach Berlin und Stendal. Straßenseitig ist er über den August-Bebel-Damm angebunden, der zugleich die Abgrenzung zur Ortslage Rothensee bildet. Die Saalestraße ist die Hauptachse der inneren Erschließung. Im Rahmen der Entwicklungsmaßnahme Rothensee wird mit einem neuen Straßenabschnitt zwischen Saalestraße und Rogätzer Straße die direkte Verbindung zwischen Industriehafen und Handelshafen und weiter zur Bundesstraße B1 hergestellt. Der Korbwerder kennzeichnet den Übergang zum Industriegebiet Nord. Die östliche Begrenzung des Stadtteiles bildet die Stomelbe.

Der Industriehafen liegt nördlich vom Handelshafen, inmitten des Industriegeländes; er wird 1911 dem Verkehr übergeben. Das Hafenbecken hat eine Länge von 1670 m und eine Breite von 62 m und dient ursprünglich nur den Interessen der Anlieger. Zwischen Hafenbecken und Stromelbe wird ein etwa 6 ha großer Winterschutzhafen angelegt. Rund um den Industriehafen haben sich zu Beginn des vorigen Jahrhunderts zahlreiche Betriebe des Maschinenbaus, der Holzbearbeitungs-, Pech-, Dachpappen- und Kohlenbranche, sowie der Nahrungs- und Genußmittelindustrie angesiedelt, z. B.: Conrad Friedrich Müller, Harz- und Pechprodukte (1903), Deutscher Benzol-Vetrieb der Bergbau-AG Lothringen, A. W. Mackensen, Maschinenfabrik und Eisengießerei (1916), Hermann Schubert – Bockwa, Holzgroßhandel, Säge- und Imprägnierwerk, Konsum – Mühle und Großbäckerei, Kakao- und Schokoladenwerke Spoer (1909), Magdeburger Braunkohlen-AG (1921), Schiffswerft. Die eisenbahntechnische Versorgung erfolgt im gesamten Industriegebiet durch die Hafenbahn-Gesellschaft.

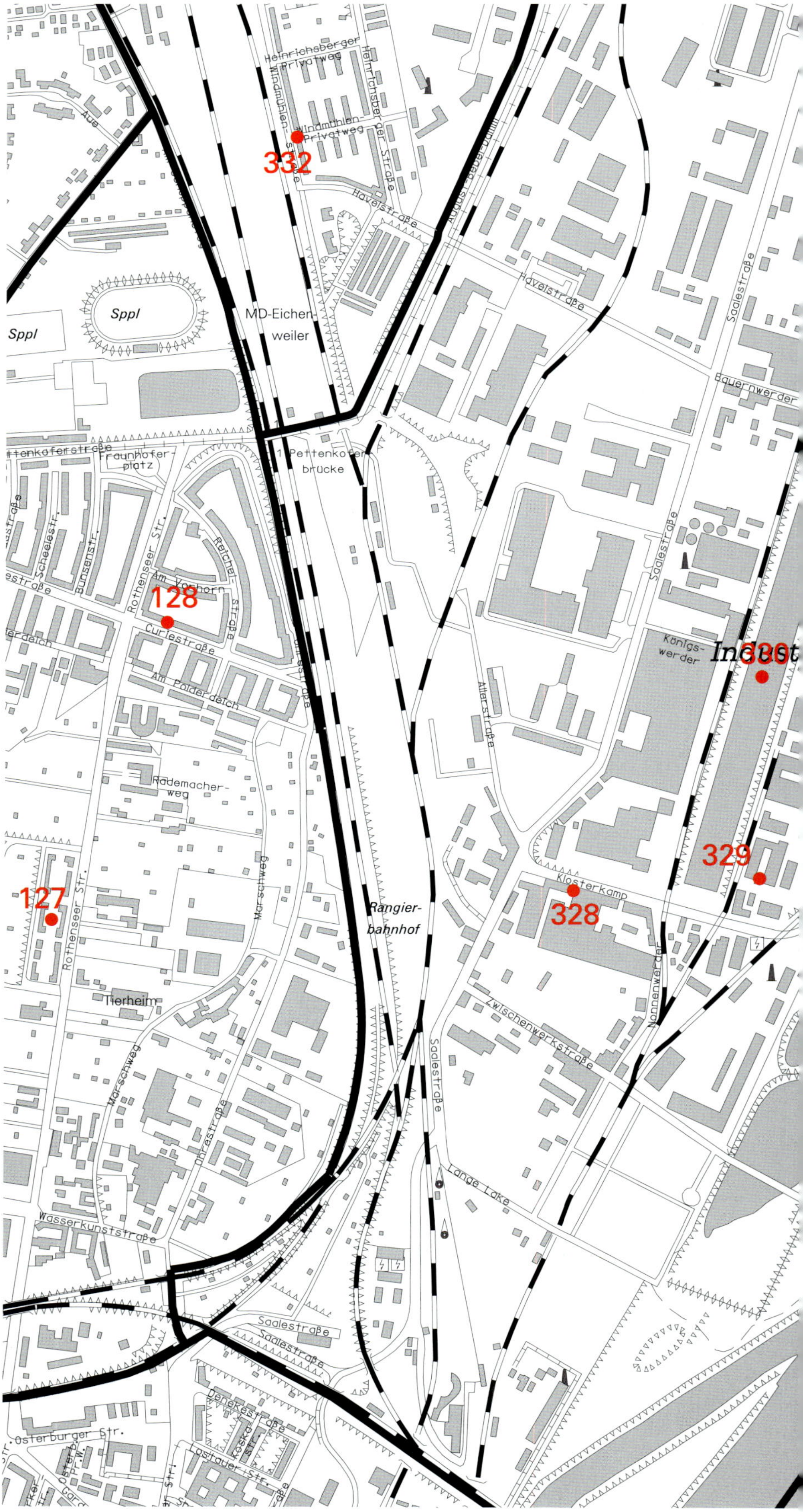
Heinrichsberger Privatweg
Windmühlenstraße
Heinrichsberger Straße
Windmühlen-Privatweg
332
Havelstraße
August-Bebel-Damm
Havelstraße
Saalestraße
Bauernwerder
Sppl
Sppl
MD-Eichenweiler
Pettenkoferstraße
Fraunhoferplatz
1 Pettenkoferbrücke
Scheelestr.
Bunsenstr.
Rothenseer Str.
Reichelstraße
Am Vorhorn
128
Curiestraße
Am Polderdeich
Saalestraße
Königswerder
Industriehafen
330
Alterstraße
Rademacherweg
Marschweg
329
Klosterkamp
328
127
Rothenseer Str.
Rangierbahnhof
Tierheim
Nonnenwerder
Zwischenwerksstraße
Saalestraße
Marschweg
Ohrestraße
Lange Lake
Wasserkunststraße
Saalestraße
Saalestraße
Deneckestraße
Osterburger Str.
Lostauer Str.

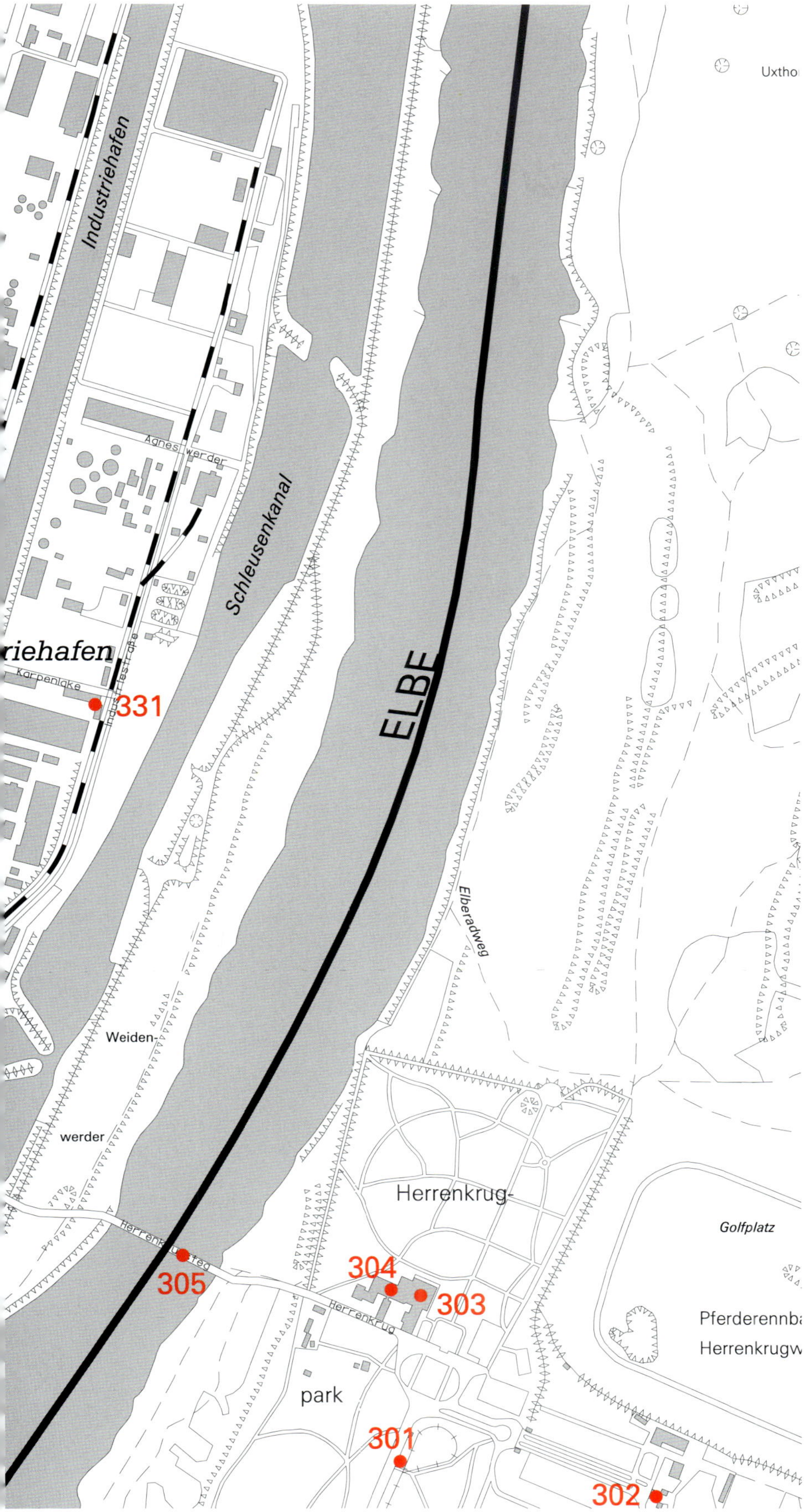

Uxtho
Industriehafen
Agneswerder
Schleusenkanal
ELBE
riehafen
Karpenlake
Industriestraße
331
Elberadweg
Weiden-
werder
Herrenkrug-
park
Golfplatz
Herrenkrugsteg
305
304
303
Herrenkrug
Pferderennb
Herrenkrugw
301
302

328
Verwaltungsgebäude und Gießerei der ehem. Fa. Mackensen

Klosterkamp 1
Entwurf 1916, Fertigstellung nach dem 1. Weltkrieg, Gießerei 1922
Edmund Körner

Der qualitätvolle Klinkerbau ist Teil des Fabrikneubaus der Firma A. W. Mackensen im Magdeburger Industriegebiet und verkörpert einen für die damalige Zeit sehr modernen und fortschrittlichen Industriebau. Durch die 1913 fertig gestellte Essener Synagoge trat der Architekt Edmund Körner in das Blickfeld der Öffentlichkeit. Zwischen 1911 und 1919 lehrte er an der Künstlerkolonie Darmstadt als Nachfolger von Olbrich.
Das 59 m lange Verwaltungs- und Betriebsgebäude besteht aus drei Vollgeschossen, Keller- und Dachgeschoss. Die Fassade ist relativ plan gehalten, wobei die beiden abgerundeten Bogenöffnungen, welche Eingangsportal und Durchfahrt bergen, und der linke Gebäudeteil aus der Bauflucht hervortreten. Durch die abgestufte Fassadenoberfläche wird die unterschiedliche Gebäudenutzung auch in der Architektur sichtbar. Die Anzahl der Fensterachsen variiert mit den einzelnen Etagen und den unterschiedlichen Fensterformaten und Achsabständen zwischen 21, 24 und 26. Hierdurch und auf Grund der ganz flachen Fensterlaibungen und der extrem dünnen Zierleisten erhält die Fassade ihre besondere Charakteristik. In die Verblendung aus hartgebrannten dunklen Klinkern sind Flächenmuster als zum Teil leicht plastische Tekturen eingelassen. Die meisten Mauerkanten sind abgerundet.
An das Verwaltungsgebäude reiht sich linksseitig die ebenfalls von Körner entworfene Gießerei an. Diese entstand 1922. In Anpassung an das Verwaltungsgebäude erhielt die dreiachsige Straßenfassade eine Verblendung in dunkel hartgebrannten Klinkern und einfache Tekturen.

329
Getreidemühle

Klosterkamp 4
1925–28
Technisches Büro des Konsumvereins, Schulz und Kling AG, Architekt Hanke

Bedeutendes technisches Bauwerk der 20er Jahre, welches durch seine Größe den Industriehafen städtebaulich dominiert und durch die Anordnung seiner Baumassen bestimmt wird. Seinerzeit beispielhaft moderne Großmühlenanlage für die Großeinkaufsgesellschaft deutscher Konsumverein Hamburg, in sachlich funktionaler Architektursprache mit kubisch strengen Baublöcken und roten Klinkerfassaden als Stahlbetonbauten errichtet. Einst größte Getreidemühle Mitteldeutschlands mit einer Tagesleistung von fast 300 t Getreide.
Den Kern der Anlage bilden die beiden parallel angelegten sechsgeschossigen Gebäude, ein Speicher für Mehl und Kleie und eine Mühle. Schmale Gesimse setzen einen dezenten horizontalen Akzent und markieren die leichten Abstufungen in der Fassadenoberfläche. Die obersten Stockwerke, ebenfalls leicht zurückversetzt, erinnern mit ihren kleineren Fenstern an ein Mezzanin. Sämtliche Fenster wirken wie gestanzt in die großen glatten Fassadenflächen gesetzt. Einzig ihre stehend gemauerten Stürze unterbrechen den einheitlichen Ziegelverband. Aufzugschächte überragen die Flachdächer. An den Stirnseiten sind freistehende Treppentürme vor die Fassadenflucht gerückt. Ihre Verbindungsbrücken auf allen Etagen zwischen den beiden Gebäuden bewirken eine markante Struktur.
Auf der Nordseite ein neunstöckiges Silogebäude, ebenfalls mit abgesetztem Mezzanin und zusätzlich mit stark zurückspringendem, schmalem Dachgeschoss. Seine teils fensterarmen Fassaden gliedern vertikale schmale Rillenbänder.
Zur funktionalen und gestalterischen Einheit der Anlage gehören außerdem ein Büro- und Verwaltungsgebäude, ein kleines Pförtnerhaus, ein Sozialgebäude, ein Lagergebäude, Werkstatt- und Trafohaus sowie die Werkseinfriedung. Neben dem technischen Büro des Konsumvereins beteiligten sich der Hamburger Architekt Hanke und das Münchner Ingenieurbüro Schulz und Kling an der Ausführung.

330
Industriehafen

Saalestraße, Klosterkamp, Industriestraße etc.
1904–1911
Eisenlohr

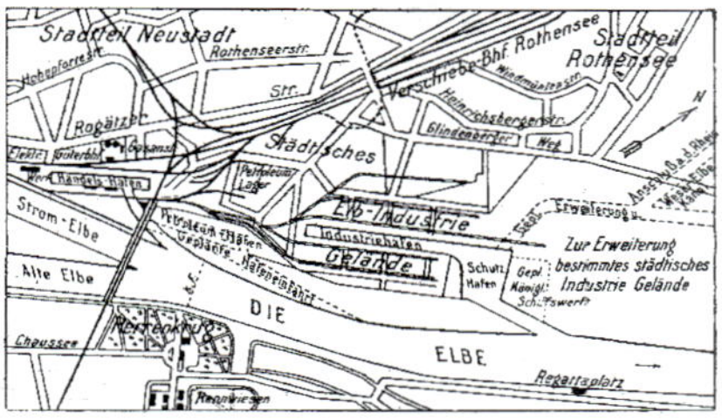

Erst 1893 eröffnete der Handelshafen in der Magdeburger Neustadt. Doch schon bald reichte der vorhandene Platz hier nicht mehr aus, so dass der Mannheimer Stadtbaurat Eisenlohr 1904 einen neuen Plan für einen Industrie- und Winterschutzhafen erstellte. Gleichzeitig suchte die Stadt nach einem Gelände für die Ansiedlung von Industrie. Nun sollte ein neues Industriegelände im Anschluss an die neuen Hafenanlagen Abhilfe schaffen. Die Stadt machte es sich zur Aufgabe, billiges Gelände mit Bahn- und Wasseranschluss für industrielle Zwecke anzubieten, um eine weitere Bereicherung des wirtschaftlichen Lebens, eine Stärkung der Steuerkraft und eine Trennung von Wohn- und Industrievierteln zu bewirken. Zu diesem Zwecke sollte das hochwasserfreie Gebiet nördlich des Handelshafens, entlang der Elbe, mit einer Ausdehnung von ca. 180 ha und einer Länge von 2 400 m erschlossen werden. Die Grenzen bildeten die Berlin–Potsdamer Eisenbahn im Süden, die Rothenseer Alte Elbe im Norden, die Elbe im Osten und die Fläche des später vom Staat angelegten Rangierbahnhofes im Westen. 1908 begannen die Arbeiten im Industriegebiet und am neuen Hafen, dessen Becken eine Länge von 1 670 m und eine Breite von 47–77 m besitzt und an dessen nördliches Ende ein 6 ha großer Winterschutzhafen angefügt ist. 1911 konnten die ersten Grundstücksverkäufe getätigt werden. Mit dem Bau des Mittellandkanals erschlossen sich für die Stadt zwei weitere wichtige Verkehrswege von Ost nach West und von Nord nach Süd. Sie gewann eine direkte Verbindung mit dem Ruhrgebiet, mit dem Rhein und den holländischen Häfen.

331
Schrotfabrik

Karpenlake 1
1911/12
Peter Schneider

Die Anlage der ehemaligen Schrotfabrik G. C. Dornheim im Elbindustriegelände besteht aus einem Fabrik- und einem Kontorgebäude sowie dem hoch aufragenden Schrotgießturm, der vom anderen Elbufer für Spaziergänger im Herrenkrugpark weithin sichtbar erscheint. Zur Straße gerichtet steht das dreistöckige Wohn- und Kontorhaus, an das sich hinten die zweistöckige Werkhalle anschließt. Beide sind als Putzbauten mit Gebäudekanten und Fensterstürzen in Backstein aufgeführt, das Wohn- und Kontorhaus mit Mansarddach, die Werkhalle mit Satteldach. Der rot verklinkerte Gießturm zur Anfertigung von Bleischrot für Jagdmunition erhebt sich über eine Gesamthöhe von 43,5 m. Er trägt unterhalb des Turmkopfes die Initialen G. C. D. und die Jahreszahl 1912. Im Turmkopf sitzen zwei Schmelzöfen, aus denen geschmolzenes Blei in einen Behälter mit Siebboden gelangt. Von hier oben fallen die Schrottropfen aufsteigendem Luftstrom entgegen durch den Turmschlot in ein Wasserbecken im Turmfuß, wodurch sie sich in Kugeln verformen. Für die Beförderung von Brennmaterial und Blei nach oben sorgt ein Aufzug. Schrotgießtürme sind ein seltener historischer Produktionstypus. Seit 1990 kann die Anlage als begehbares Schaudenkmal besichtigt werden.

Rothensee

Das erstmals in einer Urkundenabschrift Erzbischofs Wichmann 1176 als Rodense erwähnte Rothensee lag ursprünglich östlich der Elbe. Benannt wird die Siedlung vermutlich nach einem früheren Badesee, einem alten Elbarm, am Westrand des Dorfes (aus dem altsächsischen rod = rot und seo = See: zum roten See). Um 1300 kam es zu einer Verlagerung des Hauptstromes der Elbe nach Osten, was dazu führte, dass Rothensee seitdem auf der Westseite der Elbe liegt. Durch die Lage des Dorfes direkt an der Elbe, die in diesem Bereich stark mäandriert und damit ständig ihren Lauf verändert, schwebte Rothensee ständig in Hochwassergefahr. Vermutlich schon zur Zeit Erzbischofs Wichmann wurden daher Holländer in diesem Gebiet angesiedelt, die das Land eindeichen sollten. Ausreichend Hochwassersicherheit gab es jedoch erst gegen Ende des 19. Jahrhunderts, als im Zuge des Elbausbaus auch der Bereich Rothensee eingedeicht wird. Bis ins 19. Jahrhundert ist das Gebiet um Rothensee hauptsächlich forstwirtschaftlich genutzt, da westlich an den Ort mit dem Rothenseer Busch ein großes Waldgebiet anschloss. Erst durch die verstärkten Deichbaumaßnahmen und das Einsetzen der Industrialisierung mit dem damit verbundenen Bevölkerungswachstum wurden die Wälder abgeholzt und Ackerbau betrieben.

Alte Karten zeigen Rothensee als Straßendorf mit platz- und angerförmiger Erweiterung an der Wegverbindung Magdeburg-Hohenwarthe. Erst nach der 1908 erfolgten Eingemeindung und der darauffolgenden Anlage von Industrieflächen entlang der Elbe dehnte sich der Ort deutlich nach Süden und Osten aus. Den ursprünglichen Ortsbereich bilden die Akazien-, die Turm-, die Ziegelei- und die Meitzendorfer Straße, begrenzt wird der Ort durch die Badeteich-, die Linden- und die Scheidebuschstraße. Dorfzentrum und Siedlungskern ist der Bereich um die ursprünglich romanische Feldsteinkirche zwischen Turm- und Krugstraße. Das älteste erhaltene Gebäude ist der mittelalterliche Wohnturm in der Turmstraße, der zu einem der beiden mittelalterlichen Freihöfe gehörte. Der Wohnturm ist das einzige Gebäude aus der Zeit vor dem Dorfbrand 1731, aus der Zeit danach bis 1880 existieren noch mehrere alte Hofanlagen.

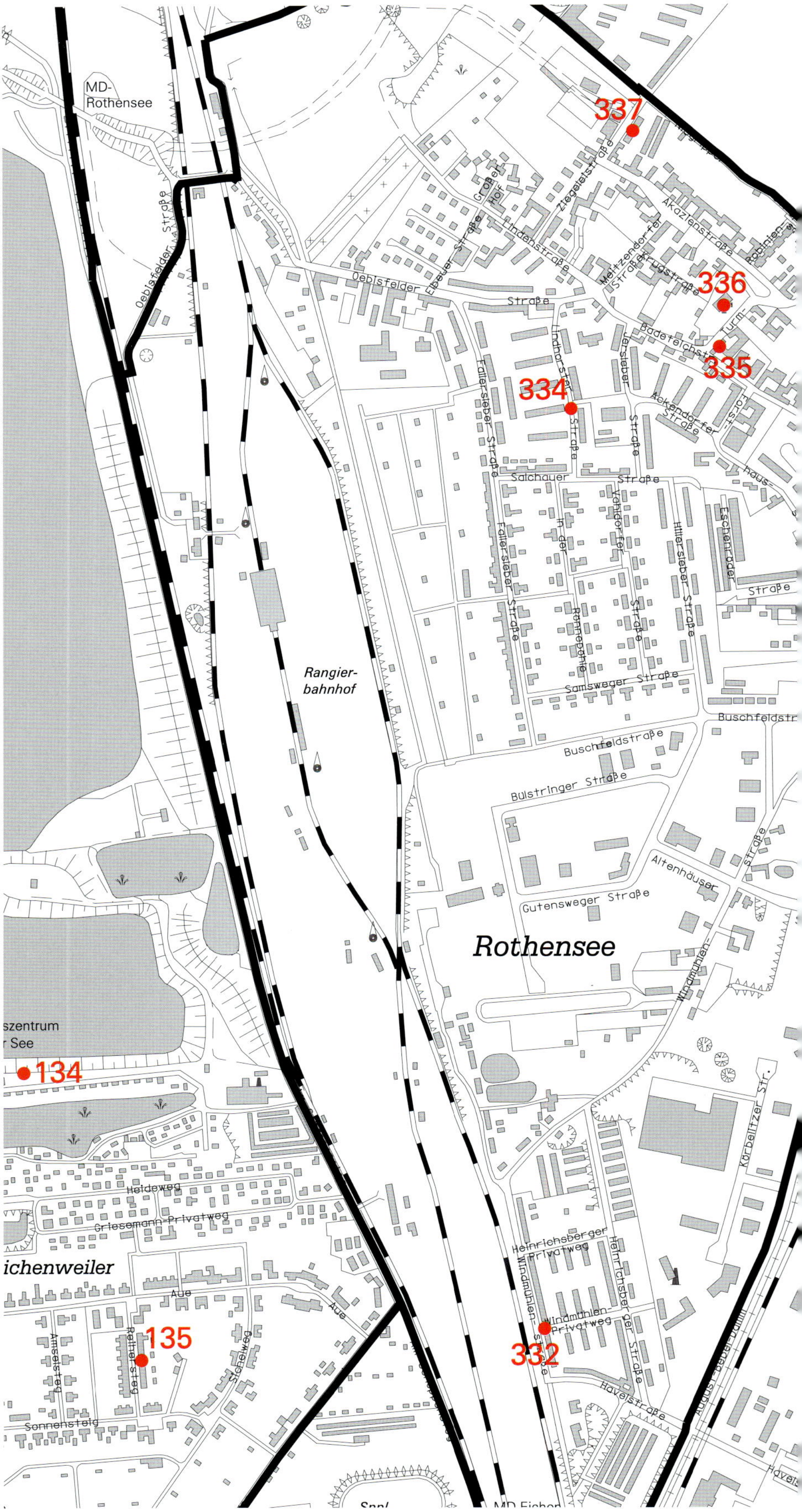
MD-Rothensee
Oebisfelder Straße
Rangier-bahnhof
Rothensee
337
336
335
334
332
134
135
Ziegeleistraße
Großer Hof
Elbeuer Straße
Lindenstraße
Akazienstraße
Robinienstr.
Meitzendorfer Straße
Krugstraße
Turm-
Badeteichstr.
Oebisfelder
Straße
Lindhorster Straße
Jersleber Straße
Ackendorfer Straße
Forst-
haus-
Fallersleber Straße
Salchauer Straße
In der
Vahldorfer Straße
Hillersleber Straße
Eschenröder Straße
Rönnepöhle
Samsweger Straße
Buschfeldstr.
Buschfeldstraße
Bülstringer Straße
Altenhäuser Straße
Gutensweger Straße
Windmühlen-
Körbelitzer Str.
Heinrichsberger Privatweg
Heinrichsberger Straße
Windmühlen-Privatweg
Windmühlen-Straße
Havelstraße
August-Bebel-Damm
Havelstr.
szentrum
r See
Heideweg
Griesemann-Privatweg
ichenweiler
Aue
Amselsteg
Reihersteg
Sichelweg
Sonnensteig
MD-Eichen

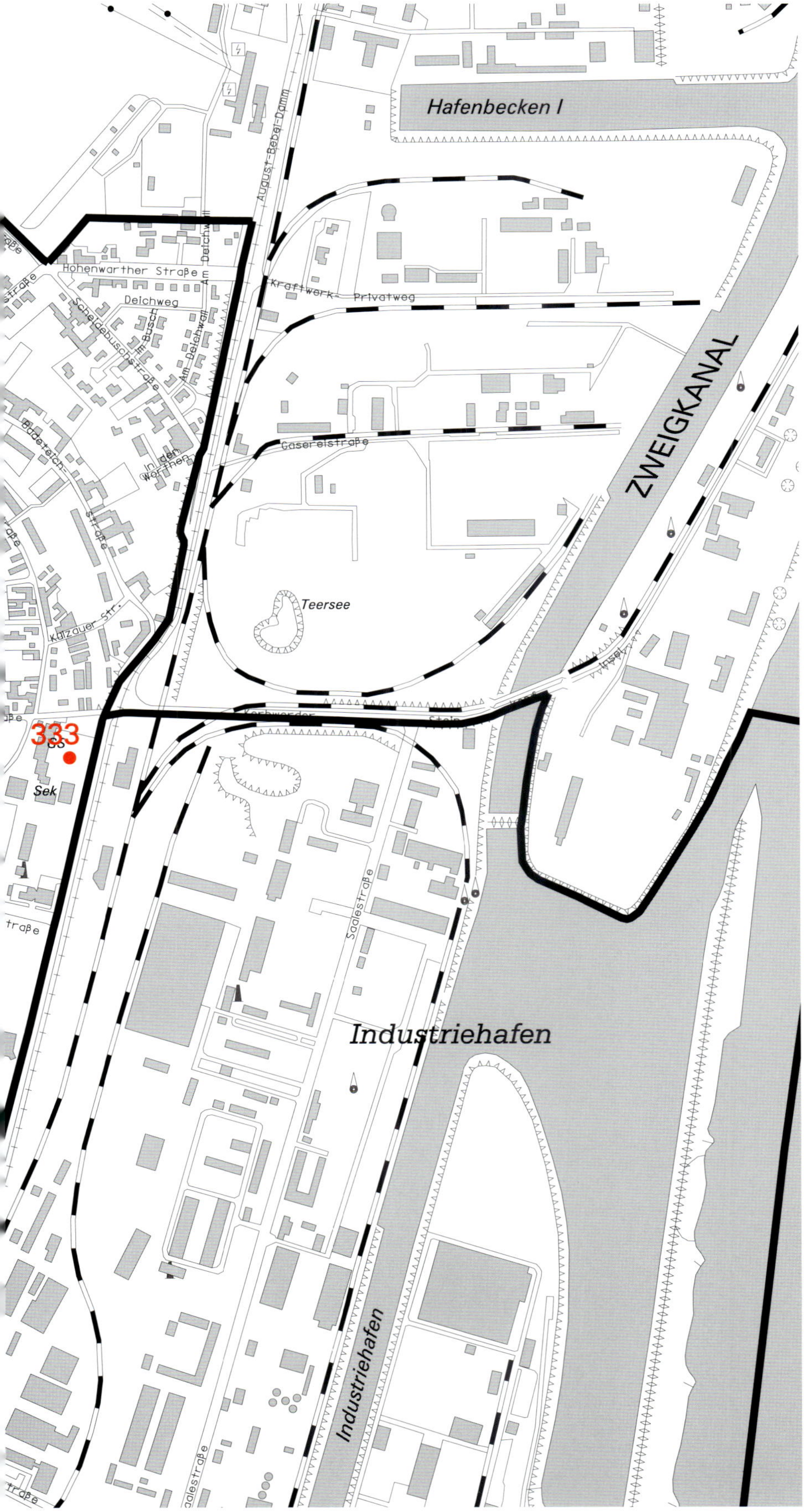
Hafenbecken I
August-Bebel-Damm
Hohenwarther Straße
Am Deichwall
Deichweg
Scheidebuschstraße
Im Busch
Am Deichwall
Kraftwerk- Privatweg
Gasereistraße
ZWEIGKANAL
In den Worthen
Teersee
Katzauer Str.
Insel
333
Sek
Saalestraße
Industriehafen
Industriehafen

332
Wohnanlage Windmühlenstraße

Windmühlenstraße, Heinrichsberger Straße
1921–1923/1936–1938
Gerhard Wolff

Nach dem Bau des Industriehafens (330) und des Rangier- und Güterbahnhofs siedelten sich zahlreiche Betriebe in Rothensee an. In der Folge wurden arbeitsplatznahe Wohnungen errichtet. 1921–1923 baute der Mieter- Bau- und Sparverein die ersten von G. Wolff projektierten Häuser an der Windmühlenstraße. Markante Gestaltungsmerkmale sind überdachte Erker im ersten Obergeschoss, die darunter liegenden Rundbogenfenster und die in gleicher Achse liegenden, fassadenbündigen Satteldachgauben, die nur noch teilweise erhalten sind.
Erst 1936 setzte der Mieter- Bau- und Sparverein die Bebauung fort, nachdem durch Industrieansiedlungen (Großgaserei, Kraftwerk, Zinkhütte, Braunkohle-Benzin-AG (BRABAG)) weiterer Bedarf an Wohnungen entstanden war. An der Havelstraße wie an der Heinrichsberger Straße wurde eine dreigeschossige Zeilenbebauung errichtet, die mit der Windmühlenstraßenbebauung zweigeschossige Häuserblöcke und Hofbegrünungen einschließt. Eine schlichte Architektur bestimmt das Aussehen dieser Bauten, deren Fassaden durch Risalite und hervortretende Treppenhäuser gegliedert sind.
Die ab 1937 von der BRABAG errichteten Häuser auf der Ostseite der Heinrichsberger Straße zeigen nur noch eine „Lochfassade“, in der segmentbogige Hauseingänge nationalsozialistische Architekturvorstellungen deutlicher werden lassen.

333
August-Bebel-Schule

Windmühlenstraße 30
1925
Johannes Göderitz

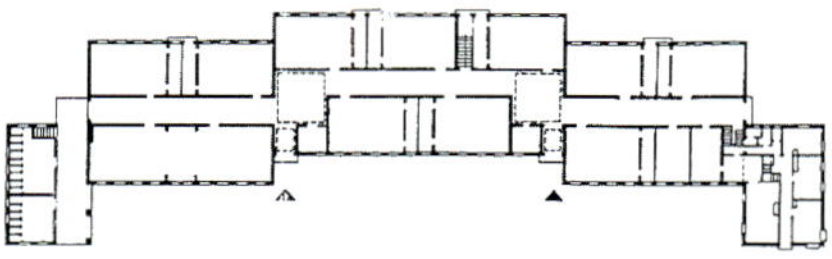

„Dunkelrotes, weiß gefugtes Ziegelmauerwerk, weiße Holzfenster, naturrotes Biberschwanzdach schaffen mit dem Grün der Hecken das Bild einer Schule neuen Geistes.“ So beschrieb Göderitz den Schulneubau, der im Rahmen schulpädagogischer Reformbestrebungen als so genannte Versuchsschule errichtet wurde.
Der Klassentrakt des eingeschossigen Gebäudes ist in drei Segmente gegliedert, von denen das mittlere versetzt angeordnet ist. Direkt am Versatz liegen auf der Ostseite die beiden Haupteingänge der Schule.
12 Klassenräume werden von einem Mittelflur erschlossen. Jeweils zwischen zwei Klassenzimmern befinden sich Garderobenräume, die nicht vom Flur aus zugänglich sind. Auf der Westseite des Schulgebäudes haben die Garderoben einen Austritt in die heckenumstandenen Schulgärten, so dass – wie im reformierten Unterrichtskonzept vorgesehen – bei geeignetem Wetter ein naturnaher, naturkundlicher und praktischer Unterricht im Freien stattfinden konnte.
Im südlichen Klassentrakt wurden zwei als Handarbeits- bzw. Werkraum genutzte Klassenzimmer mit Harmonikawänden getrennt, was im Bedarfsfall die Nutzung als Aula ermöglichen sollte.
In den an den Klassentrakt anschließenden Kopfbauten sind Sanitäranlagen bzw. Lehrerzimmer und eine Hausmeisterwohnung untergebracht.
(Weitere Schule von Göderitz: 177)

334
Ehem. BRABAG – Siedlung
Lindhorster Straße, Fallersleber Straße, u.a.
1937–1939

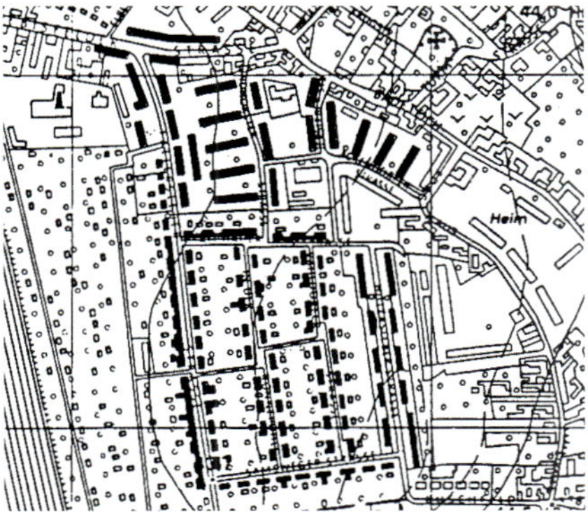

Die Siedlung für Arbeiter der Braunkohle-Benzin-AG (BRABAG) ist in zwei unterschiedliche Bereiche gegliedert. Im südlichen Abschnitt wurden Kleinsiedlerstellen variierenden Typs errichtet. Die in einfacher Bauweise erstellten Häuser waren immer eingeschossige Doppelhäuser mit Satteldach. Die dazugehörenden kleinen Stallanlagen waren zurückversetzt an den Gebäudegiebeln angebaut, lagen separat im Garten oder waren verbindend zwischen den Doppelhäusern angeordnet. Hierdurch entstanden unterschiedliche Straßenansichten.
Der nördliche Bauabschnitt wurde 1939 als sogenannte „Gefolgschaftssiedlung“ begonnen, die Fertigstellung dauerte bis in die Zeit nach dem Krieg. Die Gebäude sind einfache, zweigeschossige, geputzte Wohnblöcke mit Sattel- bzw. Walmdach. Die Fassaden sind durch eine schlichte Reihung der Fenster in stehendem Format charakterisiert, lediglich die Eingangsbereiche wurden durch Risalite betont. Durch unterschiedliche Anordnung der Gebäude entstanden großzügige Grünräume. Die bereits 1937 gebauten Wohnblöcke an der Hillersleber Straße und die von 1939 bis 1945 erstellten Bauten an der Nordseite der Ackendorfer Straße wurden entsprechend ausgeführt.
Zeitgleich mit der Arbeitersiedlung errichtete die BRABAG in dem nordöstlich gelegenen Bereich Deichwall, Im Busch und Deichweg komfortablere Häuser für die Meister des Unternehmens. Einen noch höheren Standard wiesen die Häuser für die Ingenieure an den dort be-nachbarten Straßen Am Deichwall und Hohenwarther Straße auf.

335
Turmhaus
Turmstraße 1–3
13. Jh.

Die Erbauer des alten Turmes sind vermutlich die Ritter von Rothensee, welche sich von 1225 bis 1313 nachweisen lassen. Vergleiche mit einem seit einigen Jahrzehnten abgebrochenen Kirchturm lassen diese Vermutung zu. Als Zeichen ihrer Macht und zum Schutz gegen Slawen erbauten sie sich diesen festen Turm, der jedoch von Anfang an nur Wohnzwecken diente. Oft wechselte der Turm seinen Besitzer. Im 30-jährigen Krieg war er im Besitz des Hieronymus von Wüstenhoff, bald darauf einer bürgerlichen Familie, dann wieder einer adligen Familie von Platen, Mitte des 18. Jh. war er in bäuerlichem Besitz, und seit zwei Generationen wohnen die Gerloffs (ein altes Rothenseer Bauerngeschlecht) in ihm.
Der dreistöckige, quadratische (5.60 m x 5.80 m) Bau aus Quarzitbruchsteinen verjüngt sich in seiner Mauerstärke von unten 1.30 m auf 0.80 m am oberen Ende. Die Eckverbände sind aus hammerrecht, derb zugehauenen Quadern zusammengesetzt. Die alten Öffnungen sind Schlitze. Ein vermauertes Rundbogenfenster und eine Rundbogentür im Mittelgeschoss an der Nordseite deuten auf eine romanische Bauzeit. Der Keller (wohl erst ebenerdig und durch natürliches Wachstum der Erde zum Kellergeschoss geworden) ist mit einer Balkenlage gedeckt, das mittlere Geschoss mit spitzbogigem Kreuzgratgewölbe, in der Südostecke ein Kamin mit rundem Rauchmantel und Renaissancerahmen. Die Wölbung kann erst später eingefügt sein, denn sie trifft und verdeckt das romanische Fenster. Das Obergeschoss muss dabei bedeutend erhöht worden sein. Die Flachbogen bezeugen, dass der Turm im 17. oder 18. Jh. noch einmal wohnlich umgebaut worden ist.

336
Reformationskirche

Turmstraße 1–2
1909
Baurat Peitsch

Die Kirche hat zwei Vorgängerbauten. Die erste Kirche wurde um 1300 errichtet und wies an deren Südwand romanische Rundbogenfenster auf. 1631 brannte die Kirche ab. Nach erfolgtem Friedensschluss wurde die Kirche in romanischem Stil wieder errichtet. Am Totensonntag 1908 hatte in ihr der letzte Gottesdienst stattgefunden. Danach erfolgte der Abriss.
Im Mai 1909 begannen die Bauarbeiten für die jetzige Rothenseer Kirche. Am 30. Oktober 1910 wurde das im späten neogotischen Stil und nach dem Muster einer niederdeutschen Backsteinkirche errichtete Gebäude geweiht. Dem Entwurf von Baurat Peitsch aus Wolmirstedt wohnt auch ein Hauch von Jugendstil inne. „Die neue Kirche, die auf Beschluss der kirchlichen Körperschaften mit Genehmigung des Königs den Namen Reformationskirche erhielt, ist mit dem südwestlichen Vorbau 25.70 Meter lang und 12.30 Meter breit, vom Fußboden bis zur obersten Stelle des Gewölbes 915 Meter hoch. Die äußere Höhe bis zum Dach beträgt 6.50 Meter, bis zum First rund 16.50 Meter. Der quadratische Turm (5.60 Meter lange Seiten) erreicht bis zur Spitze 32,60 Meter (17,50 Meter Mauerwerk). Knopf und Kreuz sind außerdem noch 2,60 Meter hoch."(Refektor F. Tilgner, Montagsblatt). Im heute schlicht gehaltenen Inneren der Reformationskirche stehen neben dem modernen Altar zwei Kerzenleuchter, die möglicherweise aus dem romanischen Vorgängerbau herrühren. Die Orgel stammt aus der Immanuelkirche zu Prester, wo sie bis Ende der 60er Jahre stand. Die beiden farbigen Altarfenster, welche als besondere Kostbarkeit der Reformationskirche gelten, stiftete eine unbekannte Künstlerin. Der Kirchhof weist noch heute alte Grabsteine auf wie z. B. den Rothenseer Förster Jeremias Busse aus dem Jahr 1717.

337
Hofanlage

Großer Hof 1
Mittelalter/18. Jh.

Die Anlage ist ein mittelalterlicher Freihof, der leider heute in seiner Ursprünglichkeit nicht mehr erhalten ist. Der Große Hof, ehemals von einem Wassergraben umgeben, bestand eigentlich aus zwei Gehöften, einem Einspännerhof und einem Halbspännerhof. Zum Besitz gehören ein Park und ein Grasgarten mit einem Karpfen- und Schlehenteich. Vor dem 30-jährigen Krieg befand sich das Anwesen in Besitz der bekannten Familie Aleman und ging später in bürgerlichen Besitz über. Mehrfache Brände und Zerstörungen, besonders der Brand 1731, setzten dem Gehöft erheblich zu. Im Jahre 1887 wurde das Gut parzelliert. Laut Überlieferung soll ein unterirdischer Gang vom Großen Hof bis zur Kirche oder auch zum Turmhof bestanden haben. Teile solcher Gänge sind im Bereich des Großen Hofes wirklich vorhanden gewesen, aber mit dem Abriss des ehemaligen Gutshauses in den 80er Jahren zugeschüttet worden. Heute ist nur noch ein aus dem 18. Jh. stammendes Wohnhaus mit seitlichen Stallbauten vorhanden. Ein tief heruntergezogenes, steiles Satteldach mit einer Biberschwanzdeckung duckt sich über ein niedriges, langgezogenes Erdgeschoss, das, wie die seitlich angrenzenden Ställe, in Fachwerk erstellt wurde. Das Fachwerk ist mit Lehmstaken ausgefüllt worden. In unregelmäßigen Abständen sind unterschiedlich große Fenster angeordnet. Eine Schleppgaube, über einem Fenster angeordnet, ist die einzige Dachöffnung und wohl auch Zugang zum Dachboden, neben einer Tür, die im Giebel angeordnet ist, gewesen. Der Zugang zum Gebäude erfolgt von der Hofseite. Diese ist, wie auch der Giebel, glatt verputzt.

Barleber See

Barleber See ist der am nördlichsten gelegene Stadtteil. Das größte Naherholungszentrum der Stadt wird im Norden durch den Mittellandkanal und im Süden durch die Bundesautobahn A2/E30 begrenzt. Der Barleber See I mit einer Wasserfläche von rund 100 ha und einer Wassertiefe zwischen 6 und 11 m, entstand zwischen 1928 und 1937 durch Auskiesung für den Bau des Mittellandkanals und der Autobahn. Der Barleber See II (ca. 72 ha) ist, wie der größere ein Stillgewässer, das durch Grundwasser gespeist wird. Seit den 60er Jahren hat sich eine kontinuierliche Sport- und Freizeitnutzung am Barleber See entwickelt: eine Angler- und Bungalowsiedlung, ein Dauercampingplatz und ein schrittweise entwickelter Badestrand dienen tausenden Besuchern zur Erholung. Mit dem Haltepunkt „Barleber See" ist das Gebiet an das Nahverkehrsnetz der Eisenbahn angebunden. Im nordöstlichsten Zipfel des Stadtgebietes präsentiert sich das 1938 in Betrieb genommene Schiffshebewerk Rothensee, ein bedeutendes Ingenieurbauwerk und zugleich ein technisches Denkmal. In der zum Schiffshebewerk gehörenden Siedlung leben 72 Einwohner (Stand 31.12. 1998). Da die Abmessungen des Hebewerkes den Anforderungen der modernen Binnenschifffahrt nicht mehr genügen, wird z. Z. im Rahmen der Baumaßnahme Wasserstraßenkreuz Magdeburg eine neue Schleuse gebaut.

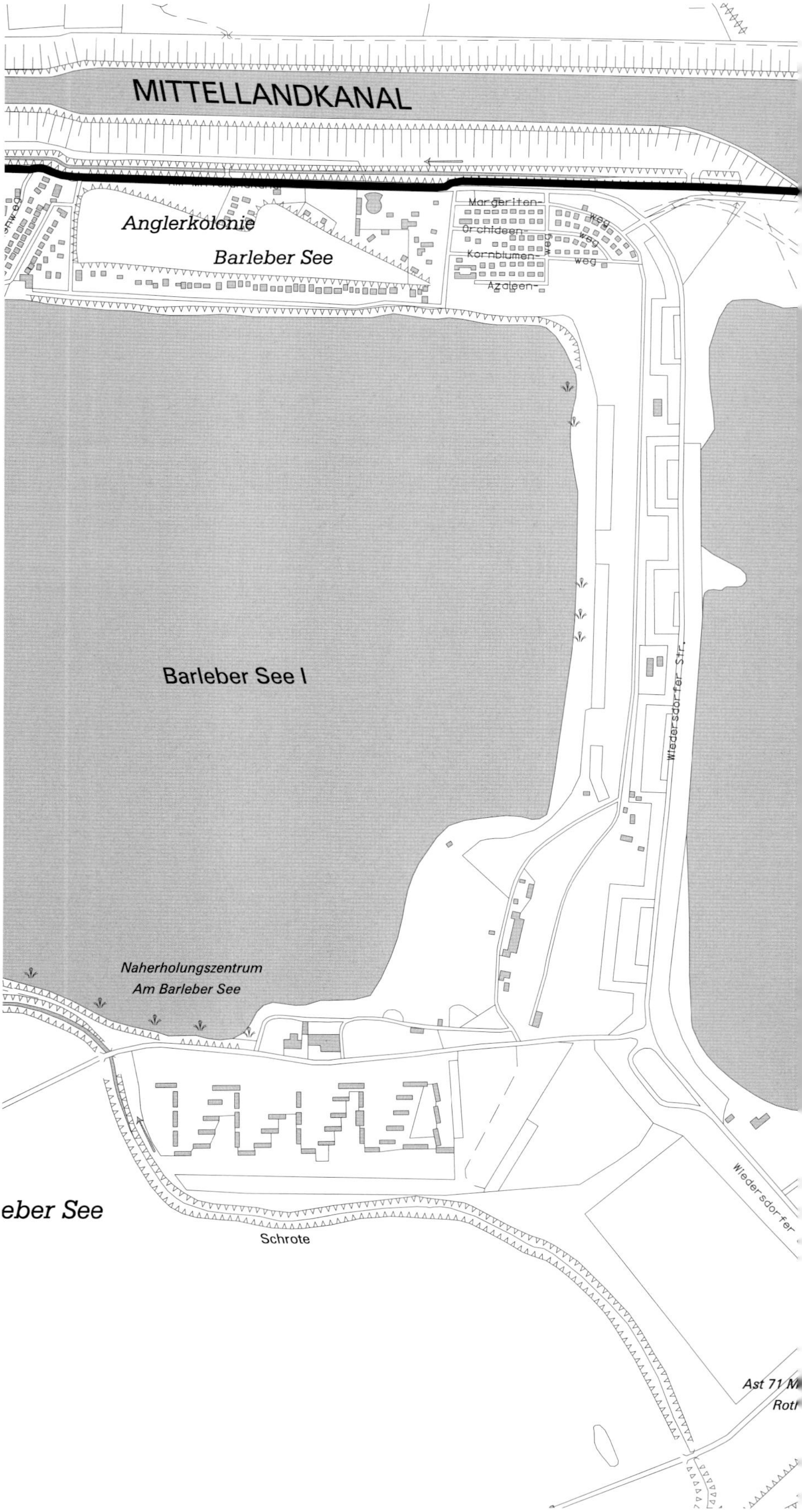
MITTELLANDKANAL
Anglerkolonie
Barleber See
Margeriten-
Orchideen-
Kornblumen-
Azaleen-
weg
weg
weg
Barleber See I
Wiedersdorfer Str.
Naherholungszentrum
Am Barleber See
eber See
Schrote
Wiedersdorfer
Ast 71 M
Rot

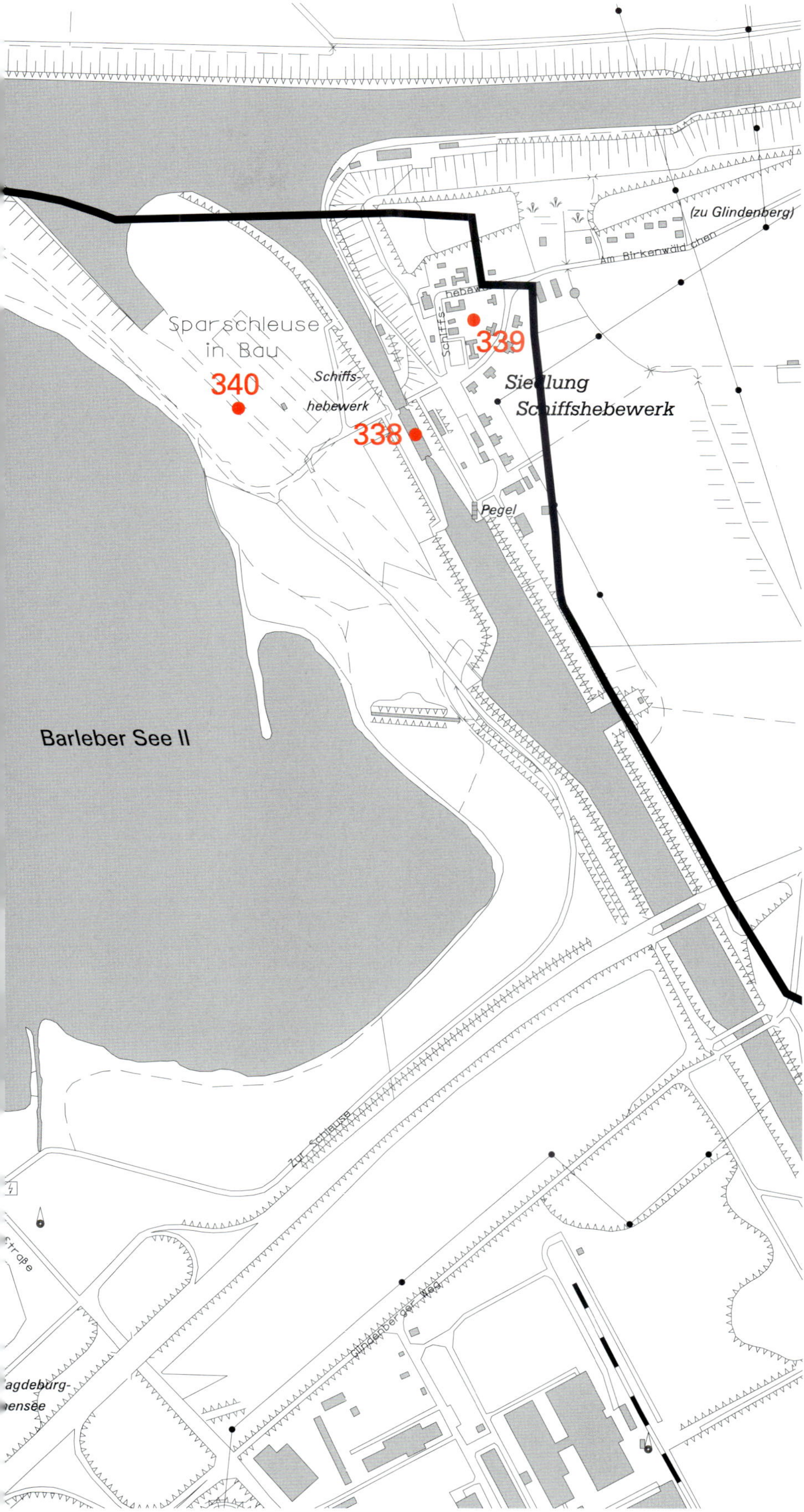

Sparschleuse in Bau
340
Schiffs-hebewerk
338
339
Siedlung Schiffshebewerk
(zu Glindenberg)
Am Birkenwäldchen
Pegel
Barleber See II
Zur Schleuse
Glindenberger Weg
agdeburg-
ensee
Straße

338
Schiffshebewerk zwischen Mittelland- und Elbeabstiegskanal

Rothensee
1938
nach einem Patent von Rudolf Mussaeus

Das nach patentierten Plänen von Rudolf Mussaeus konstruierte Schiffshebewerk Magdeburg-Rothensee stellt eine technische Meisterleistung dar. Es dient zur Überwindung des Höhenunterschiedes zwischen Mittellandkanal und Elbe und gleicht innerhalb von 20 Minuten ein Wasserstandsgefälle von bis zu 18,5 m aus. Täglich kann es bis zu 70 Schiffe mit einer Gesamtlast von 45 000 t transportieren. Im Vergleich mit einer Schleuse arbeitet ein Schiffshebewerk schneller und effizienter und verfügt außerdem über eine größere Hubhöhe, so dass Schleusentreppen und Wasserverlust vermieden werden können. Das Schiffshebewerk steigert die Leistungsfähigkeit der Wasserstraße entscheidend.
In einem stählernen Vollwand-Traggerüst bewegt sich der Trog, mit einer nutzbaren Länge von 85 m und einer lichten Breite von 12,2 m, auf zwei Schwimmern nach dem Auftriebsverfahren. Ihn führen und treiben vier 27 m lange Stahlspindeln mit acht 44-kW-Elektromotoren an. Die zulässige Schiffsgröße beträgt 1 000 t bei einem Gesamtgewicht des beweglichen Teils inklusive Wasserlast von 5 400 t. Gesamthöhe der Aufbauten annähernd 100 m, Schwimmerschächte zusätzlich ca. 70 m tief in die Erde gebaut.
An der Ausführung des heutigen Technikdenkmals beteiligten sich mehrere große Unternehmen, u. a. federführend das Magdeburger Friedr. Krupp-Grusonwerk, weiter die Gutehoffnungshütte Oberhausen Werk Sterkrade, sowie das MAN Werk Gustavsburg und die Siemens-Schuckertwerke. Grüner Farbanstrich erst 1980. In unmittelbarer Nähe des Schiffshebewerkes liegt die Dienstsiedlung.
(Siehe 339)

339
Siedlung Schiffshebewerk

Am Schiffshebewerk
1927/1938

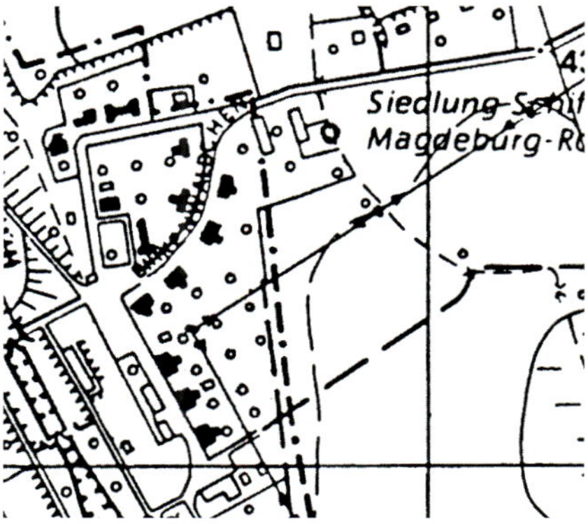

Die Siedlung am Schiffshebewerk entstand in zwei Abschnitten. Im nordwestlichen Bereich wurden 1927 fünf Siedlerstellen, darunter zwei Doppelstellen und ein Doppelhaus für den damaligen Schleusenvorsteher erbaut. Das Haus des Schleusenvorstehers unterscheidet sich durch eine Zweigeschossigkeit und ein Walmdach. Die anderen Häuser sind als Einfamilienhäuser mit Satteldach und einem Stallanbau ausgeführt.
Zeitgleich mit dem Bau des Schiffshebewerkes wurden 1938 neun Einfamilien-Doppelwohnhäuser für die Beschäftigten des Schiffshebewerkes entlang der Hauptstraßenführung gebaut. Sie sind alle eingeschossig mit einem Satteldach und ausgebautem Dachgeschoss. Die Häuser stehen traufständig zur Straße, zur Gartenseite ist mittig ein Doppelstall angeordnet, der mit einem Satteldach gedeckt ist. Es kam ein Haustyp in zwei Größenvarianten zur Ausführung, die durch eine unterschiedliche Zahl der Fenster im Erdgeschoss und eine unterschiedliche Zahl der Dachgauben kenntlich sind.
Die Ausstattung der Häuser war relativ komfortabel. Die Stromzuführung erfolgte durch unterirdische Kabel von der Trafostation des Schiffshebewerkes. Die Häuser waren an eine zentrale Wasserversorgung der Siedlung angeschlossen, deshalb konnten sie mit Badezimmern und Toiletten ausgestattet werden. Die Abwasserentsorgung erfolgte durch Klärgruben. Die Zimmer hatten Doppelfenster und im Erdgeschoss zusätzlich Klappläden. Jeder Raum war beheizbar.

340
Sparschleuse Rothensee

Wiedersdorfer Straße
1997–2000
ARGE Schleusenanlage Rothensee
Federführung: Bilfinger + Berger

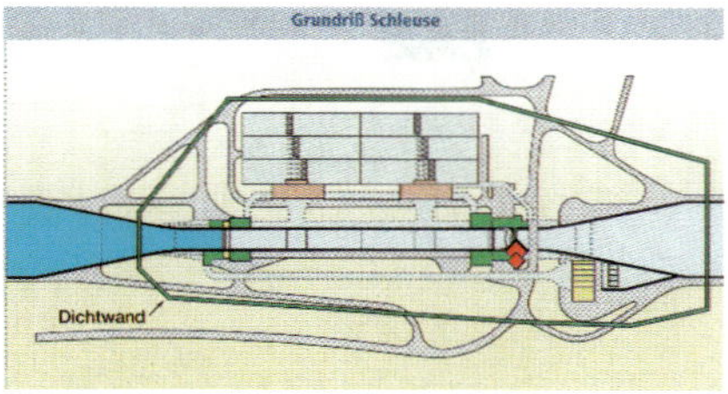

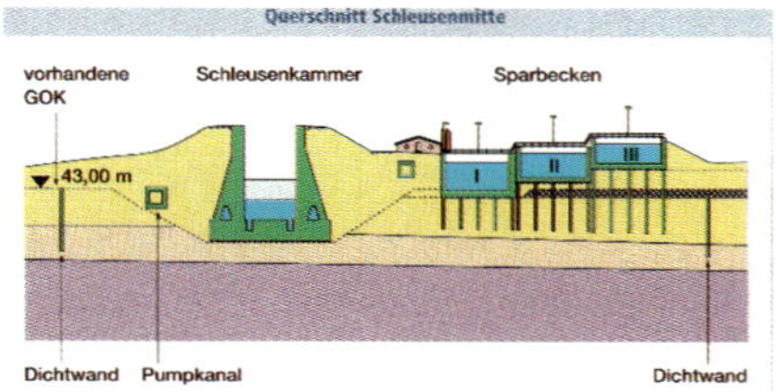

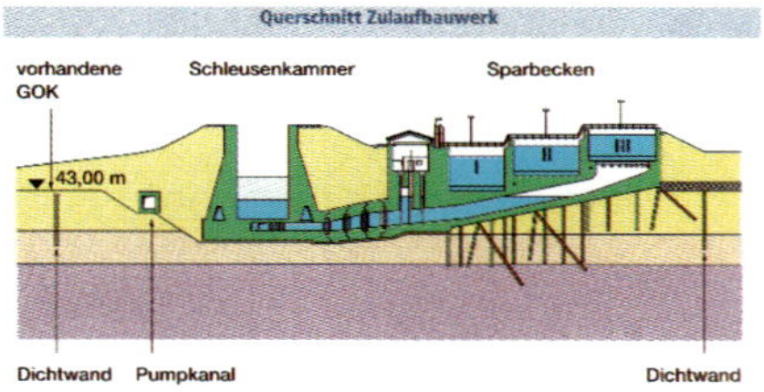

Die Sparschleuse Rothensee ist Bestandteil des Verkehrsprojektes Deutsche Einheit Nr. 17. Mit der großen Kanalbrücke und der Doppelschleuse Hohenwarthe wird die Lücke der durchgehenden Wasserstraßenverbindung zwischen Rhein und Oder durch das „Wasserstraßenkreuz Magdeburg“ geschlossen. Die Anbindung des Mittellandkanals an die Elbe und die Magdeburger Häfen erfolgte bisher über das Schiffshebewerk Rothensee, das aber nur maximal 82 m lange und 9,50 m breite Schiffe aufnehmen kann. Die neue Sparschleuse ist für den Verkehr von Großmotorschiffen und Schubeinheiten erforderlich. Die Schleusenanlage besteht im Wesentlichen aus den Vorhäfen, der Schleusenkammer mit den Häuptern und den terrassenförmig angelegten 3 Sparbecken (auf Pfählen gegründet) sowie der Maschinenhalle. Das gesamte Baufeld der Kammerschleuse ist mit einer ca. 1 100 m langen und 12 bis 16 m tiefen Dichtwand umschlossen. Diese 60 cm dicke Dichtwand ermöglichte nach der Grundwasserabsenkung den trockenen Erdaushub. Das Prinzip der Schleuse besteht darin, dass das Wasser aus der Schleusenkammer beim Abstieg der Schiffe in die Sparbecken gelassen wird, bei der Bergfahrt wird das gespeicherte Wasser der Schleusenkammer wieder zugeführt. Wasserersparnis je Schleusung rund 60 %.
Technische Daten: Länge: 190,00 m,
Breite: 12,50 m, Hubhöhe: 10,45 m – 18,46 m,
Abhängig vom Elbwasserstand,
Abladetiefe: 2,80 m.

GÜNTER
MINDEN MINDEN

Beyendorf/Sohlen

Die erste Erwähnung von Beyendorf findet sich in einer Urkunde Ottos I., in der er das neu gegründete Nonnenkloster zu Quedlinburg privilegiert. In dieser sind auch Einnahmen aus „Beiendorpe“ genannt. Das Ausstellungsjahr der Urkunde wird unterschiedlich mit 936 oder 937 angegeben. Wahrscheinlich ist aber das Jahr 936 laut Codex diplomaticus Anhaltinus, Bd. 1, herausgegeben von Otto von Heineman 1867.

Sohlen findet seine erste urkundliche Erwähnung 964, wo Gero dem Kloster Gernrode 1 Hufe schenkt.

Nach der Überlieferung aus dem Jahre 1299 waren in Beyendorf und Sohlen so genannte „Salzkothe“ vorhanden. Zahlreiche erzbischöfliche Lehen von „Salzpfannen“ bekunden eine rege Salzindustrie. Das Beyendorfer Wappen zeigt den Stern der Salinengewerkschaft, die 1299 gegründet wurde, und das Flüsschen Sülze mit den Salzlaken zum Aufhängen der Siedepfannen.

Mit den Gründungen der großen Fabriken in Magdeburg begann eine soziale Umschichtung der Bevölkerung. Immer mehr Einwohner verdienten ihren Lebensunterhalt als Fabrikarbeiter. Die „Sohlener Berge“ und die Stadtnähe machen Beyendorf und Sohlen heute zu einer bevorzugten Wohnlage. Im Jahre 2001 erfolgte die Eingemeindung in die Landeshauptstadt Magdeburg.

St.-Egidius-Kirche in Sohlen

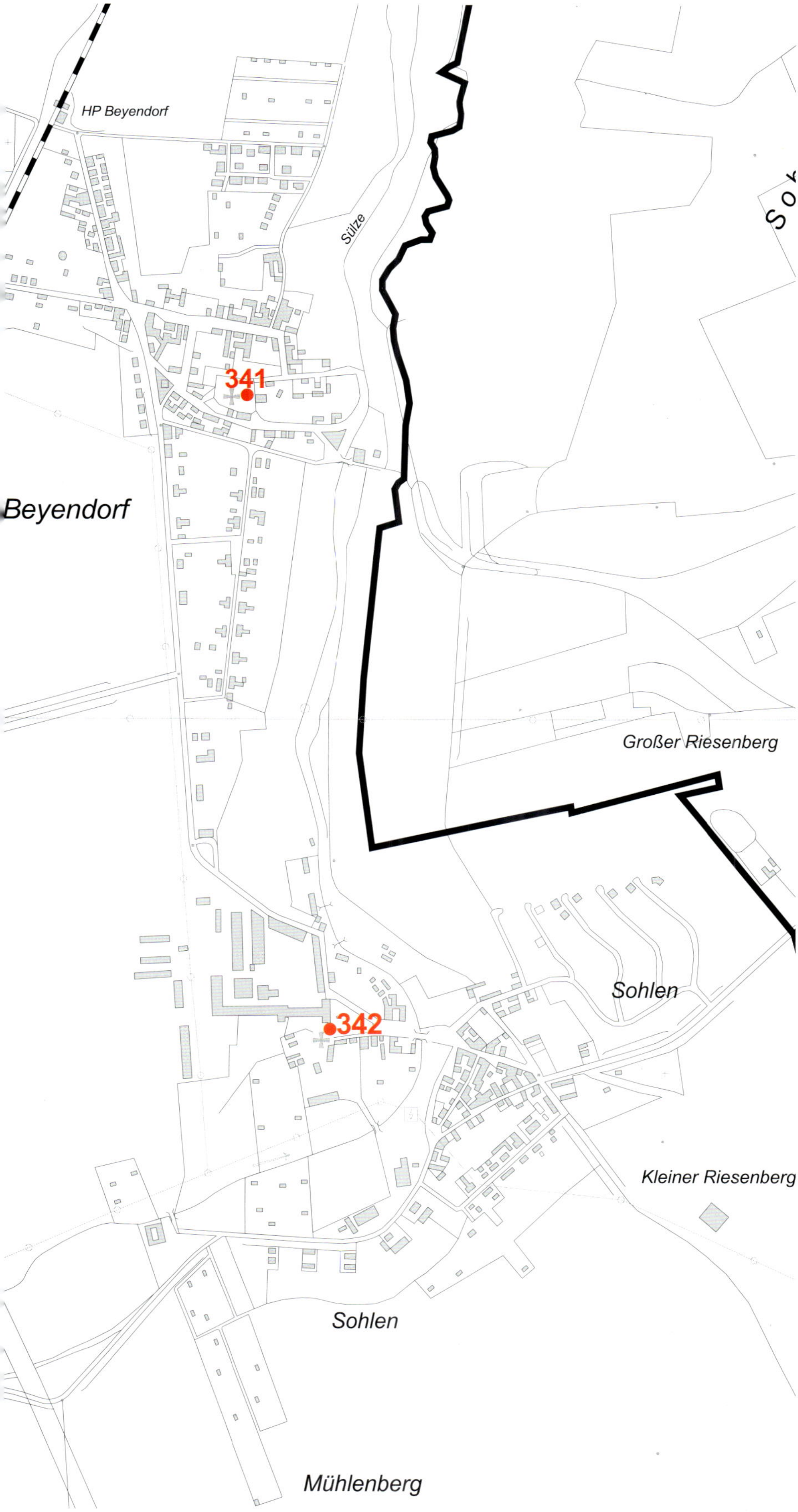
HP Beyendorf
Sülze
341
Beyendorf
Großer Riesenberg
342
Sohlen
Kleiner Riesenberg
Sohlen
Mühlenberg

341
St.-Petri-Kirche in Beyendorf
Schulstraße
12. Jh.

Die ältesten Bauteile, der Turm und das Schiff der Beyendorfer St.-Petri-Kirche sind in der ersten Hälfte bis Mitte des 12. Jahrhunderts gebaut worden und sind damit romanischen Ursprungs. In den Giebeln des Turmes sind Blendarkaden und romanische Giebelkreuze eingelassen.
Die Kirche, die den Schutzheiligen St. Petrus und Paulus geweiht wurde, ist eine Saalkirche mit einem über die Schiffbreite vorspringenden Westquerturm, eingezogenem Chor mit polygonaler Apsis und einer nördlichen Vorhalle. In der Gotik, wohl in der ersten Hälfte des 15. Jahrhunderts, erfolgte der Anbau des leicht eingezogenen Chores mit polygonaler Apsis mit einem 5/8 tel Schluss.
In der zweiten Hälfte des 17. Jahrhunderts wurden die großen Fenster eingebrochen und der Anbau der nördlichen Vorhalle erstellt. Die Tür zum Schiff ist original aus dieser Zeit erhalten. Die Kirche weist eine wunderbar einheitliche Barockausstattung aus der zweiten Hälfte des 17. Jahrhunderts auf. Der Altar ist inschriftlich datiert aus dem Jahre 1695. Die Bilder zeigen im Predella das Abendmahl, in der Mitte die Kreuzigung, und in der Bekrönung die Auferstehung. Die Kanzel, ein reich geschnitzter Kanzelkorb mit Reliefs der vier Evangelisten, entstand etwa zeitgleich. Im Schalldeckel ist die Taube des heiligen Geistes zu sehen und auf der Tür des Kanzelaufganges ein Gemälde des Petrus. Im Norden und Westen des Schiffes sind Emporen eingebaut. Der älteste Teil im Norden, inschriftlich datiert auf 1618, stammt noch aus der Zeit vor dem 30-jährigen Krieg, was von großer Seltenheit ist. Der Westteil wurde 1679 gefertigt, was ebenfalls inschriftlich datiert ist. Auf der Balustrade erfolgt die Darstellung von verschiedentlichen Wappen, unter anderem der Familie von Lochow.

342
St.-Egidius-Kirche in Sohlen
Kirchplatz
12. Jh.

Die Sohlener St.Egidius-Kirche ist eine Saalkirche mit Westquerturm in Schiffbreite mit einer polygonalen Apsis und einer südlichen Vorhalle. Sie ist dem Schutz des heiligen Egidius geweiht.
Der älteste Bauteil der Kirche ist der romanische Westteil des Schiffes. Er stammt aus dem 12. Jahrhundert. Der Anbau des Westquerturmes erfolgte um 1200. Turm und Schiff sind nicht im Verband. Das Mauerwerk ist nicht verzahnt. Die Ostwand des Turmes wurde auf die schon vorhandene Westwand des Kirchenschiffes aufgemauert, deren ehem. Giebel und Reste des Putzes sich dadurch erhalten haben. Diese sind vom Dachstuhl aus sichtbar.
In der Gotik wurde das Schiff in Richtung Osten verlängert und erhielt eine polygonale Apsis mit einem 5/8 tel Schluss. Anhand des erhaltenen Maßwerks des Apsisscheitelfensters kann eine sichere Datierung in das 14. Jahrhundert erfolgen. Da die Kirche großflächig verputzt ist, kann eine Baunaht zwischen dem romanischen und gotischen Teil nicht sicher erkannt werden. Der stehende Dachstuhl des Kirchenschiffes ist vermutlich noch mittelalterlich, jedenfalls aus der Zeit vor dem 30-jährigen Krieg und damit der älteste erhaltene Kirchendachstuhl der Region.
Aus der Barockzeit stammen einige erweiterte Fenster des Bauwerks sowie die südl. Portalvorhalle, deren Eichentür inschriftlich aus den 70er Jahren des 18. Jahrhunderts stammt.
Ausgestattet ist die Sohlener Kirche mit einem Kanzelaltar ca. aus den Jahren 1710–1720. Weiterhin findet sich eine schöne Sandsteintaufe, inschriftlich datiert aus dem Jahr 1677. Auf dem Rand umlaufend steht teilweise unleserlich geschrieben „Daniel Conradr B. [...]beth Syvertin haben diese Täuve Gott zu Ehren verfertigen laßen Ad. 1677“.

Ortsteil Sohlen

NORD-LB Neubau
Breiter Weg/Domplatz
2002
Julia Bolles-Wilson

Landes-Zentralbank
Breiter Weg / Danzstr.
2001
Westermann, Fischer,
Schaefer, Schröder, BDA

Kaiserpfalz
Domplatz
August 2001
WBI Wolf Blumenthal Ingenieure, Hohenwarthe

Ökumenisches Domgymnasium
Hegelstraße
Architekturpreis Sachsen-Anhalt 2001
Anbau, Turnhalle
24.08.2000
König & Bonka, Barleben

Wohngebäude
Große Klosterstraße
2001
ACM (Becker, Schube, Pohl)

Tiefgarage Friedensplatz
Behringstraße/Haeckelstraße
2000
AIS Architekten und Ingenieure
Walter Schulz

Neugestaltung Leiterstraße
Leiterstraße
ab 1998

ZOB (Zentraler Omnibus-Bahnhof)
Maybachstraße
2000
Zinsmeister, Scheffler & Partner, Magdeburg

Teufelsbrunnen
Leiterstraße
Heinrich Apel

Schiffsmühle
Petriförder
August 2000
Stefan Worbis, Magdeburg
Peter Schube, Magdeburg

Seniorenresidenz
Am Krökentor 7
1995–1997
ACM (Becker, Schube, Pohl)

Experimentelle Fabrik
Sandtorstr./Walther-Rathenau-Straße
2001
Sauerbruch Hutton, Berlin

Universitätsbibliothek
Walther-Rathenau-Straße
Mai 2002
Auer, Weber & Partner, Stuttgart

Internationales Begegnungszentrum der Uni
Wohnheim Pfälzer Platz
April 1998
Kirchner & Przyborowski

Neubau Arbeitsamt
Walther-Rathenau-Straße
Januar 2001
Prof. Eckhard Gerber

Glasgestaltung
Universitätsplatz
2000
Reginald Richter

Plastik „Daphne“
Jerichower Straße/Friedensbrücke
2001
Auke de Vries

Fachhochschule Magdeburg
Neubau Multikomplex, Laborhallen, Wohnheim, Mensa, Audimax
2000
Gattermann & Schossig

Techn. Polizeiamt
Bußgeldstelle
Halberstädter Str. 69/Wiener Straße
2001
ALL PLAN, Hannover

Sanierung Tessenow-Garagen
Magdeburger Architekturpreis 2000
Herrenkrugstraße
1999
pbr Planungsbüro Rohling, Architekten und Ingenieure Magdeburg
Heinz Eustrup

Bürohaus
Humboldtstraße
1995–1996
Dirk Meyer & Maija Hakala-Meyer, Braunschweig

Neubau Landgericht
Halberstädter Str. 6 a
2001
Gehrmann Consult GmbH & Partner KG, Wiesbaden

Klinik-Neubau Med. Fakultät
Leipziger Staße
Nov. 2002
ARGE Otto-v.-Guericke Universität
Planungsgemeinschaft
Klinikum-Neubau TA
Planungsgesellschaft für Krankenhausbau

Theoretische Institute, Haus 44, Med. Fakultät
Leipziger Straße44/Brenneckestraße
2000
pbr Planungsbüro Rohling, Architekten und Ingenieure Magdeburg
Heinz Eustrup

Baubildungszentrum Magdeburg
Lorenzweg (BBZM)
2000
Pook, Leiska & Partner, Magdeburg

Berufsschulkomplex „Bruno Taut"
Albert-Vater-Straße 90
2000
König & Bonka, Barleben

Umbau Wohngebäude
Seeufer 1–2
2001
Ewald Zesewitz

Innovations- und Gründerzentrum
Berliner Chaussee 66
1997/1998
Gatermann & Schossig & Partner, Köln

Pfahlberg B-Plan
Am Pfahlberg
1996
Kellner-Schleich & Wunderling

Personenregister

Architekten und Stadtplaner

Bildhauer

Garten- und Landschaftsplaner

Ingenieure

Maler

Steinmetze

Verkehrsplaner

Sonstige

Historisches Register

Baunutzungsregister

Bauten der öffentlichen Verwaltung

Bauten für den Verkehr

Bauten für Handel und Gewerbe

Bildungs- und Forschungseinrichtungen

Einrichtungen für Kunst und Kultur

Sport- und Freizeiteinrichtungen

Wohngebäude

Ländliche Architektur

Sonstige Bauten

Straßenregister

Abbildungsverzeichnis

227, 232, 234, 235, 236, 237, 240, 243, 244, 245, 246, 250, 254, 255, 258, 259, 261, 264, 265, 267, 269, 270 (2), 271, 272, 273,274, 278, 281, 282, 288, 290, 291 293, 298, 303, 304, 305, 308, 311, 314, 325, 326, 328, 331, 333, 335, 337, 338, 339

Köhne, Jürgen: **66**

Korbel, Maurice: **1, 15, 17, 18, 19, 27, 28, 29, 35, 45, 53, 56, 57, 63, 70, 73, 85, 86, 88, 89, 95, 97, 99, 107, 108, 116, 118, 120, 122, 133, 138, 142, 143, 150, 151, 153, 155, 162, 166, 187, 190, 192, 195, 198, 202, 205, 209, 211, 218, 219, 221, 228, 229, 241, 247, 248, 252, 257, 260, 262, 263, 268, 270, 275, 283, 284, 285, 286, 287, 288, 289, 290, 294, 295, 296, 297, 300, 301, 302, 306, 307, 309, 312, 313, 315, 316, 317, 318, 319, 320, 321, 324, 332, 334, 336, Seite 392**

Kraft, Ute: **159, 184, 220, 238, 247, 253**

Kunze, Hans-Wulf: **4, 23** (2), **24** (unten), **277, 329**

Leistner, Dieter: **36**
Letz, Piet: **214** (rechts)

Liebl/Kranz, Luftbilder

Matschoss, Conrad: Die Maschinenfabrik R. Wolf Magdeburg-Buckau 1862–1912 (Festschrift), Magdeburg 1912, S. 107: **277** (Grafik)

Nattler, Heinz: **55**

Nickel, Ernst: Ein mittelalterlicher Hallenbau, Berlin 1960, S. 34: **75**

Neubert, Elke S. 389
pbr Planungsbüro Rohling: Ausklang; Theor. Institute

Peters, Eckhart W.: **90**

Purke, Rudolf: **299**

Ribbert, Friedhelm: **327**

Rödling, Jutta: **40**

Schinkel-Sammlung im Kupferstichkabinett Berlin, SM 23 b. 57: **254**

Schütte, Hanfried: **179**

Sprenger, Helmut: **51**

Stadtarchiv Magdeburg: Grund-, Aufrisse und Lagepläne aus den entsprechenden Bauakten in der Bauaktenkammer: **3, 31, 33, 88, 93, 103, 110, 115, 126, 158, 167, 172, 175, 206, 209, 220, 230, 231, 232, 233, 235, 237, 239, 240, 241, 242, 255, 257, 262, 267, 278, 280** (Lageplan 1906), **292, 301, 314**

Stein, Erwin (Hg.): Monographien deutscher Städte, Bd. 2, Magdeburg, Oldenburg 1912, S. 142: **330**

Steiner Infratec: **21**

Synergis, Bangel + Partner: **251**

Ullrich, Sabine: **5, 8, 14, 20, 103, 113, 161, 165** (alte Postkarte), **175** (Modelltischlerei und -lager), **210** (unten), **231, 242, 279, 280, 292**

Zeitschrift für Bauwesen, Jg. 47, 1897, S. 52: **279** (Grundriss)

Zentralblatt der Bauverwaltung, Jg. 19, 1899, S. 516: **183** (Grundriss)
Zentralblatt der Bauverwaltung, Jg. 29, 1909, S. 597: **28** (Grundriss)
Zentralblatt der Bauverwaltung, Jg. 35, 1915, S. 158–160: **196** (Grundriss)
Zentralblatt der Bauverwaltung, Jg. 44, 1924, S. 142, Abb. 6: **19** (Grundriss)

Alle weiteren, oben nicht aufgeführten Abbildungen und Kartenausschnitte stellte das Stadtplanungsamt Magdeburg zur Verfügung.

Ergänzende Literatur

Antz, Christian; Gries, Christian u.a. (Hg.): Neues Bauen Neues Leben – Die 20er Jahre in Magdeburg, München, Berlin 2000
Architektur und Wirtschaft, 8/1996
Architektur und Wirtschaft, 11/1997
Beer, (Reinh.): Über den Brückenbau im Allgemeinen und speciell über die Elbbrücke bei Magdeburg, in: Beiblatt zur Magdeburgischen Zeitung, Nr. 14, Blätter für Handel, Gewerbe und Sociales Leben, 1882, S. 107
Buchholz, Ingelore; Ballerstedt, Maren; Buchholz, Konstanze: Magdeburg. Ein historischer Führer. Magdeburg 1994
Collein, Edmund: Städtebauliche Probleme beim Neuaufbau Magdeburgs. Deutsche Architektur 1954/4, S. 154–161
Dalchau, Georg/Stadtbauamt Magdeburg: Wohnkomplex Magdeburg Spielhagenstraße. Deutsche Architektur 1960/9, S. 484-487
Danneil, Heinrich (Hg.): Aus unseres Herrgotts Kanzlei, Magdeburg in Vergangenheit und Gegenwart, Magdeburg 1924
Das Krankenhaus Magdeburg-Altstadt (Festschrift), Magdeburg 1967
Das neue Staatsarchiv in Magdeburg, in: Zentralblatt der Bauverwaltung, Jg. 29, 1909, S. 597–599
Dehio, Georg: Sachsen-Anhalt I, Der Bezirk Magdeburg (Handbuch der deutschen Kunstdenkmäler), München, Berlin, 1990 (2)
Deutsche Kunstdenkmäler, Sachsen-Anhalt, Leipzig 1993 (2)
Deutschlands Städtebau, Magdeburg, Berlin-Halensee 1927
Die Erweiterungsbauten der Königlichen Eisenbahn-Hauptwerkstatt Buckau, in: Zeitschrift für Bauwesen, Jg. 37, 1887, S. 273– 286, 399–418 und Atlas Bl. 35–38

Die Wilhelma in Magdeburg, in: Zentralblatt der Bauverwaltung, Jg. 17, 1897, S. 1–3
Dreihundert Jahre Magdeburger Rathaus 1691–1991, Magdeburg 1991
Gerling, Heinz, Heinemann, Horst u. a.: Architekturführer Magdeburg, Wanderungen durch Stadt und Umgebung, Berlin, München 1992
Gerling, Heinz: Denkmale der Stadt Magdeburg, Magdeburg 1991
Hagedorn, R./Berger, H./Apel, H.: Heinrich Apel. Mit Beiträgen von Renate Hagedorn, Hans Berger und Heinrich Apel. Magdeburg 1991
Hain, Simone; Stroux, Stefan; Schroedter, Michael: Die Salons der Sozialisten. Kulturhäuser in der DDR. Berlin 1996
Hartung, Ullrich: Arbeiter- und Bauerntempel. DDR-Kulturhäuser der fünfziger Jahre. Ein architektur-historisches Kompendium. Berlin 1997
Hegewisch, Katharina: Dem Ganzen verpflichtet, 1994
Heim, Ludwig und Peters, Otto: Der Central-Bahnhof zu Magdeburg, in: Zeitschrift für Bauwesen, Jg. 29, 1879, S. 211–226, 355–360, 491–514 und Atlas Bl. 24–35
Heising, Gerhard; Timme, Georg: Gaststätte „Kosmos" im Wohnkomplex „Reform" in Magdeburg. Deutsche Architektur 1977/2, S. 88-91
Helten, Leonhard (Hg.): Des Kaisers neuer Dom, Magdeburg 1994
Hentzen, Alfred: Magdeburger Barockarchitektur, Dessau 1927
Hesse, Walter: Die neuen Gerichtsbauten in Magdeburg, in: Zeitschrift für Bauwesen, Jg. 57, 1907, S. 1–22, 129–148, Atlas Bl. 1–8
Hoke, Gisela: Herrenkrug, Die Entwicklung eines Magdeburger Landschaftsparks, Magdeburg 1991
Hundert Jahre Magdeburger Hauptbahnhof, Magdeburg 1973
Hundert Jahre Magdeburger Straßenbahn, Magdeburg 1977
Hundert Jahre Wasserwerk Buckau, Magdeburg o. J.
Hundertfünfundsiebzig Jahre Krankenhaus Altstadt, Magdeburg 1992
Hundertfünfundzwanzig Jahre Magdeburger Hauptbahnhof (Festschrift), Magdeburg 1998
Junghanns, Kurt: Bruno Taut 1880-1938, Leipzig 1998
Kirsch, Hans Peter: Generalbebauungsplanung in Magdeburg. Deutsche Architektur 1984/7, S. 394-398
Kirsch, Hans Peter: Wohngebiet Neustädter See in Magdeburg. Deutsche Architektur 1978/8, S. 464-469
Klügel, Siegfried; Eschke, Klaus: Zur städtebaulichen Lösung des Wohngebietes Magdeburg-Olvenstedt. Deutsche Architektur 1984/7, S. 401-408
Klügel, Siegfried: Zur komplexen Gestaltung des Wohngebietes Magdeburg-Olvenstedt. Deutsche Architektur 1981/10, S. 614-617
Kock, Waltraud und Potratz, Gerhard (Hg.): Lebensweg einer Magdeburger höheren Mädchenschule, Magdeburg 1995
Kramer, Johannes: Über die Bebauung des Zentralen Platzes in Magdeburg. Deutsche Architektur 1955/1, S. 4–15
Laeger, Alfred: Vereinigtes Dom- und Klostergymnasium Magdeburg 1675–1950, Frankfurt am Main 1967
Landesamt für Denkmalpflege Sachsen-Anhalt: Denkmalverzeichnis der Landeshauptstadt Magdeburg, 2001, bearbeitet von Dr. Holger Brülls
Landeshauptstadt Magdeburg/Stadtplanungsamt (Hg):
Broschüren
Hermann-Beims-Siedlung, Nr. 13/1994
Architekturbüro Peter Otto
Siedlung Cracau, Nr. 14/1994
Casa-Blanca Architektengemeinschaft
Gartenstadt – Kolonie Reform, Nr. 16/1995
Winfried Brenne, Viola Beil, Thomas Krayl
Schlachthofquartier, Nr. 17/1994
Heinz-Joachim Olbricht, Stefan Schlüter
Die Anger-Siedlung in Magdeburg, Nr. 19/1994
Annegret Nippa
Städtebauliche Entwicklungsplanung Ottersleben, Nr. 21/1995
Detlef Naumann
Die Curie-Siedlung in Neustadt, Nr. 22/1994
Marta Doehler, Iris Reuther
Gartenstadtsiedlung Westernplan, Nr. 23/1995
Heinz Gerling
Fachwerkhäuser in Magdeburg, Nr. 24/1996
Julius Sieg
Stadtteilentwicklungskonzept Rothensee, Nr. 25/1995
Heinz Mattern
Gartenstadt Hopfengarten, Nr. 26/1995
Friedhelm Fischer, Christian Kopetzki
Die Wohnsiedlung Schneidersgarten in Sudenburg, Nr. 27/1995
Heidi Roeder
Südwestliche Stadterweiterung, Nr. 30/1995
Ingrid Wernecke
Parkanlagen der Stadt Magdeburg, Nr. 31/1995, Neuauflage 1998
Heidemarie Titz
Stadtfeld Nord, Nr. 32/I/1995
Sabine Ullrich
Stadtfeld Süd, Nr. 32/II/1995
Sabine Ullrich
Städtebau in Magdeburg 1945–1990 – Planungen und Dokumente, Nr. 34/I/1998
Iris Reuther, Monika Schulte
Städtebau in Magdeburg 1945–1990 – Baustandorte und Wohngebiete, Nr. 34/II/1998
Iris Reuther, Monika Schulte
Siedlungsentwicklung in Westerhüsen, Nr. 35/1995
Marta Doehler, Iris Reuther
Siedlung Fermersleben, Nr. 37/1995
Ute Schmidt-Kraft
Gartenstadt- und Erwerbslosensiedlungen aus der Zeit der Weimarer Republik in Magdeburg, Nr. 38/1995
Christian Kopetzki, Friedhelm Fischer

Magdeburgs Aufbruch in die Moderne, Nr. 39/II/1995
Manfred Wille
Stadtteilentwicklungsplanung Olvenstedt, Nr. 41/1995
Planungsbüro Petersen, Autorenkollektiv
Nationalsozialistischer Wohn- und Siedlungsbau, Nr. 43/I/II/1995
Heidi Roeder
Industriearchitektur in Magdeburg, Nr. 46/I/1999
Sabine Ullrich
Symposium BRUNO TAUT, Nr. 48/I/II/1995
Stadtteilentwicklungsplan Cracau/Prester, Nr. 50/1995
Planungsbüro Petersen, Autorenkollektiv
Gründerzeitliche Villen in Magdeburg, Nr. 51/1995
Sabine Ullrich
Stadtteilentwicklungsplanung Lemsdorf, Nr. 53/1996
Schütz–Stadtplaner–Architekten
Magdeburger Friedhöfe und Begräbnisstätten, Nr. 60/1998
Hans-Joachim Krenzke
Dorferneuerungsplan Randau, Nr. 61/1997
Heinz Mattern
Dorferneuerungsplan Pechau, Nr. 67/1998
Henner Hannig, Adolf Lingener
Kirchen und Klöster zu Magdeburg, Nr. 71/2000
Hans-Joachim Krenzke

Magdeburg und seine Kirchen, Magdeburg 1999

Magdeburger Museen/Kloster Unser Lieben Frauen: Heinrich Apel. Plastiken-Textilien-Collagen. Querschnitte. (Katalog zur gleichnamigen Ausstellung im Kloster Unser Lieben Frauen vom 17. Februar – 30. April 1995). Oschersleben 1995

Magdeburger Museen/Kloster Unser Lieben Frauen: Kloster Unser Lieben Frauen Magdeburg. Stift, Pädagogium, Museum. Oschersleben 1995

Mai, Bernhard: Die Entwicklung der Eisenbahnanlagen in Magdeburg, in: Magdeburger Blätter, 1985, S. 77–81

Mai, Bernhard: Hundertvierzig Jahre Eisenbahn Berlin-Magdeburg, in: Verkehrsgeschichtliche Blätter, 5, 1988, S. 106–113

Mayrhofer, Wolfgang (Hg.): Die alte und die neue Wilhelm-Raabe-Schule in Magdeburg (Festschrift), Magdeburg 1994

Merkel, Gundolf: Kaufhalle „Reform" in Magdeburg. Deutsche Architektur 1974/12, S. 736-739

Michalk, Heinz: Zentraler Platz und Elbufergestaltung Magdeburg. Deutsche Architektur 1969/1, S. 6-9

Mrusek, Hans-Joachim: Magdeburg, Leipzig 1959

Müller, Georg (Hg.): Der schiefe Turm von Magdeburg – So wurde die Welt verändert, Zürich 1999

Neubauer, Ernst und Gringmuth-Dallmer, Hanns: Häuserbuch der Stadt Magdeburg, Bd. 2, Halle 1956

Nickel, Ernst: Ein mittelalterlicher Hallenbau am Alten Markt in Magdeburg, Berlin 1960

Nitze, (Philipp): Der Reichsbankneubau in Magdeburg, in: Zentralblatt der Bauverwaltung, Jg. 44, 1924, S. 141–144, Abb. S. 145

Orgelbauverein der ev. Hoffnungsgemeinde Magdeburg (Hg.): Festschrift zur Orgelweihe am 5. Juli 1998. Magdeburg 1998

Peters, Otto: Magdeburg und seine Baudenkmäler, Magdeburg 1902

Potratz, Gerhard und Windelband, R.: Die Bismarkschule, Lebensweg eines Magdeburger Reform-Realgymnasiums, Magdeburg 1998

Rödel, Volker (Hg.): Reclams Führer zu den Denkmalen der Industrie und Technik in Deutschland, Bd. 2, Neue Länder, Stuttgart 1998

Roessle, Jochen: Unveröffentlichtes Manuskript zur Dissertation „Die romanischen Dorfkirchen des Magdeburger Umlandes" an der Universität Bonn, Bonn 2001

Sarrazin, Otto und Hoßfeld, Oskar: Der neue Westfriedhof in Magdeburg, in: Zentralblatt der Bauverwaltung, Jg. 19, 1899, S. 465–468, 516 f., 525–527

Scheffer, Karl: Mitteilungen aus der Geschichte der Neustadt bei Magdeburg, Magdeburg 1866

Schieblich, Doreen: Traditionelle Magdeburger Schulen, Magdeburg 1996

Schmidt, Christian Andreas: Chronik der Stadt Buckau, Magdeburg 1887

Schultze, Friedrich und Meyer, Gustav: Polizeidienstgebäude in Magdeburg, in: Zentralblatt der Bauverwaltung, Jg. 35, 1915, S. 158–160

Schwineköper, Berent (Hg.): Provinz Sachsen-Anhalt (Handbuch der historischen Stätten Deutschlands, Bd. 11), Stuttgart 1987(2)

Soffner, Monika: Wallonerkirche Magdeburg, Peda-Kunstführer Nr. 88/1993, Passau 1993

Stein, Erwin (Hg.): Monographien deutscher Städte, Bd. 2, Magdeburg, Oldenburg 1912

Straße der Romanik, Kunst- und Kulturführer Sachsen-Anhalt, Leipzig 1994

Sussmann, Michael: Der Dom zu Magdeburg, Passau 1997

Topfstedt, Thomas: Städtebau in der DDR 1955–1971 (Seemann-Beiträge zur Kunstwissenschaft). Leipzig 1988

Ulrichs, Timm: Erläuterungen zum Entwurf

Unruh, ( ) von: Die Gas-Anstalt zu Magdeburg, in: Zeitschrift für Bauwesen, Jg. 4, 1854, S. 230–256, 323–346 und Atlas Bl. 33 f

Weinreich, Rolf: Peter Joseph Lennés Volksgartenplanung Kloster Berge zu Magdeburg – ein frühes Beispiel bürgerlich-kommunaler Grünflächenpolitik, in: Peter Joseph Lenné, Gartenkunst im 19. Jahrhundert, Berlin, München 1992, S. 121–146

Zacharias, Rudolf: Geschichte des Turmes Preußen jetzt Lukasklause des Künstlervereins St. Lukas E. V. zu Magdeburg, Magdeburg 1903

AUTORENVERZEICHNIS

Hans Gottschalk, Dipl.-Ing., geb. 1934 in Berlin. Architekturstudium 1959-1965 an der Hochschule für Architektur und Bauwesen Weimar. Abschluss als Dipl.-Ing. Fachrichtung Architektur. Nach zweijähriger Mitarbeit im Büro für Stadtplanung Magdeburg von 1967-1991 im Büro des Stadtarchitekten Magdeburg vorwiegend im den Bereichen Generalbebauungsplanung/Industrieplanung und dem Aufbau des Stadtkartenwerkes tätig. Von 1992-1998 Mitarbeiter im Stadtplanungsamt der Landeshauptstadt Magdeburg in der Abteilung Vorbereitende Bauleitplanung, ab 1995 Abteilungsleiter im Bereich Sonderplanung. Vorbereitung und Durchführung von Wettbewerben, Workshops und Ausstellungen. Träger der Schinkelmedaille in Bronze.

Objekte
21, 25, 36, 41, 45, 49, 50, 51, 52, 55, 56, 63, 66, 69, 89, 90, 91, 92, 95, 98, 99, 100, 101, 111, 117, 124, 130, 131, 140, 141, 145, 147, 162, 164, 179, 181, 187, 188, 205, 211, 212, 213, 228, 234, 251, 256, 259, 274, 276, 293, 296, 298, 299, 300, 304, 305, 309, 312, 327, 340

Kathrin Jäger, Dipl.-Ing. Arch., geb. 1969. Studium an der Bauhaus-Universität Weimar. 1994 Abschluss als Dipl.-Ing. Fachrichtung Architektur. 1994–1999 Mitarbeit in Magdeburger Architekturbüros. Seit Ende 2000 Mitarbeiterin im Stadtplanungsamt der Landeshauptstadt Magdeburg.

Objekte
148, 149, 150, 151, 152, 153, 189, 190, 191, 192, 193, 194, 195, 216, 217, 218, 221, 222, 223, 224, 225, 226, 227, 273, 275, 281, 283, 284, 285, 288, 289, 290, 308, 310, 313, 315, 316, 317, 318, 319, 320, 321, 322, 323, 324, 325, 326, 335, 336, 337, 341, 342

Ute Kraft, Dipl.-Ing., geb. 1944. Studium der Pädagogik und Soziologie in Berlin. Architekturstudium an der Hochschule der Künste Berlin und an der TU Berlin. 1973 Dipl.-Ing. TU Berlin, Architektur und Stadtbau. Seit 1974 Freiberufliche Planerin, Arbeitsschwerpunkte: Stadtentwicklungsplanung, Sozialplanung, Strukturanalyse und -planung, Stadt- und Wohnungsbaugeschichte.

Objekte
67, 87, 97, 104, 127, 128, 135, 137, 138, 143, 154, 155, 156, 157, 158, 159, 169, 170, 171, 174, 176, 177, 180, 182, 184, 186, 200, 201, 215, 219, 220, 229, 236, 238, 244, 247, 248, 250, 252, 253, 272, 282, 286, 287, 294, 297, 306, 314, 332, 333, 334, 339

Eckhart Wilhelm Peters, Dr.-Ing., geb. 1943 in der Evakuierung aus Magdeburg in Mühlhausen/Thüringen. 1970 Diplom Universität Hannover. Mitarbeit bei Ausgrabungen des Deutschen Archäologischen Instituts in der Türkei. 1970-1974 Forschungsaufträge für den Vorderen Orient. Ergänzungsstudium, Kultur und Stadtgeographie, diverse Veröffentlichungen. 1975 Promotion, danach freier Architekt. 1975 Gründung des privatrechtlichen „Institut für Bauen und Planen in Entwicklungsländern“. 1978 zweites Staatsexamen im Städtebau, Leiter Freiflächennutzungsplanung, Planungsamt Hannover. 1984 Leiter für Landschaftsplanung (Landschaftsrahmenplan), Lehraufträge. 1993 Leiter des Stadtplanungsamtes Magdeburg. Diverse Veröffentlichungen, Tagungen und Ausstellungen zu den Themen Stadtgeschichte, Denkmalpflege, Grünplanung, Verkehr, Sanierung und Bauleitplanung.

Iris Reuther, geb. 1959. Dr.-Ing. Dipl. Arch., Studium (1984) und Promotion (1989) an der Hochschule für Architektur und Bauwesen Weimar (heute Bauhaus-Universität), 1987–1990 Wissenschaftliche Mitarbeiterin am Institut für Städtebau und Architektur der Deutschen Bauakademie in Berlin/DDR, seit 1991 freie Architektin und Architektin für Stadtplanung in Leipzig, 1992 Gründung des Büros für urbane Projekte gemeinsam mit Dr. Marta Doehler, Arbeitsgebiete: Stadtentwicklungsplanung und Regionalmanagement, städtebaulicher Entwurf, Landschaftskonzepte, urbanistische Forschung und Medienprojekte.

Objekte
18, 32, 37, 38, 45, 53, 57, 59, 62, 68, 70, 71, 72, 73, 78, 79, 81, 85, 96, 105, 108, 109, 122, 129, 132, 133, 134, 136, 139, 142, 144, 146, 160, 178, 185, 198, 245, 249, 291, 307

Sabine Ullrich, geb. 1966 in Bad Driburg (NRW). 1985–1988 Ausbildung zur Goldschmiedin in München. 1988-1994 Studium der Mittleren und Neueren Kunstgeschichte, Neueren Deutschen Literatur und Klassischen Archäologie an der Ludwig-Maximilians-Universität München mit magister artium (M.A.). Seit 1991 freiberuflich, seit 1994 freiberufliche Autorin und Kunsthistorikerin in Magdeburg. Diverse Publikationen vorwiegend zum Thema Architekturgeschichte.

Objekte
1, 2, 3, 4, 5, 6, 7, 8, 9, 10, 11, 12, 13, 14, 15, 16, 17, 19, 20, 22, 23, 24, 26, 27, 28, 29, 30, 31, 33, 34, 35, 39, 40, 42, 43, 44, 46, 47, 48, 54, 58, 60, 61, 64, 65, 74, 75, 76, 77, 80, 82, 83, 84, 86, 88, 93, 94, 102, 103, 106, 107, 110, 112, 113, 114, 115, 116, 118, 119, 120, 121, 123, 125, 126, 161, 163, 165, 166, 167, 168, 172, 173, 175, 183, 196, 197, 199, 202, 203, 204, 206, 207, 208, 209, 210, 214, 230, 231, 232, 233, 235, 237, 239, 240, 241, 242, 243, 246, 254, 255, 257, 258, 260, 261, 262, 263, 264, 265, 266, 267, 268, 269, 270, 271, 277, 278, 279, 280, 292, 295, 301, 302, 303, 311, 328, 329, 330, 331, 338

Stadtteilbeschreibungen
Hans Gottschalk: Seite, 45, 101, 109, 123, 135, 145, 153, 157, 169, 207, 237, 249, 263, 277, 299, 305, 313, 339, 351
Kathrin Jäger: Seite, 163, 199, 221, 229, 283, 293, 321, 325, 332/333, 345, 357

Die Landeshauptstadt Magdeburg – eine Geschichte voller Wandel

In ihrer mehr als 1000-jährigen Geschichte hat die Stadt Magdeburg zahlreiche unterschiedliche Entwicklungen durchlaufen. So ist sie seit ihrer erstmaligen urkundlichen Erwähnung im Jahre 805 und ihrer Ernennung zum Erzbistum im Jahre 967 zweimal völlig zerstört worden – 1631 während des Dreißigjährigen Krieges durch Tillys Truppen und am 16. Januar 1945 bei dem verheerenden Bombardement der britischen Luftwaffe. In ihrer wechselvollen Geschichte war sie Kaiserpfalz, Handelsstadt, Bischofssitz, Bürgerstadt, preußische Festung, Industriestadt und heute schließlich Landeshauptstadt.

Dabei ist die historische städtebauliche Entwicklung hauptsächlich geprägt durch die Nutzung der Stadt als preußische Festung. Viele Stadterweiterungen konnten nur außerhalb der Befestigungsanlagen in bedeutendem Abstand zur Festungsgrenze erfolgen, um diese nicht zu schwächen und das Schussfeld freizuhalten.
Mit der beginnenden Schleifung der Befestigungsanlagen durch die französischen Besatzer während des Deutsch-Französischen Krieges erhält die Stadt nach und nach ein anderes Gesicht. Es entstehen Prachtstraßen wie die „Hegelstraße“ nach französischem Vorbild und repräsentative Jugendstilhäuser, die noch immer das Bild der Magdeburger Altstadt prägen. Anfang der zwanziger Jahre des letzten Jahrhunderts entstanden dann in Magdeburgs Randlagen umfangreiche Siedlungen des sozialen Wohnungsbaus, wie zum Beispiel die „Beims-Siedlung“ mit ca. 1 000 Wohneinheiten oder die „Curie-Siedlung“ mit fast doppelt so vielen Wohneinheiten. Diese damals sehr fortschrittlichen Wohnbauprojekte sind inzwischen etablierte gefragte Stadtquartiere. Heute stellen sie im Rahmen ihrer Privatisierung attraktive Anlageobjekte für Projektentwickler und Investoren dar und sind damit ein Beispiel dafür, wie historische Stadtentwicklung und aktuelle immobilienwirtschaftliche Nachfrage erfolgreich zusammengeführt werden können.

In den dreißiger Jahren wird Magdeburg durch seine strategisch günstige Lage zu einem Zentrum der Rüstungsindustrie. Die Verkehrswege werden intensiv ausgebaut. Es entsteht der Mittellandkanal, der den Magdeburger Großhafen mit dem Rhein verbinden soll, die Autobahn Berlin – Hannover wird fertig gestellt. Im Zuge der umfangreichen Bauarbeiten werden dabei immer neue Rohstoffe benötigt und führen in der Region u.a. zu einem intensiven Kiesabbau. Als positiver Nebeneffekt entstehen dadurch Naherholungsgebiete wie beispielsweise der „Barleber See“.

Der Wiederaufbau nach dem Zweiten Weltkrieg erfolgt dann im strikten Gegensatz zu Magdeburgs traditionellem Stadtbild. Das Stadtbild wird nun, nach einem kurzen Impuls stalinistischer Architektur an der Ernst-Reuter-Allee, durch das am Ende der fünfziger Jahre aufkommende Industrielle Bauen geprägt. Exemplarisch sollen hier die Wohnsiedlung „Jakobstraße“ und der Nordabschnitt des „Breiten Weges“ genannt sein. Mit dem Ausbau der Schwerindustrie entstehen in den siebziger und achtziger Jahren in peripheren Stadtgebieten sog. Satellitenstädte, wie das „Neustädter Feld“, „Reform“ und „Neu Olvenstedt“. Erst ab Mitte der achtziger Jahre richtet sich der Fokus der Stadtplaner wieder auf innerstädtische Bereiche. Ab ca. 1983 werden Teilbereiche um den Hasselbachplatz rekonstruiert und bestehende Baulücken geschlossen.

Mit der Wiedervereinigung Deutschlands wird Magdeburg Landeshauptstadt von Sachsen-Anhalt. Damit einher gehen ein grundlegender Strukturwandel und anfänglich erhebliche Abwanderungsschübe. Mit der Verlagerung der funktionalen Schwerpunkte der Stadt von Industrie auf Dienstleistung und Einzelhandel kommt es zu einem neuerlichen Bauboom, monumentale Bauwerke aus Beton und Glas entstehen auf den weiträumigen Freiflächen der Innenstadt, andere Innenstadtbereiche wie der „Breite Weg“ werden umgebaut und erfolgreich revitalisiert. Dabei ist der Ausbau Magdeburgs als Einzelhandels- und Dienstleistungsmetropole immer noch in vollem Gange, verbunden mit der Schaffung neuer wachstumsträchtiger Wirtschaftszweige und Arbeitsplätze. So ist Magdeburg z. B. mit der Ansiedlung zahlreicher hochkarätiger Unternehmen inzwischen ein Mekka für die Call-Center-Branche.

Insgesamt ist die Entwicklung Magdeburgs in ihrer langen Geschichte in besonderem Maße durch dramatische Veränderungen in sehr kurzen zeitlichen Perioden bestimmt worden, die sich im Stadtbild, in der Bebauung und in der Landnutzung widerspiegeln. Bedingt durch diese schubweise Entwicklung der Stadt, die weitreichenden kriegsbedingten Zerstörungen und den jeweils darauf folgenden Wiederaufbau verfügt Magdeburg über eine sehr heterogene Bebauungsstruktur und zeigt so ein überaus interessantes und vielschichtiges Bild städtebaulicher Entwicklung. Damit lädt Magdeburg geradezu ein zu einer Reise entlang der Rudimente der Stadtgeschichte, zu einem Erleben der verschiedenen Entwicklungsperioden, eingebettet in eine reizvolle, weitgehend noch unzerstörte Natur wie z. B. die Auenlandschaft im Bereich des östlichen Elbufers.

Magdeburg hat nicht nur Geschichte geschrieben – man kann sie auch hautnah erleben!

Annette Lorenz
Aengevelt Immobilien KG

AENGEVELT